유발 하라리의 전쟁 문화사

극한의 경험

유발 하라리의 전쟁 문화사

극한의 경험

유발 하라리 지음 | **김희주** 옮김

옥당

극한의 경험

지은이 유발 하라리
옮긴이 김희주

1판 1쇄 발행 2017년 7월 20일
1판 9쇄 발행 2024년 3월 10일

발행처 (주)옥당북스
발행인 신은영

등록번호 제2018-000080호
등록일자 2018년 5월 4일

주소 경기도 고양시 일산동구 위시티1로 7, 507-303
전화 (070)8224-5900 팩스 (031)8010-1066

값은 표지에 있습니다.
ISBN 978-89-93952-85-8 03900

블로그 blog.naver.com/coolsey2
포스트 post.naver.com/coolsey2
이메일 coolsey2@naver.com

이 도서의 국립중앙도서관 출판시도서목록(CIP)은 서지정보유통지원시스템 홈페이지(http://seoji.nl.go.kr)와
국가자료공동목록시스템(http://www.nl.go.kr/kolisnet)에서 이용하실 수 있습니다.
(CIP제어번호: CIP2017015343)

이치크Itzik에게

諸行無常

일러두기

- 이 책을 통틀어 가장 중요하고도 빈번하게 나오는 단어 '계시revelation'에 대해 저자는 계시가 지식을 얻는 특정한 방법을 의미하며, 종교와 근본적인 연관성이 없다고 밝혔습니다.

  저자는 본문에서 '계시'를 이렇게 설명합니다.

  "보통 우리는 탐구와 관찰, 연구, 분석이라는 통제된 과정을 거쳐 새로운 종교적, 역사적, 과학적, 개인적 지식을 얻는다. 이에 반해 개인의 의지와 상관없이 어떤 외부의 힘이 새로운 지식을 우리에게 떠안길 때, 우리는 '계시를 받았다'고 말한다. 계시로 얻은 지식은 그 어떤 '통제된' 방법으로는 얻을 수 없는 것이 대부분이다. 계시를 주는 외부의 힘은 신일 수도 있고, 자연 현상일 수도 있으며, 전쟁처럼 인위적인 경험일 수도 있다. 계시의 내용 또한 종교적일 수도 있으며, 정치적이거나 예술적, 심리적 내용일 수도 있다."

- 인명과 지명은 국립국어원 외래어표기법을 따랐습니다.
- 도서명은 《 》, 신문과 잡지와 작품명은 〈 〉로 표기했습니다.

인간은 왜 전쟁에 뛰어들며,
전쟁에서 무엇을 느끼고 배우는가?

1.

20세기 들어 전쟁을 해석하는 여러 가지 방법 중 전투에 직접 참여한 사람들이 전쟁을 겪으며 얻게 된 깨달음(계시)을 부각하는 논의가 학계의 비상한 관심을 끌게 되었다. 전투원들이 전쟁이라는 극한의 상황에서 전에는 결코 알지 못한 어떤 것을 깨닫게 되는 이러한 '계시 경험담'은 전투원에 대한 인식뿐만 아니라 전쟁 문화를 바라보는 시각까지 바꾸어 놓았다. 제1차 세계대전과 베트남전 이후 전쟁의 이미지가 바뀐 것이 그 예다.[1] 그에 반해 계시적 해석의 초기 역사는 대체로 연구되지 않은 채 남아 있다. 1900년 이전의 전쟁 경험을 기술한 책은 무수히 많지만, 모두 계시적 해석을 무시하든지 당연시하든지 둘 중 하나였다.[2] 나는 이 책으로 그 틈을 메우려 한다. 그리고 중세 후기 이후 계시적 전쟁 해석의 역사를 추적함으로써 역사적, 문화적으로 훨씬 더 큰 맥락에서 20세기 계시적 해석의 발전을 살펴보려 한다. 이러한 과정을 통해 근대 후기 전쟁 문화와 전쟁 이미지에 발생한 혁명을 전체적인 맥락에서 비판적으로 살펴볼 수 있길 희망한다.

이 책은 계시적 전쟁 해석의 기원을 추적하기 위해 전쟁을 문화적, 정신적 현상으로 간주하고 전쟁 문화를 더 넓은 문화적 맥락에 집어넣어, 특히 서양에서 정신과 육체를 이해하는 방식, 서양의 자아 이상, 서양의 권위 개념 들과 전쟁 문화의 관계를 살펴본다.

전쟁에 관한 이론적, 철학적 저작과 문학적, 예술적 표현도 일부 참고했지만, 내가 집중적으로 살펴본 것은 주로 한 가지 유형의 전쟁담, 곧 전투원의 전쟁 회고록이다. 앞으로 설명할 텐데 전쟁 회고록이라는 장르의 운명은 계시적 전쟁 해석의 운명과 밀접하게 연결되어 있다. 지난 200년 동안 계시적 해석과 전투원의 전쟁 회고록은 서로 증명하고 도우며 함께 위상을 높였다.

이 책에서 가장 중요한 논지는 1740년부터 1865년 사이에 전쟁이 계시 경험이 되었다는 것이다. 18세기 이전에는 전투원들이 결코 전쟁을 계시 경험으로 해석하지 않았다. 이 말을 이해하려면 명심해야 할 것이 있다. '계시'가 단지 지식을 얻는 방법을 의미하며, 종교와 근본적인 연관성이 없다는 사실이다. 1740년 이전에도 전투원들은 종종 종교 교리를 적용해 군사 사건을 이해함으로써 전쟁을 종교적 측면에서 해석했다. 전투의 패배는 신의 노여움을 증명하는 증거였고, 기적적으로 죽음을 모면한 것은 신의 은총을 증명하는 증거였다. 하지만 전투원들은 결코 전쟁을 새로운 지식을 깨닫는 계시로 보지 않았다. 가령 십자군의 회고록을 보면 십자군이 계시를 받아 출정한다는 말이 자주 나온다. 하지만 장드 주엥빌Jehan de Joinville처럼 회고록을 쓴 십자군은 동방의 경험이 집에 머무른 사람들(말하자면 교황)은 이해할 수 없는 새로운 지식을 안겨주었다는 네티바 벤예후다Netiva Ben-Yehuda 투의 주장을 단 한 번도 하지 않았다.

18세기 후반부터 19세기를 지나는 동안 계몽주의와 감수성 문화, 낭만주의의 영향으로 군인들이 전쟁을 계시의 요인으로 보기 시작했다. 낭만주의의 '숭고the sublime' 개념이 특히 중요한 영향을 미쳤다. 낭만주의는 '숭고한' 경험을 지식과 권위의 특별한 원천으로 강조했고, 낭만주의의 숭고라는 정의에 완벽하게 들어맞는 것이 바로 전쟁 경험이었다.

하지만 이 책은 계시적 전쟁 해석의 부각을 인과론적으로 철저하게 설명하지 않는다는 점을 분명히 밝힌다. 계시적 전쟁 해석이 부각하며 무엇이 어떻게 변했는지 설명하겠지만, 변화한 이유에 관해서는 깊게 파고들지 않는다. 예를 들어 이 책은 18세기 군대와 군인들이 감수성 문화를 받아들인 사실이 중요하다고 강조하지만, 이들이 감수성 문화를 수용한 이유는 설명하지 않는다. 나는 무슨 일이 일어났는지에 관한 설명이 그 일이 왜 일어났는지에 관한 설명보다 중요하다는 가정 아래 이 책을 저술했다.[3]

2.

이 책은 여러 학문과 저작을 교차하므로 아주 다양한 종류의 자료를 다룰 수밖에 없었다. 그중에서 특히 연관된 연구 분야는 셋이다. 우선 이 책이 전쟁과 군사 역사를 다루기에 15세기부터 현재까지 군사 전략과 전술, 무기, 신병모집 방법, 훈련 방법, 보급품 마련 등에 대해 철저히 이해하는 것이 무엇보다 필요했다. 또한 이 책의 원재료가 대부분 전쟁 회고록이므로 자서전의 역사와 소설, 종교 문서, 인쇄물, 여러 문학 이론을 이해하는 것도 상당히 필요했다.

이 책의 주요 논거 중 하나는 전쟁 문화가 정신과 육체에 대한 이해와 밀접하게 연관되어왔다는 것이다. 18세기까지 전쟁은 육체에 대한 정신의 승리를 보여주는 주요 사례로 해석되었지만, 그때부터 줄곧 상황이 역전되기 시작해 20세기가 되자 전쟁은 정신에 대한 육체의 승리를 보여주는 주요 사례가 되었다. 따라서 이 책을 쓰기 위해 서양 철학, 정신과 육체의 문제, 육체의 역사에 관해 이해하는 것도 어느 정도 필요했다.

연구할 때도 그렇고, 완성된 책의 한정된 지면을 나눌 때도 그렇고, 모든 분야를 똑같은 비중으로 다룰 수는 없었다. 그래서 고심 끝에 전쟁 분야를 우선하기로 했다. 나 자신이 전쟁 역사학자로 대부분의 경력을 쌓아왔고, 전쟁 역사학의 권리 옹호에 상당한 공을 들이고 있기 때문이다. 이 책을 쓰는 동안 문학사나 문화사, 육체의 역사를 주로 연구하는 학자들에게 언짢은 경우가 많았다. 이들이 전쟁이라는 주제에 대해 깊이 이해하지 못한 채 글을 쓰며 아주 기본적인 실수를 범하는 것을 자주 보았기 때문이다. 그때 깨달았다. 내가 문학사 연구자의 영역을 침범하면 그들도 분명 똑같이 언짢을 것이라는 사실 말이다. 특히 두려운 것은 내가 '육체'라는 용어를 사용할 때 빚어질 결과다. 최근 수십 년간 육체의 역사에 관한 책이 너무 많이 나와서, 어떻게든 인간 육체를 거론하지 않고 이 책을 쓰고 싶었다. 하지만 불가능했다. 그렇다고 대여섯 가지 학문의 관점에서 육체의 역사를 다룬 최근의 연구 결과를 모두 섭렵하는 것도 불가능했다.

이 책의 주제와 관련해 부득이 남녀 모두의 시각을 다루지 못한 것도 비슷한 이유다. 남녀 모두의 시각을 다루지 않으면서 전쟁의 경험에 관한 책을 쓴다는 것이 터무니없어 보이지만, 제한된 시간과 공간, 능력을 감안하고 현재 남아 있는 성性과 전쟁에 관한 문헌의 분량을 감안할 때, 이것이 그나마 접근 가능한 유일한 길이었다. 집필 시간을 20년쯤 연장하고 책의 분량도 20만 단어 정도 더 늘렸다면, 사뭇 다른 책이 되었을 것이다. 또한 육체의 역사와 전쟁에서 성 역할의 역사뿐만 아니라, 통과의례에 대한 인류학적 연구와 트라우마와 그 역사에 관한 심리학적 연구, 인지 과정에 미치는 감각의 영향에 관한 생물학적 연구도 더 진지하게 다루었을 것이다.

이와 관련해 다른 학문 분야와 그 하위 분야에 미리 양해를 구하며, 이 책을 전쟁사의 하위 범주에 국한시킴으로써 변명을 대신한다. 정확하게 이 책은 '전쟁 문화사'로 알려진 학문 조류에 속하며, 마이클 하워드 Michael Howard와 존 키건John Keegan, 존 A. 린John A. Lynn, 암스트롱 스타키Armstrong Starkey 등 전쟁 역사학자의 저작을 주로 참고한다. 좋고 싫음을 떠나 이 책에서 중요하게 대하는 선배는 마르크스나 푸코가 아니라 카를 폰 클라우제비츠Karl von Clausewitz다.

또한 전투원의 경험에만 관심을 쏟은 점도 이해해주기 바란다. 이 책에는 비전투원에 관한 언급이나 그들의 전쟁 경험이 거의 등장하지 않는다. 오늘날에는 전투원의 전쟁 경험담과 비전투원의 전쟁 경험담 사이에 순환논리적 수렴 현상이 증가하고 있다. 전투원이 점점 더 전쟁의 희생자로 떠오르며, 전투원과 비전투원의 구분이 모호해진다. 그에 따라 전투원에서 비롯된 트라우마와 전쟁 계시에 대한 담론이 비전투원에게도 적용된다. 하지만 이는 최근 몇십 년 사이에 일어난 특이한 현상이다. 이전 세기에는 둘 사이의 경험이 비슷하다 해도 전투원의 전쟁 경험담과 비전투원의 전쟁 경험담은 엄청난 차이를 보였다. 책 한 권에 모두 담을 수 없을 정도다. 나는 전투원의 경험담에 집중하기로 했다. 역사적으로 전투원들이 훨씬 더 중요했으며, 근대 후기의 전쟁 문화 혁명이 전투원의 경험담에서 비롯되어 훨씬 나중에 비로소 비전투원의 경험담까지 번졌기 때문이다.

또한 이 책은 여러 역사적 시기를 교차하며, 접근법으로 보면 다분히 '현재주의자Presentist'의 입장에서 오늘날 일반적인 질문에 대한 답을 구하는 것이 목표다.

"사람들이 전쟁에 참여하면 자신과 세상에 대해 무언가 심오한 것을 깨닫는가? 다른 사람들에게 없는 권위를 획득하는가?"

이 책은 이 질문에 비추어 이전 세기의 전쟁 회고록들을 살펴본다. 이 질문에 전혀 관심을 보이지 않는 회고록도 마찬가지다.

내가 이 질문에 대한 답을 구하며 계속 염두에 둔 대상은 전형적인 대학생들이다. 대학생들은 500년 전의 전쟁이 전술이나 전략 등에서 오늘날의 전쟁과 다르다는 점을 완벽하게 이해하고 있다. 그런데 사람도 달랐을까? 그들의 생각은 정말 우리와 달랐을까? 역사학자들은 다르다는 대답이 나올 것으로 당연히 기대하겠지만, 내가 강의실에서 얻은 경험으로는 명석한 학생들에게 사실 정말 다르다고 설명하는 것은 지극히 어려운 일이다. 더군다나 10년에 걸쳐 중세와 근대 초기의 회고록을 읽은 나 자신도 생물학적 구조가 나와 똑같은 인간들이 정말 그토록 묘하게 생각하고 행동했을 것이라고 믿기 어렵다.

3.

우리는 다른 사람이 나와 다르게 생각한다는 것을 쉽게 받아들이지 못한다. 그렇기 때문에 우리 자신의 세계관에서 벗어나, 깊은 의미에서 우리의 세계관이 수많은 세계관 중 하나의 가능성에 불과하다는 것을 인정해야 한다. 과거의 사람들이 세상을 우리와 철저히 다르게 보았다면, 그 세상은 아마 우리가 생각하는 것과 '정말' 철저하게 달랐을 것이다.

우리가 자신의 세계관에서 벗어나기 쉽도록 이 책은 15세기와 21세기를 왔다갔다하며 계속해서 둘 사이의 거리를 보여주고 비교할 것이다. 책의 구조가 복잡한 것도 이런 이유 때문이다. 1부에서는 1865년 이후 서양에서 익숙해진 계시적 전쟁 해석을 개관했다.(1865년을 선택한 이유는 톨스토이의《전쟁과 평화》1편이 간행되며 계시적 전쟁 해석의 기본형이 등장한 해이기 때문이다.)

2부에서는 시간을 뛰어넘어 근대 초기로 돌아간다. 20세기와의 극명한 대조를 통해 근대 초기 전쟁 경험담의 낯선 특징에 주의를 집중시키고, 반드시 필요한 비판적 거리도 확보하기 위해서다. 이런 극명한 비교가 없다면, 여러분이 근대 초기나 20세기 전쟁 경험담의 독특한 특징을 모르고 지나칠 수도 있다.

3부와 4부에서는 1740년부터 1865년까지 '긴' 낭만주의 시기에 계시적 전쟁 해석이 형성되는 과정을 검토함으로써 우리에게 익숙한 근대 후기 전쟁 해석을 새로운 각도로 바라보는 기회를 마련한다.

이 책의 처음부터 끝까지 독자 여러분이 필수적으로 전쟁 경험담과 비판적 거리를 확보할 수 있도록 근대 초기의 발전 과정을 논의하는 자리에서 20세기의 사례를 언급하는 경우가 자주 있을 것이다. 16세기의 전쟁 회화도 20세기 전투 사진과 비교하여 분석할 것이다. 많은 학자가 이를 가리켜 명백한 시대착오라고 비난하겠지만, 서로 비슷해 보이는 근대 초기의 묘사와 근대 후기의 묘사를 나란히 세우는 목적은 둘 사이의 깊은 차이를 드러내기 위해서다. 나는 20세기 묘사의 렌즈를 통해서만 근대 초기의 전쟁 묘사를 진정으로 이해할 수 있으며, 이런 시대착오 의도를 더 구체화해서 그 차이를 분명하게 보여주는 것이 최선이라고 생각한다. 더 나아가 시대착오의 위험을 무릅씀으로써 유익한 지적 긴장을 만들어내는 것이 더 큰 보람이라고 믿는다. 이런 지적 긴장을 통해 독자 여러분이 계시적 전쟁 해석과 그 바탕에 깔린 가정을 훨씬 더 정확하게 이해하는 것이 나의 희망이다.

유발 하라리

"그래도 경험자가 낫지. 경험자의 말을 들어!"

우리가 일상생활에서 무언가 갈피를 잡지 못하고 결정을 하지 못할 때 흔히 듣는 조언이다. 우리가 보지 못한 것을 미리 본 사람, 우리가 겪지 못한 것을 앞서 겪은 사람의 의견과 판단에는 우리가 미처 알지 못하는 진리와 교훈이 담겨 있다는 깃이다. 따라서 경험자의 발언에 권위가 실린다. 그리고 그 경험이 어려우면 어려울수록, 위험하면 위험할수록 경험자의 발언에 실리는 권위는 그만큼 더 커진다. 그렇다면 우리가 가장 어려워하고 무서워하는 것이 무엇일까? 죽음. 그리고 죽음의 위협을 가장 치열하게 경험할 수 있는 것은 무엇일까? 전쟁. 저자 유발 하라리가 주목한 것이 바로 전쟁이다. 언제든 죽을 각오를 하고 뛰어들어야 하는 전쟁에 주목했다.

저자가 영국 옥스퍼드 대학교에서 중세 전쟁사를 전공했으니, 전쟁은 그가 가장 잘 알고 있는 주제일 것이다. 더구나 이스라엘에 사는 유대인으로서 저자에게 전쟁은 어쩌면 평생의 화두였을지도 모른다. 그 누구보다 가까이에서 전쟁을 느끼고 경험하며 수없이 생각하지 않았을까? 과연 전쟁은 무엇일까? 인간은 왜 전쟁에 뛰어들며, 전쟁에서 무엇을 느끼고 배울까?

《지나간 전쟁을 그리워하며My War Gone by, I Miss It so》(1999년)를 쓴 앤서니 로이드Anthony Loyd는 비전투원 신분으로 전쟁을 직접 경험한 후 이렇게 이야기했다. "사람에게 총을 쏘는 기분이 어떤지 알고 싶었다. 그것이 훨씬 더 많은 것을 이해할 수 있는 열쇠라고 느꼈기 때문이다. 그 열쇠를 반드시 찾아내야 했다." 그런가 하면 1973년 아랍-이스라엘 전쟁 당시 전선의 병사들에게 배송된 유대교 학교 예시바Yeshiva의 신문에 다음과 같은 글이 실렸다.

> 전투를 벌이는 동안 인간의 영혼을 둘러싼 겉껍질이 벗겨져 나가며, 인간이 때로는 자기 영혼의 심연과 자기 내면, 일상의 삶에 가려진 오래되고 굳건한 진실과 직접 맞닥뜨린다. 이때 인간은 사물을 더 철저하게, 더 폭넓게, 더 깊게, 더 진실하게 관찰한다.

앤서니 로이드의 이야기나 예시바의 신문은 모두 전쟁이 인간과 세상에 대해 더 많은 것을 이해할 수 있는 열쇠, 인간 영혼의 심연과 내면을 직접 만날 기회, 일상에 가려진 내밀한 진실을 깨달을 기회라고 믿었다.

"그런데 정말 인간이 전쟁에 참여하면, 자신과 세상에 대해 무언가 심오한 것을 깨닫는가? 다른 사람들에게는 없는 권위를 획득하는가? 도대체 인간은 언제부터 전쟁을 장막 뒤에 가려진 진리를 발견하는 계시 경험으로 이해하기 시작했을까?"

이 책은 유발 하라리가 이 질문에 대한 답을 찾는 과정에서 나온 결과물이다.

이를 위해 저자는 전쟁을 직접 체험한 전투원들의 전쟁 경험담을 중심으로 전쟁을 바라보고 이해하는 방식이 변화한 과정을 살펴본다. 중세부터 근대 후기까지 전투원들의 전쟁 경험담을 살펴보고 비교함으로써 전쟁을 해석하는 시각이 어떻게 변화했는지, 계시적 전쟁 해석이 등장한 사회적, 문화적 배경은 무엇인지 설명한다. 저자는 전쟁을 문화적, 정신적 현상으로 간주하고 중세 후기 이후 계시적 전쟁 해석의 역사를 추적함으로써 훨씬 더 넓은 역사적, 문화적 맥락에서 20세기 계시적 해석의 발전 과정을 설명한다. 중세부터 18세기 이전까지 전투원들은 전쟁을 계시 체험으로 해석하지 않았다. 그러다가 18세기 후반부터 19세기를 지내는 동안 계몽주의와 감성 문화, 낭만주의의 영향으로 전투원들이 전쟁을 계시의 요인으로 보기 시작했다.

중세 시대 선과 악, 옳음과 그름, 미와 추를 판단하는 주체는 신(초자연적 존재)이었다. 신이 모든 권위와 의미의 원천이었고, 유한한 인간의 의견과 판단은 바람처럼 속절없는 것이었다. 인문주의 혁명 이전에는 거대한 우주 계획이 인간의 삶에 의미를 부여한다고 믿었다. 그런데 인문주의가 이를 뒤집어, 거대한 우주에 의미를 부여하는 것은 인간 경험이라고 주장했다. 하라리는 《호모 데우스Homo Deus》에서 '무의미한 우주의 의미를 창조하라'가 인문주의가 인간에게 요구한 제1 명령이라고 이야기한다. 인문주의 혁명을 거치며 인간이 절대적인 의미의 원천이 되었고, 인간의 자유 의지가 최고의 권위를 획득했다. 따라서 인간은 자신의 느낌과 욕구를 신뢰할 수 있게 되었다. 이를 가장 잘 표현한 것이 루소의 다음과 같은 말이다.

"내가 어떻게 하고 싶은지 나 자신의 의견만 물으면 충분하다. 내가 좋다고 느끼는 것은 좋은 것이다. 내가 나쁘다고 느끼는 것은 나쁜 것이다."

다시 말해, 지혜와 권위의 기준이 신과 이성에서 인간과 감정으로 옮겨온 것이다.

하라리에 따르면 중세 시대에 지식을 얻는 공식은 이것이었다.

$$지식 = 성경 \times 논리$$

그리고 인문주의 혁명은 이 공식을 이렇게 변형시켰다.

$$지식 = 경험 \times 감수성$$

하라리는 이 변형 공식이 긴 낭만주의 시대를 풍미하며 전쟁에 대한 해석을 바꾸었다고 설명한다. 18세기까지 전쟁은 육체에 대한 정신의 승리를 보여주는 대표적인 사례로 해석되었지만, 그때부터 줄곧 상황이 역전되기 시작해 20세기가 되자 전쟁은 정신에 대한 육체의 승리를 보여주는 주요 사례가 되었다. 저자는 철학의 무게 중심이 이성과 정신에서 감정과 육체로 기움에 따라 전쟁을 계시 체험으로 해석하기 시작했다고 설명한다.

이 책은 참전용사들의 회고록을 중심으로 수백 년의 시간을 넘나들며, 문학·철학·역사·사회·경제 등 수많은 학문 분야를 교차한다. 시대를 뛰어넘으며 여러 자료를 대비했기 때문에 책이 어지러울 수 있다는 것은 저자도 인정하는 사실이다. 하지만 저자가 시대착오라는 비난을 무릅쓰고 다른 시대의 자료들을 직접 대비하는 이유는 독자들이 계시적 전쟁 해석과 필수적인 거리를 유지하도록 하려는 장치다. 이를 통해 계시적 전쟁 해석의 바탕에 깔린 '지식=경험×감수성' 공식에 누락된 변수는 없는지, 혹시 누락된 변수가 있다면 그것은 무엇인지 고민하도록 하려는 의도다.

독자는 이 책을 읽으며 멀미를 느낄지도 모른다. 옮긴이는 그랬다. 수백 년 동안의 전쟁 회고록을 겹겹이 이어 붙여 만든 돛단배를 타고 철학과 문학의 바람이 사정없이 휘몰아치는 정치·사회·역사의 망망대해를 수개월 동안 떠돈 느낌이었다.

크리스토퍼 콜럼버스는 1492년 8월에 인도를 향해 출항했다. 당시 사람들은 육지가 바다보다 훨씬 크다고 생각했기 때문에, 콜럼버스도 아프리카를 돌아가는 것보다 대서양을 가로지르는 것이 인도에 닿는 더 빠른 항로라고 믿었다. 인도는 비단과 향료 같은 이국적인 상품이 넘쳐나고 황금과 보물이 가득한 동경의 땅이었고, 콜럼버스는 동양의 진귀한 물품들을 신속히 들여올 새로운 무역 항로를 찾아 나선 것이다. 몇 달간 망망대해를 항해한 끝에 뭍에 닿았고, 그는 그곳이 본래 항해의 목적지인 인도라고 생각했다. 하지만 그가 상륙한 뭍은 인도가 아니라 아메리카 신대륙이었다. 본래의 목적지에 도착하지 못했으니 콜럼버스의 항해는 실패였을까? 아무런 의미가 없는 시간 낭비였을까? 그렇지 않다. 오히려 인류와 세계를 위해 본래의 목적을 달성해 인도에 도착했을 경우보다 더 큰 영향력과 진보를 성취했다. 그의 신대륙 발견으로 세계는 더 이상 절반의 지구가 아니었다. 지구의 동과 서가 처음으로 하나로 연결되었기 때문이다. 그리고 이후 아메리카나 신대륙 탐험의 모험을 떠난 사람들이 모두 콜럼버스가 개척한 항로를 따라갔다.

우리가 대항해의 모험 끝에 신대륙을 발견한다면 더할 나위 없이 기쁘겠지만, 신대륙을 발견하지 못한다고 대항해의 모험이 전혀 무익한 시간 낭비는 아닐 것이다. 세상이 드넓은 것을 몸으로 느끼고, 철학과 문학의 바람이 만만치 않다는 것을 피부로 느꼈으니 말이다. 더군다나 정치·사회·역사의 망망대해를 건너는 것이 얼마나 힘겹고 두려운지 실감하고 그 두려움을 극복한다면, 다음에 다시 모험을 떠날 용기는 생기지 않겠는가? 옮긴이는 독자 여러분도 전쟁 회고록의 돛단배를 타고 망망대해를 향해 용감하게 대항해의 모험을 떠나길 바란다. 그리고 그 항해의 끝에서 눈부시게 푸른 신대륙을 발견하길 기원한다. 하지만 혹시 신대륙을 발견하지 못해도 실망하지 마시라. 다시 도전할 용기와 항로는 찾았을 테니.

김희주

이 책은 내 평생의 느낌과 경험의 산물이며, 이 책을 쓰는 것은 전쟁사 연구와 전쟁 경험에 대한 다분히 내 개인적인 관계를 마무리하는 행위였다. 다행히 대부분의 독자는 저자를 알지 못하므로 내 개인적인 삶의 이력에 구애받지 않고 책을 읽을 수 있다. 이 책에서 거론하는 많은 인물과 달리, 나는 개인적인 경험의 권위를 내세우며 주장을 펼치고 싶은 생각이 없다.

하지만 이 책의 성격이 개인적이어서 저술에 도움을 주신 분들께 감사 인사를 전하기가 쉽지 않다. 몇 분을 선정해 남다른 고마움을 전하는 것 자체가 까다롭고 오해할 소지가 있는 모험이기 때문이다. 대학교 은사들부터 편파적이고 편향적인 목록이 될 것이다. 학문적인 역사서는 인간의 현실을 관찰하고 정리하는 아주 독특한 방법이며, 책에 투입된 개인적 노력이 아무리 크다 해도 그것을 결합해 힘을 갖도록 하는 것은 틀이다. 따라서 내가 이 책을 쓰면서 가장 크게 빚진 것은 개인적 노력을 구체화하고 권위를 부여하는 인식의 틀을 가르쳐주고, 개인적 노력을 가공하는 방법을 가르쳐준 학문 공동체다. 무엇보다 나는 은사이자 멘토이신 히브리 대학의 베냐민 케다르Benjamin Z. Kedar 교수님께 감사의 뜻을 전한다. 마르틴 판 크레벨트Martin Van Creveld 교수와 스티븐 건Steven J. Gunn 박사께도 큰 빚을 졌고, 가브리엘 모츠킨Gabriel Motzkin, 애런 클레바노프Alon Klebanoff 교수께도 중요한 도움을 받았다.

책의 형식은 학문적이지만, 그에 비해 책의 내용은 학계의 영향을 크게 받지 않았다. 따라서 나는 조직적 영향은 차치하고 개인적 영향에 주목해 누구보다 먼저 내 오랜 친구인 사라이 아하로니Sarai Aharoni에게 감사하다는 인사를 전한다. 내게 결정적인 지적 자극을 준 적이 한두 번이 아니었다. 친구이자 동료인 톰 갈Tom Gal과 디에고 올스타인Diego Olstein, 야런 토런Yaron Toren, 아미르 핑크Amir Fink, 요시 머레이Yossi Maurey에게도 깊이 감사한다. 찰스 테일러Charles Taylor와 존 린John A. Lynn, 존 키건John Keegan, 바버라 애런라이크Babara Ehrenreich, 재레드 다이아몬드Jared Diamond, 일레인 스캐리Elaine Scarry 등 여러 학자분께도 감사드린다. 직접 뵌 적은 없지만, 이분들의 책이 내 생각에 영향을 주었고, 내게 새로운 지적 지평을 열어주었다.

히브리 대학의 제자들도 이 책에 중요하게 기여했다. 책에 담긴 생각의 많은 부분이 강의실에서 학생들과 나눈 토론으로 구체화되었기 때문이다. 신랄하게 비난받은 부분도 있다.

연구 조교 일리야 베르코빅Ilya Berkovic과 이얄 카츠Eyal Katz, 에바 스페르슈나이더Eva Sperschneider에게도 고마움을 표한다.

연구 프로젝트를 후원해준 야드 하나디브 연구재단에 큰 은혜를 입었고, 특히 재단의 넉넉한 후원을 받는 기쁨과 특권을 마련해준 나타니아

이사크Natania Isaak에게 은혜를 입었다.

끝으로 물심양면 지원을 아끼지 않은 가족께 깊이 감사드린다. 특히 나의 반려이자 평생의 동반자인 이치크Itzik에게 감사한다.

앞서 밝혔듯 무척 편파적이고 편향적인 목록이다. 책이 구체화되도록 큰 영향을 주었지만, 점잖은 학문적 형식에서 감사하다고 말하기 어려운 사람이 많다. 몇 주간 만난 멋진 낙하산병부터 내가 다른 일에 전념하고 싶을 때도 전쟁을 생각하지 않을 수 없게 만든 사담 후세인과 하산 나스 랄라Hassan Nasrallah까지.

그 밖에도 많은 분께서 영향을 주셨다. 내가 미처 알지 못하고, 내게 인정받지 못할 뿐이지만 말이다.

제 **1** 부

극한의 경험,
진리의 문을 열다

—

1865~2000년

1장

전쟁을 경험하면 비로소 보이는 것들

자아 발견

1778년 새뮤얼 존슨Samuel Johnson이 이런 말을 했다. "군인이 되어보지 못한 남자는 모두 자신을 초라하게 생각한다. 소크라테스와 스웨덴의 칼 12세Karl XII가 같은 중대에 있다고 가정해보자. 소크라테스는 '나를 따르라! 철학 강의를 듣자'고 말하고, 칼 12세는 검에 손을 얹으며 '나를 따르라! 차르를 권좌에서 몰아내자'고 할 때, 남자라면 부끄러워서 소크라테스를 따르지 못할 것이다."[1]

사실 존슨이 이 유명한 말을 남길 당시는 이미 전쟁과 철학 사이의 관계가 구축되어 있었으므로 칼 12세와 소크라테스 사이의 선택은 불필요한 일이었다. 계몽주의와 낭만주의의 영향으로 서양의 전쟁 문화가 바뀌고 있었고, 전장은 진리를 배울 수 있는 특별한 장소가 되어갔다. 따라서 남자다움을 증명하려는 사람이나 지혜를 얻으려는 사람이나 모두 칼 12세

를 따르는 것이 더 나은 선택이었다.[2]

반도 전쟁(영국, 스페인, 포르투갈 연합군이 이베리아 반도에 침입한 나폴레옹 군대와 싸운 전쟁_옮긴이)에 갓 참전한 젊은 영국군 장교 존 맬컴John Malcolm은 1813년 첫 전투를 앞두고 동료 장교들에게서 이런 말을 들었다.

"지금부터 24시간 이내에 나는 책만 쓴 그 어떤 현자나 철학자보다 더 현명해져 있을 거야."[3]

레프 톨스토이Lev Tolstoy의 《전쟁과 평화War and Peace》에서 주인공인 피에르 베주호프Pierre Bezuhov 백작은 진리를 찾아 수많은 철학자와 현자, 공작을 만나지만, 결국 거의 평생을 군에 바친 늙은 사병 플라톤 카라타예프Platon Karatayev의 모습에서 '영원한 진리의 화신'을 발견한다.[4]

맬컴과 톨스토이도 일조했지만, 근대 후기 서양의 전형적인 전쟁 경험담은 전쟁 경험을 자신과 세상에 대한 진리를 배우는 경험으로 묘사한다.[5] 경험담에 단골로 등장하는 주인공은 순진무구한 청년이며, 전쟁이 그를 현명한 참전용사로 변모시킨다. 전투는 반±신비적인 계시 경험으로 묘사된다.

베트남에서 처음으로 사람을 죽인 어느 미국인 병사는 "적의 얼굴을 살폈다. 경련이 멈추더니, 갑자기 그의 눈이 깜박거리지 않았다. 바로 그때 나는 삶의 비밀을 깨달은 것 같다"고 기록했다.[6] 포클랜드에서 전투가 한창일 때 기자에게 이렇게 외친 영국 공수부대원도 있다.

"저 자신에 대해 지금까지 평생 알고 있던 것보다 더 많은 것을 조금 전 10분 동안에 배웠습니다!"[7]

제2차 세계대전에 참전한 미국 병사는 첫 전투를 이렇게 기록했다.

"폭격이 천둥 치는 가운데 내가 탄 수륙양용 장갑차가 펠렐리우Peleliu 섬에 상륙하기 위해 불길이 치솟고 연기 자욱한 해변으로 출발하던 순간, 그 두려운 순간에 비춰보면 그 이전과 이후의 내 모든 삶이 무색해진다."[8]

제2차 세계대전 독일 참전용사는 특히 힘들었던 싸움을 언급하며, 전투가 벌어지는 동안 현실이 내 존재의 가장 깊은 곳을 건드렸다고 증언했다.[9] 이스라엘 작가의 반자전적 전쟁 소설에 등장하는 인물은 레바논에서의 경험을 이렇게 전한다.

> 무엇보다 중요한 평화만 아니라면, 그곳에서 제가 겪은 것들을 제 아이도 경험하게 하고 싶습니다. 그 도전과 고통, 공포를 말입니다. 그 때문에 저는 세상을 다르게 보게 되었습니다. 저 자신을 찾았고, 저에게 정말 소중한 것이 무엇인지, 가족에 대한 사랑, 삶에 대한 애정, 인생의 덧없음을 발견했습니다. 좋은 쪽이든 나쁜 쪽이든 아무튼 저는 그곳에서 성숙해졌습니다.[10]

흔히들 전투를 종교적 회개와 마찬가지로 탄생(불세례)에 비유한다. 이스라엘의 또 다른 참전용사는 《9월에 세 번 태어남Three Births in September》이라는 전쟁 회고록에서 전투 중 두 차례 부상한 경험을 거듭남으로 표현했다. "나는 1948년 9월에 태어났다. 1969년 9월 부상을 당해 거듭났고, 1984년 9월 부상으로 한 번 더 거듭났다."[11]

전투에 관해 자세히 설명하려는 참전용사들은 종종 전투를 현현顯現으로 묘사한다. 그 순간 시간의 흐름은 바뀌어 느려지거나 완전히 멈추고, 낯선 감각이 떠오르며, 익숙한 감각은 변화한다. 의식이 그 순간으로 완전히 빨려 들어가, 전투병은 전에 없이 생생하게 살아 있음을 느끼게 된다. 가장 기본적인 물리학 법칙이 왜곡되고 변화되며, 전투병들은 그

때까지 알지 못하던 층의 현실과 대면한다.[12] 에른스트 윙거Ernst Jünger 는《내적 체험으로의 전투Der Kampf als inneres Erlebnis》(1922년)에서 전투를 다음과 같이 묘사했다.

다시 말해 황홀경이다. 성자와 위대한 시인의 조건, 위대한 사랑의 조건이 위대한 용기를 지닌 사람에게도 허락된다. 사내다운 열정이 차고 넘쳐, 혈관을 솟구쳐 흐르듯 끓어 오른 피가 심장을 통과하며 부글부글 달아오를 지경이다. 그 어떤 도취도 능가하는 흥분이며 모든 구속을 끊는 해방이다. 그때 (전투 중) 개인은 격렬하게 몰아치는 폭풍 같고, 요동치는 바다, 으르렁거리는 천둥 같다. 그는 이미 모든 것으로 녹아들었기 때문이다.[13]

미군 숀 넬슨Shawn Nelson은 모가디슈(1993년)의 전투 경험을 더욱 구체적으로 설명했다.

그가 느낀 기분을 정확히 설명하기는 어려웠다. 현현과 비슷했다. 죽음이 가까이 있었지만, 전에는 그토록 완전하게 살아 있다는 기분을 느낀 적이 없다. 살아오는 동안 죽음이 스치고 지나는 것을 느낀 찰나의 순간이 있었다. 급하게 방향을 전환하는 과속 차량과 하마터면 정면으로 충돌할 뻔한 순간처럼 말이다. 이날 그는 내내 그런 느낌이었다. 세 시간 남짓 매 순간 죽음이 바로 눈앞에서 숨을 쉬는 느낌이었다. (······) 정신적으로나 육체적으로 의식이 완전히 깨어 있는 상태였다. 그 시간 도로에 있던 그는 숀 넬슨이 아니었다. 넓은 세상과의 연결이 완전히 끊어졌고, 공과금 걱정도 감정적 구속도 없었다. 아무것도 없었다. 그는 그저

10억분의 1초 단위로 매 순간을 살아내는 인간이었다. 마지막이 될지도 모른다는 사실을 절감하며 한숨 한숨 들이쉬는 인간이었다. 그는 자신이 이전과 완전히 다른 사람이 될 것 같은 느낌이 들었다.[14]

현현의 순간에 전투병에게 드러나는 진실이 무엇인지, 실제 참전용사가 전쟁에서 배우는 것이 무엇인지는 사람마다 크게 다르다. 하지만 전쟁이 남자다운 영웅심과 애국심, 전우애라는 긍정적인 진실을 밝혀주었다는 것이 많은 참전용사의 증언이다. 이런 것들은 무감각할 정도로 단조로운 평시에는 모호하게 숨어 있던 것들이다. 21세의 영국 육군 중위 헨리 폴 메인워링 존스Henry Paul Mainwaring Jones는 1917년 전사하기 사흘 전에 동생에게 이런 편지를 보냈다.

> 전쟁이 참혹하기는 하지만 어쨌든 대단하다는 사실에 대해 생각해본 적 있어? 전쟁 속에서 우리가 현실과 직접 대면하니 말이야. 평시에 세상 사람 십중팔구를 차지하는 천박하고 상업적인 생활의 어리석음과 이기심, 사치, 전반적인 옹졸함 등이 전쟁에서는 최소한 더 정직하고 솔직한 잔인함으로 대치되지. 이렇게 생각해보자. 평시에 인간은 개인의 하찮은 삶에만 매몰돼 자기 안위나 돈 문제 따위만 걱정하며 사소한 것에 매달리지. 다시 말해 자기 자신만을 위해 사는 거야. 얼마나 치사한 인생이냐! 이와 반대로 전쟁에서는, 네가 만일 정말 전사한다고 해도 어차피 언젠가 당할 일을 몇 년 앞당겼을 뿐이고, 조국을 지키다 '죽었다'는 만족감은 얻게 되지. 사실 네가 한 가지 이상을 깨달은 셈인데, 내가 아는한 네가 일상생활에서는 거의 깨달을 수 없는 이상이야. 일상생활이라는 것이 상업적이고 이기적인 바탕 위에서 굴러가기 때문이지. 속담에

도 이르듯 손을 더럽히지 않으면서 '성공'을 바랄 수는 없는 법이거든. 개인적으로 나는 전쟁을 겪게 되어 쾌재를 부를 때가 많아. 삶이 얼마나 사소한지 전쟁으로 깨달았기 때문이야. 전쟁이 모든 사람에게 '자신을 벗어날' 기회를 주었다고 할까. 내가 분명하게 말할 수 있는 것은 지난 4월처럼 대규모 작전을 개시할 때 느낀 그런 격렬한 흥분을 평생 경험한 적이 없다는 거야. 작전개시 전 30분 남짓 느끼는 흥분은 이 세상 그 무엇에도 비할 수 없어.[15]

에른스트 윙거 같은 파시스트 작가는 1920년대와 1930년대에 이런 투의 군국주의적 계시를 찬양했다.[16] 이후 자주 비판받았지만, 군국주의적 계시에 대한 찬양은 절대 사라지지 않았다.[17] 사실 공공연하게 전쟁을 반대하는 작가들도 전쟁이 전에 상상하지 못한 남자다운 전우애의 기쁨을 깨닫게 해주었다며 찬사를 보내는 경우가 드물지 않다.

그런가 하면 계시와 환멸을 동일시하는 전쟁 경험담도 있다. 이런 경험담에서는 순진무구한 젊은이가 영광을 꿈꾸며 전쟁에 뛰어들지만, 그가 전투를 통해 배우는 것은 영웅심과 애국심의 거짓 약속을 믿지 말고 기득권 세력을 두 번 다시 신뢰하지 말라는 교훈이다. 프랑스의 제1차 세계대전 참전용사인 장 노통 크뤼Jean Norton Cru는 "용기와 애국심, 희생, 죽음과 관련해 우리는 지금까지 내내 기만당했다. 첫 총성이 울리는 순간 우리는 참전용사에 관한 소문과 일화, 역사, 문학, 예술, 대중 연설 등이 모두 거짓임을 깨달았다"고 기록했다.[18]

이런 환멸 경험담은 또 다른 지배적 서사와 통합되기 쉬운데, 심리학 이론에 근거해 전쟁을 '트라우마'로 보는 이야기다.[19] 참전용사들이 적어도 어느 정도는 외상 후 스트레스 장애(PTSD)에 시달릴 게 분명하다는 일반적인 예상은 많은 경우 전쟁 계시라는 기본 주제의 또 다른 변주곡에 불과하다. PTSD 경험담은 부정적인 계시를 들려주는 경우가 많다. 전쟁에서 깨달은 무서운 진실이 순진무구한 '이웃 소년'을 전범이나 사회 부적응자, 미치광이로 변화시킨다는 것이다. PTSD 경험담은 거룩한 바보holy fool라는 토포스topos(정형화된 주제나 진부한 표현_옮긴이)를 반복한다. 혼자서 너무 많은 진실을 알게 된 거룩한 바보가 그 진실을 소화하지 못하는 사회에서 따돌림을 당하고 조롱을 받는다는 토포스를 되풀이한다. 하지만 거룩한 바보에 관한 전통적인 이야기와 마찬가지로 수많은 PTSD 경험담에서도 달갑지 않은 진실을 알고 있는 '미치광이'가 그러한 진실을 억압하려는 사회보다 당연히 더 현명하다.[20]

정치적 스펙트럼이 다양한 정치단체들도 전쟁 계시 경험담의 가치를 인정했다. 반전 베트남 참전군인회Vietnam Veterans Against the War와 이스라엘의 평화운동 단체 피스나우Peace Now가 내세우는 참전용사들은 종종 전쟁을 통해 올바른 정치적 입장을 구분하는 안목이 생겼다고 증언한다. 마찬가지로 동성애자의 '커밍아웃' 경험담이 전쟁 계시 경험담과 접목되어 '포화 속에서 커밍아웃'하는 경험담이 탄생하는 경우도 있다. 이런 경험담에서는 전쟁 경험이 단단한 금고문을 부수어 그때까지 숨겨오던 성적 진실을 드러낸다.[21]

끝으로 중요한 것은 전쟁 계시 경험담이 영적 전향 경험담과 성공적으로 결합해왔다는 사실이다. 근대 후기의 전쟁 경험담들 중에는 전쟁의 충격 덕분에 그리고 그에 따른 트라우마를 극복하는 과정에서 영적인 길을 발견한 사람의 이야기가 무수히 많다.[22] 근대 후기에 전쟁 때문에 전향한 이야기 중에서 가장 유명한 전형적 사례가 톨스토이의 《전쟁과 평화》에 나오는 안드레이 볼콘스키Andrei Bolkonski 공작이다. 나폴레옹을 귀감으로 삼는 안드레이는 자기 힘으로 세속적 성공과 명예를 거머쥐겠다는 열망에 불타 아우스터리츠Austerlitz 전장(1805년)에 도착한다. 하지만 그는 심각한 부상을 입게 된다. 그가 전장에 쓰러져 있을 때, 그 곁을 지나던 나폴레옹이 부상한 러시아 장교 안드레이를 가리키며 칭송한다.

"이 얼마나 훌륭한 죽음인가!"

하지만 그 말을 들은 안드레이는 이렇게 생각한다.

> 저 멀리 떨어진 영원한 하늘을 보았다. 안드레이는 그가 자신의 우상인 나폴레옹이라는 것을 알았지만, 그 순간에는 구름이 흘러가는 저 높고 무한한 창공과 자신의 영혼 사이에 일어난 일에 비해 나폴레옹이 너무나 작고 보잘것없는 존재로 보였다. 그 순간 자신이 바라보고 깨달은 높고 옳고 다정한 하늘에 비하면 나폴레옹이 몰두하는 모든 관심사가 하찮아 보였고, 알량한 승리에 기뻐하고 자만하는 영웅이 아주 작아 보였다. 사실 생명의 피가 빠져나가며 다가오는 죽음과 고통, 점차 희미해지는 의식에서 생긴 단호하고 엄숙한 생각들과 비교할 때 모든 것이 부질없고 하찮아 보였다. 안드레이는 나폴레옹의 눈을 쳐다보며 곰곰이 생각했다. 위대하다는 것이 얼마나 사소한지. 아무도 이해하지는 못하지만, 삶이 얼마나 하찮은지. 죽음은 또 얼마나 더 하찮은지. 살아 있는 사람은 이해할 수도 설명할 수도 없는 의미를 곰곰이 생각했다.[23]

안드레이는 완전히 다른 사람이 되어 아우스터리츠를 떠났다.

지금까지 전쟁이 진실의 계시와 아주 공고하게 연결되어, 흔히 일반적으로 평시나 평화는 환상과, 전시나 전쟁은 현실이나 진실과 연결한다. 이런 연결은 반전주의로 기운 현대 서양에서 군국주의 무기고에 남아 있는 가장 강력한 무기다. 카산드라(사람들의 믿음을 얻지 못하면서 불길한 일을 예언하는 사람_옮긴이)가 끊임없이 등장해서 평화가 환상의 장막으로 서양의 눈을 가리고 있으므로 서양은 지극히 거칠고 고통스럽게 눈을 뜰 것이라고 경고한다. (브루스 바워Bruce Bawer의《유럽이 잠든 동안While Europe Slept》은 소위 이슬람교도의 유럽 위협을 거론하며 불안을 조장한다).[24] 마크 보우든Mark Bowden은 이런 접근 방식을 미국의 소말리아 개입(1993년)과 관련해 요약 설명한다.

> 전쟁은 추하고 악했다. 분명한 사실이다. 그렇지만 이것이 여전히 지구 대부분에서 일을 처리하는 방식이었다. 문명국들이 비폭력으로 분쟁을 해결할 길이 있었지만, 이는 관련된 모든 사람의 양보 의지가 필요한 일이었다. 그런데 이곳 제3세계의 미욱한 사람들은 양보하는 법을 배우지 못했다. 엄청난 피를 보기 전까지는 조금도 양보하지 않는 사람들이었다. 승리는 싸우다 죽을 각오가 된 사람들의 몫이었다. 이들이 엄지손가락을 빨아 닳아 없어질 때까지 지식인들은 탁상공론을 이어갈 수 있겠지만, 현실 세계에서는 여전히 총구에서 힘이 나왔다. 소말리아의 굶주린 대중에게 먹을 것을 주고 싶다면, 먼저 아이디드Mohamed Farrah Aidid 같은 사람들을 제압해야만 했다. 왜냐하면 이들이 굶주림을 효과적인 수단으로 이용했기 때문이다. 연민으로 가득 찬 박애주의자들을 들여보내고, 손에 손잡고 기도를 하거나 소말리아 민요를 부르고, 신처럼 위대한 시엔엔CNN이나 비비시BBC의 관심을 불러일으킬 수도 있었지만, 두 눈을 커다랗게 뜬 아이들에게 다가갈 길을 여는 유일한 방법은 결국 더 많은 총을 들고 나서는 것뿐이었다. 그리고 현실 세계에서 성능

이 더 뛰어난 총을 더 많이 보유한 나라는 미국이었다. 관용이라는 인류의 이상을 널리 퍼트리려면 그럴 힘이 있는 사람들이 필요했다.[25]

몸으로 진리를 목격한 사람들

근대 후기에 전쟁 경험을 놓친 것을 애석해하는 사람들은[26] 얻기 힘든 지혜뿐만 아니라 남자다움을 인정받을 수 있는 기회도 놓쳤다며 안타까워한다.[27] 이런 전제를 바탕으로 한 최고의 책이 앤서니 로이드Anthony Loyd의 《지나간 전쟁을 그리워하며My War Gone by, I Miss It so》(1999년)다. 영국인 로이드는 전쟁을 직접 경험하기 위해 비전투원 신분으로 처음에는 보스니아, 그다음으로 체첸 공화국에 발을 디뎠다. "사람에게 총을 쏘는 기분이 어떤지 알고 싶었다. 그것이 훨씬 더 많은 것을 이해할 수 있는 열쇠라고 느꼈기 때문이다. 그 열쇠를 반드시 찾아내야 했다."[28] 그는 보스니아에서 어떤 사람들을 만나게 되는데, 그들은 "나보다 훨씬 더 신랄해서 '살인이 어떤 느낌인지 알고 싶다'고 직설적으로 이야기했다."[29] 그의 희망사항은 대체로 충족되었다. 전쟁 경험으로 "새로운 것을 이해하도록 해주는 문이 처음에는 서서히 열리다가 활짝 열린 것 같았다."[30] 귀국 후 그는 유명 인사가 되었다. "런던의 친구들은 '전쟁이 어땠는지' 무척 궁금해했다."[31]

150년 전 톨스토이는 《전쟁과 평화》에서 첫 전투를 앞둔 사람의 심정을 이렇게 묘사했다.

"삶과 죽음을 가르는 경계와 같은 저 선을 한 발자국만 넘어서면 미지의 고통과 죽음이 도사리고 있다. 그리고 무엇이 있을까? 누가 있을까?

아무도 모른다. 하지만 그것을 알고 싶어 하지 않는 사람이 있을까?"[32]

　도대체 전쟁의 무엇이 진리를 계시한다는 것일까? 대부분의 참전용사는 전쟁의 극한 육체적 상황을 꼽는다. 배고픔과 추위, 탈진, 부상, 눈앞의 죽음, 그리고 때로는 살인의 전율과 아드레날린이 솟구치는 전투의 흥분 등을 꼽는다.[33] 참전용사들은 논리적으로 사고하는 합리주의의 권위와 눈으로 목격하는 객관적인 과학의 권위를 포기하고 '몸으로 목격한' 본능적 권위를 주장한다. 이들은 사상가도 아니며 단순한 목격자도 아니다. 차라리 이들은 몸으로 지혜를 배운 남자들(혹은 가끔 여자들)이다.

　근대 후기 참전용사들은 몸으로 목격한 사람의 권위를 세우기 위해 우선 대중의 머릿속에 몸으로 목격한다는 개념을 심어야 했다. 이들은 극한의 전쟁 경험을 설명하며 두 가지 기본적인 상용구를 반복해서 사용함으로써 이 문제를 해결했다. "설명할 수 없다"와 "그곳에 가보지 않은 사람은 이해할 수 없다"는 말이었다. 눈으로 목격하는 것이나 과학적 관찰과 몸으로 목격하는 것을 근본적으로 구분하는 것이 이 상용구들이다. 눈으로 목격하고 과학적으로 관찰하여 얻은 지식은 사실에 기초하므로 다른 사람들에게 전달하기가 쉽다. 과학자라면 자기가 시행한 실험을 설명할 수 없다거나 다른 사람들은 그 실험을 감히 이해할 엄두도 내지 못한다는 말을 절대 하지 않을 것이다. 다른 과학자들이 나중에 같은 실험을 되풀이하지 않고도 결과를 신뢰할 수 있는 방식으로 전달 가능한 실험을 수행하는 것이 베이컨주의 과학의 핵심이다. 사법체계에서는 목격자가 권위를 내세움으로써 오히려 자기 권위를 실추시키는 경우가 종종 있다. 목격자는 자기가 눈으로 본 내용을 다른 사람들에게 전달하면 그만이다. 목격자의 증언을 들은 사람들도 그가 아는 만큼 알게 되기 때문이다. 살인사건 재판에서 목격자는 자기가 본 내용을 판사에게 이야기한다. 목격자의 증언이 끝나면 판사도 목격자가 알고 있는 모든 것을 알 게 된다. 그리고 사건에 대한 판결을 내리는 사람은 목격자가 아니라 판 사다.

그에 반해 몸으로 목격한 사람은 절대 자기가 알고 있는 내용을 다른 사람에게 분명하게 전달하지 못한다. 자기가 목격한 것을 확실하게 설명 하지 못하고, 듣는 사람도 확실하게 이해하지 못하는 것이다. 몸으로 목 격한 사람이 자기 권위를 거듭 내세운 후에도 계속해서 자기가 목격한 것을 발표하고 판단을 내릴 특권을 누리는 것도 그런 이유 때문이다. 오 늘날에는 많은 사람이 전쟁을 직접 몸으로 목격하지 않고 텔레비전 생 방송을 통해 눈으로 목격하므로, 눈으로 목격한 것과 몸으로 목격한 것 을 구분하는 것이 한층 더 중요하다.

몸으로 목격했다는 독특한 권위를 만든 후, 참전용사들은 평시의 민 간인들이 모르는 극한 육체적 경험, 특히 육체적 고통을 극심하게 겪은 사건을 반복적으로 이야기함으로써 그 권위를 차지한다. 제2차 세계대 전 당시 독일 육군으로 복무한 기 사예르Guy Sajer가 그런 경우다.

전혀 아무런 고생도 하지 않고 전쟁을 배우는 사람이 너무 많다. 이들은 따뜻한 벽난로 앞에서 안락의자에 편안히 앉아 다음 날도 평소처럼 직 장에 나갈 준비를 하면서 베르됭 전투나 스탈린그라드 전투에 관한 글 을 읽지만 이해하지 못한다. 그런 이야기를 읽을 때는 억지로라도 불편 하게 읽어야 한다. 진흙 구덩이 속에서 그런 사건들을 편지로 써서 집에 보내지 않아도 되는 자신을 다행으로 여기면서. 전쟁에 관한 이야기는 모든 일이 틀어지는 최악의 상황에서 읽어야 한다. 평시의 고통은 하찮 으며 새치만큼의 고민거리도 아니라는 것을 기억하며 읽어야 한다. 평온한 평시에는 정말 심각하게 고민할 것이 하나도 없다. 급여 문제로 정말 고민할 사람은 바보뿐일 것이다. (……) 베르됭 전투나 스탈린그라드 전투에 관한 글을 읽은 후 커피를 마시며 친구들에게 이론을 풀어놓는 사람은 아무것도 이해하지 못한 사람이다.**34**

사예르가 민간인 독자에게 전하는 메시지는 안락의자에 편히 앉아 커피를 마시면서 그의 경험담을 읽는 것만으로는 그가 알고 있는 것을 확실하게 알 수 없다는 것이다. 따라서 사예르의 경험담을 읽고 배울 수 있는 유일한 지식은 우리가 전쟁을 이해하지 못하고 이해할 수도 없으므로 전쟁에 대한 사예르의 지식과 판단을 신뢰해야 한다는 것이다.

네티바 벤예후다Netiva Ben-Yehuda의 글도 대체로 비슷한 맥락이다. 그녀는 시오니즘을 체계화한 정치인과 철학자를 겨냥해 이스라엘 독립전쟁 당시의 경험을 들려준다.

여러분이 위원회나 의회, 협의회에 참석해 비전을 제시하고 토론하고 체계화하지만, 모두 뻔한 속임수다. 설령 '대체토론General Debate'에 참석한 유대인이 모두 프록코트를 입고 실린더 모자를 쓰고 있다 해도, 선지자 중의 선지자요 선지자의 왕인 의장(곧 테오도르 헤르츨Theodor Herzl: 헝가리 출신의 저널리스트로 시오니즘 운동의 지도자_옮긴이)의 턱수염이 아무리 멋지다 해도 뻔한 속임수다. 여러분이 원하는 것이 전쟁인가? 그런가? 그렇다면 여기 있으니, 가져가라! 그럼 이만 나는 돌아가겠다. 여러분은 걱정할 게 없다. 정확히 여러분이 원하는 것을 현재 우리가 행동으로 옮기고 있으며, 앞으로도 그럴 것이다. 하지만 여러분이 반드시 알아야 할 것이 있다. 이것만은 알아두어야 한다. 바로 여러분이 전혀 아무것도 모른다는 사실이다. 여러분은 자신이 우리에게 무슨 짓을 했는지 알지 못한다. 여러분은 자신이 원하는 것이 무엇인지 알지 못한다. 그것이 무엇인지 모른다. 전혀 모른다. 아침부터 저녁까지 토론하고, 자고 일어나 다시 아침부터 저녁까지, 매일매일 평생을 토론해도, 자신이 토론하는 것이 무엇인지 짐작도 하지 못할 것이다. 우리, 바로 우리가 실마리를 쥐고 있다. 우리가 여러분에게 말해줄 것이다. 여러분이 알 수 있도록, 최소한 알 수 있도록. 우리가 이곳(전장)에서 돌아가 말해줄 것이다. 여러분이 떠드는 것에 대해 정확히, 아주 정확하게 전부 알려줄 것이다. 여러분이 원하는 것이 무엇인지 우리가 여러분에게 말해줄 것이다. 왜냐하면 우리, 바로 우리가 그것을 알기 때문이다.[35]

또 다른 자리에서 벤예후다는 민간인 친구들에게 이렇게 말한다.

"너희들은 그곳에서 우리가 무슨 일을 겪었는지 털끝만큼도 상상하지 못해. 아무것도 이해하지 못해. 이야기만 듣고 신문 기사만 읽어서는 아무것도 이해할 수 없어. 너희들이 직접 그 안에 들어가야 비로소 이해할 수 있어."[36]

군국주의 참전용사들의 주장도 정확히 같은 맥락이다. 벤예후다처럼 아돌프 히틀러도 《나의 투쟁Mein Kampf》에서 '큰소리만 치고' 전쟁터에는 다른 사람을 내보내는 정치인들을 가차 없이 비난했다.[37] 그는 제1차 세계대전의 경험을 이렇게 기록했다.

내적인 권리도 없으면서 만세를 부르는 것은 거의 죄악이라는 생각이 자주 들었다. 모든 경쟁이 끝나고 운명의 여신이 얼마나 신념이 진실하고 확고한지에 따라 민족과 남자를 준엄한 손길로 저울질하는 자리에서

자격을 인정받은 사람 외에는 그 누구도 만세라는 단어를 사용할 권리가 없기 때문이다.**38**

에른스트 윙거는 극단적인 독일 애국자이지만, 1914년에 자신과 동지들이 참전한 일을 비꼰다.

> 1870년의 독일 이상을 추진하기 위해서였다. (……) 우리는 비처럼 쏟아지는 꽃잎 세례를 받으며 영웅적인 죽음을 찾아 출발했다. 전쟁은 위대함과 힘, 영광을 추구하는 우리의 꿈이었다. 전쟁은 남자의 임무였으며, 들판의 꽃잎들을 피로 적실 결투였다. 세상에 이보다 훌륭한 죽음은 없다. (……) 석회질이 풍부한 샹파뉴의 옥토를 진군하며 우리의 열정이 식어갔다. 배낭과 탄약, 소총이 납덩어리처럼 무겁게 우리를 짓눌렀다.**39**

곧이어 첫 번째 폭격을 목격하고 처음으로 사상자들이 나오기 시작하며 이들의 환멸도 깊어졌다.

> 피를 뒤집어쓰고 사지를 늘어뜨린 채 이미 죽음이 목을 조여오는 듯 쉰 목소리로 살려달라 외치는 형체를 바라볼 때 비현실적인 느낌이 나를 옥죄었다. (……) 그렇다면 이 모든 것의 정체는 무엇일까? 전쟁이 발톱을 드러내고, 유쾌한 가면을 뜯어냈다. (……) 전우들과 이야기를 나누며 나는 이 사건으로 그들의 군인다운 열정이 다소 꺾였음을 알 수 있었다. 이 사건은 내게도 영향을 미쳤다.**40**

납덩어리처럼 무거운 장비를 짊어지고 고단한 행군을 이어가며 육체적 고통을 견디던 그들은 애국적 환상이라는 마음의 짐을 내려놓았고, 너덜너덜 찢긴 시체를 보자 그나마 남아 있던 환상도 완전히 사라졌다.

이처럼 정치 스펙트럼 전반에 걸쳐 참전용사들은 지식인들의 탁상공론을 비난하고, 자신을 스스로 몸으로 목격한 사람으로 묘사하며, 가혹한 육체적 상황만이 평시에 뒤섞인 정신적 쭉정이와 밀을 가려내 진정 믿을 만한 진실을 끌어낸다고 강조한다. 지식인들은 이 진실을 되작이며 논평을 달고, 그에 관한 이론을 고안하고, 반박할 논거를 구상할 것이다. 하지만 모두 착각이라는 것이다. 지식인들은 자신이 말하는 것이 무엇인지 모르기 때문이다.

사실 이런 식으로 주장하는 참전용사들은 종교 선지자들이 누대에 걸쳐 이용하고 흔적을 남기며 잘 다져놓은 길을 따라 걷고 있다. 시대를 불문하고 신비주의자들은 자신의 경험을 이해하고 판단할 수 있는 사람은 오직 그 경험을 공유한 사람뿐이며, 따라서 이러한 경험에서 우러난 지식과 권위는 비판을 초월한다고 주장했다.[41] 일례로 루터교 목사인 요한 아른트Johann Arndt는 《참된 그리스도교True Christianity》(1605년)에서 신과 신비적 합일을 이루는 환희를 설명하려 했지만, 이런 말밖에 할 수 없었다.

"경험하지 않은 사람 외에는 아무도 이해하지 못한다. 인간이 이것을 느끼고 경험할 수는 있지만, 표현할 수는 없다."[42]

전쟁을 해석하는 두 개의 시선

극한의 경험이 드러내는 진실

독자 여러분이 반드시 기억해야 할 것이 있다. 이 책에 계속 등장하는 '계시'라는 말이 근본적으로 종교와 연결된 것이 아니라는 사실이다. 계시란 지식을 얻는 특정한 방법이지 특정한 지식을 가리키는 말이 아니다. 보통 우리는 탐구와 관찰, 연구, 분석이라는 통제된 과정을 거쳐 새로운 종교적, 역사적, 과학적, 개인적 지식을 얻는다. 이에 반해 개인의 의지와 상관없이 어떤 외부의 힘이 새로운 지식을 우리에게 떠안길 때, 우리는 '계시를 받았다'고 말한다. 계시로 얻은 지식은 그 어떤 '통제된' 방법으로는 얻을 수 없는 것이 대부분이다. 계시를 주는 외부의 힘은 신일 수도 있고, 자연 현상일 수도 있으며, 전쟁처럼 인위적인 경험일 수도 있다. 계시의 내용 또한 종교적일 수도 있으며, 정치적이거나 예술적, 심리적 내용일 수도 있다.

그렇다고 해서 계시가 단지 지식을 얻는 방법에 불과한 것은 아니다. 지식을 얻는 다른 모든 방법이 그렇듯 계시는 권위의 토대가 되기도 한다. 중세와 근대 초기에 종교적 계시 경험은 아주 중요한 권위의 원천이었다. 사회적 영향력을 박탈당한 사람들에게 특히 중요했다. 가령 프랑스의 시골 처녀 잔 다르크는 중세의 신분 피라미드에서 맨 밑바닥에 있었지만 오직 종교적 계시를 통해 군사적, 정치적 지도자를 꿈꿀 수 있었다.[1] 근대 후기 일반 사병들도 이와 비슷하게 전쟁 계시 경험을 강조하며 기득권 세력에 도전하고 정치적 권위를 확보하고자 했다. 히틀러부터 반전 베트남 참전군인회에 이르기까지 모든 일반 사병이 전쟁이라는 극한의 경험을 통해 전장에서 계시받은 진실을 근거로 정치적 권력을 행사할 자격과 의무를 주장했다. 또한 그 진실이 전하는 메시지가 오직 참전용사만을 위한 것이 아니라 인류 전체를 위한 것이므로 종교 선지자처럼 메시지를 전파하는 것이 참전용사들의 신성한 사명이라고 주장했다.

전쟁 경험이 없는 시민이 〈타임〉 지에 기고한 글을 보면, 이런 논리에서 얻게 되는 정치적 이익이 무엇인지 알 수 있다. 팔루자 전투(2004년) 당시 부상을 당해 비무장 상태로 모스크에 숨어 있던 이라크 군인을 미 해병이 사살한 사건이 있다. 사건이 보도되자 존 라일리John Riley라는 시민이 이런 기고문을 보냈다.

> 나는 그 해병에게 전혀 악감정이 없다. 폭탄을 실은 차가 폭발하고, 길에서 로켓탄이 발사되고, 시체에 부비트랩을 설치하고, 친구처럼 대하던 이라크 시민이 다음 날 총을 겨누는 등, 이라크에서 그 해병과 동료들은 내가 상상조차 할 수 없는 일들을 겪었기 때문이다. 안락의자에 앉아 모스크 사건을 비난하는 장군들에게 나는 이렇게 말하고 싶다. 총을 들고

몇 주 동안만 그 해병의 삶을 살아보라. 그리고 당신이 어떻게 반응하는지 보라.[2]

터키 총리 레제프 타이이프 에르도안Recep Tayyip Erdogan(총리를 거쳐 2014년 대통령에 당선_옮긴이)도 같은 생각이다. 2006년 4월 터키 보안군이 쿠르드 시위대에게 발포해 민간인 16명을 사살했을 때, 유럽연합 의회가 이를 신랄하게 비난하는 문서를 터키 정부에 보냈다. 에르도안은 발끈했다.

"이따위 문서를 쓰는 사람들은 먼저 와서 (보안군이) 무슨 일을 겪고 있는지 경험해야 한다."[3]

그런데 극한 육체적 상황이 드러내는 진실은 정확히 무엇일까? 무거운 배낭을 메고 걷거나 시체를 보는 것이 도대체 어떻게 애국적 이상을 떨쳐내거나 새로운 전우애의 진리를 세울 수 있을까? 일레인 스캐리Elaine Scarry가《고통받는 몸The Body in Pain》에서 이 문제를 아주 훌륭하게 설명했다. 스캐리는 참전용사도 아니고 참전용사들의 전쟁 경험담을 직접 인용하지도 않았지만, 참전용사들을 전에 없이 투명하고 깊이 있게 다룬 그녀의 책은 참전용사들의 주장과 대체로 유사하다.

전쟁의 환희는 차치하고, 육체적 고통이 정신의 내용물을 왜곡하고 결국 완전히 없앤다는 것이 스캐리의 기본 통찰이다. 고문을 분석하는 부분에서 스캐리는 인간이 극심한 고통을 당하면 한 사람의 자아와 세계를 구성하고 언어를 만들고 결국 언어에 의해 기능하는 심리적·정신적 내용 모두, 말 그대로 생각과 느낌으로 창조된 모든 세계가 소멸한다고 기록했다.[4] 곧 고통이 다윈의 진화론을 대신해 현실을 시험하는 것이다. 편안한 상태에 있을 때 인간의 정신은 무수히 많은 사상과 관념, 환상을 만들고, 이 정신적 창조물을 현실이라고 생각하며 애착을 느낄 수 있다. 인간은 편안하게 지내는 한 정신이 창조한 환상과 현실을 구분하지 못하기 때문이다. 하지만 고통을 당하면 비현실적이고 비본질적인 환상은 정신에서 사라지고 결국 현실적이고 본질적인 것만 남게 된다.

스캐리는 같은 논리를 적용해 전쟁을 집단 현상으로 분석한다. 그녀는 전쟁이 발발하기 전 양측이 각각 많은 관념과 환상을 포함한 집단 정체성을 만들어내고, 이런 관념과 환상들이 처음에 전쟁을 일으킨다고 주장한다. 그리고 최소한 어느 한쪽은 전쟁을 수행하며 "전쟁에 수반되는 고통 때문에 지각知覺 반전을 겪게 되고 (……) 그 지각 반전 속에서 과거에 국가 정체성의 필수적인 본질로 자각했던 요구나 사안 혹은 요소들이 점점 불필요하거나 대체가능한 것으로 보이기 시작한다. 그렇다고 해서 (우려한 것처럼) 국가 정체성이 상쇄되거나 해체되거나 회복 불가능하게 손상되는 것으로 보이지도 않을 것"이라고 주장한다.[5] 예를 들어 독일인은 두 차례나 끔찍한 세계대전을 겪으면서 알자스로렌 지방 점유가 독일 정체성에 반드시 필요한 것은 아니라고 확신하게 되었다. 한편 교전자들에게 영향을 주는 다른 이상이 전쟁을 통해 훨씬 더 큰 힘을 얻는다. 현실의 시험을 통과하며 최악의 상황에서도 현실적이고 가치 있다고 증명된 이상이기 때문이다.[6]

다른 이상이 전쟁의 시험을 거쳐 살아남으리라는 것을 지적인 묵상으로 예견하지 못하는 이유는 바로 이 지적 묵상에 문제가 있기 때문이다. 벤예후다와 히틀러 같은 인물들이 전장에서 시험해야 할 이상을 만들어내는 사람이 프록코트를 입고 협의회에 앉아 있는 지적 선지자들이기 때문이다.

20세기 전쟁 회고록에서 작동하는 논리가 정확히 이것이다. 전쟁 전에 회고록 저자의 정신은 문학과 예술, 역사서, 구전 설화, 선전 등에서 받아들인 이상으로 가득 찬 창고다. 전우애와 애국심, 인류애 같은 이상이 가득하다. 그는 전쟁 전에는 그중에서 어느 것이 현실에 충실한 이상인지, 어느 것이 근거 없는 환상인지 구분하지 못한다. 전쟁이 시작되고 전투원이 겪은 고통이 이 둘을 구분한다. 애국심처럼 육체적 고통과 맞닥뜨리자 정신에서 사라지며 자연스럽게 환상으로 드러나는 이상도 있고, 전우애처럼 최악의 어려움을 견디며 전에 상상한 것보다 더 현실적인 것으로 밝혀지는 이상도 있다.

여기서 한 가지 짚고 넘어갈 것이 있다. 스캐리와 달리 참전용사들은 가끔 비할 데 없는 고통뿐 아니라 견줄 데 없는 환희도 극한 육체적 경험에 포함한다는 사실이다. 가령 필립 카푸토Philip Caputo는 베트남 정글에서 소대를 지휘하며 경험한 소규모 접전을 이렇게 전한다.

> 술에 취해 달뜬 기분이었다. 갑자기 위험에서 벗어났기 때문만은 아니었다. 집중 포화가 쏟아지는 가운데 내가 지휘하는 소대가 임무를 완벽하게 수행하는 모습을 보니 전율이 느껴져 그런 기분이 들었다. 전에는 결코 예상하지 못한 일이었다. 전열이 방향을 바꿔 적의 총알이 쉭쉭 스쳐 지나는 공터를 가로질러 돌격하고, 다시 방향을 바꿔 돌진하는 모습을 볼 때, 오르가슴처럼 저릿한 통증이 내 온몸을 깊이 뚫고 지나갔다.[7]

여기서 한 걸음 더 들어가 질문해보자. 그처럼 극도의 환희나 고통의 순간에 정말 무슨 일이 일어나는가? 육체가 어떻게 사고 과정을 통제할 수 있는가? 아리엘 글루크릭Ariel Glucklich도《신성한 고통Sacred Pain》에서 이 문제를 다룬다. 그는 이 질문에 대해 생물학적인 답변을 시도하며, 고통이 끌어내는 의식 상태, 인지적 감정적 변화가 개별 주체의 정체성에 영향을 미치고, 더 큰 공동체 혹은 더 근본적인 존재 상태에 대한 개별 주체의 소속감에 영향을 미치는 과정을 보여준다.[8] 그는 유기체가 구심성으로 (주변에서 중심으로) 움직이는 입력 신호들의 공세를 받으면 모든 정신 현상이 최소화되는 결과를 일으킬 수 있다고 주장한다. 예를 들어 이런 것이다.

> 피부가 불쾌한 감각적 자극의 공격을 받으면, 현상적 장phenomenal field
> 이 급속히 단순해지며 정신적 이미지(심상心像) 공백 상태가 된다. 사실상
> 단순한 체화體化로 축소된다. 모든 감각 양상에서 입력 신호의 충격이
> 과도하면 사실상 출력 신호 차단 상태가 만들어지며, 가수면 상태나 심
> 리적 붕괴 같은 해리解離 상태에 빠진다.[9]

또 다른 곳에서 글루크릭은 이렇게 말한다.

> 신체에 고통 형태의 자극을 더 많이 주면 줄수록 중추신경계는 자아감
> sense of self에 필요한 신호를 조절하는 영역에서 점점 더 적은 출력 신
> 호를 만들어낸다. 변조된 고통이 개인의 개별적인 주체라는 느낌을 약
> 화시키는 것이다. 다시 말해 변조된 고통이 '신체 자아'를 투명하게 만들
> 어 새로운 정체성이 출현할 수 있도록 한다.[10]

과연 이 생물학적 답변을 육체와 정신의 관계를 이해하는 데 적용할 수 있을지는 의심스럽다. 서양 문화에서 아주 중요한 정신과 육체의 이분법이 분명히 생물학적 의미를 포함하지 않기 때문이다. 하지만 문화

적, 역사적 관점에서 글루크릭의 답변은 근대 후기 서양의 전투원들이 육체의 혁명을 위해 사용한 설명과 일치한다. 근대 후기 서양 전투원들은 육체와 정신이 서로 조화를 이루지 못하고 외부 세계에 의해 그리고 서로 상대방에 의해 무력적으로 '폭행'당하고 '공격'당한다고 보는 서양의 오랜 전통을 이어받아, 육체와 정신의 관계를 다음과 같이 설명하는 경향이 있다.

평상시에는 육체가 정신에 감각 데이터를 보내고, 감각 데이터는 정신의 해석을 얌전히 기다린다. 하지만 큰 고통(혹은 환희)의 순간에는 이 감각 데이터가 기다리지 않는다. 감각 데이터가 정신을 압도해 정신의 내용물 일부를 강제로 지우고 그 자리에 다른 내용물을 집어 넣는다. 만일 총에 맞았다는 정보를 정신에 전달하기 위해 손에서 긴급한 고통 신호가 출발했는데, 정신이 '신성한 내 조국을 위해 죽는 것은 영광이다' 등의 생각으로 가득 차서 빈자리가 없는 것을 발견한다면, 고통 신호는 억지로 틈을 파고들며 그 과정에서 애국적 환상을 밀어낸다.[11]

회고록 저자들은 피부 밑에서 벌어지는 일을 설명할 때뿐만 아니라 정치적 성명을 발표할 때도 이러한 문화적 이미지를 이용했다. 이 이미지에 따라 육체가 반란을 일으켜 정신으로부터 관념을 창조하고 사고하는 힘을 빼앗는 것과 마찬가지로 많은 일반 사병은 국가의 뼈와 살을 이루는 자신들이 반란을 일으켜 국가의 정신, 곧 정치인과 성직자, 철학자에게서 사고하고 결정하는 힘을 빼앗아 오는 꿈을 꾸었다.

육체가 통제권을 장악해 평시에 정신을 무겁게 짓누르던 무기력을 제거하면 어떻게 될까? 이에 대한 참전용사들의 생각은 일치하지 않는다. 관념론 대 유물론으로 나뉘어 서로 격렬히 맞선다.

특히 반전작가로 대표되는 관념론자들은 궁극적으로 정신(혹은 영혼)

이 육체보다 우월하다고 주장한다. 평시에 퇴폐적인 생각들이 달라붙어 정신을 오염시키지만, 전시에 육체는 퇴폐적인 생각들만 골라서 제거한다. 퇴폐적인 생각들이 제거되면, 가장 순수한 정신의 핵심이 다시 부상해 육체로부터 통제권을 되찾아온다. 전쟁에서 생겼거나 최소한 전쟁으로 정화된 새로운 긍정적 이상이 시련을 이기고 등장하며, 가장 순수한 정신의 핵심은 이 긍정적 이상을 지키기 위해 아무리 큰 육체적 고통도 견뎌낸다는 것이다. 따라서 관념론자들은 전쟁을 긍정적인 재생 경험으로 보곤 한다. 그 경험에서 육체가 필수적인 역할을 맡고 있지만, 결국 그 경험의 결말은 '의지의 승리'다.

제1차 세계대전 당시 자신이 겪은 과정을 설명한 히틀러의 글이 좋은 예다. 그가 첫 전투를 치르는 동안 전투의 낭만이 공포로 대치되었다. 열정은 점점 식었고, 넘치는 기쁨은 죽음의 공포에 압도되었다.[12] 다음 순간 히틀러는 '이성'의 탈을 쓰고 나타나 '나약한 육체'에 호소하는 상상으로 고통스러웠다. 그 상상은 히틀러에게 달아나라고 겁박했다. 하지만 그의 내면에서 의무감의 목소리가 그 상상에 맞섰다.

> 1915년에서 1916년으로 넘어가는 겨울, 나는 이 싸움의 승부를 결정지었다. 마침내 나의 의지가 반박할 여지 없이 승자가 되었다. 처음 며칠 동안은 환호하고 웃으며 돌격했지만, 이제 나는 차분하고 단호했다. 그리고 그런 상태는 변하지 않았다. 이제 운명이 제아무리 호된 시련을 준다 해도 나의 신경은 손상되지 않으며 나의 이성은 약해지지 않을 것이다. 어린 지원병이 노련한 군인이 된 것이다.[13]

에른스트 윙거는 관념론적 사고방식을 한결 더 분명하게 토로한다.

그는 제1차 세계대전 당시 복무한 경험을 이렇게 회고한다.

나는 아주 유쾌하게 전쟁에 뛰어들었다. 청춘의 자부심이 넘치는 축제라도 벌이는 기분이었다. 하지만 치열한 전투 현장에 들어서자, 내가 지켜야 할 이상이 무엇인지 생각할 겨를이 없었다. 이제 와서 돌이켜보면, 나는 죽음을 운명으로 타고난 세대로서 가장 중요한 성장기 4년을 동굴과 연기 자욱한 참호, 탄피들이 반짝이는 쓰레기 더미 속에서 지냈다. 그리고 나 자신은 거의 살필 겨를도 없이 이런 고통으로부터 조국의 개념이 더욱 깨끗하고 맑은 정수로 증류되었다. 이것이 그토록 자주 모든 사람이 목숨을 걸고 덤빈 게임의 최종 상금이었다. 나에게 이제 국가는 상징들의 베일에 싸인 공허한 개념이 아니다. 국가를 위해 희생한 그 많은 죽음을 목격하고, 나 자신도 국가의 명예를 위해 밤이고 낮이고 어느 순간에도 한치 망설임 없이 목숨을 던지라고 단련을 받았으니, 당연한 일 아닌가? 이상하게 들리겠지만, 엄청난 비용을 들여 물질적 전쟁을 치른 이 4년 동안의 현장 교육을 통해 나는 배웠다. 어떤 이상을 위해 헌신하겠다고 맹세하지 않는 삶은 깊은 의미가 없다는 것을. 그리고 개인이나 한 민족의 삶과 비교할 수 없을 만큼 중요한 이상이 있다는 것도 배웠다. 비록 전체 부대의 일개 원자에 지나지 않는 내가 개인적으로 추구한 목표를 달성하지 못했고 물리적 힘이 우리를 땅바닥에 내박친 듯 보이지만, 최종적으로 우리는 대의명분을 지키고 필요한 경우에는 그에 걸맞은 남자로 죽어야 한다는 것을 배웠다.[14]

종교적인 회고록 저자들도 이와 비슷하게 관념론적 입장을 견지한다. 1973년 아랍-이스라엘 전쟁 당시 전선의 병사들에게 배송된 유대교 학교 예시바Yeshiva의 신문에 다음과 같은 편지가 실렸다.

> 전쟁의 시간은 위기의 시간이다. 전쟁의 불길 속에서 물질 구조가 녹아내리고, 사고와 행동의 방식과 방법 등 정신 구조마저 녹아내린다. 전투를 벌이는 동안 인간의 영혼을 둘러싼 겉껍질이 벗겨져 나가며, 인간이 때로는 자기 영혼의 심연과 자기 내면, 일상의 삶에 가려진 오래되고 군건한 진실과 직접 맞닥뜨린다. 이때 인간은 사물을 더 철저하게, 더 폭넓게, 더 깊게, 더 진실하게 관찰한다.[15]

관념론 vs 유물론

관념론과 반대로 유물론적 참전용사들은 육체를 넘어서 나아갈 곳이 없다고 믿는다. 육체가 일단 통제권을 넘겨받으면 계속해서 통제권을 유지하며, 그 때문에 해방되는 '더 순수한 정신'은 존재하지 않는다고 생각한다. 유물론에 따르면 전쟁으로 드러나는 가장 중요하고 심오한 진실은 간단하다. 인간이 물질이라는 것이다. 이런 생각을 보여주는 좋은 예가 조지프 헬러Joseph Heller의 《캐치-22Catch-22》다. 제2차 세계대전에 참전한 저자의 책은 20세기 후반 전쟁 문화의 초석이 되었다.

소설은 거의 모든 군대 관습을 신랄하게 비판하고 풍자한다. 이 소설의 통렬한 비판이 힘을 갖는 이유는 군대 현실의 더 깊은 층에 호소하기 때문이다. 군대 현실의 깊은 층을 집약적으로 표현하는 말이 소설에서 반복적으로 등장하는 '원초적 장면primal scene'이라는 특별한 용어다. 소설 여기저기 널린 단서들을 취합하면, 이 장면이 제2차 세계대전이 끝나갈 무렵 이탈리아 폭격 중에 사망한 미군 스노든Snoeden의 죽음을 의미한다는 것이 분명해진다. 스노든이 죽으며 소설의 주인공 요사리안Yossarian에게 털어놓은 어떤 비밀이 요사리안의 세계관을 형성한 것으로 보인다. 하지만 그 비밀이 무엇인지, 비행기 안에서 정확히 무슨 일이 일어났는지는 쉽게 드러나지 않는다.

소설이 끝나는 시점에 비로소 그 비밀이 밝혀지며 장면이 낱낱이 드러난다. 비행기가 독일군의 대공포를 맞은 후, 요사리안은 스노든의 상처에 붕대를 감아 그의 목숨을 구하려 했다.

요사리안이 자세히 살펴보려고 허리를 숙였다. 스노든은 위아래 한 벌로 된 작업복 위에 방탄복을 입고 있었는데, 방탄복 겨드랑이 바로 위쪽에서 스며 나오는 이상한 빛깔의 얼룩이 보였다. 요사리안은 심장이 멎었다가 다음 순간 아주 격렬하게 뛰는 느낌이 들었고, 숨쉬기도 어려웠다. 스노든의 부상 부위는 방탄복 안쪽이었다. 요사리안은 스노든의 방탄복을 열어 젖혔다. 그리고 다음 순간 자기 입에서 터져 나오는 새된 비명을 들었다. 스노든의 끈적끈적한 내장 한 무더기가 바닥으로 쏟아졌고, 계속해서 흘러내렸다. 7센티미터가 넘는 대공탄 파편이 한쪽 겨드랑이 밑을 뚫고 들어가 옆구리에 엄청난 구멍을 만들고 반대쪽으로 터져 나가며 스노든의 얼룩덜룩한 내장 몇 리터를 모두 쏟아낸 것이다. 요사리안은 다시 비명을 지르며 두 손으로 눈을 세게 눌렀다. 공포에 질려 이가 딱딱 부딪쳤다. 요사리안은 억지로 눈을 떴다. 정말 엄청난 양이군. 요사리안은 비통한 심정으로 노려보았다. 간, 폐, 콩팥, 갈비뼈, 위 등과 함께 스노든이 점심으로 먹은 토마토 스튜 찌꺼기도 뒤섞여 있었다. (……) 요사리안은 한기를 느꼈고, 몸은 걷잡을 수 없이 덜덜 떨렸다. 요사리안은 스노든이 지저분한 바닥에 쏟아낸 끔찍한 비밀을 허탈하게 내려다보며 온몸에서 소름이 돋는 기분이었다. 그의 내장에 담긴 메시지를 읽어내는 것은 어렵지 않았다. 인간은 물질이다. 이것이 스노든의 비밀이었다. 그를 창 밖으로 던지면 떨어질 것이다. 불을 붙이면 타오를 것이다. 땅에 묻으면 다른 쓰레기들처럼 썩을 것이다. 혼이 빠져나가면, 인간은 쓰레기다. 스노든의 비밀이 바로 이것이었다.[16]

《캐치-22》의 바탕을 이루며 전쟁으로 드러나는 비밀은 인간이 물질이라는 것이다. 단지 스노든의 육체뿐만 아니라 스노든 자체가 찢을 수 있고, 부피를 측정할 수 있고, 쏟아내고, 바닥에 펼칠 수 있는 사물이라는 것이다. 너무 물질적이어서 어디까지 토마토 스튜고 어디부터 스노든인지 구분할 수도 없다.

20세기의 수많은 전쟁 회고록과 전쟁 소설, 전쟁 시, 전쟁 회화, 전쟁 영화가 이와 비슷한 '원초적 장면'을 기초로 삼는다. 작가는 죽음과 부상 장면을 외설스러울 정도로 세밀하게 거듭 묘사하며, 펼쳐진 내장 속에서 전쟁과 세상의 비밀을 읽어내고, 펼쳐진 내장을 보고 인간이 물질임을 배운다.

네티바 벤예후다가 묘사한 장면 중에 이런 내용이 있다. 신병 두 사람이 불발 포탄을 찾아내 기념품을 만들던 중 포탄이 터졌다. 폭발의 위력으로 신병 한 사람의 머리가 깨지며 다른 신병의 배에 박혀 두 사람 모두 사망했다. 벤예후다가 달려가 한 병사의 맥박을 짚어보려 했으나, 그의 팔이 하나도 붙어 있지 않은 것을 발견하고 경악했다. 두 사람의 시신은 치워졌지만, 그 일로 충격을 받은 한 사람은 누구의 도움도 받지 못한 채 비명을 질렀다.

그 모든 일에 충격을 받아 흙바닥을 뒹굴며 연신 비명을 지르던 한 사람. 의사들은 그를 위해 손가락 하나도 움직이지 않았다. 누군가가 벌써 한 차례 그의 뺨을 갈겨 진정시키려 했지만, 소용이 없었다. 나는 그에게 다가가 내 눈을 쳐다보도록 그의 턱을 거칠게 들어올리고 말했다.

"잠깐만 참아! 참고, 내 말을 들어!"

그리고 아무도 듣지 못하도록 그의 귀에 대고 조용히 말했다.

"뭐야? 네 눈으로 직접 죽음을 목격했어, 그렇지? 끔찍하지, 그래서? 네가 울고불고한다고 무슨 소용이 있을까? 너는, 죽지 않았어! 저 사람들은, 죽었어! 너는 살아 있다고, 그렇지? 저 사람들도 지금 너처럼 통곡하고 싶을 거다. 하지만 그들은 이제 통곡할 수 없어. 너는 할 수 있어. 그러니 이제 그만! 그만 울어. 알아들어?"

나는 그가 떨리는 몸을 진정하도록 그의 손을 잡고 그를 껴안았다. 그리고 계속해서 우리 두 사람만 아는 비밀 이야기를 그의 귀에 속삭였다.

"너도 고깃덩어리가 될 수 있다는 걸 갑자기 깨달았지, 응? 저 사람들은 이제 통제하지 못해. 저 사람들은 고기, 그저 고기야. 그리고 갑자기 너도 이제는 통제할 수 없지, 그렇지? 그런데 비명을 지르는 것은 네가 아니야. 비명을 지르는 것은 네 살이야, 그렇지?"[17]

벤예후다도 펼쳐진 인간의 내장에서 헬러와 같은 메시지를 읽어낸다. 펼쳐진 내장은 인간이 단지 피와 살, 그저 물질에 지나지 않는다는 것을 다시 한 번 폭로한다. 전쟁이 인간을 시험할 때, 인간을 통제하는 주체는 지각이 있는 소중한 정신적 '자아'가 아니라 사실은 물질적인 살이라는 사실을 인간에게 폭로하는 것이다.

현대의 전쟁 영화는 이런 유물론적 시각을 전적으로 채택하는 경향이 있다.(부분적으로는 관념론적 시각보다 유물론적 시각이 영화로 만들기에 더 적당하다는 이유도 있다.) 〈플래툰〉이나 〈풀 메탈 재킷〉, 〈라이언 일병 구하기〉, 〈블랙 호크 다운〉 같은 영화는 전쟁의 공포를 외설스러울 만큼 상세하게 보여주며, 전투원의 깨지기 쉬운 육체의 물질성에 초점을 맞춘다. 〈라이언 일병 구하기〉는 첫 장면부터 총탄과 포탄이 인간의 육체를 갈기갈기 찢고, 인간의 내장을 화면 가득 쏟아내 흩뿌리며, 헬러와 벤예후다가 책에서 전하는 것과 같은 메시지를 관객 스스로 발견하도록 한다.

관념론과 유물론이 전쟁에서 얻는 결론은 근본적으로 갈리지만, 결론에 이르는 과정은 대부분 공유한다. 무엇보다 양쪽 모두 전쟁을 계시 경험으로 보고, 육체적인 전쟁 경험을 평시의 지적 묵상보다 우월하게 평가하며, 전쟁 경험을 진실과, 평시의 생각을 환상과 동일시한다.

이 책은 전쟁에 대한 이러한 계시적 시각이 서양의 전쟁 문화에서 발생한 미증유의 혁명을 대변한다고 주장한다. 수천 년 동안 서양의 전쟁 경험담은 육체에 대한 정신의, 실질적인 경험에 대한 고귀한 이상의 온전하고 확고부동한 우위를 강조했다. 성경과 《일리아드》 이후 순교자와 영웅들은 고통받고 죽임을 당하며 마지막 고난의 순간에도 전쟁 전의 이상을 확신했다. 고대 이래 전쟁 경험담의 모범은 티투스 리비우스Titus Livius가 남긴 가이우스 무키우스 스카이볼라Gaius Mucius Scaevola에 관한 이야기다. 에트루리아의 왕 포르세나Porsena가 우세한 병력으로 로마를 포위하자, 스카이볼라가 포르세나를 암살하기 위해 에트루리아 진지로 잠입했다. 하지만 그는 체포되어, 공범자들을 폭로하지 않으면 죽을 때까지 고문을 받을 것이라고 협박을 당했다. 리비우스의 기록에 따르면 스카이볼라는 포르세나에게 이렇게 대답했다.

"위대한 영광을 가슴에 품은 사람에게 육체가 얼마나 하찮은 것인지 이 것을 보고 깨달으시오."

그리고 그는 제물을 바치려고 피워놓은 불에 곧장 제 오른손을 들이밀 었다. 그는 정신이 고통을 전혀 감지하지 못하는 듯 오른손을 불태웠고, 그 놀라운 광경에 경악한 왕은 자리에서 벌떡 일어나 그 젊은이를 제단 에서 끌어내라고 명령했다.

리비우스는 로마인의 용기에 놀라고 깊은 인상을 받은 포르세나가 스 카이볼라를 무사히 돌려보냈을 뿐만 아니라 로마와도 화해했다고 전한 다.[18] 스캐리의 이론과 반대로, 육체가 극심한 고통을 당할 때도 스카이 볼라의 정신은 <u>스스로를</u> 완전히 통제했고, 그의 극심한 고통은 모든 로 마인이 어릴 때부터 배운 내용을 강력하게 확인했다. 조국을 위해 죽는 것은 아름답고 명예롭다Dulce et decorum est pro patria mori.[19] 스카이볼 라는 제단에서 자신에 관한 것이든 세상에 관한 것이든 그 어떤 새로운 지식도 얻지 못한 것이다.

이 책의 목표는 전쟁에 대한 계시적 해석의 근원을 추적하는 것이다. 언제부터 우리는 스카이볼라 같은 사람들이 제단에서 무언가 새로운 것 을 찾아내길 기대했을까? 스카이볼라 같은 사람들 중 일부는 과연 언제 부터 불 속에 손을 디밀며 조국에 목숨을 바치는 것이 무의미함을 깨달 았다고 말했을까? 스카이볼라 같은 사람들 중 또 다른 일부는 과연 언 제부터 손을 천천히 불태우며 애국심의 정체를 완전히 새롭게 깨달았을 까? 그리고 티투스 리비우스처럼 집에 틀어박힌 사람은 감히 그것을 이 해할 수 없다고 말했을까?

여기서 한 가지 짚고 넘어갈 점은 이 책이 오직 경험담과 문화적 구성만을 추적한다는 것이다. 전투원의 실제 경험은 추적하지 않는다. 포스트모더니즘 학자들은 으레 경험 자체가 문화적으로 구성된다고 주장한다. 이미지가 '현실'에 선행하며 '현실'을 형성한다는 것이다. 무엇보다 먼저 경험에 의미를 구성하고 부여하지 않으면 아무것도 경험할 수 없으며, 이는 선험적 서사와 문화적 모형의 도움이 있어야만 가능하다고 주장한다.[20] 이 책은 이런 논리에서 큰 도움을 받지만, 비판적 거리를 유지하려고 노력한다. 비판적 거리가 필요한 이유는 몸으로 목격한다는 전투원들의 생각이 포스트모더니즘의 문화적 구성 개념과 정확히 반대되는 개념이기 때문이다. 전투원들은 전쟁 경험이 이미 존재하는 문화적 구성으로부터 완전히 독립되어 있다고 주장한다. 길들여진 평시의 경험은 문화적으로 구성되지만, 길들여지지 않은 전쟁 경험은 그렇지 않다고 주장한다. 전쟁 경험은 정확히 모든 문화적 구성을 파괴함으로써 진실을 드러낸다는 것이다.

신비주의자들은 자신의 천사 환영幻影과 성스러운 계시가 문화적으로 구성된다는 생각을 달가워하지 않을 것이다. 포스트모더니즘 학자가 신비주의자의 성모 마리아 환영은 과거에 본 그림에서 영향을 받았다고 지적한다면, 신비주의자들은 그것이 사실이라 해도 문제가 되는 그 그림이 전에 진짜 환영을 보고 그린 것이 틀림없다고 반박할 것이다. 마찬가지로 전투원들은 자신의 전쟁 경험이 문화적으로 구성된 것이라는 생각을 반기지 않을 것이다. 어떤 학자가 그들의 부상이나 전우의 사망 경험은 할리우드 전쟁 영화에서 영향을 받았다고 지적한다면, 전투원들은 그것이 사실이라 해도 문제가 되는 그 전쟁 영화가 실제 전쟁 경험을 모델 삼아 만든 것이 분명하다고 반박할 것이다.

나는 중립적인 회의론자의 입장을 취할 것이다. 나는 한편으로는 문화적 기대cultural expectations가 인간의 경험을 형성하는 데 미치는 영향이 생각보다 훨씬 더 광범위하다고 생각한다. 뿐만 아니라 문화는 아주 복잡하다. 경험 때문에 한 세트의 문화적 기대가 깨어진다 해도 인간이 문화에 의해 형성되지 않은 순수한 경험의 태곳적 영역으로 탈출하는 것은 거의 불가능하다. 왜냐하면 그와 경쟁하는 다른 세트의 문화적 기대들이 기회를 노리며 항상 대기하고 있기 때문이다. 또한 인간은 이미 선택한 문화적 기대 세트가 깨지면 자신이 당면한 경험에 더 적합한 또 다른 세트를 재빨리 채택한다. 사실 인간은 당혹스러운 극한의 경험에 직면하는 바로 그 순간 자신의 문화적 암호에 훨씬 더 완강히 집착하는 경향이 있다. 폭풍에 휩쓸린 선원이 죽기 살기로 나침반에 매달리는 것과 같다.

다른 한편으로 나는 지금까지 전해지는 17세기 전쟁 환멸 경험담이 하나도 없다고 해서 17세기 전투원들은 환멸을 경험하지 않았다고 단정하는 것은 섣부른 주장이라고 생각한다. 이처럼 극단적이고 근거 없는 결론에 도달하는 일을 방지하기 위해 나는 이 책을 전쟁 경험 역사서로 규정하지 않는다. 또한 이 책은 과거 전투원들이 실제 겪은 경험과 관련해 어떤 확고한 결론도 내리지 않는다. 그 대신 전쟁 문화의 역사, 특히 전쟁 문화 속에서 전쟁 경험의 역할을 탐구한다. 지금까지 온전히 전해오는 17세기의 전쟁 환멸 경험담이 하나도 없다면, 나는 17세기 전쟁 문화에는 환멸 경험이 들어설 자리가 없었다는 결론이 가능하다고 생각한다. 현실 세계의 전투원들은 환멸을 경험했겠지만, 이들이 문화적으로 주목받지 못하고 사회 정치적으로 그다지 중요하지 않은 존재였을 가능성이 아주 크다는 결론이 가능하다고 생각한다.[21]

제**2**부

전쟁,
정신이 지배하다

—

1450~1740년

3장

근대 초기 문화에 싹튼 경험적 진실

메멘토 모리, 죽음을 기억하라

근대 초기에는 고통과 죽음의 경험이 심오한 진실을 드러내고 독특한 권위를 부여할 수 있다는 생각이 크게 유행했다. 근대 이전의 그리스도교, 근대 초기의 가톨릭교와 개신교 모두 죽음과 부상, 고통을 진리와 계시의 장으로 해석한 사례가 아주 많다. 근대 초기 문화에서 가장 중요한 신비는 군인들의 창에 찔려 극심한 육체적 고통을 겪은 뒤 사망한 남자였다.[1] 구전 설화와 문학, 음악, 연극, 조각, 미술 들이 이 남자의 이미지를 무수히 재생산한 결과, 십자가에 매달려 고문당하는 남자의 육체가 종교적 진리의 패러다임이 되었고, 더 나아가 피 흘리는 남자의 육체는 서양 문화에서 진리를 묘사하는 원형이 되었다.[2] 또한 이 이미지에서 영감을 받아 수없이 많은 이야기가 파생되었다. 이런 이야기에서는 비슷한 고문으로 고통받은 성인과 순교자들이 인류에게 빛을 비추었고, 이들의

고통은 말과 글, 미술적 표현으로 무수히 재현되었다.[3]

　이런 여러 가지 이야기와 그림, 특히 십자가에 매달린 그리스도 그림은 가장 중요한 종교적 헌신과 묵상의 대상이었다. 중세 후기에 그리스도의 육체적 고통에 대한 헌신이 증가했고, 이러한 풍조는 근대 초기 가톨릭교의 성심Sacred Heart과 오상Five Wounds, 십자가의 길the Stations of the Cross에 대한 숭배로 공식화되었고, 예수 수난극과 피에타 그림으로 대중화되었다.[4]

　시체, 죽음의 이미지, 마카브르macabre(죽음을 연상시키는 기괴하고 섬뜩한 이미지_옮긴이)도 당시 유행하던 묵상의 대상이었다. 마카브르는 근대 초기 가장 강렬하고 활발한 유럽 문화의 흐름이었다. 죽음의 이미지, 죽음의 무도Danse Macabre, 부패한 시체, 백골, 해골, 뼈, 모래시계가 교회뿐만 아니라 궁정, 가정집 등 곳곳에서 가구와 가정용품, 보석 등을 장식했다. 화가들은 거의 모든 그림에 해골과 모래시계를 그려 넣었다. 메멘토 모리Memento Mori(죽음을 기억하라)가 당시 표어였으며, 많은 종교 스승이 현세의 허무함을 깨닫고 진리를 인식하는 최고의 방법으로 죽음에 대한 꾸준한 묵상을 추천했다.[5]

　심지어 일반인의 고통과 죽음도 잠재적인 계시와 개종의 장으로 해석하는 일이 아주 흔했다. 고통은 신자가 눈을 뜨고, 그리스도를 본받으며, 그리스도와 그의 진리에 다가설 수 있는 것으로 이해되었다. 성경 이후 말이나 글로 전해지는 수많은 경험담이 사랑하는 사람을 최근에 잃었거나 병이나 부상으로 고통을 받거나 죽음이 임박한 일반인, 심지어 불경한 사람도 고난을 통해 세상의 허무함을 깨닫고 죄인에서 독실한 신자로 전향하는 과정을 보여준다.[6]

　청교도인 바바소 포웰Vavasor Powell은 자신이 겪은 아주 끔찍한 치통을 설명하며 차라리 미치거나 죽으면 좋겠다고 생각했다. 그런데 그가 읽은 책 한 권이 지옥의 고통은 그깟 치통에 비할 수 없이 훨씬 더 크다는 것을 깨우쳐주었다. 그러자 그의 마음속에 엄청난 두려움이 자리를 잡으며 치통도 사라졌고, 전보다 훨씬 더 간절히 신에게 매달렸고, 두려움과 고통 사이에서 불안하고 혼란스럽던 기도자의 영혼이 하늘로 날아올랐다.[7] 데시데리위스 에라스뮈스Desiderius Erasmus는 자신을 괴롭히는 신장 결석을 '나의 스승'이라고 불렀다.[8] 특히 실명 같은 특정한 육체적 고통이 스승으로 선호되었다. 고전 시대와 성서 시대부터 육체적 실명이 영적인 눈을 틔워준다는 주장은 거의 상투적인 표현이었다.[9]

고통이 특별한 계시의 매개체가 됨에 따라 고통받은 사람이 종교적으로 상당한 권위를 누리는 경우가 많았다.[10] 육체적 고통이 그리스도에게 다가가 그의 진리를 이해하며 권위를 부여받는 아주 중요한 수단이 되었다. 따라서 근대 초기 모든 종파의 그리스도교도가 자연적인 질병과 부상으로 고생하지 않을 때는 영적 계시와 권위를 획득하기 위해 다양한 방식의 고행과 금욕 수행에 몰두했다.[11]

마찬가지로 말이나 글로 전하는 수많은 이야기가 죽음의 순간을 진리의 순간으로 묘사하며, 그때 한 인간이 자기 신앙과 이해의 진정한 깊이를 드러낸다고 설명했다. 모든 계층의 사람이 죽음의 예술artes moriendi이라는 형태로 다양하게 죽는 방법을 배울 만큼 죽는다는 것이 하나의 예술이 되었다. 성스러운 사람은 최악의 상황에서도 늘 훌륭한 죽음을 맞이했고, 사는 동안 남을 속인 위선자는 흉하게 죽음으로써 무지한 죄인이라는 것이 밝혀졌다. 심지어 무지한 죄인도 종종 죽을 때 진리를 깨닫는 경우가 있었고, 최악의 죄인이라도 그가 마지막으로 남기는 말에 깊은 진실이 담겨 있다고 생각되었다.[12] 중세와 근대 초기 사람들의 의식 속에는 죽음이나 고통의 경험이 계시와 밀접하게 연결되어 있었다.

전시의 고통이라는 특수한 상황과 계시를 연결하는 것도 흔한 풍조였다. 구약성서에 무수히 등장하는 죄-벌-전향의 순환과정에서 전쟁은 인간이 스스로 자기 오류를 수정하도록 위협하거나 강제하는 신의 회초리로 묘사된다. 훗날 그리스도교가 수많은 사람을 칼로 위협해 개종시키면서, 전쟁은 선교사의 공구함에 비치된 가장 강력한 연장으로 인식되었다.[13]

시대와 종파, 배경을 떠나서 모든 그리스도교 저자가 영적인 투쟁을 군사 용어로 설명하는 경향이 있었다. 그리스도를 군대지휘관에 비유하고, 그리스도교 신자들을 군인(그리스도의 군대Miles Christi)으로 비유하며, 죄와 악마를 적군에 비유했다. 그리스도인의 삶을 전쟁에 비유하고, 살면서 겪는 정신적 어려움을 전투와 포위작전, 출정 등으로 비유했다. 또한 개종과 순교는 승리에 비유했다.[14] 《그리스도교의 전쟁The Christian Warfare》(1604년)이나 《성서 전투 혹은 신성한 용병술The Bible-Battal, or the Sacred Art Millitary》(1629년) 등 종교 논문들도 군대식 제목을 다는 경우가 자주 있었다.[15] 에라스뮈스가 군인 출신 조신朝臣들의 신앙심을 회복하기 위해 저술한 《그리스도교 기사 안내서Enchiridion Militis Christiani》(1503년)는 영적인 삶과 세속적 전쟁을 장황하게 비교했다. 지금도 아마존Amazon.com에서 '영적 전쟁Spiritual Warfare'이라는 검색어를 입력하면 《그리스도인 모두를 위한 영적 전쟁Spiritual Warfare for Every Christian》(1989년), 《여자를 위한 영적 전쟁 가이드A Woman's Guide to Spiritual Warfare》(1991년), 《전사의 심장: 영적 교전 지역의 교전 규칙The Warrior's Heart: Rules of Engagement for the Spiritual War Zone》(2004년) 같은 제목의 그리스도교도 자기계발서들이 수십 권씩 나온다.[16]

종교 경험을 군사 용어로 설명하는 것뿐만 아니라 정반대로 군사 사건을 종교 용어로 해석하는 것도 흔했다. 중세와 근대 초기의 전쟁 경험담은 전쟁의 결과에서 신의 메시지를 읽어내거나 전쟁을 신의 계획의 일부로 이해하려는 경우가 아주 많았다. 흔히 패전을 신이 분노했다는 조짐으로 해석하고, 위험에서 구출되는 것을 신성한 은총의 조짐으로 해석했다. 또한 전쟁의 결과와 전투 성과를 예언하는 신성한 징조와 계시를 찾아 나서고, 실제 발견하는 경우도 많았다.[17]

그뿐만 아니라 중세와 근대 초기 유럽에서는 전투원이 참된 종교를 위해 싸우다 죽으면 구원받을 수 있다는 주장도 종종 있었다. 이를 분명하게 입증하는 사례가 십자군과 전사 수도승 기사단the orders of warrior-monks이다. 성배 전설군the Grail Cycle 같은 문학 서사들이 '전사의 길'을 참된 영혼의 길로 묘사했고, 15세기 말 용병대장 장 드 뵈이유Jean de Bueil는 우리 가난한 용사들은 풀뿌리로 연명하며 묵상에 잠겨 영혼을 구하려 했던 것처럼 무기로 우리의 영혼을 구하려 한다고 기록했다.[18]

이처럼 그 당시 사람들은 종교적 경험을 삶을 바꾸는 전투로, 전투를 신성한 의지의 표명으로 묘사하고, 때로는 전투원을 영적인 구도자로 묘사했다. 그렇다면 실제 전투를 삶을 바꾸는 계시적 경험으로 묘사하는 것도 어렵지 않았을 것이다.

진실의 증언자로 부상하는 육체

육체적 고통과 계시의 연결은 정신적 맥락에만 한정되지 않았다. 사법권에서도 낯설지 않아, 신체 고문이 진실을 실토하게 만드는 주된 방법이었다. 리사 실버맨Lisa Silverman이 《피고문자Tortured Subjects》에서 주장한 것처럼, 근대 초기 유럽의 사법정신은 스캐리나 20세기 전쟁 회고록 저자들의 논리와 아주 유사했다. 인간의 정신과 의지를 믿지 못했고, 자유로운 정신에서 나오는 발언들을 믿지 못했다. 거짓말일 가능성이 크다는 이유였다. 정신과 의지를 우회할 때만 진실을 끌어낼 수 있다고 믿었다. 따라서 근대 초기 유럽의 사법권은 용의자나 목격자의 육체를 고문함으로써 그들이 의도하지 않은 증언을 끌어냈다. 실버맨은 고문이 가하는 고통은 가다듬은 정신의 진실이 아니라 자발적인 육체의 진실을 얻으려는 수단이었다고 기록한다.[19] 당시 사법권을 지배한 생각은 이렇다.

진실은 육체라는 물질 속에 박혀 있다. 판사는 눈물이 흐르고 이가 빠지듯 육체에서 진실을 끌어내거나 뽑아내야 한다. 진실은 다름 아닌 육체에 깃들어 있으므로 육체에서 진실을 하나씩 떼어내야 한다. 진실의 속성은 형이상학적인 만큼이나 물질적이다. 그 결과 반드시 물질적인 발견 과정을 거쳐야 진실에 이를 수 있다. 진실은 물질 속에 있으므로 반드시 물질적인 방법으로 찾아내야 한다. 아무리 많은 논의를 해도 진실은 나오지 않는다. 진실도 언어가 있지만, 그 언어는 의도하지 않고 새어 나오는 육체의 언어다. 오직 고문만이 육체에 숨겨진, 그 주인도 알지 못하는 참된 진실을 얻으려는 요구를 충족시킨다. 이때 고통은 진실을 토로하는 매개물이며, 불결한 육체에 깃든 순수한 물질의 증류액이다. 고통으로 인한 신음과 몸짓에서 진실의 모습이 드러난다는 의미에서 진실을 누설하는 것이 고통이다.[20]

고통뿐만 아니라 피도 진실의 매개물이었다. 피를 흘릴 때까지 싸우는 경우가 다반사인 결투에서는 흐르는 피가 결투 당사자의 명예와 명예를 건 맹세의 진실성을 확인했다. 대중이 미심쩍게 생각하는 살인사건이 피해자의 피가 살인자가 있는 자리에서 흐르기 시작함으로써 해결되는 경우도 있었다. 이런 사건들이 그리스도교의 신비적 교의가 만들어낸 피와 진실 계시의 결속을 강화했다.[21]

과학적 맥락에서 베이컨주의 원칙은 사람들에게 직접적인 경험에서 진실을 배우라고 권유했고, 몇몇 의학 분야는 인간의 육체를 직접 관찰해 진실을 읽어내려고 노력했다. 흔히 한 사람의 성격, 심지어 그의 선과 악도 육체적 내부 혹은 '갈레노스의 체액 생리학 체계'에 존재한다고 생각했다.[22] 특히 해부학이라는 새로운 과학은 의학뿐만 아니라 인간 육체에 대한 대중의 인식에도 지대한 영향을 미치며 인간의 장기에서 진실을 읽어낼 수 있다고 주장했고, 이 진실을 공개적인 해부로 보여줬다.[23] 이런 태도를 가장 분명하게 보여주는 그림이 그 유명한 카라바조Caravaggio의 〈성 토마스의 의심Incredulity of St Thomas〉(1601/1602년)이다. 의심 많은 성 토마스는 그리스도의 상처에 손가락을 집어넣고 육체 속을 뒤져 그의 신성과 부활의 진실을 확인하려 한다.[24]

1669년 토머스 왓슨Thomas Watson은 《그리스도교 병사Christian Soldier》에서 기본적인 군대 은유와 해부학 은유를 하나로 합쳐버렸다. 그리스도교 병사에게 제 몸을 가르라는 명령이 떨어지고, "그는 몸을 가르고 외과의사처럼 내부, 내장, 심장, 간, 혈관 등을 찾아낸다. 그리스도인이 자신을 해부하는 것이다. 그는 무엇이 육체이고 무엇이 영혼인지, 무엇이 죄이고 무엇이 미덕인지 찾는다."[25]

영국 내전 당시 왕당파 중대장인 존 그윈John Gwyn의 사례를 보면,

군인들이 실제로 해부학 은유를 사용했음이 분명하게 드러난다. 그윈은 패링턴Farrington에서 퇴각(1645년)하는 도중 상병 하나와 미스터 주얼Mr Jewell이라는 남자가 도랑을 뛰어넘다 죽었다고 전하며, "나도 바로 그들을 뒤따라 뛰어올랐고 도랑을 건넜다. 안 그랬으면 나도 미스터 주얼처럼 해부되었을 것이다"라고 기록한다.[26]

중세 후기와 근대 초기 유럽 문화의 이런 특별한 경향을 차치하더라도, 인류의 모든 문화에서 입회식이 육체적 고통과 죽음의 이미지를 포함한다는 사실에서 증명되듯, 고통이나 죽음을 계시와 연결하는 것은 인간이 보편적으로 타고난 본성이라는 주장도 흔했다.[27] 특히 중요한 점은 많은 인류 역사와 대부분의 인류 문화에서 '전장은 남자가 자신을 남자로 규정하는 최고의 장소'였으며, 전 세계 수많은 문화에서 남자의 중요한 통과의례가 살인과 전쟁을 포함했다는 사실이다.[28] 아프리카의 마사이족부터 과달카날의 카오카족에 이르기까지 문화는 달라도, 전쟁에서 사람을 죽이거나 최소한 전투에 참여한 후에 비로소 소년은 남자가 되고, 남자는 결혼할 자격을 갖춘 진짜 남자로 인정받는다.[29] 쿵족Kung 같은 수렵 문화권에서는 남자가 큰 동물을 사냥한 후에 비로소 결혼할 자격을 인정받는다.[30] 근대 후기 서양에서도 전쟁은 변함없이 중요한 남자의 통과의례였고, 많은 나라가 전투원에게 다양한 시민적, 정치적 권리를 부여했다.[31] 이런 통과의례는 모두 살인 참여가 자신과 세상에 대해 무언가 특별히 남성적인 진실을 알려줌으로써 남자를 깊이 변화시킨다고 추정한다.

앨런 모리니스Alan Morinis도 입회식에서 나타나는 고통과 계시의 관계를 설명하며 스캐리와 아주 흡사한 논조를 따랐다. 그는 '극한의 경험'처럼 고통에는 자아와 타자에 대한 기존의 인식 패턴을 직접 공격해 자아와 타자에 대한 새로운 패턴의 통찰로 이끄는 잠재력이 있으며, 고통은 고통을 겪는 주체가 순진한 사람들에게는 닫혀 있는 현실과 접촉하게 한다고 적었다. 모리니스는 환상을 깨뜨리는 고통의 특질을 강조하며, 고통은 특별히 어린아이의 동심을 폐기하고 성인의 고양된 자기인식과 더 큰 의식을 낳음으로써 의식을 성숙시키는 잠재력이 있으며 (……) 입회식 고난의 목적은 입회자의 정신 속에 더 성숙하고 자기인식적이며 어른스러운 의식을 유도하는 것이라고 기록한다.[32]

이처럼 근대 초기 전투원들은 전쟁이 무언가 깊은 진실을 밝혀준다고 생각하고 개인적인 전쟁 경험을 통해 무언가 특별한 지식과 권위를 획득했다고 주장하는 데 필요한 모든 문화적 모형과 자원을 확보한 것으로 보인다. 이들은 많은 수도승이 겪는 것보다 훨씬 더 가혹한 육체적 고통을 겪었고, 많은 판사가 듣는 것보다 더 심한 고문 비명을 들었으며, 많은 해부학자가 보는 것보다 더 자주 인간의 내장을 보았기 때문이다. 사실 이들은 간혹 자신의 고문 비명을 듣기도 했고, 자기 내장을 보기도 했다.

분명한 것은 전투원들도 이러한 논조를 따르면 얻을 것이 많았다는 사실이다. 20세기 사례에서 보듯, 전쟁을 계시로 설명하는 전투원들은 전시나 평시나 특별한 정치적 권위를 획득할 수 있기 때문이다. 그리고 전투원들이 그 권위를 시민 문관 귀족에 대한 투쟁에 사용했을 수도 있다.

일부 학자는 근대 초기에 실제 그런 상황이 벌어졌다고 주장한다. 특히 조너선 디월드Jonathan Dewald는 근대 초기 무관 귀족과 관련해 전쟁이 다른 사람들은 접근 불가능한 형태의 지식을 만들어냈고,[33] 폭력이 세상의 특별한 지식을 분명히 드러냈으며, 그 결과 무관 귀족이 다른 사람들에게는 차단된 현실에 접근했다고 주장했다.[34] 하지만 근대 초기 회고록 저자들은 이런 논조를 따를 생각이 거의 없었다. 이들은 문화적 환경도 유리하고 정치적 보상도 얻을 수 있었지만, 전쟁을 계시적 경험으로 해석하지 않았다. 다음 장에서 그 이유를 살펴보자.

4장

전쟁 회고록, 전쟁 경험을 생략하다

전쟁 경험을 외면한 성인 열전

근대 초기 종교 문화는 모든 것에서 신이 미리 정해놓은 진실이 드러 난다고 해석했고, 특히 죽음과 고통을 특별한 진실과 권위의 장으로 보 았다. 따라서 근대 초기에 군사적 사안과 종교적 사안을 결합한 이야기 가 전쟁을 계시적인 경험으로 해석하지 않는 것은 아주 명백한 실수였 다. 군인 성자의 성인 열전, 참전용사가 쓴 영적 자서전과 개종 경험담, 사제가 된 군인의 전쟁 회고록 등이 여기에 해당한다.

무수한 성인이 전투를 경험하고 고통을 경험한 덕분에 개종했다고 이 야기하는 성인 열전이 많지만, 전쟁 경험을 개종과 계시의 근원으로 중 요하게 여기지 않는 것이 성인 열전의 체계적 전통이었다. 고전 시대와 중세에 처음 등장한 이후 근대 초기의 영성靈性을 지배한 성인 열전이 개 종자의 전투 경험을 대하는 태도는 두 가지뿐이며, 둘 다 전투 경험의 계시 가능성을 무시했다.

1. 신약성서와 고전 시대 순교록에 군인의 개종 경험담이 수없이 많이 나오지만, 대부분 전투 경험을 전혀 언급하지 않는다. 최초의 군인 개종자인 충직한 로마 백부장(고대 로마군에서 병사 100명을 거느린 지휘관_옮긴이)을 개종시킨 것도 하인의 질병이었다. 백부장이 전투에 참여한 적이 있는지 없는지, 전투가 그에게 어떤 영향을 주었는지는 전혀 언급되지 않는다.[1] 대부분 전투 대신 설교와 이적, 환영이나 순교 장면을 목격한 충격이 개종한 원인으로 언급된다. 성 롱기누스(십자가에 매달린 그리스도의 옆구리를 창으로 찌른 백부장)[2], 성 세바스찬[3], 성 유스타스[4], 성 플로리앙, 성 아카치오, 니코메디아의 성 아드리아노, 성 테오도르 장군[5] 등이 모두 그런 경우다.

나중에 나온 군인 개종 경험담이 개종자의 전투 경험을 언급한 적이 있지만, 주로 비종교적인 무관 귀족층의 흥미를 유발하려는 목적이었다. 그리고 이때에도 전투 경험이 개종한 주요 요인은 아니었다. 앵글로색슨 잉글랜드에서 군인 성자의 귀감이 된 성 구틀락이 바로 그런 사례다.《성 구틀락의 생애Vita Sancti Guthlaci》에 따르면 구틀락은 과거 영웅들의 용맹한 행동에 고무되어 9년간 떠돌이 전사 무리를 이끌었다. 그는 불과 칼로 마을과 도시, 요새를 약탈해 수많은 전리품을 거두어들였다. 성인 열전에 기록된 내용을 보면, 그는 거두어들인 보물 중 3분의 1을 주인들에게 돌려주는 일도 잊지 않았다고 한다.[6]

그러던 어느 날 저녁이었다. 잠자리에 누워 인간사를 돌아보던 그의 가슴속에서 '영의 불길'이 타올랐다. 그는 현세의 허무함을 곱씹어 생각했다.

자신이 죽는 모습이 환영으로 떠올랐다. 짧은 인생이 반드시 끝난다는 불안감에 몸서리치던 그는 매일매일의 삶이 그 끝을 향해 가고 있음을 깨달았다. 불현듯 존엄한 신의 암시를 받은 그는 다음 날까지 살 수 있다면 그리스도의 종이 되겠다고 맹세했다.[7]

구틀락에게 떠오른 죽음의 모습은 전투 중의 죽음이 아니었다.《성 구틀락의 생애》에서도 과거의 전투 경험이 개종에 영향을 주었다는 이야기는 나오지 않는다.

아시시의 성 프란체스코가 개종한 이야기도 거의 마찬가지다. 성 프란체스코의 전기는 중세 시대 '전사 개종'의 대표 사례로 자주 인용되었다. 1202년 스무 살 남짓이던 프란체스코는 부유한 포목상의 아들로 방종한 삶을 살았다. 전쟁의 영광을 꿈꾸던 프란체스코는 페루자와 맞서 싸우는 아시시 군대에 합류했다. 뒤이은 전투는 재앙이었다. 아시시 시민들은 몰살당하고, 젊은 프란체스코도 수개월 동안 포로로 억류되었다 풀려났다. 1205년 프란체스코는 다시 전쟁터로 향했다. 브리엔느의 월터Walter of Brienne의 지휘 아래 아폴리아Apulia에서 싸우고 있는 교황군에 합류할 생각이었다. 그런데 그가 아폴리아로 향하던 어느 날 꿈에 천사가 나타났다. 천사는 번쩍이는 무기로 가득 찬 궁전을 보여주며, 그 무기들이 프란체스코와 그의 기사들의 무기라고 이야기했다. 그는 자신이 군대에서 출세할 조짐으로 해석했다.

하지만 그는 얼마 지나지 않아 스폴레토Spoleto에서 병에 걸렸고, 남은 여정과 전쟁이 걱정스러웠다. 그때 다시 천사가 꿈에 나타났다. 전에 본 천사가 이전의 꿈을 잘못 해석했다고 이야기했다. 천사는 꿈에서 보여준 무기는 영적인 무기이며, 현세의 군인이 아니라 그리스도의 군대가 되는 것이 프란체스코의 소명이라고 일러주었다. 꿈에서 깬 프란체스코는 군인이 되려던 계획을 포기하고 아시시로 돌아가 눈부신 영적 여정을 출발했다.

현대의 논평가 중에 프란체스코의 경험을 1914년에 열광적으로 자원입대한 중산층의 경험과 같은 것으로 설명하고, 그가 영적 소명을 위해 세상을 등진 이유를 환멸로 설명하는 사람들이 있다.[8] 니자 야롬Niza Yarom은 심지어 프란체스코가 1202년 원정에서 돌아온 뒤 외상 후 스트레스 장애(PTSD)에 시달렸다고 주장했다. 억눌린 트라우마가 1205년 아풀리아로 가던 길에 다시 모습을 드러내며 환각이 재발했고, 프란체스코가 전쟁의 길을 포기하고 트라우마를 극복하는 수단으로, 또 어떻게 보면 '비겁하게' 자신과 가족으로부터 도망치는 자신을 합리화하는 수단으로 영적인 길을 택했다는 것이다.[9] 현대 독자들이 이해하기 쉬운 해석이다. 베트남으로 두 번째 복무하러 가던 미군이 병에 걸려 탈영을 하고, 가족을 버린 채 비밀 종파에 들어가더니 새와 대화를 나누기 시작했다. 이런 이야기를 들으면 모든 사람이 전쟁과 트라우마가 분명히 관련이 있다고 생각하지 않겠는가?

솔깃한 주장이지만 중세의 프란체스코 성인 열전이 보여주는 내용은 사뭇 다르다. 성인 열전은 프란체스코의 전투 경험을 전혀 언급하지 않는다. 첼라노의 토마스Thomas of Celano는 《제2의 인생Second Life》에서 겨우 이렇게 기록했다.

"페루자의 시민들과 아시시의 시민들 사이에 한 차례 혈전이 벌어진 뒤, 프란체스코는 몇 사람과 함께 포로로 잡혀 불결한 감옥 생활을 견뎠다."

《세 전우의 전설Legend of the Three Companions》도 마찬가지로 간결하게 페루자와 아시시가 전쟁을 치른 1년 동안 프란체스코는 많은 시민 동료와 함께 포로로 잡혀 페루자의 감옥에 갇혔다고 언급할 뿐이다. 자코포 데 보라기네Jacopo de Voragine의 《황금 전설The Golden Legend》은 이렇게 전한다.

> 그는 많은 동료와 함께 페루자군에게 포로로 잡혀 끔찍한 감옥에 갇혔다. 다른 사람들은 운명을 한탄했지만, 프란체스코는 홀로 기뻐했다. 함께 있던 포로들이 비난하자, 그가 이렇게 대답했다. "때가 되면 온 세상이 나를 성인으로 경배할 테니 어찌 기쁘지 않겠는가!"

모든 성인 열전이 이후 프란체스코의 개종과 영적인 삶에서 전투 경험을 중요하게 언급하지 않는다. 그가 억압된 전투 트라우마나 전투를 앞둔 두려움 때문에 개종했다고 이야기하는 성인 열전이 없음은 두말할 필요가 없다[10]. 이후 프란체스코는 영적인 삶을 살면서 종종 전쟁을 반대하고, 비교도를 무력으로 개종시키려는 시도에도 반대했지만, 몸으로 목격한 사람으로서 잠재적인 권위를 결코 행사하지 않았다.

그리스도교에서 군인 성자로 가장 유명한 인물이 투르의 성 마르탱Saint Martin of Tours일 것이다. 마르탱은 이미 어린 시절부터 신을 섬기길 열망했고, 성인 열전도 그가 12세가 되던 해 신을 섬기는 일로 완전히 전향했다고 기록한다.[11] 하지만 그는 관계 당국과 집안의 강압에 못 이겨 억지로 로마군에 입대했다. 입대한 마르탱은 '그런 부류의 사람들(곧 군인들)'이 아무렇지도 않게 자행하는 모든 악행을 거부하고 그리스도인의 덕을 베풀었다. 마침내 그는 군에 있을 때 세례를 받고, 의무복무 기간이 끝나기만 기다렸다.

마르탱이 전투를 한 번도 목격하지 못한 채 복무 기간이 거의 끝나갈

▲ 시모네 마르티니, 〈무기를 버리는 성 마르탱〉, 1312~1317년.
© Assisi, Church of San Francesco. 출처: Wikipedia

무렵, 야만족이 골 지방을 침략했다. 율리아누스 황제는 야만족에 맞서 싸울 군대를 소집했다. 전투 전날 밤 마르탱은 율리아누스 황제에게 전역을 요청했다. 자신은 '그리스도의 군대'이고 오직 그리스도를 섬길 목적으로만 싸우고 싶다는 이유였다. 당연히 황제는 그를 겁쟁이라고 비난했다. 그러자 마르탱은 전투가 시작되면 비무장으로 전열의 선두에서 행군함으로써 자신의 용기를 증명하겠다고 제안했다. 다행히 신의 중재 덕분에 전투가 개시되기 전 야만족이 항복했고, 마르탱은 전투를 경험하지 못했다.[12]

마르탱의 개종에 영향을 준 것은 전투가 아니었고, 전투에 대한 염려도 아니었다. 오히려 마르탱은 경험담에서 전투 경험이 아주 하찮다고 강조했다. 그는 전장에서 그 어떤 공포를 목격하고 경험하더라도 자신의 믿음은 전혀 영향받지 않을 것이라고 확신했다. 이것이 중세 시대 성 마르탱의 성상에서 울려퍼진 메시지였다. 성인은 종종 군복을 입은 모습으로 등장하지만, 맥락으로 보면 비전투원이다. 가장 흔하게 보이는 모습이 그가 걸인에게 망토를 잘라주는 모습이다.

독특하게 전투를 배경으로 마르탱을 묘사한 그림 중에서 눈에 띄는 작품이 시모네 마르티니Simone Martini가 1312~1317년에 그린 프레스코화다. 이 그림은 마르티니가 성 프란체스코에게 봉헌된 아시시 성당을 위해 그린 작품이다. 그림의 원경에서 전투 대형으로 접근해 오는 야만족 무리가 보인다. 성 마르탱은 십자가를 손에 들고 야만족 무리를 향해 다가서지만, 그의 시선은 야만족이나 전장이 아닌 율리아누스 황제를 향하고 있다. 그림이 전하는 메시지는 분명하다. 순교자 열전에서 전형적으로 등장하는 개종자와 황제의 갈등이 아주 중요한 반면, 전투는 전혀 중요하지 않다는 것이다. 마르탱이 전장을 바라보지 않는 이유도 전장에는 중요한 것이 하나도 없기 때문이다.[13]

존 프랜스John France가 확인한 내용에 따르면, 중세 시대 군인 출신으로 성인이 된 인물이 최소한 50명이 더 있고, 주교이자 세속 군주로서 군대를 이끌고 전투를 치른 성인은 그보다 더 많다. 하지만 프랜스가 찾아낸 사례 중 전투 때문에 독실한 신자로 전향한 군인은 단 한 사람도 없고, 이들 성인 중에서 전쟁을 경험한 탓에 전쟁이나 전쟁 문화를 혐오한 인물도 거의 없다.[14]

15세기 대지주인 스티븐 스크로프Stephen Scrope는 많은 기사가 나이가 들면 무공을 포기하고 영적 무공으로 전향하는데, 도덕적 지혜에 대해 묵상하고 신의 섭리를 경험하기 때문이라고 기록했다. 하지만 그는 이런 변화를 전쟁의 공포에 대한 반응이 아니라 자연스런 라이프 사이클의 일부로 받아들였다. 기사들이 영적 전쟁으로 전향하는 이유가 단지 육체적으로 세속적인 전투를 할 수 없기 때문이라는 것이다.[15] 허구적인 서사에서도 전투원에서 수도승으로 개종한 주인공의 인기가 아주 높았는데, 주인공이 개종한 이유도 전쟁의 공포 때문이 아니었다. 오히려 현세에 대한 일반적인 피로감이나 단지 노령 때문이었다.[16]

끝으로 주목할 점은 중세 후기와 근대 초기에 수도원이 상이군인 수용시설로 자주 활용되었고, 적어도 프랑스 왕은 1516년부터 상이군인을 평수사로 받아들이도록 수도원에 명령할 수 있었다는 사실이다. 이 경우 전쟁 중의 부상이 군인을 종교적 은둔자로 변화시킨 직접적인 원인이며, 은둔자는 그럴듯한 허울에 불과했다. 군인들은 강제로 맡겨진 새로운 직업을 어떻게 생각했을까? 제도를 악용해 많은 돈을 받고 수도원 평수사 자리를 팔아넘긴 병사들이 많았다는 사실이 충분한 설명이 될 것이다.[17]

2. 그리스도교가 힘을 얻고 호전적인 종교가 되자, 전투와 종교적 전향을 밀접하게 연결하는 또 다른 종류의 성인 열전이 등장했다. 전투를 개종의 원인이 아니라 개종의 결과로 묘사하는 성인 열전이었다. 가령 성 조지의 경험담에서는 개종이 먼저 나오고 그다음에 비로소 용의 전

투가 나온다.[18] 잔 다르크도 먼저 신비적 경험을 한 후 오를레앙에서 프랑스군을 지휘했다. 이후에 나온 잔 다르크의 성인 열전이나 당사자의 증언도 전투 경험을 계시 사건으로 묘사하지 않았다.[19] 십자군 연대기나 십자군 회고록에서 남자가 성스러운 영감을 받아 성전聖戰에 가담한 이야기는 종종 나오지만, 죄인이 불순한 의도로 십자군에 가담한 후 전투 경험을 통해 독실한 신자로 전향한 사례는 전혀 보이지 않는다.

이처럼 근대 초기 그리스도교에 유산으로 전해진 성인 열전에서는 전쟁 경험이 진실을 드러내고 전투원을 개종시킨 사례가 발견되지 않는다. 16세기부터 더 많이 쏟아져 나온 새로운 영적 자서전도 마찬가지였다.

종교인의 전쟁 회고록

근대 초기에 경험 종교의 성격이 강해진 그리스도교는 외적 행동보다 내적 경험에 집중했다.[20] 종교개혁이나 반종교개혁 모두 신자들에게 더 열정적으로 자기 내면의 영적인 삶을 들여다보고 기록하도록 권고했다. 심지어 이를 신자의 의무로 삼기도 했다. 그에 따라 유럽과 북아메리카 대부분 지역에서 영적 자서전이 대단히 인기 있는 장르가 되었다. 개신교 신자들 사이에서 특히 유행했지만, 그렇다고 개신교에 국한된 것은 아니었다.[21]

영적 자서전이 집중한 주제는 두 가지였다. 저자가 죄에서 신앙으로 전향하는 과정과 첫 전향 이후 발생하는 여러 가지 시험과 고난에 대응하는 모습이다. 이 두 가지 주제를 서술할 때 중요한 역할을 한 것이 계시였다. 모종의 계시 경험이 전향의 원인으로 자주 언급되었다. 이후 영적인 길을 계속 추구하며 대개 또 다른 계시 경험들을 겪게 되고, 이를 통해 저자는 더 깊고 오묘한 수준의 진리를 깨달았다.[22]

계시를 받는 경험은 아주 다양해서 거의 모든 사건이 계시가 될 수 있었다. 로버트 블레어Robert Blair는 어느 날 '밝게 빛나는 태양과 젖이 가득 찬 암소'를 보고 영적 깨달음을 얻었다. 태양은 빛을 주기 위해 만들어졌고 암소는 우유를 주기 위해 만들어졌다는 사실을 떠올리며, 그는 자신이 자기 삶의 목적을 얼마나 이해하지 못하는지 깨닫게 되었다.[23] 야콥 뵈메Jakob Böhme는 백랍 접시를 15분 정도 보고 있었는데, 몇 년 동안 대학에 다니며 배울 내용보다 더 많은 것을 알게 되었다고 할 정도로 큰 깨우침을 경험했다.[24] 여기서 우리의 논의와 관련해 중요한 사실은 고통을 경험하거나 목격하는 것이 숨겨진 진실을 드러내는 데 특히 유용했다는 점이다. 당시 유행하던 종교 사상과 일치하는 내용이다.

또한 중요한 사실은 영적 자서전 저자들이 스스로 주장한 권위가 평범한 사람들의 개인적인 경험에서 나왔다는 점이다. 개인의 경험적 권위가 교회의 가르침이나 성경보다 우월하다고 주장하는 사람은 급진적 개신교 집단 외에는 거의 없었지만, 대부분의 사람이 개인적 경험을 독립적이고 보완적인 권위의 원천으로 인정했다.[25] 따라서 전투원들은 영적 자서전을 본보기 삼아 개인적 경험, 특히 고통의 경험에 근거한 권위를 요구했다.

그뿐만 아니라 근대 초기의 영적 자서전 대부분은 모든 사람의 종교적 경험이 근본적으로 동일하며, 따라서 아주 평범하게 사는 비천한 사람도 자기 경험을 기록하고 발표할 수 있다는 전제를 바탕으로 정당성을 주장했다. 개인이 기록하는 것은 개인적 경험이지만, 사실 그의 경험은 보편적인 경험이므로 다른 사람들도 그의 자서전을 읽고 혜택을 받을 수 있다는 것이다.[26] 이런 논리에서 근대 초기의 말단 전투원들도 자기 경험을 기록할 자격을 얻었을 것이다.

실제 상당수 전투원이 이 새로운 기회를 활용해 영적 자서전을 저술했다. 당시 대부분의 경험담과 마찬가지로 전투원의 자서전도 명백히 종교적 측면에서 전쟁을 해석하고, 전쟁이라는 사건에서 신의 메시지를 읽어내려 했다. 패배와 부상을 신이 분노한 조짐으로, 위험을 모면하거나 승리하는 것을 신성한 은총의 징후로 해석했다. 예를 들어 존 블랙애더John Blackader 중령의 영적 자서전에는 신의 섭리로 절박한 위험에서 벗어난 에벤에셀Ebenezer(도움의 돌이라는 뜻의 히브리어로, 신의 은총에 감사하는 의미_옮긴이)이 아주 빈번하게 등장한다. 그는 자신이 릴Lille 포위공격(1708년) 당시 몸에 두 군데 관통상을 입고도 경미한 부상에 그친 것은 신이 그를 위대한 자비와 친절의 기념비로 세우려고 애써 마련한 계획이라고 생각했다.[27]

하지만 이런 것들은 늘 전쟁의 외적 사실에서 얻은 교훈들이었다. 그에 반해 개인적인 전쟁 경험에서는 신의 메시지나 그 어떤 메시지도 읽어내려 하지 않았다. 특히 앞선 성인 열전의 저자들처럼 자서전의 저자들도 전투 경험을 개종 원인으로 설명하지 않았다.

많은 자서전 저자가 앞서 언급한 성인 열전의 선례를 그대로 답습했다. 개종은 전쟁 경험보다 시기가 앞서거나, 전혀 아무런 관련이 없었다. 청교도인 리처드 노우드Richard Norwood의 영적 자서전을 예로 들면, 그가 1608~1609년 네덜란드에서 군 복무한 사실은 거의 침묵하다시피 무시된다.[28] 16세기 후반 알론소 데 콘트레라스Alonso de Contreras는 훨씬 더 오랫동안 군에 복무하며 주로 지중해에서 튀르크족과 맞서 싸웠다. 그는 파란만장한 모험이 한창 펼쳐지던 중에 세상에서 물러나 은둔자가 되었지만, 7개월 후 영적인 길을 떠나 난투전이 벌어지는 세상으로 돌아왔다. 콘트레라스는 자신이 세상에서 물러난 이유를 전쟁에서 목격한 어떤 것 때문이 아니라 궁의 홀대 탓으로 돌린다. 주목할 만한 사실은 그가 세상에서 물러날 준비를 하며 은둔에 필요한 물품들을 준비할 때, 거친 모직 셔츠와 쇠사슬 채찍, 상당한 분량의 고해 예식서 그리고 해골을 구매했다는 것이다.[29] 당시 콘트라레스는 해골을 종교적 묵상의 대상으로 보았지만, 그 전에는 수없이 많은 해골을 보면서도 아무런 종교적 영감을 받지 못했다. 예를 들어 그는 얼굴에 포탄을 맞은 네덜란드 포수에 관한 목격담을 다음과 같이 장난스럽게 이야기한다. 네덜란드 포수의 머리가 산산조각이 나며, 걸쭉한 뇌와 뼛조각들이 주변 사람들에게 튀었다. 그중 뼛조각 하나가 한 수병의 코를 때렸다. 그리고 그 수병에게는 행운이고, 다른 사람들에게는 놀라운 동시에 재미있는 일이 벌어졌다. 날 때부터 비뚤어진 수병의 코가 뼛조각에 부딪히며 반듯해진 것이다.[30]

로렌의 니콜라스 헤르만Lorrainer Nicolas Herman은 콘트라레스와 동시대를 살았다. 그는 30년 전쟁에 참전했다 상처를 입고 요양하기 위해 집으로 돌아왔다. 헤르만의 증언을 기초로 17세기에 쓰인 성인 열전에 따르면, 어쩔 수 없이 움직이지 못하던 이 시기에 헤르만의 타고난 종교적 기질이 꽃을 피웠다. 그는 수도승이 되었고, "세례 서약, 젊은 시절의 방종, 그리스도교의 신비 그리고 특히 예수 그리스도의 수난에 대한 묵상을 통해 다른 사람으로 변모할 수 있었다." 그는 전쟁에 대한 묵상을 통해 다른 사람이 된 것이 아니었다.[31]

성인 열전에서 헤르만의 전쟁 경험에 대한 다른 이야기는 보이지 않는다. 로렌스 형제Brother Lawrence로 더 잘 알려진 헤르만이 구술하여 기록한 베스트셀러 묵상 안내서에도 그의 전쟁 경험은 전혀 언급되지 않는다. 묵상 안내서에서 헤르만은 고통과 질병, 여러 가지 재난을 자주 언급하지만, 전쟁과 전쟁의 공포에 관해서는 이야기하지 않는다. 그가 개종 원인으로 지목한 것은 전쟁에서 목격한 그 어떤 것이 아니었다. 그가 18세 때 본 계시가 개종 원인이었다.

> 겨울이었다. 잎이 다 떨어진 나무를 바라보며 조금만 있으면 나뭇잎도 소생하고 꽃이 피고 열매가 맺히겠지 생각하던 중, 신의 섭리와 능력을 깨달았다. 이후 그 깨달음이 내 영혼에서 사라지지 않았다.[32]

30년 전쟁 당시 잉글랜드 연대에서 목사로 복무한 도널드 럽튼Donald Lupton은 그리스도교 정서를 고취하고 사람들을 죄에서 신앙으로 전향시키기 위해 묵상 안내서를 저술했다. 이 묵상 안내서는 그의 군사적 배경에서 영향받은 것이 분명해 보인다. 그 좋은 예가 메뚜기를 보고 묵상하는 장면이다. 그는 메뚜기를 보며 어디에서 3개월 동안 겨울을 날지 모르는 채 '여름을 노래하는 군인'이라고 묘사한다.[33] 또한 그는 무기와 국경수비대, 군인에 대한 묵상에서 한 무리의 병사를 자비로운 영적 군대에 비교한다.[34] 이처럼 군대에 관심을 쏟고, 문이 경첩을 따라 돌아가는 모습 등 아주 사소한 것들도 묵상의 대상으로 다루지만,[35] 럽튼은 전쟁 경험에 대한 묵상은 전혀 포함하지 않았다.

럽튼과 마찬가지로 성직자 토머스 풀러Thomas Fuller도 영적 자서전에서 전쟁 경험을 좀처럼 거론하지 않았다. 끔찍한 카디건 성 급습(1645년)에서 겨우 목숨을 건진 신학자 제레미 테일러Jeremy Taylor는 전쟁 경험을 단 한 차례 언급하는데, 바다의 폭풍을 비교할 때다. 잉글랜드 의회파 군대에서 사령관으로 퇴역한 윌리엄 월러William Waller 장군도《몇몇 사건에 관한 신성한 묵상Divine Meditation up Several Occasion》(1680년)에서 전쟁 경험을 전혀 거론하지 않았다.[36]

하지만 근대 초기 종교는 아주 일상적인 경험의 계시 가능성을 점점 강조했고, 그 결과 전쟁 경험을 다루는 새로운 방식이 등장했다. 전쟁 경험과 종교적 전향을 정반대로 연결하는 방식이었다. 다시 말해 군인 개종자들이 영적 자서전을 쓰기 시작했지만, 다른 일상적인 경험과 달리 전투는 군인을 전향시킬 수 없다는 사실을 강조한 것이다. 치통, 젖이 가득 찬 암소, 겨울에 헐벗은 나무 등은 진실을 보는 눈을 틔울 수 있지만, 전투에서 사람을 죽이거나 동료의 죽음을 목격하는 것, 다치는 것은 진실을 보는 눈을 틔울 수 없다는 것이다.

예수회 창시자 로욜라

당시 가톨릭 군인 개종자로 가장 유명한 성 이그나티우스 로욜라Saint Ignatius Loyola의 영적 자서전에서 이러한 방식이 분명하게 나타난다. 바스크의 귀족 가문에서 이니고 로페스 데 로욜라Iñigo Lopez de Loyola로 태어난 미래의 성인은 1521년 팜플로나Pampeluna 포위공격 당시 중요한 임무를 맡았다. 군사력이 월등한 프랑스 침략군이 팜플로나 시로 접근하자, 그 지역 스페인 사령관은 위험한 현장을 벗어날 요량으로 병력 지원을 요청하러 떠난다. 그는 29세의 로욜라에게 수비대 지원병 모집 임무를 맡기고 팜플로나를 빠져나갔다.[37]

로욜라가 지원병을 이끌고 돌아왔지만, 팜플로나는 이미 정복된 도시나 다름없었다. 프랑스 군대가 몰고 올 참혹한 운명에 지레 겁먹은 시민들은 싸우기보다 항복하는 편을 택했고, 병사들도 패배주의적 분위기에 전염되어 시민들과 같은 예상으로 겁에 질려 있었다. 그들은 도시를 버리고 요새로 퇴각해, 요새마저 넘겨줄지 결정하기 위한 군사회의를 소집했다.

그로부터 34년 뒤 로욜라가 예수회Jesuit Order 창시자이자 수장으로서 후대에 남길 전기를 구술할 때, 자신의 인생 경험담을 이 군사회의로 시작했다. 그는 3인칭 시점으로 이렇게 이야기한다.

"다른 사람들은 모두 방어할 수 없다고 확신했고, 목숨을 건지려면 항복하는 수밖에 없다고 생각했다."

하지만 당시 세상의 허영심에 빠져 있던 남자로서 운명을 이기려는 원대하고 헛된 욕망에 사로잡혀 기꺼이 무기를 휘두르던 그는 생각이 달랐다. 혈기왕성한 로욜라는 명예와 영광을 거론하며 요새를 방어하도록 수비대장을 설득했다.

"모든 기사가 그의 의견에 반대했으나 (……) 그의 용기와 기백에 힘을 얻었다."[38]

그리고 프랑스군의 포위공격이 시작되었다. 프랑스군은 요새를 포위하고, 강력한 포대를 배치해 대규모 포격을 개시했다. 프랑스 포병대가 겨우 6시간 만에 성벽을 무너뜨렸고, 보병대가 물밀듯 몰려들었다. 바로 그때 로욜라는 "포탄에 맞아 다리 하나가 산산조각 났다. 포탄이 두 다리 사이로 빠져나가며 나머지 다리 하나도 중상을 입었다"고 이야기했다.[39] 젊은 영웅이 쓰러지자 수비대는 전의를 상실하고 즉각 항복했다. 하지만 프랑스 보병들은 투항하는 수비대원까지 학살했다. 프랑스 기병대가 제지할 때까지 프랑스 보병들의 잔혹한 학살은 계속되었다. 그런 프랑스군도 로욜라에게는 관대했다. 그의 용기에 감동한 프랑스 장교들이 그를 보살폈고, 프랑스 의사를 보내 그를 치료했다. 그리고 2주일 후 그를 집으로 돌려보냈다.[40]

전국 각지에서 불려온 많은 내과의사와 외과의사가 로욜라 가문의 성에 도착했다. 환자를 살펴본 의사들은 그가 제대로 된 치료를 받지 못했고, 다리를 다시 부러뜨려 뼈를 교정해야 한다고 진단했다. 로욜라는 이렇게 회상한다.

"도살처럼 끔찍한 일이 다시 벌어졌다. 그 이전이나 그 이후 고통을 당할 때 늘 그랬듯이 그는 이 일이 진행되는 동안 두 주먹만 불끈 쥐었을 뿐, 한마디도 하지 않았고 고통스러운 기색도 전혀 보이지 않았다. 하지만 상태가 점점 더 나빠져 음식을 먹을 수도 없었고, 흔히 죽음의 징조라고 하는 징후들도 나타났다."

그는 거의 기적적으로 회복했지만, 이번에도 뼈가 잘못 아물어 한쪽 다리가 다른 다리보다 짧았고, 뼈가 심하게 튀어나와 '아주 흉한 모습'이 되었다. 로욜라는 대단히 불만스러웠다. 세상을 좇기로 마음먹었는데 불구자가 될 거라는 생각이 들었기 때문이다. 그는 의사들에게 튀어나온 뼈를 다시 자르라고 요청했다.

> 의사들은 뼈를 다시 자를 수는 있지만, 전에 겪은 그 어떤 고통보다 훨씬 더 큰 고통이 따를 것이라고 경고했다. (……) 하지만 그는 자기만족을 위해 자신을 희생양으로 삼겠다는 결심이 확고했다. 그의 형이 깜짝 놀라 자기라면 그런 고통을 감수할 엄두도 내지 못할 것이라고 말했지만, 환자는 통상적인 인내심으로 고통을 견뎌냈다. 살을 찢고 튀어나온 뼈를 잘라낸 다음, 다리가 짧아지지 않도록 하는 처치가 이어졌다. 살균 연고를 잔뜩 바른 뒤, 기구를 이용해 다리를 계속 잡아당겼다. 그가 며칠 동안 감내한 고통은 순교자의 고통에 버금갔다.[41]

이 사건이 로욜라 인생의 전환점이었다. '순교자의 고통'을 감내하는 동안 그가 예전에 품은 이상과 세상의 덧없음에 눈을 뜨고, 성인으로 향하는 길을 출발했기 때문이다. 하지만 그의 눈을 틔운 것은 부상도 고통도 팜플로나 전투 당시 목격한 참혹한 장면도 아니었다. 그가 병상에 누워 혹독한 시련을 견딜 때 시간을 보내기 위해 읽은 책 몇 권이었다. 그는 어떤 책들을 가져오라고 요청했을까? 로욜라는 자신이 여전히 일반적으로 기사도 책이라 부르는 세속적이고 허구적인 책을 탐독하던 시기였으므로 그런 종류의 책들을 요청했다고 설명한다.[42]

우리가 기대하는 전형적인 전쟁 계시 사례와 반대로, 로욜라의 몸을 부순 포탄도 그의 정신적 환상은 깨지 못했다. 일반적인 기사도 소설과 기사도 문화에서 흡수한 명예와 영광에 대한 환상이 그가 겪은 모든 육체적 괴로움의 직접적인 원인이었다. 첫째, 그가 압도적인 적에 맞서 팜플로나를 방어하도록 수비대장과 동료들을 설득한 것도 이런 환상 때문이었다. 그로 인해 수비대장과 동료들은 죽임을 당하고 자신은 불구가 되는 상처를 입었다. 둘째, 그가 자신의 다리를 자르고 또다시 자르도록 고집한 것도 바로 그런 환상 때문이었다. 하지만 그에 따른 모든 고통도 기사도에 대한 로욜라의 믿음을 흔들지는 못했다.

그런데 그때 육체적 고통보다 더 강력한 무언가가 개입했다. 반종교 개혁 진영에는 다행이겠지만, 젊은 로욜라에게는 실망스러운 일이었다. 집에 기사도 소설이 한 권도 없었던 것이다. 종교 서적 두 권이 전부였다. 작센의 루돌프Rudolph of Saxony가 쓴《그리스도의 삶Life of Christ》과 자코포 데 보라기네의《황금 전설》이었다.[43] 로욜라는 이 두 권의 책을 읽고 숙고함으로써 처음 눈을 떴다. 그는 지나온 삶의 방식이 얼마나 허무했는지 깨닫게 되었고, 자신을 바로잡아 성인의 삶을 좇기로 결심했다.[44] 그 뒤 얼마 지나지 않아 로욜라는 첫 번째 신비한 환영을 보게 되고, 계속해서 다른 환영들이 뒤를 이었다. 환영들은 그에게 하나하나 진리를 밝혀주었다. 한번은 수도원 계단에서 기도하던 중 삼위일체가 3개의 화음으로 나타나는 환영을 보았고, 또 한 번은 기도를 드리던 중 신이 세상을 창조한 방식과 그리스도교의 본질이 환영으로 나타났다고 그는 이야기한다.[45]

1555년 로욜라가 구술한 자서전은 주로 이러한 환영과 계시를 담고 있다. 책에 나오는 거의 모든 사건이 로욜라에게 깊은 진실을 밝혀주지만, 팜플로나 포위공격과 그의 부상은 예외다. 로욜라는 자서전 어디에서도 이 사건들을 회고하지 않으며, 그 사건들에서 교훈을 끌어내지도 않는다. 그는 기사도에 관한 세상의 생각과 귀족의 세속적 허영심을 끊임없이 공격하고 무너뜨리며, 그 과정에서 종종 개인적인 계시를 공격의 토대로 삼지만, 절대 팜플로나의 경험을 공격 수단으로 활용하지는 않는다. 그의 부상이 중요한 단 한 가지 이유는 그 때문에 앞서 언급한 책들을 읽고 숙고할 시간이 마련되었기 때문이다. 이 책들이 아니었다면 로욜라는 계속해서 기사도의 이상에 따라 명예와 영광을 좇았을 것이고, 성인이 아니라 전투원이나 궁정의 조신이 되었을 것이다.

오늘날의 시각으로 볼 때 한 가지 더 놀라운 사실은 로욜라가 죄책감을 느끼지 않는다는 것이다. 자서전에 따르면 영적인 삶을 시작한 초기에 그를 가장 괴롭힌 문제는 죄와 고해에 대한 강박관념이었다. 모든 죄를 고백하지 않았다는 의심을 떨치지 못한 로욜라는 만나는 사제마다 성가실 정도로 아주 사소한 죄까지 고해하고 또 고해했다.[46] 하지만 그는 자신의 과도한 명예심과 영광에 대한 열망 때문에 팜플로나에서 불행하게 죽거나 다친 사람들을 생각한 적이 없으며, 그에 대해 양심의 가

책을 느끼는 기색도 보이지 않는다. 마찬가지로 로욜라는 자서전 전반에 걸쳐 자신의 머릿속에 떠오른 여러 가지 잘못된 생각과 관점을 언급하며 독자들에게 같은 실수를 저지르지 말라고 경고하지만, 전쟁에 대한 잘못된 관점의 위험은 경고하지 않는다.

로욜라가 수도승이 될 무렵 전쟁에 관한 모든 것을 잊었을 것이라는 주장은 설득력이 없다. 예수회의 첫 이름인 예수 그리스도 중대 Compania Jesu Christi는 중대장 예수가 지휘하는 중대를 의미하기 때문이다. 예수회로 명칭을 바꾼 후에도 군대식 복장은 변함이 없었다. 예수회 조직은 군대식 체계였고, 장군 한 사람이 지휘하는 계급적 명령 구조였다.(결국 팜플로나 참전용사가 장군이 되는 꿈을 이룬 것이다.)

영적 자서전과 더불어 로욜라는 가장 인기 있는 그리스도교 묵상 안내서도 한 권 저술했다. 그 유명한 《영신 수련Spiritual Exercises》이다. 그가 다른 책을 비롯해 묵상 안내서에서 중요하게 추천한 수련법은 자신의 죽음에 대해 묵상하고, 죽을 때 인간의 육신이 어떤 모습일지 또 육신이 분해될 때 어떤 모습일지 상상하는 것이다. 이 이미지들이 신자에게 세속적 존재의 덧없음과 인간 육체의 덧없음을 깨닫게 한다는 것이다. 또한 로욜라는 신자들에게 그리스도의 고난을 이해하기 위해 신께 '고통과 눈물, 고난'을 간구하라고 추천한다.[47] 하지만 이 책에서도 로욜라는 자신이 팜플로나에서 경험한 실제 고통이나 그곳에서 실제 목격한 주검들에 관해서는 전혀 언급하지 않는다. 죽거나 다친 인간 육체의 정신적 이미지mental image가 계시의 핵심 원천인 반면, 그가 팜플로나에서 실제 목격한 주검이나 자신의 부서진 다리는 아무것도 밝혀주지 못했다.

로욜라를 미화한 성인 열전이 나오고 1년이 지난 1609년 예수회는 문

▲ 페테르 파울 루벤스, 〈팜플로나 포위공격〉, 1609년. © British Library / Uniphoto Press International

맹 신자를 위해 그림으로 된 로욜라 자서전을 발간했다. 페테르 파울 루벤스Peter Paul Rubens가 그린 그림은 성인의 삶에서 전쟁이 어떤 역할을 했는지, 그리고 그가 어떻게 개종했는지 아주 분명하게 보여주었다.

팜플로나를 포위공격하는 전투 장면에서는 성인의 영적인 소명의식이나 다가올 개종의 기미도 보이지 않고, 전쟁의 계시 가능성을 암시하

▲ 페테르 파울 루벤스, 〈성 이그나티우스 로욜라의 개종〉, 1609년. © British Library / Uniphoto Press International

는 조짐도 보이지 않는다. 그 대신 계시와 개종 장면에서 로욜라는 집에 서 침대에 편안히 누워 책을 읽는 모습으로 등장한다. 특히 주목할 점은 포위공격 장면의 전경에 배치된 대포에서 솟아나는 연기구름과 침실 장 면의 하늘에 떠 있는 구름의 대비다. 두 구름이 비슷해 보이지만, 앞의 구름은 미래의 성인의 다리를 부숴뜨릴 포탄을 발사하는 영적으로 공허한 구름인 반면, 뒤의 구름은 성인의 눈과 마음을 열어젖힐 햇빛을 내쏘는 영적으로 충만한 구름이다.

로욜라의 이야기는 근대 초기 자서전의 전형이다. 참전용사들의 영적 자서전에서 제아무리 혹독한 육체적 경험도 참전용사 자신이나 세상의 깊은 진실을 드러내지 못하고, 전쟁도 계시적으로 해석되지 않는다. 혹시 계시가 언급되더라도 대부분 직접적인 신의 개입이나 독서를 통한 계시였다. 피와 내장보다 잉크와 종이가 훨씬 더 설득력이 있었고, 상아탑 안의 사상가들이 전장의 전투원보다 현명했다.[48]

얀센파 수도사 퐁티스

장교로 복무한 프랑스 귀족 루이 드 퐁티스Louis de Pontis는 무기의 길을 버리기까지 로욜라보다 훨씬 오랜 시간이 걸렸지만, 마침내 포르루아얄Port-Royal의 얀센파Jansenist 수도원에 들어가 생의 마지막 18년을 고독과 묵상으로 보냈다. 퐁티스는 수도원에서 포세의 피에르 토마Pierre Thomas du Fossé에게 자신의 전기를 구술했고, 1676년 피에르 토마가 그 내용을 기록해 출간했다. 이 책이 크게 성공해 17세기와 18세기 프랑스와 외국에서 무수히 재출간되며, 수많은 회고록 저자에게 영감을 주었다.[49]

군인으로 사는 동안 퐁티스는 수많은 사람을 죽였고, 다른 사람의 죽음도 수없이 목격했다. 목숨을 잃을 뻔한 위험에 빠진 경우가 셀 수 없을 만큼 많았으며, 두세 번은 심각하게 다치기도 했고, 전투에서 가까운 친지와 친구도 많이 잃었다. 하지만 퐁티스는 그 어떤 경험에도 자신이 선택한 직업을 의심하지 않았다고 기록한다. 특히 흥미로운 것은 몽펠리에 포위공격(1622년) 당시 퐁티스가 부상을 당한 일이다. 퐁티스의 절친한 친구인 자메Zamet 영주가 포위공격 중 치명상을 입자, 그는 친구의 복수를 위해 위그노교도 포로 몇 명을 냉혹하게 살해했다.[50] 퐁티스는 그 죄에 대한 신의 벌로 부상을 당했다고 말한다. 그가 군대를 이끌고 적의 요새를 공격할 때, 머스킷 총알 두 발에 상처를 입었다. 한 발은 몸통에 맞았는데, 아주 깊이 들어가지는 못하고 피부와 살을 조금 스친 정도였다. 나머지 한 발이 발목을 관통하며 복사뼈를 조각냈고, 그 즉시 웅덩이로 굴러떨어졌다. 하지만 그는 괘념치 말고 계속 공격하라고 부하들을 독려했고, 요새가 함락되는 것을 흡족하게 지켜보았다.

퐁티스는 진지로 옮겨졌지만, 이내 상처가 감염되어 괴저가 발생했다. 의사들이 다리를 절단하자고 제안하자, 로욜라와 마찬가지로 퐁티스도 불구가 되어 군생활을 포기하느니 차라리 죽겠다며 의사들의 제안을 거절했다. 의사들이 강제로 다리를 절단하기 위해 수술도구와 진통제를 들고 퐁티스의 막사로 찾아갔지만, 대경실색한 그는 막무가내였다. 고함을 지르고 사력을 다해 저항했다. 그리고 마침내 그의 고집대로 되었다. 다행히 전부터 알고 지내던 시골 의사가 괴저를 치료하며 그의 다리를 살려냈다. 하지만 다리가 완쾌되어 퐁티스가 다시 걷고 말을 타기까지 7~8개월이 걸렸다. 그사이 자메 영주는 사망했다. 친구의 죽음을 알게 된 퐁티스는 그 소식을 듣고 이루 다 말하지 못할 만큼 비통했다고 기록한다.[51]

영국 내전 당시 샌디스Sandys 대령이 포윅교Powick Bridge에서 부상당했다는 기사가 왕당파 신문인 〈메르쿠리우스 루스티쿠스Mercurius Rusticus〉 지에 실렸는데, 그 기사를 통해 괴저의 고통이 어떤지 짐작할수 있다.

매일매일 썩어 들어가는 허벅지 살을 조금씩 도려내다 보니 뼈가 드러날 정도였다. 그 냄새가 너무 역겨워 친구들은 물론 당사자도 부담스러울 정도였다. 역겨운 냄새 때문에 주변 사람들이 그에게 다가가거나 필요한 처치를 하기도 쉽지 않았다. 그가 누워 있는 방에 들어가기도 힘들 만큼 냄새가 참을 수 없이 역겨웠다.[52]

하지만 퐁티스는 몇 차례 무미건조하게 언급한 것을 제외하곤 자신이 겪은 고통의 시련을 감정적이거나 감각적으로 묘사하지 않는다. 고통에서 무언가 배웠다는 말도 없고, 고통으로 무언가 변했다는 말도 없다. 위그노교도 포로들에게 저지른 잔인한 행동에 대해 비애를 느끼지만, 책에 등장하는 퐁티스는 몽펠리에 전투 이전이나 이후나 대체로 같은 모습이다. 그 모든 전쟁의 고통을 겪은 후에도 그는 명예라는 이상을 비판하지 않았다. 그는 1637년 아브빌Abbeville 지방 장관이라는 편한 직책에 임명되었지만, 곧 사직했다. 그 직무 때문에 '부르주아로 타락할까 봐' 두려웠고, 전장에서 전투원들을 지휘하며 국가의 적과 맞서 전투를 벌이는 '특별한 즐거움'을 빼앗기기 때문이었다.[53] 포르루아얄에서 인생을 회고할 때도 그는 세속적인 명예를 좇은 일을 가끔 반성하기도 하지만, 대체로 자신의 군사적 업적을 매우 자랑스럽게 평가한다.[54]

훗날 뒤늦게 깨달음을 얻은 후에 비로소 퐁티스는 자신이 수없이 많은 죽을 고비를 넘긴 것이 신의 은총 덕분이었음을 깨닫는다. 남은 인생을 신을 섬기는 일에 바치도록 신이 그의 목숨을 구했다는 것이다.[55] 하지만 퐁티스는 그 당시에는 깨닫지 못했다. 지난 삶을 통틀어 자신이 세속적인 명예와 세속적인 우정에 집착하는 무지한 죄인이었음을 깨닫지 못했다.[56]

마지막에 그를 개종시킨 죽음은 피 한 방울 흘리지 않고 집에서 사망한 한 민간인의 죽음이었다. 1651년 2월 퐁티스는 친구인 성 앙주Saint-Ange의 집을 방문했다. 그런데 그가 머무는 동안 성 앙주가 뚜렷한 이유도 없이 갑작스럽게 사망하는 일이 발생했다. 근대 후기의 관점으로 보면, 성 앙주의 죽음은 갑작스럽게 찾아온 고통 없는 죽음, 곧 완벽한 죽음이다.[57] 하지만 퐁티스에게는 결정적인 충격이었다.

> 마침내 신이 원하시는 대로 나는 그토록 오랫동안 헤매던 끔찍한 상황에서 벗어났다. (……) 내 가장 귀한 친구의 급작스런 죽음으로 나를 놀라게 하시고, 나 자신을 돌아보게 만드셨다. 지금까지 군대에서 수도 없이 목격한 친구들의 죽음은 내 마음에 깊은 인상을 남기지 못했다. 고작해야 내가 아끼던 사람을 아쉬워하며 한탄할 정도였다. 하지만 이 죽음은 바로 내 심장을 파고들었고, 나 자신을 위해 울부짖게 했으며, 그와 마찬가지로 내게도 닥칠 운명을 진지하게 숙고하도록 했다.[58]

퐁티스는 성 앙주의 죽음 때문에 자신이 처음으로 이 세상 삶의 불확실성과 세상사의 모순을 진지하게 성찰하게 되었다고 설명한다. 그는 스스로 이해할 수 있도록 논리적으로 따져 물었다.

> 이 남자는 불과 15분 전까지도 멀쩡했는데 갑자기 죽었다. 나도 이 친구처럼 한순간에 죽을 수 있다. 지금은 살아 있지만, 15분 뒤에는 죽을지도 모른다. 이 불쌍한 녀석아, 그때 너는 어찌 되겠느냐? 이제 네가 그것에 관해 생각할 때다. 어쩌면 이 죽음을 통해 신께서 말하고자 하는 사람이 너인지도 모른다.[59]

퐁티스의 또 다른 친구가 그 기회를 이용해 세상의 덧없음과 무의미함을 그에게 가르쳤고, 이미 그 사건을 통해 신에게 마음이 움직인 퐁티스는 마침내 세상을 버리기로 결심했다.[60] 그리고 그는 몇 차례 더 세상 모험을 거친 후 그 결심을 실행에 옮겨 포르루아얄로 은둔했다. 그곳에서 그는 온 영혼을 바쳐 과거에 받은 신의 은총에 감사하고, 군대에서 아주 많이 목격했지만 그때까지 거의 생각하지 못했던 자신의 죽음을 묵상했다.[61]

전장에서 아군와 적군의 소름 끼치는 죽음을 무수히 목격하고도 무감각했던 군인이 집에서 평화롭게 사망한 민간인의 죽음을 목격하고 마음이 흔들린 이유는 무엇일까? 이 질문에 대한 퐁티스의 대답은 보이지 않는다. 그가 분명히 밝히는 것은 성 앙주의 죽음과 대조적으로 전쟁은 아무런 진실도 드러내지 않는다는 사실이다. 생각이 바뀌어 기도와 죽음에 대한 묵상으로 여생을 보냈지만, 퐁티스가 뒤늦은 깨달음으로 자신의 전쟁 경험을 회상하며 찾아낸 계시는 두 가지뿐이었다. 첫째, 신이 그를 죽음에서 구한 것은 그를 위해 미리 세워두신 계획이 있기 때문이다. 둘째, 전쟁의 운명을 결정하는 것은 신이다.[62] 이런 내용을 제외하면, 퐁티스의 전쟁에 대한 회상은 전투와 포위, 용맹한 무공 등을 나열한 것이다. 세속적인 명예와 미덕의 문제에 초점이 맞춰져 있다. 전쟁에 대한 퐁티스의 회상이 독자의 가슴에 불어넣는 것은 오직 그의 군사 경력을 본받아 전쟁에 참여하고 전장에서 명예와 세속적 영광을 획득하려는 욕망뿐이다.

개신교 군인 개종자 존 번연

가톨릭 진영에서 개신교 진영으로 자리를 옮겨도 기본적인 사고방식은 다르지 않을 것이다. 개신교 군인 개종자로서 당시에 가장 유명한 존 번연John Bunyan의 삶은 예수회 성인 이그나티우스 로욜라의 삶과 완전히 일치한다. 번연은 영국 내전 당시 의회파 군대에서 몇 년 동안 사병으로 복무했다. 번연은《넘치는 은총Grace Abounding》에서 영적 투쟁을 자주 전쟁에 비유하지만, 그가 자신의 군대 경력을 이야기하는 경우는 한 차례 지나치듯 언급하는 게 전부다. 죄에 빠져 살던 젊은 시절 신이 죽음에서 목숨을 구해준 사건들을 이야기하며 그는 이렇게 기록한다.

> 군에 있을 때, 나는 다른 병사들과 함께 포위공격 장소로 이동하라는 명령을 받았다. 그런데 출발하려고 할 때, 중대원 한 명이 내 자리로 오고 싶어 했다. 나는 그의 부탁을 들어주었고, 그가 내 자리를 대신 맡았다. 그리고 포위공격이 시작되자, 보초를 서던 그가 머리에 머스킷 총알을 맞고 죽었다.[63]

로욜라가 팜플로나 포위공격에서 아무것도 배우지 못한 것처럼 번연도 이 사건에서 아무것도 깨우치지 못했다. 그는 이 경험이 "내 영혼에 의義를 일깨우지 못했다. 그 이후에도 나는 계속 죄를 범했고, 점점 더 신을 멀리했으며, 나 자신의 구원을 점점 더 등한시했다"고 설명한다.[64] 번연의 책 어디에서도 그가 전쟁 경험에서 진실을 배웠다는 이야기는 나오지 않는다.

번연을 의의 길로 들어서게 만든 것은 피와 내장이 아니라 책과 설교였다. 그를 옳은 길로 돌려세운 첫 번째 자극은 아내가 전해준 두 권의 책《보통 사람이 천국에 이르는 길The Plain Man's Pathway to Heaven》과《경건의 실천The Practice of Piety》이었다.[65] 그 후 번연은 성경을 읽으며 점점 더 깊은 진실에 눈을 뜨게 되었고,[66] 벤예후다나 사예르와 정반대로 다음과 같이 기록한다.

> 아, 성경 구절 하나가 내 마음을 더 괴롭고 무겁게 한다. 나와 맞서는 성
> 경 구절들이 (가끔 성경의 모든 구절이 나를 반대한다는 생각이 든 적도 있지만)
> 정말이지 내가 대적한 4만 명의 군대보다 더 괴롭고 무섭다.[67]

번연의 또 다른 걸작 《천로역정The Pilgrim's Progress》은 앵글로색슨 개신교의 영적 계시를 다룬 이야기의 모범이 될 운명이었다. 제1차 세계 대전 당시 이 책이 영국군 사이에서 대단히 유행하며, 그들이 전쟁을 이해하고 회고록을 구성하는 데 지대한 영향을 주었다.[68] 하지만 전쟁 경험이 풍부한 번연은 이 책에서도 자신의 경험을 분명하게 이야기하지 않았다.

죽은 자들의 설교

젊은 시절 의회파 연대에서 서기로 복무한 적이 있는 비국교회 사제 애덤 마틴데일Adam Martindale은 전쟁 경험을 번연보다 조금 더 길게 이야기하지만, 아주 부정적인 어조다.

"내 본연의 업무는 펜을 다루는 일이지 무기를 다루는 일이 아니었고, 잉크를 쓰는 것이지 피를 보는 것이 아니었지만, 나는 2년 동안이나 군인들 틈에서 혐오스러운 삶을 살았다."[69]

그는 자신과 가족, 랭커셔Lancashire 시민들이 전쟁 중에 당한 고통을 상당히 자세하게 설명한다. 특히 그는 신의 가호로 목숨을 구한 적이 있다고 기록한다.

자유지구로 보호한다는 조건하에 리버풀이 항복했을 때였다. 루퍼트Rupert 공의 병사들은 리버풀에 들어오자 (항복 조건을 무시하고) 보이는 사람들을 거의 모두 살육했다. 희생자가 360명에 달했는데, 그중에는 이런저런 병사들의 친구도 있고, 평생 무기라고는 손에 쥐어보지도 못한 기능공도 있고, 심지어 맹인도 있다. 하지만 나를 처음 본 병사는 내가 목숨을 구걸하지도 않았는데 내게 자비를 베풀었다.[70]

하지만 마틴데일의 경험담에 따르면 전쟁 중 그에게 세상의 본질을 깨우쳐준 것은 그가 들은 설교뿐이었다.[71] 그는 자서전의 각 장마다 서술한 사건에서 얻은 교훈과 반성 목록을 그 장의 말미에 덧붙였다. 전쟁 기간을 다룬 장의 말미에서도 그는 여러 가지 사건을 반성하는데, 그 반성 목록에는 전쟁 경험과 관련된 것이 하나도 없다. 그가 전쟁에서 배운 교훈은 흔히 보이는 군인들처럼 공통의 인간애가 부족하고 무분별한 사람들로부터 우리를 지켜달라고 기도하자는 것이 전부였다.[72]

존 블랙애더 중령의 영적 자서전은 조금 더 복잡하다. 그는 여러 차례에 걸쳐 전쟁의 공포, 특히 전투 중 죽음이 세속적 야망의 덧없음을 깨닫게 해주었다는 기록을 남긴다. 쉘렌베르크Schelenberg 전투(1704년) 후 혼자 전장으로 가서 죽은 자들의 설교를 들었다.[73] 오우데나르데Oudenarde 전투(1708년)가 끝나고 전장을 통과하며 죽은 자들에게서 죽을 수밖에 없는 인간의 운명에 대한 훈계를 들었다.[74] 말플라케Malplaquet 전투(1709년) 후 "죽은 자들의 가르침을 받기 위해 전장을 둘러보았다. 지금까지 내 평생 시체가 그렇게 겹겹이 쌓인 모습을 본 적이 없으니, 그때 큰 교훈을 얻었을 것이다."[75]

또 다른 전투가 끝난 후에는 하루 종일 "다치거나 전사한 장교들을 찾아다녔다. 나는 이 세상 만물이 덧없고 공허함을 깨달았다. 지난주만 해도 용감하고 강건하다고 자부하던 이들이 신음하고 있었고, 다시 흙으로 돌아가고 있었다."[76] 그는 또 상관의 죽음과 관련해 이런 기록을 남긴다.

"나는 준장이 사망했다는 놀라운 소식에 깊은 충격을 받았다. 인간의 숨이 꺼지고 흙으로 돌아가는 날 그의 생각도 소멸한다. 아, 인간의 위세라는 것이 얼마나 덧없는가! 그는 한 계급 올려줄 테니 전장을 지휘하라는 궁의 요청을 받고 조금 전에 이곳에 도착했다."[77]

이런 교훈들은 우리가 근대 초기 전투원의 영적 자서전에서 충분히 예상할 법한 내용이지만, 그 교훈들에 대한 블랙애더의 평가는 동시대 회고록 저자들과 달리 상당히 독특하다. 그는 이런 교훈의 영향력도 일시적일 뿐이며, 전쟁은 절대 인간을 진정으로 변화시킬 수 없다고 강조한다. 그는 쉘렌베르크 전장에서 들은 죽은 자들의 설교와 관련해 이렇게 기록한다.

> 지금은 건강해도 다음 순간 영원한 세상으로 들어가는 인생이 얼마나 불확실한지 깨달은 후에도 우리가 그 깨달음에 더는 영향을 받지 않으니 참으로 놀라운 일이다. (……) 밤에 혼자 전장으로 가서 죽은 자들의 설교를 들었다. 겹겹이 쌓인 시체가 여기저기 땅바닥에 널려 있었고, 모두 발가벗겨진 채 썩어가고 있었다. 하지만 우리는 동지와 친구들의 시신이 땅바닥에 똥처럼 널려 있는 것을 보아도 아무런 감흥이나 감화를 받지 못한다.[78]

블렌하임Blenheim 전투(1704년) 후에 그는 신을 향해 "우리에게 영향을 주는 것이 아무것도 없습니다. 우리를 감화시키는 축복도 전혀 없습니다. 저희 중 많은 이가 잘려 나갔지만, 남은 자들은 스스로 생각에 잠기지도 않을 것이며, 당신을 향하지도 않을 것입니다"라고 탄식한다.[79] 또 한 번은 이런 기록을 남긴다.

> 친구를 땅에 묻으며 하루 종일 조문했다. 아, 군인이라는 직업을 가진 술고래들의 어리석음이 참으로 놀랄 지경이구나! 함께 술을 마시고 여자를 유혹하던 동료가 한순간 이 세상에서 사라지는 것을 보면서도 자신에게 영혼이 있다거나 죽으면 자신의 영혼이 어떻게 될지 생각도 하지 않는다. 나는 이런 불경을 이성적인 존재가 범할 수 있는 최악의 광기로 생각한다. 살면 살수록 신성함이 필요하다는 것을 점점 더 크게 느낀다. 속세의 모든 안락함을 잡고 있던 끈을 놓고 영원한 세상에 들기 직전, 저 세상의 안락함을 보지 못하고 공포 외에 아무것도 보지 못하고, 위로한다고 하지만 실은 마음을 괴롭히며 희희낙락하는 동료들에게 둘러싸인 채 임종을 맞는 불쌍한 존재를 바라보고 있으니 가슴이 정말 아프다.[80]

블랙애더는 대체로 전쟁 대신 직접적인 신의 개입이나 책을 게시의 요인으로 생각한다. 그는 자서전에서 다양한 신의 환영을 상당히 자주 언급하지만,[81] 그가 전쟁 지식을 포함해 모든 지식의 원천으로 절대 중요하게 생각한 것은 성경이다. 그는 원정 중에 성경을 읽었고,[82] 전투 중에 여러 가지 성경 구절을 묵상했다는 이야기를 자주 한다.[83] 더 중요한 사실은 많은 동시대인처럼 그도 군사 사건을 해석할 때 예외없이 성경을 길잡이로 삼았다는 것이다. 자신이 목격한 군사 사건을 성경 구절을 인용해 묘사하는 경우가 아주 많다.[84]

퀘이커교도인 토머스 시먼즈Thomas Symonds는 전쟁의 계시 가능성을 한층 더 비판적으로 평가한다. 그는 자기 내면의 영적 전쟁으로부터 도망치기 위해 군인으로 입대해 영국 내전에 참전했다고 영적 자서전에 기록했다. 실제 외부 세계의 전쟁이 갖는 유일한 의미는 시먼즈 내면의 전쟁을 잠재웠다는 것뿐이다. 그에게 전투는 계시를 끌어내는 대신 마음 편하게 무지를 가리는 가림막이었다.[85]

근대 초기의 토포스는 전투원을 가장 무지한 죄인, 진리를 파악하고 이해하는 데 가장 열등한 존재로 그림으로써 전투가 계시 수단으로서 무용지물이라는 생각을 반영한다. 에라스뮈스는 군인을 '인간쓰레기'와 '기생충, 포주, 노상강도, 암살자, 무식꾼, 술고래, 파산자'로 묘사했다.[86] 30년 전쟁을 묘사한 이야기와 그림 중에서 가장 유명한 야코프 크리스토프 폰 그리멜스하우젠Jacob Christoph von Grimmelshausen의 책 《모험가 짐플리치시무스Simplicissimus》와 자크 칼로Jacques Callot의 그림 〈전쟁의 참화Miseres et malheurs de la guerre〉는 약탈과 강간, 살육을 일삼는 불경한 군인의 이미지에 초점을 맞추었다.[87] 화가들은 성경에 나오는 유아 대학살 같은 장면을 이용해 당시 군인들의 극히 부정적인 이미지를 표현했다.[88] 평상시 수비대에서 활동하는 군인을 묘사할 때도 대부분 도박과 카드 게임을 하거나, 술을 마시고 창녀와 뒹구는 장면이었다.[89]

조지 파쿼George Farquhar의 작품 《모병관The Recruiting Officer》(1706년)에서 카이트Kite 하사관은 자신과 같은 모병관의 자질을 이렇게 설명한다.

"각하께서 위선, 거짓말, 몰염치, 인색, 협박, 욕설, 오입질, 음주, 그리고 미늘창(도끼와 창을 합한 형태의 옛날 무기_옮긴이)의 합계를 구하신다면, 그 모든 것의 총합이 모병계 부사관과 같음을 아시게 될 것입니다."

나중에 카이트가 '아주 정직한 사람'이라고 소문난 남자를 신병으로 모집하자, 중대장 플륌Plume 대위는 "제군들, 우리 중대에도 색다르게 정직한 남자가 하나쯤은 들어오길 바라네"라고 이야기한다.[90] 근대 초기 다른 작가들이 군인을 대하는 태도는 훨씬 더 불손했다.[91] 블랙애더는 전우들과 함께 지내는 것을 자신의 구원을 방해하는 치명적인 위험으로 보았다.

"내가 두려운 것은 위험이나 전투가 아니다. 신의 은총으로 용감히 맞설 것이다. 그보다 더 두려운 것은 나도 함께 지내는 불쌍한 무리의 함정과 죄악에 빠질 수밖에 없다는 것이다."

동료 장교들을 일컫는 말이었다.[92]

결론적으로 군사 문제와 종교 문제를 함께 다룬 작가들은 종교 지식을 활용해 군사 사건을 해석했고, 군사 사건을 활용해 종교 지식을 보여주었다. 하지만 이들은 전쟁 경험에서 새로운 지식을 거의 얻지 못했다. 이들도 종종 계시를 거론했지만, 전쟁이 무언가를 드러낼 수 있다는 생각은 이들에게는 낯설었다. 죽을 수밖에 없는 인간의 운명에 관한 설교를 전투 중에 들은 인물은 블랙애더가 유일했다. 그렇지만 블랙애더도 그런 가르침은 한 귀로 들어와서 한 귀로 빠져나간다고 결론지었다.

따라서 많은 회고록 저자가 영적 투쟁을 전쟁에, 그리스도인을 전투원에 자주 비교했지만, 어찌된 일인지 이들은 이 비교를 거꾸로 적용하지 못했고, 전장에서의 죽음과 고통에 어떤 영적인 지식이 담겨 있다고 해석하지 않았다. 블랙애더의 책이나 로욜라의 책을 읽고 난 후에도 전투원이 몸으로 본 목격자로서 특별한 권위를 지닌다고 생각할 사람은 하나도 없을 것이다.

세속인의 전쟁 회고록[93]

전쟁 회고록은 근대 초기에 가장 인기 있던 세속적 자서전 장르인데, 새롭게 만들어진 장르는 아니었다. 이미 고전 시대와 중세 시대에 비슷한 선례와 사례가 상당히 많았다. 따라서 전쟁 회고록은 근대 초기 개인주의 혁명의 산물이라기보다는 말과 글로 전해지던 중세 후기 전쟁 서사를 직접 계승했다고 보는 것이 가장 타당할 것이다[94].

근대 초기의 전쟁 회고록은, 물론 예외도 있지만 주로 중간 계급이나 고위급 지휘관으로 복무한 귀족들이 썼다. 오늘날에는 이 백인 남성 귀족 장교들이 정치적 이익을 노리는 약삭빠른 존재의 거대한 고리Great Chain of Being에서 제일 아랫단을 차지하면서, 이들의 글도 대중의 신임을 잃었다. 하지만 19세기에는 이들의 회고록이 수십 개씩 합본되어 인쇄되었다. 그리고 그 엄청난 학문적 수고의 결실이 현재 수많은 하얀 코끼리처럼 도서관 서가의 귀중한 자리만 차지한 채 먼지를 뒤집어쓰고 있다. 하지만 연구자인 나로서는 이스라엘 지방 대학의 아주 허름한 도서관 서가에서도 근대 초기 백작과 공작, 후작 들의 수많은 회고록을 찾아볼 수 있어 큰 행운이라고 생각한다. 에고도큐먼트ego-document에 대한 관심이 점점 늘고 있지만, 도서관이 이 두꺼운 책들을 구매한 이후 내가 처음으로 펼쳐보는 경우가 대부분이었고, 서로 달라붙은 책장을 칼로 떼어내야 하는 경우도 많았다.

이 책들의 운명이 입증하는 것은 미래의 연구 방향을 예측하지 못한 사서의 무능만이 아니다. 그와 더불어 계시적 전쟁 해석의 세력도 입증한다. 계시적 전쟁 해석이 성공하며 근대 초기의 전쟁 회고록은 따분한 책이 되었고, 계시적 전쟁 해석은 그 어떤 비평보다 더 효과적으로 회고록 저자들의 입을 틀어막았다. 수십 년 동안 이런 책을 펼쳐본 사람이 없는 이유는 이 책들이 전혀 현실성이 없어 보였기 때문이다. 전쟁이라는 꽤 흥미로운 주제를 다루고 있지만, 이런 책들은 온통 잘못된 질문에만 관심을 쏟았고, 근대 후기의 전쟁 토론이나 독자들이 가장 흥미롭게 생각하는 주제를 담지 못했다. '전쟁이 어떤 느낌이었는지' 알려주는 내용이 전혀 없는 것이다.

앞으로 나올 인용문들을 보고 독자 여러분이 혹시라도 오해하지 않길 바란다. 나는 당연히 오늘날 독자들과 관련이 있고 재미있을 법한 인용문들을 선택했다. 그리고 내 나름으로는 신중하게 선택한다고 했지만, 그 인용문들이 전쟁 경험에 치우치는 경향이 있다. 사실 전형적인 300페이지의 회고록 중에서 전쟁 경험을 묘사한 부분은 겨우 다섯 페이지 정도고, 대개 그 다섯 페이지에서 찾아낸 인용문들이다.

하지만 나는 이 글을 통해 근대 초기 전쟁 회고록에 작은 도움이라도 주고 싶고, 이런 책들도 여전히 현실성이 있다는 사실을 보여주고 싶다. 이런 책들을 가리고 있는 따분함이라는 장막은 현대 독자들의 접근을 차단하고 있으며, 그와 동시에 회고록에 담긴 생각이 현대의 전쟁 해석에도 스며들어 있다는 사실까지 감추고 있다. 마치 두려운 '상대'라도 되는 듯 감추고 있다.

전쟁을 계시 경험으로 해석하는 경향은 이러한 근대 초기 귀족 장교들의 회고록에 대한 반발에서 탄생했고, 그 반발 덕분에 지금까지 생명을 이어오고 있다. 지금도 군인들은 이 귀족들이 여전히 강력하고 위협적인 존재라도 되는 듯 이들을 염두에 두고 회고록을 쓴다. 하지만 어떻게 보면 이것은 귀족들이 여전히 강력하고 위협적인 존재일 수도 있다는 암시일 것이다.

근대 초기에도 전쟁은 근대 후기와 마찬가지로 두려움과 공포의 대상이었다. 특히 주목할 점은 당시 전사율이 20세기 전쟁 대부분의 전사율보다 훨씬 더 높았다는 사실이다. 당시 군대가 상당히 소규모였으므로 절댓값으로 보면 전사한 군인의 수는 더 적었지만, 실제 군인의 생존율은 더 낮았다. 대규모 전투가 겨우 몇 시간 동안만 벌어져도, 승전한 군대는 병력의 4분의 1 이상을 잃고 패전한 군대는 3분의 2에 달하는 병력을 잃는 경우가 종종 있었다. 수 제곱킬로미터의 지역 내에서 두세 시간 동안에 1~2만 명이 목숨을 잃는 경우도 흔했다[95].

전투보다 더 많은 군인의 목숨을 앗아간 것은 질병과 굶주림이었다. 몇 년 원정을 떠나면 대규모 전투를 벌이지 않고도 질병과 굶주림으로 군대 하나가 완전히 몰살할 수도 있었다.

스웨덴 북부의 마을 한 곳을 조사하니 1621~1639년에 징집된 230명 중 전사자가 215명이었다. 같은 기간 그 마을에 거주하는 성인 남성의 숫자도 468명에서 238명으로 줄어들었다. 또 다른 조사에서는 영국 내전 당시 왕당파 군대에 입대한 슈롭셔Shropshire 주 3개 마을의 남자 20명 중에서 13명이 전투 중 사망한 것으로 확인되었다.[96]

근대 초기 회고록 저자들은 전쟁의 극한 경험을 구태여 숨기지 않았다. 살인의 격정과 승리의 환희는 물론 죽음과 부상, 굶주림, 질병 등이 회고록의 페이지 페이지를 가득 메운다. 그렇지만 회고록 저자들은 자신을 몸으로 본 목격자로 묘사하지 않으며, 일반적으로 몸으로 목격했다는 권위를 주장하지도 않는다. 이런 책을 읽을 때 제일 먼저 받는 인상은 저자가 전쟁을 통해 새로운 깨달음도 얻지 못하고 심오하게 변하지도 않았다는 것이다.

특히 주목할 점은 근대 초기 전쟁 회고록들이 수많은 전투를 묘사하며 많은 경우 장황하고 상세하게 전투를 설명하지만, 숀 넬슨이 모가디슈에서 경험한 '전투 현현'에 비견할 만한 것은 전혀 언급하지 않는다는 사실이다. 저자들은 자기 평생에서 가장 끔찍하거나 가장 흥분된 순간을 묘사하겠지만, 일상적인 현실은 평소와 다름없이 계속 흘러간다. 시간도 멈추지 않고, 물리적 현실의 법칙도 정상적으로 작동하며, 전투원들이 비범한 감각과 감정을 얻거나 고양된 각성 상태에 도달했다는 보고도 없다.

책에 포함되지 않은 내용을 분명하게 설명하기는 어렵다. 근대 후기 회고록에서 현현이나 계시라고 자주 묘사한 경험들이 근대 초기 회고록에서는 계시 관점에서 거의 주목받지 못했음을 다음에서 비교 설명하려 한다. 각각의 경험을 대표하는 사례 한두 개를 선택했다. 이들 사례 중 일부는 근대 초기의 전형적인 묘사를 대표하는 것이다. 확신하건대 다른 많은 회고록에서 이와 비슷한 묘사가 수십 수백 개씩 발견된다. 또 다른 일부 사례들은 근대 초기의 극단적인 묘사를 대표하는 것이다. 이와 유사한 근대 초기의 묘사 대부분은 내가 여기에서 언급하는 사례보다 계시적 성격이 훨씬 더 옅다는 점을 분명히 밝힌다.

불세례

근대 초기 회고록 저자들이 전쟁의 계시 가능성을 무시했다는 사실을 가장 분명하게 알 수 있는 것이 불세례를 대하는 태도다. 나중에 나올 텐데, 낭만주의 회고록은 첫 전투를 무엇보다 중요하게 생각하는 경우가 많다. 첫 전투가 사소한 충돌이거나 저자가 전투에서 변변한 활약을 하지 못한 경우에도 회고록은 전투 전날 밤 저자의 생각과 전투 중 저자가 겪은 새로운 감각과 감정을 장황하게 이야기한다. 20세기가 되자 서양인들은 첫 군사작전을 보편적인 남성의 통과의례로 믿게 되었다. 에른스트 윙거는 자신의 첫 전투를 열광적으로 기록했다.

"아, 불의 세례여! 넘쳐흐르는 남자다움이 공기를 가득 메워 숨을 들이쉴 때마다 취하고, 까닭 없이 울부짖을 지경이었다. 아, 이를 느낄 수 있는 남자의 심장이여!"[97]

필립 카푸토도 베트남에서 처음으로 소규모 접전을 치르고 돌아온 중대원들에 관해 비슷한 맥락으로 기록했다.

> 전쟁의 첫 성사聖事, 곧 불세례를 받은 후 이들의 소년기는 끝났다. 당시 상황에서는 그들도 나도 그런 생각을 하지 못했다. 불세례를 받고 피를 흘렸으니 이제 남자가 되었다는 생각은 하지 않았다. 표현할 수는 없지만, 우리에게 무언가 중요한 일이 벌어졌다는 것만 인식했다.[98]

일부 역사학자는 근대 초기 전투원들도 같은 생각이었다고 주장한다. 일례로 찰스 칼턴Charles Carlton은 영국 내전 당시 마셜스 엘름Marshall's Elm의 소규모 접전으로 첫 전투를 맛본 군인 각자에게는 이 소규모 충돌이 결정적인 경험이었다고 주장한다.[99]

중세와 근대 초기 문화에는 입회 의식이 분명히 존재했고, 이를 증명하는 명백한 사례가 기사 임명식이다.[100] 전투원들이 첫 전투에서 여러 가지를 발견했다고 묘사하는 책도 일부 있다. 가령 그리멜스하우젠의 책에 나오는 억척 어멈은 첫 전투 중 자신이 싸움을 아주 좋아한다는 사실을 발견했다.[101] 필리프 드 코민Philippe de Commynes은 자신이 불세례를 받은 몽레리Montlhéry 전투(1465년)를 장황하게 묘사하며, 주군인 부르고뉴 공 샤를Duke Charles of Burgundy이 그 전투에서 일종의 계시를

받았다고 전한다. 전에는 전쟁을 싫어하던 그가 그 이후 전쟁을 무엇보다 좋아하게 되었다는 것이다.[102]

그렇지만 대부분의 경우 근대 초기 회고록 저자들은 첫 출정과 전투를 개인적으로 특별히 중요하게 여기지 않았다. 자신이 무슨 일을 하고 무엇을 경험했는지 밝히지 않은 채 첫 출정과 전투를 묘사하는 사람들도 있지만, 대부분은 첫 출정과 전투를 전혀 언급하지 않거나 대수롭지 않게 언급하고, 그 이후의 출정과 전투에 더 집중한다.

그 전형적인 사례가 17세기 중반 중간 계급의 프랑스 장교인 슈프 Chouppes 후작의 회고록이다. 슈프는 꽤 두꺼운 회고록을 남겼는데, 가끔 출정과 전투를 아주 상세하게[예를 들면 프라이부르크 전투(1644년)를 묘사하는 데 10페이지를 할애해[103]] 묘사했다. 그는 열세 살에 루이 13세의 견습 기사로 들어간 때부터 인생 경험담을 시작한다.[104] 그 뒤 근위병으로 옮겼다가 곧 첫 전투에 출전했다고 이야기하며, 다음과 같이 기록한다.

> (근위대에서) 2년을 보냈다. 라로셸 포위(1628년)와 수에즈 봉쇄(1629년), 프리바 포위(1629년), 랑그독의 자칭 종교개혁파(위그노교도)가 장악한 몇몇 지역의 점령작전, 피에몽의 피네롤 함락(1630년), 아비글리아나 Avigliana 전투(또는 베일란Veillane 전투, 1630년), 카살 구조작전(1630년) 현장에서 나를 발견했다. 아비글리아나 전투에서는 아주 심각한 상처를 입기도 했다. 휴전 후 나는 왕명에 따라 근위 연대에서 전출되어 프레젤리에르 중대의 경기병 기수로 배속되었다. 7년간 기병대에 복무했고, 그 기간 로렌과 독일의 많은 작전 현장에서 나를 발견했다. 그중 가장 기억에 남는 것이 콜로레도Colloredo 패전이다.[105]

슈프가 남긴 9년 동안의 기록은 이것이 전부다. 첫 출정, 적과의 첫 대치, 첫 대규모 전투, 처음으로 들은 포성, 처음으로 죽인 적군, 처음 목격한 전우의 죽음, 첫 부상. 이 모든 것과 이것들이 그에게 무엇을 밝혀주었는지에 관해서는 거의 침묵한다. 슈프가 카푸토처럼 자신에게 무언가 중대한 일이 벌어졌다고 생각한 기색은 전혀 보이지 않는다. 근대 후기 회고록 저자들과 달리 슈프가 라로셸 포위작전에서 '나를 발견했다'고 했을 때 그곳에서 자아를 발견했다는 의미가 아니다.[106]

17세기 프랑스의 또 다른 귀족인 나바이유Navailles 공작은 군대라는 세계에 내디딘 첫발을 조금 더 자세하게 묘사한다. 나바이유는 가문의 전통에 따라 15~16세 때 군생활을 시작해 플랑드르 전선을 지키는 해군 연대에 배속되었다(1636년). 그는 열정적으로 복무했으며, 어린 나이에도 존경받을 수 있는 기회를 찾아다녔다고 했다.[107] 슈프와 마찬가지로 그도 첫 출정에 대해 거의 침묵하며 그저 "처음으로 출정했을 때, 결국 철수할 수밖에 없었던 생 토메르Saint-Omer 포위공격과 아군이 우세했던 폴렝코브Polincove 전투(1638년)에서 나를 발견했다. 두 번째 출정했을 때 나는 왕이 몸소 참전한 에댕Hesdin 포위작전(1639년)을 목격했다"고 기록한다.[108]

나바이유는 첫 부상을 당한 힘겨운 란차우Rantzau 습격(1640년)에 관해서도 "(요새를 습격한) 세 부대의 장교 100명이 죽거나 심각하게 다쳤고, 나도 가벼운 부상을 당했다"고 간단히 한 문장으로 요약한다.[109]

토르톤Tortone 포위공격(1642년)에 관한 묘사에서 그는 부대원이 모두 굶어 죽을 위험에 빠졌다고 언급하지만, 실제 굶주린 경험은 묘사하지 않는다.[110] 지휘관이 포위를 풀 생각을 하자, 명예심에 불타는 젊은 나바이유는 그에 반대하며 자기 중대가 적의 요새 한 부분을 공격하는 힘든 작전을 수행하겠다고 자원했다. 요새 함락작전은 성공했다. 토르톤은 항복했고, 그는 대단한 명예를 얻었다. 하지만 실제 전투에 관한 그의 기록은 요새를 공격하는 데 오랜 시간이 소요되었지만 "결국 내가 그 요새의 주인이 되었다"가 전부다. 자신이 명예를 얻은 대가와 관련해서도 "그때 16명의 부사관과 훌륭한 병사, 장교를 많이 잃었다"고 간단하게 기록한다.[111]

여기서 우리는 나바이유가 회고록을 작성한 시점이 그의 외아들이 '눈앞에서' 살해된 후라는 사실에 주목해야 한다. 그는 외아들에게 큰 기대를 걸었다. 그는 전쟁에서 거둔 '성공으로 영광의 감정'을 느끼기 시작할 무렵 신이 외아들을 뺏어갔다며 애통해했다. 인간은 될 수 있는 대로 자신에게 너무 지나친 영광을 돌리지 말아야 한다는 신성한 교훈을 깨달았음에도, 나바이유는 전쟁 자체에 환멸을 느끼지 않았다.[112]

생시몽Saint-Simon 공작은 절대 과묵하다고 할 수 없는 인물이다. 부아릴Boislisle 판 생시몽 회고록이 두꺼운 책으로 45권 분량이니 절대 과묵한 인물은 아니다. 그런데도 생시몽은 첫 출정인 네무르Nemur 시 포위(1692년)와 관련해 "포위가 이어진 10일 동안 특별히 중요한 일은 발생하지 않았다"는 말로 일축해버린다.[113]

포위작전 중 그는 죽을 고비를 넘겼다. 그와 함께 자원하여 왕의 머스킷 소총수로 복무하던 친구 코에트켕Coëtquen 백작의 막사를 방문했을 때였다.

아침 일찍 막사로 찾아가니 그는 침대에 누워 자고 있었다. 나는 장난삼아 그를 침대에서 밀쳐내고 그의 자리를 차지했다. (……) 코에트켕은 내 장난을 되갚아주려는 듯 머스킷 소총을 내게 겨눴다. 장전되지 않았다고 생각했는데, 그의 소총이 발사되어 아연실색했다. 다행히 내가 그때 침대에 반듯이 누워 있던 덕분에 머스킷 총알 세 발이 내 이마 몇 센티미터 위로 지나갔다. 그리고 총구가 약간 위로 들린 상태에서 발사된 그 세 발의 총알이 막사 밖을 거닐던 후견인 두 사람의 머리 위로 지나갔다. 코에트켕은 큰 사고를 칠 뻔했다는 생각에 놀라 기절했다. 우리는 그를 깨우려고 갖은 애를 다 썼지만, 그는 정말 며칠 동안 깨어나지 못했다.

생시몽은 이 사건이 자신에게 어떤 영향을 미쳤는지 설명하지 않는다. 이 사건에서 '무기로 절대 장난치지 말라는 교훈'을 배웠다고 전할 뿐이다.[114]

생시몽은 대규모 전투인 네르빈덴Neerwinden 전투(1693년)에 관해서는 이야기할 게 훨씬 더 많았다. 하지만 20페이지에 걸쳐 네르빈덴 전투를 묘사하면서도 자신의 경험에 관해서는 지극히 과묵하다. 그는 양쪽 부대의 전술작전에 초점을 맞추고, 중간에 딱 한 번 자신에 관한 내용을 끼워넣는다. 전투 대형에 따른 자신의 정확한 위치를 짚어주고, 어머니의 시종과 후견인도 함께 있었다고 설명한 다음 이렇게 기록한다.

"연갈색 준마를 타고 세 차례 돌격했다. 새벽 4시부터 줄곧 말에서 내리지 않았다. 말이 달리는 속도가 점점 떨어진다고 느꼈을 때 (시종이 있는 곳을) 돌아보며 다른 말을 가져오라고 말했지만, 그때 후견인과 시종이 그곳에 없다는 것을 알았다."

그의 명령을 받은 부하들이 아주 짙은 잿빛 말을 가져왔다.

"나는 그 말로 갈아타고 두 차례 더 돌격했다. 총 다섯 번 돌격하는 동안, 연갈색 말의 안장끈이 끊어지고 푸른 군복의 금장식이 떨어져 도망갔다."[115]

생시몽이 제복과 말에만 신경을 쓰고 인간 심리나 인간 심리를 기술하는 방법에는 신경을 쓰지 않는 덜떨어진 군인이라고 주장할 사람도 있을지 모르겠다. 하지만 다른 부분을 살펴보면 생시몽 공작이 인간 심리를 아주 예리하게 관찰했음을 알 수 있다. 그가 18세기 프랑스 문학에서 가장 빛나는 별에 속한다고 해도 틀린 판단은 아니다. 재능 있는 작가이자 빈틈없는 관찰자인 생시몽은 루이 14세의 궁정 조신 한 사람 한 사람에 대해 섬세한 심리 분석을 남겼고, 궁정 음모의 세세한 내용까지 생생하게 묘사했지만, 무슨 이유인지 자신의 첫 대규모 전투 경험에 관해서는 관심을 보이지 않았다.

많은 회고록 저자가 입대와 첫 출정을 두 번째 탄생으로, 진정한 삶의 출발로 여기는 것이 사실이다.[116] 슈프를 비롯해 많은 저자가 생물학적 탄생이 아니라 전투 세계의 입문으로 회고록을 시작하는 것도 바로 이런 이유 때문이다.[117] 하지만 회고록 저자들은 어린 시절에 대한 언급을 생략하고 입대 시점부터 경험담을 시작함으로써 전쟁의 계시 가능성을 또다시 무시한 셈이다. 왜냐하면 무지가 선행될 경우에만 계시가 의미를 갖기 때문이다. 출생은 어머니의 계시와 입회 의식이지 아기의 계시와 입회 의식이 아니다. 종교적 전향 경험담이 항상 초기의 무지 상태를 이야기하는 것도 같은 맥락이다. 아우구스티누스의 《참회록》 첫 문구가 "tole(집어라), lege(읽어라)"이거나, 신약성경이 처음부터 다마스쿠스로 향하는 성 바울의 모습을 보여주었다면, 개종 경험담의 요점이 모두 사라져버렸을 것이다.

군사 기초 훈련

근대 후기에는 한 개인의 불세례뿐만 아니라 군대 현실과의 최초의 만남, 곧 군사 기초 훈련도 삶을 뒤바꾸는 충격적인 경험으로 그리는 경우가 많았다. 제1차 세계대전과 관련해 군대에서 훈련을 받는 10주가 학교 교육 10년보다 우리에게 더 깊은 영향을 미친다고 기록한 에리히 마리아 레마르크Erich Maria Remarque의 의견에 많은 사람이 동의한다.[118] 수많은 20세기 전쟁 회고록과 전쟁 영화는 전투만큼 신병 훈련소에도 시간과 공을 들인다.(예를 들어 〈풀 메탈 재킷〉의 전반부는 온통 신병 훈련소 이야기다.)

이와 반대로 근대 초기 회고록 저자 중에는 군사 기초 훈련을 중요하게 생각한 사람이 전혀 없었다. 나사우의 마우리츠Maurits van Nassau 같은 군사개혁가들이 새롭고 정교한 훈련법을 도입함으로써 그 유명한 군사개혁을 시작했을 때도 전쟁 회고록 저자들은 그 중요성을 인식하지 못한 듯하다.

슈프와 생시몽 같은 귀족은 물론 새로운 훈련법을 적용받는 일반 병사들도 군사 기초 훈련의 중요성을 인식하지 못했다. 토머스 레이먼드 Thomas Raymond는 1633년 네덜란드군에 입대했다. 그가 '신병 훈련소' 경험에 관해 기록하는 내용은 "나는 대령 필립 패켄햄 경Sir Philip Pakenham의 중대에 배속되었다. (……) 그는 당당하게 키가 크고 용감한 저명인사였다. 나는 중대에서 복무하며 그의 가족도 살피고 재정 상태도 검토했다. 그가 총각이었기 때문이다"가 전부다.[119]

당시 네덜란드 군대의 훈련법은 유럽의 경이이자 모범이었다. 신병들을 혹독하게 가르치고 복합적으로 훈련시켜 근대 최초의 '전쟁기계'로 양성했다. 가학적인 훈련 담당 부사관부터 무시무시한 복장 검사까지 20세기 신병 훈련소를 표현하는 상투적인 말들이 모두 17세기 초 네덜란드 육군에서 비롯되었다. 그뿐만 아니라 저명한 미셸 푸코Michel

Foucault를 필두로 많은 학자가 네덜란드의 군대 훈련법을 수많은 근대 규율체계의 요람으로 인정한다.[120] 사회학자 펠드M. D. Feld는 심지어 네덜란드의 군사개혁을 '네덜란드의 산업혁명과 전쟁 산업화의 시초'로 평가할 정도다.[121]

20세기 신병이 적어도 학교와 광산, 공장 등 곳곳에 감시가 산재하고 일정이 꽉 짜인 대도시의 삶에서 엄격한 규율체계를 충분히 경험한 후 신병 훈련소에 입소한 데 반해, 토머스 레이먼드는 처음으로 접하는 군사훈련과 군사교육이 무척 낯설었을 게 분명하다. 하지만 레이먼드는 획기적이었을 군사 기초 훈련의 경험에 별다른 관심을 보이지 않았다. 근대 교육의 탄생을 그냥 지나쳐버린 것이다.

살인

역사상 많은 전사 문화에서 적을 죽이는 것, 특히 최초의 살인은 실존의 정점이었다. 이는 전사의 인생에서 가장 중요한 단 하나의 경험으로서, 출산이 여성의 정체성과 사회적 지위를 규정하듯 전사의 남성적인 정체성을 규정했다.[122] 이와 대조적으로 인류 역사에서 가장 호전적인 엘리트 집단에 속한 근대 초기 회고록 저자들은 살인을 아주 무심하게 다루었다. 많은 저자가 회고록에서 자신의 첫 살인을 포함해 사람을 죽인 일들에 대해 언급하지 않는다. 언급을 하더라도 그저 지나치는 말뿐이다. 시드넘 포인츠Sydnam Poyntz가 레흐Lech 전투(1632년)를 기록하며 "다른 병사들처럼 내 손도 피투성이였다"고 말하는 식이다.[123]

드문 일이지만 살인을 더 자세하게 설명하는 경우에도 살인이 한 사람 인생의 전환점으로 묘사되지 않았다. 첫 살인을 농담처럼 회고하는 장 드 머지Jean de Mergey가 좋은 예다. 그는 겨우 열여덟 살에 데쉐네츠경Lord Deschenetz의 견습기사로 복무했다. 그는 자랑스럽게 자신이 '작은 마르스(군신)' 같다고 기록했다. 그는 1554년 소규모 접전에서 데쉐네츠의 창으로 적군을 찔러 죽이고, 적군이 얼굴을 흉하게 일그러뜨리며 커다란 비명을 내지르더니 말 아래로 떨어져 죽었다고 묘사했다.

그 순간 머지는 생명의 비밀을 발견하지 못했다. 그보다는 적군의 몸에서 데쉐네츠의 창을 빼내는 일이 급선무였다. 미늘이 달린 창은 적군의 몸에 틀어박혀 빠지지 않았다. 그는 창을 잃어버렸다고 데쉐네츠에게 혼날까 봐 걱정했지만, 폴 바티스트Paul Baptiste 경이 껄껄 웃으며 '창을 어떻게 잃어버렸는지' 다 봤으니 데쉐네츠에게 잘 말해주겠다고 안심시켰다. 머지는 이 일을 회상하며 즐거워했다.[124] 그날 자신이 진정한 남자가 되었다거나 다른 눈으로 세상을 보게 되었다거나 그날 이후 가족, 친구, 사회에서 다른 대접을 받았다는 이야기는 전혀 나오지 않는다.[125]

근대 초기의 일부 회고록이 살인을 인생의 절정으로 묘사하지만, 이런 경우 모두 연출된 전투나 결투와 연관된 살인이었다. 따라서 외르크 폰 에잉엔Jörg von Ehingen 회고록의 절정은 세우타Ceuta에서 이슬람교 전사와 일대일로 벌인 결투(1458년)였고,[126] 1625년 카디스 원정을 회고한 리처드 피크Richard Peeke는 세 명의 스페인 전사와 치른 연출된 전투를 기념해 회고록에 '1대 3'이란 제목을 붙였다. 물론 그는 세 명의 스페인 전사를 무찔렀다.[127] 이런 경우에도 일대일 전투는 회고록 저자가 뛰어난 전사라는 정체성을 확인시켜줄 뿐, 그의 인격이나 세계관을 변화시키지 않았다. 에잉엔은 골리앗 같은 이슬람교 전사를 무찌르는 과정을 상세하게 설명하고 나중에 유럽 각국의 궁에서 환영받은 이야기를 언급하지만, 그 경험 덕분에 자신이나 세상에 대해 무언가 새로운 것을 발견했다는 이야기는 전혀 없다.

죽을 고비

모셰 기바티Moshe Givati의 회고록《9월에 세 번 태어남》의 제목은 1948년 생물학적 출생과 1969년, 1984년 두 번의 치명적인 부상을 의미한다. 앤드루 멜빌Andrew Melville이 모셰 기바티처럼 생각했다면 회고록 제목을 '네 번의 탄생'으로 정했을 것이다. 1648년 멜빌은 프랑스 동료 몇 명과 함께 제국군에게 포로로 잡혔고, 제국군 지휘관은 포로들을 즉결 처형하라고 명령했다. 포로들이 벽에 나란히 서고, 크로아티아 소총 부대가 총살 임무를 맡았다. 멜빌은 크로아티아 병사들이 총을 발사하던 순간을 이렇게 회상했다.

> 나를 겨냥한 병사의 머스킷 총이 불발했다. 화가 난 병사는 개머리판으로 내 가슴을 쳐서 나를 옆으로 쓰러트렸다. 그가 소총에 장약을 새로 채우는 동안 일어선 나는 프랑스 동료 한 명이 달아나는 것을 보았다. 나는 그때까지 스스로 죽음에 초연하다고 상상했다. 총알이 쉽게 뚫고 들어오도록 입고 있던 셔츠마저 벗어버린 상태였다.
>
> 그렇지만 동료가 달아나 집 주변의 물이 가득 찬 해자에 뛰어드는 것을 본 순간, 그를 따라 달아나고 싶은 욕망이 나를 사로잡았다. 총살 집행 병사가 준비를 마치기 전에 나는 있는 힘껏 달려 해자로 뛰어들었다. 해자를 건너는 동안 총이 몇 발 발사되었지만 나를 맞히지는 못했다.

멜빌은 옥수수밭에 몸을 숨겼다가 기적적으로 탈출했다.[128] 하지만 그는 크로아티아 병사의 머스킷 총이 불발하던 순간이나 그 이후 어떤 순간에도 무언가 비범한 것을 경험했다고 이야기하지 않았다. 시간의 흐름이 느려지지도 않았고, 삶이 주마등처럼 스치지도 않았다. 빗발치는 총알을 뚫고 나온 후에도 그는 변하지 않은 것이 분명했다. 멜빌은 우스터 전투(1651년) 후 다시 포로로 잡혔다. 이번에는 총살 집행 병사가 정확히 그의 복부를 명중했다. 그는 피를 흘리며 굴러떨어졌다. 상처에서 피가 콸콸 쏟아졌지만 의식을 잃지는 않았다. 그는 그 자리에 누워 밤새 지독한 갈증을 견뎠다. 다음 날 아침 약탈자들이 그를 발가벗겨 참호 속으로 던져버렸다. "내 불행은 그것으로 끝이 아니었다. 그들이 그 참호에 또 다른 시체를 던져 넣었고, 시체의 다리가 내 몸을 짓눌러 전혀 움직일 수 없었다."[129]

블랙애더가 목격한 주검들이 설교를 전한 것과 달리 이 시신은 죽을 수밖에 없는 인간의 운명이라는 주제에 대해 아무 말이 없었고, 멜빌도 이 시련으로부터 어떤 통찰력을 얻었다는 기록을 남기지 않았다. 어찌되었든 그는 살아남아 이야기를 전했고 잉글랜드를 탈출했다. 그리고 다행히 군에 재입대해 명예와 부를 계속 쌓았다. 훗날 뜻하지 않게 탈영병으로 오인받아 아군에게 총살될 위기를 겪는데, 그는 이 사건을 안타깝게 회상했다.

"내 평생 가장 끔찍한 위기였다. 지금까지 죽음은 다양한 모습으로 내게 다가왔지만, 모두 하나같이 영광스러운 죽음이었기 때문이다."[130]

멜빌이 그 당시 자신은 '사려 깊은 사람이 아니었다'고 말한 것도 분명 일리 있는 평가였다.[131]

부상

근대 후기에 상이군인 회고록이라는 독특한 장르가 등장했다. 이 회고록에서는 불구가 되는 부상이 육체적 허약으로 이어질 뿐만 아니라 예전의 이상에 대한 환멸과 갱생, 자신과 세상을 더 많이 이해하는 계기로 이어진다. 2006년 10월 2일자 〈타임〉 지 표지 기사는 이라크 전투 중 부상당한 마이클 바이스코프Michael Weisskopf 기자의 회고록(《피를 나눈 형제들Blood Brothers》)을 인용한다. '팔은 잃었지만 나 자신을 찾았다'가 기사의 표제이며, 바이스코프의 갈고리 손이 자랑스럽게 잡지 표지를 장식했다. 그의 얼굴은 배경으로 흐려져 있다.

인용문에서 바이스코프는 이렇게 이야기한다.

"글을 쓰는 손을 잃었다는 것은 나의 자아상에 대한 공격이었다. 기자가 될 수 없다면 나란 존재는 무엇인가? 어찌해야 좋을까?"

그리고 그는 병원에서 지낸 고통스런 시간과 그가 착용해본 여러 가지 의수(의수들 중 하나의 이름은 '랄프'고 다른 하나는 '프리티 보이'다)와의 관계에 대해 상세하게 이야기한다. 그는 각종 의수가 주는 육체적, 심리적 충격을 설명하며, 자신이 글을 쓰고, 테니스를 치고, 집안을 수리하고, 사랑을 나누는 능력을 얼마나 상실했는지 솔직하게 기록한다. 의수의 딱딱한 외피에 팔이 쓸리고 여름이면 땀이 뻘뻘 흐른다는 사실에 이르기까지 의수를 착용하는 아주 일상적인 현실까지 설명한다. 결국 그가 선택한 것은 갈고리 손이었다. "갈고리 손은 나의 트레이드마크가 되었다. 그것은 자신만만하고 솔직하고 실용적인, 내가 아끼는 미덕이었다." 이런 경험으로 그는 아버지, 남편, 인간으로서 자신에 대해 완전히 다르게 이해하게 되었다. "중요한 것을 잃은 후에 비로소 내가 다른 사람들에게 어떤 의미인지 이해했다. (……) 나는 내 일에 몰두하는 시간을 줄임으로써 그들의 사랑에 보답하기로 했다. 전쟁터에 가까이 가지 않겠다고 아이들과 약속했다."[132]

심각한 부상에 대한 근대 초기의 반응을 가장 잘 보여주는 것이 괴츠 폰 베를리힝엔Götz von Berlihingen의 회고록이다. 베를리힝엔은 23세

때 전투 중 포탄에 맞아 손을 잃었다(1504년). 전투가 끝나고 실의에 빠진 그는 '전사로서의 삶이 끝났으니' 목숨을 거두어달라고 신에게 기도했다.[133] 이때 베를리힝엔은 부상 때문에 전사라는 이전의 정체성이 명백하게 위험에 빠짐에 따라 바이스코프와 마찬가지로 자신을 성찰하는 탐구를 할 수밖에 없었을 것으로 보인다.

하지만 베를리힝엔은 그 당시나 훗날 회고록을 기록할 때도 자기성찰을 거치지 않았다. 이전의 정체성이 겉보기에 큰 어려움 없이 즉각적으로 재확인되었기 때문이다. 군인의 삶이 끝났다고 생각한 순간 그는 자신과 마찬가지로 팔을 잃었지만 계속 출정해 전투를 벌인 코흘레Kochle라는 종자를 기억해냈다. 베를리힝엔은 마음의 안정을 얻고 코흘레처럼 살기로 결심했다. 그는 잃어버린 팔을 철 의수로 대신하고 아무 일도 없었다는 듯 악명 높은 군인의 삶을 지속했다. 그는 회고록에서 외팔이로 살아온 지 거의 60년이 되어가지만, 그동안 아무 어려움 없이 수많은 전쟁과 모험에 참여했다고 이야기한다.[134]

베를리힝엔이 팔을 잃는 사고를 당한 후에도 자신이 선택한 정체성에 의문을 품지 않고, 전쟁에 대한 환상이 깨어지지 않은 이유를 이해할 수 있을 것 같다. 훨씬 더 놀라운 사실은 그가 이 사고를 이용해 자신이 선택한 정체성을 강화하고 부각시키지 않았다는 것이다. 코흘레의 선례가 있긴 하지만 외팔이 기사는 흔하게 볼 수 있는 존재가 아니었다. 팔이 하나뿐이면 (집안 수리나 사랑을 나누는 것은 고사하고) 말에 올라타거나 갑옷을 입거나 무기를 휘두르기가 훨씬 더 어렵다. 베를리힝엔은 그 모든 어려움을 극복하고 적극적인 군인의 삶을 이어나갔을 뿐만 아니라 당시 가장 유명한, 아니 악명 높은 기사가 되었다. 만일 그가 20세기의 회고록 저자라면 자신의 부상과 그에 대한 반응을 회고록의 중심 기둥으로 삼았을 것이고, 주요 줄거리도 "나는 팔을 잃었지만 그럼에도 성공한 기사로 이름을 날렸다"와 비슷해졌을 것이다. 하지만 베를리힝엔은 그런 이야기를 기록하지 않는다. 그는 자신의 신체 손상을 활용해 남다른 의지와 용기를 과시하는 대신 자신이 잃은 것을 무시한다. 회고록이 끝날 때까지 그는 자신에게 팔이 하나밖에 없다는 사실을 단 두 차례(!) 언급할 뿐이다. 철 의수를 수리했다고 지나치듯 언급한 것이 첫 번째고,[135] 장 드 셀비즈Jean de Selbiz와 함께 뉘른베르크 군대를 무찌른 경위를 설명하며 막시밀리안 황제의 말을 인용했을 때가 두 번째다.

"하느님, 맙소사. 이게 어찌된 일인가? 한 사람(베를리힝엔)은 팔이 하나밖에 없고, 다른 사람(셀비즈)은 다리가 하나밖에 없구나. 이들에게 두 팔, 두 다리가 모두 있었다면 어떻게 되었겠는가?"[136]

그 외에는 회고록 전체를 통틀어 베를리힝엔의 신체 조건에 관한 언급이 전혀 나오지 않는다. 그는 철 의수를 착용하면 육체적 혹은 심리적으로 어떤 느낌인지 설명하지 않고, 철 의수에 대한 그 어떤 감정적 유대도 언급하지 않는다.[137] 그는 막시밀리안 황제와 대조적으로 팔이 하나밖에 없지만 이런저런 업적을 이뤘다고 내세우는 것을 중요하게 생각하지 않는다. 게다가 베를리힝엔은 결국 요한 볼프강 폰 괴테Johann Wolfgang von Goethe 때문에 '철의 손'으로 유명해졌고, '철의 손'이라는 말이 그의 기상과 의지를 암시하며 추켜세우는 이름이 되었지만, 그는 회고록에서 철 의수를 자신의 트레이드마크는 말할 것도 없이 자기 정체성의 일부로도 내세우지 않는다.

베를리힝엔은 부상으로 얻은 장애를 삶의 전환점이나 자아 발견의 관문으로 보지 않았다. 그저 또 한 차례 겪은 사고에 지나지 않았다. 회고록에 따르면 베를리힝엔은 부상을 당한 후에도 믿음의 대상이나 갈망의 대상을 바꾸지 않았다. 행동 방식도 그대로인 온전히 전과 동일한 사람이었다. 그의 부상을 다룬 몇 페이지 되지 않는 부분을 삭제하면 독자들은 그 부분에 특별히 중요한 내용이 담겨 있다는 사실을 짐작하지 못할 것이고, 그 이후의 모든 성취가 외팔이 기사의 업적이라는 사실도 짐작하지 못할 것이다.[138]

포로와 전쟁의 참화

히에로니무스 크리스티안 폰 홀스텐Hieronymus Christian von Holsten은 1660년 전투 중 모스크바 시민군에게 포로로 잡혀 몇 달간 모스크바 진지에 억류되었다. 당시 모스크바 진지는 봉쇄된 상태였다. 모스크바 시민군도 굶어 죽을 형편이어서 홀스텐 등 포로에게까지 돌아갈 땔감이나 음식이 없었다. 간혹 마음이 후한 경비병이 말고기 날것을 조금 주거나 곰팡이가 덕지덕지 핀 빵조각을 주는 것이 고작이었다. 굶어 죽고 얼어 죽은 인간이나 동물의 사체가 수용소 주변에 널브러져 지독한 악취를 풍겼다.

근대 후기에 전쟁 포로 경험자들이 회고록을 저술해 포로로 지낸 시간과 그때 얻은 깨달음과 변화를 자세히 이야기했지만, 근대 초기에 이미 포로의 회고록이라는 독특한 장르가 유행했다. 그중 인디언 포로 경험담은 아주 유명하다.[139] 하지만 근대 초기의 전쟁 회고록은 포로 생활과 그에 따른 고통을 별로 중요하게 다루지 않았다. 홀스텐은 모스크바 시민군에게 억류당한 몇 달간의 끔찍한 포로 생활을 회고록에서 겨우한 문단으로 압축한다. 그것도 포로 전체의 이야기를 일반적으로 서술할 뿐 자기 자신의 운명을 특별하게 다루지 않으며, 전쟁이나 인간 본성, 자신의 인격에 대해 아무런 결론도 내리지 않는다.[140]

여기에서 주목할 점은 홀스텐을 비롯한 근대 초기 회고록 저자들이 평시에 최상의 환경에서 생활한 귀족이라는 사실이다. 하지만 이들은 대저택에서 전장이나 포로수용소로 환경이 변했음에도 눈을 뜨지 못했고, 자신이 선택한 소명에 대해 의심하지 않았다. 일례로 슈발리에 드 켕시 Chevalier de Quincy는 자신과 12명의 머스킷 소총수가 허름한 농가 창고에서 지내야 했던 출정(1697년) 첫날밤을 이렇게 기록했다. 부대원들은 믿을 수 없다는 듯 "뭐야! 켕시 나리의 형제들이 건초를 깔고 자다니!"라고 계속 투덜거렸지만, 켕시는 개의치 않았다. 그는 "꿀잠을 잤다. 그렇게 달게 잔 적이 없다"고 기록했다.[141]

전우애와 친구의 죽음

진영이나 생각은 서로 달라도 20세기 회고록 저자들은 모두 전쟁에서 깨닫고 경험한 최고의 것으로 전우애를 꼽는다. 반전사상이 투철한 회고록 저자들도 대체로 전장에서 남자가 다른 남자에게 품는 심오한 사랑을 깨달은 덕분에 어느 정도 전쟁의 공포를 극복할 수 있었다고 말할 정도다.

전우애는 중세와 근대 초기에도 분명 존재했다. 사실 전우애는 이 당시가 근대 후기보다 더 중요했다. 근대 초기의 군대는 훗날 군에서 책임진 많은 것들을 전우애로 감당해야 했기 때문이다. 근대 초기 전투원은 보통 6~12명의 전우로 구성된 카메라다camerada(독일어로는 Kameratschafft)라는 공식적인 전우 '가족'으로 조직되었다. 카메라다는 전투원 삶의 진정한 중심이었다. 카메라다 안에서 지내는 동안 전투원들은 돈과 소지품을 공동으로 관리했다. 이들은 한 막사 한 침대에서 같이 잠을 잤다. 카메라다는 구성원들의 음식과 잠자리를 마련했고, 환자를 간호하고 때로는 전사자의 아내와 자녀를 돌보기도 했으며, 유언 집행을 맡기도 했다. 드물기는 하지만 전쟁이 끝난 후 전우들이 함께 지낸 경우도 있다.[142]

그렇지만 근대 후기 일부 학자들의 주장과 달리,[143] 근대 초기 회고록에서는 전우애가 중요하게 취급된 것으로 보이지 않는다. 전우라는 용어가 자주 등장하기는 하지만, 전우애의 이상을 찬양하는 회고록은 거의 없다.[144] 근대 초기 회고록 저자 중에서 전사한 전우에게 회고록을 바치는 근대 후기의 관행을 미리 보여주는 사람은 로버트 먼로Robert Monro가 유일하다. 그는 조국과 내 소중한 전우들에게 사랑과 고마움을 표현하고 (……) 그들을 영원히 기억하기 위해,[145] 그리고 전우들을 사랑했기에 회고록을 저술한다고 이야기하며,[146] 전우들과 헤어지는 슬픔을 그리스도가 제자들과 헤어지는 슬픔에 비교한다.[147] 그리고 그는 독일에서 돌아온 후 노병들을 위한 병원을 설립하고 연금을 확보하는 데 힘을 기울인다.[148]

먼로 외에 다른 저자는 전쟁 덕분에 일반 민간인이 모르는 전우애의 즐거움을 깨달았다고 감사하지 않는다. 각별하던 동료들의 이름조차 언급하지 않는 저자가 대부분이다. 유일하게 페리 드 기용Fery de Guyon이 1541년 알제 원정 당시 같은 카메라다인 7명의 전우들 이름을 일일이 거론한다.[149] 하지만 기용은 이들과 매우 돈독한 유대 관계를 맺었음에도(훗날 그는 콤포스텔라 성지 순례길에 두 명의 동료와 동행했다[150]) 그들과의 유대 관계를 언급하지 않는다. 그중 한 동료의 죽음에 관해서도 "그 소규모 전투에서 내 친한 친구이자 전우인 사냥꾼이 전사했다"는 설명이 전부다.[151]

친구의 죽음에 대한 기용의 무심함은 전형적인 것이다. 대부분의 회고록 저자가 가까운 친구나 소중한 지휘관의 죽음을 굳이 언급할 때도 아주 무미건조하다. 죽음을 고귀한 이상으로 숭배하지 않고, 왕과 조국을 위해 영광스럽게 전사했다는 등의 애국적이고 영웅적인 구호로 죽음을 찬미하지도 않으며, 죽음에서 깨닫는 것도 전혀 없어 보인다. 무수히 많은 사례 중 하나만 들어보면, 나바이유 공작은 칸디아Candia에서 전사한 친구 트레뮬레Trémoulet 후작의 죽음을 이렇게 기록한다.

"전사자 중에 몽페자 연대의 지휘관인 트레뮬레 공도 있었다. 그는 훌륭한 사람이었다."[152]

죽음 장면을 조금 더 감정적으로 묘사하는 회고록 저자가 몇 있지만, 이들도 죽음에 깊은 의미를 부여하지는 않는다. 에드먼드 러들로Edmund Ludlow가 그런 경우다. 그는 2차 뉴베리 전투(1644년)에서 전사한 사촌형제 가브리엘 러들로Gabriel Ludlow의 죽음을 아주 강한 어조로 묘사한다. 가브리엘은 포탄에 맞은 후 후방으로 이송되었다. 러들로는 당시를 이렇게 기록한다.

> 외과의사를 불러 그의 상처를 살피게 했다. 배가 터지고 창자는 끊어지고 골반뼈는 바스라졌으며, 포탄이 골반뼈에 박혀 있었다. 그런데도 그는 의식을 되찾았다. 하지만 의사는 그를 죽은 사람 보듯 쳐다볼 뿐 치료를 하려고도 하지 않았다. 그런 상황에서 가브리엘은 내게 키스를 원했다. 나는 처음에는 그가 그냥 하는 말이라고 흘려들었다. 하지만 그는 키스해달라고 재촉했다. 나는 그가 의식이 있는지 살피며 키스했다. 그는 어머니와 형제자매를 내게 부탁한 직후 숨을 거뒀다.

러들로는 "이 사건이 나를 매우 괴롭혔다. 그는 내게 크나큰 애정을 품고 있었고, 나도 그가 언젠가는 사회에 큰 도움을 주는 인물이 될 것이라 믿었기 때문이다"라고 인정한다. 하지만 '사회'의 손실이라는 말을 제외하면, 이 죽음이 러들로에게 준 충격이나 자기 감정에 관한 진술을 더는 찾아볼 수 없다.[153]

지금까지 주로 단일 사건들을 살펴보았다. 하지만 계시는 경험들이 쌓이고 쌓여 점진적으로 발생하는 사건일 수도 있다. 근대 후기의 많은 회고록 저자는 모든 사건을 하나하나 계시적으로 해석하지 않는다. 전쟁이 그들을 변화시킨 과정이 전체적인 이야기의 흐름 속에서 분명하게 드러난다. 흔히 첫 전투는 모험에 들떠 열정적이지만 착각에 빠진 젊은이의 시각이나 겁에 질려 어디로 발을 내디딜지 확신하지 못하는 초보자의 시각으로 묘사되는 반면, 마지막 전투는 반백의, 어쩌면 환상에서 깨어난 참전용사의 시각으로 묘사된다.

하지만 근대 초기 회고록은 이런 변화를 좀처럼 묘사하지 않았다. 대개 회고록 저자의 성격은 처음부터 마지막 페이지까지 일관되게 묘사되며, 이런 성격 변화의 부재를 반영하는 것이 회고록의 변화 없는 서술 시각이다. 대개 처음부터 끝까지 모든 행동이 정확히 같은 서술 시각에서 묘사된다. 첫 전투를 초보자의 시각에서 묘사하는 것으로 시작해 마지막 전투를 참전용사의 시각에서 묘사하는 것으로 끝나는 회고록이 거의 없다. 당연히 회고록 저자들은 새파란 신병과 참전용사 사이에 차이가 있음을 잘 알고 있었고, 그 차이를 만드는 것이 경험이라는 것도 알고 있었다. 하지만 이들은 전투 기술과 전술 이해 정도, 전략 운영이나 무기 운영, 어려움을 극복하는 능력에서 나타나는 차이라고 생각했다.[154]

근대 후기 독자의 눈에 특히 두드러지게 보이는 점은 근대 초기 회고록에서 환멸이 거의 등장하지 않는다는 사실이다.[155] 통상의 법칙을 예외적으로 벗어난 사례가 토머스 레이먼드다. 그가 1633년 봄 네덜란드 군에 입대한 이유는 '용감한 삶'을 살려는 욕망 때문이었다. 그는 "진지로 찾아갔고, 이제 나는 노래하리, 전쟁과 한 남자를Arma virumque cano(베르길리우스의 서사시 《아이네이스》 첫 문장_옮긴이)"이라는 문장으로 군대에서의 용감한 삶의 경험담을 시작한다.[156] 하지만 수차례 포위공격과 교전에 참여한 후 10월에 헤이그로 돌아온 그는 아주 기뻐하며 이렇게 기록한다.

> 내가 보기에 출정 초기 잉글랜드의 용사들은 아주 활기차고 멋졌다. 하지만 후반으로 접어들며 그들의 활기와 용맹도 흐려지고 희미해졌으며, 나는 이 직업의 불안과 함께 이 세상의 덧없음을 생각할 수밖에 없었다. 사실 내가 지금까지 보고 느낀 것에 비춰보면, 일반 사병의 삶이 세상에서 가장 비참하다는 생각을 지울 수 없다. 이들의 목숨이 늘 위험에 노출되어 있기 때문이 아니다. 이것은 사소한 문제고 아무것도 아니다. 이들이 고된 행군 속에서 헐벗고 굶주린 상태로 더러운 막사에서 지내며 견뎌야 하는 끔찍한 고통이 더 큰 문제다.[157]

이 짧은 문단만 보면 근대 초기 전투원들이 에리히 마리아 레마르크나 윌프레드 오웬Wilfred Owen의 환멸 이야기에 영향을 준 것 같다. 하지만 주목할 점은 레이먼드의 자서전에서도 그가 군인으로 복무한 기간에 대한 묘사는 겨우 몇 페이지에 불과하고, 이후 사건들과의 연관성도 극히 제한적이라는 사실이다. 그의 나머지 인생은 군대에서 복무한 몇 개월의 암울한 어둠에 묻히지 않았다.

'용감한 삶'을 살려는 젊은이의 기대는 근대 초기의 다른 경험담들에서 숱하게 등장하지만,[158] 그 기대가 깨지는 경우는 매우 드물다. 기대가 충족되었기 때문이 아니다. 많은 저자가 실제 회고록을 기록한 시기는 자신의 위신이 추락한 다음이거나 명성을 얻기 전이다. 따라서 이들의 회고록은 자신의 명성을 보호하고, 실추된 위신을 회복하고, 잃어버린 보상을 되찾기 위한 것이다. 그들은 때로 자신이 부당한 대접을 받고 있으며, 이 세상이 엉뚱한 사람들에게 명예와 보상을 주는 경우가 너무 많다고 한탄했다. 하지만 그들은 결코 명예와 영광의 이상에 대한 믿음을 잃지 않았다. 늘 특정 인물이나 사건이 문제일 뿐, 전쟁의 본질이나 명예와 영광의 이상에는 잘못이 없었다. 전쟁의 공포와 관련해서도 회고록 저자들은 전쟁의 공포를 전혀 걱정하지 않았다. 이미 나바이유의 회고록에서 살펴보았듯이 전쟁의 공포는 거의 언급되지 않을 정도로 무심하게 묘사되며, 전쟁의 공포에서 그 어떤 신랄한 결론도 끌어내지 않는다.

레이먼드의 표현처럼 '가장 비참한 삶'을 견디고 회고록을 남긴 근대 초기 소수의 일반 사병조차 전쟁에 대한 환멸을 표현하는 경우가 거의 없다. 알론소 데 에르실랴 이 수니가Alonso de Ercilla y Zúñiga는 스페인 콘키스타도르(정복자)와 칠레 아라우코 인디언의 전쟁이 벌어질 당시 일반 사병으로 복무했다. 훗날 그는 자전적 서사시 〈아라우카나 Araucana〉(1569년)로 이 잔인한 전쟁의 사건들을 기록했다. 그의 서사시는 근대 초기의 그 어떤 작품보다 더 생생하게 전쟁을 묘사했다. 제1차 세계대전 발발 후 나온 시에 버금가는 표현이다.

> (……) 이 엄청난 피해를 누가 형언할 수 있으리
> 그 끔찍하고 무시무시한 대포
> 한순간 갑자기 대포들이 터지며

소용돌이처럼 솟구치는 구름

누군가는 총알이 관통하고
누군가는 머리와 팔이 떨어져 나가고
누군가는 형체도 없이 으깨어지고
무수한 이가 창으로 난도질당하고
몸통이 떨어진 팔다리들, 사지가 떨어져 나간 몸통들
비처럼 쏟아지는 조각들
간, 내장, 부러진 뼈
꿈틀거리는 창자와 아직도 떨리는 뇌

(……) 내가 그것들을 이제 묘사하련다
죽은 자의 형태를 묘사하련다
누군가는 말발굽에 짓밟히고
누군가는 가슴과 머리가 터지고
누군가는 차마 눈 뜨고 볼 수 없이
창자와 뇌가 튀어나오고
갈기갈기 찢긴 사람도 보이고
누군가는 몸통은 온전한데 머리가 없다

사람들의 목소리, 한탄, 신음,
비참하고 가련한 곡소리,
무기들이 부딪치는 소리와 아우성이
공기를 가득 채우고 하늘 천장까지 다다른다.

죽음과 맞서다 쓰러진 이들은

갖은 애를 쓰며 땅을 구르고

동시에 많은 목숨이 스러져간다

온갖 곳에서 온갖 부상으로[159]

에르실랴 이 수니가는 민간인 학살도 마찬가지로 생생하게 묘사한다. 학살 사건을 묘사하는 어느 장면에서 그는 다음과 같은 언급을 잊지 않았다.

(……) 그들은 아기를 밴 사람들도 동정하지 않았다

오히려 배를 정확히 찔렀다

그리고 찢어진 배를 뚫고 튀어나온 것은

태내에 있던 연약한 두 다리였다[160]

에르실랴 이 수니가는 출정 당시 자신의 생존 조건도 기록한다.

(……) 곰팡이가 피고 거무튀튀한 비스킷

그마저도 인색하게 조금

그리고 아무 맛도 없는 빗물

이것이 내 목숨을 부지하는 양분이었다

어쩌다 배급되는

보리 두 줌은

여러 가지 풀잎을 넣고

소금 대신 바닷물을 넣어 끓였다

내가 누워 자는 고급스러운 침대는

눅눅한 습지대의 맨바닥

늘 무장하고 언제나 경계 태세로

손에는 펜이나 창이 들려 있었다[161]

근대 후기 회고록 저자들처럼 에르실랴 이 수니가도 누차 자신의 문학적 재능이 부족해서 전쟁을 충분히 묘사하지 못한다고 고백한다.[162] 하지만 그는 자신의 환상을 깨지 않으며, 독자들의 환상을 깨려는 시도도 하지 않는다. 《일리아드Iliad》와 《롤랑의 노래Chanson de Roland》 그리고 역사상 다른 많은 전쟁 서사시에서 증명되듯, 전쟁의 공포를 솔직하고 정교하게 묘사하는 이야기는 전쟁을 묵인하고 더 나아가 전쟁을 찬양하는 이야기와 공존할 수 있다.[163] 20세기 반전주의 회고록 저자들은 과거에 전쟁을 사실적으로 이야기한 적이 결코 없으며, 전쟁에 대해 사실적으로 이야기함으로써 전쟁의 영웅주의적 매력을 파괴할 수 있다고 믿었다. 하지만 이러한 믿음은 완전히 틀린 것이다.[164]

중요한 것은 이런 그릇된 믿음의 토대를 이루는 장기적이고 역사적인 원동력을 이해하는 것이다. 역사를 통틀어 모든 문화와 사회는 전쟁이 육체적, 정신적 고통을 수반한다는 생각을 당연하게 받아들였고, 대부분의 사회가 이런 고통을 감내한 사람들에게 감사하고 보상하기 위해 전투원에게 물질적 보상과 문화적 신분 상승의 형태로 '상'을 주었다. 상이란 것이 본질적으로 전쟁의 고통과 연결되어 있었지만, 19세기와 20세기 초 유럽의 경우처럼 상에만 모든 이목을 집중하고 고통은 점점 더 무시하고 부정하는 일이 없지 않았다. 상과 고통의 간격이 벌어지면서 일부 집단에서 전쟁을 아무 희생도 치르지 않고 (명예와 같은) 상을 획득하는 기회로 보는 비현실적인 인식이 싹텄다. 20세기 '반전' 문화가 사람들에게 전쟁의 희생을 일깨웠지만, 이는 19세기에 넘쳐나던 비현실적인 인식을 일부 수정한 것에 불과했다. 역사를 통틀어 모든 영웅주의 문화는 고통이라는 희생을 영웅심의 필수적인 바탕으로 여겼다.

에르실랴 이 수니가가 서사시를 쓴 목적은 독자의 환상을 깨기 위해서가 아니었다. 그는 명예와 영광의 이상을 거듭 찬양하고, 숨이 끊어지는 순간까지 이런 이상을 견지한 영웅들을 묘사하며, 독자에게 영웅의 뒤를 따르라고 강력히 권고한다. 분명 그의 서사시는 반전선언문으로 인정되지 않았다. 오히려 귀족층에서 열렬하게 회자하며 수많은 모방작이 탄생하도록 영감을 주었다. 이후 이 서사시는 칠레의 민족 서사시가 되었다.

에르실랴 이 수니가가 결론 부분에서 전쟁에 반대하는 논거들을 일부 제시했지만, 미묘한 논의 끝에 그가 내린 결론은 전쟁은 불가피하고 영광스러운 것이며, 세상의 많은 유용한 목적에 기여한다는 것이었다. 그는 '전쟁은 국가의 권리'라고 기록하고, 이 원칙을 고수한다. 군인은 '죄를 모르는 천사처럼' 무기를 들고 나가 공공의 대의명분을 수호할 수 있으며, 이럴 경우 그의 무기를 무디게 만드는 사람은 '공공의 권리를 침해'하는 것이다.[165] 참전과 관련해 에르실랴 이 수니가는 공적에 합당한 보상과 명예를 얻지 못해 궁핍한 상황에 처해 있다고 매우 불평하지만,[166] 서사시를 출간하고 대중의 갈채가 쏟아지자 그런 불평은 곧 누그러졌다.

환멸 경험담이 등장하지 않은 이유를 검열이나 근대 초기에 떠오르던 민족주의 조류의 영향으로 돌릴 수는 없다. 사실 검열과 민족 정서라는 면에서는 근대 초기 회고록 저자들이 근대 후기 저자들보다 훨씬 더 자유로웠다. 근대 초기 회고록 저자 상당수가 이런저런 이유로 탈영했지만, 대개 그 사실을 부끄러워하지 않고 회고록에 떳떳이 밝힌 이유도 그 때문이다.[167] 이와 대조적으로 근대 후기 회고록 저자들은 탈영을 고심하거나 탈영하는 공상에 빠졌지만, 실제 탈영한 사람은 거의 없었다.

극히 드문 경우이긴 하지만, 자신을 스스로 전쟁과 군인의 이상에 적대적인 모습으로 묘사한 회고록 저자도 있다. 하지만 이런 태도는 타고난 것이지, 전쟁의 공포와 죽음에 부딪혀 생긴 적개심이 아니다. 30년 전쟁에 참전한 무명의 스페인 용사가 회고록 겸 피카레스크 소설을 남겼다. 허구와 사실이 반반 섞인 이 책에 등장하는 주인공 에스테바니요 곤잘레스Estebanillo Gonzales의 사례에서 이런 사실이 특히 분명하게 나타난다. 에스테바니요는 17세기에 미리 보는 《착한 병사 쉐이크Good Soldier Švejk》다. 쉬베이크는 어릿광대이자 아무짝에도 쓸모없는 사병이다. 그는 자신이 비겁하다는 것을 자랑하고, 전쟁 중에 결코 자신의 몸을 위험에 내맡긴 적이 없으며 자신의 배와 지갑을 두둑하게 채우는 일에 열중했다는 이야기만 연신 늘어놓는다.

한 가지 예를 들어보자. 에스테바니요는 30년 전쟁 당시 합스부르크 왕가가 최고의 승리를 거둔 뇌르틀링겐Nördlingen 전투(1634년)를 독특하게 설명한다. 아주 상세하고 장황하게 설명하지만, 비겁한 사병의 시각이다. 그는 위험해지면 뒤로 꽁무니를 빼 숨고, 승리가 확실해지면 시신들의 소지품을 약탈하러 앞으로 나선다. 그는 전투가 최악의 상황으로 치닫는 동안에는 말의 사체 아래에 숨는다. 지휘관이 비겁한 행동 그만하고 명예를 찾으라고 나무라면, 그는 그제야 전장이 시체로 즐비한 것을 확인한 후 시체들을 공격해 난도질함으로써 칼에 피를 묻힌다. 전투가 끝나고 그는 지휘관을 만나지만, 지휘관은 명예로운 전장에 누워 죽어가고 있다. 지휘관이 또다시 그의 비겁함을 호되게 질책하며 불명예스럽게 행동하는 까닭을 묻자, 에스테바니요는 이렇게 대답한다.

"대장님과 같은 처지가 되고 싶은 생각이 없기 때문입니다. 제가 군인이자 요리사인 것은 사실이지만, 저는 늘 주방에서는 군인이고 군에 복무할 때는 요리사이기 때문입니다."

그리고 그는 지휘관이 마지막 눈을 감는 순간 이렇게 덧붙인다.

"저처럼 분별 있는 사람이 필요하기 때문입니다."[168]

그 후 그는 그로스 글로가우Gros-Glogau 포위공격이 진행되는 동안 첫 포성이 들리자마자 달아난다. 그러면서 그는 포탄이 떨어질 자리를 귀신같이 미리 알고 피했다는 소리를 듣고 싶기 때문이라고 둘러댄다. 비겁한 행동이라고 질책하는 사령관에게 에스테바니요가 대답한다.

"제가 용기 있다고 각하께 말씀드린 사람이 있습니까? 아니면 제가 위험에 빠졌을 때 오늘보다 훨씬 더 심하게 행동한 적이 없다고 각하께 말씀드린 사람이 있습니까?"[169]

사실 에스타바니요가 명예와 용기를 완전히 무시하고 전쟁에 대해 냉소적인 의견을 갖게 된 이유는 전쟁에서 겪은 경험 때문이 아니었다. 오히려 이런 것들은 소설의 출발 시점부터 나타난 그의 특징이었다. 튀르크족에 맞서 처음 출정한 해상작전에서 그는 이렇게 기록한다.

> 엄밀히 말해서 나는 전쟁 내내 절대 중립이었다. 내 배를 불리는 일 외에는 전혀 관심이 없었기 때문이다. 조리실이 내 자리였고, 국자가 내 무기였으며, 솥이 내 대포였다. 적을 만나거나 다른 임무가 주어지면 나는 늘 이렇게 말했다. 나의 최고 관심사는 내 솥을 불에 얹을 최적의 자리를 확보하는 것이다.[170]

따라서 에스테바니요 곤잘레스가 전쟁에서 배운 것은 아무것도 없었다. 그의 냉소주의는 그가 집에서부터 가져온 것이었다.

허구와 사실이 섞인 이야기 중 아주 중요하고 재미있는 이야기가 야코프 크리스토프 폰 그리멜스하우젠의 《모험가 짐플리치시무스》(1668년)에 나온다.[171] 언뜻 보면 《모험가 짐플리치시무스》는 출간 당시의 회고록보다 20세기 회고록과 더 많이 닮아 보인다. 자기 이름도 모를 정도로 순진하고 무지한 젊은이가 환상을 버리고, 다양한 전쟁 경험을 통해 자신과 세상에 대해 많은 지식을 습득하는 과정을 그리기 때문이다. 하지만 자세히 보면 《모험가 짐플리치시무스》도 그 시대의 산물임이 드러난다.

약탈을 일삼는 군인들에게 짐플리치시무스의 가정이 파괴되고, 그의 눈앞에서 가족이 강간당하고 살해되는 참혹한 장면으로 이야기가 시작된다. 이 충격적인 사건도 짐플리치시무스의 내면을 변화시키지 못한다. 그는 여전히 순진하고 무지하다. 하지만 그는 숲으로 달려가 한 은둔자를 만나고, 이 은둔자가 평화로운 숲의 은신처에서 짐플리치시무스에게 그리스도교의 영원한 진리를 알려주고 성경 읽는 법을 가르친다.[172] 이그나티우스 로욜라나 로렌스 형제와 마찬가지로 짐플리치시무스에게도 전쟁은 계시의 환경만을 조성할 뿐이고, 계시는 반드시 설교와 성경에서 비롯된다.

마침내 짐플리치시무스는 숲의 은신처를 떠나 전쟁의 끔찍한 광경들과 다시 마주한다. 이야기는 전쟁의 광경들을 흥미롭고 익살스럽게 묘사하지만, 전쟁의 광경들이 짐플리치시무스에게 영향을 주었다는 언급은 없다. 그는 세상사에 관해 여전히 순진하다. 그런 그가 결국 운명의 장난으로 군에 입대한다. 그가 무지를 벗고 진정으로 변모한 이유는 그가 목격한 끔찍한 광경 때문이 아니라 오히려 군대에서 성공했기 때문이다. 성공에 정신이 팔린 그는 은둔자의 귀중한 가르침을 망각한 채 타락의 나락으로 떨어지고, 결국 불행이 그를 엄습한다. 운명의 수레바퀴와 관련된 고전적인 도덕 이야기다. 군대라는 환경을 무대로 삼고 있지만, 전쟁은 그에게 그 어떤 귀중한 가르침도 전하지 않는다. 전쟁은 한 사람을 타락시키고 무지하게 만들 뿐이다.

여기서 특히 주목할 점은 짐플리치시무스가 지휘한 첫 작전과 그가 군인으로 참여한 첫 작전이 단 한 문단으로 압축 묘사되고, 그의 내적 경험은 전혀 언급되지 않는다는 사실이다. 슈프와 나바이유, 생시몽과 마찬가지로 수다스러운 짐플리치시무스도 첫 전투 경험과 관련해서는 거의 벙어리가 된다.[173] 짐플리치시무스가 처음으로 대패해 적에게 포로로 사로잡힐 때 자신의 느낌을 거의 드러내지 않고 그 사건에 크게 영향을 받지 않은 인상을 주는 것도 비슷하다.[174] 이처럼 그리멜스하우젠의 《모험가 짐플리치시무스》에서도 전쟁은 군인을 계몽하기는커녕 타락시키고, 아무것도 계시하지 못하는 그저 하나의 현상으로 제시된다.

마카브르

근대 초기에 전투원들이 환멸 경험담의 본보기로 삼을 만한 문화적 모형이 없었던 것은 아니다. 전투원들도 최소한 하나의 모형은 발견했을 것이다. 다름 아닌 마카브르Macabre다. 근대 초기 마카브르 문화의 토대가 된 기본 사상은 인간이 죽은 사람의 육체, 죽음과 부패의 상징을 보면 죽을 수밖에 없는 자신의 운명을 상기하고, 그로 인해 인간의 덧없는 야망과 관습, 걱정, 기쁨을 올바른 시각으로 바라보게 된다는 것이다. 근대 초기 문화는 부와 명예를 추구하다 죽음에 직면해 세상의 덧없음에 환멸을 느낀 인물의 경험담으로 넘쳐났다.

원칙적으로 마카브르는 전쟁 묘사에 아주 쉽게 적용할 수 있는 것이다. 19~20세기 민간 문화에서 마카브르가 이미 문화적으로 종말을 맞았을 때도 전쟁 회고록 저자들은 마카브르를 광범위하게 사용했다. 가령 필립 카푸토는 베트남 회고록에서 언젠가 죽은 동료의 얼굴이 자기 자신의 얼굴로 변하는 것을 보았다고 기록하고,[175] 서로 이야기를 나누던 동료 장교 두 사람의 얼굴에서 미리 예시되는 죽음을 보았다고 기록한다.

"미리 예시되는 죽음을 보았다. 내 건너편에 있는 그들의 살아 있는 얼굴 위로 죽은 후의 모습 같은 얼굴이 겹쳤다. (……) 그들의 살아 있는 입은 대화를 나누며 움직이고, 그들의 죽은 입은 시체처럼 팽팽하게 긴장된 미소를 머금고 있었다."[176]

마치 16세기 묵상 안내서나 마카브르 그림을 그대로 옮겨온 것처럼 보이는 묘사다.(예를 들어 니클라우스 마누엘Niklaus Manuel이 1514~1515년에 그린 한 장교의 마카브르 그림을 살펴보자. 마누엘은 청춘을 구가하는 장교의 화려한 얼굴 위로 허약하고 병들어 거지가 된 장교의 얼굴을 겹쳐 그렸다.)

하지만 마카브르 이미지로 가득 찬 문화 속에서 살았던 근대 초기 회고록 저자들은 마카브르 이미지를 거의 사용하지 않았고, 마카브르 계시도 주장하지 않았다. 앞에서 살펴본 대로 블랙애더를 제외하면, 한결 신앙심이 깊은 회고록 저자 중에 전쟁을 마카브르 계시로 내세운 사람이 없었다. 세속적인 회고록 저자 중에도 전쟁에서 마카브르 계시를 경험한 사람은 로버트 먼로가 유일하다. 먼로는 몇 차례 전쟁 경험으로 삶의 덧없음을 되돌아보게 된다.[177] 예를 들어 슈트랄준트Stralsund 포위공격(1628년)을 이렇게 설명한다.

▲ 니클라우스 마누엘, 〈전쟁의 운명〉, 1514~1515년경.

이곳에 있던 우리의 적은 우리에게 미덕을 가르치는 교사들이었다. 매 순간 신과 인간에 대한 우리의 의무를 일깨웠다. 그뿐만 아니라 죽음과 심판도 상기시켰다. 이곳에서 우리는 죽음을 상기하기 위해 죽은 사람을 만질 필요가 없었다. 죽음이 밤이고 낮이고 우리 눈앞에 공포를 드리웠다. 죽음은 그 누구도 피하지 않았고, 인격이나 자질을 차별하지 않았다. 오히려 똑바로 나아가며 만나는 모든 사람을 동등하게 대했다.[178]

하지만 먼로도 마카브르의 메시지를 완전히 이해하지는 못한다. 전쟁에 관한 먼로의 전반적인 생각을 살펴보면, 그가 여전히 전쟁의 위험을 무릅쓰고 얻는 '불후의 명성'보다 영광스러운 것은 없다고 믿고 있음을 알 수 있다.[179] 또한 그가 "헛되이 피를 흘렸다고 생각하면 안 된다. 고귀한 군주를 위해 피를 흘린 것이다"라는 믿음도 굳건히 지켰음을 알 수 있다.[180] 게다가 그는 용감한 편이 낫다고 독자들을 설득하며, 필요하다면 수치스럽게 사느니 명예롭게 죽는 편을 택하라고 충고한다. 이유는 이렇다.

여러분은 자신과 국가의 명예를 더럽히며 수치스럽게 치욕적인 삶을 살기보다, 다른 사람들에게 귀감이 되고 훌륭하게 죽는 편을 택하고 사회에 봉사함으로써 스스로 확고하고 용감하고 용맹한 사람이라는 것을 보여주겠다고 결심해야 하기 때문이다. 이럴 때 악덕 대신 미덕을 선택하지 않을 사람이 누가 있겠는가? 수치스럽고 치욕적이고 혐오스런 삶보다 영광스럽고 명예로운 불멸의 명성을 선택하지 않을 사람이 누가 있겠는가?[181]

또 한 가지 흥미로운 점이 있다. 먼로는 전쟁 경험이 군인들에게 어떤 특별한 지식을 준다고 믿지 않는다는 사실이다. 그는 인간 정신이 완벽한 지식을 더 많이 얻을 수 있는 것은 몇 년 동안 직접 몸으로 전쟁을 겪는 것보다 전쟁에 대해 독서하고 담론을 나누는 것이라고 적는다.[182]

먼로 외에 세속적 전쟁 회고록 저자 중에서 전쟁의 공포를 메멘토 모리로 묘사하거나, 전쟁 중에 '죽을 수밖에 없는 인간의 운명에 관한 설교'를 들었다고 기록한 사람은 거의 없다. 멜빌이 시체를 끌어안다시피하고 밤을 지새우며 사경을 헤맬 때도 죽을 수밖에 없는 인간의 본질이나 군사적 야망의 허무함에 대해 아무것도 깨우치지 못한 것은 이미 앞에서 이야기했다. 전투가 끝난 전장을 묘사한 회고록 저자 대다수는 멜빌과 비슷하게 마카브르에 대한 면역력이 있었다. 요한 디에츠Johann Dietz는 친구와 함께 오펜Ofen(지금의 헝가리 수도 부다페스트 서쪽 지역_옮긴이) 외곽의 전장을 방문한 일화를 기록하는데(1686년), 두 사람은 죽은 자들의 설교에 귀를 기울이는 대신 시체의 소지품을 약탈하고 부상당한 튀르크족을 무자비하게 살해한다.[183] 네르빈덴 전투 후 생시몽 공작은 나이 든 장교들과 함께 모든 전장을 방문했고, 특히 적의 참호들을 유심히 살펴보았다. 그는 적의 참호를 상세하게 묘사하지만, 전장을 가득 메운 전사자와 부상병(생시몽의 추산으로는 그곳에서 2만 명 이상의 연합군이 희생되었고, 프랑스군의 희생은 그 절반 정도였다)에 관해서는 아무 말이 없다.[184] 리처드 케인Richard Kane은 블렌하임 전투(1704년) 다음 날 아침 전장을 통과했다고 이야기한다. 그는 프랑스 군인들의 시체 사이로 말을 달리며 죽은 병사들이 줄줄이 누워 있었다고 말하지만, 죽을 수밖에 없는 인간의 운명이나 전쟁의 대가에 관해서 언급하지 않는다.[185]

로버트 파커Robert Parker는 1691년 전투가 끝난 후 "우리 부대는 전투 다음 날 막사와 짐이 도착할 때까지 이곳에 머물렀다. 그리고 포로들을 시켜 전사자들을 매장했다"고 기록하지만, 대학살 장면은 독자들의 상상에 맡긴다.[186] 블렌하임 전투와 관련해 파커는 "나는 다음 날 말을 타고 전장을 둘러보았다. 그리고 내가 여기서 이야기하는 사항들은 직접 그 일에 참여한 부대원들에게서 들은 아주 상세한 정보다"라고 밝힘으로써 자신이 전하는 전투 묘사가 신뢰할 만하다는 것을 독자에게 확인시킨다. 그리고 그는 아군과 적군의 피해를 상세히 열거하지만, 피해 상황을 조사하면서 마주쳤을 마카브르 장면이나 애처로운 장면에 관해서는 단 한 마디도 언급하지 않는다.[187] 파커는 살육전이 끝난 말플라케 전장도 찾아간다. 말플라케 전투(1709년)는 18세기 유럽의 전쟁에서 가장 참혹한 대학살 현장이었을 것이다. 1만 명이 넘는 전사자와 2만 2,000명의 부상병이 수 제곱킬로미터에 가득 들어찼다. 하지만 그가 보고 들은 내용은 경험담에서 빠져 있다.[188]

에케렌Eckeren 전투(1703년) 당시 메로데 웨스테르Mérode-Westerloo 백작은 묘지로 쇄도해 그곳을 방어 거점으로 삼았다. 그는 묘지에서 벌어진 대학살을 상세하게 묘사하지만, 그것을 빌미로 마카브르를 언급하지는 않는다.[189] (이와 대조적으로 에리히 마리아 레마르크의 소설《서부전선 이상 없다》에서 가장 유명한 장면 중 하나는 묘지에서 대피 중인 주인공의 분대가 폭격을 당할 때 삽입된 마카브르 장면이다.[190]) 어찌된 일인지는 모르겠지만, 전장을 바라보는 이들의 눈에는 죽음을 연상시키는 백골과 시체, 해골로 거실과 식기류를 장식하던 문화가 전혀 보이지 않았다.

무대도 마찬가지였다. 마카브르는 민간인의 주제였으며, 마카브르 계시도 전투원과는 동떨어진 것이었다. 가령 셰익스피어의《햄릿》에서 삶과 죽음의 의미를 탐구하는 인물도 평화를 사랑하는 왕자다. 햄릿이 삶과 죽음의 의미를 가장 심오하게 탐구한 곳은 근처 묘지다. 그곳에서 그는 마카브르 문화의 요구에 따라 '민간인'의 해골을 보며 묵상에 잠긴다. 반면 해가 뜨건 비가 오건 매일 출정하는 호전적인 왕자 포틴브라스Fortinbras는 수천 제곱미터의 땅을 얻기 위해 수천 명이 비참하게 죽는 것을 목격하지만, 그러한 참상에서 아무것도 배우지 못한다. 그는 묵상하지 않는 행동파의 상징이다.

이런 사실은 당시 군대를 묘사한 그림에서 한층 더 분명하게 드러난다. 니클라우스 마누엘 등의 화가들은 종종 군인과 군대, 전쟁의 그림 속에 마카브르 이미지를 포함했다.[191] 기사와 군인이 없으면 죽음의 무도Danse Macabre가 완성되지 않았고,[192] 17세기에 유행한 바니타스 Vanitas(인생무상, 허무를 상징하는 소재를 정물화로 표현한 그림_옮긴이) 장르 중에서도 무기와 전리품, 전쟁의 상징을 집중적으로 그린 하위 장르가 두드러졌다.[193] 하지만 전쟁 회화와 전쟁의 죽음의 무도 장면, 전쟁 바니타스에서 죽음을 의미하는 마카브르 상징은 언제나 '전쟁과 관련이 없는' 것이었다. 한결같이 민간인 환경에서 익숙한 백골과 해골, 반쯤 탄 양초, 모래시계였다.[194] 전쟁의 특별한 경험에 계시 능력이 있다고 생각되지 않았으며, 군인들은 마카브르 인식에 무지한 것으로 묘사되었다.[195]

예를 들어 트롬프Tromp 제독의 전리품과 백골, 반쯤 탄 양초를 나란히 배치한 피터르 스텐비크Pieter Steenwyck의 그림 〈트롬프 제독의 죽음에 관한 알레고리Allegory on the Death of Admiral Tromp〉(1653년?)를 전쟁의 공포나 전쟁의 계시 가능성을 이야기하는 것으로 보면 안 된다. 오히려 세속적인 성공의 상징을 현세의 무의미함과 덧없음을 연상시키는 상징과 나란히 배치하는 것이 당시 아주 광범위하게 퍼진 미술 전통의 일부였다. 이 그림은 정치인과 학자, 상인 등의 일시적인 영광을 비슷하게 묘사한 그림들과 다를 것이 없다.[헨드릭 안드리센Hendrick Andriessen의 〈바니타스 정물Vanitas Still-life〉(1650년경)과 비교해보라.][196] 스텐비크가 트롬프 제독의 전리품을 처참하게 머리가 잘린 수병의 시체와 나란히 배치했다면 상황이 달라졌을 것이다. 하지만 근대 초기에 그만큼 군사화된 마카브르 그림을 한 점도 발견하지 못했다.

마카브르가 전쟁과 거리가 멀다는 사실은 죽음의 무도에서 훨씬 더 분명해진다. 1510년경 프랑스의 죽음의 무도에 나오는 기사와 여자 농

▲ 피터르 스텐비크, 〈트롬프 제독의 죽음에 관한 알레고리〉, 1653년?. © Museum De Lakenhal, Leiden

▲ 헨드릭 안드리센, 〈바니타스 정물〉, 1650년경. © Mount Holyoke College Art Museum

부의 모습을 살펴보자.

전형적인 죽음의 무도는 다양한 계층과 직업을 대표하는 기사와 여자 농부, 왕비, 수도승, 상인, 교황 등에게 다가오는 죽음의 모습을 담고 있다. 그것이 전하는 메시지는 사회에서 어떤 위치에 있든, 어떤 직업에 종사하든 인간은 모두 어느 날 죽음을 맞게 된다는 것이다. 두 번째 메시지는 모든 인간이 덧없는 세상에 연연하며, 그래서 죽음을 두려워하고 죽음에 놀란다는 것이다. 교황이나 수도승을 포함해 그 어떤 부류의 인간도 자신은 세속적인 애착에서 자유롭고, 고요하게 죽음을 대할 수 있다고 장담할 수 없다는 것이다.

군인들도 예외는 아니었다. 죽음의 무도에서 군인들은 여자 농부나 상인, 수도승과 다름없이 죽음에 놀라고 죽음을 두려워한다. 대체로 그림에 붙는 설명문이 이런 사실을 분명히 말해준다. 가령 1517년 무렵 니클라우스 마누엘이 베른의 도미니카 수도회 성당을 위해 그린 죽음의 무도는 미늘창을 들고 전투복 차림으로 죽음에 끌려가는 병사를 보여준다. 미늘창을 든 병사가 이렇게 말한다.

"전투가 벌어지면 나는 늘 선봉에 서서 충직한 군인으로 처신했다. 단 한 발자국도 뒤로 물러서지 않았다. 그런데 지금은 달아나고 싶다. 하지만 불가능하다."[197]

이 말은 모순처럼 보인다. 그 병사가 죽음을 두려워한다면, 어떻게 전장에서는 죽음의 존재를 보지 못했을까? 그 병사가 전장에서 용감하게 죽음에 맞섰다면, 지금은 왜 달아나고 싶을까? 우리는 이미 퐁티스의 회고록에서 이런 모순을 보았다. 퐁티스는 전장에서 수많은 죽음을 목격할 때도 마음의 동요가 없었는데, 민간 환경에서 만난 죽음 하나가 자신을 송두리째 흔들고, 세상을 버리게 만든 이유를 설명하지 못했다.

▲ 〈죽음의 무도, 죽음과 기사〉 1510년?. © Bibliothèque nationale de France

오토 딕스Otto Dix의 연작 판화 〈전쟁Der Krieg〉(1929~1932년) 중 가운 데 그림처럼 군인과 죽음을 함께 그린 근대 후기 회화와 죽음의 무도를 비교하면 이 모순이 풀릴지 모르겠다. 죽음의 무도는 제1차 세계대전을 묘사한 화가들이 좋아하는 주제였다. 딕스를 포함한 일부 화가들이 그림 에 죽음의 무도라는 제목을 붙였고, 다른 수많은 그림에서도 의인화된 죽음의 이미지가 넘쳐났다. 이런 그림들은 거의 모두 명백한 전쟁 상황

▲ 〈죽음의 무도. 죽음과 여자 농부〉 1510년?. © Bibliothèque nationale de France

속에서 죽음을 보여준다. 딕스의 〈전쟁〉에서는 천사처럼 전장 위를 날아 다니는 백골이 그림을 지배한다. 그 아래로 자세가 뒤틀린 시체들이 즐비하고, 전쟁에 짓밟힌 시골과 방독면을 뒤집어쓰고 유일하게 살아남은 병사 한 명이 보인다.

독일 드레스덴 국립미술관에 내걸린 딕스의 그림을 관람하는 현대인 은 분명 군인과 죽음의 조우가 전쟁이라는 특별한 상황에서 일어나고 있으며, 자신들과는 동떨어진, 상상할 수 없는 전투 경험의 일부라고 생각할 것이다. 현대인들이 지금 당장 조용한 미술관을 벗어나 혹은 평화로운 도시를 거쳐 집으로 돌아갈 때 그 비슷한 죽음을 만날 가능성은 낮다. 반면 1510년의 죽음의 무도에서는 군인과 죽음의 조우가 비전투적인 환경에서 일어나는데, 이는 '언제 어디서든' 죽음과 만날 수 있음을 의미하는 것이다. 죽음과의 만남이 오직 군대에서만 일어나는 것이 아니라는 사실을 한층 강조하는 것은 이런 그림이 거의 흡사한 환경에서 평화로운 민간인들이 죽음을 맞는 모습을 묘사한 훨씬 더 큰 연작 그림의 일부라는 사실이다.

근대 후기의 그림이 전하는 메시지는 미술관을 관람하는 민간인은 죽음과 군인 사이에 벌어지는 일을 이해할 수 없다는 것이다. 우리는 근대 후기의 그림을 보며 군인들이 전쟁에서 경험하는 것을 조금도 이해할 수 없음을 깨닫는다. 이와 반대로 근대 초기 죽음의 무도가 전하는 메시지는 군인들이 전쟁에서 무슨 경험을 하든, 죽음에 관한 한 그들도 우리와 같은 배를 타고 있다는 것이다. 군인들은 전쟁에서 수없이 많은 죽음을 만나겠지만, 그런 만남이 그들을 진정으로 깨우치는 것도 아니고, 실제 죽음에 대비하게 만드는 것도 아니다.

마카브르가 전쟁의 현실과 계속 분리된 이유는 설명하기 어렵다. 마카브르가 세속적인 이해관계나 현세의 영광을 일시적이고 덧없는 것으로 그리기 때문에 정치 귀족층과 군사 귀족층이 전쟁의 맥락에서 마카브르를 억압했다는 주장은 순진한 생각일 것이다. 어쨌든 마카브르가 상업적 이익을 일시적이고 덧없는 것으로 그렸지만, 수천 명의 부유한 네덜란드 상인들이 바니타스 그림을 주문하는 것까지는 막지 못했다. 오히려 마카브르는 실제 행동과 종교적 믿음 사이의 불일치를 절감하는 사람들의 욕구에 정확히 들어맞았다. 이론적인 믿음과 실제 생활 사이의 긴장을 대변하는 바니타스는 겸손과 내적 성찰의 원천이었다.

트롬프 제독의 전리품과 처참한 수병의 시신을 나란히 배치한 그림을 주문한 사람이 없었던 이유는 다르다. 부유한 네덜란드 시민들은 마카브르 그림에서 분명 제대로 된 교훈을 얻었을 것이다. 그들은 훌륭한 그리스도교 신자이며, 그리스도교의 긍정적 진리인 부활과 구원을 익히 알고 있었다. 하지만 세속적인 성공 탓에 현세의 즐거움과 덧없음에 지나치게 얽매이게 되고, 훨씬 더 소중한 구원의 약속을 잠시 망각하게 되었다. 그들에게 죽음을 상기시키고, 덧없는 현세에서 그들을 떼어내고, 그들이 다시 구원의 안식을 찾도록 하는 것이 마카브르의 목적이었다. 그렇지만 마카브르도 그들에게 부활과 구원의 진리를 가르칠 수는 없었다. 살았건 죽었건 인간의 육체에서는 구원의 조짐조차 보이지 않았기 때문이다.

부유하지만 독실한 시민들은 마카브르 이미지에서 분명 올바른 교훈을 얻었겠지만, 최악으로 무지한 죄인이라 여겨진 군인들은 잘못된 교훈을 얻을 위험이 있었다. 마카브르가 전장이라는 환경에 도입되었다면, 죽음을 무시하는 군인들의 명예 숭배와 정면으로 충돌했을 것이다. 이러한 충돌에서 빚어질 것으로 예상되는 한 가지 결과는 군인들이 전장에서 겁쟁이가 되거나 교회에서 용감해지리라는 것이다. 어느 쪽이든 모두 근대 초기 유럽 문화에서는 비참한 결과였다.

더 나쁜 예상 결과는 군인들이 애초에 지닌 믿음을 잃을 수도 있다는 것이다. 이 불경한 무뢰배들이 전장의 시신을 너무 진지하게 응시하면, 종교의 길보다는 유물론과 무신론의 길을 따를 가능성이 더 컸을 것이다. 전장에 누운 시신들이 유한성의 진실을 아주 확고하게 가르치는 반면, 부활과 구원의 문제에 관해서는 침묵할 위험이 크기 때문이다. (근대 후기 군인을 묘사한 글과 그림에서 인간의 절대적인 물질성을 강조하기 위해 가장 빈번하게 사용된 것이 마카브르 이미지이며, 여러 가지 이상적인 내세 철학을 공격하기 위해 사용된 것도 마카브르 이미지다.)

근대 초기 유럽 문화가 이런 문제들을 피하기 위해 택한 방법이 마카브르 이미지를 교회와 경건한 시민들의 가정으로 국한하고, 전장에서는 무시하는 것이었다. 전쟁 회고록 저자들은 이러한 방침에 따라 전쟁의 마카브르 본질을 철저히 무시했다.

마카브르가 전쟁 문화에서 멀리 떨어져 있었지만, 근대 초기의 전쟁 회화는 전쟁의 특별한 공포를 아주 자세하게 묘사했으며, 전쟁의 공포를 분명히 전투적인 맥락에 집어넣었다. 바이외 태피스트리Bayeux tapestry (프랑스 북서부 바이외에 전하는 직물 벽걸이. 11세기에 제작한 것으로 노르만족의 잉글랜드 침략을 기록함_옮긴이)부터 중세 연대기 삽화를 거쳐 30년 전쟁 당시 전쟁 팸플릿에 이르기까지 전쟁 그림은 잘린 머리와 육체를 그리는 경우가 많았다. 상처에서는 선홍색 피가 솟구치고, 창과 화살과 칼이 인간의 얼굴과 생식기, 기타 '비영웅적인' 신체 부위를 관통했다. 폭발에 신체가 갈갈이 찢기고, 아주 소름 끼치는 방식으로 인간이 고문을 당하고 살해되었다.[198] 우르스 그라프Urs Graf와 자크 칼로Jacque Callot, 로메인 데 후헤Romeyn de Hooghe, 피터르 스네이어스Pieter Snayers, 한스 울리히 프랑크Hans Ulrich Franck 같은 화가들은 전쟁의 공포를 생생하고 충격적으로 묘사했을 뿐만 아니라, 전쟁의 영웅적인 이미지를 약화시키고, 전쟁이라는 현상 자체를 비판하려는 의도도 있었던 것으로 보인다.[199]

하지만 이런 경우에도 끔찍한 전쟁 경험은 군인들을 일깨우는 것으로 제시되지 않았다. 이런 그림들의 경우, 예술적으로 재생산된 전쟁의 공포를 보고 지혜를 얻는 사람은 관람객들뿐이다. 전쟁의 현장에 있던 사

▲ 우르스 그라프, 〈전장〉, 1521년. © Kunstmuseum Basel

람들, 그림 속에 등장하는 사람들은 무지한 것으로 묘사된다.

근대 초기 그림과 근대 후기 사진을 비교하면 이 같은 사실을 이해할 수 있다. 위의 그림은 우르스 그라프의 〈전장Battlefield〉(1521년)이고, 152쪽은 대표적인 베트남 전쟁 사진이다.

우르스 그라프는 스위스 용병이자 재능 있는 화가였다. 그는 16세기 초 일반 사병으로 몇 차례 원정에 참여했고,[200] 당시 인습에 얽매이지 않고 개인적인 경험을 바탕으로 전쟁 장면을 그린 몇 안 되는 참전용사 출신 화가다.[201] 사실 그라프는 그림으로만 두꺼운 전쟁 회고록을 만들 수 있을 만큼 많은 전쟁 그림을 그렸다.[202] 〈전장〉은 그중 가장 유명한 작품이며, 종종 르네상스 시대의 반전회화, 고야와 딕스의 선구로 높이 평가받았다.[203]

▲ 〈전사한 동료를 힐끗 쳐다보는 병사〉, 1967년. © gettyimageskorea

　전쟁의 공포만 놓고 보면 〈전장〉이 베트남 사진보다 훨씬 더 세밀하고 생생하다. 사진에서는 시신 한 구만 보일 뿐 폭력의 흔적은 보이지 않지만, 〈전장〉에서는 고통스런 모습으로 훼손된 시체와 신체 부위들이 들판에 즐비하다. 뒤쪽 나무에는 또 다른 두 사람이 목이 매달려 있고, 마을은 화염에 휩싸여 있으며, 더 뒤쪽에서는 맹렬한 전투가 한창이다.[204] 그렇지만 현대 관람객의 뇌리에는 사진이 더 오래 남을 것이다. 그 큰 이유가 살아 있는 군인 두 사람의 시선이다. 군인들이 겪은 경험의 충격이 이들의 시선에서 드러난다. 관람객인 우리는 그 시선의 의미를 확실히 알지 못한다. 연민? 무관심? 슬픔? 두려움? 분노? 우리가 군인들의 시선을 이해하지 못하는 이유는 군인들의 경험을 이해할 수 없기 때문이다. 한창 전투 중에 전사한 전우를 바라보는 군인의 심정을 우리가 어떻게 알 수 있겠는가? 이 사진이 우리에게 전하는 것은 전쟁이 단지 사진을 바라보는 것만으로는 이해할 수 없는 극히 심오한 경험이라는 것이다. 군인들의 시선은 우리의 기를 꺾고, 우리에게 너희는 무지하니 정중히 물러서라고 이야기한다. 이들의 시선은 심오한 전쟁의 경험과 우리 자신의 무지를 폭로함으로써 그라프의 훼손된 시신들보다 더 큰 충격을 우리에게 안겨준다.

그라프의 〈전장〉은 화폭에 그려진 인물 그 누구에게도 전투 경험의 충격을 표현하지 않는다. 관람객들은 그림을 바라보며 전쟁과 삶에 대해 다양한 결론을 내릴 수 있겠지만, 그림에 묘사된 전투원들은 깨달은 것이 전혀 없어 보인다. 사실 그들은 주변에서 무슨 일이 벌어지는지도 알지 못한다. 놀랍게도 그림 속 인물 중 주변에서 벌어지는 대학살을 알아차린 사람은 아무도 없다. 전투에 참여하는 전투원들은 당시 미술의 특징인 비인간적인 막대인간pin-man(머리 부분은 원, 사지와 체구는 직선으로 나타낸 인물 그림_옮긴이) 무리이며, 모두 싸움에만 전념하고 있다.

그 외에 살아 있는 전투원은 그림 왼편에 호전적인 자세로 서 있는 남성미가 물씬 풍기는 인물이 유일하다. 그림에서 시선을 집중시키는 이 인물이 그라프와 동일시할 만한 유일한 인물이다. 그는 주변의 참상에는 아랑곳하지 않은 채 박력 있게 수통의 물을 마신다. 그의 칼과 창은 전장쪽을 향하는데 당장이라도 전장으로 다시 달려들 기세다. 전사한 전우들에게는 눈길도 주지 않으며, 조금 전 경험한 일로부터 어떤 지혜를 얻은 것처럼 보이지도 않는다. 전쟁은 그때까지 몰랐던 심오한 애국심과 전우애, 혹은 이런 이상의 공허함과 모든 세속적인 영화의 덧없음을 그에게 밝혀주지 않는다.

그라프의 그림 속에서 경험을 의식하는 인물이 아무도 없으므로 관

▲ 라파엘로, 〈십자가에서 내려지는 그리스도〉, 1507년. © Rome, Galleria Borghese. 출처: Wikipedia

람객인 우리는 다른 누군가의 영토를 침범했다는 불안감을 느끼지 않고 편안한 자세로 살육의 의미에 대해 곰곰이 생각할 수 있다.

기술적으로 볼 때, 근대 초기 화가들은 살아 있는 군인들의 얼굴에 심각하고 무시무시한 시선을 그려 넣고, 이 시선들이 전체 전투 장면을 지배하도록 하는 편이 더 쉬웠을 것이다. 그 당시 종교화들은 사건의 열쇠로 등장인물들의 시선에 집중하는 경우가 많았고, 등장인물들의 시선을 이용해 죽음 장면의 계시 능력을 표현하는 경우가 흔했다. 특히 라파엘로의 〈십자가에서 내려지는 그리스도〉(1507년) 같은 매장 그림이나 피에타 그림 속의 인물들은 방금 계시를 받은 듯 다 안다는 진지한 표정으로 시신을 응시한다.

하지만 전투 장면을 그린 근대 초기의 그림은 등장인물의 시선에 집중하는 경우가 아주 드물었다. 자크 쿠르투아Jacques Courtois의 〈전투 후〉(1660년경)는 예외적으로 통상의 규칙에서 벗어난다. 이 그림의 중심 사건은 전사한 전우의 시신을 바라보며 지나치는 병사들의 시선이다. 베트남 사진이나 피에타 그림처럼 이 그림도 관람객들이 병사들의 시선을 해독하기가 쉽지 않다. 데이비드 쿤츨David Kunzle은 〈전투 후〉 그림에서 전사자를 바라보는 병사들이 분명히 모범적인 죽음이라 칭송한다고

▲ 자크 쿠르투아(르 부르기뇽), 〈전투 후〉, 1660년경. © Fine Arts Museums of San Francisco

이야기하지만,[205] 확신하기는 어렵다. 따라서 이 그림이 주는 효과는 베트남 사진이 주는 효과와 아주 비슷하다. 병사들의 시선은 우리의 이해력을 넘어선 것으로 보이며, 그 결과는 전쟁 경험을 대하는 경외심과 겸손함이다.

쿠르투아는 수많은 전투 그림을 그렸지만, 이처럼 전쟁 경험에 주목한 작품은 없다. 다른 화가들도 때때로 그림 속에 비슷한 장면을 집어넣었지만, 대부분 훨씬 더 큰 화폭 안에 삽입된 지엽적인 장면이었다. 대개 화가들은 전쟁을 심오하고 접근하기 어려운 경험으로 그리는 것이 아니라, 전쟁을 한층 더 접근하기 쉽게, 관람객들이 더 쉽게 이해하도록 그리는 데 주력한다. 쿠르투아가 명성을 얻은 이유도 전투를 선과 면의 충돌로 축소시키며 정교한 기하학적 구도를 사용해 대규모 전투 장면을 이해할 수 있도록 묘사하는 능력 때문이었다. 근대 초기의 많은 그림에 담긴 전투가 여전히 이해하기 어려운 이유는 전투원들의 무시무시한 시선 때문이 아니라 세부 묘사가 과도한 탓이다. 앞으로 살펴볼 텐데 18세기 후반 들어 비로소 전쟁 그림이 군인들의 다 안다는 듯한 시선에 초점을 맞추는 것이 대세가 되기 시작했고, 그 결과 전쟁 피에타 그림들이 창조되었다.

몸으로 보는 목격의 부재

전쟁이 계시 경험으로 인정되지 않았으므로 전투원들은 몸으로 목격했다는 권위를 주장할 근거가 없었다. 20세기 일반 사병들과 근대 초기 종교 선지자들의 예에서 증명되듯, 몸으로 본 목격은 정치적 자산을 획득할 수 있었다. 하지만 근대 초기 귀족 계층의 회고록 저자들은 근대 후기 사병들보다 정치적으로 더 유리한 위치에 있었음에도 몸으로 본 목격으로 얻을 수 있는 정치적 자산을 요구하지 않았다.

　근대 초기 영적 자서전 저자들과 신비주의자들이 자신의 경험을 말로 표현할 수 없다고 자주 한탄했지만,[206] 전쟁 회고록 저자들은 "묘사할 수 없다" 혹은 "거기에 가보지 못한 사람은 이해하지 못한다"는 등의 상투어를 거의 사용하지 않았다.[207] 오히려 독자들이 묘사된 사건을 쉽게 이해할 수 있다는 가정하에 정반대의 상투어를 종종 사용했다. 예를 들어 괴츠 폰 베를리힝엔은 포탄에 팔이 잘렸을 때 자신이 겪은 고통을 누구나 충분히 상상할 수 있다고 기록한다.[208]

　회고록 저자들은 종종 경험도 없이 알지도 못하면서 떠드는 민간인과 정치인, 학자들을 조롱하고 비난했다. 하지만 대부분의 경우 이들의 비난은 민간인과 학자들이 정확한 사실을 알지 못한다거나 편파적이라는 내용이었다. 그들이 전쟁 경험을 이해하지 못한다는 비난이 아니었다.[209] 멕시코 정복(1519~1521년)에 사병으로 참전한 베르날 디아스 델 카스티요Bernal Díaz del Castillo가 역사 전문가인 프란시스코 로페스 데 고마라Francisco López de Gómara를 논박한 일이 그 좋은 예다. 디아스는 자신이 유일한 적임자라고 생각해 멕시코 정복 역사를 기록하기 시작했다. 하지만 힘들게 작업하던 그는 다음과 같은 이유로 마음을 바꾼다.

　　이 연대기를 기록하던 중 나는 우연히 고마라와 일레스카스Yllescas, 호비요Jovio가 멕시코 정복과 뉴스페인New Spain에 관해 쓴 글을 보게 되었다. 이들의 이야기를 읽으며 그 세련된 문체를 확인하고, 내 이야기가 참으로 거칠고 변변찮다는 생각이 들었다. 그리고 그처럼 훌륭한 역사책이 이미 존재한다는 사실을 확인한 나는 연대기 집필을 중단했다.

디아스가 고마라의 역사책을 보자마자 자기 계획을 접었다는 사실은 디아스가 자신의 개인적인 전쟁 경험을 전하는 데 그다지 흥미가 없었다는 것을 입증한다. 왜냐하면 디아스는 고마라가 일반 사병의 개인적 경험을 이야기하지 않고 또 이야기할 수도 없다는 것을 분명히 알고 있었기 때문이다.

결국 디아스는 그들이 뉴스페인에서 일어난 일을 처음부터 끝까지 정확히 전하지 않는다는 것을 알게 된 후 연대기 집필을 재개했다. 고마라와 역사학자들의 문제는 사실을 잘못 알고 있는 것이다. 가령 그들은 대도시와 그 시민에 관한 글을 쓰려고 할 때 8,000명 대신에 8만 명이라고 쓸 각오가 되어 있었다. 디아스는 역사책을 기록하는 방법에 관해 자신의 생각을 자세히 설명했다. 문체보다 중요한 것이 진실이며, 사실은 가능한 한 목격자의 진술에 기초해야 한다는 것이다. 디아스는 정복에 참여한 자신과 또 다른 병사들과 관련해 눈으로 목격한 우리가 (역사학자들의 이야기가) 진실인지 검증할 것이라고 말한다.[210]

디아스는 책이 끝날 때까지 기회가 있을 때마다 고마라를 비난하고 조롱한다. 하지만 그가 항의하는 것은 단 두 가지다. 첫째는 고마라가 코르테스에게만 모든 영광과 명예를 돌리고 다른 지휘관이나 병사들은 무시했다는 것이고, 둘째는 고마라가 정복을 이야기할 때 사실이 아닌 내용들이 포함되어 있다는 것이다.[211] 고마라가 전쟁의 경험을 오해했다고 디아스가 우려한 경우는 단 한 차례뿐이다.[212] 디아스는 연대기 내내 눈으로 목격한 사람으로서의 우월한 권위를 거듭 강조하며 자신의 이야기가 신빙성이 있다고 주장하지만, 몸으로 본 목격자라는 권위를 내세우는 일은 거의 없다. 따라서 겉으로 보기에는 고마라를 비난하는 디아스와 학문적인 역사서를 비난하는 20세기 일반 사병들이 비슷하지만, 둘 사

이의 차이는 엄청나다.[213]

근대 초기 전투원들은 분명 특별한 발언권을 포함해 독특한 사회적, 정치적 특권을 요구했고, 획득했다. 하지만 이러한 권한은 그들이 직접 목숨을 걸고 싸웠다는 사실에서 부여된 것이지, 계시를 감안해서 부여된 것이 아니었다. 근대 초기의 가장 유명한 전쟁 연설에서 이 같은 사실이 분명하게 드러난다. 바로 셰익스피어가 아쟁쿠르Agincourt 전투(1415년)를 앞두고 헨리 5세의 입을 빌려 발표한 연설이다. 헨리 5세는 누구든 살아남는 사람은 이 전투를 영원히 기념할 것이라고 병사들에게 연설한다. 그는 살아남는 사람은 매년 소매를 걷어 올려 흉터를 보여주며, 성 크리스피안 축일에 아쟁쿠르 전투에서 부상당한 사실을 이웃들에게 기억시킬 것이라고 말한다. 또한 헨리 5세는 그 흉터가 아주 비천한 평민의 신분까지 고귀하게 만들 것이라고 약속한다. 그런 반면 지금 잉글랜드에서 잠자리에 든 신사들은 자신이 이곳에 있지 못한 것을 저주로 생각할 것이다. 또한 누군가가 성 크리스피안 축일에 이곳에서 우리와 함께 싸웠다고 말할 때, 그들은 자신이 남자임을 부끄럽게 생각할 것이라고 장담한다.[214]

참전용사가 집에서 편히 지낸 신사들을 침묵시키고 말할 수 있는 권위는 팔뚝에 새겨진 흉터와 그의 명예로운 행위에서 나온 것이지, 그가 전투에서 얻었을 특별한 지식에서 나온 것이 아니었다. 흉터가 그 어떤 새로운 지식도 드러내지 않으면서 권위를 만들어내는 까닭이 정확히 무엇인지 다음 장에서 살펴보자.

5장

정신, 육체를 지배하다

육체는 껍데기에 불과하다는 믿음

앞 장에서 근대 초기 전투원들이 전쟁 중의 계시 경험을 기록하지 않고, 자신을 스스로 몸으로 본 목격자로 생각하지도 않았다는 것을 살펴보았다. 또한 그 이유가 근대 초기 유럽에 그에 필요한 문화적 자원이 없었기 때문이 아니라는 것도 살펴보았다. 사실 종교적 전향 경험담과 마카브르 이미지, 피에타 이미지 등 전쟁을 계시 경험으로 묘사하는 데 사용 가능한 문화적 자원이 상당했다. 근대 초기 전투원들이 그 기회를 '놓친' 이유를 철저히 인과관계를 따져 규명하기란 불가능하다. 이 장에서는 근대 초기 전투원들이 어떤 전쟁 경험담을 대안으로 선택했는지 설명함으로써 그 문제를 조금이나마 분명히 밝혀보고자 한다.

근대 초기 전쟁 회고록에 주로 나오는 전쟁 경험담은 다음 세 가지다.

첫째, 전쟁이 명예로운 삶의 길이라는 이야기.

둘째, 전쟁이 개인적 성공을 위한 수단이라는 이야기.

셋째, 전쟁이 집단적 목표를 달성하는 수단이라는 이야기.

이 세 가지 이야기가 한 사람의 회고록에 함께 나오는 경우도 드물지 않았다. 세 이야기가 비교적 쉽게 결합할 수 있는 이유는 다음과 같은 두 가지 기본 가정을 공유했기 때문이다.

첫째, 전쟁의 이상과 전쟁의 본질에 대한 지식은 정신의 특권이다. 육체적 경험은 실질적인 전쟁의 노하우를 배우는 데 필수적일 뿐, 그 이상은 아니다. 따라서 정신이 늘 육체를 완전히 장악해야 한다.

둘째, 정신의 우수성은 육체를 통제하고 올바른 방향으로 인도하는 능력에 따라 판단될 수 있다. 그에 따라 육체적 움직임을 묘사하는 것은 정신을 평가하기 위한 것으로 충분하다. 결과보다 의도가 더 중요하고 따라서 외적 행동으로 정신을 판단할 수 없다고 주장하는 의도 윤리를 전쟁 문화는 거부한다.

정신(영혼)을 예찬했음에도 근대 초기 전쟁 경험담이 전투원들의 내적 경험을 좀처럼 묘사하지 않고, 대개 육체의 공간적 움직임만을 묘사한 이유가 이것으로 설명된다. 흔히 인형의 움직임을 통해 인형 조종사의 우수성을 판단하듯, 군인의 육체를 보고 그의 정신의 우수성을 판단할 수 있고, 병사들의 움직임을 보고 장군의 정신이 우수한지 여부를 판단할 수 있다는 것이다.

전쟁 문화는 일반 문화에서 정신 혹은 영혼이 사고와 지식을 독점한다는 생각을 받아들였다. 종종 영靈이라는 제3의 요소가 부가되기도 했지만, 그리스도교 신학에서 인간은 영혼과 육체라는 두 요소의 조합이었다. 이 둘 혹은 세 요소 사이의 정확한 관계는 신학자들의 지속적인 논쟁거리였고, 그에 관한 군인들의 미숙한 의견이 최신의 교리와 늘 일치한 것은 아니었다. 영혼을 인간의 비물질적인 본질이자, 세상을 거쳐 구원 혹은 천벌로 향하는 신성한 생기生氣로 생각했다고 일반화해도 무방할 듯하다. 육체는 그 신성한 생기를 싸고 있는 물질적 껍질이었다. 육체가 영혼에 방해만 되는 세속적인 거처에 불과하다고 믿는 사람도 있었고, 육체도 영혼과 마찬가지로 인간의 일부이며 내세에서 영혼과 다시 만난 다고 믿는 사람도 있었다.

영(혹은 마음)은 비물질적인 영혼과 물질적인 육체를 연결하는 중개자 였다. 보통 움직임과 욕구, 여러 가지 감정을 주관하는 것은 마음이고, 인 간의 정신적이고 이성적인 능력은 영혼이 담당한다고 믿었다. 하지만 어 디까지가 마음의 범위인지는 분명하지 않았다. 특히 평범한 신자들은 이 해할 수 없었다. 많은 사람은 아예 이런 생각을 하지 않는 것이 편했다. 마음의 역할이 무엇이든, 분명한 것은 영혼이 육체와 마음을 완전히 지 배하고, 구원을 얻도록 육체와 마음을 인도한다고 생각했다는 것이다.[1]

육체는 종속적일 뿐만 아니라 믿을 수도 없는 것이었다. 비록 감각 기 관이 외부 세계의 정보를 제공하지만, 감각 기관 자체가 물질 영역에 속 하므로 감각 기관이 제공하는 정보도 의심스러웠다. 성 아우구스티누스 에 따르면 그리스도교 신학자들은 신이 물질 영역보다 우월하게 창조한 '인간의 지성, 곧 인간의 영혼을 구성하는 이성적 요소'만이 참된 지식에 도달할 수 있으며,[2] 그것도 성경의 도움을 받을 때만 가능하다고 강조했 다. 성경은 지식에 이르는 큰길이며, 샛길을 따라 지식에 이르고자 하는 사람도 성경의 계시로 여정을 시작해야 했다.[3]

에라스뮈스는 《그리스도교 기사 안내서Enchiridion Militis Christiani》 (1503년)에 이렇게 적는다.

"인간은 서로 맞서 싸우는 부분들로 구성되어 있다. 이를테면 신성한 의지라고 할 수 있는 영혼과 말 못하는 짐승에 비견할 만한 육체로 구성되어 있다. 신이 이 둘을 조화롭게 결합시켰으나, 사탄이 불행한 다툼으로 이 둘을 갈라놓았다. 이제 이 둘은 동거하며 영원한 싸움을 면할 수 없을 것이다. 사탄이 개입하기 전에는 영혼이 아무 문제 없이 육체를 다스렸고, 육체는 기꺼이 자유롭게 복종했다. 하지만 이제 자연의 섭리가 깨어져서, 육체의 정념이 이성을 압도하려 든다."

에라스뮈스는 인간의 상태를 '쓰레기 같은 하층민'인 육체가 적법한 왕인 영혼을 전복하려는 내전에 비교했다.[4] 그는 선한 그리스도인이라면 영혼이 최고의 지배자가 되어야 한다고 주장하며, 영혼이 의지대로 육체를 제압할 다양한 방법을 추천한다.[5]

군종목사인 도널드 럽튼도 묵상 안내서에서 비슷한 전투 이미지를 사용한다. 그는 그리스도인에게 국경수비대의 상황에 대해 묵상하고, 그들과 자신을 비교하라고 가르친다. 영혼은 수비대에 비교되고, 육체는 요새의 담장과 비교된다. 육체의 감각은 요새의 출입문과 같으며, 그 문을 통해 유혹이 드나든다. 훌륭한 수비대와 마찬가지로 선한 그리스도인은 그런 외부 위험에 맞서 자신을 단련하고, 늘 경계해야 한다는 것이다.[6]

블랙애더 중령의 일기는 매일매일 일어나는 영혼과 육체의 싸움에 관한 기록이다. 그는 "말하자면 내 삶은 타락한 본성과 믿음 사이에 벌어지는 전쟁이다. 때로는 강화된 은총이 우세하고, 때로는 세속적 애착과 감각적 욕구가 승리하는 싸움이다"라고 기록한다.[7] 계속해서 그는 이렇게 적는다.

"나는 묘하게 구성된 내 마음에 놀란다. 천국과 이승, 지옥이 뒤섞인 것 같다. 새롭게 태어난 영혼 속에서 나는 신성함의 기쁨을 맛보지만, 정신의 법칙에 거역하고 나를 죄악의 구렁텅이로 밀어 넣는 또 다른 법칙을 내 안에서 발견한다."[8]

합스부르크 왕조에서 가장 유명한 장군인 라이몬도 몬테쿠콜리 Raimondo Montecuccoli는 《전투들에서Sulle Battaglie》(1640년경)란 회고록에서 영혼과 육체의 이분법에 관한 장군의 의견을 제시한다. 부하들의 용기를 북돋우는 방법을 지휘관들에게 충고하는 자리에서 그는 신념이 서로 다른 병사들에게 무슨 말을 해야 할지 조언한다. 놀랍게도 그는 무신론자부터 시작한다. 무신론자 병사에게는 이렇게 말해야 한다.

"육체와 함께 영혼이 죽는다면, 죽음은 바람직한 것이다. 모든 고통이 사라지고, 모든 죄악으로부터 자유로워질 것이기 때문이다."

(가톨릭교도처럼) 참된 신자에게는 이렇게 말해야 한다. 인간의 영혼이 신의 숨결에서 비롯되었고, 잠을 잘 때처럼 영혼이 육체와 분리될 때 더 자유롭고 편하게 살 수 있으며, 영혼은 오로지 육체와 완전하게 분리되고, 본령인 궁극적인 원리와 재결합할 때만 영원히 남을 수 있다. 구원은 진실로 믿고 개종하는 자의 몫이며, 따라서 죽음이 두렵다고 위험을 피해 달아나는 영혼이 가장 비겁하다. 그 영혼은 영원한 혜택을 온전하고 완벽하게 획득할 기회를 버리고, 일시적이고 덧없는 생존을 택했다는 생각에 괴로워할 것이다. 죽음을 두려워할 이유가 있는 자는 사악한 자뿐이다. 예정된 운명을 믿는 자들(개신교도들)은 특히 전투 중의 죽음을 두려워해서는 안 된다. 예정된 운명에서 결코 벗어날 수 없기 때문이다.[9]

몬테쿠콜리는 영혼과 육체의 이분법을 군사운용에 관한 은유로도 이용한다.

"부하들에 대한 총사령관의 의무는 육체에 대한 영혼의 관계와 다르지 않아야 한다."

그는 장군이라면 영혼이 육체를 통제하고 지휘하는 것처럼 단호하게

군대를 통제하고 지휘해야 한다고 조언한다.[10]

몬테쿠콜리와 동시대인들은 인간이 영혼이라고 생각한다. 그들이 영혼과 육체의 줄다리기에서 훨씬 더 중요하고 따라서 더 강하길 바라는 것은 영혼이다. 어쩔 수 없는 상황이 되어 그리스도교 병사가 (환희의 형태이든 고통의 형태이든) 육체적 유혹에 사로잡히면, 영혼이 상황을 완전히 통제할 수 있어야 하고 또 반드시 그래야 한다. 육체가 통제권을 넘겨받아 생각하고 결정을 내리기 시작하면, 그 사람은 계시가 아니라 영원한 지옥불로 이어지는 지름길에 들어선다는 것이다.

데카르트 철학의 탄생

정신과 육체라는 근대적인 이분법이 영혼과 육체라는 전통적인 이분법을 완전히 대체했지만, 종속적인 육체의 지위는 변하지 않았다. 1618년 여름 프랑스의 젊은 귀족 한 사람이 나사우의 마우리츠가 지휘하는 네덜란드군에 신사 사병으로 입대했다. 저지대(북해 연안의 벨기에, 네덜란드, 룩셈부르크 지역_옮긴이)에 일시적인 휴전이 찾아오자, 그 프랑스 귀족은 곧 평상시 군대에 근무하는 장교후보생의 일상이 '지루하다'는 것을 깨달았다. 그래서 그는 1619년에 네덜란드 군대를 떠나 독일로 향했다. 몇 년이 흐른 뒤 그는 "그때까지 나는 전쟁에 마음이 끌렸다"고 회고했다. 그리고 때마침 30년 전쟁이 발발하자, 싸움을 좋아하는 청년은 보헤미아의 반란을 진압하기 위해 출정하는 바바리아 군대에 즐거운 마음으로 장교 입대했다. 그런데 1619년 11월 11일 성 마르탱 축일에 바바리아 군대의 월동지로 향하던 중 악천후가 그의 발목을 잡았다. 화로를 피운 따뜻한 방으로 몸을 피한 그는 할 일도 별로 없던 터라 생각에 빠져들기 시작했다. 그 장교의 이름이 르네 데카르트René Descartes고, 그날 그가 빠져든 생각이 근대 철학의 토대가 되었다.[11]

세상의 확실한 토대를 탐구하는 과정에서 데카르트는 점차 세상 전체를 의심하게 되었고, 결국 확실한 것은 사고 자체밖에 없었다. 데카르트는 자아를 사고와 동일시했다. 그는 영혼과 마음, 육체라는 삼위일체식 구분을 포기하고, 육체와 정신이라는 명쾌한 이분법을 채택했다. 육체는 예전에 마음이 담당한 기능 전부와 영혼이 담당한 기능 일부를 흡수했고, 자율적인 기계로 이해되었다. 정신은 '사고하는 영혼'으로 규정되었다. 사고하고 사상을 구성하는 것이 정신의 유일한 기능이지만, 그와 동시에 정신의 절대적 특권이었다. 육체가 통제권을 넘겨받아 사고하기 시작한다는 생각은 그리스도교의 시각보다 데카르트의 시각에서 볼 때 훨씬 더 이단적이었다.

흥미로운 점은 데카르트의 논리가 일레인 스캐리의 논리와 정반대라는 사실이다. 스캐리는 궁극적인 현실은 고통의 감각이고, 고통의 감각이 그 외의 다른 모든 것을 사라지게 한다고 주장한다. 반면에 데카르트는 궁극적인 현실은 그 어떤 육체적 현상과 무관한 추상적인 사고이고, 이 추상적 사고가 그 외의 다른 모든 것을 의심스럽고 비현실적인 것으로 만들 수 있다고 주장한다.[12]

날이 풀리자 데카르트는 따뜻한 방에서 나와 바바리아 군대에 합류했다. 이후 그의 군대 생활은 베일에 가려져 있다. 그가 몇몇 군사작전에 참여한 것은 분명하다. 하지만 지난 수세기 동안 수십 명의 학자가 수천 권의 자료를 샅샅이 뒤졌지만 데카르트가 중요한 백산 결전Battle of the White Mountain(혹은 빌라 호라Bílá hora 전투, 1620년_옮긴이)에 참여했는지 여부는 확인하지 못했다.[13] 하지만 데카르트의 침묵에서 오히려 분명하게 드러나는 사실이 있다. 데카르트가 방대한 논문과 편지를 남겼지만, 동시대 수많은 회고록 저자처럼 첫 전투에 관한 기록은 전혀 남기지 않았다는 사실이다. 그는 전쟁 경험이 자신의 세계관과 전혀 무관하다고 생각했다.

데카르트가 실제 백산 전투에 참여했다 하더라도, 뒤이어 발생한 30년 전쟁의 그 모든 공포와 마찬가지로 대학살의 전장에 즐비한 수많은 시체는 데카르트가 따뜻한 방 안에서 얻은 통찰을 의심하게 하지 못했다. 유럽이 불타오르던 1637년 그는 그 유명한 《방법서설Discours de la Méthode》을 출간했고, 뒤이어 1641년에 《제1철학에 관한 성찰 Meditationes de Prima Philosophia》을 발표했다.[14]

동료 병사들이 데카르트 사상의 전체 의도를 어느 정도까지 받아들였는지는 확실하지 않다. 그 시기 전쟁 회고록에서는 '정신', '영혼', '마음'이라는 용어들이 명확히 구분되지 않고 사용되었지만, 큰 문제는 아니다. 왜냐하면 육체/마음/영혼의 삼분법을 받아들이건, 단순하게 육체/영혼의 이분법을 받아들이건 혹은 새로운 데카르트의 육체/정신의 이분법을 받아들이건, 이 세 가지 분류법에서 사상과 이상을 구성하는 것은 육체가 아니기 때문이다. 육체가 제공하는 감각 자료가 개인의 사고에 분명히 영향을 줄 수 있고, 새로운 감각 자료로 인해 개인이 과거의 사상을 버리고 새로운 사상을 구성할 수도 있다. 하지만 육체의 임무는 단지 감각 자료를 제공하는 것일 뿐, 이후 그 감각 자료를 냉정하게 분석하는 것은 영혼 혹은 정신이었다. 결과적으로 사상을 포기하거나 채택하거나 구성하는 것은 이러한 정신/영혼의 분석이었다. 그뿐만 아니라 이 분석의 궁극적인 토대는 신이라는 개념처럼 모든 육체적 감각 자료와 무관한 본유관념本有觀念이었다. 따라서 사고 과정은 결국 감각 자료와 무관한 것이었다.

스캐리와 20세기의 회고록 저자들은 육체적 감각 자료가 정신을 완전히 압도해 정신의 내용 일부를 강제로 지우고 새로운 내용을 집어넣는 과정을 설명하지만, 이는 근대 초기 관점에서는 불가능하거나 극히 위험한 것이었다. 혹시 이러한 과정이 가능하다고 하더라도 육체는 절대 사고하도록 허용될 수 없었고, 혹시 육체가 정말 사고하고 모종의 지식을 만들어낸다 하더라도 이 지식은 지극히 의심스러운 것이었다. 이런 지식은 믿을 수도 추종할 수도 없는 지식이며 문화적, 정치적 권위가 나오는 원천도 분명 아니었다.

바바소 포웰의 치통 같은 경우에도 고통은 정신이나 영혼의 특권을 침범하지 않았다. 고통이 포웰의 정신을 압도하고 사고하기 시작한다고 생각되지 않았다. 오히려 고통은 포웰에게 지옥을 인식하도록 상기시킬 뿐이었다. 고통을 경험한 후 읽은 책을 통해 포웰은 지옥의 고통이 분명 훨씬 더 지독하다는 것을 깨달았다. 이러한 결론을 도출한 것은 포웰의 정신이지 고통스런 치아가 아니었다. 치통이 그토록 끔찍하다면 그보다 훨씬 더 끔찍한 지옥의 고통을 피하기 위해 전력을 기울여야 마땅하다고 논리적 분석으로 깨달은 것은 포웰의 정신이었다. 지옥의 고통과 관련해 그 기본 개념은 경험이 아닌 성경에 기초한 것이었고, 궁극적으로는 신이 직접 인간 정신에 심어놓은 본유개념에 기초한 것이었다. 포웰의 정신이 일단 지옥의 고통, 다시 말해 정신이 만들어낸 유령에 불과한 지옥의 고통에 집중하자, 순전히 정신적인 괴로움이 치통이라는 실재적인 고통을 완전히 사라지게 한 것이 분명하다.

앞에 나온 단락들은 정신과 육체에 관한 근대 초기의 인식을 완전하게 설명하는 이야기는 결코 아니다. 특히 3장에서 위의 견해를 수정해 육체가 지식 생산의 유력한 위치에 있음을 인정하는 조류가 근대 초기 문화에 중요하게 자리하고 있음을 살펴보았다. 그리스도교의 경우가 특히 그랬다. 결국 그리스도교의 기본 생각은 말씀이 육신이 되었다는 것이기 때문이다. 하지만 이러한 반대 조류는 종교 사상과 민간인의 삶에서는 아주 중요했지만, 군사 영역에 미친 영향은 미미했다. 전쟁 문화는 정신/영혼의 지위를 격상하고 육체의 지위를 격하하는 사상에 매달렸고, 그에 반대되는 사상은 모두 무시했다. 근대 초기에 전쟁은 육체에 대한 정신/영혼의 우위를 입증하는 궁극적인 사례였다.

전쟁 문화와 일반 문화가 육체를 대하는 태도가 다르다는 사실이 가장 분명하게 드러나는 부분은 매장 방식이다. 민간 그리스도교 문화에서는 육체의 부활을 믿기에 죽은 육신의 매장이 중요한 종교 행위였다. 가급적 축성된 대지에서 정교한 예식에 따라 매장이 거행되었다. 근대 후기에는 전사한 병사들의 시신도 사회적 신분에 관계없이 비슷비슷한 국가적 애도와 찬양 의식의 중심에 자리했고, 보통의 종교적 매장보다 훨씬 더 성대하고 엄숙하게 국가적 성지에 매장되었다.

그에 반해 근대 초기 군인들은 비물질적인 이름과 명예를 영원히 남기려는 욕구에만 사로잡혀 있었다. 육체야 어찌 되든 상관없었다.[15] 전장에서 쓰러진 군인의 육체에 대부분 크게 신경 쓰지 않았다. 아군이든 적군이든, 사병이든 장교든, 평민이든 귀족이든 모든 시체를 전장이나 그 근처에 파놓은 아무 표식도 없는 구덩이에 의식도 생략한 채 한꺼번에 밀어 넣었다. 거의 예외가 없었다. 군인 묘지는 전혀 없었고, 전사자들을 기리는 기념비도 거의 없었다.[16] 몬테쿠콜리는 "군인은 전장에 묻힌다 해도 아무 불만이 없다. 그의 명예로운 이름은 훼손되지 않기 때문이다.

오히려 무덤 위에 세우는 대리석 기념비보다 전투를 묘사한 역사적 기록들이 그 사람의 삶을 훨씬 더 오랫동안 기억시킬 것이다"라고 군인들에게 장담했다.[17]

이제 그 역사적 기록으로 시선을 돌려 근대 초기 전쟁 회고록을 지배한 세 가지 유형의 경험담을 살펴보자. 그리고 회고록 저자가 육체를 정신/영혼에 비해 완전히 부차적인 것으로, 새로운 지식을 전혀 드러내지 못하는 것으로 묘사한 이유와 과정을 상세하게 살펴보자.

전쟁은 명예로운 삶의 길

근대 후기 사람들은 명예를 합리화하는 경향이 있다. 이들은 근대 초기 귀족들의 행동을 돌아보며 그들이 명예로운 명성을 쌓으려 한 목적이 수지맞는 자리를 차지하고, 자기보다 사회적 신분이 낮은 사람들을 마음대로 부리거나 돈 많은 상속녀를 유혹하는 것이었다고 너무 쉽게 추정한다. 이러한 추정은 명예를 단순한 수단으로 만들며, 돈과 다름없이 벌어서 소유하고 교환할 수 있는 것으로 만들어버린다. 물론 이런 사고방식도 나름의 진실을 담고 있으며, 근대 초기 많은 군인에게 영향을 주었지만, 명예 숭배와 명예를 기리는 전쟁 경험담에는 어울리지 않는 것이다.[18]

명예를 기리는 전쟁 경험담은 본질적으로 명예를 궁극적인 선으로 보았다. 명예는 세상에서 가장 중요한 것이었으며, 특히 귀족 남성의 정체성에서 가장 중요한 요소였다. "그는 자신의 이름을 떨쳤다"는 표현에서 나타나듯, '이름'과 '명예'라는 말은 같은 의미였다. 명예를 잃는 남자는 정체성을 잃었고, 명예를 얻어본 적이 없는 남자는 정체성이란 것을 가진 적이 없는 사람이었다.[19] 중세 후기의 유명한 격언 중에 "불명예스럽게 사느니 명예롭게 죽는 편이 낫다"는 말이 있다.[20]

돈과 달리 명예는 소유할 수 있는 것이 아니었다. 한동안 명예롭게 행동해 명예의 재고를 비축해두었다가 나중에 그 재고를 풀어 명예로운 사람이라는 평판을 얻을 수 있는 것이 아니었다. 오히려 명예는 순간순간의 삶의 방식이었다. 늘 명예롭게 살고 행동해야 명예로운 사람이었다. 명예로운 사람이 되는 최선의 방법은 전투원이 되어 계속 전쟁에 참전하는 것이었다. 전투가 세상에서 가장 명예로운 행위였기 때문이다. 명예를 기리는 전쟁 경험담에 따르면, 남자들이 전쟁터로 향하는 이유는 무언가를 얻기 위해서가 아니었다. 그저 진정한 남자에게 가장 어울리는 삶의 방식이 전쟁이었기 때문이다. 명예로운 남자는 자연히 사회에서 인정받고, 종종 권위와 권력, 수지맞는 지위를 누렸지만, 이는 부산물에 불과했다. 그것이 전쟁의 목표는 아니었다.[21]

명예를 기리는 경험담은 명예라는 사안과 관련해 전쟁의 사건들을 서술하고 평가했다. 가령 불리한 형세를 무릅쓰고 용감하게 전투에 임한 것처럼 명예로운 행동은 선(옳은 것)이었다. 반면 전투에서 이기기 위해 야비한 술수를 쓰는 것처럼 불명예스런 행동은 악(옳지 못한 것)이었다.[22] 보급품 마련과 같이 명예와 관련이 없는 행동은 무시되었다.

명예로운 행동을 구성하는 것이 정확히 무엇인지는 끝없는 논쟁거리였지만, 순수한 형태의 명예 숭배에서 중요한 것은 결코 무공이 아니라는 입장이었다. 불명예스럽게 싸워 이기는 것보다 명예롭게 싸우다 지는 편이 훨씬 나았다.[23] 이런 중세 사고방식을 가장 잘 보여주는 사례가 몰타Malta 전투(1283년) 당시 아라곤 함대를 지휘한 로저 드 루리아Roger de Luria 제독의 행동이다. 아라곤 함대는 몰타 항구에 정박 중이던 프로방스 함대를 기습했다. 라몬 문타네르Ramon Muntaner가 남긴 회고록에 따르면, 프로방스 함대가 전혀 눈치채지 못하도록 접근하던 아라곤 함대를 루리아 제독이 갑자기 정지시켰다. 그 전투는 루리아 제독이 지휘한 첫 전투였으며, 루리아는 아무런 계략을 사용하지 않고 전투에서 승리하고자 했다. 그는 부하들에게 이렇게 말했다.

"잠들어 있는 적을 공격하는 일은 절대 없을 것이다. 차라리 모든 갤리선에서 나팔을 불고 북을 울려 적들을 전부 깨워 전투 준비를 하도록 하라. 적이 잠들지 않았다면 승리하지 못했을 것이라는 소리를 그 누구에게도 듣고 싶지 않다."²⁴

그 말에 아라곤 함대는 멈춰 서서 온갖 시끄러운 소음을 일으켰고, 마침내 프로방스군이 잠에서 깨어 전투 준비를 했다. 그때 비로소 아라곤 함대는 계속 전진했고, 잠에서 완전히 깨어나 전투 준비를 마친 적을 공격했다.

결국 아라곤 함대가 승리했다. 하지만 힘겨운 싸움이었다. 300명의 병사가 전사하고, 200명이 부상을 당했다.²⁵ 이 행동으로 루리아는 크나큰 명성과 명예를 얻었고, 개인적인 명예를 위해 부하 300명을 희생시켰다거나 굳이 패전의 위험을 감수했다고 그를 비난하는 사람은 거의 없었다. 그는 중세 시대에 가장 훌륭한 아라곤 제독으로 승승장구했다.²⁶

루리아의 행동은 무모한 한 사람의 단독 행동이 아니었다. 기사도 문화에서 그런 행동이 의무사항은 아니지만, 칭찬할 만한 행동임은 분명했다. 기사도 서사시의 최고봉인 《롤랑의 노래》는 롤랑이 뿔나팔을 불어 프랑크 주력 부대에게 지원을 요청하지 않은 이야기를 중심으로 전개된다. 롤랑이 뿔나팔 불기를 거부함으로써 프랑크군 후위가 완전히 궤멸했지만, 롤랑은 가장 명예로운 기사라는 불멸의 명성을 얻었다. 아틸라의 궁을 향해 자살 행진을 한 니벨룽겐은 롤랑의 명예로운 외고집을 그대로 보여주는 튜튼족의 닮은꼴이다.

이런 기사도 이상이 근대 초기에도 여전히 맥을 잇고 있었다. 근대 초기 명예를 기리는 생각의 틀을 표현한 가장 유명한 말이 파비아Pavia 전투(1525년) 패배 후 프랑수아 1세François I가 내뱉은 외침이다. "모든 것을 잃었지만, 명예는 지켰다!" 사실 프랑수아 1세는 이 패배로 큰 명예를 얻었다. 프랑수아 1세는 군대가 패퇴한 후에도 달아나길 거부한 채 끝까지 싸웠다. 당연히 그는 포로로 사로잡혔고, 이는 프랑스의 참담한 패배로 이어졌다. 근대 초기의 왕국은 왕이 적에게 포로로 잡히면 내적인 혼란과 외적인 재앙에 직면하기 마련이었다. 하지만 전 유럽의 귀족들은 프랑수아 1세의 만용을 비난하는 대신 그의 용맹을 칭송했다.[27]

정신과 육체라는 면에서 명예로운 남자를 규정할 때 가장 중요한 자질이 두 가지가 있었다.

첫째, 그의 정신이 명예로운 이상에 완전히 헌신한다.

둘째, 그의 정신은 강하고, 고통이나 죽음이 따를지라도 언제나 명예의 명령에 따라 행동하도록 육체를 강제할 능력이 있다.

15세기 기사인 조프루아 드 샤르니Geoffroi de Charny는《기사도에 관한 책Book of Chivalry》에서 이렇게 설명했다.

"자신의 육체를 보살피는 일에 너무 깊이 빠져들어서는 안 된다. 육체에 대한 사랑이 세상에서 최악의 사랑이기 때문이다. 그 대신 육체보다 더 오래 남는 자신의 영혼과 명예를 지키는 데 사랑을 쏟아라. 기름지건 야위건 육체는 곧 죽기 마련이다."[28]

명예의 경제에서 육체가 정신에게 가르칠 것은 절대적으로 아무것도 없었다. 따라서 두려움과 육체적 나약함을 경험한다고 얻을 수 있는 것도 거의 없었다. 두려움을 느끼고 극복한 사람은 강한 정신의 소유자였지만, 두려움을 전혀 느끼지 않는 사람이 훨씬 더 강한 정신의 소유자였다. 후자가 두려움을 모른다고 해서 놓치는 것은 아무것도 없었다. 잠시라도 두려움에 굴복한 사람은 그 경험에서 어떤 지혜도 얻지 못했고, 혹시 두려움에 굴복했다는 사실이 다른 사람들에게 알려질 경우 겁쟁이로 낙인찍힐 각오를 해야 했다. 기사도 문화에서는 한순간의 실수가 한 남자의 명성을 영원히 무너뜨릴 수 있었다.

당연히 모든 남자는 두려움이 전혀 없는 사람으로 보이려 했고, 내적으로 두려움과 맞서 싸워 이겼다는 사실도 인정하지 않았다.[29] 16세기 기사도의 귀감인 바야르Bayard 경은 '두려움과 치욕을 모르는 기사'로 유명하다.[30] 내적인 두려움의 느낌에 대한 지나친 질문은 결투로 이어지기 쉬웠고, 전쟁 문화는 외적인 행동에만 집중함으로써 이 위험한 질문을 회피했다. 정신을 중시하는 사회적 분위기가 지배적인데도 전투원들은 내적 현실을 무시하는 경향이 있었고, 육체적 행동의 척도로 정신적 자질을 평가하는 경향이 있었다. 특히 위험에 직면한 상황에서도 싸움을 잘하면 강한 정신을 소유한 명예로운 사람이라는 증거였으며, 달아나면 나약한 정신을 소유한 불명예스럽고 비열한 인간이라는 증거였다. 용감하게 싸우거나 달아나는 동안 그 사람이 마음속으로 무엇을 느꼈는지는 깊이 파고들지 않았다. 가령 파비아 전투 당시 프랑수아 1세가 어떤 기분이었는지 질문한 사람은 아무도 없었다. 중요한 것은 그가 달아나지 않았다는 사실뿐이었다.

몬테쿨리는 부하 1,000명마다 강직한 노병 한 사람을 배치하라고 지휘관들에게 조언했다. 노병의 임무는 부하들의 행동을 감시해 비겁한 행동과 용감한 행동을 보고하는 것이었다. 몬테쿠콜리는 병사들이 누군가가 항상 자신을 감시하는 것을 안다면 용감하게 행동하고 비겁한 행동을 포기할 것이라고 주장했다. 그는 감시 때문에 용감하게 행동하고, 두렵다는 내면의 느낌을 억누르는 병사들도 일부 있음을 간파한 것이다. 하지만 그는 겉으로 드러나는 병사들의 행동에만 관심을 두었다. 그들 내면의 느낌은 아무 상관도 없었다.[31] 블레즈 드 몽뤽Blaise de Monluc이 두각을 나타내려는 신병들에게 조언한 내용도 비슷하다.

> 무기로 명예를 얻고자 하는 자는 자신이 참전하는 첫 전투의 모든 위험에 눈을 감겠다는 각오를 굳게 해야 한다. 그의 내면에 무엇이 있는지 파악하기 위해 모든 사람이 쳐다볼 것이기 때문이다. 처음부터 눈에 띄는 행동으로 용기와 강인함을 보여주는 자는 이후 영원히 두각을 나타나고 이름을 남길 것이다.[32]

몽뤽이 신병에게 조언한 내용을 보면, 사실 외적 행동을 결정하는 것은 내면에 있는 그 무엇이다.[33]

전쟁에서 정신과 육체의 명예로운 관계를 보여주는 전형적인 사례가 무키우스 스카이볼라의 이야기다.[34] 페테르 파울 루벤스와 안토니 반다이크Anthony van Dyck가 그린 〈포르세나 앞에 선 무키우스 스카이볼라 Mucius Scaevola before Porsina〉(1620년)는 육체에 대한 정신의 우위를 찬양하며, 그와 동시에 정신적 자질이 육체적 행동으로 평가됨을 분명히 보여준다. 불에 태우는 손과 평온한 육체의 대비에서 스카이볼라의 우월한 정신이 드러난다. 이에 반해 옥좌에 앉아 스카이볼라와 조금이라도 더 멀리 떨어지려는 무의식적인 육체의 움직임과 놀란 표정을 통해 포

▲ 페테르 파울 루벤스와 안토니 반다이크, 〈포르세나 앞에 선 무키우스 스카이볼라〉, 1620년.
© gettyimageskorea

르세나의 도덕적 열등이 드러난다.[35]

　스카이볼라의 행동은 1556년 토머스 크랜머Thomas Cranmer 대주교의 처형으로 재현되었다. 종교개혁 지도자인 크랜머는 앞서 '이단' 사상을 철회한다는 문서에 서명했는데, 그는 처형을 당하며 그 일을 크게 후회했다. 폭스Foxe가 남긴 《순교자의 책Book of Martyrs》에서 크랜머의 행동을 확인할 수 있다.

나무에 불이 붙고 가까이에서 불길이 치솟자, (크랜머는) 팔을 뻗어 오른
손을 불길 속으로 밀어 넣었다. 미동도 하지 않고 꿋꿋하게 손을 내밀어
(……) 그의 몸이 불길에 휩싸이기 전에 손이 먼저 불타는 모습을 모든
사람이 볼 수 있었다. 마찬가지로 꿋꿋하게 불길을 견디는 그의 몸도 그
를 묶고 있는 말뚝만큼 움직임이 없는 것 같았다. 그는 하늘로 눈을 치켜
뜨고, 목소리가 나오지 않는 순간까지 '나의 하찮은 오른손'이란 말만 되
뇌었다.[36]

크랜머의 고요한 표정에 주목하자. 그는 육체를 완전히 통제하고 있

▲ 〈토머스 크랜머의 순교〉, 폭스의 《순교자의 책》(1563년)에 실린 삽화.
© British Library / Uniphoto Press International

다. 반면에 화형 집행자들은 자기도 모르게 움찔하며 정신적 통제력이 부족함을 드러낸다.

그 당시 사람들은 모든 인간이 스카이볼라나 크랜머, 바야르 같은 정신적 통제력을 소유할 수는 없다는 점을 잘 알고 있었다. 전쟁의 시험은 쉽지 않았고, 평시에 전쟁의 이상에 마음이 끌린 많은 사람이 실제 전쟁은 훨씬 더 견디기 힘들다는 사실을 깨달았다. 17세기 말에 로체스더 백작이 조루증과 관련해 〈불완전한 기쁨The Imperfect Enjoyment〉이라는 시를 썼다. 시에서 로체스터 백작은 평시에 '만나는 모든 사람과 힘을 겨루며' 자신이 용감하다고 큰소리치다가 전쟁이 닥치면 달아나 숨는 '야비하고 말뿐인 허세꾼'을 자신의 성기에 비유했다.[37] 하지만 이런 경우 문제는 언제나 사람이지 이상이 아니었다. 전투원의 육체가 통제권을 차지해 이상을 의심하고 포기하게 만들었다면, 이는 계시가 아니라 나약함 때문이었다. 아주 드문 일이긴 하지만, 회고록 저자가 비겁한 행동을 전하는 목적은 전쟁의 이상을 비난하려는 것이 아니라 나약한 인간을 비난하려는 의도였다.[38] 그리고 블랙애더가 전쟁 경험 때문에 많은 군인이 냉소적이고 유물론적으로 변했다고 기록할 때, 이는 군인들의 개인적인 타락과 나약한 성격을 보여주는 징표였지 그리스도교가 거짓 교리여서 전쟁의 현실 시험을 견디지 못한다는 것을 보여주는 징표가 아니었다.

사람들은 비록 죄인과 이단자, 적군이라 할지라도 그들이 고통에 직면해 보여주는 꿋꿋함을 찬양했다.[39] 반면 마라노Maranos(이베리아 반도에 살던 유대인_옮긴이)처럼 진정한 믿음으로 개종했더라도 고문이나 죽음의 위협에 굴복한 사람들은 거의 존경받지 못했다. 거짓된 이상을 버리고 참된 이상을 받아들였지만 존경받지 못했다. 육체적 고통을 모면하려고 정신을 바꾸는 것은 언제나 나약함과 허위와 연결되었다. 계시와 연결되지 않았다.

근대 초기의 결투도 비슷한 논리를 토대로 삼았다. 결투는 육체적 행동으로 남자다운 자질을 시험하고 증명하는 방편이었다.[40] 일부 결투에서 결투 당사자들의 명예를 입증하는 것은 첫 핏방울이었다. 다시 말해 죽음만이 충분한 증거였다.[41] 결투에서 중요한 것은 육체적 자질보다 정신적 통제력이었다. 근대 초기에 선호하던 결투 무기가 칼에서 점점 총으로 변했다는 사실이 이를 입증한다.[42] 전통적인 후광 효과는 있지만, 칼은 힘이나 비천한 칼솜씨 같은 육체적 자질을 너무 강조하는 단점이 있었다.[43] 부정확한 총을 선호한 이유도 순전히 정신적 자질만이 빛을 발하기 때문이었다. 남자라면 하찮은 기량에 기대어 용기를 북돋을 수 없었다. 그래도 혹시 총을 쏠 때 중요한 육체적 기술이 있다면 손을 떨지 않는 능력뿐이었다. 하지만 손을 떨지 않는 능력도 분명히 근육의 힘과 숙련도가 아니라 정신적 통제력에 달려 있었다.[44]

전투 중 부상을 대하는 태도를 지배한 것도 동일한 논리였다. 역사상 다른 많은 전쟁 문화와 마찬가지로 근대 초기 유럽의 전쟁 문화에서도 부상과 흉터는 명예의 휘장이었으며, 전투원의 정체성을 구성하는 중요한 요소였다. 15세기 카스티야 왕국의 격언 중에 "남자가 고귀한 전투에서 얻은 상처들은 고결함의 상징이다"라는 유명한 말이 있다.[45] 돈키호테는 전투에서 얻은 상처가 명예를 부여한다고 산초 판자에게 설명했다.[46] 존 그윈은 자신의 부상을 가리켜 '피와 상처와 부러진 뼈로 얻은 명예의 징표'라고 불렀다.[47] 하지만 그 명예는 부상을 당했다는 외적 사실에서 얻은 것이었다. 내적 경험은 거의 고려되지 않았다.

피에르 드 부르데유 드 브랑톰Pierre de Bourdeille de Brantôme의 글을 보면 스페인 사병 하나가 셰익스피어의 아쟁쿠르 참전용사처럼 옷을 걷어 올리고 대여섯 개의 흉터를 보여주며 어떤 전투에서 부상당했는지 하나하나 설명한다.[48] 흉터들은 이 스페인 사병의 정체성에 필수적인 부분이며, 그에게 발언권을 부여한다. 그가 자신의 정체성과 관련해 남들에게 전하는 이야기와 그 스스로 생각하는 이야기는 십중팔구 이 흉터들을 중심으로 짜였을 것이다. 하지만 중요한 것은 부상을 당했고 흉터가 있다는 외적인 사실뿐이었다. 당시 회고록 저자 대부분과 마찬가지로 이 스페인 병사는 부상을 당할 때 내적으로 무엇을 느꼈는지 브랑톰에게 이야기하지 않았다.

브랑톰이 전하는 또 다른 평민 출신 스페인 군인은 전투 중 복부에 총상을 입었다. 한쪽으로 물러난 스페인 군인은 칼로 상처를 절개해 총알을 꺼냈다. 그리고 상처를 꿰맨 후 아무 일도 없었다는 듯 전장으로 복귀했다. 하지만 그는 또다시 부상을 당해 한쪽 눈을 잃었다. 그의 용기를 전해 들은 황제는 그에게 종신연금을 주었다. 그리고 불행히도 그 병사의 이야기는 잊혔다고 브랑톰은 기록한다. 브랑톰은 그 병사를 불멸의 존재로 만들기로 결심했고, 그의 용맹한 행동을 상세히 기록했다. 하지만 브랑톰은 지독한 시련을 겪는 동안이나 시련을 겪은 후 그 병사가 무엇을 느꼈는지 한 글자도 기록하지 않았다.[49]

당시 회고록 저자들이 부상과 관련해 아주 중요하게 생각한 것은 오직 부상의 수효뿐이었다. 근대 후기 회고록 저자들은 종종 몇 페이지에 걸쳐 부상의 느낌을 묘사했지만, 부상의 수효를 헤아린 적은 좀처럼 없었다. 그에 반해 근대 초기의 회고록 저자들은 부상의 내적 경험을 전혀 중요하게 여기지 않았으며, 부상의 횟수를 지나칠 만큼 세밀하고 정확하게 밝혔다.

《멕시코 정복 연대기》에서 디아스는 종종 콘키스타도르 한 사람 한 사람과 그의 말이 각각 특정한 전투에서 정확히 몇 군데 부상을 당했는지 기록한다.[50] 초고를 마치고 원고를 교정할 때도 전투원들 각자의 부상 횟수를 여러 번 수정했다. 가령 "그들은 군인 넷을 죽였고, 디에고 데 오르다스Diego de Ordas는 두 군데 부상을 당했다"는 문장에서 디아스는 죽인 병사의 인원수를 '여덟 혹은 열 명'으로 수정했고, 오르다스의 부상 횟수도 세 번으로 늘렸다.[51]

라몬 문타네르는 갈리폴리Gallipoli 전투에서 다섯 군데 부상당했다고 기록한다. 그는 또한 어떤 여자는 싸움으로 얼굴에 다섯 군데 상처를 입었지만, 아프지 않다는 듯 계속 적을 막아냈다고 기록한다.[52] 만수라Mansourah 전투(1250년) 당시 특정 작전을 벌이는 동안 장 드 주엥빌은 적이 던진 짧은 투창에 맞아 다섯 군데 부상당했고, 말은 열다섯 군데 부상당했다.[53] 가르시아 데 파레데스Garcia de Paredes는 강도들과 맞서 싸우다 여섯 군데 부상당했고,[54] 세바스티안 쉐르틀린Sebastian Schertlin은 개에게 물려 발에 구멍이 일곱 개 생겼다.[55] 한나 스넬Hannah Snell은 퐁디셰리Pondicherry를 공격하는 동안 총알 37발을 발사하고, 사타구니에 한 발, 한쪽 다리에 여섯 발, 다른 쪽 다리에 다섯 발의 총알을 맞았다고 전해진다.[56] 페드로 데 바에사Pedro de Baeça는 군인으로 복무하는 동안 모두 15~16군데 부상당했고,[57] 퐁티스는 복무하는 동안 총 17번 부상당했다.[58] 알론소 엔리케즈 데 구즈만Alonso Enriquez de Guzmán은 이비사Ibiza섬 전투에서 17개의 상처를 얻었고,[59] 앤드루 멜빌은 트레브Treves 전투(1675년)에서 18군데 부상당했다.[60] 아라우코Arauco의 영웅 그라콜라노Gracolano는 마지막 전투에서 '정확히 36군데 부상'을 당했고,[61] 플로랑주Florange 영주는 노바라Novara 전투(1513년)에서 '정확하게 46개 상처'를 입었다.[62]

상처 개수를 어떻게 계산했는지 궁금하다. 한 사람의 몸에서 46개 상처를 어떻게 헤아릴까? 각각의 상처는 어떻게 구분했을까? 찰과상도 포함했을까? 20세기 전투원들은 이런 의문을 완전히 핵심에서 벗어난 것으로 생각할 것이다. 예를 들어 필립 카푸토는 베트남에서 복무하는 동안 사상자 현황을 보고하는 임무를 맡은 적이 있다. 그에게 당시까지 전쟁에 관해 품고 있던 어리석고 추상적이며 낭만적인 모든 생각을 마비시키는 유익한 효과도 있었지만,[63] 이 임무는 부상의 수효와 정도를 헤아리고, 전사자와 부상자에 관한 서식을 작성하는 유쾌하지 않은 일이었다. 카푸토는 진정한 전쟁 경험을 느끼지 못하는 전쟁기계의 무감각을 전형적으로 보여주는 작업이었다고 조소한다. 마이어스Meyers 중령이 지뢰를 밟았을 때, "수습한 그의 시신은 (……) 쇼핑백 하나를 채우기에도 모자란 정도였다. 마이어스 중령은 사실 산산조각 난 것이나 다름없었지만, 공식적인 보고는 '양쪽 발, 외상성 절단. 양쪽 다리와 팔, 외상성 절단. 복부, 다발성 열상. 머리와 가슴, 완전 분쇄' 등으로 기록되었다."[64]

플로랑주에게는 노바라 전투에서 정확히 46개 상처를 얻었다는 사실이 부상당한 내적 경험보다 훨씬 더 중요했다. 그 당시 프랑스 군대가 사상자 보고서를 발표했다면, 플로랑주는 보고서에 자신의 느낌이 기록되는 것보다 상처 부위가 자세하게 나열되는 것을 원했을 것이다.

이제 셰익스피어의 아쟁쿠르 연설 뒤에 숨어 있는 논리를 이해할 수 있다. 참전용사가 성 크리스피안 축일에 이웃들에게 보여주는 흉터는 정신적 자질을 입증하는 명백한 증거다. 흉터는 정신의 명예와 힘을 입증하며, 그 힘에서 우러나는 연설의 권위를 입증한다. 대중 연설에 필요한 가장 중요한 자질은 거짓을 말하지 않는다는 것이었으며, 이를 보장하는 최상의 담보물이 명예였다. 명예로운 남자에게 필요한 것은 항상 진실을 말한다는 책임과 통제력이었다. 그는 의도적으로 거짓말을 할 사람이 아니었고, 자신도 모르게 실수를 하거나 근거 없는 소문을 절대적 진리라고 거듭 주장할 사람이 아니었다. 그가 하는 모든 말의 토대가 '명예를 건 약속'이었다.

명예로운 남자의 말에 의문을 제기하는 것은 그의 명예를 의심하는 것이었고, 이를 바로잡을 수 있는 것은 오직 새로운 흉터뿐이었다. 근대 초기에 가장 흔한 결투 사유가 거짓말쟁이라는 비난이었다. 결투는 한 사람의 명예를 다시 한 번 입증함으로써, 그리고 결과적으로 그의 명예를 건 약속의 진실성을 입증함으로써 문제를 바로잡았다. 아우구스틴 폰 프리치Augustin von Fritsch 대령은 독자들이 회고록의 이야기가 진실임을 확신하도록 자기가 전하는 정보는 "내가 명예로운 만큼 진실하다"고 말했다.[65] 따라서 명예로운 군인들과 남자들에게 부여된 발언권은 과분한 상이 아니었다. 하찮은 재주만 있으면 충분한 분야에서 두각을 보인 사람에게 지적인 능력이 필요한 분야에서도 인정받는 발언권을 준 것이 아니었다. 그보다는 명예가 진실을 보장하는 최고의 담보물이라는 가정을 바탕으로, 전장에서 정신적 우위를 입증한 사람에게 다른 모든 경우에 발언할 수 있는 권위를 부여한 것이다.

지금 참전용사가 소매를 걷어 올려 이웃들에게 전장의 흉터를 보여준다면, 그는 이웃들의 머릿속에서 이런 생각이 이어지길 기대할 것이다.

'이 남자는 전투에 참여했고, 부상을 당했다. 그는 분명히 우리가 결코 겪어보지 못한 아주 특별한 경험을 겪었을 것이다. 그 경험 때문에 분명히 그는 우리가 알지 못하는 무언가 심오한 진리를 깨달았을 것이다. 그러니 그의 말에 귀를 기울이는 것이 현명할 것이다.' (이 경우 그 참전용사가 전장에서 도망쳤거나 신경 쇠약에 시달렸다고 해서 반드시 그의 권위가 훼손되지는 않는다는 점에 주목하자.)

하지만 셰익스피어의 참전용사가 끌어내고자 하는 사고의 흐름은 사뭇 다르다.

'이 남자는 전투에 참여했고, 부상을 당했다. 그가 그런 위험에 직면하고도 싸움을 계속했다면, 분명히 그의 정신이 강하고 명예롭다는 뜻일 것이다. 그가 그토록 명예로운 사람이라면 그가 하는 모든 말은 틀림없이 진실이다. 그러니 그의 말에 귀를 기울이는 것이 현명할 것이다.'

그리고 이에 덧붙여 다음과 같은 생각이 흔히 이어졌을 것이다.

'게다가 내가 그의 말에 의문을 제기한다면, 그는 내게 결투를 신청할 것이다.'

통상적으로 근대 초기의 군인들은 자신의 우월한 정신으로 사회를 감동시키기 위해 내적 경험을 굳이 설명할 필요가 없었다. 전투와 부상 목록을 나열하거나 보여주는 것으로 충분했다. 결과적으로 회고록 저자들이 명예로운 삶의 길로 기록한 전쟁 경험담에서는 계시나 내적 경험이 들어설 자리가 없었다. 명예로운 남자의 전기는 내적 변화보다는 명예로운 행위를 모아놓은 것이었다. 자서전을 구상하거나 다른 사람들에게 전하는 것은 모종의 명예로운 사건들을 차례차례 기억해내는 것이지, 이런 사건들을 하나로 모아 유기적인 변화나 계시 과정을 구성하는 것이 아니었다.[66]

전쟁은 개인적 수단

전쟁은 전투원 개인이 부와 지위, 권력을 획득하는 수단으로 해석될 수도 있었다. 이러한 해석은 근대 초기 군대에서 아주 흔했다. 근대 초기에는 전투원과 지휘관들이 모두 명예를 숭배한다고 입으로만 떠드는 용병인 경우가 많았고, 자신을 고용한 주인의 전쟁 목적에는 별 관심이 없었다. 전쟁의 사건을 거론하고 평가하는 기준은 오직 개인적인 이익에 미치는 효과뿐이었다. 가령 군주에 맞선 반란군에 가담해 밀린 월급을 받아내는 경우처럼 긍정적인 효과를 얻는 사건은 선(옳은 것)이었다. 반면 전투에 승리했지만 소중한 말을 잃은 것처럼 부정적인 효과를 얻은 사건은 악(옳지 못한 것)이었다. 전투 중 전우의 죽음처럼 그 어떤 효과도 얻지 못한 사건은 거론하지 않았다.

이런 경험담에 등장하는 전투원의 표본이 자기 잇속만 챙기는 전쟁 사업가였다. 이 경우에도 육체적 경험은 정신이 세운 목표에 완전히 종속된 것이었다. 빈털터리 청년으로 입대한 날부터 부유한 고관으로 제대하는 날까지 전쟁 사업가가 추구한 단 하나의 이상은 세속적인 성공이었다. 그는 이 이상을 성취하는 데 필요한 많은 실질적인 지혜를 전쟁에서 얻었지만, 전쟁이 그의 세계관이나 자신에 대한 이해 방식을 변화시키지는 않았다. 그와 동시에 이 사업가의 정신적 힘과 능력을 판단할 수 있는 유일한 방법은 외부 세계의 물질과 육체적 행동뿐이었다. 모든 것이 돈과 땅, 수지맞는 직위로 귀결되었다. 그의 내면에서 벌어지는 일은 상관이 없었다.

가령 세바스티안 쉐르틀린 폰 부르텐바흐Sebastian Schertlin von Burtenbach의 회고록에서는 전쟁을 쉐르틀린의 개인적 수단으로 해석하는 경우가 아주 많다. 회고록의 주요 줄거리도 그가 사병으로 출발해 상급 지휘관으로 진급하며 상당한 수준의 부와 권력을 쌓는 과정이다. 경험은 전혀 중요하지 않았고, 내적 변화 과정도 전혀 묘사되지 않았다.

그는 파비아 포위작전(1525년) 당시 포위된 수비대의 젊은 군인이었다는 사실과 당시 말과 당나귀, 개를 잡아 먹을 정도로 수비대의 상황이 궁핍했다는 사실을 언급하지만, 그런 상황에 처한 자신의 심정이 어땠는지는 설명하지 않는다. 그리고 그는 이 군사작전이 좋았다고 평가한다. 기사 작위를 받고 1,500플로린florin(6실링 금화_옮긴이)을 벌었기 때문이다.[67] 또 다른 작전에서 그는 심복 한 명을 제외하고 부하를 모두 잃었는데, 모두 죽었기 때문이다. 그는 부하들이 어떻게 죽었는지, 그에 관한 자신의 감정이 어땠는지 밝히지 않는다. 그 작전에서 5,000플로린을 벌어 집으로 보냈다는 것이 그가 남긴 유일한 언급이다.[68] 1540년의 전쟁에 관해서도 그는 짧고 운이 좋았다고 기록한다. 그가 브라운슈바이크의 헨리 공작이 데리고 다니던 커다란 영국 개에게 발을 물려 구멍이 일곱 개 생겼지만, 고맙게도 전쟁이 끝날 때 4,000플로린의 순이익을 챙겼기 때문이다.[69] 상급 지휘관이 된 후에도 쉐르틀린이 전쟁을 평가하는 관점은 변하지 않았다. 월급과 선물, 3만 플로린의 전리품을 챙긴 전쟁은 좋은 전쟁이었고,[70] 1,000크라운crown(5실링 동전_옮긴이)을 잃은 전쟁은 좋지 못한 전쟁이었다.[71]

개인적 수단으로의 전쟁 경험담을 더욱 분명하게 보여주는 사례가 '공적功績 기술서'다. 근대 초기 군인들은 거의 모두 공적 기술서를 기록했는데, 표준 군사 이력서인 이 기술서가 있어야 보상과 사면, 전속 등을 신청할 수 있었다. 예를 들어 알론소 데 콘트레라스도 14~15세가 되자 그때까지 군대 취사장의 임시 보조로 봉사한 사실을 기록한 공적 기술서를 스페인군 지휘관에게 제출하며 정규 보병 편입을 신청했다.[72]

근대 초기 회고록은 이 공식 기술서 장르에서 상당히 큰 영향을 받았고, 많은 회고록의 싹이 공적 기술서였다.[73] 전투원들이 공적 기술서를 통해 군인 전기에 대한 인식을 형성하고 반영했기 때문이다. 공적 기술서를 바탕으로 구성된 전기는 개인이 군에 제공한 봉사와 지급받은 보상의 모음집이었다. 전투원의 자서전을 구상하거나 전투원의 전기를 다른 사람에게 이야기하는 것은 그가 기여한 내용과 지급받은 보상을 차례차례 상기하는 것이지, 봉사와 보상을 모두 모아 유기적인 내적 변화 과정이나 경험적 계시 과정으로 구성하는 것이 아니었다.

전쟁은 집단적 수단

전쟁을 집단적인 수단으로 볼 때, 전쟁의 목표를 규정하는 것은 지배 왕조나 국가, 종교 운동 혹은 그 외 집단적인 실체였다. 따라서 전쟁의 사건을 이야기하고 평가하는 기준은 집단적 목표에 미치는 효과였다. 가령 중요한 고지를 확보한 기병대의 공격처럼 집단적 목표에 긍정적인 효과를 주는 사건은 선(옳은 사건)이었고, 장군이 위험한 상황에서 용맹을 과시하다 전사함으로써 부대 전체를 궤멸시킨 경우처럼 부정적인 효과를 미친 사건은 악(옳지 못한 사건)이었다.[74] 신병이 이질에 걸려 죽어가며 애국심을 잃는 것처럼 아무런 효과도 미치지 못하는 사건은 언급할 가치가 없었다.[75]

이런 수단적 경험담과 명예 경험담의 차이점을 분명하게 보여주는 것이 캠벨 달림플Campbell Dalrymple이 군사교본(1761년)에 남긴 다음과 같은 조언이다. 그는 중대가 패배하거나 후퇴할 경우 중대의 장교들이 뒤에 남아서는 안 된다고 조언한다. 뒤에 남아 진격하는 적군에게 포로로 잡히거나 죽임을 당하는 것은 터무니없는 체면치레이며, 군대에 해가 되기 때문이다.[76] 파비아 전투에서 보인 프랑수아 1세의 행동이 바로 그런 사례다.

근대 초기는 종종 집단적 수단으로의 전쟁 경험담이 서양의 전쟁 서사와 정치 서사에서 주도적인 위치를 차지하게 된 시기로 해석된다. 그 이유는 집단적 수단으로의 전쟁 경험담이 국가의 발흥과 군사개혁에서 가장 중요한 부분이었기 때문이다. 근대의 군주와 정부들이 몰두한 주요 사안 중 하나가 전쟁이 집단적 수단이라는 경험담을 부하들이 받아들이도록 만드는 것이었다. 군인들이 전쟁을 개인적 수단이나 명예로운 삶의 길 대신 집단적인 수단으로 받아들이게 하는 방법이 무엇일까? 군인들이 명예나 개인적 이익이라는 명분으로 명령에 불복종하거나 반란을 일으키는 일이 절대 발생하지 않도록 하는 방법은 무엇일까? 군주들이 하나둘 채택한 해결책은 육체에 대해 정신이 우위를 차지한다는 논리 모델을 만들고, 그 모델을 군대 영역에 도입해 그때까지 상상하지 못한 극한까지 발전시키는 것이었다. 이 해결책에 가장 적합한 논리 모델이 데카르트의 이원론이었다.

젊은 데카르트가 견습장교로 복무한 네덜란드 군대의 지휘관은 데카르트의 상상에 완전히 동의했고, 그의 상상을 실제 실행에 옮겼다. 나사우의 마우리츠 대공은 데카르트의 정신이 육체를 통제하듯 장군이 확고하게 통제할 수 있는 군대를 만들고 싶었다.

상상을 실현하기 위해 마우리츠는 훈련을 군대교육의 기초로 도입했다. 훈련을 통해 지휘관은 정신과 동일시되었고, 사고하고 결정하는 절대적 독점권을 부여받았다. 또한 훈련을 통해 일반 사병들은 육체와 동일시되었고, 사병 개개인의 정신은 방해물로 여겨졌다. 사병들 개개인의 정신이 조금도 개입하는 일 없이 사병들의 육체가 지휘관의 결정을 반드시 수행하도록 만드는 것이 훈련의 의도였다. 마우리츠가 이상적으로 생각한 군대에서 사병은 독자적인 주도권을 가질 수 없었다. 그 군대에서는 정신이 육체를 절대적으로 통제할 뿐만 아니라, 장군의 정신이라는 단 하나의 정신이 수많은 육체를 절대적으로 통제했다.[77]

사병들의 정신이 개입하는 것을 막기 위해 마우리츠와 부관들은 보행과 정지, 무기 소지, 장전, 발사 등 군사 직무의 개인적인 기술들을 분석했고, 수십 가지 동작으로 세밀하게 구분해 각각의 동작에 상이한 구령을 붙였다. 훈련은 군인들에게 각각의 구령과 동작을 가르치고, 각각의 구령과 동작을 연결해 수없이 반복하는 것으로 구성되었다. 구령에 따라 일련의 연속 동작이 기계적으로 이루어질 때까지 훈련은 반복되었다.

일례로 마우리츠의 원본을 베낀 영국의 1637년 훈련교본은 머스킷 소총을 발사하고 재장전하는 연속 과정을 32개의 개별 동작으로 나누고, 지정된 구령에 따라 각각의 동작이 이루어지도록 했다.[78] 훈련교관이 쉽게 가르치도록 교본에 그림을 덧붙여 연속 동작과 정확한 자세를 예시했다. 오늘날의 요가교본과 아주 흡사하다.

마찬가지로 다양한 대형과 속도로 행해지는 정지와 이동, 전투 등 군사 직무의 집단적 기술들도 기하학적인 일련의 동작들로 세밀하게 분류했다. 부대원들은 일련의 동작이 기계적으로 이루어질 때까지 훈련을 반복하고 또 반복했다. 훈련 중의 실수는 중대한 군사적 실책으로 간주되어 엄격하게 처벌받는 경우가 많았다. 18세기 베를린을 방문한 프랑스인이 브라운슈바이크의 페르디난트 대공이 연대를 훈련시키는 장면을 목격하고 이런 기록을 남겼다.

내 바로 앞에 서 있던 15세 가량의 융커(근대 독일의 보수적인 토지 귀족_옮

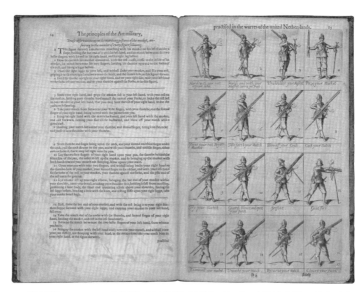

▲ 헨리 헥삼Henry Hexham의 《군사 기술 원리》(1637년). 머스킷 소총을 발사하는 연속 동작을 구령과 함께 보여준다.[79] © British Library / Uniphoto Press International

긴이)가 무기 소지 훈련 중 사소한 실수를 저지른 50세가 넘은 병사를 잡아냈다. 어린 융커는 그 병사를 대열에서 불러내더니 있는 힘껏 회초리를 휘둘러 병사의 팔과 허벅지를 여러 차례 세차게 내리쳤다. 가련한 병사는 울음만 터트릴 뿐 감히 한마디도 하지 못했다.[80]

군인들에게 '기계적인' 올바른 행동 방식을 가르칠 뿐만 아니라 군인들의 독자적인 '주도권'을 모두 없애는 것이 훈련의 목적이었다. 많은 경우 사병은 무기 조준과 관련해 최소한의 주도권도 발휘할 수 없었다. 따라서 18세기 프로이센 군대는 발사 속도를 높이기 위해 무조건 조준을 금지했다. 조준이 발사 과정을 지연시키기 때문이었다. 프리드리히 대제 시절 프로이센의 머스킷 소총은 정확성은 떨어지지만 장전이 간단한 쪽

으로 계속 개량되었다.[81]

이상적인 군인은 전투가 시작되면 지휘관의 명령과 북소리에 따라 훈련장에서 익힌 일련의 동작을 거쳐 총을 발사할 수 있었다. 주도권을 생각하거나 발휘할 필요도 없었고, 그럴 기회도 없었다. 프랑스 육군 대원수를 지낸 모리스 드 삭스Maurice de Saxe도 같은 생각에서 대부분의 군인은 장교의 목소리에 의해서만 생명을 얻는 기계로 변해야 한다고 말했다.[82] 훈련교본이 사병에게 요구하는 핵심은 행군 중이든 정지 중이든 대오를 지키고 (명령 없이) 대오를 이탈하지 말아야 한다는 것이었다.[83] 군인에게 필요한 자질은 '침묵, 복종, 비밀엄수, 냉철함, 대담성 그리고 진실성 혹은 충성심'이었다. 지식은 자질로 거론되지 않았다. 군인의 정신이 투명한 물체처럼 상급자의 명령을 아무런 간섭 없이 전달하는 것이 이상적이었기 때문이다.[84] 《모병관》에서 플룸 대위는 자신의 모병 원칙을 이렇게 설명한다.

"아는 것이 가장 적은 사람이 가장 잘 복종한다. 이것이 우리가 알고 있는 불변의 법칙이다."[85]

바람직한 사병은 전쟁기계의 톱니바퀴와 같은 것이어서 기계가 제대로 작동하고 집단적인 목표를 달성할 수 있도록 자신과 개인적인 이익을 희생했다.

훈련 외에도 엄격한 규율을 적용해 병사들의 '주도권'을 억제했고, 기계적으로 명령에 복종하도록 병사들을 길들였다. 사소한 불복종도 아주 잔혹한 태형으로 처벌했고, 탈영이나 반란처럼 중대한 위법행위는 사형으로 다스렸다.[86] 19세기 초에 소총수 해리스Rifleman Harris가 남긴, 태형은 쳐다보기도 역겹지만 태형이 없으면 영국 군대가 유지될 수 없다고 확신한다는 말이 일반적인 군대 상식이었다.[87]

마우리츠의 꿈을 가장 근접하게 실현한 것이 프리드리히 대제의 로봇 군대였다. 크리스토퍼 더피Christopher Duffy의 기록대로 프로이센의 전쟁기계는 지휘관이 훈련과 규율을 통해 기계의 부품들에게 '빈번하게 의지에 반하는 일을 하도록' 강제할 수 있었다. 프리드리히 대제가 슐레지엔을 침공(1740년)하기 위해 모인 군대를 보고 부관 한 사람에게 이렇게 이야기했다.

> 여기 서서 6만 명을 바라보는 우리는 더할 나위 없이 안전하다. 저들은 모두 우리의 적이고, 우리보다 약하고 무장이 빈약한 사람은 한 명도 없다. 하지만 저들은 모두 우리 앞에서 벌벌 떨고 있고, 우리는 저들을 두려워할 이유가 하나도 없다. 이것이 명령, 복종, 밀착 감시가 이뤄낸 기적이다.[88]

17세기에 이런 군사 역학을 언급한 군인은 아무도 없었지만, 프리드리히 대제 밑에서 복무한 군인들이나 낭만주의적인 전쟁 회고록을 기록한 군인들 중에 톱니바퀴의 관점에서 전쟁기계를 묘사한 사람들이 있다. 1756년에 납치되어 프로이센 군대에 입대한 울리히 브레커Ulrich Bräker는 연병장에서 훈련하는 군인들을 처음 본 순간 충격을 받았다. 그는 "부하들에게 고함치고 매질하는 장교들을 보며 앞으로 닥칠 일을 생각하니 이마에서 식은땀이 흐를 지경이었다."[89] 병사들은 거의 매일 탈영을 시도했지만 하나같이 붙잡혀 태형을 당했고, 가끔은 죽는 사람도 있었다. 공개 태형을 목격하던 브레커와 동료들은 벌벌 떨며 사색이 된 얼굴로 서로 쳐다보며 '저 잔인한 야만인들'이라고 속삭였다. 브레커는 훈련장에서 벌어진 사건들도 비슷하게 생각했다.

이곳도 가학적이고 우쭐대는 융커들의 욕설과 채찍질이 끝이 없었다. 태형을 당하는 병사의 비명도 끝없이 메아리쳤다. 우리는 늘 첫 번째로 움직였고, 정말 신속하게 움직였다. 하지만 다른 사람들이 사소한 이유로 무자비한 처벌을 받는 것을 보면 끔찍하게 마음이 아팠다. 우리는 계속해서 괴롭힘을 당했다. 질식할 정도로 장비란 장비는 모두 짊어진 채 한번에 몇 시간씩 부동자세로 서 있는 경우도 많았고, 여기저기 사방팔방으로 직진 행군했으며, 전격적인 기동훈련도 끊임없이 이어졌다. 지휘를 맡은 장교는 모두 사나운 표정으로 몽둥이를 치켜들고 언제라도 후려갈길 듯 위협했다. 우리를 지독한 쓰레기처럼 취급했다. 이런 취급을 받으니 아무리 튼튼한 사람이라도 반불구가 될 수밖에 없었고, 아무리 참을성이 많은 사람이라도 화가 날 수밖에 없었다.

기진맥진해서 막사로 돌아오면 서둘러 장비를 정리하고 작은 얼룩까지 모두 제거하느라 정신이 없었다. 파란색 튜닉을 제외하면 우리 군복은 모두 하얀색이었다. 머스킷 소총, 탄약 주머니, 허리띠, 군복의 단추까지 티끌 하나 없이 깨끗하게 정비해야 했다. 연병장에 나설 때 장비에 얼룩이 있거나 머리카락 한 올이라도 흐트러진 병사는 채찍 세례를 받을 각오를 해야 했다.[90]

장교들은 전쟁 경험담을 쓸 때 자연스레 일반 사병을 그저 육체로 묘사한다. 다음에 살펴볼 텐데, 사병들의 주 임무는 지휘하는 장군의 우월한 정신적 자질을 동작으로 보여주는 것이었다. 병사들의 내적 경험은 하나도 중요하지 않았다. 전쟁을 수단으로 보는 경험담이 병사 개개인의 내적 경험에 관심이 없다는 것을 분명하게 보여주는 사례는 병사들의 죽음을 대하는 방식이다. 분명히 죽음은 병사들의 인생에서 가장 중요한 경험일 것이다. 하지만 전쟁이 수단이라는 관점에서 병사들의 죽음은 승리를 재는 척도의 중요성밖에는 없었다.[91] 오우데나르데Oudenarde 전투(1708년)가 끝난 뒤, 상병 매튜 비숍Matthew Bishop은 전장을 둘러보며 "사망한 적의 숫자가 아군보다 많아 기쁘다. 우리가 승리했다는 명백한 증거다"라고 말했다.[92] 전쟁을 수단으로 해석하는 사람들에게는 전쟁 경험이 일반 사병을 변화시킨다는 전쟁 경험담이나 일반 사병의 고통 때문에 전쟁을 비난하는 것이 아주 낯설었을 것이다.

장교들도 가끔은 사병의 경험이 중요하다는 사실을 인정할 수밖에 없었는데, 경험이 사병들의 행동이나 복종심에 영향을 주기 때문이었다. 하지만 그것도 마지못해 인정한 것이어서, 장교들은 사병들의 경험을 '사기'라는 아주 흔한 말로 뭉뚱그렸다. 지금도 그렇지만 '사기'라는 말은 병사들의 내적 전쟁 경험을 진지하게 검토하지 않고 회피하려는 수단이었다. 굶주림과 체벌에 대한 두려움부터 동지애와 종교적 열정까지 온갖 느낌을 사기로 그러모아, 복종심을 높였는지 낮추었는지 단 하나의 척도로 그런 느낌들을 평가했다. 복종을 너무 강조하다 보니 사기가 복종과 같은 의미가 되는 경우도 많았다. 그리고 결국 복종은 승리를 보장하는 거의 절대적으로 확실한 담보로 여겨졌다. 군대가 복종적이거나 승리하는 것은 언제나 병사들의 사기가 높다는 의미였다. 군대가 복종적이지 않거나 패배하는 것은 물리적 여건이 압도적으로 불리한 경우를 제외하곤 언제나 병사들의 사기가 낮다는 의미였다.[93] 순환논리적으로 패배는 사기가 낮다는 증거였고, 사기가 낮다는 것이 패배한 원인이었다. 사기가 낮은 군대가 승리했다는 기록을 나는 본 기억이 없다. 대승을 거둔 병사들이 아주 우울한 경험을 할 수도 있다는 가능성은 전쟁을 수단으로 보는 경험담에서는 결코 중요한 것이 아니었다.

18세기 중반에도 일반 사병이 회고록을 쓰는 경우는 아주 드물었다. 회고록을 기록하고 출판하는 데 필요한 경제적, 문화적 자원을 소유한 사병이 드물다는 이유도 있었지만, 전쟁 문화가 일반 사병들에게 사고하지 않는 육체와 자신을 동일시하도록 가르쳤기 때문이다. 그러니 수년간 연병장과 전장에서 훈련한 후에도 전쟁에 대한 자기 생각과 의견에 관심을 쏟는 사람이 남아 있을 것으로 보기는 어렵다. 전쟁 중 개인적 경험을 기록한 사병 대부분은 종교적 맥락에서 개인적 경험을 기록했다. 그리고 그들에게 회고록을 기록하도록 용기를 준 것은 종교 교리였다. 아무리 비천한 사람이라도 자신의 영혼/정신과 자신을 동일시하도록 가르친 종교 교리였다. 따라서 그러한 교리에 영향을 받아 종교적 회고록을 기록한 사병들이 종교적 페르소나와 군대적 페르소나를 극명하게 대비시키고, 종교적 삶을 '육체'로 지낸 군대 경력과 전혀 관계가 없는 것으로 묘사하는 것도 당연했다.

일반 사병들이 자신을 점점 더 로봇으로 생각하고 육체와 자신을 동일시하도록 배운 반면, 근대 초기 회고록의 대부분을 기록한 장교들은 정신과 자신을 동일시하도록 배웠고 군대에서 자신의 존재를 '정신'의 존재로 생각하도록 배웠다. 동시에 그들은 군대 육체(사병들_옮긴이)의 사고를 의심하고 억제하도록 배웠으며, 더 나아가 자기 육체의 사고까지 의심하고 억제하도록 배웠다. 이는 당시 지배적인 종교 가르침과 쉽게 어울리는 생각이었다.

결과적으로 훌륭한 장교를 구별하는 특징은 다음과 같이 서로 연관된 세 가지 자질이었다.

첫째, 정신이 집단적인 이익에 완전히 헌신한다.

둘째, 정신이 강하고, 고통이나 죽음이 따를지라도 집단적인 이익을 위해 움직이도록 자기 육체를 강제할 능력이 있다.

셋째, 정신이 강하고, 고통이나 죽음이 따를지라도 집단적인 이익을 위해 움직이도록 다른 사람을 강제할 능력이 있다.

장교의 정신적 헌신과 힘을 타당하게 평가하는 유일한 방법은 그와 부하들의 육체적 행동을 관찰하는 것이었다. 이들 육체가 집단적 이익을 높이는 쪽으로 행동하면, 장교의 정신이 헌신적이고 강하다고 평가되었다. 다시 말해 어느 장교의 중대가 연병장이나 전장에서 형편없이 움직이면, 이는 장교의 정신적 능력에 문제가 있다는 명백한 증거였다. 문제의 원인이 헌신인지 힘인지는 별로 중요하지 않았다.

따라서 근대 초기의 장교들은 전쟁을 집단적 수단으로 해석할 때 자신의 우월한 정신적 자질을 보여주는 일에 열중했고, 우월한 정신적 자질을 입증하는 방법은 자신과 부하들의 육체적 행동을 묘사하는 것이었다. 부상이나 굶주림, 추위 등 기타 고통을 언급할 때 오직 중요한 것은 충실한 톱니바퀴처럼 계속 임무를 수행했다는 사실을 보여주는 것이었다. 그들 내면에서 벌어지는 일은 아무리 훌륭해도 무관한 것이었다.

가령 나바이유 공작은 "내가 탄 말 두 마리가 죽었고, 부하들도 모두 부상을 당했으며, 나도 팔과 다리에 가벼운 부상을 당했다. 결국 나 혼자 남게 되고 말도 지쳐서 부득이 피옴빈Piombin 연대 기병의 말을 탈 수밖에 없었다"며 치비타Civitat 전투(1647년)에서 세운 공을 자랑스럽게 이야기한다.[94] 그런 상황에서도 그는 남은 병력을 모아 계속 전투를 이끌었다. 그는 다양한 전투 대형으로 이런저런 작전을 수행하며 마침내 수적으로 열세였음에도 승리한 과정을 상세하게 설명한다. 하지만 이때 그리고 회고록 어디에서도 그는 자신이 그렇게 부하들을 이끌고 싸울 수 있도록 만든 내면의 느낌에 관해서는 분석하지 않는다. 용감하게 승리한 행동을 이야기하는 것으로 그의 정신적 자질이 우월하다는 것을 입증하는 증거는 충분했기 때문이다.

수단으로의 전쟁 경험담에 등장하는 위대한 주인공은 (최초의 위대한 장군) 에르난데스 곤잘로 데 코르도바Hernández Gonzalo de Córdoba나 알렉산더 파르네제Alexander Farnese, 구스타프 아돌프Gustav Adolph, 말버러Marlborough 공작 같은 위대한 장군Great Captain이었다. 사병들은 순수한 육체인 반면 이상적인 위대한 장군은 순수한 정신이었다. 근대 초기의 위대한 장군은 예전의 기사나 자기 부하 장교와 달리 전투 기량을 맘껏 드러낼 수 없었다. 그 대신 무엇보다 중요한 그의 특징은 이성적으로 생각하고, 수단과 목적을 일치시키고, 공간의 육체들을 조종하는 정신의 비범한 능력이었다.[95]

사자왕 리처드처럼 중세의 지휘관은 용맹한 기사로서 최일선에서 싸우는 경우가 많았지만, 근대 초기의 위대한 장군은 대개 직접 전투를 하지 않았고, 공격 무기를 지니지도 않았다. 사실 불필요한 위험을 초래하는 장군들은 비난을 받았다.[96] 화가들은 여전히 칼을 빼 들고 앞장서서 돌진하는 모습으로 장군을 그렸지만, 장군이 위협적이지 않은 지휘봉 외에 아무것도 들지 않고 안전한 후방에서 전투를 지휘하는 모습으로 등장하는 그림도 많았다. 이런 그림은 마우리츠가 품은 데카르트의 상상을 반영한 것이다. 그림 속에서 장군은 크고 위압적인 모습으로 등장하고, 그 뒤로 수많은 막대인간이 기하학적 대형을 이루고 있다. 그림의 배치는 장군이 마치 거대한 체스 선수나 뉴턴 물리학자처럼 막대인간들을 수학적으로 정밀하게 움직이고 있다는 인상을 주었다.[97]

장군의 육체와 육체적 욕구, 기질, 감정은 억압되고 부정되었다. 위대한 장군은 완벽한 정신을 위해 감각과 감정의 파괴적인 영향에서 완전

▲ 얀 산레담Jan Saenredam, 〈나사우의 마우리츠 공〉, 1600년경. © BPK, Berlin / image BPK - GNC media, Seoul, 2017

히 벗어나야 했다. 굶주림과 추위로 장군의 사고와 결정이 흔들리는 일은 있을 수 없었다. 장군이 전투원과 민간인에 대한 연민, 특정 지휘관에 대한 시기나 애정, 성적이고 낭만적인 욕망에 흔들리는 일도 있을 수 없었고, 심지어 개인적인 명예 때문에 사고와 결정이 흔들리는 일도 있을 수 없었다.[98]

로버트 파커는 말버러 공작에 대해 "특히 차분한 성미와 평온한 정신은 타의 추종을 불허했다. 그리고 놀라울 정도로 사고가 기민했다. 치열한 전투 중에도 변함이 없었다"고 이야기한다. 또한 그는 외젠 공Prince Eugène을 이렇게 평가한다.

"모든 면에서 말버러 공작에 버금간다. 다만 한 가지 아쉬운 점은 성미를 완전히 다스리지 못한다는 것이다. 열정적이고 따뜻한 성미가 남들보다 뛰어난 각하의 특징이기도 하지만, 전에 한번 (……) 치명적인 실수를 저지르게 된 원인도 그런 성미 때문이었다."[99]

대원수 모리스 드 삭스도 같은 생각으로 《명상Rêveries》에 이렇게 기록했다.

"장군은 평온해야 한다. 절대 성마르면 안 된다. 미움이 무엇인지도 몰라야 한다. 공정하게 처벌해야 한다. 총애하는 부하를 처벌할 때는 특히 공정해야 한다. 하지만 절대 화를 내서는 안 된다."[100]

위대한 장군이 간혹 감정과 감각을 드러내는 경우도 있지만, 언제나 무언가 이성적인 목적을 위해 냉정하게 계산된 행동이었다. 예를 들어 파커의 설명에 따르면, 1711년 전투 당시 말버러 공작은 처음에는 침울하고 어두운 모습을 보였지만, 곧이어 불가항력의 프랑스 전선을 정면공격한다는 극단적인 계획을 세웠다. 그가 작전 계획을 누차 자신 있는 태도로 설명하자 그가 고국에서 냉대를 당해 제정신이 아니었고 극단적으로 변했다고 생각하는 사람들도 있었다.[101] 말버러의 작전 계획을 정탐한 프랑스군은 당연히 예정된 밤에 전투를 치를 준비를 했다. 그런데 알고 보니 말버러 공작이 모두를 속인 것이었다. 그의 침울한 모습은 속임수에 불과했고, 바로 그날 밤 그는 대담한 행군으로 프랑스군 진영의 측면을 공격했다. 파커는 각하께서는 그 복잡한 계획의 전 과정을 준비하며 무대 위의 그 어떤 배우보다 더 완벽하게 역할을 수행했다고 기록한다.[102]

이상적인 지휘관은 중병에도 사고가 흐트러지지 않았다. 대원수 모리스 드 삭스가 들것에 실려 다니며 프랑스 군대를 이끌고 퐁트누아Fontenoy 전투(1745년)에서 승리한 일화는 유명하다. 프란시스코 데 수르바란Francisco de Zurbarán은 병에 걸린 돈 페르난도 히론Don Fernando Girón이 의자에 앉아 카디스 수비대를 지휘하는 모습을 그렸다. 그림에

▲ 프란시스코 데 수르바란, 〈카디스 수비대〉, 1634년. © Museo Nacional del Prado, Madrid. 출처: Wikipedia

서 히론은 전장에서 멀리 떨어져 민간인 복장으로 의자에 앉아 있으며, 그의 손에 들린 것은 조그만 지휘봉뿐이다. 그의 육체는 쇠약하지만 그의 정신은 상황을 완전히 통제한다. 배경에 있는 막대인간들은 그의 의도대로 움직이는 것으로 보인다.[103]

위대한 장군의 성인전을 기록하는 저자가 관심을 보이는 유일한 내적 경험은 장군의 사고 과정이다. 자기 이야기든 남의 이야기든 위대한 장군의 이력을 서술하는 저자는 장군의 사고 과정을 자세하고 길게 설명했다. 그가 어떤 사항을 고려했는지, 어떤 요인들을 따져보았는지, 어떤 계획을 세웠는지 그리고 다름 아닌 그 결론에 도달한 경위는 무엇인지 등을 장황하게 설명했다.[104] 장황한 설명의 핵심은 역시 육체에 대한 정신의 우위를 보여주는 것이었다. 이 사고 과정은 장군의 육체적 감각이나 감정의 간섭에서 자유로울 뿐만 아니라, 다른 무수한 육체의 운명을 결정했다. 장군의 사고 과정에 대한 세세한 설명에 뒤이어 반드시 등장하는 것이 공간 속에 있는 무수한 육체의 움직임에 대한 설명이었다. 이는 장군의 사고 과정이 이런 움직임을 명령하는 주체라는 의미였다. 장군의 우월한 정신은 아군의 움직임뿐만 아니라 적의 움직임까지 예측하고 통제했다. 집단적 수단으로의 전쟁 경험담은 전쟁을 인간 육체에 대한 인간 정신의 승리로 찬양했다. 위대한 장군의 우월한 이성이 거대한 체스 판 위에 있는 인간 육체들을 움직였고,[105] 전투원 개개인의 애국적 열정이 공공의 선을 위해 스스로 자신의 육체를 희생하도록 만들었다.

여기서 강조할 점은 앞서 설명한 것이 이미지와 문화적 발전이고, 전쟁 현실이 아니라는 사실이다. 마우리츠가 품은 데카르트의 상상은 말 그대로 상상이었다. 지금도 마찬가지지만 결코 완전하게 실현될 수 없는 상상이었다. 프리드리히 대제도 별 수 없었다. 7장에서 살펴볼 텐데, 특히 일반 사병들의 정신을 완벽하게 억제하고 장군들에게 사고의 독점권을 부여한다는 것은 불가능했을 뿐만 아니라 역효과만 불러왔다.

하지만 이런 상상은 군대에 지대한 영향을 미쳤다. 두 세기 동안 군대는 이 상상을 실현하기 위해 실질적인 노력을 계속했고, 그 과정에서 모병부터 전략에 이르기까지 대체로 군대의 모든 활동이 형성되었다. 뿐만 아니라 이 상상은 군인과 장교, 위대한 장군, 군사적 움직임에 대한 이미지와 전쟁 경험담에도 지대한 영향을 미쳤다. 현실적으로 전쟁은 마우리츠가 품은 데카르트의 상상을 결코 실현하지 못했지만, 전쟁 경험담은 그 상상이 실현된 것으로 제시했다. 지금도 사람들은 군대를 거대한 '전쟁기계'로, 일반 사병을 '의식이 없는 로봇'으로, 위대한 장군을 '순수한 정신'으로 생각하는 경향이 있다. 여전히 데카르트의 상상으로 전쟁의 역사를 바라보는 사람이 많다. 이런 상상에서는 유럽 대륙 전체의 수많은 육체를 움직이는 것이 나폴레옹의 완벽한 정신이고, 이를 저지하는 것도 오직 마찬가지로 완벽한 웰링턴의 정신뿐이다. 데카르트의 뛰어난 방진과 화살을 갖춘 전투 도해와 뉴턴 물리학의 벡터 도해의 유사성에 현혹되고 기만당한 사람이 지난 수세기 동안 지휘관 몇 사람만은 아니었다. 수많은 군사역사학자와 군사이론가도 현혹되고 기만당했다.

이제까지 훈련된 군대와 로봇 군인이 '데카르트'의 상상을 반영한다고 이야기했다. 그런데 여기서 데카르트와 한때 그의 지휘관이었던 사람의 관계를 다시 살펴보자. 연대순으로 보거나 상식적으로 마우리츠가 데카르트의 상상을 추종했다기보다는 데카르트가 '마우리츠'의 상상을 추종했다고 하는 편이 옳을 것이다. 마우리츠의 부대에서 복무하는 동안 데카르트의 사상은 철학사학자들이 대체로 인정하는 것보다 훨씬 더 크게 영향받았을 것이다. 그리고 1619년에 육체는 정신이 마음대로 통제할 수 있는 기계적인 로봇이라는 생각에 누구보다 깊이 빠져 있던 사람들은 마우리츠 군대의 네덜란드 장교들이라는 주장도 가능할 것이다. 그 중 한 장교가 이런 생각을 철학의 세계로 전파한 것이 순전한 우연일까?

전쟁을 각각 집단적 수단과 개인적 수단, 명예로운 삶의 길로 그리는 경험담 사이의 갈등은 근대 초기에 전쟁을 어떻게 이해하느냐에 관한 주요 갈등이었다. 정부의 정치적 이해관계와 군인들의 개인적인 이해 관계, 기사도의 정정당당한 대결의 이상 사이에 해결되지 않고 상존하는 긴장이 전쟁의 성격을 규정했다.[106] 승리를 얻기 위해 불명예스런 수단을 사용할 수 있는지 없는지, 개인적 명예와 자신의 지갑, 국가 중 전투원이 처음에 충성을 맹세해야 할 대상이 어떤 것인지를 놓고 전투원과 이론가들이 논란을 벌였다.[107]

세 가지 전쟁 경험담 사이의 갈등을 끝내고 서로 화해시키려는 노력이 끊이지 않았다. 하지만 수백 년의 시간이 흐르고 국가가 발흥하며 집단적 수단으로의 전쟁 경험담이 우위를 차지했다. 모든 군인이 집단적 이익을 개인적 이익으로 받아들여야 한다는 주장이 상식이 되었다. 또한 집단적 이익에 기여함으로써 개인적 명예를 얻을 수 있다는 주장도 상식이 되었다. 결국 집단의 명예는 집단의 승리에 달려 있다는 주장이 상식이 되었고, 그로 인해 승리를 확보하는 수단은 모두 그 자체로 명예로운 것이 되었다.[108]

하지만 실제로 세 가지 경험담 사이의 분쟁은 결코 해결되지 않았다. 특히 명예적 경험담은 수단적 경험담에 결코 완전히 흡수되지 않았다. 명예로운 경험담은 21세기에도 멈추지 않고 전쟁의 수단적 이해와 수행을 방해하고 있다. 지금도 지휘관의 개인적인 명예는 국가 이익을 원활히 추구하는 데 방해가 되는 걸림돌이며, 군대와 전투원들은 '불명예스런' 수단으로 얻는 승리를 찜찜하게 생각하고,[109] 패배한 군대와 전투원들은 최소한 명예롭게 싸웠다는 생각으로 여전히 위안을 삼는다.[110]

우리 입장에서는 근대 초기 특정 군인의 정신에서 어떤 경험담이 우위를 차지했나 하는 것은 별로 중요하지 않다. 세 가지 경험담 모두 정신이 육체에 대한 절대적인 지배력을 지켜야 한다는 데 동의했고, 정신의 자질은 육체를 다스리고 올바른 길로 인도하는 능력으로 판단된다는 데 동의했기 때문이다. 따라서 어떤 경험담을 어떤 비중으로 다루었는지와 관계없이, 이 세 가지 경험담으로 전쟁을 이해하고자 했던 회고록 저자들은 전쟁의 내적 경험에 거의 관심이 없었고, 그 어떤 전쟁 계시도 얻지 못했다. 이런 경험담 속에는 육체적 고통(또는 환희)을 통해 새로운 진실을 깨달았다는 이야기가 전혀 등장하지 않는다.

정신과 육체의 내적 전투

근대 초기에 전쟁은 육체에 대한 정신의 승리를 보여주는 최고의 사례였다. 수단으로의 경험담이든 명예로운 경험담이든, 전쟁은 정신과 육체의 끊임없는 내적 전투를 의미했다. 이 내적 전투에서 초래되는 결과는 오직 두 가지뿐이었다. 첫째, 명예를 존중하는 사람과 성공한 사업가, 훌륭한 애국자, 위대한 장군 등 최상의 경우에 정신이 승리하고, 이런 인물들의 삶과 죽음이 육체적 경험에 대한 정신적 이상의 승리를 알리는 것이다. 둘째, 정신은 패배했지만 육체의 승리는 특정인의 비겁과 허약함을 증명할 뿐이다. 이 두 가지 결론 중 하나를 선택하는 외에 예전의 이상을 의문시하거나 새로운 지식을 획득할 여지는 없었다. 따라서 전쟁은 계시의 원천이 될 수 없었고, 전쟁 경험은 관심을 받지 못했다. 또한 전투원의 외적 행동을 묘사하는 것으로 그의 정신이 어떤 수준인지 충분히 파악할 수 있었다.

따라서 전쟁에 참여하는 것은 제한적인 권위의 원천이었다. 지배적인 전쟁의 이상이 기대하는 대로 행동하며 전쟁의 시험을 성공적으로 통과한 사람은 명예로운 남자나 훌륭한 애국자로 인정받았고, 그에 따른 크나큰 권위를 부여받았다. 하지만 이 권위는 언제나 군사행동의 이상에 대한 신뢰에 기반한 것이었고, 전투원의 개인적 경험이 그에게 군사행동의 이상을 의심할 권한까지 주지는 않았다.

전쟁을 경험한 적은 없지만 애국심과 명예를 극구 찬양하는 민간인이 있고, 바보들이나 애국심과 명예를 믿으며 전투에서 최선의 길은 달아나는 것이라고 주장하는 노병이 있다 치자. 이 두 사람이 만났다고 가정해 보자. 지금이라면 참전용사에게 권위의 무게 중심이 기울 것이고, 참전용사는 민간인에게 그 노병이 아무것도 모르면서 떠드는 소리라고 말할 것이다. 하지만 근대 초기에는 권위의 무게 중심이 민간인에게 기울어 있었다. 군인이 폭넓은 전쟁 경험이 있는데도 비애국적인 태도로 발언했다면, 그는 비겁하고 비열한 인간으로 매도되었을 것이다. 에라스뮈스가 말한 '인간쓰레기'로 낙인이 찍혔을 것이다.

앞으로 살펴볼 텐데 근대 후기 들어 육체가 반란을 일으키고 정신의 통제가 와해됨으로써 힘의 균형이 바뀌었으며, 군인들에게 군사적 이상에서 독립된 (하지만 새로운 미학적 이상과 인식론적 이상을 신뢰하는) 경험적 권위가 부여되었다. 또한 육체의 반란으로 전쟁 경험의 묘사가 불가피하고 흥미로운 것이 되기 시작했다. 정신이 사고 과정의 통제력 일부를 육체에 빼앗기자 이제 전쟁은 정신의 완벽한 승리나 완전한 패배로 귀결되지 않았다. 더 정확히 말하면 전쟁은 경험적인 계시 과정을 통해 육체가 정신에게 자아와 세계의 참된 모습을 가르치는 성장 소설 Bildungsroman이 되었다. 전쟁이 군인들을 단순히 시험하는 수준을 벗어나 그들을 가르치고 변화시키기 시작했다.

제 **3** 부

전쟁,
육체를 깨우다

—

1740~1865년

1740~1865년 시기에 새로운 전쟁 경험담이 등장했다. 계시적 경험으로의 전쟁 경험담이다. 3부에서는 감각주의와 낭만주의라는 좀 더 일반적인 서양의 문화 조류와 그와 관련한 사회정치적 발전 상황을 배경으로 새로운 경험담의 윤곽을 드러내고자 한다. 내 주요 관심사는 새롭게 등장한 경험담의 정확한 역학 관계와 내적 논리를 설명하고, 그 문화적 토대를 드러내는 것이다. 감각주의와 낭만주의 혹은 당시 사회정치적 격변에 대한 포괄적인 조망은 시도하지 않을 것이다. 마찬가지로 이 경험담이 등장한 원인에 대한 철저히 인과론적인 설명도 시도하지 않을 것이다. 나의 관심은 무슨 일이 일어났는지를 설명하는 것이지 그런 일이 왜 일어났는지를 설명하는 것이 아니기 때문이다.

독자 여러분께 양해를 구할 일이 두 가지가 더 있다.

첫째, 3부에서는 이마누엘 칸트Immanuel Kant의 숭고 등 복잡한 철학 개념들을 다룰 것이다. 지금까지 철학자와 학자들이 이런 개념들을 명확히 밝히고 정확한 의미를 전달하려고 강물만큼 많은 잉크를 소비했지만, 이들의 노력으로 혼란만 가중된 경우가 많았다. 이 개념들과 관련해 될 수 있는 한 군인의 관점에서 접근할 것이다. 가능한 한 그 개념들을 군대 사안과 연결하고, 칸트의 숭고 같은 철학 개념을 나폴레옹 전쟁 당시 전형적인 일반 사병이나 하급 장교들도 이해할 수 있도록 설명하려고 노력할 것이다. 그 결과가 철학자들의 구미에는 맞지 않을 수 있지만, 1부에서 밝혔듯 이 책이 특별히 대하는 사람은 전쟁 역사학자들이다.

둘째, 연대기에 거의 신경을 쓰지 않았다. 3부에서는 초기 낭만주의와 전기 낭만주의, 후기 낭만주의를 구별하지 않는다. 이들을 모두 합쳐 18세기 중반 감각주의와 동일하게 다룰 것이다. 마찬가지로 1750년대에 쓰인 전쟁 회고록과 1850년대에 쓰인 회고록을 동일한 역사 시기에 속하는 것으로 취급해 나란히 세울 것이다. 책 한 권으로 500년이 넘는 전쟁 문화를 포괄하자면 거의 불가피한 일이다. 더욱이 철학자나 예술가와 달리 군인들은 의식적으로 문화적 아방가르드를 구성한 적이 거의 없다는 사실이 나의 정당성을 해명해줄 것이라 믿는다. 군인들이 감각주의 같은 운동의 영향을 받는 과정은 시인이나 화가들보다 한층 더디고 막연했다. 따라서 그 과정을 수십 년 단위나 문화적 단계로 명확하게 구분하기가 쉽지 않다.

나는 연대기적 유형론 대신 주제적 유형론을 선택해 회고록을 주제에 따라 구분하고자 했다. 이 책은 50년의 시간 간격을 두고 쓰인 환멸 경험담 두 편의 차이보다 같은 해에 기록된 긍정적 계시 경험담과 환멸 경험담 사이의 차이가 훨씬 더 중요하다고 추정한다.

더 적절한 용어가 없기도 하고 또 편의상 이 책에서는 1740년부터 1865년까지 쓰인 전쟁 회고록을 '낭만주의' 회고록이라 부른다. 18세기 중반을 낭만주의 시기로 부르는 것은 여러 맥락에서 터무니없는 일이 되겠지만, 전쟁 회고록과 전쟁 계시 경험담의 등장이라는 맥락에서는 이해할 만한 호칭이라고 생각한다. 이런 점에서 나는 낭만주의가 계몽주의와 감수성 문화의 연속이라는 해석과 (예를 들면 2003년에 출간한 크리스토퍼 존 머리Christopher John Murray의《낭만주의 시대 백과사전, 1760~1850년》처럼) 낭만주의 시대가 18세기 중반부터 19세기 중반까지 '길게' 이어졌다는 주장을 따른다.

육체, 억압하는 정신에 반기를 들다

사고하기 시작한 육체

20세기 후반 조지프 헬러는 거리낌 없이 젊은 병사와 토마토 스튜를 분간할 수 없다고 썼고, 네티바 벤예후다는 상처 입은 병사들을 절규하는 고깃덩어리로 비유하며 검열을 두려워하지 않았다. 하지만 이런 생각은 18세기 중반에는 감히 누구도 발표할 엄두를 내지 못할 만큼 물의를 빚는 생각이었다.[1] 처음으로 용감하게 나선 이가 프랑스 군의관 쥘리앵 오프루아 드 라메트리Julien Offroy de La Mettrie다. 브르타뉴의 중산층 집안에서 태어난 라메트리는 처음에는 성직을 염두에 두고 철학과 의학을 공부했으나 나중에 수입이 더 나은 의사로 진로를 바꿨다. 그는 1742년 프랑스 근위대의 연대 군의관으로 임명되었다. 오스트리아 왕위계승 전쟁 당시 몇몇 작전에서 근위대를 수행했고, 데팅엔Dettingen 전투(1743년)와 프라이부르크Freiburg 포위작전(1744년), 퐁트누아 전투(1745

년)에 참여했다.

전투가 진행되는 동안 라메트리는 연대 군의관으로서 아프거나 부상당한 군인 수백 명을 돌보며 수십 명의 육체를 가르고 절단해야 했다. 보통 18세기의 야전병원은 전투가 끝나면 절단한 팔다리를 양쪽에 잔뜩 쌓아놓은 푸줏간처럼 보였다. 실질적인 마취제가 나오기 100여 년 전이었고, 의료 시설도 거의 전무했다. 사회에서 이발사나 정육점 주인, 목수였던 사람들이 군대에서 '외과의사'의 임무를 담당한 경우가 많았다. 당시 대퇴부 절단 수술의 치사율은 대략 70퍼센트였다.[2]

라메트리는 전쟁의 고통을 직접 몸으로 겪은 사람이다. 프라이부르크 포위작전 당시 그는 지독한 열병에 시달렸다. 프리드리히 대제는 '질병에서 생리학을 배운 철학자'라고 라메트리를 찬미했다. 열에 들뜬 라메트리는 질병이라는 특별한 상황을 이용해 자기 정신과 육체를 직접 탐구한 끝에 데카르트가 따뜻한 방에서 도달한 결론과 정반대의 결론에 도달했다. 프리드리히 대제는 라메트리에 대해 이렇게 말했다.

사고란 기계 조직의 결과에 불과하며, 용수철이 고장 났을 때 형이상학자들이 영혼이라 부르는 그 부분에 상당한 영향을 미친다는 결론에 도달했다. 병에서 회복하는 동안 이런 생각에 빠져 있던 라메트리는 형이상학의 어둠 속으로 경험의 횃불을 과감히 들이밀었다. 그는 해부의 도움을 받아 얇은 이해의 구조를 설명하려 노력했고, 다른 사람들은 본질이 질료(육체의 물질성)보다 우월하다고 생각할 때 그가 찾은 것은 오직 기계론이었다.[3]

라메트리는 대담했다. 그의 환자들이 머스킷 소총의 일제 사격과 포격의 위험을 무릅쓴 동안, 그는 퐁트누아 전투 직후(1745년) 자신의 연구 결과를 논문으로 써《영혼의 자연사Histoire naturelle de l'âme》를 발표함으로써 교회와 국가의 분노를 무릅썼다. 그는 예상되는 보복 수위를 낮추기 위해 익명으로 논문을 발표했으며, 영어 논문을 번역한 것처럼 위장했다. 또한 좀 더 안전하도록 당시 프랑스와 전쟁 중이던 네덜란드에서 출간했다.(퐁트누아 전장에서 라메트리의 연대가 맞선 적이 네덜란드 군대다.)

하지만 이러한 예방책도 별 도움이 되지 못했다. 논문이 엄청난 논란을 불러일으키며 저자의 신원이 이내 밝혀졌고, 라메트리는 근위대 군의관 직무를 그만두어야 했다. 가장 신실한 가톨릭 신자인 프랑스 국왕 폐하의 근위대를 이단자 의사가 치료할 수 없다는 이유였다. 언뜻 보면 그는 후방 군 병원의 병원장에 임명될 정도로 성공했다. 하지만 그에 대한 박해는 멈추지 않았고, 결국 생명의 위협을 느낀 라메트리는 1746년에 네덜란드로 피신할 수밖에 없었다.

라메트리는 굴하지 않고 1747년에 한층 대담한 논문을 발표했다. 이 논문을 출간한 것이 바로 근대 유물론의 선언이 된《인간 기계론 L'Homme-machine》이다. 데카르트나 그리스도교와 극단적으로 반대되는 견해를 담고 있는 이 책은 종종 오해에 시달렸다. 그는 데카르트의 정신과 육체의 이분법을 파기하는 동시에 정신과 영혼의 존재도 부인했으며, 생각과 느낌이 물질의 작용이라고 주장했다. 그의 견해가 너무 파격적이어서 관대한 네덜란드 사람들도 참을 수 없었다. 발간된 모든 책을 태워 없애라는 명령이 떨어졌다. 칼뱅파와 루터파, 가톨릭이 종파를 초월해 손을 맞잡고 라메트리를 박해하는 아주 보기 드문 상황이 벌어졌고, 라메트리는 다시 달아날 수밖에 없었다. 이번에 그가 피신한 곳은 프로이센이었다. 당대 최고의 군인이자 철학자 군주로 자부하던 프리드리히 대제는 이 과격한 의사를 궁으로 불러 환대했다. 그리고 그를 프로이센 과학원 회원으로 삼아 1751년 요절할 때까지 지원한 후, 그를 기리는 송덕문을 지었다.[4]

《인간 기계론》의 주요 신조는 두 가지이며, 이후 수많은 군인 저자가 이를 차용했다. 첫 번째 신조는 지적 사색은 근거 없는 이론들만 낳을 뿐, 진리는 오직 직접적인 물리적 경험으로 얻을 수 있다는 것이었다. 철학자와 신학자는 도서관이나 수도원에 갇혀 인간의 본성에 대해 아무것도 모른다. 인간의 본성에 대해 충분히 근거가 있는 의견을 내놓을 수 있는 사람은 인간을 절개해 열어보고 말 그대로 내장을 살펴보는 의사들뿐이다. 라메트리는 다음과 같이 기록했다.

> 의사 철학자들은 인간이라는 미로를 살피고 분명하게 설명한다. 다른 많은 경이를 감추고 있는 덮개 아래 숨어 있는 인간의 용수철을 드러낸 사람은 오직 이들뿐이다. (……) 여기에서 유일하게 말할 수 있는 권리가 있는 사람은 의사들이다. 다른 사람들, 특히 신학자들이 우리에게 무슨 말을 하겠는가? 이들이 파렴치하게 스스로도 이해하지 못하는 것에 대해 떠드는 말에 귀를 기울인다는 게 우습지 않은가? 정반대로 이들은 수많은 편견, 한마디로 광신에 이른 모호한 연구에 매달려 이를 완전히 외면했고 육체의 기계론에 대한 무지만 키웠는데, 이런 사람들의 이야기에 귀를 기울이다니 우습지 않은가?

라메트리는 계속해서 이렇게 설명했다.

> 지금까지 위대한 철학자들이 선험적으로 했던 연구, 곧 바람 같은 정신을

이용한 연구는 모두 허사였다. 오직 후천적으로, 다시 말해 육체에서 내장을 하나하나 끄집어내며 영혼의 수수께끼를 풀어내는 연구만이 할 수 있다. 인간 본성의 정체를 명확히 찾아낼 수 있다는 말이 아니다. 그 주제에 관해 얻을 수 있는 최고 수준의 개연성을 획득할 수 있다는 말이다. 그러니 경험에 의지하라. 철학자들의 온갖 헛된 의견의 역사는 버려라.

많은 군인의 내장을 끄집어낸 연대 군의관은 다음 단락에서 데카르트와 말브랑슈Malebranche, 라이프니츠Leibniz, 볼프Wolff 등의 소위 말하는 '깊은 명상'을 '헛수고'라고 일축한다.[5] 그의 논문은 그런 쓸모없는 명상이 아니다. 자신이 치료한 수많은 환자와 군인의 육체, 그리고 자신의 육체를 직접 연구한 것을 바탕으로 한 논문이기 때문이다. 부상한 군인들 그리고 라메트리가 의사로서 경험한 다른 환자들에 대한 언급이 가득한 것도 우연이 아니다. 라메트리는 철학자들에게 이렇게 말한다.

"사람과 동물의 몸을 갈라 열어보라. 한 사람의 내장이 다른 사람의 내장과 얼마나 정확히 일치하는지도 모르면서 어떻게 인간의 본성을 이해할 수 있겠는가?"[6]

육체적 경험과 계시와 관련해 라메트리는 계시의 진실은 육체적 경험의 진실과 반드시 일치해야 한다고 주장함으로써 사실상 육체적 경험이 계시에 가깝다고 결론지었다. 그는 "우리가 복음서 말씀의 의미를 찾는 길은 오직 자연(관찰)뿐이다. 그 의미를 진정으로 해석할 수 있는 것은 경험밖에 없다. 사실 지금까지 다른 해석들은 진실을 모호하게 만들 뿐이었다. (……) 경험만이 신앙을 이해할 수 있다"고 기록했다.[7] 라메트리는 자신의 의견이 오직 '개개인의 내적 느낌과 개인적 경험'에 기초한 것이라고 장담했다.[8]

그리고 마침내 근대 후기 반전유물론자의 주장을 예견하듯, 라메트리는 신학자와 철학자의 추상론은 전쟁의 근본 원인이 될 수 있어 아주 위험하다고 주장했다. 그는 자신의 무신론적 유물론을 친구의 입을 빌려 다음과 같이 변호했다.

"무신론이 (······) 전반적으로 널리 퍼지면, 모든 분파의 종교가 뿌리가 잘려 죽을 텐데. 신학 논쟁에서 생기는 전쟁도 없어지고 종교 군인, 그 소름 끼치는 군인들도 사라질 텐데!"[9]

제목에서 드러나듯 《인간 기계론》의 두 번째 신조는 적절한 경험적 연구로 얻은 결론은 명확하고 단순하다는 것이다. 인간은 물질이고, 물질은 느끼고 생각할 수 있다. 인간이 진흙이나 토마토 스튜와 다른 것은 다만 배열이 다르기 때문이다. 적절한 방식으로 배열하기만 하면 물질에서 움직임과 느낌, 사고가 나올 수 있다. 비밀은 조직에 있다. 이것이 기계 비유에 담긴 의미다. 쇳덩어리와 통나무 한 수레는 그 자체로는 움직이지 않고 아무것도 생산하지 못한다. 하지만 '기계'라는 특정한 형태로 배열된 쇳덩어리와 통나무는 옷감을 만들어낸다. 직조기를 제작하는 데 사용한 쇳덩어리가 다른 쇳덩어리에 없는 무언가 신비한 '직조하는' 내적 자질을 부여받았다는 의미가 아니다. 마찬가지로 '느낌'이나 '사고'의 내적 자질이 없는 평범한 물질을 적절한 형태로 배열하면, 그 물질은 느끼고 사고하기 시작한다. 인간은 동물에게 없는 무엇을 더 가지고 있을까? 겨우 톱니바퀴 몇 개, 용수철 몇 개가 더 있을 뿐이다. 인간의 미묘한 의식도 사고와 마찬가지로 물질과 무관하지 않다. 라메트리는 "그렇다면 조직은 모든 것에 충분한가?"라는 수사학적 질문을 던지고, 즉시 대답한다. "그렇다."[10]

느낌이나 생각이 물질에 의한 것이므로 인간의 모든 느낌과 사고, 이상은 물질적이며, 육체의 물질적 조건에서 나온 결과물이다. 전에는 무기력하게 만드는 육체의 영향에 맞서 정신이 저항할 수 있고 또 당연히 저항해야 한다고 믿었다. 하지만 라메트리는 힘든 육체적 조건이 반드시 사고 과정에 영향을 주며, 물질적 고통을 무한히 견딜 수 있는 사람은 아무도 없다고 강조했다. 질병은 최고의 천재를 충분히 바보로 만들 수 있으며, 그렇게 되면 "과거 엄청난 대가와 갖은 고생 끝에 얻은 모든 지식과도 안녕!"이다.[11] 야전병원에서 직접 경험한 일일 텐데, 라메트리는 신체가 절단되고 죽어가는 군인들에 대해 이렇게 이야기한다.

"죽음이 다가오자 아이처럼 우는 병사도 있고, 농담을 내뱉는 병사도 있다. 카누스 율리우스Canus Julius와 세네카, 페트로니우스의 용맹을 소심 혹은 비겁으로 바꾸는 것은 무엇일까? 비장 혹은 간의 폐색, 간문맥의 폐색."[12]

라메트리는 질병이 주는 영향에서 피곤이 주는 영향으로 시선을 돌려 독자에게 이렇게 요청한다.

"이 지친 병사를 보라! 참호 속에서 코를 고는 소리가 대포 100문이 터지는 소리에 버금간다. 그의 영혼은 아무 소리도 듣지 못하며, 그의 수면은 완전한 기절이다. 포탄 한 발이 그를 으스러트릴 기세지만, 그가 느끼는 폭발은 발밑에서 움직이는 벌레만도 못할 것이다."[13]

라메트리에게 군인은 일반적인 인간과 마찬가지로 살과 피로 이루어진 기계다. 그들의 용맹함과 비겁함도 육체적 반응에 불과하다. "육체에게 음식을 주고, 육체의 관을 통해 강력한 과즙과 독한 술을 부어라. 그러면 영혼이 자랑스러운 용기로 무장을 한다. 물을 부으면 달아났을 군인들이 맹렬하게 변해 북소리에 맞춰 죽을 때까지 내달린다. (……) 영혼은 배 속에 깃들어 있다."[14]

하지만 여기서 간과하지 말아야 할 것은 라메트리가 오늘날 우리가 말하는 '기계론적' 세계관을 견지하지는 않았다는 점이다. 오히려 반대로 그의 중심 사상은 물질이 사고하고 느낄 수 있다는 것이다. 그의 이런 생각이 이후 모든 유기적 세계관의 토대가 되었다. 논문 제목을 잘못 선택한 탓에 사람들은 보통 라메트리를 '기계 속의 혼'을 몰아낸 극단적 데카르트주의자로 생각한다. 사실 라메트리는 물질세계에 생기를 불어넣은 사람으로서 낭만주의의 선구자이며 개척자다.[15]

라메트리는 자신이 만난 군인들도 스스로 경험의 권위를 주장할 가능성이 있다는 말은 하지 않았다. 하지만《인간 기계론》의 논거로부터 야전병원에서 사지가 절단된 군인이 상아탑 속의 박식한 신학자보다 인간의 본성에 대해 더 잘 안다는 결론에 도달하는 것은 아주 쉬운 일이었다.

라메트리의 생각은 또 다른 이유에서 정치적 폭탄이었다. 국가를 인간의 육체와 비교하는 라메트리의 생각에 프리드리히 대제도 깜짝 놀랐다.[16] 사실 이런 비교는 전통적인 비교였다. 수천 년 동안 철학자와 신학자들은 인간 사회와 인간 육체를 비교했다. 하지만 통치권이 있는 영혼이나 정신이 육체를 다스리는 것과 마찬가지로 인간 사회에는 통치권을 지닌 왕이 반드시 필요하다는 것이 한결같은 결론이었다. 라메트리의 유물론에서는 어떤 정치 철학이 나올까?

《인간 기계론》에서 라메트리는 인간 육체에서 사람들이 말하는 영혼이나 의지는 통치권과 거리가 아주 멀다고 말했다.

"의지의 통치권을 주장해도 허사다. 의지가 명령 하나를 내릴 때마다 백 가지 제약이 따르기 때문이다."[17]

우리가 수의근을 의식적으로 통제할 수 있을지는 모르겠지만, 육체 전체를 통제해 마음대로 육체의 움직임을 조절하고 중단하고 진정시키고 자극할 수 있는 사람은 아무도 없지 않은가!¹⁸ 육체 속에는 생각하고 기관에 명령을 하달하는 통치권을 지닌 영혼이란 없다. 정확히 말하면 육체가 살아 있는 동안 육체에 생기를 불어넣고 육체에 지시를 내리는 것은 육체의 조직이다. 그렇다면 인간 사회에서도 통치권을 지닌 머리라는 개념을 없앨 수 있지 않을까? 사회의 조직이 적절하다면 사회의 육체가 스스로 사고하고 그 움직임을 통제할 것이다. 아주 평범한 사람들도 적절하게 배치하면 훌륭한 정부와 제대로 돌아가는 사회를 만들 수 있다.¹⁹

프리드리히 대제가 더더욱 숙고할 필요성을 느끼지 못한 것은 군사 분야에 대한 라메트리의 생각이었을 것이다. 피상적으로 보면 로봇 병사들을 거느린 왕의 훈련교관은 인간을 기계에 비유하는 것이 싫지 않았을 것이다. 하지만 사실 라메트리의 《인간 기계론》은 프리드리히 대제 휘하 전쟁기계의 기반을 약화시키는 것이었다. 첫째, 라메트리는 일반 사병뿐만 아니라 모든 인간이 물질에 불과하다고 주장했다. 둘째, 그는 고상한 '정신'이 아니라 물질적인 육체가 사고를 한다고 주장했다. 셋째, 그는 인간이 육체의 현실과 멀어질수록 그만큼 그의 사고에 담기는 진실도 줄어든다고 주장했다. 이는 군대에서 생각을 할 수 있고 또 그래야만 하는 것은 일반 사병들이며, 군대는 유기체로 작동해야 한다는 의미였다. 위대한 장군이 결정 하나를 내릴 때마다 유기체의 내부 역학에 백 번 굴복해야 한다는 의미였다. 라메트리 이후 100년이 지나고 톨스토이가 《전쟁과 평화》에서 1812년 원정을 거대한 두 유기체의 눈먼 싸움으로 묘사한다. 두 유기체의 우두머리 쿠투조프Kutuzov와 나폴레옹은 사건 흐름에 실질적인 영향을 미치지 못하는 무기력한 허울에 불과하다.

1773년 프랑스 황제의 군대에서 복무하는 하급 장교 두 사람이 승진 기회가 제한된 것에 격분해 자살했다. 이들이 남긴 유서에 이렇게 적혀 있었다.

"우리의 오만한 전우들이 만물의 영장이라 즐겨 부르는 움직이는 육체 덩어리의 용수철들을 한 줌의 화약이 폭파했다."[20]

개인과 국가, 군대의 육체가 근육을 풀며, 사고 과정에 한몫 낄 준비를 하고 있었다.

감수성 문화의 도래

라메트리가 혼자 근대 후기 전쟁 문화를 창조한 것도 아니고, 《캐치-22》로 이어진 도미노의 첫 번째 조각도 아니었다. 차라리 그는 18세기와 19세기 초 서양 문명에서 발생한 훨씬 더 큰 변화, 다른 모든 현상과 더불어 전쟁 문화를 혁신한 훨씬 더 큰 변화에 속한 하나의 급진적인 벡터라고 보는 것이 옳을 것이다. 그 더 큰 변화가 우리가 흔히 말하는 '감수성 문화'다.

감수성 문화는 철학과 종교, 심리학, 문학부터 의학과 교육, 경제학, 정부에 이르기까지 서양 삶의 거의 모든 분야에서 등장했다. 지금도 학자들은 감수성 문화가 등장한 근본 원인에 대해 뜨겁게 논쟁 중이다. 18세기 생리학의 중요성과 생리학이 철학과 문학에 미친 영향을 강조하는 사람도 있지만,[21] 또 다른 설명도 가능할 것이다. 특히 어려운 것은 '최초의' 원인을 지목하는 것이다. 18세기에는 생리학과 문학, 경제학, 종교 사이의 경계가 아주 모호했기 때문이다. 가령 라메트리는 생리학자 겸 철학자였고, 신학에도 조예가 깊었으며, 문학 작품도 여럿 발표했다. 또한 군인이었다.

지금부터 주로 철학과 문학의 맥락에서 감수성 문화를 설명하고자 한
다. 군인들의 글과 가장 분명하게 연관된 것이 철학과 문학이기 때문이
다. 그다음에는 엄밀히 군사적 맥락에서 표명되는 감수성 문화를 살펴
볼 것이다. 감수성 문화의 기원에 관해서는 아무런 언급도 하지 않을 것이
다. 다시 말해 이 책은 거창하게 군인들이 감수성 문화를 창조했다고
주장하지 않을 것이고, 군인들이 비굴하게 심리학자와 철학자, 시인들의
생각을 베꼈다고 주장하지도 않을 것이다.

철학에서 감수성 문화는 무엇보다 '18세기 프랑스 지식인들이 가장
폭넓게 받아들인 사고방식'인 감각주의의 모습으로 등장했다.[22] 감각주
의를 주도한 이는 에티엔 보노 드 콩디야크Étienne Bonnot de Condillac
와 샤를 보네Charles Bonnet, 클로드 아드리앵 엘베시우스Claude Adrien
Helvétius 같은 프랑스 사상가들이지만, 감각주의에 깊이 영향을 미친 사
람은 섀프츠베리Shaftesbury 백작과 프랜시스 허치슨Francis Hutcheson
의 도덕감각학파와 18세기 영국의 경험론자들이다.[23]

감각주의 철학자들은 유물론적 견해를 채택하길 꺼렸고, 비물질적인
영혼 혹은 정신의 존재를 부정하지 않았다.[24] 하지만 이들은 모든 생각
과 지식이 육체적 감각의 산물이라는 점에서 라메트리와 같은 의견이었
다. 정신의 모든 것은 감각이나 다른 어떤 것에서 유래한다는 데 동의했
다.[25] 그럼으로써 이들은 정신과 영혼을 육체에 종속시켰다. 샤를 보네는
자연을 창조한 신성한 창조주가 "영혼의 행동을 영혼의 감수성에 종속
시켰고, 영혼의 감수성을 (감각 기관의) 섬유의 동작에 종속시켰다. 섬유
의 동작은 대상의 행동에 종속시켰다"고 설명했다. 보네에 따르면 정신
적 관념은 근원적으로 대상이 감각의 섬유에 새긴 움직임에 불과하다.[26]
본유관념은 없다는 것이다. 따라서 가장 추상적이고 가장 영적인 (……)

관념도 자연적인 원천인 감각적인 관념에서 유래한다. 가령 우리의 모든 관념 중에서 가장 영적인 관념인 신도 분명히 우리의 감각에서 생긴 것이다.[27] 데이비드 흄David Hume은 한 걸음 더 나아가 사고 자체는 오로지 과거의 경험이 서로 연결시키는 관념들의 비자발적인 연합이라고 주장했다.

따라서 감각주의자들은 감각적 경험에 기초하지 않은 추상적 이론을 반대했다. 특히 이들은 감각에 뿌리를 두지 않은 모든 관념이 망상에 지나지 않으므로 경험하지 않은 어떤 것에 대해 이야기하는 것은 무의미하다고 역설했다. 마찬가지로 이들은 성서에 기초한 신학자들의 교리와 합리주의 철학자들의 형이상학적 체계도 맹렬히 공격했다. 이들은 감각을 유일하고 확실한 지식의 원천으로 인정했고, 사람들을 속이고 혼란에 빠트릴 게 뻔한 '고담준론'과 화려한 은유를 사용하지 말라고 경고했다.[28] 존 로크John Locke는 많은 기본적인 실수가 사물을 가리키는 잘못된 단어에서 비롯된다는 유명한 기록을 남겼다.[29] 로크 이후 상대방을 경험에 기초하지 않고 수사학적으로 비약하는 상상에 사로잡힌 사람으로 의심하는 것이 관례가 되었다. 흔히 계몽주의의 경험론자들이 합리주의자와 그리스도교 신학자들을 이렇게 비난했고, 뒤이어 낭만주의자들이 계몽주의에 대해 정확히 동일한 비난을 제기했다. 훗날 낭만주의자들도 사실주의자들에게 같은 이유로 비난받았고, 사실주의자들도 20세기에 비슷한 비난을 면치 못했다.

육체적 경험을 모든 지식의 궁극적 원천으로 이해함으로써 감각주의자들은 모든 추상적 이론의 힘을 약화시켰을 뿐만 아니라, 그와 동시에 개인에게 각자의 개인적인 경험을 내세워 기득권에 도전할 수 있는 권한을 주었다. 엘베시우스 등 감각주의 사상가들은 모든 사람이 동일한 육체적 감수성을 소유하고 있으며, 그에 따라 지식을 습득하는 자질도 동등하다고 단호히 주장했다. 상류층이 하류층보다 아는 것이 더 많은 이유는 교육의 차이 때문이었다.[30] 문맹인 군인이라도 박식한 신학자가 책으로만 읽은 내용을 직접 경험하면, 그 군인이 그 내용에 관해 신학자보다 더 훌륭한 권위자가 될 수 있었다.

물론 이러한 주장은 고대 그리스까지 거슬러 올라간다. 아리스토텔레스부터 홉스까지 세기마다 이런저런 학파들이 등장해 정신의 모든 것은 감각에서 유래한다는 말을 격언처럼 되풀이했다. 하지만 앞선 세대의 철학자들이 논리적 삼단논법을 토대로 그런 말을 한 반면, 18세기 감각주의자들은 근대 생리학의 새로운 연구 결과들을 사용했다. 이 연구 결과 때문에 감각의 권리를 옹호하는 사람들이 논리학이 아니라 실제 감각의 연구에 기초해 자신의 논거를 세울 수 있었다. 특히 중요한 것이 신경계에 대한 새로운 심리학적 연구였다. 그리고 생리학자와 시인들이 협력해 개발한 신경과 섬유의 새로운 언어였다. 새로운 언어는 인간을 섬유와 신경으로 만들어져 외부 현상이 연주하는 민감한 타악기로 설명했다. 감각뿐만 아니라 감정과 사고, 관념도 신경이 연주하는 음악에 지나지 않았다.[31] 8장에서 살펴볼 텐데 감각주의 사상이 군대 사회에 퍼져 크게 성공하도록 기여한 중요한 공로자가 이 새로운 신경학 언어다.

18세기 감각주의 철학이 이전의 감각주의 철학과 다른 점 중에 한 가지 더 중요한 사항이 있다. 과거 수많은 학파와 달리 18세기 감각주의는 개울처럼 좁은 학문이 아니라 강처럼 드넓은 문화였다는 점이다. 18세기 후반의 '감수성 숭배'가 유럽과 아메리카 대륙을 휩쓸며 감각주의 사상을 대중화했고, 오늘날까지 서양의 '감수성'을 형성하고 있다.[32]

한층 지적으로 변한 감각주의의 변형들과 대조적으로 감수성 숭배의 특징은 감정적인 일상의 삶에 대한 관심이었다. 감수성 숭배는 인간 감정의 감각적 본능을 강조했다. 가령 콩디야크는 "욕망과 정념 등은 다르게 변형된 감각 자체에 불과하다."[33] 더 급진적인 감각주의 심리학 분파는 궁극적으로 모든 인간 감정과 악, 덕을 감각적 쾌락 추구 혹은 감각적 고통 회피로 정리했다.[34] 엘베시우스는 "육체적 고통과 쾌락이 모든 인간 행동의 숨겨진 원칙이다"라고 말했다.[35] 보통 진동하는 섬유와 긴장하는 신경이라는 생리학적 언어로 감정을 묘사했고, 의사와 시인 모두 감수성 담론을 수용했다. 오늘날에는 비유적 표현으로 받아들이는 'aching hearts(상심_옮긴이)'나 'gut sensations(직감_옮긴이)'란 말이 당시에는 여전히 글자 그대로 '아픈 심장(옮긴이)'과 '내장의 감각(옮긴이)'으로 이해되었다. (정신과 연결되는) 감정emotion의 느낌과 (육체와 연결되는) 감각sensation의 느낌을 구별하는 20세기 구분법이 겨우 형태를 갖추기 시작했을 뿐, 이 두 가지는 으레 뒤섞여 사용되었다.[36]

일례로 조지프 리드Joseph Reed는 할렘 하이츠Harlem Heights 전투(1776년) 때 영국군을 맞아 미국 군대가 달아난 일을 이렇게 회상했다.

"탁 트인 시야에 나타난 적군은 평범한 여우 사냥에 나서듯 아주 모욕적인 태도로 뿔나팔을 불어댔다. 지금까지 내가 느껴보지 못한 감각sensation이었다. 우리 수치심의 최후를 장식하는 것 같았다."[37]

리드가 여기서 언급하는 것은 분명 우리가 현재 '감정emotion'이라 부를 만한 것이다. 조지 글레이그George Gleig는 전투 결과를 예상하며 이렇게 기록했다.

"우울한 감각sensation을 만드는 대신 진정한 기쁨으로 전쟁을 전망했다."[38]

요즘 같으면 '우울한 감정emotion'이라고 말했을 것이다. 반대로 존 쉽John Shipp은 훈련을 담당한 악랄한 부사관 밑에서 군사 기초 훈련을 받을 때, 부사관이 어김없이 '나의 느낌feeling, 특히 내 등의 느낌'에 맞지 않는 방식으로 자신의 권위와 위엄을 행사했다고 이야기했다.³⁹ 지금도 'sensation'이라는 단어는 육체의 느낌feeling을 의미하는 동시에 감정적으로 충격이 큰 사건을 의미한다.

감정을 감각과 밀접하게 연관된 육체적 현상으로 보는 것은 전혀 새로운 것이 아니었다. 수세기 동안 갈레노스 의학체계와 그리스도교 체계, 데카르트의 사상체계가 감정을 순수한 육체적 기능으로 보거나 육체적 움직임의 결과로 보았다. 가령 성적인 사랑과 질투, 분노, 성마름은 대개 '뜨거운' 감정으로 생각되었으며, 특별한 종류의 뜨거운 체액과 뜨거운 감각, 뜨거운 음식, 뜨거운 기후와 연결되었다.⁴⁰

하지만 감수성 숭배가 감정이 육체적 감각과 밀접하게 연결되었다는 전통적인 의견에 동의한 반면, 그 사실을 해석하는 방식은 완전히 새로웠다. 전통적으로 감정과 육체를 거의 동일시함에 따라 순수한 정신적 관념에 비해 감정을 격하하는 결과가 이어졌다. 감정은 신뢰할 수 없고 불안한 판단과 지식 습득의 원천으로 여겨졌다. 하지만 18세기 감수성 문화의 논리는 이와 정반대였다. 감정이 분명히 감각이고 감각이 모든 지식의 근원이라면, 결과적으로 감정은 지식 습득의 핵심이고 지적 추론보다 지위가 더 높다는 주장이었다. 느낌이 감각과 감정뿐만 아니라 지식의 의미까지 포함하게 되었다. 느낌이 앎과 동의어가 되었다. 지금도 흔히 서양인들은 실제 'I think(나는 생각한다)'라는 의미로 'I feel(나는 느낀다)'을 사용한다. 찰스 테일러Charles Taylor의 설명처럼 느낌이 정도에서 벗어나면 이성이 느낌을 바로잡고 인도할 수는 있지만, 이성 혼자서는 절대 끌어낼 수 없는 결정적인 통찰을 만들어내는 것이 느낌이다.⁴¹

특히 그때까지 반론할 여지 없이 이성의 영역이었던 윤리적 판단과 미적 판단이 이후 점점 더 느낌의 영역이 되어갔다.

괴테의 파우스트는 "느낌이 전부다"라고 주장하며, 마리보Marivaux의 소설 《마리안느의 생애La Vie de Marianne》(1736~1741년)에 나오는 여주인공 마리안느는 이렇게 이야기한다.

"나는 오직 느낌만이 우리 자신에 대해 믿을 만한 정보를 제공할 수 있다고 믿으며, 우리의 정신이 제멋대로 왜곡한 것을 지나치게 신뢰해서는 안 된다고 생각한다. 왜냐하면 정신이 터무니없는 몽상가처럼 보이기 때문이다."

디드로Diderot는 "정념은 우리에게 늘 올바른 영감을 준다. 정념이 행복을 얻으려는 욕망만을 우리에게 불어넣기 때문이다. 우리를 현혹해 잘못된 길에 들어서게 하는 것은 정신이다"라고 주장했고, 하만Hamann은 "생각과 느낌, 이해는 모두 마음에 달렸다"고 기록했다.[42] 로런스 스턴 Laurence Sterne은 《감상적인 여행Sentimental Journey》(1768년)에서 감수성을 신에 비유했다.

> 감수성! 우리가 기뻐하는 모든 소중한 것 혹은 우리가 슬퍼하는 모든 귀중한 것이 솟아나는 마르지 않는 원천! 순교자를 밀짚 침대에 묶어 천국까지 고양하는 그대! 우리의 느낌이 솟아나는 영원한 샘물! 지금 나는 당신을 추적하고, '당신의 신성함이 내 속을 휘젓는다.' 모든 것이 비롯되는 당신, 위대하고 위대한 세상의 감각 기관! 당신이 창조한 저 먼 사막에서 땅에 떨어지는 우리의 머리카락 한 올에도 진동하는 감각 기관.[43]

장 자크 루소Jean Jacques Rouseau는 새로운 감성 성서인 《에밀Émile》

에서 이 모든 것을 이렇게 요약했다.

"이성이 우리를 너무 자주 기만하니, 우리가 이성을 의심하는 것은 아주 당연하다."

따라서 행동 규범을 찾으려면 우리는 합리적 계산을 버려야만 한다. 위대한 감성 스승 루소는 그 대신 "나는 그 어떤 것으로도 없앨 수 없는 기질의 본성을 추적해 내 마음 깊은 곳에서 (내 행동 규범을) 찾아낸다. 내가 어떻게 하고 싶은지 나 자신의 의견만 물으면 충분하다. 내가 좋다고 느끼는 것은 좋은 것이다. 내가 나쁘다고 느끼는 것은 나쁜 것이다"라고 설명했다.[44] 훗날 그는 습득된 관념과 타고난 느낌을 구분하는 것이 아주 중요하다고 설명한다.

> 습득된 관념과 타고난 느낌을 구분하는 것이 아주 중요하다. 느낌이 지식에 선행하기 때문이다. (……) 양심의 명령은 판단이 아니라 느낌이다. 우리의 모든 관념은 우리 밖에서 오지만, 그 관념을 평가하는 느낌은 우리 안에 있다. 우리 자신에게 대상이 적합한지 적합하지 않은지 감지해 그 대상을 찾아 나서거나 피하도록 하는 것은 오직 느낌이다. 존재하는 것은 느끼는 것이며, 우리의 느낌은 의심할 여지 없이 우리의 지성에 선행한다. 우리에게는 관념이 있기 전에 느낌이 있었다. 우리 존재의 근원이 무엇이든, 그 근원은 우리를 보존하기 위해 우리 본성에 알맞은 느낌을 주었다.[45]

19세기 낭만주의자들은 이러한 18세기의 유산을 온 마음으로 받아들였다. 종교, 자연 신비주의, 자연주의, 그 외의 다른 이상 등 옹호하는 대상에 상관없이 19세기 낭만주의자들은 무엇보다 먼저 느낌을 바탕으로 삼았다.[46] 프리드리히 폰 실러Friedrich von Schiller의 희곡《발렌슈타인Wallenstein》에서 막스 피콜로미니Max Piccolomini는 아버지 옥타비오Octavio와 페르디난트Ferdinand 황제에게 반기를 들 것인지, 애인 테클라Thekla와 그녀의 아버지 발렌슈타인을 버릴 것인지 결정해야만 한다. 아버지 옥타비오가 황제에게 충성을 다하라고 조언하자, 막스는 "아버지의 판단은 거짓된 말을 할 수 있지만, 제 마음은 그렇지 않습니다"라며 아버지의 조언을 거부한다.[47] 그리고 테클라와 그녀를 좌지우지하는 숙모 테르츠키Terzky 백작부인을 찾아간다. 막스는 테클라에게 자기 운명을 맡긴다. 백작부인은 "잘 생각해보자"라며 테클라의 결정에 영향력을 행사하려 든다. 그때 막스가 백작부인의 말을 끊고 이렇게 외친다.

"아니, 생각하지 마시오! 느낀 대로 말하시오! 모든 것을 미결 상태로 두시오. (……) 그리고 말하시오. 당신의 마음이 결정하게 하시오."[48]

나중에 에게르Eger 요새 사령관인 고든Gordon은 "마음이 신의 목소리고, 인간의 일은 온통 교활한 계산이다!"라고 외친다.[49]

18세기 후반과 19세기의 많은 개혁가가 이와 비슷하게 내적인 느낌의 목소리에 기초해 정치 철학을 세우고, 군주와 종교의 독재에서 자유롭다면 내적인 느낌의 목소리는 언제나 선하고 옳다고 주장했다. 스티븐 브룸Steven Bruhm은《고딕 육체Gothic Bodies》에서 느낌이 모든 종교개혁 사상과 계몽사상의 기원이었다고 설명한다. 특히 공리주의자들은 고통과 행복에 대한 인간의 느낌을 궁극적인 윤리의 목표로 보았으며, 인간의 느낌이 궁극적으로 옳고 그름을 판단하는 기준이었다. 체사레 베카리아Cesare Beccaria는 정치 윤리가 인류의 근절할 수 없는 느낌 위에 세워지지 않으면 정치 윤리로부터 그 어떤 영구한 이익도 기대할 수 없다고 주장했다.[50]

물론 루소가 미리 암시한 대로 내적인 느낌의 진실한 목소리와 추상적 이성의 교활한 속임수를 구분하는 것은 쉽지 않았다. 따라서 감수성 숭배에서 새로운 종류의 현자가 탄생했다. 자기 감각과 감정에 완전하게 '연결'되고 조율되어, 느낌이라는 알곡과 논리적 곡예라는 쭉정이를 구분할 줄 아는 사람이다.

감수성 숭배는 추상적 철학이 아니었다. 감수성 숭배의 이론적 원칙보다 중요한 것은 그것이 사람들에게 전하는 현실적인 가르침이었다. 그중에서도 실제 일상 삶에서 따를 수 있는 두 가지 가르침이 특히 중요했다.

첫 번째 가르침은 사소한 감각과 감정에도 가능한 한 깊은 관심을 갖고, 감각과 감정의 영향에 마음을 활짝 열라는 것이었다. 18세기 후반이 되자 '감수성'은 '인간을 주위 사물이나 스치는 사건에 쉽게 감동받고 크게 감명받도록 만드는 정신의 기질'로 규정되었고,[51] 남자든 여자든 엘리트가 갖추어야 할 가장 소중한 자질이 되었다. 고전 시대와 중세, 근대 초기의 엘리트가 외적 사건과 사물을 대하는 항상성과 불변성을 가치 있게 생각한 반면, 18세기의 엘리트는 그와 정반대되는 것을 소중하게 생각하기 시작했다. 1796년 영국에서 발간된 〈먼슬리 매거진The Monthly Magazine〉에 따르면, 최소한 18세기 후반에는 느낌의 민감함으로 교양의 수준을 따졌으며, 훌륭한 신사 숙녀가 애처로운 이야기에 탄식하거나 가슴 저미는 비극을 보며 흐느끼는 모습이 흉이 아니었다.[52]

가령 사라 노트Sarah Knott는 감수성과 미국 독립전쟁에 관한 논문에서 (미국의 일반 사병과 대조적으로) 영국과 미국의 장교들이 모두 (베네딕트 아놀드와 공모한 영국군) 앙드레 소령의 처형 장면에 눈물 흘리는 장면을 실었다. 미국 장교 한 명은 '눈물을 펑펑 흘리며' 처형장을 떠났다고 이야기했고, 또 다른 장교는 처형 장면이 '느낌과 감성을 지닌 모든 이의 동정심'을 자극했다고 기록했다.[53] 사실 노트는 감수성이 성공을 꿈꾸는 미국 장교의 필수 자질이었으며, 거친 일반 사병과 구별되는 장교의 특징이었다고 주장한다. 앤서니 웨인Anthony Wayne 장군은 우리의 적에게는 가공할 무기가 되고 우리 동지들에게는 존경할 만한 무기가 되는 사람들은 마음과 감수성이 있는 신사들이라고 적은 편지를 펜실베이니아 의회 대통령에게 보냈다.[54]

하지만 감수성 숭배가 찬양한 것은 예민함이지 나약함이 아니라는 사실을 명심해야 한다. 예민함은 힘이 필요했고, 이 힘은 점점 더 육체적 힘을 의미했다. 예민한 사람의 이상적인 신경계는 예민한 동시에 강했다. 따라서 세상을 온전하게 경험할 수 있었고, 세상에 압도되지 않았다. 예민하지만 나약한 신경계를 지닌 사람들은 무감각한 야수와 다름없이 세상에 압도되어 심각한 궁지에 몰렸다.

감수성 숭배가 전한 두 번째 현실적인 가르침은 인간이 살면서 겪게 되는 모든 경험에 마음을 활짝 열 뿐만 아니라 감각과 감정의 범위를 가능한 한 적극적으로 확장해야 한다는 것이었다. 감각주의 철학자들은 더 많이 느낄수록 그만큼 더 완전하게 존재한다고 주장했다.[55] 따라서 감수성 숭배의 기본 공식은 다음과 같다.

감수성×경험 = 지식

지식을 얻고 지혜를 더하려는 사람은 감수성과 함께 다양한 경험도 필요했다. 따라서 감각주의자가 지식을 탐구할 때 가장 중요한 것 두 가지가 감수성을 예민하게 연마하는 것과 새로운 경험을 찾아 나서는 것이었다. 새로운 맛과 풍경, 냄새, 감정을 경험하는 것이 인간의 시야를 넓히고 지혜를 확장하는 열쇠였다. 사람들은 자신을 위해 새롭고 흥미진진하고 '이국적인' 감각을 추구하기 시작했으며, 감정의 더 넓은 범위를 경험하고 표현하도록 자신을 격려하고 해방시켰다.

화가 터너J. M. W. Turner는 광포한 바다의 눈보라를 경험하기 위해 돛대에 자기 몸을 꽁꽁 묶었다. 그 경험의 결과물로 나온 그림이 〈눈보라 속의 증기선Snowstorm with a Steamship〉이다.[56] 제임스 보즈웰James Boswell은 저주받은 사람들의 경험과 자신의 경험을 연구하기 위해 자주 타이번Tyburn(런던의 사형집행장_옮긴이)을 찾아가 처형되는 죄수들을 관찰했다. 헨리 매켄지Henry Mackenzie는 《느낌의 인간Man of Feeling》(1769년)에서 고통의 경험에서 얻는 지혜를 강조하며 이렇게 기록했다.

"왜 우리는 더 강렬한 감정의 효과를 관찰하며 즐거워하는가? 우리 모두가 이에 관한 철학자이기 때문이다. 가장 진정한 철학자는 아마 타이번의 구경꾼들 속에 있을 것이다."[57]

물론 처형 구경은 로마 시대 이후 유럽인이 좋아하는 오락이었다. 하지만 직접 철학을 연구하기 위해 처형을 구경하는 것은 새로운 현상이었다.

여행도 새로운 경험을 쌓는 수단으로 환영받았고, 그에 따라 특별한 교육 수단이 되었다. 경험에서 진리를 찾으려는 여행이 크게 유행했다. 《공감체계를 채택한 숙녀의 몇 가지 실험에 관한 이야기An Account of Several Experiments Made by a Lady Who Had Adopted the System of Sympathy》라는 포르노 소설을 쓴 작가도 진리를 찾는 수단으로 여행을 이용할 정도였다. 소설에서 피렌체 숙녀는 다음과 같은 생각으로 여행을 떠난다.

확고한 철학은 모두 실험에 근거한다고 생각했다. 그리고 자신도 필요하다고 생각하는 대로 실험할 자유가 있다고 생각했다. 계획을 세운 그녀는 남장을 했다. 그리고 똑같이 남자로 변장한 시녀 한 사람만 대동한 채 프랑스로 여행을 떠났다.

이탈리아 후작으로 변장한 숙녀는 리옹에서 프랑스 장교를 만났다. 그런데 그 장교가 '후작'에게 자기 침대를 같이 쓰자고 제안했다. 숙녀는 그 제안을 받고 처음에는 깜짝 놀랐지만, 철학의 힘으로 (그녀는) 자기 성性의 소심함을 극복했다.[58] 볼테르Voltaire의 《캉디드Candide》에서 캉디드와 퀴네공드Cunégonde의 첫 번째 성적 일탈도 비슷하게 철학적 실험으로 설명된다.[59]

새로운 땅과 새로운 풍경, 새로운 요리를 경험하기 위해 떠나고, 집에서 억지로 지켜야 하는 금기를 휴양지에서 종종 깨트리는 현대 여행자는 감수성 숭배의 후계자다. 번지 점프와 롤러코스터는 즉각적인 (안전한) 공포 체험을 약속한다. 배낭여행자는 휴가 중에 맛있는 음식이나 아름다운 풍경뿐만 아니라 익숙하지 않은 수준의 위험과 궁핍, 불편을 즐기기 위해 지구 반바퀴를 돌아 여행하는 경우도 흔하다. 그런 여행객이 인도 열차의 2등칸 객실에 타고 24시간 여행하며 설사와 고열에 시달린 기억을 가장 흥미진진하고 절묘한 이야기로 집에 가져가는 경우도 드물지 않다.[60]

감수성 숭배는 어두운 면도 있었다. 현대 여행자는 감상 소설에 나오는 예민한 영혼의 후계자인 동시에 사드Sade 후작의 소설 주인공인 난봉꾼의 후계자이기도 하다. 프랑스 군대에서 수년간 하급 장교로도 복무한 경험이 있는 급진적 감각주의자이자 유물론자인 사드는 논리적 결론에 도달할 때까지 감각주의 이상을 추구했다. 사드는 새로운 감각과 감정, 경험 추구에 완전히 몰입한 남자들(그리고 일부 여자)에 관해 글을 썼다. 감각이 극단으로 치닫는 사드의 유토피아 성채에서 상류층 남자들이 (연령과 성별을 불문하고) 희생자들을 강간하고 고문하고 살해했으며, 때론 자신을 스스로 (대개 가장 정력이 뛰어난 남자들에게) 강간과 고문의 대상으로 내맡겼다. 이들이 하지 않은 일은 자살뿐이었다. 윤리적이건 법적이건 생물학적이건 감각 경험에 세워진 모든 관습적인 경계선은 이들에게 탐험을 부추기는 초대장에 불과했다. 이 난봉꾼들은 진리를 찾아 나선 감각주의자들이었고, 극단적인 고통과 쾌락이 그들이 찾는 성배였다. 과학자들이 의학적 진리를 위해 동물을 고문한다면, 철학적 진리를 위해 인간을 고문하지 못할 이유가 있을까?[61]

사드는 제1차 세계대전 당시 참호 속에서 죽이고 죽는 경험을 통해 현명해진 에른스트 윙거의 참전용사들을 난봉꾼의 직계 후손으로 인정했을 것이다. 군국주의 문화의 독특한 부류 하나는 지금도 전쟁을 사드의 유토피아로 표현한다. 전쟁이 다른 곳에서는 금지된 쾌락과 고통을 탐닉할 기회를 얻고, 이를 통해 금지된 지식을 얻을 수 있는 사드의 유토피아라는 것이다.[62]

지금까지 18세기 문화에서 느낌과 감수성의 중요성이 높아졌다는 사실을 강조했다. 그렇다고 해서 이성과 항상성의 가치가 완전히 평가절하되었다는 결론은 옳지 않을 것이다. 18세기는 감수성의 시대였지만 그와 동시에 여전히 이성의 시대였기 때문이다. 감수성 숭배를 열렬히 지지하는 사람들도 이성이 반드시 필요하다고 인정했다. 이들은 내적 느낌('마음')의 목소리를 목표와 가치를 판단하는 최상의 기준으로 삼았지만, 외부 세계에서 그 목표와 가치를 실질적인 행동으로 옮기는 것은 여전히 이성에 크게 의존했다. 영국과 미국 장교들이 앙드레 소령을 동정해 공공연하게 눈물을 흘렸을지는 모르지만, 클린턴 장군과 워싱턴 장군이 군사회담장에서 나누었으리라 기대되는 것은 마음보다는 정신이었다.[63]

결사적으로 감수성을 반대하는 사람들도 많았다. 이들은 감수성에서 추정되는 비합리성을 신랄하게 비난했다.[64] 흔히 감수성은 '감정 과잉과 도덕적 타락, 육체적 허약'과 동일시되었다.[65] 종교 무대에서 퀘이커교도와 셰이커교도, 감리교도들은 모두 비합리적인 '광신자'로 조롱을 당했다.[66] 정치 무대에서는 좌우익이 모두 감수성을 공격했다. 1790년대 영국의 일부 보수주의자들은 감수성을 자코뱅주의와 동일시했다.[67] 사회 개혁에 관심을 둔 최초의 마르크스주의 사상가들은 사회체제에 대한 이성적 분석만이 진정한 변화를 끌어낼 수 있다고 주장했다. 도덕적인 감성의 목소리는 사회의 상처를 석고붕대로 그럴듯하게 덮을 뿐 상처를 치료하지는 못한다는 것이다.[68]

따라서 18세기 말과 19세기 초를 느낌과 감수성의 시대라고 설명하는 데 주의해야 한다. 감수성 논의가 지배한 시대였으며, 비록 감수성이 이성을 권좌에서 몰아내지는 못했지만 감각과 느낌의 가치를 끌어올리며 전반적인 문화적, 정치적 균형을 무너뜨린 시대라고 이야기하는 것이 안전할 것이다. 이성의 목소리가 변함없이 서양의 문화적 교향곡을 주도했지만, 새로운 라이트모티프가 추가되었다. 오래된 이성의 목소리와 새로운 느낌의 라이트모티프가 결합해 종종 '상식common sense'이라는 새로운 화음을 이루어냈다. 토머스 페인Thomas Paine이 베스트셀러 소책자(1776년)의 제목으로도 사용한 상식은 이성과 느낌의 합창이었다. 공통 감각common sense을 지지하는 사람들은 '이성을 잃은hysterical' 여성과 광신자의 감성 과잉을 비난한 동시에 상아탑에 갇힌 철학자와 교조적 신학자의 과도한 지성화도 비난했다. 새뮤얼 존슨이 버클리 주교의 관념론적 철학이 틀렸음을 입증하기 위해 돌을 걷어차는 동작은 이성을 잃었다고 소문난 여성의 뺨을 때리는 동작에 상응한다. 이는 상상 혹은 이성이 우리를 감각으로부터 너무 멀리 떼어내도록 내버려두지 말라는 경고다.

느낌의 중요성이 새롭게 부각되자, 비천한 사람도 최소한 개인적 느낌을 토대로 공공 무대에서 청중 앞에 설 수 있었다. 물론 그런 격정적인 호소를 아직 이해하지 못하는 청중이 많았다. 군대는 여전히 군사교본의 이성적 언어로 전쟁을 이해했지만, 처음으로 일반 사병들이 개인적 경험을 기록한 대안적 전쟁 경험담을 쓸 수 있었고, 그 경험담이 출간되어 독자들의 손에 들어간다고 기대할 수 있었다. 이들은 참호에서 겪은, 감각이 마비될 정도의 추위와 군 병원의 악취를 거듭거듭 묘사하며 공통 감각에 호소함으로써 장군과 정치인, 형이상학자의 정신에서 탄생한 전략적, 역사적 망상이 잘못되었음을 증명하려 했다.

감수성과 경험이 지식을 만들다[69]

감수성 숭배가 감각주의 철학의 추상적 관념을 구체적으로 표현하기 위해 무엇보다 중요하게 생각한 것이 감수성 소설과 성장 소설 Bilgungsroman일 것이다. 소설의 등장은 18세기의 가장 큰 문화 운동이었다. 18세기 말 독일과 영국, 북아메리카의 도서관에서 대출된 책 중 70퍼센트 이상이 소설일 정도로 소설은 글을 읽고 쓸 줄 아는 사람들을 가르치고 새로운 사상과 사고방식을 소개하는 주요한 수단이 되었다.[70] 당시 가장 영향력 있는 문학 장르가 감수성 소설이었을 것이고, 감수성 소설이 18세기 말에 성장 소설을 잉태하게 된다. (1785년 소위였던 나폴레옹 보나파르트가 자유 시간에 감상 소설을 습작했다는 사실도 주목할 만하다.[71]) 실제 감각적 삶이 하루하루, 매년 어떤 모습인지 사람들에게 보여주는 것이 소설의 주요 과제였다.[72]

소설의 남녀 주인공은 거의 언제나 순진한 젊은이며, 이들은 연달아 이어지는 다양한 경험을 통해 지식을 습득했다. 성장 소설이라는 용어가 확산하는 데 크게 기여한 빌헬름 딜타이Wilhelm Dilthey는 다음과 같이 성장 소설을 정의했다.

> 성장 소설은 모두 젊은 남자를 그린다. (……) 그가 행복하고 순진한 상태에서 삶에 뛰어들어 비슷한 영혼들을 찾아 나서고 우정과 사랑을 발견하는 과정, 냉혹한 세상의 현실과 부딪치는 과정, 다양한 인생 경험을 통해 성숙하고 자신을 발견하는 과정, 세상에서 자신이 이루어야 할 목적에 대해 확신을 얻는 과정을 그린다.[73]

주인공의 감수성, 그리고 흔히 여행과 고난에서 생기는 풍부하고 다양한 경험이 학습 과정의 열쇠였으며, 결국 젊은이가 현명하고 사회적으로 능숙한 성인으로 변모하는 열쇠였다.

주인공이 일련의 경험을 겪고 여러 사람을 만나는 여행담은 전혀 새로운 것이 아니었다. 이미 중세와 근대 초기 문학에 많이 등장한 주제였다. 하지만 이전의 여행담에서는 주인공들이 자기 패기를 시험하고 훌륭한 업적을 남기기 위해 여행을 떠났고, 이야기의 초점도 외적 사건에 맞춰 있었다. (또는 돈키호테처럼 주인공의 여행은 2차적인 이야기를 끌어내기 위한 구실에 불과했다). 주인공이 중요한 내적 변화 과정을 거치는 경우는 거의 없었다. 특히 모험담과 기사도 소설에 등장하는 주인공의 주요 특징은 변화를 거부하는 견고함이었다. 끔찍한 고통이건 극도의 쾌락이건 제아무리 새로운 감각과 마주쳐도 주인공의 정신적 통제력은 확고하게 유지되었고, 그의 이상과 사고방식도 비교적 변하지 않았다.

감수성 소설과 성장 소설의 독특한 특징은 남녀 주인공이 심오한 변화를 겪는다는 것과 주로 이러한 내적 변화 과정에 이야기의 초점을 맞추는 것이었다. 외적 사건은 내적 변화를 일으키는 기폭제 역할이 대부분이었다. 감각주의 사상에 따라 성장 소설에서는 대개 새로운 감각이나 감정과의 만남이 새로운 생각을 낳고, 주인공의 정신적 구성을 변화시켰다. 거꾸로 말해서 외적 경험이 선행적으로 투입되지 않으면 중대한 정신적 변화가 일어날 수 없었다.

《장편소설에 관한 시도Versuch Über den Roman》(1774년)에서 프리드리히 폰 블랑켄부르크Friedrich von Blanckenburg는 서사시가 외적 사건만 기술하는 데 반해 소설은 주인공의 내적 성장(Bildung)에 초점을 맞추므로 소설이 서사시보다 우월하다고 역설했다. 그는 "자연의 사건 하나하나가 우리의 인격 형성과 성장에 기여한다. 사건이 우리의 사고에 영향을 주고, 결국 우리의 사고가 그 자연의 사건에서 비롯되어 다른 모든 개념들과 합쳐진 개념에 따라 다음 사건에 영향력을 발휘하기 때문이다"라고 설명했다. 이런 복잡한 과정을 거쳐 우리의 사고방식이 형성(Bildung)되고, 우리 전체 존재가 형성되었다. 좋은 소설은 우리가 부딪친 사건의 영향을 통해 우리의 사고방식과 행동방식이 현재의 모습으로 형성된 과정을 묘사해야 한다.[74] 블랑켄부르크는 계속해서 이렇게 설명했다.

우주는 인간이 다양한 사건을 거치지 않으면 교육(Bildung)을 받을 수 없게끔 짜여 있다. 등장인물을 현실적인 인물로 그리려는 작가나 우리에게 한 인물의 내적 이야기를 전달하려는 작가는 반드시 (……) 이 점에 착안해야 한다.[75]

이보다 5년 앞서 헨리 매켄지는 《느낌의 인간》(1769년)을 저술하고 있었다. 그는 자신의 문학적 과제를 결과에서 느낌이 드러날 법한 상이한 상황들 속에 감수성의 남자를 밀어 넣는 것이라고 설명했다.[76] 앤 제시 반 산트Ann Jessie Van Sant는 로런스 스턴의 책 《감상적인 여행》(1768년)에 나오는 주인공 요릭Yorick에 대해 이렇게 기록한다.

(요릭에게) 세상은 (……) 그의 감각을 자극하기 위한 도구다. 그가 여행을 떠나는 목적은 과부와 처녀를 구원하려는 것이 아니다. 이들을 지켜보고 자신의 경험을 기록하기 위해서다. 마리아를 보려고 떠난 여행에서 요릭은 자기 내부에 심리적인 사건을 만들기 위해 '어수선한 하녀'의 고충에 개입한다. 그녀를 만나며 '말할 수 없는 감정'을 경험한 후에 비로소 그는 이렇게 외칠 수 있다.
"나에게 영혼이 있다고 나는 확신한다. 그리고 세상을 들볶는 유물론자들의 그 어떤 책도 영혼이 없다고 나를 설득하지 못할 것이다."[77]

요릭이 로렌조 신부와 코담배갑을 교환하는 장면은 완벽한 드라마가 된다. 모험이 '신경과 섬유, 혈관'[78]에서 일어난다는 점만 제외하면 호머의 주인공과 기사 주인공들이 겪은 서사시적 만남에 버금가는 드라마다. 또 다른 장면에서 요릭은 한 여인을 만나 악수를 나누며 여러 단락에 걸쳐 악수 장면을 묘사한다. 요릭은 "그녀의 손가락을 감싼 내 손가락을 따라 뻗은 혈관의 맥박이 내 안에 무엇이 통과하는지 그녀에게 말해주었다. (……) 그 사이 나는 그녀의 손을 조금 더 꽉 잡아야만 했다. 그녀가 손을 빼려고 한 것은 아니지만 손을 빼려고 생각하는 듯한 미묘한 감각이 내 손바닥에 느껴졌기 때문이다"라고 설명한다.[79] 반 산트는 감수성 소설에서 감각은 경험의 기본 단위에 불과한 것이 아니며, 감각은 이야기의 기본 단위로서 모험을 대신한다고 결론내린다.[80]

이로써 감수성 소설과 성장 소설은 근대 후기의 의식 속에 다음과 같이 아주 중요한 이상 두 가지를 심어놓았다.

1. **체험**Erlebnis: 영어 단어 '경험experience'은 두 가지 다른 의미를 갖는다. 첫 번째 의미는 직접적인 실험을 통해 얻은 실질적이고 경험적인 지식이다. 예를 들어 과학자가 물분자는 산소 원자 하나와 수소 원자 둘로 구성되었다고 말하는 경우다. 이런 의미에서 '경험'은 흔히 논리적 합리화와 성서적 권위, 종교 교리, 소문과 대조를 이룬다. 경험의 또 다른 의미는 무언가 감지하고 느끼는 살아 있는 순간이다. 체험erlebnis이라는 독일어 단어는 이 두 번째 의미를 담고 있다.

베이컨주의 과학자들은 적어도 16세기부터 '실험'이라는 의미의 경험을 서양 문화에서 가장 중요한 이상으로 삼았으며, 경험을 가장 믿을 만한 과학 지식의 원천으로 묘사했다. 베이컨주의 이야기들은 실험을 과학의 기본 구성 요소로 변모시켰다. 과학의 진보와 과학자 개개인의 개인사를 일련의 실험으로 이해했고, 각각의 실험이 새로운 지식의 조각을 결과물로 얻어내며 더 큰 실험들로 이어진다고 생각했다. 세상을 이해하기 위해 과학자는 반드시 자신의 실험을 더없이 명확하게 이해하고 서술해야 했으며, 실험에 작용하는 모든 상이한 요인과 영향력을 규명하고 실험의 시공간적 한계와 구성을 기술했다.[81]

따라서 선구적 심리학자인 로버트 화이트Robert Whytt는 《인간 및 기타 동물의 신체 부위의 감수성과 과민성에 관한 관찰Observations on the Sensibility and Irritability of the Parts of Men and Other Animals》(1768년)에서 자신이 시행한 개구리 실험을 다음과 같이 기술했다.

> 나는 개구리의 복부와 흉부를 완전히 열어 젖혔다. 그리고 오전 7시 28분 농도 짙은 아편 용액에 개구리를 담갔다. (……) 7시 40분 개구리를 눕혀놓고 심장이 1분에 10~11번 뛰는 것을 관찰했다. (8분 뒤) 심장의 움직임이 멈춘 것을 관찰하고 심막을 절개했다. 아무런 변화가 없었다. 나는 심장을 떼어내 판 위에 올려놓았다. 심장이 두세 번 뛰었다. 그 후로는 핀으로 심장을 한 번 또 한 번 찔러도 전혀 움직임이 없었다.[82]

이와 비슷하게 감수성 소설과 성장 소설은 체험을 하나의 서양적 이상으로 승격시켰고, 특별한 지식의 원천으로 제시했다. 외적 행동의 단위가 아닌 경험의 단위를 전기를 구성하는 가장 중요한 기본 요소로 삼았고, 경험을 이해하고 명확하게 서술하는 기술을 작가와 심리학자, 진리 탐구자에게 필요한 가장 중요한 기술로 삼았다. 단순하게 바깥세상에서 무슨 일이 벌어지는지, 다른 사람들은 어떻게 행동하는지 이야기하는 것으로는 부족했다. 순간순간 주인공의 감각과 감정, 사고의 흐름에 특별히 주목하며 경험을 한올 한올 풀어내야 했다.[83] 스턴은 요릭과 로렌조 신부가 코담배갑을 교환하는 장면을 화이트가 개구리 해부를 묘사할 때보다 훨씬 더 신중하고 정확하게 묘사한다.

19세기 역사학자들은 과거 인류를 과학적으로 이해하는 방법을 찾는 과정에서 체험의 이상을 수단으로 사용했다. 특히 빌헬름 딜타이는 체험을 인간의 현실을 이해하려는 모든 시도와 역사적 이성의 토대로 삼았다. 그에게 체험은 인간 역사 세계를 구성하는 '원시 세포'였으며 인문과학의 기본적인 실증 자료였다.[84] 그는 칸트와 영국 경험론자들의 추상적인 철학체계에는 "진짜 피가 흐르지 않는다"고 반박했다.

> 로크와 흄, 칸트가 만든 인식 주체의 혈관에는 진짜 피가 흐르지 않는다. 정신 활동에 불과한 이성의 묽은 즙이 있을 뿐이다. 하지만 나는 역사와 심리학에서 온전한 인간을 다루며 온전한 인간(다양한 능력과 의지를 지니고 있으며, 느끼고 인지하는 존재)을 지식과 그 개념들을 설명하는 기초로 삼게 되었다.[85]

또한 딜타이는 사고나 이성은 삶의 핵심이 아니며, 우리가 삶이라 부르는 것의 핵심은 본능과 정념, 감정, 자유의지라고 역설했다.[86]

2. **성장**Bildung: 경험에 적절히 대응하는 사람은 생생한 경험이 쌓여 성장한다. 성장은 경험을 이해하고 경험에서 무언가 깨달아 무지에서 계몽으로 나아가는 내적인 진화 과정을 의미한다. 아주 다양한 지적, 감정적, 육체적 경험을 통해 인간이 자기를 인식하고 세계를 인식하는 잠재력을 온전히 개발하는 것이 삶의 최고 목표가 되었으며, 그 개발 과정, 곧 경험이 이어지는 과정을 이야기하는 것이 근대 후기 전기의 거대서사가 되었다.[87]

성장의 이상화에 일조한 빌헬름 폰 훔볼트Wilhelm von Humboldt는 가능한 한 많은 삶의 경험을 지혜로 증류하는 것이 인간 삶의 목표라고 생각했다.[88] 그는 또 삶의 절정은 오직 한 번, 인간의 모든 느낌을 섭렵했을 때라고 말했으며,[89] 죽을 때 내가 할 수 있는 한 최대로 세상을 파악했고 내 인간성의 일부로 삼았다고 말할 수 있는 사람만이 성취한 사람, 더 높은 의미에서 진정한 삶을 산 사람이라고 기록했다.[90]

훔볼트의 야망은 인간이 평생의 과제로 추구할 때만 실현 가능할 것이다. 주목할 점은 이런 과제와 성장 이야기가 계몽주의의 전통적 이야기와 분명히 다르다는 것이다. 계몽주의의 전통적인 이야기에서는 사람들이 자기 내면을 더 주의 깊게 들여다보기 위해 세상에서 물러나 경험을 최소화하려고 노력한다. 엄격한 계율이 그리스도교와 불교 수도승의 삶을 통제하며, 그들이 겪을 '경험'의 종류와 수를 의도적으로 제한한다. 근대의 학자와 과학자들은 소독한 도서관과 실험실에 요새를 쌓고, 경험이 아닌 학습과 실험을 통해 진리를 탐구한다. 수도원의 계율처럼 도서관과 실험실과 대학의 윤리적, 전문적 계율이 학자들에게 그 울타리 내에서 낭만적인 '경험'을 하지 못하도록 금지하는 경우가 많다. (성장 소설에서 성관계는 가장 큰 깨우침을 주는 중요한 경험이지만, 수도승에게 성관계는 금기이며, 엄격한 학문적 맥락에서 성관계가 '비전문적'이라고 생각되는 경우가 많다.)

성장 시대에 불행하게 가장 큰 비웃음을 산 주인공은 이런저런 이유에서 아주 제한적인 범위의 경험만 허락된 사람들(예를 들어 수도승)이거나,[91] 경험이 다가와도 감지하지 못하고 따라서 경험에서 아무것도 깨닫지 못하는 거친 사람들이었다. 근대 후기의 독자들이 근대 초기 전쟁 회고록을 대개 따분하게 생각하고 멀리하는 이유는 회고록 저자가 매우 거칠고 투박해 보이기 때문이다. 회고록 저자들은 삶을 통해 무서운 경험들을 접하게 되지만, 그 경험들에 대해 완전히 무감각한 것으로 보인

다. 외적 사실을 전하는 데에만 몰두해 체험에는 거의 신경을 쓰지 않는
다. 그 결과 이들의 전기는 성장의 기미도 보이지 않는 무미건조한 사건
들의 목록이다.

보즈웰은 처형을 '경험'하려고 타이번을 찾았고,《감상적인 여행》에서
스턴은 악수하는 여인의 손아귀 힘이 달라지는 것을 농익은 문학 사건
으로 만들었다. 이들은 슈프 후작이 첫 출정과 첫 전투, 첫 부상에 대해
아무것도 이야기하지 않은 사실을 어떻게 받아들였을까? 이들은 멜빌이
1648년 하마터면 처형될 뻔한 일에도 무심하고, 사형을 집행하려는 병
사가 머스킷 소총을 장전하고 겨냥하고 방아쇠를 당길 때 자신의 내적
경험에 관해 아무런 기록도 남기지 않은 사실을 어떻게 생각했을까?

육체의 감각이 이끌어낸 낭만적 숭고[92]

흔히들 낭만주의는 18세기 계몽주의의 과도한 합리화에 대한 반동이
라고 생각한다. 계몽주의가 감수성 문화를 무시하고, 인간의 이성이 모
든 것을 이해하고 무엇이든 성취할 수 있다고 믿는 순수한 이성 숭배라
고 설명하는 것이 계몽주의에 대한 전통적 해설이다. 전통적 해설에 따
르면 낭만주의는 계몽주의의 이런 생각에 대한 반란이었고, 이성의 한계
를 강조하고 선전한 것이었다.

하지만 칼로 무 베듯 명쾌하게 규정할 수 있는 일이 아니다. 감수성
문화라는 형태로 이성에 대한 날카로운 비판이 계몽주의 자체에 포함되
어 있기 때문이다. 낭만주의는 이 감수성의 개념을 이어받아 상당한 수
준으로 발전시켰을 뿐이다. 따라서 낭만주의를 계몽주의에 대한 반란이

라기보다는 계몽주의의 파생물로 볼 수 있을 것이다.

앞서 보았듯 감수성 문화가 주장한 공식은 이것이다.

$$지식 = 감수성 \times 경험$$

하지만 이 공식에는 한 가지 문제가 있다. '진정으로' 경험하지 못하거나, 경험이 문화적 선입견에 '오염'된다면, 그 결과는 오염되고 질 낮은 지식일 것이다. 많은 감각주의 철학자가 깨어나는 조각상의 우화를 이용해 감각적 계몽 과정을 설명했다. 대리석 조각상이 생명을 얻고 감각을 경험하기 시작하는 우화다. 이 조각상은 기억도 없고 문화적 영향도 받지 않았기에 그 감각은 순수한 경험이며, 조각상이 얻는 모든 지식도 마찬가지로 순수하다. 하지만 불행히도 현실의 삶에서는 그런 백지 상태tabula rasa를 찾을 수 없었다. 포스트모더니즘 학자들이 강조하듯, 살아 있는 경험의 매 순간은 문화적으로 구성되며, 물리적 현실과 함께 문화적 선입견을 반영한다. 18세기 감각주의자들도 이미 이런 내용을 분명히 알고 있었고, 당연히 다음과 같은 몇 가지 의문에 봉착했다. 민감한 사람들이 자신의 감각과 감정에 적응하려고 노력할 때, 실제로 자신의 문화적 구성에 적응하는 것이 아니라고 확신할 수 있는 근거는 무엇일까? 순수한 지혜를 얻는 것은 고사하고 오래된 문화적 편견만 강화하는 것은 아니라고 그들이 확신할 수 있는 근거는 무엇일까? 막스 피콜로미니가 테클라 폰 발렌슈타인에게 그녀의 마음으로 그의 운명을 결정하라고 부탁했을 때, 그녀의 '마음'이 정녕 자기 아버지의 이성이 아니라고 그가 확신할 수 있는 근거는 무엇일까?

낭만주의는 자연을 치유와 동일시했다. 그런데 오닐O'Neal의 설명처럼 계몽주의 전성기에도 예외 없이 모든 작가가 자연을 인위적이거나 추상적이라고 생각될 만한 것에 기초하지 않은 진정한 진리를 지닌 본연의 경험과 동일시했다.[93] 자연에는 관념이 없었다. 자연은 순수한 경험이었고, 지식의 원천이자 이성의 담보이며, 지혜와 미덕의 고향이었다.[94] 그 유명한 고결한 야만인the noble savage처럼 자연 상태로 살았던 사람들은 문화적 장애로부터 완전히 자유롭고, 자기 내면의 자연적 자아에 완전히 적응한 사람들이었다.

따라서 낭만주의는 성장이라는 기본 테마를 바탕으로 강력한 변주곡을 만들어냈다. 그 변주곡에서 두드러진 역할을 맡은 것이 자연이다. 낭만주의의 성장에서 결정적인 경험은 '자연으로 떠나는 여행'과 '자연과의 만남'이 연관되는 경우가 많았다. 인간이 도시와 궁전, 살롱, 커피하우스 한가운데에서 문화에 대한 수다와 잡담을 늘어놓는 동안은 감각과 감정의 형태로 드러나는 내면의 자연적 지혜를 찾을 수 없었다. 그 해결책이 숲과 산으로 떠나는 것이었다. 그곳에서는 인간이 살아남기 위해 자기 감각과의 연결을 유지할 수밖에 없었기 때문이다. 그리고 자연 현상이 문화의 해로운 영향으로부터 인간을 분리시켰다.[95] 외부의 '자연'과 연결됨으로써 인간은 내면의 '자연'에 귀를 기울이게 되었고, 찰스 테일러가 말한 '내면적인 자연의 목소리'가 타락한 문화의 불협화음을 뚫고 솟아오르는 소리를 들을 수 있었다. 그리고 그 내면적인 자연의 목소리가 윤리학과 미학, 정치학, 예술의 원천이 되었다.[96]

하지만 모든 자연 현상이 그런 것은 아니었다. 외적 자연과 내적 자연의 신비를 풀 중요한 열쇠를 지닌 것은 '숭고sublime'로 분류된 독특한 부류의 현상들이었다. 숭고의 개념은 18세기 미학이 발전시킨 개념이다. 특히 에드먼드 버크Edmund Burke[97]와 이마누엘 칸트[98], 그리고 라메트

리처럼 연대 군의관으로 복무한 경험이 있는 프리드리히 실러[99]가 발전
시켰다.

숭고는 흔히 아름다움과 대비되었다. 예를 들어 기하학적으로 다듬은
베르사유 궁전의 정원이나 18세기 회화에 등장하는 기하학적으로 배치
된 전장 등이 아름다운 현상이었다. 사물의 대칭적 배치는 보는 사람이
이해하기 쉬웠으며, 보는 이의 몸에 밴 선입견에도 정확히 들어맞았다.
그리고 이를 통해 보는 이에게 통제되고 안전하다는 쾌감을 선사했다.

이와 대조적으로 숭고한 현상은 보는 이의 지각을 압도해 그의 선입
견을 무너뜨렸다. 분명하게 정해진 한계도 없고, 그 어떤 기존의 규칙도
따르지 않는 것으로 보였으며, 엄청난 힘을 갖고 있는 것 같았다. 숭고한
현상은 경외심과 공포, 무력감을 불러일으킴으로써 보는 이의 자기보호
감각을 위협하는 경우가 많았다.[100]

숭고한 현상을 경험하는 동안 실제로 무슨 일이 벌어지는지에 관해서
는 철학자들의 이론이 미묘하게 달랐다. 롱기누스Longinus의 전통적 입
장을 계승한 버크는 인간이 숭고한 현상을 만나면 그에 따른 감각이 정
신을 완전히 압도하고, 정상적인 사고 과정이 멈춘다고 믿었다. 정신의
모든 선입견과 정상적인 인지 스키마cognitive schemata는 압도적인 경
험을 다루고 해석하지 못한다. 정신의 모든 작동이 "중단되고 (……) 정
신이 대상으로 가득 차 그 외의 것을 품지 못하고, 그 결과 정신을 차지
한 대상에 대해 추론도 하지 못한다."[101] 최소한 그 소중한 순간에는 전
에 알고 있던 모든 것이 정지하는 것이다.

칸트와 실러는 숭고가 두 단계의 경험이라고 주장했다. 1단계에서 실
제 인간은 숭고의 경험에 압도되고 경악한다. 하지만 압도되는 것은 그
경험을 파악하고 제어하지 못하는 우리의 상상과 감각적 본질일 뿐, 우

리의 이성은 여전히 작동한다. 그리고 우리가 여전히 작동하는 이성이 압도적인 물리적 힘 앞에서 상상의 도움 없이 자유로운 선택을 할 수 있다는 것을 깨닫는 순간, 그때가 정신적 승리의 순간이며 강렬한 환희의 순간이다. 연약한 육체와 편협한 상상을 갖고 있음에도 인간은 자기 이성과 윤리적 판단이 알프스의 숨 막힐 듯한 풍경이나 미친 듯이 몰아치는 바다, 전장의 공포를 능가하는 신성한 불씨임을 알고 있다. 인간은 숭고의 순간에 진정한 본질을 깨닫는다. 다시 말해 육체적인 의존성이 완전한 이성적, 도덕적 독립성과 결부되어 있음을 깨닫는 것이다.[102]

이론적인 차이가 있기는 하지만 버크와 칸트, 실러는 아름다움이 우리의 선입견을 강화함으로써 자기만족적인 환상을 고무하는 반면, 진리는 숭고한 만남에 깃들어 있다는 데 모두 동의했다. 훗날 윌리엄 워즈워스William Wordsworth는 이러한 만남을 '소중한 시점spot of time'이라 불렀고, 제임스 조이스James Joyce는 '현현epiphany'이라 불렀다. 이성이 진리를 총체적으로 파악하지 못한다고 믿은 버크와 낭만주의자들에게 이 현현은 드물게 주어지는 절호의 기회였다. 문화와 이성의 장벽이 모두 무너지고, 인간이 더 높은 차원의 인식 그리고 새로운 영감과 지식을 향해 마음을 활짝 여는 진귀한 기회였다.

이성의 우위에 대한 믿음을 버리지 않은 칸트와 실러에게도 이 숭고한 현현은 진귀한 기회였다. 상상의 장벽이 무너지고, 적나라하게 드러난 이성이 세상을 마주하고, 우리의 연약한 상상이 만든 한계를 벗어나 세상의 진정한 본질과 이성 자체의 압도적인 힘을 마침내 이해할 수 있는 진귀한 기회였다. 실러는《숭고론On the Sublime》에서 아름다움이 인간을 감각 세계에 가둬 나약하게 만들며, 내밀한 도덕적 의무를 타락시킨다고 주장한다. 하지만 단 한 번의 숭고 경험이 인간을 나약하게 만드는 이 거미줄을 끊어버리고, 인간을 도덕적 자유로 되돌린다. 실러는 아름다움을 오디세우스를 유혹한 요정 칼립소에 비유한다. 신이 준 숭고한 감동이 오디세우스에게 진정한 의무와 운명을 일깨우지 않았다면, 오디세우스는 칼립소의 섬에 영원히 갇혔을 것이다.

버크의 숭고와 칸트의 숭고의 차이는 온갖 철학적, 예술적, 정치적 의미를 내포하고 있지만, 군인을 포함해 일반인 대부분은 그 차이를 이해하지 못했다. 그들이 이해하고 알고 있던 내용은 극한의 경험을 하는 동안 문화적 선입견이 작동을 멈추고, '오염된' 지식이 사라지며, 다른 방법으로는 찾을 수 없는 순수하고 월등한 진리를 발견한다는 것이다.[103]

유럽의 학자와 일반인들이 모두 적극적으로 숭고 경험을 추구했고, 그에 따른 현현과 드러난 진리에 관한 이야기를 발표하기 시작했다. 1798년에 알프스로 여행을 떠난 헬렌 마리아 윌리엄스Helen Maria Williams가 그런 경우다. 그녀는 알프스에서 울퉁불퉁 깨어진 바위들 위로 격렬하게 쏟아지는 급류를 보았다. 그리고 그 경험을 다음과 같이 기록했다.

> 절대, 절대 잊을 수 없는 그 순간의 감동! 자아가 소멸한 듯, 인상의 모든 조각이 기억에서 사라진 그 순간, 내 심장이 도저히 버틸 수 없을 만큼 강렬한 감정으로 터지는 느낌이 들었다. 내 영혼에 새로운 자연의 이미지를 전달한, 오, 장엄한 급류! 너의 숭고함을 숙고한 그 순간이 내 짧은 인생에서 하나의 시대를 이루리라![104]

장 자크 루소도 죽음이 스친 순간을 윌리엄스와 비슷하게 황홀한 어조로 《고독한 산책자의 몽상Les Rêveries du promeneur solitaire》(1782년)

에 기록했다. 파리 교외를 산책하고 있을 때, 커다란 개가 달려들어 나이 든 루소를 쓰러트렸다. 루소는 단단한 바닥에 머리를 부딪히며 한동안 의식을 잃었다. 얼마 후 의식을 되찾은 그는 이렇게 표현했다.

> 하늘과 별 몇 개, 자그마한 파란 숲이 언뜻 눈에 들어왔다. 그 첫 느낌은 황홀했다. 내가 의식한 것은 그뿐이다. 그 순간의 의식으로 빨려 들어간 나는 비현실적인 존재로서 내가 볼 수 있는 모든 사물에 생명을 불어넣는 것처럼 느껴졌다. 오로지 현재가 있을 뿐, 나에게 기억이란 전혀 없었다. 나의 개성도 불분명했고, 내게 무슨 일이 벌어졌는지 전혀 알지 못했다. 내가 누구인지 또 어디에 있는지도 알지 못했다. 고통도 두려움도 분노도 느끼지 못했다. 피가 내 몸에서 개울물처럼 흘러나오는 것을 보았지만, 그 피가 내 것이라고 한 번도 생각하지 않았다. 나는 내 안의 모든 혈관에 스며드는 더없이 황홀한 행복을 느꼈다. 돌이켜볼 때마다 그 황홀감은 어떤 것에도 비할 수 없이 친숙한 기쁨이다.[105]

루소가 이 사고를 황홀하다고 생각한 까닭은 사고 덕분에 그 어떤 문화적 장애도 없이 자연에 완전히 몰두할 수 있었기 때문이다. 찰나의 순간 그는 의식을 깨우는 우화 속의 대리석 조각상처럼 순수한 자연의 아들이었다.

이런 현현의 순간에 드러나는 진리는 각양각색이었다. 현현을 종교적 황홀경의 순간으로 설명한 저자도 있고, 시적 영감의 순간으로 설명한 사람도 있으며, 형이상학적 혹은 사상적 계시의 순간으로 설명한 사람도 있다. 토머스 그레이Thomas Gray(1739년)는 알프스산맥의 절벽이 '무신론자에게 경외심을 주어 믿음을 갖도록' 한다고 설명했다.[106] 시몬 볼

리바르Simon Bolivar는 로마의 몬테 사크로Monte Sacro(신성한 언덕)에서 바라본 숭고한 풍경에 영감을 받아 남아메리카의 해방을 가슴에 품었다. 버크는 능력도 제한적이고 유한한 인간이 겪는, 인간을 겸손하게 만드는 숭고의 경험이 '타인의 고통을 덜어줌으로써 자신의 고통을 줄이도록' 부추기는 '강한 겸손과 동정심'을 우리에게 불러일으킨다고 믿었다.[107] 이러한 버크의 믿음을 계승한 것이 헬러의 《캐치-22》나 스캐리의 《고통받는 몸》으로 대표되는 근대 후기 반전유물론이다.

숭고한 현현으로 드러난 진리는 각양각색이었지만, 그런 식으로 드러난 진리가 다른 방식으로 깨달은 진리보다 우월하다는 추정은 공통된 생각이었다. 낭만적 숭고는 종교적 계시와 동등했지만, 본질적으로 세속적이었다. 숭고가 초월적 현실과의 만남보다는 산이나 폭풍 형태의 내재적 현실과의 만남에 의존했기 때문이다. 숭고는 계몽주의가 신을 보이지 않게 치워버린 후 인간 지식의 들판에 남은 공백으로 보일 수도 있다.

낭만적 숭고의 등장으로 전쟁의 이미지와 문화가 혁명적으로 바뀌었다. 학자들은 숭고를 논의하며 산과 같은 자연 현상을 으뜸으로 삼았다. 하지만 숭고의 정의에 더 잘 들어맞는 것은 산보다 전쟁이었다.[108] 특히 주목할 점은 버크와 칸트, 실러가 숭고를 자기보호 감각 속에 넣어 죽음의 공포와 두려움이 숭고 경험의 바탕이라고 주장한 것이다.[109] 맹렬하게 이어지는 포격이 알프스산의 풍경보다 훨씬 더 끔찍하고 위협적인 것은 틀림없다. 존 쉽은 바랏푸르Bhurtpoor 급습(1805년)과 관련해 이런 기록을 남긴다.

(요새의) 성벽이 어마어마한 양의 불길을 토해내는 거대한 화산처럼 보였다. 으르렁거리는 대포의 굉음은 지축을 흔들었고, 소총을 발사하는

소리는 수없이 많은 북이 굴러가는 소리처럼 들렸다. 전투 나팔 소리는 공기를 갈가리 찢어놓았다. (……) 정말이지 웅장한 광경이었다. 멀리서 바라보는 구경꾼에게는 분명 숭고하게 아름다운 광경이었을 것이다.[110]

쉽은 교육도 받지 않은 거친 군인일 뿐, 미학을 다루는 철학자가 아니었다. 따라서 '숭고하게 아름다운'이라는 언급을 모순이라고 탓할 수 없다.

칸트도《판단력 비판》에서 가장 야만적인 환경부터 가장 문명화된 환경에 이르기까지 모든 인간 사회에서 용감한 군인의 숭고한 모습은 '가장 높이 찬양할 만한 대상'이라고 말함으로써 숭고의 매력을 설명했다. 또한 그는 미학적으로 볼 때 정치인보다 장군이 더 매력적이라고 단언하며, 이렇게 이야기했다.

전쟁 자체는 (……) 무언가 숭고한 것을 지니고 있으며, 전쟁을 수행하는 민족들에게 더 많은 위험에 노출되고, 불굴의 용기로 그 위험에 맞설수록 더 숭고해진다는 정신적 각인을 남긴다. 반면 오랫동안 지속된 평화는 한낱 상업정신과 그에 따른 천박한 사리사욕, 비겁, 우유부단이 득세하게 만들며, 민족의 자질을 떨어트리는 경향이 있다.[111]

이후 200년 동안 전쟁은 점점 더 숭고한 경험으로 묘사되었다. 알게 모르게 수많은 전쟁 경험담이 루소가 파리에서 개를 만난 사건을 본보기로 삼았다. 모가디슈 전투(1993년)에 대한 숀 넬슨의 묘사가 루소와 개의 만남과 얼마나 많이 닮았는지 살펴보자.

그토록 완전히 살아 있다는 기분을 전에는 느낀 적이 없다. (……) 그 시간 도로에 있던 그는 숀 넬슨이 아니었다. 넓은 세상과의 연결이 완전히 끊어졌고, 공과금 걱정도 감정적 구속도 없었다. 아무것도 없었다. 그는 그저 10억분의 1초 단위로 매 순간을 살아내는 인간이었다. 마지막이 될지도 모른다는 사실을 절감하며 한숨 한숨 들이쉬는 인간이었다.[112]

아우스터리츠 전장에서 안드레이 공작이 경험한 현현도 놀랄 만큼 흡사하다. 톨스토이가 루소를 표절했을까? 가장 유명한 근대 후기의 전투 현현 장면이 사실은 산책하던 파리의 노신사와 커다란 개의 불행한 충돌을 본보기로 삼은 것이라면 무척 아이러니한 일일 것이다.

앤드루 멜빌은 1648년 거의 처형될 뻔한 경험을 현현 같은 계시의 순간으로 묘사하지 않았다. 버크의 숭고 개념이나 칸트의 숭고 개념을 알지 못했기 때문이다. 1740년 무렵부터 숀 넬슨이나 레프 톨스토이 같은 군인들이 전쟁의 숭고한 본질을 점점 인식하기 시작했다. 그에 따라 군인들은 전쟁을 문화적 선입견에서 자신을 해방시키고, 그 무엇이 되었든 순수한 진리를 볼 수 있게 하는 것으로 묘사했다.

근대 후기 회고록 저자 대부분은 분명 버크나 칸트의 책을 읽지 않았다. 하지만 이들은 수많은 중간 매개체를 통해 버크와 칸트의 숭고 개념을 흡수했다. 예를 들면 유럽에서는 보이 스카우트나 반더포겔Wandervogel('철새'라는 뜻으로 1901년 독일에서 시작된 자발적 청년운동_옮긴이)이 수많은 청소년을 숭고를 경험하도록 산으로 데려갔고, 대개 그들이 어떤 계시를 받게 될지 미리 분명하게 알려주었다.

6장은 라메트리의 삭막한 유물론으로 논의를 시작했다. 그리고 아주 다양한 견해와 작품들을 살펴본 후 19세기 초의 낭만주의자들로 논의를 끝마쳤다. 그중에는 (피히테Fichte처럼) 물질의 존재 자체를 부정하거나 적어도 육체와 물질에 대한 영혼과 정신의 우위를 주장하는 극단적 관념론자도 있다. 하지만 라메트리부터 피히테에 이르기까지 다양한 의견을 하나로 묶는 것은 감각과 감정, 외부의 자연적 영향을 지식의 중요한 원천으로 인정한다는 것이다.

우리는 낭만주의의 '영혼'과 '마음'에 대한 열광에 현혹되어 길을 잃지 않아야 한다. 사실 이 열광은 라메트리의 유물론과 아주 가까운 친척이라고 할 수 있다. 왜냐하면 낭만주의자들이 숭배한 영혼은 시인의 감각적 영혼이고, 이들이 숭배한 마음은 천재의 열정적이고 직관적인 정신이기 때문이다. 데카르트 철학의 합리적으로 계산하는 정신이거나 그리스도교 신학의 초월적인 불꽃이 아니다.[113] 이런 사실을 무엇보다 분명하게 보여주는 것이 군사적 천재성 숭배의 고조다. 클라우제비츠는 로디Lodi 전투(1796년)에서 드러난 나폴레옹의 천재성을 이렇게 묘사했다.

> 그는 승리에 취해 있었다. 그가 희망과 용기, 확신으로 고무된 상태였다는 의미이며, 영혼이 세속적인 이성의 계산을 능가했다는 말이다. 적군이 혼란과 공포에 빠져 달아나는 모습을 보는 그 순간 그에게 불가능한 것은 아무것도 없으리라! (……) 이 열정은 계산을 초월하는 마음과 느낌의 고양을 대변한다. 전쟁은 이성이 홀로 수행하는 것이 아니며, 전쟁에서 전투는 한낱 계산의 문제가 아니다. 전쟁을 수행하는 것은 온전한 인간이다.[114]

계산을 능가한 느낌. 클라우제비츠의 이 묘사는 말버러 공작을 완벽한 계산기계로 그린 파커의 묘사와 어떻게 다를까? 클라우제비츠가 영혼을 정상에 놓은 것은 맞지만, 그가 말하는 영혼은 '온전한 인간'과 연결되고 느끼는 그 무엇이다. 데카르트 철학의 컴퓨터와는 분명히 다르다.

이성에 대한 느낌의 우위는 러시아 장교인 데니스 다비도프Denis Davidov의 글에서도 분명하게 드러난다. 다비도프는 베니히센Bennigsen 장군이 아일라우Eylau 전투(1807년)에서 승리하지 못한 이유를 이렇게 설명했다.

> 베니히센 장군의 생각과 계획의 특징은 계산과 신중함이었다. 이는 견고하고 엄밀한 정신의 논리적 결과물이다. 그는 비슷한 유형의 정신과 맞붙어 싸우는 임무는 감당할 수 있지만, 천재의 육체, 선견지명을 거역하는 급작스러운 사건, 영감의 기운을 상대할 만한 인물은 아니었다.[115]

다비도프의 설명은 이렇게 이어진다.

> 그런 기회를 유리하게 활용하기 위해서는 (……) 전술에 통달하거나 단호한 기백을 내보이거나 기민한 정신을 소유하는 것으로는 충분하지 않다. 영감이 없으면 이 모든 것이 전혀 쓸모없는 것이 되기 때문이다. 전기 불꽃처럼 즉각적이고 말로 표현할 수 없는 그 충동이 없으면 말이다. 시인에게 필요한 만큼 군사 지휘관에게도 필요한 것이 영감이다. 핀다로스Pindaros나 미라보Mirabeau 같은 시인처럼 나폴레옹과 수보로프Suvorov는 영감을 타고났다. 뛰어난 언변과 더불어.[116]

이로써 체스 선수 같은 지휘관은 사라지고, 전쟁 예술가가 등장한다. 이는 아주 중요한 변화다. 나사우의 마우리츠와 데카르트는 정신의 주요 임무가 생각인 반면, 느낌은 기본적인 육체의 기능이라고 생각했다. 하지만 낭만적 장교를 포함해 낭만주의자들에게는 느낌이 정신/영혼의 주요 기능이 되었다. 클라우제비츠와 다비도프 등이 새롭게 만들어낸 전쟁 천재는 계산보다 감수성이 뛰어난 천재였다. 이런 천재가 지닌 최고의 자질은 모든 것을 예견하고 계획하는 능력이 아니었다. 전장의 사소한 변화에 적응하고, 전투를 '감지'하거나 '냄새 맡고', 말하자면 공격 명령을 내릴 정확한 순간을 느끼는 능력이었다.

따라서 '나는 느낀다'와 '나는 생각한다', '가슴'과 '영혼' 사이를 가르던 깊고 넓은 틈이 거의 사라졌다. 많은 경우 특히 나폴레옹 군대의 단순한 사병들 사이에서 육체가 간단하게 영혼을 장악했고, 심지어 그 이름까지 도용했다. 클라우제비츠 같은 사람들이 육체에 대한 영혼이나 정신의 우위를 거듭 이야기했지만, 자신들이 '영혼'이라 부르는 것이 선조들이 말하던 '육체'라는 사실은 알아차리지 못했다.

합리주의적 성향이 분명하게 드러나는 칸트와 실러의 숭고 분석에서도 육체와 육체의 감각이 중요한 역할을 맡았다. 칸트의 숭고 경험은 이성의 최종적인 승리가 당연한 결론이지만, 이는 감각적 경험이라는 호된 시련을 통과할 때만 얻을 수 있는 승리였다. 데카르트가 따뜻한 방 안에서 이성의 우위를 '발견'한 반면, 실러의 프로메테우스(특히 탁월하고 숭고한 낭만적 영웅)는 캅카스 산의 외딴 봉우리에 사슬로 묶여 무시무시한 독수리의 공격을 받은 후에 비로소 데카르트와 같은 결론에 도달했다. 데카르트에게 이성의 승리는 합리적인 논의 끝에 얻은 결론이었지만, 실러에게 이성의 승리는 숭고한 감각적 경험을 겪은 후에 얻은 결론이었다.

이제 연구 방법과 연구 결과의 결정적인 차이를 강조하면서 논의를 끝내려 한다. 18세기와 19세기 초의 사상가들이 정신과 영혼, 육체, 물질의 관계에 대해 도출한 결론은 각양각색이었다. 많은 사람이 여전히 영혼이나 정신의 우위를 주장했지만, 정신을 지지하는 사람들도 연구 방법에서는 감각적 경험을 유례없이 중요하게 취급했다. 라메트리와 피히테가 이성이 감각보다 우월한지 아닌지, 그리고 이성이 전투 상황 같은 극한의 환경에서도 작동할 수 있는지 없는지 논쟁하는 장면을 상상해보자. 이런 논쟁은 이미 수천 년 전부터 이어진 것이었다. 하지만 감수성의 시대에 새롭게 변화된 사항이 있었다. 두 철학자의 논쟁을 우연히 듣게 된 일반 사병이 그들의 추론을 쓸데없는 잡담으로 무시하고, 자신의 전투 경험을 진리의 최고 원천으로 이야기해도 좋을 만큼 전폭적인 문화의 지지를 받았다는 것이다. 사실 자기 논리에 빠진 철학자들이 사병의 의견에 귀를 기울일 가능성이 농후했다. 그 중대한 변화에 비하면 그 사병이 이성의 우위를 지지하느냐 감각의 우위를 지지하느냐는 부차적인 문제였다.

7장

생각하는 사병의 탄생

전쟁기계에서 생각하는 군인으로

감수성 문화는 군사 영역에 큰 영향을 주었는데, 그중 가장 중요하고 오래 지속된 영향이 일반 사병과 관련된 것이다. 감수성이 감각과 감정의 위상을 크게 향상시키며 사고 과정에서 중요한 역할을 맡긴 것처럼, 군사 영역에서 감수성은 일반 사병의 위상을 크게 향상시키며 일반 사병이 군대의 사고 과정에 참여하도록 만들었다. 이런 변화의 가치를 제대로 평가하려면 구체제 군대에서 일반 사병들이 처한 상황을 다시 한번 살펴보아야 한다.

서양 역사에서 17세기와 18세기만큼 일반 사병의 이미지와 위상이 낮았던 적이 없다. 이런 결과가 나온 이유는 다음과 같은 세 가지 딜레마 때문이었다.

첫 번째 딜레마는 그 당시 주도적인 군대 환상이 데카르트주의 군대였다는 사실이다. 다시 말해 군대가 생각이 없는 로봇들로 구성되고 위대한 장군 한 사람의 합리적 정신에 의해 모든 움직임이 통제되는 기계가 되어야 한다는 환상이었다. 이러한 환상에서는 사고와 주도권이 완전히 제거된 군인이 완벽한 군인이었다. 이 환상을 더욱 부채질한 것이 악몽 같은 환상의 그림자에 대한 두려움이었다. 당시에도 여전히 군주와 지휘관, 일반 시민들이 과거 30년 전쟁과 16세기에 명령에 불복종하고 강탈을 일삼던 무리를 기억하고 있었던 것이다. 이들은 대개 고용주와 시민을 희생시키고 자기 자신의 목적과 이익을 챙기는 쪽으로 전쟁을 이용한 무리였다.

두 번째 딜레마는 17세기와 18세기의 일반 사병 대다수가 가장 가난하고 무시받던 사회 구성원으로 충원되었다는 점이다. 자신의 의지와 상관없이 군대에 끌려온 사람이 많았고, 술에 취하거나 감언이설에 속아 입대한 사람들도 있었고, 말 그대로 납치되다시피 강제 징집된 사람도 적지 않았다. 자발적으로 입대한 사람들도 전부는 아니지만 대부분이 달리 먹고 입을 방법이 없어서 입대한 사람들이었다. 상류층 출신인 지휘관들은 사병들을 무시하는 경향이 있었고, 그들이 최악의 수준일 것이라 예상했다. 지휘관들은 이들이 섬세한 정신과 지성이 없이 짐승 같은 욕구와 촌무지렁이의 교활함만 가득한 거친 존재라고 생각했다. 그들이 주도적으로 할 수 있는 일은 명령 왜곡과 불복종, 탈영, 반란, 책임 회피, 약탈, 강간, 술주정뿐이라고 생각했다.[1] 많은 병사가 군대와 지휘관에 대한 충성심이 없고 전쟁의 정치적 결과에 조금도 신경 쓰지 않는 외국인이어서 상황은 나아지지 않았다.[2]

1779년 프랑스 전쟁부장관 생제르맹Saint-Germain은 필연적으로 군대는 아무짝에도 쓸모없고 사회에 해만 끼치는 민족 쓰레기로 구성될 수밖에 없다고 말했다.[3] 또 다른 믿을 만한 평론가는 마리아 테레지아 군대의 신병모집에 대해 이런 기록을 남겼다.

> '조국애'나 '군대 체질'이라는 망상에 현혹되면 안 된다. 청년들을 자진 입대하도록 만드는 가장 중요한 충동이 무엇인지 조사해보면, 술에 취한 비몽사몽, 미쳐 날뛰는 격정, 놀고먹을 욕심, 유용한 직업에 대한 공포, 부모의 그늘을 탈출하려는 마음, 방탕한 기질, 구속 없는 자유를 누리려는 허황된 소망, 완전한 자포자기, 추잡한 죄를 저지른 후 처벌에 대한 두려움 등 온갖 쓸모없는 인간의 동기라는 것을 알게 될 것이다.[4]

당시 널리 퍼진 이런 생각과 그에 따른 군사정책은 자기충족적인 예언이었다. 신병들은 사람들이 기대하는 대로 행동했고, 처음에는 자존심이 있는 '정직한' 남자들이 절대 입대하지 않았다. 어떤 군사사상가가 군인들에게 자유로운 주도권을 더 넘겨주려는 계획을 세운다고 해도 당시 군인들의 능력에 대한 지배적인 의견이 그런 계획을 수용하지 않았다.

그에 따라 전쟁 문화는 두 가지 지배적인 이미지를 갖게 되었다. 첫째, 이상적인 군인은 생각하지 않는 로봇이다. 둘째, 실제 군인은 창조적인 범법자에 가깝다. 지휘관과 교관이 풀어야 할 숙제는 범법자를 로봇으로 개조하는 방법이었다. 구체제의 전쟁 문화가 악순환을 하게 된 세 번째 결정적인 요인이 바로 여기에 있었다. 당시의 교육 이념이 세 번째 딜레마였다.

교육에는 한계가 있다는 것이 근대 초기의 공통된 믿음이었다. 인간은 관념과 성향, 지적 능력을 타고나므로 아무리 교육해도 그 한계를 극복하지 못한다는 것이다. 더군다나 정신이 육체보다 우월하므로 정신을 형성하는 일이 육체를 형성하는 일보다 훨씬 더 어렵다고 믿었다. 이러한 추정을 토대로 군사교육은 훈련과 규율을 통해 범법자를 로봇으로 개조하려 했다.

훈련은 대단히 비관적인 교육방식이었다. 마우리츠와 말버러, 프리드리히 대제 군대의 훈련교관들이 제아무리 악랄해도 신병의 과거 정체성을 완전히 지우고 처음부터 새로 만들 수 있다는 환상을 품지는 않았다. 아무리 훈련을 시키고 징계를 해도 병사들의 과거 정체성은 껍질 밑으로 잠시 몸을 숨길 뿐 언제든 다시 나타날 기회를 노린다는 것이 일반적인 생각이었다. 훈련과 규율은 타고난 야수성을 묶어두고 그 위에 군대 정체성의 껍질을 덮어씌우는 것에 불과했다.[5] 병사들의 지적 능력과 관련해 훈련교관들이 예상하는 전망은 훨씬 더 암울했다. 군인들의 악덕은 억제할 수 있겠지만, 타고난 우둔함은 어쩔 것인가? 지적으로 더 뛰어난 상관의 명령에 맹목적으로 복종하도록 만드는 방법 외에 달리 할 수 있는 일이 많지 않았다.

구체제 군대는 데카르트의 이상을 위해 혹독한 대가를 치러야 했다. 구체제 군대는 대규모 전장에서는 주어진 임무를 비교적 제대로 수행했다. 흔히 뉴턴 물리학처럼 정밀하게 진행된 정공법에서는 주어진 임무를 훨씬 더 잘 수행했다.[6] 대규모 전투에서 구체제 군대는 역사상 그 어떤 군대보다 '체스 게임' 모델에 더 가까웠다. 지휘관은 체스 판의 말을 옮기듯 연대와 중대를 이동시켰다. 하지만 체스 판을 떠나는 순간 엉망이 되었다. 숲이나 늪지, 언덕 등 험지에서 복잡한 훈련을 실행하는 것은 거의 불가능했고, 야간이나 악천후 때도 마찬가지였다. '마찰 저항이 없는 환경'에서 이론적 문제를 해결함으로써 마찰을 무시하려는 물리학자처럼 18세기 훈련교관들은 전쟁의 마찰을 무시하려고 최선을 다했다. 이들은 '마찰 저항이 없는' 연병장에서 병사들을 훈련시켰다. 병사들을 숲이 우거진 언덕처럼 현실적인 환경에서 훈련시키는 일은 거의 없었다.[7] 전투 시간이 다가오면 지휘관들은 비슷한 작전을 적용하려고 노력했다. 자신의 군대가 연병장에서 훈련한 작전을 험지에서 수행할 수 없으므로 지휘관들은 험지 전투를 최대한 피하려 애썼다. 이는 분명 작전과 전술에 지대한 영향을 미쳤다. 하인리히 폰 뷜로우Heinrich von Bülow는 이러한 연병장 심리를 풍자하며 이렇게 말했다. 훈련은 이제 전투 준비가 아니고 "괴테와 실러의 미학적 원리라는 의미에서 그 자체로 완결된 것이 되었다. 훈련 자체의 목적이 있다. 연병장을 반질반질하게 닦는 것이 목적이다. (……) '멍멍이들아, 발맞춰!' 야간에 기습을 당해도 이런 명령을 내렸을 것이다."[8]

구체제 군대의 작전 능력을 더욱 떨어트린 것은 탈영과 명령불복종에 대한 두려움이었다.[9] 지휘관들은 장교가 밀착 감시를 하지 않으면 많은 병사가 몰래 숨거나 탈영할 것이고, 나머지 병사들도 효과적으로 움직이지 않을 것이라고 염려했다.[10] 따라서 이들은 병사들이 험지에서 산개해 행군하거나 싸우는 것을 꺼렸고, 정찰대와 식량 징발대 운영을 금지했다. 1707년 외젠 공은 행군 중에 본대에서 100보 이상 떨어지거나 진지에서 1,000보 이상 떨어진 병사는 발견 즉시 교수형에 처하라는 명령을 내렸다.[11]

프리드리히 대제는 '군대나 파견대를 통솔하는 장군의 가장 중요한 임무 한 가지가 탈영을 막는 것'이라고 믿었다. 그는 탈영을 막기 위해 지휘관들에게 다음과 같은 명령을 내렸다. 야간 행군을 금지하라. 보병이 숲을 통과할 때는 경기병이 대열 좌우를 순찰하도록 하라. 반드시 필요한 경우가 아니면 숲이나 삼림과 너무 가까운 곳에는 진을 치지 말라.

어느 곳에 진을 치든 경기병이 주변을 순찰하도록 하라. 야간에는 충성스런 정예군들을 진영 주위에 세워 철통같이 감시하라. 어떤 경우에도 병사들이 혼자 돌아다니지 않도록 하라. 병사들이 행군 중에 대열을 이탈하지 않도록 엄중히 단속하고, 약탈하는 병사는 엄하게 처벌하라.[12] 프리드리히 대제는 이런 기록도 남겼다.

"다른 사람은 몰라도 나는 절대 야간 공격을 하지 않을 것이다. 어둠이 불러올 혼란 때문이다. 또한 대다수의 병사는 감시하는 장교의 눈길과 처벌을 두려워해야 맡은 소임을 다하기 때문이다."[13]

프리드리히 대제의 명령은 여러 가지 군사작전, 특히 야간작전과 험지작전을 크게 제한했다. 이는 프로이센 경기병의 임무가 정찰에서 동료 감시로 바뀔 수밖에 없었음을 의미한다.[14]

피터 파렛Peter Paret은 이렇게 설명한다.

군기 문란과 탈영에 대한 두려움, 자발적이지만 비효율적일 수밖에 없는 개별 무리로 밀집 대형이 흩어지는 것에 대한 두려움에서 (……) 일단 손에 들어온 승리도 활용하지 못했다. (……) 군율과 전술적인 요구 사항들이 전투에서 결정적인 결과를 성취하는 데 방해가 되었을 뿐만 아니라 군사작전을 수행하는 내내 방해 요인이 되었다. 정찰을 무력화시켰고, 즉흥적인 대처를 불가능하게 만들었으며, 신속한 이동보다 조직적인 이동을 선호했다. 보급과 수송체계가 무엇보다 큰 어려움을 겪었다.[15]

따라서 구체제 군대는 소규모 인원이나 병사 개개인이 독립적으로 행동하며 산개 대형으로 이동하고 전투하는 작전에서 확실히 불리한 입장이었다. 식량 징발과 정찰부터 게릴라 대응, 긴밀한 전투작전으로 얻은 승리를 활용하는 일까지 모든 활동이 심각한 제약을 받았다.

　사실 구체제 군대는 어느 정도 일반 사병의 주도권에 의존할 수밖에 없는 경우가 많았다. 블렌하임 전장의 진귀한 광경을 무시하고 카미자르 Camisard 반란의 게릴라전과 대게릴라전을 집중적으로 탐구하는 연구자는 생각하는 일반 사병을 수없이 만나게 될 것이다.[16] 하지만 이런 사실은 구체제 전쟁 문화에서 무시되었고, 군사이론이나 군인들의 문화적 이미지와 정치력에 아무런 영향을 주지 못했다. 군사이론의 핵심 질문, 곧 '군인들을 일사불란하게 다루는 방법이 무엇인가'라는 해묵은 질문에 대한 구체제 전쟁 문화의 대답은 확고했다. 훈련이 기동성을 확보하고, 엄격한 외부 감시가 규율을 보장한다는 것이었다.

　구체제 군대에 대한 이야기를 마치기 전에 우리가 흔히 범하는 오해한 가지만 살펴보자. 흔히들 구체제 군대는 동기 부족으로 여러 가지 어려움을 겪었다고 생각한다. 이는 오해다. 구체제 군대가 여러 가지 어려움을 겪은 이유는 동기 부족이 아니라 주로 주도권 부족 때문이었다. 제대로 훈련을 마친 구체제 군인들은 동기가 충만했다. 두려움과 탐욕뿐만 아니라 직업적인 자부심과 소속감esprit de corps, 소부대의 단결심, 개인적 명예심, 남성적 이상 혹은 간혹 보이는 애국심과 심지어 종교적 열정으로 의욕이 드높았다. 블래닝T. Blanning의 지적대로 구체제 군대는 개인적으로나 집단적으로나 영웅적 위업을 달성할 능력이 있었다. 이는 군인들이 적군보다 장교들을 더 무서워하도록 만든 엄한 군율로는 설명할 수 없는 사실이다.[17]

　하지만 구체제 지휘관과 구체제 군사이론은 동기와 주도권을 아주 명확하게 구분했고, 이러한 구분이 구체제 군사활동에 영향을 주었다. 지휘관들은 병사들이 고도로 동기 부여가 되어야 용감하게 행동할 수 있다는 것을 인정하면서도 병사들의 주도권은 선뜻 신뢰하지 못했다. 첫째, 동기가 높은 병사도 독자적인 결정을 내릴 만큼 지식이 많지 않다는 믿음 때문이었다. 둘째, 병사에게 일단 생각할 기회를 주면 그들의 타고난 나약함이 표면으로 떠올라 비도덕적으로 행동하게 된다는 두려움 때문이었다. 맹목적으로 명령에 복종할 때 적진으로 용감히 돌진하던 병사가 스스로 결정할 상황이 오면 탈영할 수도 있다는 두려움이었다. (다음 장에 나오는 울리히 브레커Ulrich Bräker도 로보지츠Lobositz 전투에서 전우들과 함께 용감히 돌진했지만 혼자 결정할 상황이 되자 이내 탈영했다.)

우리가 쉽게 이해할 수 있는 이유는 아니다. 오늘날 우리는 동기와 주도권을 동전의 양면으로 생각하기 때문이다. 우리는 동기가 확실하면 주도권도 당연하다고 생각한다. 다른 것들도 마찬가지지만 이 점에서도 우리는 18세기 말 혁명적인 군사사상을 이어받았으며, 근대 초기의 군사적 사고방식과는 맞지 않는다.

감수성을 받아들인 군대의 교육 혁명

18세기 말이 되자 일반 사병의 시대가 동트며, 가장 위대한 근대 군사 개혁 하나가 등장했다. 나폴레옹 시대에 강압 대신 포섭이 병사들을 훈련하고 운용하는 주된 수단이 되었고, 이로써 군대가 사용할 수 있는 엄청나고 새로운 에너지원의 빗장이 풀렸다.

구체제 군대는 지식과 지략, 술책 등 개별 병사의 개인적 에너지 대부분이 군대를 영구히 위험에 빠트릴 문제의 근원이므로 반드시 억제해야 한다고 생각했다. 따라서 구체제 군대는 병사들을 통제하고 감시하느라 많은 힘을 낭비했을 뿐만 아니라 병사들의 주도권과 에너지를 활용하는 것도 극히 제한된 수준에 그쳤다. 그에 반해 나폴레옹 군대는 군인들의 지식과 지략이라는 바로 그 에너지를 포섭해 군대의 목표 달성에 기여하도록 만들 수 있다고 믿었다. 당연히 나폴레옹 군대는 병사들을 통제하고 감시하는 데 낭비되는 힘을 훨씬 더 줄였고, 병사들의 주도권과 에너지를 훨씬 더 많이 활용했다.

강압 대신 포섭이 들어설 수 있었던 까닭은 무엇일까? 이 질문에 대해 철저하고 상세한 답변을 제시할 수는 없다. 근대 군사역사에서 가장 중요하고 어려운 문제 중 하나이기 때문이다. 이러한 변화를 일으킨 명백한 원인이나 필연적인 원인은 없다. 근대 초기 서양의 군대는 이와 정반대되는 궤적을 밟았다. 그리고 군대의 계급 통제가 조금만 느슨해지면 16세기의 무정부상태로 돌아갈 수 있다는 두려움도 역사적으로 타당한 근거가 있었다. 그렇다면 동시대인들이 강압 대신 포섭을 택하도록 유인한 문화적 요인들이 무엇이며, 이와 같은 실험이 훌륭하게 성공하도록 기여한 문화적 요인들은 무엇인가. 이것이 다음에서 집중적으로 조명할 내용이다. 하지만 나는 이런 요인들이 전체를 완전하게 설명할 수 있다고 확신하지 않는다. 이 중요한 변화에 관한 완전한 설명은 미래의 연구자들에게 남겨진 과제다.

군사교육의 혁명

문화적 차원에서 볼 때, 군대에서 포섭이 강압을 대치한 것은 감수성 문화의 핵심인 전반적인 교육 혁명과 관련이 있다. 감수성 문화는 모든 지식이 감각적 경험에서 비롯되었다고 강조함으로써 새롭고 놀라운 교육의 지평을 열었다. 타고난 관념이나 성향, 지적 능력이란 없었다. 정신 속에 있는 모든 것은 감각에서 온 것이고, 지나간 경험의 산물이 아닌 것이 하나도 없었다. 따라서 모든 계층의 인간은 본질적으로 백지 상태 tabula rasa이며, 엘베시우스Helvétius가 남긴 유명한 말처럼 교육으로 무엇이든 할 수 있었다.[18] 왕이건 빈민이건 모든 인간의 능력은 나면서부터 정해지는 것이 아니라 본질적으로 무한하다고 생각했다. 나폴레옹은 이런 생각을 군대에 적용해 모든 병사의 배낭에 원수의 지휘봉이 담겨 있다고 말했다.[19]

이 감각주의적 신조가 수많은 교육 운동의 주춧돌이 되었다. 어린이와 농부, 노동자, 범죄자, 부랑자, 정신병자, 매춘부 등 거의 모든 계층에서 '교육'하고 '개혁'하고 '완성'하려는 노력이 시도되었다. 당시 등장한 낭만주의 운동도 밀려드는 교육 유토피아주의의 밀물을 되돌리지 못했다. 이론적으로 교육은 낭만주의자들이 감각주의자들과 깨끗이 갈라서는 분야였다. 낭만주의자들에게 백지 상태는 더없이 생경한 개념이었기 때문이다. 이들은 인간 마음의 자연적인 불가해한 깊이를 강조했고, 인간을 백지 상태가 아닌 씨앗을 가득 품은 자루로 보았다. 하지만 실질적으로 낭만주의의 교육 이념은 감각주의적 사상과 아주 유사했다. 낭만주의와 감각주의가 모두 인간이 성향과 능력을 타고나며 그 한계를 벗어날 수 없다고 보는 과거 권위주의적 견해에 반대했기 때문이다. 낭만주의자들은 인간이 저마다 다른 능력을 타고난다는 생각에는 동의했지만, 모든 인간의 능력은 무한하고 헤아릴 수 없으며, 외적 경험의 도움이 없어도 이러한 능력의 씨앗들이 발아하고 성장할 수 있다고 믿었다.

작센의 위대한 교육사상가 한J. Z. Hahn은 1800년에 이런 글을 남겼다.

운명이 확고하게 결정되었다고 누가 확신할 수 있는가? 누군가가 하층민으로 태어났다는 이유만으로 운명적으로 비천하고 이해의 정도가 제한적이라고 말할 수 있을까. (……) 자연은 인류에게 재능과 능력을 분배할 때 사회 계층을 따지지 않는다. (따라서) 지혜와 수준 높은 교육은 특정한 사회 계급의 특권이 될 수 없다. (……) 모든 이의 가슴은 감정을 품고 있다. 이 감정을 특별한 관심을 쏟아 양성하고 개발하고 더 나은 교육으로 생기를 불어넣고 고상하게 만들면 가장 영예로운 행위로 무르익는다. (……) 지능이 있는 존재의 힘과 능력은 가능한 한 완전하게 개발되어야 한다.[20]

크리스티안 나겔Christian Nagel 중위는 자신이 지휘한 예거Jäger(18세기 독일의 경보병, Jäger는 독일어로 사냥꾼_옮긴이) 중대의 병사들을 훈련하고 교육시킨 방법을 언급하며, 가장 열등한 사람이라도 타오르는 불씨가 있으며, 이 불씨가 입김이나 폭풍에 의해 그의 마음에 불을 지핀다고 기록했다.[21]

따라서 낭만주의의 '씨앗을 가득 품은 자루'는 감각주의의 백지 상태와 놀라울 만큼 많이 닮았다. 둘 다 인간을 교육하고 개혁하는 무제한의 기회가 경험에 있다고 생각했다. 다만 경험의 힘을 설명하는 방법이 다를 뿐이다. 감각주의자들은 교육 경험이 무의 상태에서 새로운 자질을 '창조'한다고 생각하고, 낭만주의자들은 교육 경험이 이미 존재하는 씨앗을 배양할 뿐이라고 생각했다. (대리석판이 예술가가 무엇이든 맘에 드는 것을 조각할 수 있는 백지 상태인지 아니면 대리석판이 이미 수많은 가능한 조각을 내포하고 있으며 예술가는 그중 하나를 선택해 드러내는 것인지에 관한 논쟁과 상당히 흡사하다.)

교육 방법의 본질에 관해서는 감각주의자나 낭만주의자 모두 비슷한 의견이었다. 이들은 누구든 계발하면 훌륭한 결과를 성취할 수 있다고 믿었으며, 냉혹한 규율과 기계적 암기를 포함하는 '비관적인' 교육 방법을 거부했다. 그 대신 이해와 자주적인 판단의 중요성을 강조했고, 학생들을 좀 더 인간적으로 대하는 것이 중요하다고 강조했다.(여기서 로크와 바제도Basedow, 헤르더Herder, 페스탈로치Pestalozzi, 루소의 공헌이 특히 두드러진다.)[22]

무한한 교육의 힘에 대한 새로운 믿음은 18세기 중반부터 군대 영역으로 유입되기 시작했다.[23] 18세기 후반 50년 동안 군대에서 계몽주의의 꽃이 피었다. 군사 관련 잡지들도 상당수 출간되었고, 상급 장교를 위한 수많은 군사학교가 문을 열었다. 연대에는 하급 장교, 부사관, 일반 사병을 위한 학교들이 들어섰다.[24] 일반 사병의 자녀들을 교육할 학교를 세운 군대도 있었다.[25]

더 중요한 사실은 새로운 교육 이념이 군사교육에도 적용되었다는 것이다. 웨일스의 군사사상가 헨리 험프리 에번스 로이드Henry Humphrey Evans Lloyd는 1760년대에 군사심리학을 체계적으로 연구한 선구자다. 그는 인간이나 다른 종류의 동물에게는 고통에 대한 두려움과 혐오, 쾌락을 추구하는 욕망이 모든 행동의 원천이자 이유라는 감각주의 원칙에서 출발했다.[26] 그리고 그는 장군이 '병사들의 성향을 완전히 지배하고 무한한 권위로 그들의 힘을 무력화할 수 있도록' 군인들의 동기를 조종하는 방법을 설명했다.[27] 로이드의 감각주의적 계획은 한마디로 훈련을 통해 육체적 움직임을 지배하던 것을 교육과 조종을 통해 정신적 성향을 지배하는 것으로 대체하는 것이다.

1798년에 게오르크 하인리히 폰 베렌호르스트Georg Heinrich von Berenhorst가 《전쟁의 기술에 관한 고찰Reflections on the Art of War》이

라는 영향력 있는 책을 출간했다.[28] 베렌호르스트는 전쟁에서 훈련이나 장교의 지적 능력보다 훨씬 더 중요한 것이 일반 사병의 동기 부여이며, 따라서 병사들에게 불굴의 투지를 함양할 목적으로 행하는 인간적인 교육체계가 엄격한 훈련과 가혹한 군율을 대체해야 한다고 주장했다.[29]

클라우제비츠의 연대장인 폰 참머von Tschammer 대령은 1790년대에 연대의 하급 장교와 부사관을 위한 학교와 사병들의 자녀를 위한 학교를 설립했다. 그는 군인들도 일반적인 문명의 진화에서 동떨어지지 않아야 한다고 믿었다. 또한 그는 "교육의 일차적인 기능은 지식 습득이 아니라 판단력 향상이다. 판단력이 없는 군인은 동물에 지나지 않는다. 용기와 냉정함은 건전한 자신감에서 우러나고, 자신감은 교육과 경험의 산물이다"라고 믿었다.[30]

클라우제비츠도 같은 의견을 토로했다. 《전쟁론On War》(1832년)에서 그는 전쟁을 지배하는 것은 심리적 요인이며, 전쟁은 연병장의 수학적 정밀성으로 정리할 수 없는 것이고, 따라서 군대의 정신이 훈련 숙달보다 훨씬 더 중요하다고 거듭 강조했다.[31] 그는 이미 1809년에 진정한 전의戰意는 전쟁의 불길이 모든 구성원에게 번지도록 군대 내 모든 개인의 에너지를 가능한 한 최대로 집결하고 모든 개인에게 호전적인 감정을 불어넣는 것에 달려 있다고 생각한다는 편지를 요한 고트리프 피히테에게 보냈다.[32]

철저한 낭만주의 사상가인 클라우제비츠는 이미 존재하는 에너지를 결집해야 한다고 주장한 반면, 감각주의자인 로이드는 외부에서 조종해야 한다고 주장했다. 하지만 두 사람이 생각한 새로운 군사교육의 이상은 다르지 않았다. 신병 대부분은 여전히 '사회 쓰레기'지만, 이 쓰레기의 정신은 유연하다. 열등하고 무지한 시골 아이라도 적절한 경험에 노출시키면 그에게서 얻을 수 있는 것은 무한하다. 육체적, 정신적, 사상적으로 제대로 교육하면 '사회 쓰레기'에게도 고결한 자질을 심어주거나 배양할 수 있다. 짐승 같은 일반 사병을 고결하고 지적인 존재로 변화시킬 수 있다. 그리고 일단 군대가 고결하고 지적인 존재들로 구성되면, 병사들을 일사불란하게 다루는 방법과 관련한 기본적인 문제도 전혀 새로운 방식으로 해결할 수 있다. 훈련보다는 개인의 지적인 주도권이 기동성의 토대를 이룰 수 있고, 가혹한 외적 감시보다 내적인 헌신과 이해가 훈련의 바탕이 될 수 있다. 한마디로 말해서 포섭이 강압을 대체할 수 있으며, 그렇게 되면 포악하고 어리석은 바보처럼 행동하거나 탈영하리라는 두려움 없이 군인들에게 독립적으로 행동할 여지를 더 많이 마련해 줄 수 있다는 생각이었다.[33]

그에 따라 18세기 후기에 군대교육이 변하기 시작했고, 신병 훈련소가 탄생했다. 군대는 특별한 경험을 신중하게 적용함으로써 신병들의 민간인 정체성을 완전히 지우고, 그들을 백지 상태로 바꾸려 했다. 그래야 군대가 새롭게 만들어진 이 백지 상태에 원하는 것과 필요한 것을 마음껏 적어 넣을 수 있었다. 이해관계와 가치관, 지적 능력이 군대의 요구 조건과 들어맞고, 생각하고 주도적으로 행동해도 군대에 해를 끼치지 않으리라 믿을 수 있는 군인이 창조될 수 있었던 것이다. (낭만주의자들은 다르게 표현할 것이다. 교육 과정에서 군대는 우선 사병들의 과거 경험이라는 잡초를 뿌리 뽑고, 그때까지 땅속에서 잠자고 있던 좋은 씨앗을 조심스럽게 키워낸다고 표현할 것이다.)

모든 일이 제대로 진행되면 장 바티스트 베르나도트Jean-Baptiste Bernadotte 같은 백지 상태의 일반 사병이 프랑스의 원수가 될 수 있고, 스웨덴 국왕 칼 14세 같은 인물도 될 수 있었다. 조금 더 비근한 예를 들면

19세기 영국에서는 사회 쓰레기가 모범적인 군인과 시민이 되었다는 군인 회고록이 넘쳐났다. 가령 존 쉽은 가난한 고아로 다섯 살이 될 때까지 마을의 구빈원에서 지낸 후, 인근에서 유명한 말썽꾸러기이자 골칫덩이로 자랐다. 그가 열세 살에 군대에 입대하자 마을 어른들이 기뻐할 정도였다. 하지만 군에 입대한 쉽은 책임감 있고 근면한 군인이 되어 장교로 진급했으며, 리버풀 야경대장과 리버풀 구빈원장으로 생을 마감했다.[34]

실제 18세기 말과 19세기 초의 군사교육이 신병을 어느 정도까지 백지 상태로 변모시켜 도덕적인 군인으로 만들었는지는 논란의 여지가 있다. 새로운 교육 이념을 의심하며 여전히 과거 훈련장의 사고방식을 고수하는 사람들이 많았다. 1779년 알렉산더 해밀턴Alexander Hamilton도 대륙군(미국 독립전쟁 당시 영국에 대항해 미국 13개 식민지가 결성한 육군_옮긴이)과 관련해 "장교들은 지각 있고 다정다감한 사람이 되게 하라. 그리고 병사들은 기계에 가까워질수록 더 좋다"고 기록했다.[35] 하지만 새로운 교육 정신을 받아들이고 병사들의 주도권에 대해 훨씬 더 큰 믿음을 보이는 지휘관이 점점 더 많아졌다.

군사교육의 혁명이 이룬 첫 번째 성과가 경보병light infantry이다.[36] '경보병'이란 말은 기동성이 높은 보병이란 의미를 내포했으며, 험지에서 산개 대형으로 작전을 펼치고 전투를 치를 수 있는 특수 보병을 의미했다. 연병장에 일직선으로 늘어서서 전열작전만 훈련했을 '전열 보병'과 대비되는 것이 경보병이었다. 18세기 중반부터 구체제 군대는 전열 보병이 수행할 수 없는 임무에 경보병을 활용했다. 이들은 대개 소규모로 독립적인 무리를 이루어 불규칙하게 분산된 대형으로 이동하며 전투했다. 경보병은 험지에서의 식량 징발과 정찰, 소규모 접전, 전투에 이상적인 조직이었다. 험지에서 전열 보병 부대는 훈련장에서 익힌 대로 움직일 수 없었고, 탈영 위험도 아주 높았다.

경보병 일부는 머스킷 대신 라이플 소총을 메고 다녔지만, 무기가 바뀌어 경보병의 기동성이 뛰어난 것은 아니다.[37] 그보다는 하급 장교와 부사관, 부대원 각각의 주도권과 자신감이 높아졌기 때문이다. 이는 새로운 군사교육체계의 성과였다. 경보병은 로봇으로 훈련받지 않았다. 생각하고 책임지는 주도권을 발휘하도록 교육받았다. 그뿐만 아니라 전열 보병 부대가 보통 마찰저항이 없는 '실험실' 환경에서 훈련한 반면, 경보병 부대는 실제 전투 상황을 본뜬 훨씬 더 현실적인 훈련을 늘려갔다.[38] 특히 이들은 스스로 판단해서 표적을 정하고 장전하고 발사하는 사격 훈련을 받았다.[39]

영국의 라이플 연대는 모든 라이플 소총수에게 '(왜냐하면) 장교나 부사관이 늘 곁에 붙어 지시할 수 없으므로 스스로 행동하고, 스스로 판단하고, 적과 교전할 상황이 되면 지형을 이용하도록' 훈련시켰다.[40] 나폴레옹 시대에 영국의 보수적 군대를 대변한 데이비드 던다스David Dundas는 경보병에 대해 "지금처럼 독자적으로 생각하고 산개 대형으로 움직이면 장교들의 통제가 거의 미치지 못한다. 이들의 임무는 각 개인의 마음과 노력이라는 가정 위에 세워진 것 같다"고 강한 불만을 토로했다.[41] 분명히 말하지만 던다스가 언급한 '독자적인 생각'과 '개인의 노력'은 칭찬이 아니다.

1807년 오스트리아의 군사교본을 보면, 경보병으로 발탁된 군인은 반드시 가장 영리하고, 가장 기민하며, 가장 믿을 만한 군인이며, 앞에 있는 사람들과 신체가 닿을 정도로 거리를 유지하라고 개념을 제한하지 않는다고 적혀 있다.[42] 프로이센의 예거 부대는 규율체계가 비교적 느슨했고, 정규 훈련을 받는 시간도 전열 보병 부대에 비해 훨씬 적었다.[43] 이들은 훈련 대신 실전 상황을 연습했고, 독자적으로 라이플 소총을 장전하고 발사하도록 교육받았다. 프로이센의 장군 요르크Yorck는 라이플 소총은 훈련용이 아니며, 훈련은 예거의 목적이 아니라고 그 이유를 설명했다.[44] 1788년 프로이센의 보병 규정은 저격병으로 발탁된 군인은 명석해야 하고, 부사관에 합당한 모든 자질을 갖춰야 한다고 명시했다.[45] 1793년 4월 프로이센 전열 보병 부대의 장군 한 사람이 헤센Hessen 연합 예거 중대의 성공적인 공격을 처음으로 목격했다. 그 모습에 깜짝 놀란 장군의 입에서 이런 감탄사가 터져 나왔다.

"명령이 없어도 (병사) 각자가 아주 사소한 지형적 특징까지 최대한 이용했다. 전에 본 적이 없는 지형이고, 사실 전에 결코 상상해본 적도 없는 지형인데 말이다."[46]

프랑스 혁명군은 경보병의 작전이 훈련과 전혀 무관하다고 믿었다. 1791년 프랑스의 공식 훈련교범에서 장 콜랭Jean Colin은 밝혀진 것에 따르면 (경보병의) 작전 횟수와 방식을 정하는 규정을 세우는 것은 불합리하고 오히려 방해만 된다고 논평했다. 경보병 전문가인 르 쿠튀리에Le Couturier 장군은 경보병 작전에 대해 사실 아주 단순해서 지능이 규칙을 대신할 정도이고, 글이나 말로 전달하는 현명한 조언 몇 마디가 기술적으로 계획하고 설명하는 책략보다 더 소중하다고 설명했다.[47] 지능으로 규칙을 대체하라는 르 쿠튀리에의 요구는 교육 혁명 전체의 정곡을 찌르는 표현이다.

중요한 것은 구체제 군대가 이미 1776년 이전에 경보병을 실험했고, 나중에 이들이 혁명군은 물론 '반동군'의 핵심이 되었다는 사실이다. 크로아티아 보병과 헝가리 보병, 국경수비대원으로 구성된 합스부르크 군대의 경보병은 세간에서 유럽 최고로 평가받았는데, 이들이 오스트리아 왕위계승 전쟁에서 특히 중요한 임무를 수행했다. 경보병은 1756년에 오스트리아 군대의 거의 4분의 1을 차지했고, 1808년이 되자 오스트리아 군대에서 운영하는 경보병 대대가 62개나 되었다.[48] 프로이센도 1740년대에 지능과 민첩성, 신뢰성이 두드러지는 신병들을 차출해 예거 부대원으로 훈련 양성했다.[49] 러시아에서는 1761년에 루미얀체프Rumyantsev 백작이 최초의 예거 부대를 출범시켰으며,[50] 1796년에 40개의 예거 대대를 운영했다.[51] 영국도 1750년대부터 경보병을 양성했다. 1771년을 기점으로 영국은 보병 1개 대대마다 경보병 1개 중대를 편성했고, 지능과 활동력, 사격술이 출중한 정예 요원들을 경보병으로 선발했다.[52] 영국의 경보병은 미국 독립전쟁 당시 핵심 임무를 수행했고, 대체로 이들의 정찰과 사격술이 미국 정규군이나 비정규군보다 우수했다. 1788년 보수적인 군사사상가 던다스는 경보병이 너무 유행한 탓에 전열 보병 부대의 자부심과 중요성이 사라졌다고 불평했다.[53] 프랑스도 18세기 중반부터 엽보병獵步兵, chasseurs à pied(18세기 프랑스의 경보병, chasseurs는 프랑스어로 사냥꾼_옮긴이)을 양성했고, 1770년대 초 기베르Guibert가 이미 전체 프랑스 병력의 5분의 1 수준이라고 평가할 정도로 경보병이 확대되었다.[54] 1789년 프랑스에는 전열 대대 내에 편성된 각각의 경보병 중대를 제외하고도 12개의 엽보병 대대가 있었다.[55] 작은 성직 공국이던 마인츠도 1770년대에 예거 부대를 양성했는데, 이들이 나중에 허약한 영주 주교 군대의 '정예' 부대가 되었다.[56] 그런가 하면 훗날 포르투갈이 웰링턴 군대에 지원한 주요 재원도 경보병caçadores(18세기 말~20세기 포르투갈의 경보병, caçadores는 포르투갈어로 사냥꾼_옮긴이)이었다.[57]

경보병 부대는 '사회 쓰레기'를 뽑아 미덕과 자신감, 지능을 배양해 생각하는 정예 군인으로 변모시킨 모범 사례였다. 군사교육 혁명의 다음 단계는 이 같은 변화를 전체 전열 보병 부대로 확대하는 것이었다. 군의 모든 부대가 경보병처럼 유연하게 행동하고 작전을 펼칠 수 있다면 전략과 병참, 전술에서 엄청난 효과를 거둘 것이 확실했기 때문이다.

전열 보병 부대 교육에서 아주 중요한 것은 여전히 훈련이었지만,[58] 전에 비해 훈련의 중요성이 줄어들었고, 복잡한 훈련도 가능한 한 단순해졌다.[59] 빌로우의 말을 빌리면, 지휘관들도 이제 훈련을 '그 자체로 완결된 것'으로 보지 않았으며, 연병장에서만 수행 가능한 기동 훈련을 없애야 한다고 생각하는 사람이 많았다. 1813년 웰링턴은 휘하에 있던 반도군(포르투갈 경보병_옮긴이)과 관련해 다음과 같이 언급했다.

여기 있는 그의 연대가 현재 상태 그대로 윔블던 공유지에서 사열을 하면 그 즉시 모두 복무 불가로 판정받고 훈련장에 보내질 것이다. 사실 그는 병사들이 모든 일을 가장 편하게 하도록 길들여져 있다고 이야기했다. (……) 그가 한 말은 불평이 아니라, 이곳과 영국의 생각이 얼마나 다른지 보여주는 것이었다.[60]

1820년대에 프랑스 예비역 장교들이 1791년의 훈련규정을 폐지하라고 요구하며, 자신의 경험상 규정에 나오는 복잡한 훈련 대부분이 전쟁에서 실행되지 못했다고 주장했다.[61]

지휘관들은 훈련 대신 심리적인 교육 홍보와 더 현실적이고 열린 교육을 통해 전열 보병 부대 병사들의 주도권을 키우기 시작했다. 이들은 특히 태형을 비롯해 구체제 군대의 잔혹한 징계 조치들이 병사들의 자존감을 파괴한다고 비난했다. 그 대신 군대는 더욱 '인간적인' 징계 조치들을 채택했다. 이 조치들은 수치심이나 보상을 약속하는 조치들이었고,

병사들이 자부심을 느끼도록 하기 위한 것이었다. (다음에서 군대 체벌과 병사들의 복무 여건이 어떻게 변했는지 살필 수 있다).[62] 병사들에게 무조건 지휘관을 따르라고 가르치는 대신, 새로운 교육방식은 기동 훈련의 목적과 합리성을 병사들에게 이해시키려고 노력했으며, 병사들에게 독자적으로 행동할 여유를 주었다.

하지만 아직 해결되지 않은 핵심 문제가 있었다. 충성심의 문제였다. 전열 보병 부대의 정규군에게 주도권을 주어도 이들이 탈영하지 않는다고 믿을 수 있을까? 또한 이들이 무언가 유용한 일을 시도하고 성취한다고 믿을 수 있을까? 병사들이 새롭게 배양된 주도권을 더 큰 집단적 목적을 위해 사용할 것이라고 군대는 확신할 수 있을까? 병사들을 믿고 존중하는 것이 그들의 자존감과 충성심을 높이는 데 도움이 되긴 했지만, 전열 보병 부대 전체로 볼 때는 충분하지 않았다. 동시대인들이 이들의 충성심을 더 확고하게 만들기 위해 사용한 것이 이념교육 운동이다. 그래서 18세기 후반에 등장한 두 가지 주요한 이념 운동이 민족주의와 공화주의다. 이 둘은 국가를 협동기업으로 보고, 시민 각자가 국가의 집단적 이익을 공유하므로 국가의 이익을 증대하기 위해 전력투구해야 한다고 강조했다. 이러한 관점이 전쟁에서 '무장한 국가'라는 개념으로 바뀌었다. 국가가 전체 시민에게 민족주의적 정서나 공화주의적 정서를 고취시키면, 국가는 전시에 시민들이 충성스런 군인으로 복무하리라 믿을 수 있다는 주장이 끊이질 않았다. 애국적 군인이나 공화주의적 군인은 독자적인 주도권을 국가의 집단적 목표 달성에 사용하리라 믿을 수 있으며, 탈영하거나 전쟁을 이용해 개인의 이기적인 이익을 채울까 봐 염려하지 않아도 된다는 주장이었다.[63] 이런 주장은 새로운 것이 아니었다. 마키아벨리의 논문 등 르네상스 시대의 군사 논문 그리고 당연히 고전 시대의 글에서도 발견되는 내용이었고, 기베르의 《전술학 개론Essai general de tactique》(1772년)이나 세르방Servan의 《시민군Le soldat-citoyen》(1781년) 등 구체제에서도 이미 제기된 주장이었다. 하지만 16세기의 사건들이 마키아벨리가 품은 국민군의 꿈이 거짓임을 증명한 반면, 18세기 후반의 사건들은 그의 꿈이 진실함을 입증하는 듯했다. 18세기 후반 이를 가장 강력하게 입증하는 두 가지 사례가 식민지 아메리카와 프랑스의 혁명군이다.

초창기 미국 군대의 훈련을 책임진 프리드리히 빌헬름 폰 슈토이벤Friedrich Wilhelm Von Steuben이 미국 혁명군과 관련해 유명한 말을 남겼다.

> 이 사람들의 기풍은 프로이센이나 오스트리아, 프랑스 사람들의 기풍과 전혀 비교가 되지 않는다. (유럽의) 병사는 "시행해!"라는 명령을 받으면 그대로 행동한다. 하지만 여기에서는 "네가 그 일을 해야만 하는 이유가 이것이다"라고 말해야 병사가 행동한다.[64]

미국 혁명군과 대적한 요한 에발트Johann Ewald도 다음과 같은 수사학적 질문으로 이들의 독특한 기질에 찬사를 보냈다.

> 극심한 궁핍 속에 거의 벌거벗은 이들이 성취한 것을 세상 그 어떤 군인들이 이룰 수 있을까? 최고로 훈련받은 유럽의 병사들은 당연히 받아야 할 것을 얻지 못하면 장군만 홀로 남겨두고 떼로 달아날 것이다. 하지만 이들을 보면 깨달을 수 있다. 열정, 이 가련한 친구들이 자유라고 부르는 열정의 힘![65]

이런 원리를 충분히 인식한 프랑스 혁명 지도부는 애국적인 일반 사병을 주인공으로 삼아 대중 선전 운동을 펼쳤다. 프랑스는 프랑스 병사를 구질서의 억압된 로봇에 맞서 자유를 쟁취하기 위해 열정적으로 투쟁하는 자유로운 지식인으로 선전했다. 또한 자유인은 굽실거리는 로봇보다 전략적으로 우월하게 태어났다고 주장함으로써 사기를 진작시켰다. 프랑스는 이 전략적 우월성이 두 가지로 드러난다고 선전했다. 첫째, 자유를 수호하는 자유 군인은 돈만 주면 무슨 일이든 하는, 폭군의 억압된 괴뢰군보다 훨씬 더 열정적으로 돌진한다. 이 미사여구는 전장에서 총검과 총공격 종대에 대한 숭배로 바뀌었다. 둘째, 머리를 쓰는 자유 군인은 산개 대형에서 생각이 없는 적군보다 훨씬 더 전투를 잘하며, 지휘관에게 더 큰 믿음을 준다.[66] 따라서 모든 구성원이 산개 대형에서 산병散兵으로 전투할 수 있도록 하는 것이 프랑스 혁명군의 이념적 기대치였다. 당시 경보병 전문가인 뒤에슴Duhesmes의 표현처럼 "프랑스 군대는 경보병뿐이었다."[67] 사실 옹드슈트Hondschoote 전투(1793년)를 비롯해 최소한 몇몇 접전과 전투에서 프랑스 군대는 전체가 산병으로 싸웠다.[68]

추상적인 정치 이념을 실제 전략적인 배치에 적용할 때 불가능한 희망 사항이 다수 포함되기 마련이지만, 최소한 산병의 경우에는 추상적인 정치 이념이 효과를 발휘한 것 같다. 프랑스 부대 대부분이 일반적인 머스킷 총으로 무장하고 경보병의 특화된 전략을 교육받지 못했지만, 이들이 집단 탈영하지 않고 산개 대형으로 싸울 것이라고 믿을 수 있었다. 이렇게 해서 프랑스군은 린Lynn이 규정한 '이전 세기 경보병의 확대를 가장 크게 가로막은 단 하나의 장벽'을 뛰어넘었다.[69]

프랑스 선전가들뿐만 아니라 이를 지켜보던 외국인들도 이념적인 세뇌와 개인 주도권 함양을 결합한 프랑스 군대의 새로운 교육 정신이 프랑스가 군사적으로 성공할 수 있었던 핵심 요인이라고 믿게 되었다. 장차 프로이센을 개혁할 게르하르트 폰 샤른호르스트Gerhard von Scharnhorst는 프랑스 혁명군의 성공에 대해 이렇게 기록했다.

> 일반 사병의 신체적 민첩함과 높은 지능 덕분에 프랑스 산병 부대는 모든 일반 상황과 지형을 유리하게 이용할 수 있다. 반면 무기력한 독일군과 보헤미아군, 네덜란드군은 공터에 대열을 지어 장교들의 명령이 떨어지기만 기다린다. (프랑스군은) 이러한 상황을 감안하고, 그를 바탕으로 언제나 험하고 은폐된 지형에서 전쟁을 벌일 체제를 갖추었으며 (그들의 목표는) 숲속이나 협곡에서 소규모 접전이나 전초 공격, 산발적 공격으로 우리 연합군을 지치게 만드는 것이다.[70]

프랑스 혁명군을 지켜본 또 다른 프로이센 사람, 미래의 프로이센 육군 원수 크네제벡Knesebeck(완고한 보수주의자)도 1794년에 프랑스 경보병의 전략이 뛰어나다고 인정했다. "프랑스의 공화정 군대가 엄청난 덕을 보는 것이 개인의 교육(계몽)이다. 경보병 전투에서는 장교가 통제력을 완전히 상실하는 상황이 비일비재하게 발생하기 때문이며, 그런 상황에서 각각의 병사가 스스로 판단해서 움직인다."[71] 헤센 출신의 군사교육자로서 큰 영향력을 발휘한 하인리히 폰 포르벡Heinrich von Porbeck은 프랑스 산병에 맞서 싸우는 연합군의 전열 보병은 무용지물이라고 결론을 내렸다. '공터에서 채찍질의 기술에 의해 일부분이 뻣뻣한 기계로 변한 군인들'은 쓸모없다는 결론이었다. 왜냐하면 일반인이 더 많이 깨우치면 깨우칠수록 더 많이 사고하고, 소규모 접전에 더 능숙해지며 그에 대한 대비도 늘기 때문이다.[72]

프랑스가 선구적으로 나간 반면, 독일은 반대 세력에서 벗어나지 못했다. 1800년대 초에도 프리드리히 대제의 유산인 로봇 군인들이 독일을 장악하고 있었다. 미국 독립전쟁이 끝나고 프로이센의 기동 훈련을 목격한 콘월리스Cornwallis 공은 전쟁의 현실과 전혀 무관한 터무니없는 훈련이라고 신랄하게 비판했다.[73] 1790년대부터 샤른호르스트 같은 군사개혁가들이 프로이센을 비롯한 독일의 군대를 전면적으로 개혁하고자 애썼다. 장교와 부사관의 교육 증대, 능력에 따른 진급, 더욱 인간적인 군사재판, 경보병과 산병전 확대, 예하부대 지휘관의 독립작전권 보장, 훈련을 대체하는 실질적인 교육, 국민 징병제 확대 실시 등을 포함한 개혁이었다.[74] 하지만 이런 개혁안들은 프로이센 기득권층의 강한 반발에 부딪혔다.

프랑스의 특징인 새로운 교육방식과 독일 군대의 특징인 과거 교육방식의 차이를 보여주는 좋은 사례가 1805년 말에 발생했다. 이젠부르크-비어슈타인Isenburg-Birstein 대공이 나폴레옹 군대에 파견할 연대를 창설할 때였다. 주로 오스트리아와 러시아 포로들로 구성되었지만, 자원입대한 독일인들도 얼마간 포함되었다. 자원입대한 독일인 중에 요한 콘라트 프리드리히Johann Conrad Friederich라는 15세 소년이 있는데, 프랑크푸르트의 훌륭한 중산층 집안 출신이었다. 프리드리히가 프랑스 군대에 입대하기로 결심하게 된 이유는 전쟁에서 무공을 세우려는 꿈 때문이기도 했지만, 여전히 귀족을 우대하는 여러 독일 군대들보다 평등한 프랑스 군대에서 진급하기가 더 쉬울 것이라 생각했기 때문이었다.

하지만 연대 지휘관들 대부분이 당연히 독일인이었고 '독일식' 훈련과 규율을 고수했다. 프리드리히는 격분했다.

끝없이 이어져 신경을 거스르는 단조로운 훈련에 나는 이내 신물이 났다. 앞에 총, 세워 총, 우향 앞으로 가, 좌향 앞으로 가, 우향우, 12박자 18개 동작으로 장전, 위치로, 1열 종대로 가 등. 내가 동료들과 오전에 서너 시간 또 오후에 서너 시간 하는 일이 고작 이것이었다. 독일인보다 러시아인과 폴란드인, 헝가리인, 보헤미아인이 더 많았지만, 대공은 독일 연대라며 독일 지휘관을 임명했다.

연대에 도입된 것 중 독일 지휘관보다 훨씬 더 나쁜 것이 독일식 태형이었다. 과거에 오스트리아와 프로이센 등 독일 내 다른 나라에서 복무한 경험이 있는 몇몇 장교가 규율을 지킬 수 있는 유일한 수단은 독일식 태형뿐이라고 조언한 덕분이었다. 얼마 지나지 않아 매질에 이골이 난 오스트리아 상병 출신들이 정기적으로 매질을 했다. 1인당 25대, 50대, 100대라는 어마어마한 체벌이었다. 이 체벌 방법이 연대에 끼친 손해는 크게 두 가지였다. 첫째, 병사들의 명예심을 완전히 말살했고, 둘째, 전장이나 요새에서 만나는 프랑스 병사들이 우리 연대를 아주 멸시했다. 프랑스와 심지어 이탈리아 연대의 장교들도 매질하는 우리 연대의 장교들을 비난했다. 프랑스 규정에 명기된 영창과 징벌실이 분명히 동일하거나 훨씬 더 큰 효과를 낼 것이라고 주장했다. 하지만 이성적인 장교들의 생각은 도움이 되지 못했고, 대공을 설득하지도 못했다. 태형은 없어지지 않았다.[75]

또한 프리드리히는 '독일식 훈련' 체계의 주도권 억압에 대해서도 불만을 토로했다. 독일 장교들은 부하가 명령에 이의를 제기하거나 단순히 의견을 개진하기만 해도 '실신할 때까지'(녹초가 될 때까지) 매질을 했다.

프랑스 군대는 정말 완전히 달랐다. 일반 사병도 아무런 걱정 없이 연대장이나 장군에게 자기 의견을 개진할 수 있었다. 연대장이나 장군이 그들의 의견을 너그럽게 호의적으로 경청할 뿐만 아니라 정당한 의견이면 수용한다는 확신이 있었다. 그에 반해 회초리를 휘두르는 우리 독일 영웅들은 이성의 기미가 조금이라도 보이는 모든 것은 멍하니 쳐다볼 뿐, 가장 비열한 욕설과 엄포의 명수였다.[76]

프리드리히와 같은 시대를 산 요한 크리스티안 멤펠Johan Christian Mämpel도 회고록에서 그와 같은 심정을 증언한다. 멤펠도 1806년에 징집되어 프랑스 군대에서 복무한 독일인이다.

군 복무 초기에는 내게 부과된 의무가 정말 넌더리가 났다. 다 그럴 만한 이유가 있었다. 전에 독일에서 지낼 때 군사훈련을 목격할 기회가 많았는데, 그때 운 나쁜 신병이 엄한 상관에게 걸려 잔혹하게 혼나던 장면이 생생히 떠올랐기 때문이다. 그 가엾은 사람들의 고통을 생각하면 언제나 가슴이 뭉클했다. 하지만 다행히 우리 (프랑스) 교관은 독일 훈련방식을 따르지 않았다. 그는 병사들을 대단히 친절하고 관대하게 대했다.[77]

1806년 바로 그 해 프로이센 군대는 예나Jena와 아우에르슈타트Auerstadt에서 프랑스 대육군Grande Armée에게 무참히 패배했다. 이 패배는 적어도 동시대인들의 눈에는 예전의 '로봇 같은' 군대에 대한 새로운 유연한 군대의 우월성을 입증하는 증거로 보였고, 프로이센에서 개혁운동이 성공할 수 있는 길을 열었다. 자기반성을 한 프로이센의 지휘관과 정치인들은 군사개혁가들의 생각이 옳았으며, 경보병 전술과 병사들의 주도권에서 프랑스가 우월했기 때문에 프로이센이 굴욕적인 패배를 당했다고 결론내렸다. 이들의 결론이 정확했는지 아닌지, 산개 대형 전투가 당시 이론가와 선동가, 지휘관들의 믿음처럼 효과적이었는지 아닌지는 지금 이 책에서 중요하게 다룰 문제가 아니다. 중요한 것은 군인과 민간인 모두가 그렇게 믿었다는 사실이며, 이로써 프로이센의 군대 관습과 일반 사병들의 문화적 지위가 변했다는 사실이다.

1807~1813년의 기간 동안 프로이센 국가와 군대는 하인리히 프리드리히 카를 폰 슈타인Heinrich Friedrich Karl von Stein과 샤른호르스트, 아우구스트 나이트하르트 폰 그나이제나우August Neidhardt von Gneisenau의 감독 아래 급진적인 개혁을 단행했다.[78] 프로이센 군대는 프리드리히 대제의 유산인 로봇 군인을 버리고 병사들이 의욕적으로 생각하는 군대로 재건되었으며, 신병들의 심리적이고 지적인 에너지를 완전하게 이용했다. '숙달되고 헌신적이며 생각하는 병사들의 주도권을 새롭게 강조하는' 현실적인 교육이 어느 정도 훈련을 대체했다.[79] 프로이센 군대는 1810년 최초로 현실적인 기동 훈련을 시행했다. 부대는 연병장을 벗어나 정찰과 매복, 야간 기습을 훈련했다.[80] 전열 보병 연대의 3분의 1 병력을 척후병으로 양성하고, 모든 보병의 사격술을 향상시키는 훈련에 집중했다.[81] 영국 장교는 프로이센의 새로운 군대에 대해 병사들을 고도로 훈련된 기계로 만드는 과거의 방식을 대신해 그들의 감정과 민족정신을 일깨우는 것이 프로이센 군대의 규율에 포함되었다고 언급했다.[82] 1807년부터 제2차 세계대전까지 하급 장교와 부사관, 일반 사병의 독립적인 주도권이 프로이센과 독일 군대의 특징이 되었다.[83]

프로이센 지배층도 마침내 전면적인 개혁에 동의했는데, 패전의 충격 때문만은 아니었다. 1807년에는 이러한 개혁이 주는 두려움이 1793년보다 훨씬 적었다. 군인의 주도권이 공화주의를 수반하지 않는다는 사실이 분명해졌기 때문이다. 지금과 마찬가지로 당시에도 전투 주도권과 정치 주도권을 연관지어 생각하려는 유혹이 컸지만, 정치 주도권을 부추기지 않고 전투 주도권을 배양할 수 있다는 증거가 충분했다.

프랑스는 공화정에서 군사독재로 변했지만, 군인들이 군에 복무하며 개인적 주도권을 발휘하려는 의지가 축소되지는 않았다. 사실 프랑스 제국의 전문 직업 군대가 1790년대 초 공화정 군대보다 훨씬 우수했다.[84] 오스트리아와 러시아 같은 반동 세력도 정치적 혁명이나 반란의 위험을 걱정하지 않고 일반 사병들의 주도권을 이용할 수 있다는 사실을 깨달았다. 반동 세력을 옹호한 러시아 육군 원수 알렉산드르 수보로프Alexander Suvorov는 1799년 알프스 원정 당시 부하들에게 이렇게 설명했다.

> 작전 계획을 상급 지휘관들에게만 알리는 것으로는 충분하지 않다. 하급 장교들도 작전 계획을 머릿속에 넣어두어야 한다. 그래야 작전 계획에 맞게 부대를 지휘할 수 있기 때문이다. 뿐만 아니라 보병 대대와 기병 대대, 중대의 지휘관들도 같은 이유에서 작전 계획을 알아야 하며, 부사관과 사병들도 마찬가지다. 전투원 각자가 자신의 작전 행동을 이해해야 한다.[85]

러시아 사병들은 수보로프의 믿음을 배신하지 않았고, 러시아 군대는 산개 대형으로 전투하며 훌륭하게 작전을 수행했다. 뮤탈랄Mutalal 전투 (1799년) 이튿날 러시아 군대는 완전히 산개 대형으로 전투를 벌여 군사력이 월등한 프랑스 군대를 물리쳤다.[86]

영국에서는 이미 1760년에 새뮤얼 존슨이 일반 사병의 주도권과 자유민주주의 이념은 아무런 관련이 없다고 말했다. 《잉글랜드 사병의 용기 The Bravery of the English Common Soldier》에서 그는 잉글랜드의 사병이 세계에서 가장 용감하다고 주장했다. 보통 군대가 지휘관과 규율, 훈련(존슨이 말하는 '규정성')을 신뢰할 때 가공할 힘을 얻는다는 말로 운을 뗀 존슨은 이렇게 설명했다.

"규정성이 때로는 뻐딱한 데카르트 추종자들이 동물의 특징으로 규정한 것과 비슷하게 신호와 명령에 대한 기계적인 복종으로 이어질 수도 있다. 또한 규율이 머릿속에 심어놓은 두려움이 너무 커서 체벌 위험이 그 어떤 위험보다 더 무서울 수도 있다."[87]

하지만 그는 '러시아 여제와 프로이센 군주의 군대'를 엄격하게 훈련되고 규율이 잡힌 군대의 본보기로 드는 한편, 영국군에게는 그런 훈련과 규율이 없다고 말했다.

그렇다면 영국군이 용감할 수 있었던 비밀은 무엇일까? 존슨은 더욱 권위적인 체제들보다 자유민주주의 영국의 일반 사병들이 조국 수호에 더 큰 관심을 갖고 있기 때문에 용감하게 싸운다는 주장을 거부했다. 존슨은 이렇게 질문했다.

> 잉글랜드 군인이 프랑스 군인보다 나은 것이 무엇인가? 재산이 없기는 모두 마찬가지다. 두 나라의 최하층에게 주어진 자유는 일을 할 것인가 아니면 굶어 죽을 것인가를 선택하는 것뿐이다. 그리고 나는 모든 나라가 같은 상황이라고 생각한다. 잉글랜드 군인이 자유민주주의 헌법 정신으로 충만한 경우도 드물다.[88]

그 대신 존슨은 잉글랜드의 일반 사병이 용감한 이유를 '의존성 해체'로 설명했다. 누구나 자신의 최선의 노력에 의지하도록 만드는 '의존성 해체'가 일반 사병의 자부심을 높였고, 일반 사병이 자신을 지휘관과 동등하게 여기도록 만들었다는 것이다. 존슨은 "평시에 대중이 오만하다고 불평하는 사람은 평시의 그 오만함이 전시의 용기라는 사실을 잊지 말아야 한다"는 말로 결론을 맺었다.[89]

군사적 포섭과 공화주의 정치가 분리될 수 있다는 프로이센의 모험은 옳았음이 입증되었다. 1807년부터 1945년까지 군인들의 주도권 고취라는 측면으로 보면 프로이센과 독일의 군대가 분명히 세계에서 가장 자유민주적인 군대였다. 그들이 수호하는 체제는 여전히 권위적이었지만 말이다. 제2차 세계대전이 진행되는 동안 독일의 군사교육체계가 서양 민주주의 국가의 군대보다 우월하고, 프랑스나 영국, 미국의 군대보다 독일 국방군Wehrmacht이 하급 장교와 부사관, 일반 사병의 주도권을 더 많이 신뢰한다는 이야기가 심심찮게 떠돌았다. 지휘관을 잃은 영국과 미국의 부대들이 작전을 멈춘 경우가 많은 반면, 독일 부대들은 부사관이나 상병, 심지어 사병의 지휘 아래 효과적으로 전투를 이어갔다.[90]

따라서 군인들의 주도권 함양이 나폴레옹 군사개혁의 필수 요소였으며, 이로 인해 일반 사병의 문화적 지위가 월등히 높아졌다고 결론지을 수 있다. 또한 군인들의 주도권 함양이 공화주의와 관련이 없다는 결론도 내릴 수 있다. 경보병 같은 소규모 전문 집단으로 제한되는 한, 군인들의 주도권 함양은 부수적인 정치 이념의 도움 없이도 성공할 수 있었다. 엘리트주의적인 단결심으로 충분했다. 물론 신병 집단 전체의 주도권을 배양하기 위해서는 이념적인 동기 부여가 추가로 필요했지만, 권위주의적인 민족주의나 오래된 종교적 신념도 자유민주적 공화주의에 못지않은 동기 부여가 되었다.

신병모집의 혁명

군사교육의 지평이 넓어지자 신병모집의 지평도 넓어졌다. 나폴레옹 시대의 군대와 비교하면 구체제 군대는 규모가 작았다. 규모가 작을 수 밖에 없는 이유는 다음과 같이 서로 연결된 두 가지 문제 때문이었다.

첫째, 효율적이고 믿을 만한 군인들을 양성하려면 혹독한 훈련과 엄격한 규율이 필수이며, 그런 훈련과 규율은 대규모 군대에는 적용할 수 없다는 생각 때문이었다. 구체제 군대에서는 신병들이 개인 훈련과 단체 훈련의 복잡한 사항들을 익히는 데 최소한 1년이 걸렸고,[91] 3년이 지나야 비로소 완벽히 숙달했다.[92] 훈련이 잘 된 군인들도 군율을 확실히 따르도록 하려면 부사관과 장교들이 꾸준히 감시해야 했다. 그런데 이런 구식 방법으로 대규모 군대를 교육하고 감시하기 위해서는 시간과 돈, 장교가 절대적으로 부족했던 것이다.[93]

둘째, 수십 만 명의 군인들로 구성된 군대를 양성하고 훈련할 수 있다 해도, 그만한 군대를 통제하는 데 따르는 지휘통제의 어려움은 극복할 수 없다는 생각 때문이었다. 데카르트가 생각한 이상적인 군대는 조종 사가 인형을 부리듯 단 한 명의 위대한 장군이 전체 군대의 움직임을 통제하는 군대였다. 5만 명 규모의 군대는 이러한 이상을 실현할 수 있었지만, 15만 명 규모의 군대는 불가능했다. 위대한 장군이 부관들에게 가능한 한 많은 책임을 위임하고, 더 나아가 하급 장교와 부사관, 일반 사병에 이르기까지 책임을 위임하지 않으면 그처럼 거대한 규모의 군대는 기능할 수 없었다. 군대가 데카르트의 논리를 따르는 한, 그리고 군대가 맹목적인 복종을 가르치는 한, 그러한 책임 위임은 절대 금물이었다. 프랑스 육군 대원수 모리스 드 삭스는 이상적으로 운용 가능한 군대 규모를 4만 6,000명으로 생각했고, 그보다 더 큰 규모의 군대가 필요하다는 의견을 맹렬히 비난했다.[94]

그런데 군대가 감수성 문화라는 새로운 이상을 받아들이자, 위의 두 가지 문제가 해결되었다. 우선 분별 있는 포섭이 인정사정없는 강압보다 경제적으로나 시간적으로 이익이었다. 소수의 장교와 부사관들이 풋내기 중대를 맡아 몇 달 사이에 수십 명의 민간인들에게 군사훈련을 숙달시킨다는 것은 무리한 희망이었다. 하지만 이들은 적절한 경험을 통해 민간인 정신을 군인 정신으로 바꿀 수 있었다. 나폴레옹 군대는 포섭과 주도권, 자기 수양을 강조하고 군사훈련 시간을 줄임으로써 훨씬 더 많은 신병을 훨씬 더 빠르게 교육했다. 1813년에 징집된 프로이센의 신병은 겨우 9주 교육을 마친 후 전투에 배치되었다.[95]

다음으로 전쟁기계가 생명 없는 인형이 아니라 감각적이고 유기적인 기계라는 생각이 새롭게 자리 잡자, 지휘통제의 어려움이 크게 줄어들었다. 라메트리 등 감각주의 사상가들은 인간의 육체가 믿을 수 없을 만큼 크고 복잡한 장치이며, 인간의 육체가 기능하는 이유는 오직 다양한 부분들이 스스로 많은 결정(그리고 전체 유기체에 영향을 주는 결정)을 내릴 권한이 있기 때문이라고 지적했다. 대부분의 경우 간이 의식 있는 사람의 기분과 사고와 행동을 좌우하지, 의식 있는 사람의 기분과 사고와 행동이 간을 조정하지 않는다는 것이다. 이러한 원리를 군대에 적용하면, 지휘통제의 어려움이 줄어들고 군대의 규모가 확대될 수 있을 것이다. 물론 데카르트주의 군대 전성기에도 이미 병사들이 독자적인 결정을 내려야만 하는 경우가 많았다. 하지만 그 시절에는 이런 행동이 이상에서 벗어난 당혹스러운 일탈이었다. 군사사상가들은 이러한 일탈을 비밀로 숨기려 했고, 지휘관들은 군대를 소규모로 제한함으로써 이러한 일탈을 가능한 한 막으려 했다. 하지만 18세기 말부터 이러한 일탈이 이상이 되었다.

혁명적으로 새로운 유형의 전쟁기계가 구상되었다. 나폴레옹의 대육군Grande Armée부터 히틀러의 국방군Wehrmacht에 이르는 사이 전쟁기계는 데카르트가 아닌 라메트리의 이상에 따라 거대한 감각적 유기체로 재창조되었다. 여전히 가장 중요한 것은 훈련이었고, 정신이 명령을 내리면 손은 반드시 그 명령을 따라야 했다. 하지만 새로운 유기체의 세포 하나하나는 최대한 자율적이고 주도적으로 사고하고 행동했으며, 대부분의 경우 정신은 이들 세포의 행동에 최대한 개입하지 않았다.

이로써 신병을 대규모로 모집할 수 있는 길이 열렸다. 1793년 프랑스 공화정은 국민 총동원령을 선포하며 군사력 규모를 신속하게 확장하도록 선도했다. 그리고 다음 세기 다른 나라들도 정치적 이념에 상관없이 하나둘 프랑스의 길을 따랐다.[96] 대규모 군대 모집이 시작되자, 점점 커지는 마법의 순환이 생겨났다. 감각주의적 교육은 규모가 훨씬 더 큰 군대를 더 빨리 더 경제적으로 모집할 수 있음을 의미했다. 규모가 더 큰 군대는 훨씬 더 많은 지휘통제의 문제를 의미했고, 지휘통제의 문제는 더 많은 책임이 위임되어야 한다는 의미였다. 감각주의적 교육 이념은 하급 장교와 부사관, 일반 사병이 교육을 받으면 책임을 더 잘 감당할 수 있음을 의미했다. 마법의 순환이 완성되자, 구체제 유럽의 소규모 기계적 군대들이 점차 근대 후기 대규모 유기적 군대들에 의해 압도되고 대체되었다. (프랑스 혁명군이 구체제 군대를 물리쳤다고 주장하려는 의도는 아니다. 절대 사실이 아니기 때문이다. 내가 말하려는 것은 혁명세력과 반동세력이 모두 점차적으로 소규모 로봇 군대를 대규모 유기적 군대로 대체했다는 것이다.)

새로운 대규모 군대가 과거 전문직업 군대를 압도하고 대체한 이유가 단지 인원수 때문이라고 생각하면 오산이다. 역사적으로 그런 일은 한 번도 일어나지 않았다. 새로운 군대는 단순히 인원수만 많은 것이 아니라 기동력 있고 규율 잡힌 대중 집단이었다. 새로운 군대가 성공한 비결이 이것이었다. 감각주의적 교육과 기능이라는 이상이 강압과 감시를 포섭과 독립적인 주도권으로 대체하고, 포섭과 독립적인 주도권은 더 온건한 규율로 월등히 많은 인원을 경제적으로 모집하고 기동할 수 있게 한 것이다.[97]

새로운 군대의 더 큰 규모와 더 높은 주도권이 가져온 보상은 부족한 훈련과 전문지식을 채우고도 남았다. 전에는 잘 훈련된 로봇들을 절약해서 조심스럽게 사용하던 지휘관이 이제는 값싸고 비교적 열정적인 신병들의 목숨을 훨씬 더 자유롭게 확충할 수 있었다. 대원수 드 삭스는 구체제 군인과 관련해 이런 언급을 했다.

"경솔하게 단 하나 남은 척탄병擲彈兵을 잃을 위험을 감수하느니 공격을 며칠 미루는 것이 낫다. 척탄병 하나를 키우는 데 20년이 걸리기 때문이다."[98]

나폴레옹 시대에는 인력을 유지하는 비용이 아주 낮았다. 잘 알려진 사실인데, 나폴레옹이 클레멘스 벤첼 폰 메테르니히Klemens Wenzel von Metternich에게 말하길, 자기 같은 사람에게 100만 명쯤의 죽음은 아무것도 아니라고 할 정도였다.[99]

전장에서는 경무장 척후병들이 자욱하게 먼지를 일으키며 적군을 끊임없이 괴롭혔고, 기동력 있는 병력의 집중 공격이 필요한 상황이 되면 훈련이 덜 된 부대들이 한 무리로 모여 총공격 종대를 갖추었다.(구체제 군대는 총공격 종대로 전투하는 경우가 드물었다. 화력 낭비와 병력 손실이 컸기 때문이다. 하지만 새로운 대규모 군대는 총공격 종대를 사용하기가 훨씬 더 수월했다.[100] 새로운 대규모 군대는 대규모 전장에서 훨씬 더 설득력이 있는 성공의 증거를 제공했다. 작전 기동과 관련해 엘제아르 블라즈Elzéar Blaze는 나폴레옹이 강행군을 자주 감행할 수 있는 이유가 걸음이 아주 느린 병사들을 기다릴 필요가 없고 탈영을 걱정하지 않았기 때문이라고 설명했다.[101]

"군인들 절반이 뒤처지는 경우가 가끔 있었다. 하지만 이들은 뒤처지긴 했지만 믿음을 저버리지 않고 반드시 부대에 합류했다."[102]

더욱이 블라즈는 자유로운 약탈자들이 보급을 책임져 프랑스 군대가 경무장으로 이동할 수 있었다고 설명했다.

자유로운 약탈자들은 본대와 1~3리그(5~15킬로미터) 떨어진 샛길을 따라 이동했다. 가끔 적에게 공격받는 경우도 있었지만, 프랑스 병사들은 용기에 못지않은 지혜가 있었다. 이들은 스스로 지휘자를 선출해 전권을 맡겼으며, 즉석에서 선출된 이 장군들이 중대한 전투에서 승전보를 올리는 경우가 많았다.

무어 장군의 영국 군대가 코루나Corunna로 퇴각할 때, 그 뒤를 쫓던 아군 선발대가 방책을 두른 마을을 보고 깜짝 놀랐다. 시계탑에 프랑스 삼색기가 나부끼고, 보초병들이 프랑스 군복을 입고 있었기 때문이다. 그 까닭을 조사하던 장교는 곧 200명의 약탈자가 마을을 장악하고 있다는 사실을 알게 되었다. 본대와 떨어진 약탈자들이 마을을 장악하고 방책을 세운 것이다. 약탈자들은 자주 공격받았지만 그럴 때마다 늘 적군을 물리쳤다. 이들을 통제한 지휘관은 상병이었다. 경험 많은 노병인 그 상병은 공병 장교에 버금갈 만큼 훌륭하게 마을을 요새화했다.[103]

외젠 공이나 프리드리히 대제의 군대에서 이런 상병은 상상하기 어려웠다. 하지만 30년 전쟁 당시 군대에는 이런 상병의 선구자들이 아주 많았다.

(나폴레옹과 그 교전국들의) 새로운 군대가 (모두) 지역과 주민을 제압하고 게릴라전과 대게릴라전을 수행하며 인상적인 우월성을 입증했다. 새로운 군대는 인원수와 주도권에서 과거 전문직업적인 소규모 로봇 군대보다 월등히 탁월한 모습을 보였다. 부족한 훈련을 메울 만큼 충분한 주도권만 주어진다면 게릴라전에서 대규모 민중 군대가 소규모 전문직업 군대를 이길 수 있다는 것은 이미 뉴저지의 보급전쟁(1776~1777년) 당시 경험 없는 미국 민병대를 통해 입증된 사실이다.[104] 영국군 대령 윌리엄 하코트William Harcourt는 미국 민병대가 "정확성이나 명령은 물론 대규모 부대의 이동 원칙도 모르는 것 같았다. (하지만) 그들은 지상 이동이나 고지 이동, 작전에서 대단히 노련하고 성실했으며, 유리한 상황에서도 진취적 기상을 잃지 않았다"고 평가했다.[105] 여기서 다시 한 번 중요하게 강조할 점은 게릴라전이 이념과 무관했다는 사실이다. 1790년대 프랑스 공화정 군대가 맞은 큰 어려움은 반동 세력을 지지하는 민중 반란과 게릴라전이었다.[106] 그 당시 가장 끈질기고 성공적인 스페인의 게릴라 활동은 이념적으로 극단적인 보수주의였다.

또한 아주 중요한 사실은 군인의 주도권이 민중 반란과 게릴라를 진압하는 핵심적 역할을 수행했다는 점이다. 요한 콘라트 프리드리히는 상당 기간 군에 복무하며 이탈리아와 스페인에서 반란을 진압했다. 그는 게릴라전에 대해 이렇게 이야기했다.

게릴라전만큼 유익하고 풍부한 경험을 배울 수 있는 전투는 없다. 특히 각각의 지형을 제대로 이용하는 방법, 모든 위험을 예리하게 간파하고 제대로 전망할 수 있는 시각, 불리한 환경을 유리하게 활용하는 방법을 배울 수 있다. 험한 지형에서 습격할 때 반드시 필요한 끊임없는 경계를 통해 시야와 정신이 놀랍도록 예민해진다. 험한 지형에서는 모든 사람이 근무 태만이나 경솔함의 희생양이 되어 목숨을 잃지 않도록 자신의 모든 지혜와 역량을 동원해야 하는 상황에 자주 처한다. 게릴라전의 위험과 경험이 최고 지휘관의 자리에 오를 자격과 아주 중요한 원정을 이끌 자격을 제공한다.[107]

'자신의 모든 지혜와 역량'을 동원한 병사들의 주도권 덕분에 나폴레옹 군대는 (스페인의 경우처럼) 정규군이 반란군과 게릴라를 지원하지 않는 한 반란과 게릴라를 대체로 성공적으로 제압했다.[108]

문화 아이콘이 된 일반 사병

일반 사병의 모집과 교육, 직무를 대하는 태도가 바뀐 것과 더불어 일반 사병의 대중적 이미지도 근본적인 변화를 겪었다. 근대 초기 내내 일반 사병들은 범죄를 저지를 소지가 있는 사회 쓰레기였다. 군대라는 집단이 칭송받는 경우는 자주 있었지만, 개별적인 일반 사병은 보통 범죄자나 우스꽝스러운 인물로 묘사되었다.[109] 일반 사병에 관한 긍정적인 이미지는 주로 악한 소설picaresque narrative에서 발견된다. 하지만 악한 소설은 일반 사병과 비슷하게 불한당이나 추방자도 찬양했다.[110] 존경할 만한 군대 영웅은 거의 언제나 장교였다.

18세기 중반이 되자 과거의 악당 범죄자와 얼간이가 조국의 용감한 아들로 변하기 시작했다.[111] 문화 풍조의 변화를 반영하는 좋은 사례가 《흔히 마더 로스라 불린 크리스티안 데이비스의 삶과 모험Life and Adventures of Mrs. Christian Davies, commonly called Mother Ross》(1740년)이라는 반허구적 이야기다. 오스트리아 왕위계승 전쟁 당시 간행된 이 책은 종군 민간인이자 간혹 전투원으로도 활약한 여성의 모험을 그린다. 이 책은 이전에 (그리멜스하우젠의 《억척어멈》처럼) 여자를 주인공으로 한 악한 소설에서 큰 영향을 받아 익살맞은 사건을 많이 포함하고 있지만, 반전을 주어 군인들과 특히 마더 로스를 덜 범죄적이고 더 애국적인 모습으로 묘사했다. 일반 사병을 사회 질서에 반하는 (혹은 사회 질서와 병행하는) 인물이 아니라 사회 질서를 지키기 위해 싸우는 온전히 긍정적인 인물로 제시하기 시작한 18세기 군대 악한 소설의 일반적 경향을 대변하는 책이다.

한번은 마더 로스가 작전 중 영국군 진지를 벗어나 약탈을 나간 일이 있다. 그때 그녀는 프랑스 군대가 영국 지휘관들 모르게 기습을 준비하고 있다는 사실을 알게 되었다. 서둘러 진지로 돌아온 로스는 위험을 알렸지만, 영국군 지휘관인 아가일Argyle 공작은 마크 커Mark Kerr 공과 체스를 두느라 여념이 없었다. "군인이나 된 듯 다소 흥분한 나는 여자의 자유로운 지위를 이용해, 프랑스 군대가 대포를 발사할 태세인데 어리석게 체스나 두며 시간을 낭비하면 어떡하느냐고 그들에게 따져 물었다." 그러자 마크 커 공이 아가일 공작에게 로스는 바보처럼 술에 취한 여자이니 신경 쓸 일 없다고 말했다. 그 말에 대해 아가일 공작은 그의 충고를 준장의 충고처럼 즉각 반영하겠다고 대답했다. 위에 언급한 내용이 '민중의 오만함'을 찬양하는 것만은 아니다. 본부에서 상급 지휘관들이 두고 있는 대단히 합리적이지만 비현실적인 체스 게임과 전투가 벌어지는 장소를 직접 대조해 군대를 파멸에서 구해낸 종군 민간 여성의

건강한 주도권을 조명하기도 하는 것이다.[113]

오스트리아 왕위계승 전쟁이 영국의 패배로 끝나자, 반대파인 휘그당은 마더 로스의 기백을 발휘했다. 휘그당원들은 군과 경찰의 고위층이 무능하다고 맹렬히 비난하며 패배한 책임을 물었다. 동시에 이들은 일반 사병들이 용감하고 충실하게 임무를 수행했다고 극구 칭찬했다.[114] '당나귀들이 사자들을 이끄는' 이 강력한 이미지가 훗날 근대 공공권公共圈에서 반복적으로 등장하게 되고, 크림 전쟁과 제1차 세계대전의 여파 속에서 가장 두드러지게 등장했다. 일반 사병에 대한 비난은 거의 신성모독에 가까웠고, 패배한 책임은 늘 지휘관의 몫이었다. 부대가 못된 행동을 해도 비난의 화살은 지휘관을 향했다. 교육은 전능하므로 군인들이 악행을 저지르는 것은 지휘관이 그들을 제대로 교육하지 못한 탓이라는 것이다.[115]

18세기가 끝날 무렵에는 일반 사병 개개인이 민족 영웅으로 칭송받았다. 프랑스에서는 방데Vendée 반란을 진압하다 사망한 13세의 조제프 바라Joseph Bara가 공화정의 영웅이 되어 숭배와 다름없는 대접을 받았다. 그의 영웅적 죽음을 기록한 메달과 그림들이 만들어졌고, 막시밀리앙 로베스피에르Maximilien Robespierre는 그를 기리는 국민 축제를 열었으며, 그의 유품을 팡테옹으로 옮겼다. 로베스피에르가 실각한 이후 국민공회는 자크 루이 다비드Jacque-Louis David에게 바라의 죽음을 기록한 그림을 의뢰했다. '프랑스의 젊은이들에게 가장 완벽한 애국심과 효심을 항상 일깨울 수 있도록' 그림의 사본을 초등학교에 배포하려는 의도였다. 그리고 19세기 말 제3공화정 당시에는 바라의 이야기가 프랑스 초등학교의 필수 교과로 지정되었다.[116]

물론 지휘관들은 여전히 특별한 후광효과를 누렸지만, 명령 계통에서도 대중적 관심과 찬사의 상당 부분이 상위 계급을 떠나 하위 계급을 향했다. 상급 지휘관들이 끊임없는 비판에 시달린 반면, 중위와 대위, 소령들은 전례 없는 대중적 칭송을 받으며 따뜻한 봄날을 맞았다.

7년 전쟁을 치르는 동안 조제프 쿨롱 드 쥐몽빌Joseph Coulon de Jumonville 소위가 프랑스의 민족 영웅이 되었고,[117] '공화정 제1의 척탄병'이라는 테오필 말로 코레 드 라 투르 도베르뉴Théophile Malo Corret de la Tour d'Auvergne의 무덤은 나폴레옹 치하에서 국가적 기념비였다.[118] 불행히도 영국 언론이 종종 생 앙드레Saint-André 소령으로 잘못 표기하는 앙드레 소령도 민족 영웅이 되었다.[119] 나폴레옹 전쟁, 헨리 3세 전쟁, 필립 왕 전쟁 등 역사적으로 상당수의 전쟁에는 왕이나 정복자의 이름이 붙는다. 역사적으로 하급 장교의 이름이 붙은 유일한 전쟁이 1739년 영국과 스페인 사이에 벌어진 전쟁이다. 스페인 해군이 레베카Rebecca 브리그(2개의 마스트를 갖춘 범선_옮긴이)의 선장인 로버트 젠킨스Robert Jenkins 대위를 밀수죄로 체포해 그의 귀 하나를 잘랐다. 영국 의회는 젠킨스의 불행과 애국적 헌신을 감상적으로 묘사하며 그의 귀를 전시했다. 이 사건이 젠킨스의 귀 전쟁(1739~1748년)을 촉발했다.

일반 사병의 역할과 능력을 더욱 긍정적으로 평가하는 사례는 무수히 많았다. 그때까지 장교와 귀족의 몫이었던 군장軍葬의 예우와 훈장을 일반 사병들도 받기 시작했다.[120] 군인들이 진급할 수 있는 새로운 길이 열렸고, 일반 사병에서 출발해 상급 지휘관으로 진급하는 군인들도 점점 더 늘어났다. 실제 진급은 여전히 무척 힘들고 말단에서 최정상까지 오른 사람도 드물었지만, 성공한 사람들은 이상적인 모범으로 존경받았고, 일반 사병들은 미래의 원수로 간주되며 문화적 지위도 급격히 상승했다.[121]

군대의 새로운 포상과 진급의 꿈이 '대중을 홀리는 아편'에 불과하다고 주장하는 사람도 있을 것이다. 하지만 문화사의 관점에서 볼 때, 대중이 어떤 형태의 아편에 중독되었는지는 아주 중요한 시대 징후다. 부하들을 바라보던 나폴레옹은 자신이 명령하면 병사들이 알록달록한 훈장 하나를 얻으려고 목숨을 던진다고 말하며 실소를 머금었을지도 모른다. 하지만 그 화려한 천과 금속 조각 덕분에 일반 사병들이 자신을 바라보는 시각과 가족과 친구, 이웃들이 일반 사병을 바라보는 시각이 실제 변화했다.

또 다른 시대 징후는 게릴라전에 대한 문화적 태도의 변화다. 게릴라전은 이미 근대 초기에도 존재했지만, 일반 사병과 마찬가지로 무시되거나 좋은 평가를 받지 못했다. 그 주된 이유는 게릴라전과 대게릴라전이 위대한 장군 소수의 뉴턴식 작전보다 하급 장교 및 일반 사병의 주도권에 대한 신뢰를 바탕으로 하기 때문이었다. 이런 게릴라전의 이미지가 나폴레옹 시대에 급격한 변화를 겪게 된다. 방데와 러시아, 오스트리아 티롤 그리고 무엇보다 스페인에서 게릴라전이 전쟁 문화의 중심에 서게 되며, 독재 정부들까지 게릴라전을 독려하고 찬양하게 되었다.[122] 러시아는 나폴레옹의 1812년 원정을 막아낸 후 '조국애를 기리며'라는 은성훈장을 제정해 빨치산과 비정규군에게 수여했다.[123]

독립을 꾀하던 미국에서는 이런 변화의 추세가 더욱 뚜렷했다. 1776년 워싱턴과 대륙회의는 여전히 예전의 군대 이상을 고수하며 유럽식으로 훈련된 전문직업 군대를 만들려고 노력했다. 현재까지 군사역사학자들은 기동성과 전술적 주도권에서 영국의 정규 경보병 부대가 미국의 민병대보다 우수했고, 미국의 전열 보병 부대들이 미국 승리의 주역이라고 거듭 주장한다. 그렇지만 이미 18세기 말 미국의 여론은 독립전쟁에서 정규 대륙군의 역할이 미미했다고 평가했다. 그 대신 미국 여론은 아무 생각 없는 영국 정규군을 나무나 울타리 뒤에 숨어 뒤쫓는, 훈련받지 못한 민병대의 이미지를 포착해 미국의 자유로운 주도권이 구체제의 복종보다 우월하다는 상징으로 활용했다.[124] 자유롭게 생각하는 일반 사병과 애국적인 게릴라병이 모범적인 군사 영웅으로서 위대한 장군과 충돌하는 길로 들어선 것이다.

군인들의 삶과 죽음을 대하는 대중의 태도도 마찬가지로 중대한 변화를 겪었다. 18세기 말까지 시민 대중의 주요 관심사는 군인들이 최고의 규율로 통제되고 있으며 시민들은 군인들의 약탈로부터 안전하다는 확신이었다. 그런데 18세기 중반부터 대중은 군인들의 운명과 혹독한 군대 규율의 부정적인 결과들에 점점 더 관심을 갖게 되었다.

태형이 크게 제한되고, 폐지되는 경우도 많았다.[125] 일례로 1834년 7월 채링 크로스Charing Cross 병영에서 사병이 술에 취한 채 보초를 서고 부사관을 때리려 했다는 이유로 300대의 채찍질을 당한 사건이 있었다. 이 사건이 상당한 쟁점이 되어, 대중지가 격렬하게 항의했고 국회에 탄원서가 접수되었다. 옥스퍼드에서는 1,648명의 주민이 태형을 '수치스럽고 비겁하고 비굴하고 냉정하고 악랄하고 비인간적이며 잔혹하고 잔인한 체벌'이라고 비난하는 탄원서에 서명했다.[126] 100년 전이라면 300대의 채찍질은 가벼운 처벌로 생각되었을 것이고, 이런 사건을 접한 일반 대중은 잔인한 처벌보다 술 취한 병사의 반항에 더 큰 우려를 표명했을 것이다.[127]

또한 대중은 군대 병참체계와 의료체계의 부실한 관리도 비난하기 시작했다. 수세기 동안 군대는 적군의 공격보다 굶주림과 질병으로 더 많은 병사를 잃었다. 군 병원이 있다 해도 그곳에 입원하는 것은 대체로 사망 선고를 받는 것이나 다름없었다.[128] 수많은 사례 중에서 한 가지 예를 들면, 1536년 7월 24일 프로방스를 공격한 신성로마제국 병사 6만 명 중 간신히 살아남아 1536년 9월 11일 수척한 몰골로 이탈리아에 돌아온 인원은 3만 명 미만이었다. 그사이 이들은 단 한 차례도 대규모 전투를 치른 적이 없다. 그저 굶주림과 이질에 시달렸을 뿐이다. 이는 프랑스의 초토화 전술과 부실한 제국군 보급체계 운영에서 빚어진 결과였다. (제국 군대가 겨울철 동토의 러시아가 아니라 프로방스에서 그것도 휴가철인 여름에 작전 중이었다는 사실은 주목할 만하다.[129]) 하지만 이런 참담한 결과는 스페인이나 독일, 이탈리아 어느 곳에서도 파문을 일으키지 않았다. 납세자들은 세금 낭비라고 툴툴거렸겠지만, 카를 5세 황제가 통치하는 영토의 대중은 병들고 죽어가는 황제의 용병들에 대해 조금도 신경 쓰지 않았다.

1800년 무렵 상황이 변화하기 시작했다. 전에는 아무렇지 않았을 상황들이 하나둘 파문을 일으켰다. 프랑스에서는 1799년 야파Jaffa 전투 당시 병든 병사들을 홀대한 사건으로 나폴레옹의 명성이 실추되었고, 영국에서는 코루나 퇴각(1809년)과 왈헤렌Walcheren섬 원정(1809년) 실패 당시 일반 사병들이 겪은 고난을 비통한 심정으로 묘사한 이야기가 출간되었다.[130] 그리고 뒤이어 발생한 두 가지 사건이 이 모든 파문을 완전히 압도했다. 이후 이 두 사건은 전쟁에서 겪는 일반 사병의 참상을 강력히 시사하는 상징이 되었다. 바로 모스크바 퇴각(1812년)과 세바스토폴리 포위작전(1854~1855년)이다.

사실 모스크바 퇴각은 비율로 보면 역사상 유례가 없을 정도의 재앙이지만, 프랑스 일반 사병들의 고통에 주목할 수밖에 없을 만큼 규모가 큰 희생은 아니었다.(더 큰 고통을 당한 것은 러시아 민간인들이다.)[131] 크림 전쟁의 경우, 영국군의 전체 사망자 인원(약 2만 명)이나 사망 원인도 특별한 것이 없었다. 전투 중 사망자 2,255명, 부상 후 사망자 1,847명, 병사자 1만 7,225명.[132] 하지만 1850년대 영국 일반 사병의 문화적 지위는 1530년대 합스부르크 왕국의 일반 사병과 완전히 달랐다. 그로 인해 영국 여론은 일반 사병의 고통을 참아 넘기지 못했다. 크림 전쟁이 끝나기도 전에 일반 사병의 생활 여건을 개선하고 군대 의료체계를 완전히 개혁하라는 계몽 홍보가 펼쳐졌다. 전례가 없는 일이었다.[133]

역사를 통틀어 일반 사병의 이미지는 기본적으로 영웅적 행위와 범죄 행위 사이의 긴장을 중심으로 형성되었다. 군인은 반+영웅이자 반+범죄자로서 평범한 시민 사회와 분리되어 있었다. 모든 사회가 군인의 영웅적인 절반은 강화하고 보상하며 범죄적인 절반은 위축시키려고 노력했다. 1812년 원정과 세바스토폴리 원정은 전쟁사의 전환점이 되었다. 영웅적 행위와 범죄 행위의 단순한 긴장이 복잡한 삼중 긴장으로 변했기 때문이다. 영웅적 군인과 범죄자 군인에 희생자 군인이 가세했다. 20세기 말이 되자 이러한 이미지가 시민들의 머리에 깊이 각인되어 미국에서는 베트남전 참전용사들이 전쟁의 주요 희생자로 인식되었다. 베트남전 참전용사가 극악무도한 범죄를 저질렀다는 혐의를 받을 경우에도 그들에게 범죄의 책임이 없다는 관점이 지배적이었다. 병사의 범죄는 사실 그들을 희생시키고 어쩔 수 없는 상황에 몰아넣은 장군과 정치인들의 잘못이라는 것이다.

하지만 구체제의 일반 사병들은 마법의 악순환에 갇혀 있었다. 일반 사병의 부정적 이미지가 지배한 결과, 사회 쓰레기들만 입대하게 되고, 군인들의 자부심은 추락하고, 부하들을 믿지 못하는 지휘관은 이들을 범죄자나 로봇으로 취급했다. 이런 사실은 자연히 문화적으로 군에 대한 부정적 이미지를 더욱 부추겼다.

그런데 1750년부터 새로운 마법의 순환이 일반 사병들을 어지러울 정도로 높이 추켜세우기 시작했다. 문화적으로 더 긍정적인 군인 이미지가 형성됨에 따라 '점잖은' 사람들도 입대했고, 군인들도 자신을 훨씬 더 호의적으로 바라보았으며, 지휘관들도 병사들을 훨씬 더 정중하게 대했다. 이러한 경향들이 서로 힘을 실어주며 군의 문화적 이미지를 전례 없이 개선했고, 새로운 대규모 징병제 군대의 기본 특징이 되었다.[134]

전쟁 회고록의 새로운 주인공

사랑받는 조국의 아들이 된 일반 사병들은 전쟁 문화에서 훨씬 더 중요한 지위를 인정받았다. 보조출연자에 지나지 않던 이들이 회고록 형식의 소설은 물론 수많은 그림과 연극, 시에서 주인공으로 등장했다. 피터 파렛의 글을 보자.

전쟁 회화에서 일반 사병이 등장하고 사라지는 변동적인 추세가 18세기 말에 큰 변화를 겪게 된다. 프랑스 혁명 이후 일반 사병은 화면에서 사라지지 않는다. 수세기 동안 지휘관들과 관심의 초점을 나누던 일반 사병이 점차 이들을 밀어낸다. (……) 게오르게 그로츠George Grosz의 작품처럼 상급 지휘관 계층을 공격하는 작품을 제외하면, 진지한 미술 작품에서 상급 지휘관의 모습이 거의 사라진다. 제1차 세계대전 당시에는 일반 사병이 전쟁 회화의 중심인물이 되었을 뿐만 아니라, 일반 사병의 시각에서 고안되고 묘사되는 그림들이 점점 더 늘어났다.[135]

더 중요한 것은 18세기 말에 처음으로 서양 문화가 일반 사병들의 진성한 목소리를 귀 기울여 듣기 시작했다는 사실이다. 근대 초기의 사전적 전쟁 서사는 대부분 중상류 계층의 귀족이나 장교의 글이었다. 간혹 아주 드물게 일반 사병이나 하급 장교가 전쟁 경험담을 출간하는 경우에도 개인적인 이야기가 아니라 일반적인 역사를 기록하는 것이 보통이었다.[136] 그런데 18세기 중반부터 자칭 개인적 전쟁 경험담을 기록하고 출간하는 일반 사병과 하급 장교가 늘기 시작했다. 그리고 19세기 초가 되자 역사상 최초로 이런 하위직의 전쟁 경험담이 숫자나 대중적 인지도에서 상급 장교들의 경험담에 필적하거나 능가했다.[137] 여기서 중요하게 짚고 넘어갈 점은 혁명 이후의 프랑스와 미국뿐만 아니라 영국과 프로이센 등 보수적인 국가의 상황도 마찬가지였다는 사실이다.

이러한 전쟁 문화의 변화는 다음과 같은 두 가지 일련의 변화 과정에서 비롯된 결과였다. 첫째, 서양 문화가 전반적으로 하위 계층의 회고록에 훨씬 더 개방적으로 변했다. 감수성 문화는 지식과 권위가 경험을 기초로 하며, 특히 극한의 경험은 진리를 깨닫고 이야기할 수 있는 특권의 원천이라고 주장했다. 그와 동시에 감수성 문화는 상류층의 '민감한' 남녀에게 더 낮은 사회 계층의 비참한 이야기를 경청하고 공감함으로써 감수성을 보여주고 향상시키라고 권장했다.[138]

이로써 그때까지 침묵하던 집단의 물꼬가 트였다. 범죄자와 노예, 포로, 극빈자, 매춘부, 소작농 등의 자전적, 반자전적 경험담이 봇물 터지듯 쏟아져 나왔다.[139] 1771년 요한 카스파르 라바터Johann Kaspar Lavater 목사가 인간 심성을 개선하는 데 가장 평범하고 전혀 낭만적이지 않은 인물의 충실하고 상세한 윤리적 (곧, 심리적) 역사가 가장 비범하고 흥미로운 소설보다 한없이 더 중요하고 적합하다는 말로 이런 사회적 추세를 요약했다.[140] 1775년 《타락한 농부Le Paysan perverti》가 몇 달간 파리의 살롱을 휩쓸었다. 노동자의 반허구적 자서전인 이 책의 저자는 문학적 열망을 품고 독학한 소작농이었다.[141] 전쟁 경험담을 발표하기 시작한 하위직 군인들은 하위 계층 출판이라는 훨씬 더 큰 광맥의 일부였다.

하지만 하위직 군인들의 전쟁 경험담이 대량으로 출판될 수 있는 원인 중에는 다음과 같이 군사 영역의 독특한 요인들도 있었다.

첫째, 앞서 언급한 대로 전반적인 문화가 일반 사병에게 훨씬 더 공감하는 입장을 취했다. 일반 사병이 범죄자에서 애국적인 영웅으로 바뀌었다. 감수성 문화에서는 범죄자도 발언할 특권이 있었지만, 애국적 영웅의 발언이 선호되었음은 분명하다.

둘째, 군대가 병사들의 주도권을 더 신뢰하면서 서양 문화가 군인들을 생각하는 존재로 보게 되었다. 군인들의 지적 자질이 더 높이 인정받으며, 이들의 의견과 이야기가 당연히 더 큰 비중을 얻게 되었다.

셋째, 군대가 병사들의 주도권을 더 신뢰하고 군인들에게 더 나은 대접을 하면서 군인들이 스스로 자신감을 더 많이 갖게 되고 자기 의견을 더 적극적으로 개진했다. 당시 군대에서 경보병이 차지하는 비율보다 군인들의 전쟁 경험담에서 경보병의 작품이 차지하는 비율이 훨씬 더 컸다는 사실은 경보병의 자신감과 문화적 지위가 더 높았음을 시사한다.[142]

넷째, 신병모집 정책과 군사교육, 시민교육의 변화에 따라 1800년 무렵의 일반 사병들은 1700년대 일반 사병들보다 문맹률이 훨씬 낮았다.[143] 1775/1776년 뉴잉글랜드의 의용군은 상병 대부분이 읽고 쓸 줄 아는 역사상 최초의 군대였다.[144] 비슷한 시기 러시아와 오스트리아, 영국 군대의 모든 부사관과 상병 대부분도 분명히 읽고 쓸 줄 알았을 것이다.[145] 1768년 베넷 커스버트슨Bennett Cuthbertson은 병사의 자녀들은 물론 글을 모르는 병사들에게 읽고 쓰는 법을 가르치도록 영국의 모든 연대 내에 학교를 세우라고 권고했다.[146]

다섯째, 끝으로 중요한 요인은 노예, 매춘부, 소작농 들에게 공공 발언권을 준 것이 숭고하기보다는 애처로운 경험인 반면, 군인들에게 공공 발언권을 준 것은 숭고한 경험이었다는 사실이다. 1800년경 서양의 대중은 분명 애처로운 사람의 목소리를 열망했지만 숭고한 사람의 목소리를 훨씬 더 갈망했다. 더욱이 애처로운 사람의 목소리를 듣는 마음가짐은 공감과 연민의 눈물이었지만, 숭고한 사람의 목소리를 듣는 마음가짐은 경외심과 겸손이었다. 따라서 감수성 시대에 하위 계층의 경험담은 대부분 동정심만 유발한 반면, 일반 사병의 경험담은 훨씬 더 강력한 권위를 지니게 되었다.

결과적으로 근대 초기 일반 사병과 하급 장교들이 자전적 작품을 어쩔 수 없이 '역사'로 위장하고 무언가 기록하는 무모함에 대해 자주 용서를 구한 것과 달리, 낭만주의 시대의 군인들은 자신의 이야기를 대중에게 전하고 대중의 주목을 끌어낼 수 있는 능력과 권리가 자신에게 있음을 확신했다.《어떤 스코틀랜드 병사의 파란만장한 인생Vicissitudes in the Life of a Scottish Soldier》(1827년)을 출간한 출판사는 확신에 찬 어조로 다음과 같이 밝혔다.

> 유럽 대륙 원정의 중요하고 전반적인 특징을 기록한 책들은 이미 많이 있다. 하지만 우리는 반도 전쟁의 독특하고 다채로운 특징이 나타나는 세밀한 사항들에 관해서는 아는 것이 거의 없다. 우리 병사들의 용기, 매일매일 고통과 궁핍을 견딘 그들의 절개, 외국인을 보호하며 보여준 그들의 친절, 맞서 싸우는 적에게 베푼 그들의 자비는 산문과 운문에서 종

합적으로 찬양받았다. 하지만 개인적인 무용과 모험에 관한 기록은 별로 없다. 즐거움과 고난, 터무니없거나 통탄할 만한 사건, 한 사병의 삶과 성격을 다양하게 만드는 선행과 악행에 관한 기록은 별로 없다. 이 책에서 보여주려고 선택한 단 한 가지 주제의 요점은 우리 군대 전체의 개인적 환경이다. 그리고 이런 이야기를 통해 반도 전쟁에 참전한 장교들의 행동과 관련한 많은 세부 사항을 알게 될 것이다. 이는 다른 방법으로는 알아낼 수 없는 것들이다.[147]

밀물처럼 쏟아져 나오는 군대 하위 계층의 경험담은 단순한 문학 조류로 머물지 않았다. 다음에서 이야기할 텐데, 하위 계층의 경험담은 서양의 전쟁 문화를 바꾸는 주요 수단 중 하나였다. 하위 계층의 경험담은 전쟁을 숭고한 계시로 재해석했고, 그 이후 서양의 전쟁 문화를 풍미한 전쟁 서사의 원형을 창조했다.

개인의 성장을 약속하는 군대

일반 사병의 발흥과 톱니바퀴에서 생각하는 세포로의 변신이 자연스럽게 보일 수도 있지만, 근대 후기 일반적인 직업적 삶의 추세와는 뚜렷하게 대조되는 변화다. 근대 후기의 산업 자본주의 혁명은 노동자 집단을 유례없이 소외시켰다. 근대 초 구두공은 신발을 만들기 위해 개인적인 주도권과 독창성, 솜씨를 발휘한 반면, 20세기 대량생산 신발공장의 노동자는 주도권을 최소화하고 기계만 작동하라고 요구받았다.(사무직 관료도 마찬가지라고 할 수 있다.) 시민 노동자 집단이 거대한 산업기계의 톱니바퀴가 되어가던 그 순간 전쟁기계는 놀랍게도 정반대 방향으로 굴러 갔다. 노동자들이 톱니바퀴가 되어가던 그 순간 군인들은 독립적으로 사 고하는 세포로 인정받았다.

이런 대조적인 움직임의 결과, 전쟁은 소외된 산업 경제 속에서 보존 되는 낭만적 영역이 되었다. 근대 후기 노동자 대다수에게 '노동'은 소외 되고 편협한 활동이며, 그 어떤 성장Bildung도 일구어내지 못하는 활동 이었다. 노동은 개인의 잠재력을 완전하게 투입하라고 요구하지 않았다. 노동은 새로운 경험을 포함하지 않았고, 감수성을 향상시키지도 않았으 며, 노동자 자신과 세상에 대한 새로운 지식 습득으로 이어지지 않았다. 반면 전쟁은 낭만적인 주도권과 새로움, 탐험의 영역으로 재인식되었다. 비록 개인이 거대한 '전쟁기계'의 부품이고 이 거대한 기계는 평시에는 지극히 편협했지만, 이 기계는 전시에 개인이 독립적인 주도권을 보여 주길 기대하며 그 어떤 업무를 맡고 있는 시민보다 훨씬 더 큰 주도권을 발휘할 여지를 그에게 부여했다. 다음에서 살펴볼 텐데, 무기력한 노동 세계에서 탈출해 개인의 인간 잠재력을 완전히 탐구하고 개발할 기회를 얻을 수 있다는 것이 근대 후기 전쟁이 주는 대단한 매력이었다.

이를 무엇보다 명확하게 보여주는 것이 1981~2001년에 미국에서 사 용된 신병모집 슬로건이다.

"될 수 있는 모든 것이 되라Be All You Can Be."

이제껏 성장의 이상을 이보다 잘 표현한 말은 없었다. 슬로건이 전하 는 메시지는 이것이다. 군인들은 군대에서 최대한 가장 광범위한 경험 에 노출됨으로써 달리 깨울 방법이 없이 잠자고 있는 인간 잠재력을 완 전히 개발할 수 있다. 따라서 전투 중이건 아니건 참전용사들은 죽을 때 훔볼트와 더불어 정말 '인간의 모든 느낌을 섭렵'했고 '진정한 삶을 살았다'고 이야기할 수 있다. 그에 반해 공장이나 사무실에서 일하는 민간인은 자신이 될 수 있는 모든 것을 절대 깨닫지 못하고, 따라서 자신이 진정 누구인지도 절대 알지 못한다. 나이키가 모험과 탐험을 약속하는 "Just do It!"이라는 슬로건으로 소비자들에게 신발을 팔려고 들지만, "나이키에서 일하라-될 수 있는 모든 것이 되라"는 약속으로 잠재적인 공장 근로자나 회계사들을 끌어들이지는 못할 것이다. 그런 약속은 가치 하락까지는 아니어도 터무니없이 들릴 것이다. 자기가 될 수 있는 모든 것이 나이키 직원이라고 생각할 사람은 아무도 없을 것이다.

2001년 미육군이 '한 사람의 군대An Army of One'라는 새로운 신병모집 슬로건을 채택했을 때, 미육군이 봉급 외에 지원자에게 제시한 약속은 변함없이 성장이었다. 2003년 신병모집 포스터 중 하나에는 완전 군장을 한 군인이 등장하며 이런 설명이 붙어 있다. "대부분의 직업 훈련은 무엇인가 만드는 방법을 가르친다. 나의 직업 훈련은 내가 무엇으로 이루어져 있는지 가르친다." (신발 제작 같은) 기계적인 기술만 가르치는 평시의 소외된 '직업'과 군대가 약속하는 성장을 대비시키는 설명이다.

▲ 미육군 신병모집 포스터(2003년).

신병모집 슬로건이 주장하는 약속에 대해 냉소적인 태도를 취하기 쉽지만, 군대는 진지하다. 어찌 보면 이것이 진정으로 군대의 성패를 결정하기 때문이다. 앞에서 병사 개인의 계몽이 군대에 엄청난 이익이라는 크네제벡 원수의 말을 인용했다. 오늘날 흔히 사용하는 말 중에 '전략적 상병'이라는 말이 있다. '전략적 상병'은 외딴 전초기지에서 몇 시간 안에 세계적인 탑뉴스가 될 결정을 내릴 수 있는 상병이다. 18세기 말부터 군대는 계몽된 전략적 상병을 키우는 것이 가능한지 모험을 감행했고, 더 중요한 것은 독립적으로 사고하는 이 전략적 상병들이 군대 목표에 포섭되는 것이 가능한지 모험을 감행했다. 지금까지는 충분히 정당한 모험으로 보이지만, 여전히 냉소적인 평가를 받을 여지도 남아 있다. 군대라는 제도가 관심을 두는 것이 계몽 그 자체보다는 포섭된 계몽뿐이기 때문이다. 하지만 이런 측면에서 학교나 대학, 교회가 군대보다 훨씬 더 낫다고 할 수는 없다.

앞에서 전쟁에 대한 새로운 낭만적 전망이 군대의 성패를 가름하는 이유와 군대를 이상적인 성장의 온상으로 묘사하는 것이 그럴듯해 보이는 이유를 설명했다. 다음 장에서는 군인들의 표현을 중심으로 새로운 낭만적 전쟁관의 다양한 변형들을 살펴본다.

제**4**부

육체의 눈으로
전쟁을 보다

—

1740~1865년

8장

낭만주의 전쟁 회고록의 특징

낭만주의는 전쟁 경험을 어떤 모습으로 바꾸었나?

근대 초기 전투원들의 전쟁관을 좌우한 것은 집단적 수단으로의 전쟁 해석과 개인적 수단으로의 전쟁 해석, 명예로운 삶의 길로의 전쟁 해석 사이의 긴장이었다. 세 가지 해석 모두 정신이 육체보다 우월하다고 추정했고, 전쟁 경험을 전혀 중요하게 여기지 않았다. 그런데 감수성 문화가 군사 영역에 흡수되자, 새로운 전쟁 해석이 구체화되기 시작했다. 새로운 전쟁 해석은 전쟁 문화의 주변부에 머물던 전쟁 경험을 각광받는 중심부로 옮겨왔다. 전쟁은 이제 외적인 목표를 달성하기 위한 수단이나 명예로운 삶의 길이 아니었다. 전쟁은 다름 아닌 깊은 진리를 드러내고 근본적인 방식으로 사람들을 변화시킬 수 있는 숭고한 경험이었다.

전쟁 경험이 주목을 받게 되자, 전쟁에서 육체와 정신의 관계도 전에 없이 복잡하고 중요해졌다. 그때까지 이 둘의 관계는 간단한 문제였다.

정신이 육체보다 절대적으로 우월했고, 대부분의 저자는 겨우 몇 마디 상투적인 말로 둘의 관계를 다루었다. 그런데 감수성 문화가 상황을 역전시켜, 정신을 통제하고 가르치고 변화시키는 위치로 육체를 옮겨놓았다. 육체적으로 극심한 전쟁 경험이 갑자기 전에 없이 훨씬 더 흥미롭고 중요한 주제가 되었다. 전투원의 기량과 충성심을 평가하는 시험이었던 전쟁 경험이 달리 닿을 수 없는 진실과 사실에 이르는 숭고한 관문이 되었고, 단순히 전투원을 시험하는 대신에 전투원을 변화시켰다.

그 결과 전쟁 문화와 군인 저자들이 전쟁에서 육체와 정신의 관계에 점점 더 많은 관심을 갖게 되었고, 한없이 복잡하고 중요한 주제로 인정했다. 오래전부터 내려오는 이야기와 관습을 위협하고 심지어 뒤집을 수도 있는 주제로 인정했다. 스탕달Stendhal이나 톨스토이 등 대문호뿐만 아니라 평범한 군인들도 무엇보다 전쟁 경험담을 육체와 정신의 관계에 대한 철학적 탐구로 다시 이해했다. 그에 비하면 편협한 정치적, 군사적 문제에 대한 탐구는 대수롭지 않은 것이었다.

프리드리히 대제 군대의 종군 목사인 카를 다니엘 퀴스터Carl Daniel Küster는 7년 전쟁의 경험을 1790년에 이렇게 기록했다.

> 이성과 마음, 인간애, 조국, 개인의 목숨에 중요하게 작용하는 전쟁의 사건들이 인간 영혼의 서판에 불길로 깊은 낙인을 새겨 넣는다. 피비린내 나는 싸움의 시간에 전투의 두려움을 극복한 후, 믿을 수 없이 강력한 긴장과 쉼 없는 작전 중에 훌륭하게 버틴 모든 감각과 정신의 신경이 수많은 개념을 받아들이고 창조하며, 얼떨떨하지만 행복한 생각을 구체화한다. 다음에서 볼 텐데, 아수라장 같은 전투가 진행 중이거나 끝난 후 고귀한 행복의 빛이 영혼을 관통하며 찰나의 즐거움을 주기 때문에 (……)

(1758년 호흐키르흐Hochkirch) 전투는 전쟁 영웅에게 중요하고 귀중하다. 전투는 도덕주의자, 인간을 탐구하는 사람, 신을 섬기는 사람에게 진실하고 의미심장한 논의를 펼칠 수 있는 공간을 열어준다.[1]

빌헬름 폰 훔볼트는 더 간단하게 전쟁이 '인류의 성장에 가장 유익한 현상 중 하나'라고 요약했다.[2]

하지만 우리가 간과하면 안 되는 것은 계시적 전쟁 해석의 발흥은 매우 더디게 진행되었고, 지금도 계시적 해석이 수단적 해석의 들러리에 불과한 경우가 흔하다는 사실이다. 그렇지만 이 장은 1740년부터 1865년까지 여러 가지 다양한 해석의 상대적 중요성을 정확히 평가하는 자리가 아니다. 또한 나폴레옹 시대의 '전쟁 경험'을 설명하는 자리도 아니다. 다른 종류의 자료를 참고하지 않아도 충분할 만큼 전쟁 회고록이 풍부하고 다양하며, 어떤 이론을 증명하거나 반증할 인용구가 넘치기 때문이다.

그 대신 근대 초기 회고록과 분명하게 구분되는 새로운 낭만주의 전쟁 회고록의 특징만을 집중적으로 보여줄 것이다. 새로운 언어와 새로운 일련의 이미지, 가치를 수반한 새로운 전쟁 문화가 낭만주의 시대에 탄생했다. 이 새로운 문화적 자원들을 모든 회고록 저자가 이용했다고 볼 수도 있지만, 사실 많은 저자는 이 새로운 자원들을 아주 제한적으로만 이용했고, 전혀 이용하지 않은 저자들도 있다.

이 새로운 문화적 자원들의 목록을 정리하는 것이 이 장의 주 목적이다. 10년 단위로 세세하게 구분해 다양한 시기 다양한 나라의 저자들이 이 문화적 자원들을 실제 어느 정도까지 이용했는지는 향후 연구를 통해 해결할 문제다.

피상적으로 볼 때 감각주의와 낭만주의는 언어와 배경, 이미지를 바꿈으로써 전쟁 회고록을 변형시켰다. 이 주제 하나만 다루어도 책 한 권을 전부 차지할 것이다. 여기서는 감각과 신경, 공감, 자연이라는 네 가지 사안에만 집중함으로써 회고록의 변형을 예시하고자 한다.

풍부한 감각 묘사

근대 초기의 회고록과 낭만주의 회고록을 비교할 때 맨 먼저 눈에 띄는 것이 풍부한 감각 묘사와 감각에 대한 관심이다. 근대 초기 회고록 저자들은 보통 자신이 무슨 일을 했는지 그리고 무엇을 보았는지에 관해서만 이야기했다. 아주 드물게 자신의 느낌을 이야기하고 사건을 감각적인 언어로 묘사하려 할 때도 아주 제한적이고 밋밋한 단어를 사용한다. 반면 낭만주의 회고록 저자들은 사건의 느낌을 설명하는 데 큰 공을 들이고, 그런 의도에 맞게 아주 풍부하고 다양한 언어를 사용한다. 굳이 지금 그에 관한 사례를 들지 않아도 될 정도다.

신경학 언어의 일상화

감각주의 철학자와 시인, 과학자들이 18세기에 신경과 섬유의 개념에 집중하는 새로운 감각적, 감정적 언어를 만들어냈고, 이 언어가 마침내 20세기에 군사심리학과 전쟁 경험을 지배하게 된다. 현재 진행되는 트라우마에 관한 담론이 그 한 가지 사례다. 하지만 이 언어는 이미 낭만주의 시대부터 군사적 담론에 영향을 미치기 시작했다. 알렉산더 그레이든 Alexander Graydon은 1776년 중대를 이끌고 필라델피아를 탈출한 사건과 관련해 "내 심장의 힘줄이 파열되었다고 말해도 그 상황에 대해 지나치게 과하거나 비유적이지 않은 표현일 것이다"라고 기록했다.[3] 존 블래키스턴John Blakiston도 복무지인 인도로 가기 위해 집을 떠나며 "내 심장의 힘줄이 갈기갈기 찢어지는 것 같다"고 말했다.[4]

이 새로운 감각 섬유의 언어가 무엇보다 분명하게 드러나는 것이 두려움과 용기의 개념 변화다. 근대 초기에 용기는 육체와 정신의 단순한 역학 관계를 내포했다. 당시 용기는 순전히 정신적인 자질이었고, 정신의 힘이었다. 겁먹은 육체가 보내는 메시지를 극복하고 육체가 정신의 의지에 완전히 복종해 움직이게 만드는 것은 정신의 능력이었다. 전투원들이 두려움을 느껴도, 그들의 정신이 강하면 이 기본적인 감각을 극복할 수 있다는 것이다. 바야르나 스카이볼라 같은 용기의 화신들은 정신이 아주 확고해서 결코 두려움을 느끼지 않았다.

그런데 18세기에 용기에 대한 새로운 해석이 등장했다. 감각주의적 해석은 용기를 정신보다 신경계에 속하는 육체적 힘으로 이해했다.[5] 강한 신경계는 튼튼한 타악기처럼 극심한 감각을 전달해도 부서지지 않지만, 허약한 신경계는 압박을 이기지 못하고 무너져 제 기능을 하지 못한다는 것이다. 정신은 인간의 능력을 기껏해야 제한적으로 통제할 뿐이라는 것이다. 따라서 반도 전쟁에서 부상당한 어느 영국 장교는 '신경과민'으로 퇴역할 수밖에 없었다. 그는 "신경과민이 심해졌다. 어떤 임무가 주어지면 긴장해서 밤에 잠도 이루지 못할 정도다. 견디지 못할 것 같다. 전역하는 수밖에 없을 것이다"라고 기록했다.[6]

본래 중립적인 '신경이 과민하다'라는 용어가 '두렵다'는 말과 동의어가 되었다. 랜드만Landmann 대령은 비메이루Vimeiro 전투(1808년) 당시 포격과 관련해 "사람 머리와 겨우 1미터 정도 떨어져 날아가는 포탄의 굉음은 조금도 과장하지 않고 말해서 극도로 불쾌하다. 제아무리 신경이 튼튼한 사람이라도 대단히 부끄럽지만 고개를 까닥거리게 될 것이다('까닥거림'은 포탄이 날아오는 소리를 듣고 고개를 숙인다는 의미로, 어떤 사람들은 이를 신경과민/비겁함의 표시로 생각한다.)[7] 랜드만이 신경을 인간은 물론 동물의 속성으로 생각한 것을 보면 '신경'이 정신적 자질이 아니라 육체적 자질임이 분명해진다. 그는 "내가 탄 말의 신경이 포병대의 맹렬한 포격에 즉각 반응하는 것을 보고 아주 기쁘고도 놀라웠다"고 기록했다.[8]

《전쟁론》에서 클라우제비츠는 '침착성'을 훌륭한 지휘관의 자질로 규정했다.

"이 빛나는 자질이 특별한 기질에서 비롯되는지 아니면 튼튼한 신경에서 비롯되는지는 사건의 본질에 따라 결정된다. 하지만 어느 것 하나도 완전히 배제할 수는 없다. 재빠른 응수는 재치를 입증한다. 갑작스런 위험을 맞아 드러나는 풍부한 지략은 무엇보다 흔들림 없는 신경을 입증한다."

클라우제비츠는 처음에는 정신과 육체의 상대적인 중요성 평가를 거부하지만, 그가 제시하는 사례들을 통해 다음과 같은 그의 속내가 분명히 드러난다. 재치 있는 지휘관이 되고 싶다면 훌륭한 기질로 충분하지만, 위험한 상황에서 풍부한 지략을 발휘하는 지휘관이 되고 싶다면 더욱 중요한 것이 강한 신경계다.[9]

계속해서 클라우제비츠는 외적 영향에 얼마나 민감한지에 따라 지휘관을 네 부류로 구분한다. 첫 번째 부류는 '쉽게 발분하지 않는' 무기력한 지휘관들이다. 두 번째부터 네 번째 부류는 다음과 같다.

대단히 적극적이지만 감정이 절대 도를 넘지 않는 사람들이다. 민감하지만 차분한 사람들이다. 세 번째는 쉽게 감정에 휘둘리는 사람들이다. 이들은 갑자기 흥분을 분출하지만 이내 누그러진다. (……) 그리고 마지막으로 사소한 문제에 반응하지 않고, 갑작스럽지 않게 아주 서서히 움직이지만, 감정의 힘과 내구성이 대단히 강한 사람들이다. 이들의 감정은 강하며 깊이 숨겨져 있다. 이러한 차이는 인간 내부에서 작동하는 육체적 힘과 관련이 있는 것 같다. 이 육체적 힘은 한편으로는 육체적이고 또 한편으로는 심리적인, 우리가 신경계라고 부르는 이중적인 기관의 일부다.[10]

클라우제비츠의 표현은 혼란스럽지만, 지휘관들의 상이한 특성이 주로 신경계에서 기인한다는 것은 재차 분명하게 드러난다. 클라우제비츠는 《전쟁론》 전반에서 심리적 요인을 아주 중요하게 다루지만, 위에 인용한 구절에서는 심리적 요인들이 궁극적으로 신경계의 육체적 힘에 기초한다고 분명하게 밝히고 있다. 그가 신경학에 대해 달리 더 언급하지 않는 이유는 당시 과학이 그 문제를 현명하게 다루는 데 필요한 심리학적 지식을 갖추지 못했다고 생각해서다.

그러나 용기에 대한 새로운 신경학적 이미지는 용기에 대한 전통적인 '정신적' 견해를 완전히 몰아낼 만큼 강력하지 않았다. 정신적 견해는 낭만주의 시대 내내 지배적인 위치를 차지했을 것이고, 사실 현재까지 이어지고 있다. 하지만 신경학적 견해는 그때까지 간단했던 용기에 대한 담론을 훨씬 더 복잡하고 흥미롭게 변화시키는 데 성공했다. 1700년 무렵만 해도 용기가 무엇인지 아주 분명했다. 특히 회고록 저자들은 용기라는 문제를 다루거나 설명할 필요성을 거의 느끼지 못했다. 대개 누군가의 용기에 관해 언급할 때 그의 외적 행동을 설명하는 것으로 충분했고, 용기에 대한 숙고는 보통 몇 마디 진부한 언급이 전부였다.

그런데 1800년 무렵, 용기가 무엇인지 훨씬 더 모호해졌다. 두 가지 견해가 서로 상충했기 때문만은 아니다. 신경학적 논리가 당시까지 전통적인 견해를 고수하던 사람들에게 미묘하게 영향을 미친 이유도 있었다. 용기를 순전히 정신적 자질이라고 생각하는 한, 용기는 정신의 또 다른 자질과 연결되었다. 곧 용기는 잠재적으로 불변이며 무한하다는 것이다. 그런데 신경학적 논리의 영향 덕분에 용기가 정신적인 자질이라고 믿던 사람들도 용기가 변하지 않는 것이 아니고 무한한 것도 아니라고 의심하기 시작했다. 인간이 어떤 행동에서는 용감하고 또 어떤 행동에서는 비겁할 수 있으며, 모든 인간의 용기에는 한계가 있다는 주장이 받아들여졌다.

예를 들어 엘제아르 블라즈는 두려움과 용기가 불변의 자질이 아니고 계속 변화하는 현상이라고 강조했다. 그는 이렇게 기록했다.

> 프리드리히 대제는 종종 자기 말에 귀 기울이는 사람들에게 거듭 당부했다.
> "아무개가 용감하다고 말하지 말라. 그가 이러이러한 날에 용감했다고 말하라."
> 사실 우리의 행동은 아주 복잡하고, 우리의 감정은 가끔 전혀 예상하지 못한 결과를 낳기 때문에 우리는 오늘 한 일을 내일도 할 수 있을지 장담하지 못한다. (……)
> 나는 절대 두려워한 적이 없다고 주장하며 허세 부리는 지휘관처럼 큰 소리를 칠 생각은 없다. 다른 사람들이 이렇게 말하는 것을 나는 여러 번

들었다. 그 반대로 나는 분명히 말한다. 첫 번째 총알이 핑 하고 머리 위로 날아오면 나는 무의식적으로 머리를 숙인다. (……) 그렇다, 총알과 포탄이 빗발치는 가운데 완벽하게 냉정을 유지하는 사람은 틀림없이 심장이 삼중 철판으로 덮여 있을 것이다. 나는 지금까지 종종 내가 머리를 숙이는 의식을 치르는 동안 느낀 감정이 무엇인지 분석해보았다. 그리고이제 인정한다. 두려워했다는 것을.[11]

많은 회고록 저자가 용기를 복합적으로 설명하고 비평해야 한다는 의무감을 느꼈고, 대체로 정신과 육체의 미묘한 관계에 집중했다. 용기를 이해하려면 한 사람의 외적 행동뿐만 아니라 거기에 포함된 내적 느낌까지 설명하는 것이 필수가 되었다. 이것이 나폴레옹 시대 회고록이 근대 초기 회고록보다 훨씬 더 경험에 바탕을 둔 주된 이유 중 하나였다.

존 쉽은 바랏푸르 기습작전(1805년) 당시 헛된 희망을 앞장서서 이끈 경위를 설명한 후 용기의 본질에 대해 숙고한다.

아침을 먹듯 신속하게 싸운다고 말하는 사람들이 있다. 또 정말 싸움을 좋아한다고 말하는 사람들도 있다. 이들의 말이 사실이라면 정말 피에 굶주린 망나니들이 아닌가! 인색하다고 할지 모르겠지만, 나는 이 허풍쟁이들이 보통의 용기도 지니지 못했다고 의심한다. (……) 이 무시무시한 군인들에게 (나는 물을 것이다.) 요새를 습격하거나 전투를 시작하기 몇 시간 전에 수심이 어리고, 생각에 빠지고, 심각하고, 불안하고, 누가 보더라도 근심 걱정에 시달리는 이유를 물을 것이다. (……) 내가 생각하는 그런 상황에 처해, 포탄의 으르렁거림과 전쟁의 소음 속에서도 내가 설명한 것과 가까운 불안을 경험하지 않는 사람은 사자의 용기를 지녔을

지는 모르나 인간의 감정은 지니지 못할 것이다.[12]

앞에서 보았듯이 근대 초기의 이상은 바야르와 스카이볼라처럼 되는 것이었다. 다시 말해 두려움을 전혀 모르는 사람이 되는 것이 이상이었다. 내적 전율은 나약하다는 신호였고, 그런 감정이 있음을 인정하는 사람도 거의 없었다. 하지만 쉽을 비롯해 모든 감상적 전통은 정반대의 논리를 주장했다. 이제 용기와 명예를 결정하는 것은 두려움이라는 내적 감각과 감정이었다. 사람이 두려운 감각과 감정을 느끼면서도 용감하게 행동하기 때문에 명예롭다는 것이다. 쉽은 두려운 느낌을 갖지 않는 사람은 동물에 지나지 않는다고 생각했다.[13]

존 맬컴도 쉽과 같은 생각이었다.

나는 가끔 그런 (두려움의) 느낌을 느끼지 못한다고 공언하고, 비슷한 상황에서도 죽음을 떠올리거나 두려워한 적이 한번도 없었다고 큰소리치는 사람들을 보았다. 그들과 인류의 명예를 위해 그들의 말은 진실이 아니었다고 믿자. 반대로 고백하면 용기가 부족함을 인정하는 것이라는 생각에서 그렇게 말하게 되었다고 믿자. 하지만 동물적 충동에 자극을 받는, 위험을 느끼지 못하는 순전히 짐승 같은 무감각은 분명히 그렇게 (용기라고) 부를 수 없다. 모순적인 주장으로 들리겠지만 두려운 느낌이 없으면 용기도 있을 수 없다.[14]

톨스토이의 《1855년 8월 세바스토폴리》도 비슷한 맥락이다. 등장인물 중 두려운 느낌을 경험하지 못하는 유일한 인물이 멜니코프Melnikoff라는 사병이다. 멜니코프가 대규모 포격 속에서도 몸을 숨기려 하지 않자,

두려움에 떨던 주인공 볼로디아Volodia 장교가 부하들에게 그에 관해 묻는다. 병사들이 대답한다.

"각하, 그는 아무것도 두려워하지 않는 짐승입니다."[15]

두려움을 모르는 것은 무감각한 동물의 특성이다.[16]

1868/1869년 아르당 뒤 피크Ardant du Picq는 전문적인 군사이론 분야에 두려움과 용기에 관한 새로운 담론을 제시했다. 수백 년 동안 군사이론가 대다수가 전적으로 작전 배치와 전략적 이동에만 주목하고 군인들의 심리는 겨우 몇 마디 상투어로 다루는 것이 전부였지만, 뒤 피크가 《전투 연구Battle Studies》에서 일반 사병들의 심리를 군사사상의 중심에 위치시킴으로써 군사이론을 혁명적으로 변화시켰다.

뒤 피크는 두려움과 용기가 사실 아주 복잡한 문제고, 이에 관한 과거의 견해는 번지르르한 미사여구에 불과하다고 생각했다. 그는 (헨리 로이드Henry Lloyd의 명언과 비슷하게) 인간이 전투를 하는 이유는 승리하기 위해서지 싸우기 위해서가 아니며, 인간은 싸움을 피하고 승리를 얻기 위해 최선을 다한다는 최고의 명언을 남겼다.[17] 감각주의자들과 마찬가지로 뒤 피크는 인간이 자기보호 본능에 지배되고, 따라서 싸움은 인간에게 자연스럽지 않은 것이며 복잡한 심리기제의 결과라고 생각했다. 그는 군사심리학의 비밀을 풀기 위해 수천 년간 이어져온 호전적 미사여구와 역사자료를 제쳐두고, 실증주의적 입장에서 전쟁을 사회학적이고 심리학적으로 연구하기 시작했다. 그는 수많은 전투원에게 설문지를 배포해 그들의 전쟁 경험을 탐문했다. 뒤 피크는 연구 방법이나 연구 결과에서 새로운 길을 열었고, 20세기 들어 마셜S.L.A. Marshall, 존 키건 등 군사심리를 연구한 근대의 모든 학파와 '전투의 얼굴Face of Battle' 연구가 그 길을 따랐다.[18]

새로운 신경학 언어는 약한 신경과 극한 경험을 연결고리로 삼아 전쟁과 광기의 관계를 구축하기 시작했다. 울리히 브레커는 신병모집과 군사 기초 훈련에서 충격을 받아 정신적으로 불안정해진 신병들에 관한 이야기를 전한다. 메클렌부르크Mecklenburg의 신병 중에 병영 밖에서 보초를 서면 장교들과 프리드리히 대제에게 큰소리로 욕설을 퍼붓는 병사가 있었다. 브레커와 동료들은 그를 진정시키려 애썼다. "이봐, 내 말 들어! 조심하지 않고 지금처럼 계속 그러면 자네는 언젠가 정신병원에 들어가게 될 거야." 그리고 브레커는 아주 얌전히 지내던 신병이 스스로 목을 매다는 것도 목격했다. 그가 미쳤다는 이야기를 듣자 브레커는 호기심이 솟았다. "그 이야기를 들은 나는 그를 조금 더 가까이에서 살펴봐야겠다는 생각을 떨칠 수가 없었다. (……) 궁지에 몰린 가련한 육체는 얼굴 인상부터 무서웠다."[19]

토머스 모리스Thomas Morris는 전원 집합하라는 명령을 받고 나가서 한 병사의 처형 장면을 지켜본 적이 있다. "머스킷 총을 장전한 경비병들이 발사 명령이 떨어지기만 기다렸다. 그때 인솔 장교가 고맙게도 (웰링턴) 공이 죄를 용서했다고 그 병사에게 넌지시 알려주었다. 그러자 예상치 못한 소식을 갑작스럽게 전해 들은 그 병사가 제정신을 잃고 미친 듯 뛰어올랐다."[20] 제임스 캠벨James Campbell은 자기 연대에서 전투 중 심한 부상을 당한 젊은 용기병龍騎兵에 관해 이렇게 이야기한다.

"부상으로 그의 정신은 천치가 되었다. 얼굴 표정에서 천치라는 것이 뚜렷하게 드러났고, 쟁기질한 밭의 흙덩어리를 갖고 노는 모습만 봐도 알 수 있었다."[21]

하인리히 포슬러Heinrich Vossler는 모스크바 퇴각을 이렇게 기록했다.

말할 수 없는 고통을 겪은 것은 육체만이 아니었다. 극심한 추위와 굶주림에 협공을 당한 정신도 깊은 상처를 받았다. (……) 많은 사람이 암울한 절망이나 격렬한 광기에 사로잡혔고, 신과 인간을 향해 가장 끔찍한 저주를 중얼거리며 마지막 숨을 거두었다. 다른 사람들은 어린아이같이 유치해졌고, 그 때문에 어려움을 극복할 신체적 기력이 충분한데도 목숨을 잃었다. 또 다른 사람들은 눈앞에 나타난 구원의 손길도 거부할 만큼 무기력에 빠졌고, 그렇게 죽음에 몸을 던졌다. 모든 사람이 예외 없이 최소한 일시적인 정신력의 장애를 겪었고, 이런 장애는 말문을 닫은 무기력함으로 드러나는 경우가 많았다. 부대원들은 이를 '모스크바 우울증'이라고 불렀다."[22]

고통에 대한 공감

근대 초기 전쟁은 인간에게 어마어마한 고통을 초래했고, 회고록 저자들도 이런 사실을 굳이 숨기지 않는 경우가 많았다. 하지만 이들은 고통을 사실적으로 묘사하는 경우에도 고통을 공감적으로 상세하게 설명하는 일은 드물었다. 반면 낭만주의 회고록 저자들은 애처로운 장면의 상세한 설명을 회고록에 포함해 아주 감정적인 표현으로 묘사하는 것이 관례였다. 이런 장면을 삽입하는 목적은 저자의 감수성을 보여주고, 독자들도 자신의 감수성을 드러내고 계발하도록 하기 위해서였다.

가령 윌리엄 톰슨William Tompson은 인도에 포로로 잡힌 영국군에 관한 이야기의 서문에 이렇게 적었다.

"우리 군인들이 야만인들과 함께 구금되어 겪은 일에 관한 이야기는 가슴이 아플 뿐만 아니라 약간의 교훈도 담고 있다. 땅과 바다의 숨겨진 지층이 천재지변으로 드러나듯, 도덕적 폭력 사태는 인간 영혼의 격정과 힘을 거칠게 폭로한다. 포로로 잡힌 우리 동포와 친구들의 감수성은 강력한 자극을 받았다."[23]

몽테스키외 페젠작Montesquiou-Fezensac 공작은 1812년 원정 경험담의 말미에 이렇게 적었다.

"내가 쓴 책을 읽은 독자들에게 한 가지만 묻겠다. 이야기를 끝마치며 내가 느끼는 감정을 여러분도 공감하는지. 독자들이 나와 함께 대단한 용기는 칭송하고 대단한 불행은 슬퍼하길 부탁한다."[24]

몽테스키외 페젠작 같은 회고록 저자들은 독자들에게 정보를 전하는 것으로 머물지 않는다. 독자들의 감수성을 계발하려고 노력한다.

회고록 저자들에게는 자신과 동료 군인들이 짐승이 아니라 감정을 지닌 인간임을 분명히 보여주는 것도 아주 중요했다. 존 쉽 중위는 경험담 내내 전쟁 상황에 이골이 난 군인들은 가슴 따뜻한 감정을 지니지 않았다는 말이 진실이 아니라고 주장했다.[25] 인도 주재 영국군 총사령관은 공격 실패로 몰살당한 22연대 생존자들을 사열할 때, "병사들의 시선을 피해 돌아섰다. 눈물이 그의 뺨을 타고 흘러내렸다. 하지만 병사들이 알아차릴까 걱정한 그는 모자를 벗어 들고 그들을 환호했다. 이 눈물은 가룟 유다의 눈물이 아니었다. 각하는 이곳에서 아군의 큰 손실에 대해 슬픔의 눈물을 흘린 적이 많다."[26]

또한 쉽은 다무니Dhamoony 요새를 포격으로 함락(1817년)한 후 영국 포병대원이 요새에 들어와 포격의 위력을 확인한 이야기도 들려준다. 쉽은 그 포병대원에게 한 곳을 가리켰다. 포격으로 다리가 잘린 인도 여인이 아기를 가슴에 꼭 끌어안고 있었다. 포격에 반대하던 쉽이 그에게 이렇게 말했다.

> "자, 부사관, 자네가 고생해서 포대를 배치했는데 이제 그 보람을 느끼
> 길 바라네."
> 그는 내가 가리키는 쪽을 돌아보며 대답했다. (그가 슬퍼하던 모습을 절대 잊
> 을 수가 없다.)
> "중위님, 정말이지 제가 이처럼 처참한 광경을 보게 될 줄 미리 알았더
> 라면 이 근처에도 오지 않았을 것입니다."
> 나는 그가 손등으로 공감의 눈물을 훔치는 모습을 보았다. 그가 말을 이
> 었다.
> "저 불쌍한 여자를 병원으로 옮길까요?"[27]

섭은 계속해서 영국 군인을 감정을 지닌 인간으로 그리는 반면, 적군
인 인도군은 감정이 부족하다고 비난했다. 이런 일도 있었다. 동정심을
느낀 영국 장교가 포격당한 요새에 관대한 항복 조건을 제시했다.

> 부상자들의 신음이 똑똑히 들린다. 찢긴 상처에서 계속 피가 흐르고 부
> 서진 뼈가 피부를 찢고 튀어나온 저 가련한 친구들의 운명은 이제껏 분
> 명히 슬픔이었을 것이다. 이런 생각만으로도 우리의 마음이 공감해 전
> 율을 느낀다. 그러나 이 불행한 사람들의 심장은 이 요새가 세워진 단단
> 한 바위만큼 무감각했다. 하지만 바로 그런 사실 때문에 이 무지한 영혼
> 들에 대한 우리의 슬픔만 커진다. 위선적인 승려나 탁발 사기꾼 몇 명이
> 이 무지한 영혼들에게 영향력을 행사하고 호도해 맹목적인 파멸로 이끌
> 었다.[28]

▲ 조지프 라이트, 〈사망한 군인〉, 1789년. © Yale Center for British Art, Paul Mellon Collection

쉽은 마침내 함락된 요새 안에서 자기가 목격한 광경을 묘사하기를 거부한다. 독자들의 감정이 다치지 않도록 하려는 배려다.

"혹시 내 소중한 동포 여성들이 이 회고록을 읽는다면, 그 광경을 묘사하지 않은 것에 대해 내게 감사할 것이라고 나는 확신한다."[29]

이와 비슷한 '공감적인' 장면이 시각예술에서도 흔하게 등장했다. 가령 조지프 라이트Joseph Wright는 명작 〈사망한 군인The Dead Soldier〉(1789년)에서 전사한 군인과 그의 아내, 고아가 된 아기를 함께 그렸다. 지금 보면 이 작품이 조금 지나치게 감상적인 그림으로 보일 수도 있지만, 라이트의 동시대인들에게는 호소력이 있었다.

자연에 대한 낭만적 묘사

근대 초기의 전쟁 회고록을 보면 묘사된 사건들이 텅 빈 환경에서 발생했다고 생각하기가 쉽다. 회고록 저자들이 전쟁의 자연환경을 설명하는 데 별 관심이 없었기 때문이다. 거의 모든 저자가 마찬가지였다.[30] 간혹 숲과 산, 바다, 일몰, 고대 도시, 무너진 성, 폭풍우 등에 관한 묘사가 등장하기도 하지만, 군사적 의미가 분명할 때뿐이었다. 그럴 경우에도 묘사라기보다는 언급하는 정도에 지나지 않았다. 이들은 공공의 전쟁 목적이나 개인적 전쟁 목적, 명예와 분명히 연관되지 않은 것은 기록할 가치가 없다고 생각했다.

하지만 낭만적 계획에서 자연은 무시할 수 없는 존재였다. 자연환경에서 기인하는 감각과 경험이 개인적인 감정뿐만 아니라 민족 전체의 성격과 대장정의 결과까지 결정했기 때문이다. '자연으로 들어가는 것'이 지혜와 통찰을 획득하고, 개인의 내적 본질과 집단 정체성을 연결하는 지극히 중요한 방법이었다. 가끔 자연이 전쟁의 목적을 규정하는 일도 있었다. 조르주 당통Georges Danton이 프랑스 혁명의 전쟁 목적을 '자연적' 국경 획득이라고 밝힌 일화는 유명하다. 그는 국민 공회에서 이렇게 말했다.

"지금까지 프랑스 국경을 정한 것은 자연이었다. 우리는 라인강 제방, 바닷가, 알프스산맥 등 그 국경 범위의 사방 구석구석까지 도달할 것이다."[31]

따라서 자연환경과 이것이 전투원에게 미친 경험적 충격을 '낭만적으로' 설명하지 않은 채 군사작전을 묘사하는 것은 불가능한 일이었다.[32]

게다가 '자연 속에서' 야영하고 행진하고 싸우는 등 노천에서 대부분

의 시간을 보낸다는 사실 때문에 전투원들의 문화적 지위가 크게 높아
졌고, 그들이 누리는 권한도 막강해졌다. 전쟁 자체도 숭고한 사건이었
지만, 전투원들이 자주 험한 지형을 만나 노천에서 야영하는 등 전쟁이
'자연' 속에서 일어난다는 사실이 전쟁을 한층 더 숭고하게 만들었고, 참
전용사들의 권위를 한층 드높였다.[33]

전쟁 회고록 저자들은 이런 문화 발전을 분명히 인식해 작품에 반영
했다. 일례로 1807년 클라우제비츠는 첫 출정을 회상하며 다음과 같이
기록했다.

> 1793년 프로이센 군대가 보주Vosges산맥을 벗어나던 일은 (……) 지금
> 다시 생각해도 정말 즐거운 경험이다. 우리는 나무가 빽빽하게 들어찬
> 그 을씨년스럽고 열악하고 우울한 산 속에서 반년을 지냈다. 일종의 체
> 념처럼 우리의 눈은 몇 발자국 앞도 보이지 않는 길에 익숙해져 있었다.
> 심리 상태도 마찬가지여서 물리적 환경이 그대로 우리의 기분에 반영되
> 었다. 시야가 극도로 제한된 탓에 병사들은 몇 시간 뒤의 상황도 거의 예
> 상할 수 없었다. 보이지는 않지만 근처에서 싸우는 소리가 들리는 일이
> 흔했다. 병사들은 어두운 밤중에 위험에 다가서듯 자신의 운명을 향해 다
> 가갔다. 고된 행군 끝에 드디어 우리는 란다우Landau에서 보름스Worms
> 에 이르는 장대한 라인강의 계곡에 도착했다. 그 순간 불길하고 위험한
> 삶이 다정한 삶으로, 눈물의 삶이 웃음의 삶으로 변하는 것 같았다.[34]

프리드리히 대제의 군대에서 중위로 복무한 에른스트 프리드리히 폰
바르제비슈Ernst-Friedrich von Barsewisch는 부대를 이끌고 행군한 산에
서 깊은 감명을 받았다.

세상의 온갖 형태를 보면, 거대하고 아름다운 신의 창조물과 그 모든 것을 주관한 위대한 조물주를 감히 그 어떤 감탄으로도 기릴 수 없다. 나는 지금까지 늘 저지대보다는 구름 속으로 사라진 산 뒤편의 절벽에서 신의 전능함과 위대함이 훨씬 더 장엄하고 찬란하게 드러난다고 생각했다. 거센 폭풍이 몰아쳐 번개가 번쩍거리고 천둥이 으르렁거리던 시나이산과 십계명을 생각할 때 특히 그런 생각이 든다. 십계명은 시나이산 위에서 천둥번개가 치는 와중에 모세를 통해 인간에게 전달되고 계시되었다.[35]

피터 레슬리Peter Leslie도 캘커타에서 펀자브까지의 행군을 비슷한 감격으로 묘사하며 이렇게 주장했다.

"제아무리 이성적인 인간도 자연의 아름다움을 보면 감동하지 않을 수 없고, (인도의 자연은) 더할 나위 없이 숭고하다. 사실 인도의 폭풍우를 목격하며 '위대한 조물주'를 확신하지 못하는 사람은 가슴속에 신앙심을 거의 품지 못한 사람이 분명하다. (전능한 신은) 하늘에서 다스리며 이 땅에 살아가는 사람들 속에 거한다."[36]

레슬리와 마찬가지로 존 쉽도 경이로운 인도의 자연에 마음을 빼앗겼다. 그는 전투나 포위작전을 묘사할 때면 언제나 한두 문단에 걸쳐 인도의 자연환경을 '낭만적' 언어로 묘사했다.

어느 날 아침 장대하고 찬란한 태양이 떠오르자 나무가 우거진 언덕과 계곡의 작은 세상이 우리 앞에 펼쳐졌다. 눈부시게 빛나는 태양의 빛이 자연의 걸작 풍경을 우리에게 보여주었다. 어느 화가도 그려내지 못했을 황금빛 숲은 가장 숭고한 그 어떤 상상의 산물도 능가했다. 빛나는 언덕은 솟아오르는 태양과 밝기를 다투었고, 잔물결이 이는 시냇물은 "여전히 목마른 영혼이여, 이리 와서 수정처럼 맑은 물을 마시라. 그리고 날아가는 천사들, 그대들은 이 순수한 계곡에 날개를 담그고 쉬었다가 사랑의 왕국으로 날아오르라"고 속삭였다. (……) 그리고 바위 절벽에서 곤두박질치는 폭포는 말로 표현할 수 없는 거친 아름다움을 모두에게 전해주었다. (……) 아, 이토록 아름다운 풍경이 인간의 피로 더럽혀져야 하다니! 이 사랑스럽고 그림 같은 나라의 계곡에서 자연이 이룩한 감미로운 조화가 전쟁의 공포로 깨져야 하다니![37]

쉽은 두 페이지에 걸쳐 자연을 묘사한 다음에 비로소 네팔 군대의 배치와 영국군의 작전 행동에 대한 설명을 이어간다.[38]

전쟁을 새롭게 묘사하는 이 '자연적' 언어를 가장 분명하게 보여주는 그림이 셋이 있다. 이후 혁명전쟁의 상징이 된 이 세 그림은 〈알프스를 넘는 나폴레옹〉과 〈델라웨어강을 건너는 워싱턴〉, 〈러시아의 '동장군'〉이다.

알프스산은 근대 초기에 군사적으로 빈번하게 이용된 첩경이었다. 이탈리아 전쟁 당시 프랑스 군대가 거의 매년 알프스산맥을 넘어가고 다시 넘어올 정도였다. 하지만 그 당시 회고록 저자들은 누구도 알프스의 장엄함을 묘사할 생각을 하지 못했다. 알프스는 그저 군대와 보급대가 극복해야 할 물리적 난관에 불과했다. 플로랑주Florange의 영주는 1515년 프랑수아 1세의 알프스 횡단을 다음과 같이 묘사했다.

왕의 중포병 부대와 경보병들이 제네바의 산악지대를 통과해 (몽스니 Mount Cenis 고개를 넘어) 수사Susa로 내려갔다. 포병대가 통과할 수 있는 산악 통로는 그 길뿐이었다. 왕과 경포병 부대는 기레스트르Guylestre로 길을 잡아 산맥 3개를 넘어 로케스페르베Rocquespervet라는 작은 마을 근처 산 위에 있는 성으로 내려갔다. 살뤼스Saluce 후작령과 인접한 곳이었다.[39]

1524년 프랑수아 1세는 적을 기습하기 위해 다시 군대를 이끌고 알프스를 넘어 강행군했다.

그는 군대를 셋으로 나누어 세 경로로 진군했다. 스위스군은 용병과 함께 기레스트르를 통과하고, 선발대를 지휘하는 우리의 라 팔리스la Pallice 영주와 왕은 노트르담 돌벵Notre Dame d'Aulbyn 부근의 또 다른 경로를 따라 수사로 향했다. 포병대와 나머지 경보병들은 제네바의 산맥들을 통과했다. 그들은 이렇게 알프스를 횡단했다.

플로랑주 영주는 급작스런 이동과 험한 지형 탓에 원활한 보급이 불가능했다고 설명한다. 특히 스위스 군대는 여드레에서 열흘 동안 빵이나 와인을 보급받지 못했지만 놀랄 만큼 신속하게 이동했다. 플로랑주 영주는 프랑수아 1세의 대담한 기습공격으로 독자들을 감동시키려 했지만, 알프스산맥 자체는 묘사하지 않았고, 자연환경의 웅장함과 숭고함에 관해서도 전혀 관심이 없었다.[40] 프랑수아 1세의 궁정화가들도 '알프스를 넘는 프랑수아 1세'를 그릴 생각을 하지 못했고, 1515년과 1524년 프랑수아 1세의 공격이 모두 (일시적인) 승리로 끝났지만, 알프스를 넘은 성공 자체는 축하받지 못했다.

이와 대조적으로 1800년에 나폴레옹이 알프스를 넘어간 사건은 나폴

▲ 자크 루이 다비드, 〈생 베르나르 고개를 넘는 나폴레옹〉, 1800년.
© Musées national du châteaux de Malmaison. 출처: Wikipedia

레옹 시대의 가장 유명한 장면이 되었다. 이 장면은 혁명으로 해방된 새로운 세력이 그때까지 알프스처럼 만고불변의 불가항력으로 남아 있던 구체제를 이기고 쟁취한 승리를 상징하며 전쟁 회고록은 물론 무수한 시와 그림에서 불멸의 장면으로 기록되었다.

프랑수아 1세와 달리 나폴레옹의 알프스 횡단이 문화적 명성을 얻은 이유는 무엇일까? 1800년대 유럽의 상류층이 수십 년 동안 매일같이 숭고한 알프스 횡단이라는 말을 들었다는 것이 본질적인 이유다. 그런 분위기에서 나폴레옹의 횡단은 기호논리학자들에게 적합한 연구대상일 뿐만 아니라 무시할 수 없는 의미를 띤 숭고한 사건이었다. 사람들은 그리 어렵지 않게 나폴레옹이 알프스에 맞서 극복하는 과정에서 새로운 세계 질서의 숭고한 미래상을 보았다고 상상했다. (1791년 소위로 복무 중이던 나폴레옹은 '인간에게 행복을 고취하기 위해 가장 중요한 진실과 감정은 무엇인가?'라는 주제로 열린 리옹 아카데미 수필 공모전에 응모했다. 신기하게도 응모 수필에서 젊은 장교 나폴레옹은 독자들에게 몽블랑 정상에 올라 해돋이를 보라고 권유했다.[41])

대서양 건너편에서는 트렌턴Trenton 전투(1776년 12월 25일)를 앞두고 혹독한 겨울 폭풍 속에 감행된 워싱턴의 델라웨어강 도하가 미국 군사

▲ 에마누엘 고틀리프 로이체, 〈델라웨어강을 건너는 워싱턴〉, 1851년. © The Metropolitan Museum of Art

역사에서 가장 유명한 시각적 상징이 되었다.[42] 이번에도 자연의 위력, 곧 얼음에 뒤덮인 강과 포효하는 폭풍은 혁명군이 맞서 싸우는 거대한 장애물을 상징했다. 자연의 위력에 맞서는 것은 숭고함과의 대면으로 해석될 수밖에 없었다. 워싱턴의 시선은 폭풍을 뚫고 새로운 질서의 숭고한 미래상을 보고 있음이 틀림없다.

두말할 필요 없이 근대 초기에도 강을 건넌 전쟁은 무수히 많았다. 1776년 델라웨어강에 휘몰아친 폭풍과 상당히 흡사한 환경도 드물지 않았다. 1503년 12월 에르난데스 곤잘로 데 코르도바가 이끄는 스페인 군대는 가릴리아노Garigliano강을 사이에 두고 병력이 우세한 프랑스 군대와 대치했다. 코르도바는 1503년 12월 29일 폭풍이 몰아치는 어두운 밤을 틈타 동시대인들이 깜짝 놀랄 공학을 적용한 가교를 순식간에 강에 가설했다. 그는 불시에 기습해 프랑스 군대를 궤멸시켰다. 내가 아는 한 근대 초기 그 어떤 화가도 가릴리아노강 도하를 영원히 남기려는 생각을 하지 못했다.

마지막 사례는 1812년 원정이다. 동시대인들은 지체 없이 나폴레옹의 패배를 '동장군General Winter' 탓으로 돌렸고, 러시아 겨울의 가공할 위력을 상세하게 그린 글과 그림이 곳곳에서 수없이 쏟아져 나왔다.[43] 추위 탓으로 전쟁에서 패퇴한 군대는 이전에도 수없이 많았으나, 이처럼 겨울이 의인화되고 묘사된 경우는 드물었다. 1588년 강력한 폭풍이 스페인 무적함대를 파괴하며 잉글랜드를 침략의 위험에서 구했을 때, 그 당시 사람들은 스페인 함대의 패배를 폭풍제독Admiral Storm이 아닌 신의 섭리 때문이라고 생각했다.

전쟁의 핵심 경험

전쟁 문화의 거대담론을 형성한 경험들

낭만주의 전쟁 회고록은 새로운 언어와 장면, 이미지와 더불어 새로운 관점으로 전쟁의 사건들을 평가하기 시작했다. 이제는 군사적 영향이나 명예가 전쟁의 사건을 판단하는 기준이 아니었다. 그 대신 사건은 '경험'이 되었고, 개인의 성장 과정에 미치는 영향에 따라 사건을 판단하게 되었다. 집단적인 전쟁 목적이나 개인적인 목적, 명예에 영향을 주지 않는 입대나 불세례 등이 핵심 경험으로 주목을 받았다.[1]

아드킹래스Ardkinglass의 제임스 캠벨James Campbell 경은 7년 전쟁에 관한 회고록에서 사건들을 선정한 기준을 설명한다.

지금이라면 기록하거나 언급할 가치가 없다고 여기겠지만, 사건이 발생한 그 순간 나의 상상력을 사로잡아 내 기억에 각인되고 수년이 흐른 지금도 기억에 분명한 인상을 남긴 사건들은 본질적 가치와 상관없이 바로 그런 상황 때문에 기록될 권리가 있다고 생각한다. 지금 기록하려는 사실도 그런 종류다. (……) 마부르크Marburg 포위작전 당시 나는 떨어지는 포탄이 내 옆에 죽어 쓰러져 있는 병사의 몸을 뚫고 들어가 터지는 것을 목격했다. 포탄이 터졌을 때 나는 당연히 그 가련한 병사의 훼손된 유해라도 찾을까 싶어 주위를 둘러보았다. 하지만 그 어디에서도 유해의 흔적은 보이지 않았다.[2]

제임스 경의 논리에서 프로이트 동기이론의 단초가 발견된다. 부르고뉴Bourgogne 하사관이 모스크바 퇴각(1812년)에 관한 사건을 선정한 경위를 설명할 때 프로이트의 동기이론이 훨씬 더 선명하게 드러난다.

"인류의 명예를 위한다면 이 모든 참혹한 장면을 묘사하지 말아야겠지만, 내가 목격한 모든 것을 기록하기로 마음먹었다. 다른 도리가 없다. 게다가 이 모든 일들이 내 마음을 너무 무겁게 내리눌러, 내가 목격한 모든 것을 기록하지 않으면 계속 괴로울 것 같다."[3]

부르고뉴는 계속해서 만나는 참전용사들이 전투에 관해 이야기할 때면 늘 모스크바 퇴각 이야기뿐이고, "우리는 우리의 기억들로 이루어져 있다. 그리고 나처럼 그들에게도 지울 수 없는 인상이 남았다는 것을 깨달았다"고 설명한다.[4]

이제 새로운 전쟁 성장 경험담에서 확인되는 전쟁의 핵심 경험들을 살펴보자. 그리고 이 개인적 경험들이 서로 결합해 이후 서양 전쟁 문화의 특징이 된 수많은 거대담론을 만들어낸 과정을 살펴보자.

주목할 점은 회고록 저자들이 핵심 경험들을 서술할 때 흔히 전쟁과 기타 다른 주제에 대한 일반적인 통찰을 덧붙인다는 사실이다. 흔히 본질적으로 숭고한 핵심 경험 이야기에 이러한 통찰을 추가함으로써 회고록 저자들은 핵심 경험에 계시의 권위를 부여했다.

군사 기초 훈련

일반적으로 군사 기초 훈련은 군사작전과 목표에 전혀 영향을 주지 않는 사건이며, 명예를 얻는 사건도 아니다. 따라서 군사 기초 훈련은 거의 모든 근대 초기 회고록에서 제외되었다. 하지만 성장의 시대에는 군사 기초 훈련이 아주 중요했다. 군대는 물론 신병들도 군사 기초 훈련을 중대한 정체성의 위기로 인정했다. 나중에 돌이켜 군사 기초 훈련을 군생활 및 인생 전체에서 가장 중요한 시간으로 기억하는 참전용사도 있다. 군사 기초 훈련은 이들이 생애 처음으로 맞닥뜨린 극한의 경험과 감각, 감정의 끝없는 연속이었고, 이로 인해 몇 주 후 이들의 개성과 세계관이 철저하게 변화했다.

예를 들어 슈프와 나바이유가 군생활 첫 해를 몇 문장으로 요약하는데 반해, 존 쉽은 입대와 군사 기초 훈련, 첫 전투(1797년)에 참여할 때까지 군대에서 겪은 경험들을 50페이지에 걸쳐 서술했다. 그의 회고록에 등장하는 '군대 이발 장면'은 최초의 사례라고 할 수 있다.

나는 이발소로 끌려갔고, 곱슬곱슬한 내 갈색 머리카락이 잘려 나갔다. 멋진 곱슬머리였는데, 순식간에 불쌍한 내 작은 머리가 나중을 위해 남겨둔 작은 부분을 제외하면 거의 대머리로 변했다. 그런 다음 나는 피복 지급소로 끌려가 코트와 가죽바지, 모자 등 새로 장만한 옷가지를 모두 빼앗기고 그 대신 빨간 상의와 빨간 조끼, 빨간 판탈롱 바지, 빨간 약모를 지급받았다. 너무 철저하게 변화 혹은 변신해서 내가 말쑥한 젊은이였다는 사실을 거의 상상하지 못할 정도였다. (……) 자존심도 상하고 기분도 침울해져, 나는 처형장에 끌려가는 중죄인처럼 고개를 숙이고 고수장鼓手長을 따라갔다. 머리 모양이 수상한지 지나치는 사람들 모두 고개를 돌리고 나를 쳐다보았다. (……) 연습하러 가는 고수 몇 명이 나를 지나치며 실컷 놀려댔다.

"피부 싱싱하네!", "바지에 검댕 좀 묻혀!", "내가 말하는 멋진 바지가 저런 거야!", "제법 고수 티가 나는데!" (……)

나는 등받이가 없는 의자에 앉았다. 교회에서 죄인이 앉는 회개석悔改席 모양으로 의자를 만든 것도 나름 그럴듯했다. 왜냐하면 내가 그 자리에서 처음으로 군인 생활이 내 상상처럼 그리 즐겁지 않다고 반성했기 때문이다.[5]

울리히 브레커는 프로이센 모병관에게 속아서 본의 아니게 프로이센 군대에 입대한 경위를 상세하게 설명한다. 그런 다음 그는 가학적인 훈련교관과 무자비한 복장검사, 미쳐버린 신병 등을 망라해 병영과 훈련장에서의 프로이센 신병의 생활과 생각을 세세하게 서술한다.[6]

1806년 어느 아일랜드 청년은 최고 계급으로 진급하겠다는 막연한 생각도 없지는 않았지만, 위풍당당한 사열과 함께 사기를 북돋우는 북소리와 줄지어 번쩍이는 총검에 홀려 영국군에 입대했다. 그는 병영에서 보낸 첫날밤을 회고록에 상세하게 기록했다. 가련한 어머니 생각으로 괴로웠지만 그가 더 경악한 것은 물질적 환경이었다. 그는 젊은 군인들로 가득한 커다란 방에서 지냈다. 술 마시고 욕하고 싸우고, "귀에 거슬리는 수다들이 합쳐져 이루 말로 표현할 수 없을 정도였다. (……) 그날 밤에 일어난 일은 절대 머리에서 지워지지 않을 것이다. 모두 지하세계의 지옥에 떨어진 것이 틀림없다고 생각했다."[7]

1838년에는 익명의 영국 병사가 군사 기초 훈련 기간 동안의 경험만을 모아《어느 사병의 자서전Autobiography of a Private Soldier》을 출간했다. 그가 이 짧은 경험담을 출간한 목적은 젊은이들에게 입대의 어려움과 위험을 경고하기 위해서였다. 아울러 그는 출간 수익으로 군대에 돈을 내고 제대하려는 꿈도 꾸었다.[8]

불세례

근대 초기의 회고록 저자들이 첫 전투 경험을 자세히 서술한 때는 자신이 첫 전투에서 명예를 얻었거나 첫 전투 자체가 역사적으로 중요한 사건인 경우뿐이었다. 반면 낭만주의 회고록 저자들은 사소한 소규모 접전에 그치거나 자신이 기념할 만한 공적을 세우지 못해도 첫 전투를 자세히 묘사했다. 이들은 작전의 군사적 효과나 명예에 초점을 맞추지 않았다. 오히려 자신들이 접한 새로운 감각과 감정 그리고 이 새로운 감각과 감정이 자신에게 미친 영향에 주목했다.[9]

피터 레슬리는《불세례》라는 자서전에서 첫 전투 경험을 한 장에 걸쳐 서술했다. 그는 1863년 10월 26일 인도 서북부에서 소규모 접전을 벌였고, "이 접전에서 사병 한 명이 사망하고 다섯 명이 다쳤다."[10] 근대 초기 회고록 저자 대부분은 이런 사소한 사건을 언급할 생각도 하지 않았을 것이다. 하지만 레슬리에게는 이 접전이 인생의 결정적 순간이었다.

"그것이 내가 처음으로 맛본 그리고 아직까지 유일하게 맛본 '불세례' 다. 그 장면은 내가 죽는 날까지 머리에서 지워지지 않을 것이다." 전투 를 경험한 후 레슬리는 자신이 이전에 품었던 전쟁의 환상을 다시 생각 했다.

앞서 이야기한 대로 나는 전장에서 우리 동포들이 성취한 영광스런 업 적에 관한 글을 자주 읽고 숙고했다. 그리고 나도 이제 군인이 되었으니 그들의 소중한 업적에 동참하고 싶은 마음이 간절했다. 하지만 냉혹한 현실을 마주하고 적을 직접 대면하는 상황이 되자 온몸이 말로 표현할 수 없는 전율에 사로잡혔다. 또한 내 앞 열의 병사가 시체에 걸려 넘어지 고 '소수의 제일선'이 무너지지 않도록 내가 앞으로 나서 그 자리를 채 워야 했을 때, 고결한 감정이 모두 무너져 내렸다. 그리고 그 순간 나는 '의무 완수'에 따르는 희생이 크다는 것과 '전쟁이 얼마나 처참한지 와 서 보시오'라는 다윗 왕의 탄식이 진실하다는 것을 깨달았다.[11]

레슬리의 불세례는 전쟁의 핵심 경험에 대한 경험담을 이용해 전쟁에 대한 일반적인 통찰에 계시적 권위를 부여하는 전형적인 사례다.

소장으로 복무한 조지 벨George Bell 경은 첫 전투(아로요 도스 몰리노스 Arroyo Dos Molinos 전투, 1811년)에서 전투원들과 함께 '피의 세례'를 받으 러 갈 때 치명적 위기를 감지하는 묘한 느낌이 신경을 자극했다고 기록 했다. 그는 포탄이 날아오는 '전에 들어본 적이 없는' 소리를 들었고, 그 직후 "마지막 포탄이 터지며 두 병사가 날아가는 것을 보았다. 내가 처 음 목격한 죽음이었다. 나는 공포에 휩싸였으나 아무 말도 하지 않았다" 고 기록했다.[12]

존 블래키스턴John Blakiston은 아메드나가르Ahmednaghur 포위작전 (1803년) 당시 불세례에 대해 이렇게 이야기한다.

이때 처음으로 휘파람 소리 같은 포탄 소리를 들었다. 독자 여러분은 내가 칼 12세를 따라 "이제부터 이 소리가 나의 음악이다!"라며 환호성을 지르리라 기대할 것이다. 하지만 그런 고상한 생각은 머리에 떠오르지 않았다고 솔직히 고백한다. 포탄들이 날아가는 소리가 스웨덴 영웅의 귀에는 조화롭게 들렸겠지만, 나에게는 카탈로니 같은 가수의 목소리나 린니 같은 바이올린 주자의 연주처럼 즐거움을 전해주는 소리가 아니었다. 오히려 내 머리를 스쳐 가는 포탄들의 소음은 내 가슴 부위에 묘한 느낌을 불러일으켰다. 그 느낌은 즐거움과 전혀 관계가 없고, 통속적으로 말하는 두려움의 기색이 더 짙었다. 하지만 군인인 이상 나는 그 느낌을 감히 두려움이라 부를 수는 없다.[13]

나데즈다 안드레예브나 두로바Nadezhda Andreevna Durova가 첫 전투에서 받은 인상은 정반대였다.

1807년 5월 22일 굿슈타트Guttstadt. 처음으로 전투를 목격했고 직접 참여했다. 첫 전투와 공포, 두려움, 필사적인 최후의 용기에 대해 이러쿵저러쿵 터무니없는 소리를 얼마나 많이 들었던가! (……) 처음으로 보는 신기한 장면이 내 모든 관심을 사로잡았다. 쿵! 발사되는 대포의 위협적이고 장엄한 소리, 우르릉 또는 우르르 소리를 내며 날아가는 포탄, 말을 타고 내달리는 기병들, 번쩍거리는 경보병들의 총검, 둥둥 울리는 북소리, 단호한 걸음걸이와 냉정한 표정으로 적에게 다가서는 우리 보병 연

대. 이 모든 것이 말로 표현할 수 없는 느낌을 내 영혼에 가득 채웠다.[14]

그런데 불세례 경험이 너무 상투적인 경험이 되었다. 결국 나폴레옹 전쟁에 참전한 스탕달이 소설 《파름의 수도원Charterhouse of Parme》 (1839년)에서 불세례를 풍자할 정도였다.[15] 이탈리아 청년인 주인공 파브리치오Fabrizio는 나폴레옹 군대에 입대해 전투를 '경험'하기 위해서 1815년 저지대(북해 연안의 벨기에, 네덜란드, 룩셈부르크 지역_옮긴이)로 여행을 떠났다. 워털루에서 전투를 경험하는 내내 그는 이상한 강박관념에 시달렸다. 간절하게 불세례를 원했지만, 그가 경험한 모든 일은 숭고한 사건이라고 인정할 만큼 고상해 보이지 않았다.

처음으로 포격을 당하며 곁에 있던 병사들이 적의 포탄에 사망하자 파브리치오는 열광했다. "그는 '아! 드디어 포격을 당하는구나!'라고 혼잣말을 했다. 그리고 '포탄이 터지는 걸 봤어!'라며 만족스럽게 중얼거렸다. '이제 나도 진짜 군인이다.'"[16] 하지만 다시 생각한 파브리치오는 그 경험만으로 만족할 수가 없었다. 그저 포격을 당했을 뿐 자신이 한 일은 아무것도 없었기 때문이다. 그때 그는 전투를 '경험'하려면 적에게 총을 쏘고 사람을 죽여야 한다고 믿게 되었다. 파브리치오는 전장을 헤맸지만, 총을 발사할 기회를 얻지 못했다. 마침내 프랑스 군대가 패배하고 후퇴하기 시작하자 뒤쫓아 오는 연합군 기병대를 향해 총을 쏠 수 있는 기회가 파브리치오에게 찾아왔다. "파브리치오는 더할 나위 없이 행복했다. '이제야 제대로 된 싸움을 하겠군.' 그는 속으로 생각했다. '적군도 한 명 죽일 테고. 오늘 아침 적군이 대포를 퍼부을 때 나는 죽음을 각오하고 몸을 드러내는 것밖에 한 일이 없어. 바보 같은 짓이지.'"[17]

그는 사람을 죽였지만, 자신이 진정한 전투를 '경험'했는지는 여전히 확신이 서지 않았다. 함께 후퇴한 두 명의 병사와 헤어질 때 그는 마음이 아팠다. "그가 가장 마음 아팠던 일은 오브리 상병에게 '내가 정말 전투에 참여한 건가요?'라고 물어보지 못한 것이었다. 참여한 것 같긴 했지만, 확신할 수 있었다면 한없이 행복했을 것이다."[18]

워털루에 참전한 후 파브리치오는 딴사람이 되었다. 자신이 겪은 일들에 대해 오랫동안 깊이 숙고했다. 하지만 단 한 가지 문제에서 그는 여전히 아무것도 모르는 어린아이였다. 그가 목격한 것이 전투였을까? 만약 그렇다면 그가 목격한 전투가 워털루 전투였을까? 그는 평생 처음으로 독서의 즐거움을 발견했다. 그는 늘 전쟁에 대한 신문 기사나 책을 탐독했다. 자신이 네Ney 원수의 호위대와 함께 그리고 그 후 다른 장군들과 함께 이동한 지역이 어디인지 확인할 수 있는 단서를 찾겠다는 희망 때문이었다.[19]

파브리치오 이야기의 아이러니는 당연히 그가 전투를 '경험'했을 뿐 아니라 그 전투가 근대사에서 가장 유명한 전투라는 사실이다.

전투 전날 밤

근대 초기 회고록에서 전투를 앞두고 흔히 거론되는 것은 적군의 배치와 군사력뿐이었다. 하지만 낭만주의 회고록은 전투 전날 밤을 현현에 버금갈 정도로 들뜬 경험으로 묘사했다. 출전을 앞둔 부대원들이 이미 전투 전날 밤에 극단적인 심리적, 육체적 상태에 익숙해진 것이다.

실러의 희곡 《발렌슈타인의 죽음》(1799년)에서 발렌슈타인은 뤼첸 Lützen 전투를 앞두고 겪은 경험을 육군 원수 일로Illo에게 이렇게 이야 기한다.

사람이 살다 보면 그런 순간들이 있네. / 세상을 지배하는 정신에 / 그 어느 때보다 가까이 다가서서 / 자신의 운명에 질문을 제기하는 순간 말 일세. / 뤼첸에서 벌어질 전투를 하루 앞둔 / 전날 밤이 바로 그런 순간 이었네. / 나는 홀로 나무에 기대서서 생각에 잠긴 채 / 평원을 내다보았 네. 타오르는 모닥불은 / 소용돌이 치는 안개 속에서 암울한 빛을 던지 고 / 적막을 깨는 것은 보초병들의 / 외침과 천으로 싸맨 무기들이 부딪 치는 소리뿐이었지. 그때 그 순간 내 모든 삶, 과거와 / 미래가 내 내면의 눈앞으로 빠르게 지나갔고, / 내 마음은 다가오는 아침의 운명에 / 미래 의 모든 일이 걸려 있음을 예감했네.[20]

조지 글레이그George Gleig는 전투 직전에 느낀 자신의 경험(1813년) 을 이렇게 기록한다.

전투 개시를 앞둔 남자가 휩싸이는 감정 상태를 일반 독자의 마음에 정 확히 이해시키기는 어려울 것이다. 처음에는 시간이 납으로 된 날개를 달고 움직이는 것 같다. 1분이 한 시간 같고, 한 시간이 하루 같다. 그리 고 마음속에서 경솔함과 신중함이 이상하게 뒤섞인다. 경솔함이 이유 도 없이 웃음을 터트리게 하고, 신중함은 이따금 은혜의 보좌Throne of Grace를 향해 묵상 기도를 올리게 한다. (……) 이럴 경우 제아무리 용감 한 사람도 낯빛이 변하기 일쑤며, 제아무리 단호한 사람도 사지를 벌벌

떤다. 두려움이 아니라 불안이다. 사람들이 시간이 얼마나 남았는지 계속 확인하는 통에 시간을 재는 병사들이 완전히 녹초가 될 정도다. 전체적으로 인간 삶의 그 어떤 상황보다 흥분이 고조되고, 불안감이 짙고 깊어지는 상황이다. 이런 감정을 느껴보지 못한 사람은 인간이 느낄 수 있는 모든 것을 느꼈다고 할 수 없을 것이다.[21]

'인간의 모든 느낌을 섭렵'[22]하는 훔볼트의 이상을 성취하려면 전투 경험이 필수임을 의미하는 말이다.

전투

낭만주의 회고록은 당연히 전투도 현현으로 묘사했다. 존 쉽의 다음과 같은 기록이 좋은 사례다.

전투할 때 인간은 사뭇 다른 존재가 된다. 흥분한 가슴의 부드러운 감정들이 위험의 소용돌이와 불가피한 자기보호에 매몰되며, 그 상황에 더 적합한 다른 감정들에 자리를 양보한다. 이 순간 정신은 형언할 수 없을 만큼 고양된다. 영혼이 평소의 고요함을 뛰어넘어 눈앞의 장면에 대해 일종의 광적인 무관심 상태에 빠진다. 흉포함에 가까운 영웅심이다. 신경은 팽팽하게 긴장한다. 눈은 동공이 활짝 열린 채 미친 듯이 빠르게 움직인다. 머리도 끊임없이 움직인다. 콧구멍은 활짝 열리고, 숨도 가빠 보인다. 전투에 열중한 군인의 얼굴 표정을 화가가 사실적으로 묘사하고, 그 표정을 그가 집에서 평화롭고 고요하게 지내던 표정과 비교하면 전

혀 다른 사람처럼 보일 것이다.[23]

엘제아르 블라즈도 같은 생각에서 "기동하거나 총을 발사하며 임무에 몰두하면 감정이 사라진다. 연기와 대포 굉음, 전투원들의 고함이 모두를 마비시킨다. 자신을 돌아볼 겨를도 없다"고 기록했다.[24] 지휘관들도 전투를 체스 게임이 아닌 감정적 현현으로 묘사했다. 장 자크 펠레Jean-Jacques Pelet는 부사코Bussaco 전투(1810년) 후 그의 부대가 영국군에게 거의 잡힐 뻔했을 때 "그날 밤처럼 끔찍한 고통은 두 번 다시 겪지 못할 것이다. 쏟아지는 폭우와 피로쯤은 내가 느낀 정신적 고통과 크나큰 두려움에 비하면 아무것도 아니었다"고 당시 감정을 토로한다. 부대의 안전을 확인한 그는 "황홀경에 빠졌다. 영혼이 행복으로 넘쳐흘렀다고 할 수 있다."[25]

부상과 죽을 고비

죽음은 모든 숭고한 경험의 기초였다. 전투원에게 닥친 죽을 고비는 당연히 훨씬 더 새로운 감각과 경험이었고, 중요한 계시로 이어질 수 있었다. 프로이센 군대의 야코프 프리드리히 폰 렘케Jakob Friedrich von Lemcke 중위는 러시아와의 전투(1759년) 중에 당한 부상을 극한 경험으로 묘사했고, 결국 (칸트의《판단력 비판》전에 훌륭하게 쓰여) 칸트의 숭고를 미리 보여주는 사례가 되었다. 렘케는 부하들에게 공격을 독려하던 중 포탄에 맞아 왼쪽 발을 잃었다. 그의 부하들은 달아나고, 러시아 군대가 그를 지나쳐 그들을 추격했다. 그때 러시아 약탈자 한 명이 다가와 렘케의 눈앞에 총을 디밀었다.

머스킷 소총의 총구가 똑바로 보이고 나를 죽이려는 사람이 바로 내 앞에 서 있으니 끔찍했다. 나는 땅에 털썩 쓰러져 배를 깔고 엎드렸다. 내 모든 감각이 사라지고 온몸이 마비된 채 아주 오랫동안 그 자리에 엎드려 있었던 것 같다. 그리고 나는 강한 충격에 다시 정신을 차렸다. 코사크 병사가 (머스킷 총의) 개머리판으로 나를 강하게 내리친 것이다.

코사크 병사는 렘케의 목숨을 운명에 맡긴 채 물건만 약탈했다. 프로이센 군인들이 그를 옮기려 했지만, 고통이 너무 심해서 움직일 수도 없었다.

그곳에서 나는 내 옆으로 굴러가는 수많은 포탄 중 하나가 나에게 떨어져 고통을 빨리 끝내주길 줄곧 기도했다. 어차피 나는 죽을 것이 분명하고, 이제 목숨을 부지할 수 없다고 생각했기 때문이다. 그때 얼마나 마음이 편하고 얼마나 죽음을 원했는지 이루 말할 수 없다.

하지만 그는 죽지 않았고, 전투가 치열하게 펼쳐지는 가운데 그곳에 그냥 누워 있었다.

얇은 셔츠만 걸친 채 피를 철철 흘리며 기진맥진해 있었다. 목이 너무 말라 혀가 입천장에 달라붙었다. 하지만 잔인하게도 죽음은 아직 다가오지 않았고, 제발 죽여달라고 신에게 간절히 기도했지만, 나는 내 정신과 마음이 상당히 강하다는 것을 깨달았다.[26]

톨스토이의《전쟁과 평화》에서 젊은 니콜라이 로스토프Nikolai Rostov
는 1805년 원정 중 소규모 기병 접전으로 죽을 고비를 맞았다. 그의 경
기병 대대에 돌격 명령이 떨어졌을 때, 그는 흥분했다. "로스토프는 '빠
르게 움직여주면 좋을 텐데'라고 생각하며, 경기병 동료들에게서 누차
들은 돌격의 도취를 드디어 경험할 시간이 되었음을 감지했다." 하지만
절망스럽게도 프랑스 군대가 선두에 선 러시아 군대를 밀어붙였고, 로스
토프 자신도 쓰러졌다. 잠시 후 로스토프는 프랑스 병사들이 다가오는
것을 보며 무슨 일이 벌어지고 있는지 믿을 수가 없었다.

> "저 사람들은 누구지?"
> 로스토프는 자기 눈을 믿을 수 없었다.
> "프랑스 병사들일까?"
> 그는 다가오는 프랑스 군인들을 바라보았다. 조금 전까지도 자신이 프
> 랑스 병사들을 요절내겠다는 일념으로 돌진하고 있었지만, 이제는 그들
> 이 접근하는 게 너무 두려워 자기 눈을 믿을 수가 없었다.
> "저 사람들이 누구지? 나에게 오고 있는 건가? 나에게 덤비려고? 왜? 나
> 를 죽이려고? 모두가 좋아하는 나를?"
> 자신을 사랑한 어머니와 가족, 친구들을 떠올리니 자신을 죽이려는 적
> 군의 의도가 불가능해 보였다.
> "하지만 저들은 나를 죽일 거야."
> 그는 상황을 전혀 파악하지 못한 채 10초 넘게 그 자리에서 꼼짝하지 않
> 았다.

마침내 청춘과 행복한 삶을 잃을 수도 있다는 단 하나 순수한 두려움

의 본능이 그의 온몸을 사로잡았다. 그리고 그는 겨우 그 자리를 빠져나왔다. 프랑스군을 돌아보며 그는 생각했다.

'그래, 뭔가 분명 오해가 있어 (……) 저들이 나를 죽이려고 했을 리 없어.'[27]

살인

타인의 목숨을 끊는 것은 회고록 저자들에게 깊은 충격을 줄 수 있는 '핵심 경험'이었다. 미국 독립전쟁 당시 제임스 콜린스James Collins에게 닥친 가장 가혹한 시련은 동료가 창을 쥐어주며 토리당원 포로를 냉혹하게 찔러 죽이라고 했을 때였다. 그를 죽이면 상금을 주겠다는 제안도 받았다. 콜린스는 그 경험을 상세히 묘사하며 아직도 잊지 못하고 절대 잊을 수 없는 시련이었다고 설명한다. 결국 그는 유혹에 굴하지 않았다. "그 일을 저질렀다면 노인의 영혼이 이날까지 나를 따라다니며 괴롭혔을 것이다"라고 그는 기록한다.[28]

마르보Marbot 장군은 나이 든 사령관을 수행하던 18~20세의 젊은 코사크 장교 두 명에게 공격당한 경험을 이야기했다. 둘 중 나이가 더 많은 장교가 마르보에게 달려들었다. 마르보는 그를 간단히 제압했지만, 죽이지는 않았다. 그러자 코사크 장교는 권총 두 자루를 꺼내 들고 비겁하게 마르보의 부관을 쏘아 죽였다. "분노로 이성을 잃은 나는 그 미친놈에게 달려들었다. 그놈은 두 번째 권총을 내게 겨누고 있었다. 그런데 나와 눈이 마주친 그는 넋이 빠진 듯 유창한 프랑스어로 소리쳤다. '세상에, 당신 눈에서 죽음이 보여! 당신 눈에서 죽음이 보인다고!' '그래, 이 악당

아, 네가 제대로 봤다!' 그리고 그 장교는 꼬꾸라졌다."

분노가 치솟은 마르보는 또 다른 코사크 장교와 사령관에게 돌진했다. 젊은 장교의 먹살을 잡고 칼을 휘두르려는 순간 나이 든 사령관이 소리쳤다.

"당신의 어머니를 생각해서 그 사람을 용서하시오. 그는 아무런 짓도 하지 않았잖소!"

> 그가 말한 그 고귀한 이름을 듣자, 분위기에 휩쓸려 과도하게 흥분했던 내 정신이 환각 상태에 빠졌다. 내가 칼로 찌르려던 청년의 가슴 위에서 눈에 익은 하얀 손이 보이는 것 같았고, "용서해라! 용서해라!" 하는 어머니의 목소리도 들리는 것 같았다. 칼을 거둔 나는 젊은 장교와 사령관을 뒤쪽으로 보냈다. 이 사건 후 나는 걷잡을 수 없는 감정에 휘말렸다. 싸움이 곧 끝났으니 망정이지 아무 명령도 내리지 못했을 것이다.[29]

두로바가 전쟁에서 처음으로 생명을 죽인 경험은 더 고통스러운 기억이었다. 그녀가 죽인 것은 1812년 원정 중 버려진 마을에서 약탈한 거위 한 마리였다.

> 가여운 거위들! 거위들을 보고 있으니 애원하던 포드잼폴스키 Podjampolsky가 떠올랐고, 그중 한 마리는 반드시 죽을 수밖에 없다는 사실이 떠올랐다. 아, 이런 이야기를 써야 하는 내가 얼마나 부끄러운지! 그토록 비인간적이었음을 고백하는 것이 얼마나 부끄러운지! 내가 고귀한 검으로 그 죄 없는 거위의 목을 자르다니! 내 평생 처음으로 피를 본 살해였다. 비록 거위의 피였지만, 언젠가 내 기록을 읽을 독자들에게 부

탁한다. 그 기억이 내 마음을 무겁게 짓누르고 있음을 믿어주시길.[30]

두로바가 반어법을 사용한 것일까? 나는 정말 모르겠다. 낭만주의 회고록 저자들에게는 모든 가능성을 열어두어야 한다.

죽음의 목격

회고록 저자의 책임으로 일어난 죽음이 아니어도 죽음을 목격하는 것은 핵심적인 경험이었다. 피레네산맥의 전투(1814년) 중 존 맬컴은 동료 장교의 죽음을 목격했다. 그의 반응은 《캐치-22》에서 요사리안이 보인 반응의 선례였다. 동료 장교는 적을 향해 용감하고 침착하게 총을 발사하고 있었다.

> 잠시 고개를 돌려 주위를 살핀 뒤 다시 뒤를 돌아보니 그가 등을 대고 길게 누워 있었다. 그의 가슴에서는 피가 솟구치고, 숨을 거둘 때 으레 그렇듯 그의 발이 최후의 경련으로 떨렸다. (……) 전투 2~3일 전에 우리와 합류한 그는 청춘과 건강, 희망에 부풀어 바로 내 곁에 서 있었다. 승리를 눈앞에 둔, 인생에서 가장 뿌듯한 순간이었다. 하지만 그런 그가 순식간에 시체가 되어 내 발밑에 누워 있다니!

> 명확히 규정되지 않는 영혼이 무엇이기에
> 인간의 숨과 함께 사라지고,
> 인간에게 감정과 감각, 정신을 주었다가

인간을 의식 없는 차가운 진흙으로 만들고 떠나는가?[31]

조지 블레니George Blennie는 첫 전투(1799년) 당시 군인 몇이 작전 중 사망하는 장면을 목격했다. 한 병사의 모습은 특히 충격이었다.

"나는 그 병사의 무시무시한 모습에 큰 충격을 받았다. '내가 시인이라면 전쟁의 공포를 주제로 시를 지어 인류가 전쟁을 벌이지 못하도록 설득하겠다'고 생각할 정도였다."[32]

로버트 블레이크니Robert Blakeney는 전사한 군인을 처음으로 목격한 순간뿐만 아니라 부상한 군인을 처음으로 목격한 순간도 두려움으로 기억했다. 잉글랜드에서 훈련하던 중 일어난 일이었다.

> 병사의 손에서 흐르는 피를 보며 온몸이 떨리던 그 소름 끼치는 감정은 절대 잊지 못할 것이다. 그 병사는 부싯깃을 서툴게 고정하는 바람에 손을 다쳤다. 나는 방울방울 떨어지는 피를 보며 타는 듯한 느낌을 받았다. 이전 왕조의 왕관을 바라보는 나폴레옹의 가슴이나 재무성에 새로운 자리를 노리는 스코틀랜드인의 심장에서 불타올랐을 그런 느낌이었다.[33]

비슷한 시기에 민간인 화가들도 '전투 중 죽음' 장면을 감상적으로 묘사하며, 비밀을 깨달은 듯한 병사의 시선에 초점을 맞추기 시작했다. 이들은 종교적인 피에타 이미지를 본보기로 삼아 전투 중 사망한 병사의 죽음을 주위 동료들을 위한 계시로 묘사했다. 새롭게 등장한 이런 장르를 대표하는 가장 유명한 그림이 벤자민 웨스트Benjamin West의 〈울프 장군의 죽음The Death of General Wolfe〉(1770년)일 것이다. (그림에서 장군의 옆구리에 난 상처 속으로 손을 들이미는 부사관의 모습에 주목하자. 웨스트가 도

▲ 벤자민 웨스트, 〈울프 장군의 죽음〉, 1770년. © National Gallery of Canada, Ottawa.

마Thomas와 그리스도를 암시하며 그린 것이 분명하다.)

　그림에서 특히 흥미로운 점은 전면에 위치한 '고결한 야만인noble savage'이다. 전형적인 서양의 묵상 자세를 취하고 있는 야만인은 죽어가는 장군을 철학적 관심으로 살피는 것처럼 보인다. 타이번에서 처형되는 죄인들을 관찰한 보즈웰이나 죽어가는 개구리를 관찰한 로버트 화이트와 상당히 흡사해 보인다. 그림에 등장하는 사람들 중에서 야만인의 육감적인 풍채가 가장 인상적이라는 사실이 흥미를 배가한다. 다른 사람들이 모두 정장을 한 반면, 그는 거의 벌거벗은 상태다. 죽어가는 장군은 덧없는 정신만큼이나 허약해 보인다. 반면 추장보다는 평범한 아메리카 인디언 전사로 보이는 야만인은 근육이 울퉁불퉁한 모습이다. 웨스트의 의도는 아마 정반대였겠지만, 〈울프 장군의 죽음〉은 정신에 대한 육체의 승리를 상징하고, 사고라는 전통적인 정신의 특권을 육체가 차지한 상황을 상징하는 그림으로 이해될 수 있다. 근대 초기의 상징적 그림이 높은 언덕에 서 있는 장군을 묘사하며 그의 정신이 수많은 막대인간의 운명을 통제한 반면, 낭만주의 시대의 상징적 그림은 허약하고 죽어가는 장군을 보여주며 그의 죽음은 온전한 육체를 갖춘 사병의 묵상 소재다.

웨스트는 죽어가는 장군을 여전히 전장에서 멀리 떨어진 곳에 배치했지만, 다음 수십 년 동안 화가들은 그런 장면을 전장 한가운데에 배치했다. 존 싱글턴 코플리John Singleton Copley의 그림 〈1781년 1월 6일 페어슨 소령의 죽음The Death of Major Peirson〉(1783년)이 그런 경우다. 그림에서 주목할 것은 페어슨 소령을 옮기는 한 무리의 병사다. 이들이 그리스도의 육체를 옮기는 한 무리의 성자에 초점을 맞춘 (라파엘로의 〈십자

▲ 존 싱글턴 코플리, 〈1781년 1월 6일 페어슨 소령의 죽음〉, 1783년. © Tate, London 2017

가에서 내려지는 그리스도〉 같은) 그리스도 매장 그림과 이전의 피에타 이미지와 닮았다는 점에 주목해야 한다.

우르스 그라프의 〈전장〉과 대조적으로 이런 감상적인 전장 그림에 등장하는 병사들은 주변의 위험을 잠시 망각한 채 죽어가는 동료에게 시선을 고정한다. 이들의 시선이 전투 경험을 기록하는 것이다. 그리고 그림이 관람객에게 전하는 메시지는 이것이다. 군인들은 심오한 경험을 겪고 있고, 자신들이 심오한 경험을 겪고 있음을 알고 있으며, 열등한 위치에 있는 관람객은 그들의 경험을 알지 못하고 이해하지도 못한다는 것이다. 전투 중의 죽음은 이제 단순한 영웅적 행위로 머물지 않는다. 이 또한 '하나의 경험'이 되었다. 전투 중 죽음에 주목하고 경험으로 인정함으로써 군인들도 무지를 벗고 지식을 쌓게 되었다.

다 아는 듯한 군인들의 시선이 점점 더 중요해진 상황은 동시대의 문학에도 반영되었다.《전쟁과 평화》에서 톨스토이는 젊은 병사들이 첫 전투를 향해 진군하는 장면을 이렇게 묘사한다.

"병사들은 고개를 돌리지 않은 채 서로 힐끔힐끔 훔쳐보았다. 동료의 표정을 확인하고 싶었기 때문이다. 데니소프Denisov 중위부터 나팔수까지 모든 병사들의 입과 턱 주변에서 공통적으로 드러나는 표정은 갈등과 흥분, 동요였다."[34]

우르스 그라프의 〈전장〉에서 전혀 중요하게 다루지 않은 군인들의 시선이 이제 전투의 문화적 풍경을 지배하게 된 것이다.

전투 후

전투 전날 밤이 극한의 감각과 감정으로 충만한 현현 경험이듯 전투 후 전장을 둘러보는 것도 전투원들에게는 더없이 처참한 장면을 접하고 자신을 돌아볼 수 있는 핵심 경험이 되었다. 전투 후 전장의 풍경은 새로운 전쟁 마카브르가 번창한 환경이었다. 근대 초기 회고록 저자들은 전쟁의 마카브르 잠재력을 무시했지만, 결국 낭만주의 회고록 저자들이 그 잠재력을 찾아냈다.[35]

앞서 이야기한 대로 앤드루 멜빌은 우스터 전투(1651년) 후 시체 한 구와 함께 지낸 일을 "그들이 참호에 시체를 던져 넣었고, 시체의 다리가 내 몸을 짓눌러 전혀 움직일 수 없었다"는 건조한 문장으로 요약했다.[36] 다른 설명은 없었다. 그 후 200년이 지나고 부르고뉴 하사관이 멜빌과 비슷한 상황에 처했다. 부르고뉴는 당시 상황을 훨씬 더 감정적으로 회상했다. 그는 모스크바에서 퇴각(1812년)하던 도중 시체 세 구가 쌓인 곳으로 굴러떨어졌다.

> 머리가 거꾸로 처박히며 내 얼굴이 시체의 손에 닿았다. 아주 오랫동안 시체를 보았으니 익숙해질 법도 하건만, 그때는 (……) 끔찍한 공포심이 몰려왔다. 악몽 같았다. 나는 무언가에 사로잡힌 듯 옴짝달싹하지 못하고 미치광이처럼 비명을 지르기 시작했다. 아무리 기를 써도 움직일 수가 없었다. 팔로 바닥을 밀고 일어서려 했지만, 손이 시체의 얼굴을 디디며 엄지손가락이 시체의 입속으로 들어가버렸다.
> 그 순간 구름을 벗어난 달빛이 내 주변의 끔찍한 장면을 환하게 비추었다. (……) 나는 두려움이 아니라 그야말로 광분 상태에 빠졌다. 미친 듯

욕설을 내뱉으며 벌떡 일어선 나는 얼굴이건 팔이건 다리건 가리지 않고 시체들을 밟고 빠져나왔다. 그리고 하늘에 대들듯 저주를 퍼부었다.[37]

전투 후 전장 장면에 특히 적절하게 어울리는 개념이 실러의 '격정적 숭고' 개념이다. 격정적 숭고 경험에서 인간은 안전하게 떨어진 곳에서 숭고한 현상을 접하며, 연민과 도덕적 자유를 실행할 기회를 얻는다.[38] 전투 후 전장이 바로 이 격정적 숭고를 경험할 수 있는 이상적인 장소였다. 군인들은 안전한 상태에서 죽음과 극심한 고통을 목격했고, 전쟁의 본질을 숙고하고 부상병이나 포로를 돌보며 연민과 도덕적 감정을 발전시켰다.

따라서 근대 초기 회고록 저자 대다수가 무시하고 블랙애더 중령도 일언지하에 묵살한 전투 후 '죽음의 설교'가 격정적 숭고의 장면을 정교하게 연출한 무대가 되었고, 충격으로 주인공과 관객 모두를 가르치기 적합한 무대가 되었다. 폐허가 된 군대 시체안치소 같은 전장을 둘러본 경험을 베르길리우스나 단테의 하데스 강하처럼 묘사하는 회고록 저자들이 등장하기 시작했다. 하데스에 내려가 깨달은 모든 것의 이면에는 숭고한 계시의 권위가 숨어 있었다. 따라서 회고록 저자들은 전투 후 전장을 둘러보는 장면을 주로 자신의 일반적인 전쟁관을 제시하는 기회로 활용했다.

토머스 하사관은 코펜하겐 인근에서 벌어진 덴마크 군대와의 전투(1807년)가 끝난 후 이전에 결코 느껴본 적이 없을 만큼 우울한 느낌이었다고 설명한다. 전장을 가로지르며 덴마크 병사들의 시신을 보자, 그가 전날부터 품고 있던 분노가 사라졌다. "그들이 비록 적이라 불렸지만, 나는 그들이나 나나 하나의 본질을 공통적으로 지니고 있다는 느낌이 들

었다." 그는 참혹한 광경이 '관점과 감정'을 변화시키는 힘이 있다는 사실에 놀랐다.[39]

하인리히 포슬러는 보로디노Borodino 전투(1812년) 후 전장의 모습을 이렇게 묘사했다.

> 나는 걸음을 멈추지 않고 시체들 사이로 빠져나갔다. 갈수록 점점 더 끔찍한 광경이었다. (……) 시체들이 점점 더 높이 쌓였고, 뺏고 빼앗기는 싸움이 이어지던 지역 근처에는 훨씬 더 많은 시체가 쌓여 있었다. 참호마다 시체로 넘쳐났다. (……) 사람이나 말이나 온갖 형태로 칼에 베이고 불구가 되었고, 쓰러져 있는 프랑스 병사의 얼굴에는 죽는 순간의 온갖 감정들이 그대로 남아 있었다. 용기, 절망, 저항, 추위, 참을 수 없는 고통. 그리고 러시아 병사들의 얼굴에는 격렬한 분노, 냉담, 인사불성의 취기가 남아 있었다. (……) 그 무서운 광경이 오랫동안 내 시선을 빼앗았다. 뜨거운 인두로 지지듯 내 영혼에 각인된 그 광경을 죽는 날까지 잊지 못할 것이다.[40]

마찬가지로 존 맬컴도 산세바스티안St. Sebastian 전투(1813년) 후 광경이 평생 자기를 따라다니며 괴롭힐 것이라고 기록했다.[41] 비비언 데링 마젠디Vivian Dering Majendie는 전투 후, 이런 광경을 처음 본 느낌은 설명하기 어렵다고 기록했다.[42] 조지 벨George Bell 장군은 발라클라바 Balaclava 전투(1854년) 후 전장을 둘러보다 시체를 매장한 구덩이를 발견하고는 "온갖 끔찍하고 뒤틀린 모양으로 던져진 백여 구의 시신이 차곡차곡 쌓여 있었다. 인간성이 난도질을 당한 그 흉측한 광경을 내려다보니 내 몸의 신경까지 찌릿찌릿 충격을 받았다"고 기록했다.[43]

윌리엄 마틴William Martin은 알마Alma 전투(1854년) 후 누구나 한 번 보면 절대 기억에서 지울 수 없는 장면이라고 기록했다.[44] 윌리엄 메이슨William Mason도 알마 전투 후 광경을 묘사하며 이렇게 말했다.

"전쟁을 원하는 사람에게 전장을 보여주라. 그 모습을 보고도 그의 심장이 아프지 않다면, 그는 단단한 심장의 소유자다. 나는 어떤 희생을 치르더라도 평화를 유지해야 한다고 주장하는 사람은 아니다. 하지만 원만히 해결하기 위한 모든 수단이 실패로 돌아간 후에 비로소 전쟁에 기대야 한다고 주장한다. 전쟁은 끔찍한 것이기 때문이다."[45]

전투 후 장면은 시인들과[46] 더불어 화가들도 즐겨 다룬 주제였다. 1807년 프랑스는 아일라우Eylau 전투에서 발생한 사상자 규모(전사자 1만 5,000명, 부상자 2만 명)로 여론이 들끓었다.[47] 나폴레옹의 군사적 야망을 비난하는 여론이 비등했고, 나폴레옹이 자신의 야망을 위해 수만 명을 희생한 무감각하고 병적인 자기중심주의자로 비난을 받았다. 나폴레옹은 그에 대한 응수로 전투 그림 공모전을 발표했다. 공모전 규정에 따라 응모자가 제출해야 할 그림은 영광스런 승리 장면이 아니었다. 나폴레옹이 전투 후 전장을 둘러보며 포로와 부상한 적군들을 따뜻하게 보살피는 장면이었다. 공모전 우승작은 앙투안 장 그로Antoine-Jean Gros의 〈아일라우 전장을 찾은 나폴레옹Napoleon on the Battlefield of Eylau〉(1808년)이었다. 이 그림에 묘사된 나폴레옹은 높은 곳에서 수많은 막대인간을 통제하는 군사적 체스 챔피언이 아니다. 오히려 전쟁의 끔찍함을 충분히 인식하며 일반 사병들의 고통을 목격하고 위로하는 연민에 가득 찬 감정의 인물로 등장한다.[48]

그로의 〈아일라우 전장을 찾은 나폴레옹〉과 우르스 그라프의 〈전장〉을 비교하면 흥미로운 차이점이 발견된다. 두 그림 모두 훼손된 시체들

▲ 앙투안 장 그로, 〈아일라우 전장을 찾은 나폴레옹〉, 1808년.
© Louvre, Paris, France / Bridgeman Images - GNC media, Seoul, 2017

이 전경을 가득 채운다. 하지만 그라프의 그림에 등장하는 인물들은 그누구도 참혹한 광경을 쳐다보지 않는 반면, 그로의 그림에서는 지위가낮은 수많은 사람을 차치하고 나폴레옹 자신이 대학살의 목격자가 된다.

폴 푸셀Paul Fussell의 《위대한 전쟁과 근대의 기억The Great War and Modern Memory》 그리고 그 이후의 연구를 익히 알고 있는 사람이라면서양의 전쟁 문화가 이미 1800년 무렵부터 '유명한 승리'의 비참한 이면에 주목하고 일반 사병들의 고통을 동정했다는 사실에 놀랄 것이다. 단순히 전쟁의 참상을 폭로하는 것으로 충분히 전쟁을 끝낼 수 있고, 전쟁이 종식되지 않는 이유는 전쟁의 참상이 감춰져 있기 때문이라는 잘못된 믿음이 아직 집요하게 남아 있다는 것이 내 개인적인 생각이다. "인간이 전쟁 상황으로 치닫는 것은 오직 평시에 거짓 문학과 거짓 역사, 거짓 전쟁심리학이 미래의 전투원들에게 주입한 설득과 기만이 빚은 기적이다. (……) 군인이 불세례에서 무엇을 깨닫는지 아는 사람이라면 그 누구도 무력에 의한 해결에 만족하지 않을 것이다"라고 기록했을 때,[49] 장노통 크뤼가 표현한 것이 바로 이런 잘못된 믿음이었다.

이런 믿음은 절대 진실이 아니라는 것이 이 책의 주요 논지다. 지난 200년 동안 전쟁 문화는 전쟁의 참상을 적나라하게 노출했지만, 전쟁의 참상을 알리거나 재발을 막는 데 거의 도움이 되지 못했다. 단순히 전쟁의 참상을 노출하는 것만으로 문제를 해결할 수 있다고 믿는 사람들은 그와 상반되는 수많은 사례를 무시하는 경향이 있다. 아무튼 과거 200년 동안 전쟁을 겪은 모든 세대는 전쟁의 진정한 민낯을 폭로하고 충분히 인식하는 것이 우선이라고 확신했다. 〈아일라우 전장을 찾은 나폴레옹〉 그림은 나폴레옹이 전쟁의 참상을 충분히 인식하고 군인들의 운명을 동정했지만 아일라우 전투가 끝나고 5년 뒤 러시아 원정이라는 대비극을 일으켰다는 불길한 메시지를 담고 있다.[50]

전우애

전쟁에서 숭고한 계시가 나오는 가장 확실한 원천은 전우애였다. 낭만주의 문화에서 사랑과 우정은 숭고한 감정으로 제시되며, 사랑에 빠지는 것은 거친 자연 요소에 버금가도록 강력한 현현으로 제시되었다.[51] 전쟁 회고록 저자들은 전쟁을 '민간의' 자연이 제공한 모든 것을 포함하고 능가하는 숭고한 사건으로 제시했고, 마찬가지로 군인들 사이에서 싹튼 전우애를 민간인 남녀 사이에 싹튼 사랑을 포함하고 능가하는 것으로 제시했다. 민간인은 전쟁의 공포 같은 강렬한 공포를 경험할 수 없으

며, 마찬가지로 전우들 사이에서 꽃피는 강렬한 사랑과 기쁨도 경험할 수 없다는 것이다.[52]

예를 들어 '95 라이플 연대'의 한 장교는 함께 복무한 부대원들에 관해 "(만일 내 몸이 둘로 나뉜다면) 그들에게 더 나은 내 반쪽을 줄 만큼 그들을 사랑했다"고 고백했다.[53] 실러의 희곡《발렌슈타인》에서 발렌슈타인은 옥타비오 피콜로미니Octavio Piccolomini의 전우애를 설명하며 "30년 동안 / 우리는 전쟁의 고역을 함께 견디며 살았다. / 한 침대에서 같이 잠들고 / 한 잔의 술을 나누고 빵 한 입도 서로 나누었다"고 고전적으로 묘사했다.[54] 그 당시 전우애를 보여주는 가장 유명한 사례가 알렉상드르 뒤마Alexandre Dumas의《삼총사The Three Musketeers》일 것이다. 삼총사의 전우애는 '모두를 위한 하나 그리고 하나를 위한 모두'라는 좌우명으로 영원히 남았다.

전우애의 비유적 표현이 너무 확고하게 자리 잡자, 스탕달이《파름의 수도원》에서 불세례와 더불어 전우애를 풍자했다. 워털루 전투가 진행되는 동안 파브리치오는 브랜디 한 병을 지니고 다니며 기병대원들에게 나누어 주었고, 그들은 파브리치오를 다정한 친구라고 평가했다. 파브리치오는 그들 사이에 숭고한 전우애의 결속이 싹텄다고 확신했다. 하지만 결국 기병대원들이 파브리치오의 말을 훔쳐내고, 파브리치오는 가슴이 찢어지는 슬픔을 맛보았다.

> 그는 그처럼 엄청난 악행으로 인한 슬픔을 전혀 위로받지 못했다. 버드나무에 등을 기댄 그의 눈에서 뜨거운 눈물이 흐르기 시작했다. 그는 타소Tasso의 장편 서사시《해방된 예루살렘Gerusaleme Liberata》에 나오는 주인공들의 전우애처럼 기사도적이고 숭고한 우정에 대한 아름다운 꿈

들을 하나씩 접었다. 영웅적이고 다정한 사람들, 마지막 숨을 거두는 이의 손을 잡아주는 고귀한 친구들에 둘러싸여 있다면, 죽음을 맞는 일도 대수롭지 않을 텐데! 이 비열한 악당 무리 속에서 열정을 지켜야 하다니![55]

귀향

군인들의 성장 과정을 마지막으로 마무리하는 핵심 경험은 귀향이었다. 군인들이 가장 자주 이야기한 것이 귀향했을 때 부모와 자녀, 배우자, 친구들이 자신을 알아보지 못했다는 것이다. 이는 전쟁이 이들을 아주 많이 성숙시키고 변화시켰다는 증거였다.[56]

울리히 브레커는 프로이센 군대를 탈영(1756년)해 집으로 돌아갔다.

나는 서둘러 집으로 달려갔다. 가을 저녁이 아름답게 깊어가고 있었다. 거실에 들어서자 (아버지와 어머니는 계시지 않았고) 형제자매 누구도 나를 알아보지 못했다. 그들은 완전군장한 커다란 배낭을 등에 짊어지고 모자를 벗어 든 채 수염까지 덥수룩한 낯선 프로이센 병사의 모습에 상당히 놀랐다. 어린 형제들은 몸을 덜덜 떨었다. 큰형은 쇠스랑을 집어 들었지만, 달아났다. 하지만 나는 부모님이 오실 때까지 내 정체를 밝히지 않기로 했다. 드디어 어머니가 오시고, 나는 하룻밤 묵어가도 되는지 물었다. 어머니는 미심쩍어하며 핑계를 댔다. 남편도 집에 없고 (……) 나는 더 참지 못하고 어머니의 손을 부여잡으며 말했다.

"어머니! 어머니! 이제 저도 몰라보세요?"

아, 그제야 처음으로 떠들썩하게 크고 작은 기쁨의 탄성이 터져 나왔다. 간간이 훌쩍이는 울음소리도 섞여들었다.[57]

앨프리드 래버랙Alfred Laverack이 집을 떠난 지 10년 만에 귀향할 때 그의 아버지가 리즈Leeds 기차역까지 마중을 나왔다.

내가 객차에서 내려서자, 아버지는 나를 쳐다보고 내 모자에 쓰인 98이라는 숫자를 보았다. 하지만 함께 나온 손녀에게 "우리 앨프리드가 아니구나"라고 말하더니, 몸을 돌려 승강장 아래쪽으로 내려가며 군인들이 더 있는지 두리번거렸다. (……) 나는 첫눈에 아버지를 알아봤다. (……) 가슴이 벅차오른 나는 겨우 '아버지'라는 말밖에 하지 못하고, 그의 목을 껴안았다. 우리 두 사람은 울음을 터뜨렸다. 마차를 타고 집에 도착했지만, 어머니도 형제들도 누이들도 나를 알아보지 못했다. 내가 아들임을 확인하려는 듯 어머니는 내 턱과 뺨, 뒤통수에 있는 흉터를 찾아보았다. 흉터를 확인한 후에 비로소 어머니는 내가 오랫동안 집을 떠나 있던 아들임을 확신했다.[58]

전쟁 경험의 거대서사

경험하지 못한 사람은 이해하지 못한다

　전쟁의 핵심 경험이 발전한 것과 더불어 낭만주의 회고록 저자들은 몸으로 본 목격이라는 이상을 새로운 잠재적 권위의 원천으로 개발했다. 이는 대체로 일반적인 숭고에 대한 낭만주의 사고를 독특한 전쟁 언어로 옮기기만 하면 충분한 작업이었다. 그 이후 전쟁의 핵심 경험을 겪지 않은 사람은 이러한 경험을 이해할 수 없으며 전반적인 전쟁도 이해할 수 없다는 것이 새로운 전쟁 경험담의 중심 교리가 되었다.

　낭만주의 회고록에서 반복해 등장한 두 가지 주요 표현은 이것이다. '설명할 수 없다.' '자신이 직접 그 경험을 겪어봐야 이해할 수 있다.'[1] 파이퍼 존 그린우드Fifer John Greenwood는 델라웨어강 도하(1776년)와 관련해 "행군하며 겪은 고통은 설명할 수 없다. (……) 우리와 함께 있던 사람들은 누구보다 잘 알 것이고, 다른 사람들은 그것의 10분의 1도 믿지

못할 테니, 더는 이야기하지 않겠다"고 말했다.[2]

로버트 버틀러Robert Butler는 인도 원정의 고통을 이렇게 기록했다.

여러분에게 내 감정을 이해시키려고 굳이 애쓸 필요는 없을 것이다. 내가 겪은 일을 직접 겪어보지 않는 한 여러분은 그 감정을 이해할 수 없기 때문이다. 그렇다고 호기심을 채우기 위해 여러분에게 직접 시도해보라고 권유하고 싶지는 않다. 직접 시도한다면 여러분은 값비싼 대가를 치를 것이다. 십중팔구 집에 돌아오지 못할 것이다. 고백하건대, 사실 나는 인도로 가라는 명령을 받고 환호했다. 하지만 그곳에서 겪을 일을 미리 알았더라면 내게 운명처럼 주어진 고난과 역경을 견디지 못했을 것이라는 생각이 든다. 당연히 그랬을 것이다.[3]

또 다른 사건과 관련해서는 이런 기록을 남겼다.

여러분이 지금까지 내 입장에서 생각했다면, 이제 여러분도 분명히 내 감정을 일부나마 이해할 것이다. 하지만 결국 일부분으로 그치고 말 것이다. 나는 여러분이 아무리 위대한 상상력의 힘을 발휘해도 현실에 미치지 못할 것이라고 확신하기 때문이다.[4]

요하힘 네텔벡Joachim Nettelbeck은 콜베르크Kolberg 구조작전(1813년)이 수비대와 시민들에게 이루 표현할 수 없는 기쁨을 주었다고 기록했다.

모든 사람을 인사불성으로 만든 그 환희를 어느 누가 글로 표현할 수 있으리! 직접 그 상황에 처해 목숨과 재산은 물론 자신과 사랑하는 이들까지 완전히 포기해야 했던 사람들만이 그동안 감내한 고통을 최소한 잠시나마 극복하고 잊을 수 있는 이 새로운, 거의 믿을 수 없이 평온하고 안전한 느낌을 공감할 수 있다. 마침내 누군가가 흔들어 깨워야만 기쁨 가득한 의식의 세계로 돌아올 수 있는 악몽과 같다.[5]

19세기 말 미국 남부연합군 육군병원의 간호사는 "지금까지 내가 많은 경험담을 읽고 들었지만, 여기에서 목격한 공포들은 전혀 생각지도 못한 것이다. 그 애처로운 광경의 실제 상황을 생생하게 표현할 단어가 없다는 생각이 든다"고 탄식했다.[6] 훗날 제1차 세계대전을 겪은 시인들이 이 간호사와 똑같은 탄식을 하게 된다.

이런 표현들 때문에 몸으로 본 목격이 권위를 얻게 되고, 이러한 권위는 종종 민간인들이나 집에서 편히 지낸 사람들의 의견을 공격하는 데 사용되었다. 스페인 왕위계승 전쟁에 사병으로 참전한 존 딘John Deane은 릴Lille 포위작전(1708년) 당시 잉글랜드 여론이 릴 함락에 너무 오랜 시간이 소요되었다며 군을 비난했다고 기록했다. '하지만'이라며 그는 말을 잇는다. (커피에 관한 내용은 기 사예르의 글을 미리 보는 것 같다.)

이성이 있는 사람이라면 그토록 거대하고 강한 도시가 쉽게 함락되리라고 기대하지 못할 것이다. 와인이나 독한 맥주에 취해 머릿속이 어리석은 생각으로 가득 찬 사람들, 스스로 제2의 성 미켈레라고 착각하고, 자신이 세상에서 제일 강력한 최고의 장군보다 현명하다고 착각하는 사람들이나 그런 기대를 갖는다. (……) 군인이 밥값을 못한다고 생각하는 커피하우스의 전사들에게 내가 진심으로 바라는 것은 이 전투에서 이미

목숨을 잃었거나 장차 목숨을 잃을지도 모르는 수많은 용감한 장교와 사병의 자리를 대신하라는 것이다.[7]

매튜 비숍 상병도 에르Aire 포위작전(1710년)과 관련해 비슷한 심정을 토로했다.

잉글랜드에 있는 신사 사병들은 우리가 해외에서 어떤 고생을 하는지 거의 모른다. 따라서 나는 이 기회에 우리가 겪는 고생을 그들에게도 알려주는 것이 타당하다고 생각했다. 이들은 보초막에 서 있는 것을 대단한 고생으로 생각한다. (……) 잉글랜드에 있는 사람은 그런 일들을 모른다. 따라서 나는 이제 진짜 군 복무와 관련해 고생이 아닌 것을 고생으로 생각하는 사람이 없도록 그들에게도 이런 일들을 알릴 때가 되었다고 판단했다. 지금까지는 내가 여러분에게 우리의 임무 수행 방식을 조금 추상적으로 이야기했으니, 이제 우리가 참호 속에서 어떻게 살았는지 설명하는 게 옳을 것이다. 우리는 한번에 60~90g의 콩과 30g의 밀을 배급받았다. (……) 포위작전 초반에는 날씨가 아주 좋았지만, 끝날 무렵에는 날씨가 지독하게 습하고 불쾌했다. 따라서 우리는 참호 바닥에 장작을 깔고 그 위에 나무 조각들을 뿌려야 했다. (……) 아침에는 대개 커피를 마셨는데, 추운 땅바닥을 네 발로 기어다니며 교대로 야간 보초를 선 다음 날 아침에 커피를 마시면 추위와 피로가 싹 가셨다.[8]

여기에서 중요한 점은 비숍이 잉글랜드의 '신사 사병들'을 거론하며 참호 속 일상 삶의 감각적 현실에 주목한다는 사실이다. 곧 빈약한 음식, 형편없는 날씨, 진흙, 추운 땅바닥, 뜨거운 커피(군인들이 마시는 커피) 등을 강조한다. 집에서 편히 지낸 사람들이 감지하지 못하는 것은 전쟁의 감각적 경험이지 최고 사령부의 추상적인 전략이 아니기 때문이다.

참전용사들은 전쟁을 화려하게 호도하는 신문이나 공표를 아주 격렬하게 비난했다. 근대 초기의 회고록 저자들이 보통 사실 오류나 불공평한 논공행상을 불평한 반면, 낭만주의 회고록 저자들은 무엇보다 전쟁의 경험이 왜곡되는 것을 성토했다. 토머스 하사관은 나폴레옹 전쟁에 대해 이렇게 기록했다.

내가 전쟁을 중요하지 않은 사건이나 사소한 악으로 여긴다고 생각하면 곤란하다. 그 반대로 나는 경험을 통해 전쟁이 인류에게 닥치는 가장 사악하고 가장 파괴적인 재앙임을 깨달았다.

그는 또 잉글랜드에 있는 사람들이 신문으로만 전쟁을 접할 뿐 전쟁의 파괴력을 온전히 경험하지 못한다고 불평하며 말을 잇는다.

달갑지 않은 산사태가 평화로운 마을을 덮쳤을 때 우리는 그 주민들이 당하는 고통을 간과하기 쉽다. 해군 사령관이나 육군 사령관이 다분히 화려한 문체로 작성해 보내는 공식보고서는 당연히 기만적인 내용을 담고 있고 허영심을 부추긴다. 점화된 불꽃이 꺼지지 않도록 하기 위해서다. (……) 최근 격렬한 전쟁이 지리하게 이어지는 동안 일지에 기록된 공해상의 전투는 (……) 아무런 희생도 없었다는 듯 구절구절 승리와 정복을 환호하고, 불쾌한 암시는 제외한 이야기로 가득하다. 물론 이 고무적인 보고서들은 내용은 조금씩 다르지만, 전달하는 요점은 비슷했다. "뱃머리 방향에서 수상한 선박 발견. 즉시 추격, 전투 준비 완료. 신형에 가까운 우수한 선박으로 화력이 우세하고 총원 승선한 것으로 확인됨. 오후 2시 사정거리 접근해 공격, 대파. 삭구 파괴 후 적선 승선. 필사적인 저항을 뚫고 10분 만에 나포 완료. 적군 사망 10명, 부상 13명, 아군 피해 경미. 특히 완강한 저항 탓에 적의 피해는 아군의 3배."

이때 진급 대상으로 추천하는 장교와 용감한 선원들의 명단이 해군 대신들에게 통지된다. 그리고 아부하는 언론이 그 사건을 수많은 감동으로 장식해 버릭어폰트위드Berwick-upon-Tweed에서 실리 제도Scilly Isles 까지 소식을 전했다. 진실은 필사적인 싸움을 벌이다가 황망하게 영원한 세상에 들어간 사람들이 있다는 것이다. 남편을 잃은 여인들은 눈물을 흘릴 것이고, 아비 없이 남겨진 아이들은 슬픔과 절망 속에서 한숨을 내쉴 것이다. 하지만 이들은 남몰래 조용히 슬픔을 삭일 것이다. 모두 승리와 정복의 환희로 기뻐 날뛰는데, 비켜서서 눈물을 흘릴 겨를이 있겠는가?[9]

토머스 하사관이 존 키건의 《전투의 얼굴》이나 폴 푸셀의 《위대한 전쟁과 근대의 기억》을 봤다면 기뻐했을 것이다.

엘제아르 블라즈 대위도 소문과 책으로만 전쟁을 배우는 사람들을 비난하기는 마찬가지였다. 특히 그는 신문에 게재된 이야기를 조롱했다.[10] 그는 역사책과 관련해, 민간인들은 역사에 관한 책을 몇 권 읽은 다음 전투가 마르스 광장에서 열리는 사열과 비슷하다고 생각하고, 10만 명이 또 다른 10만 명과 마주해 대포소리를 오케스트라의 콘트라베이스 반주 삼아 마음껏 사격을 즐기는 것으로 생각하는 것이 일반적이라고 기록했다. 블라즈는 이런 생각이 잘못되었다고 반박하기 위해 독자들에게 전투가 실제 어떻게 진행되는지 알려주겠다고 밝힌다.[11]

하지만 전형적인 전투를 설명해 독자들을 깨우치기 전 블라즈는 자신의 설명도 현실과는 동떨어진 것이라고 독자에게 경고한다. 이를 분명하게 보여주기 위해 블라즈는 아비뇽 출신의 약제상 이야기를 한다. 질투가 심한 약제상은 예쁜 아내를 늘 집안에 가둬두었다. 아내가 이를 불평하며 연극 구경을 가겠다고 하면 약제상은 당시 상연되던 연극의 희곡을 모두 읽어주겠다며 아내를 달랬다.

> 여자는 토라졌지만, 어쩔 수 없었다. 남편이 책을 집어 들고 연극이 시작되었다. 막이 끝날 때마다 남편은 습관적으로 설탕물을 한 잔씩 마셨고 읽은 부분에 대한 설명도 빼놓지 않았다.
> "그런데 여보, 배우들이 싸우러 간다거나 산책을 나간다거나 아메리카에 간다고 할 때 진짜 그렇게 할 거라고 생각하면 안 돼. 무대 양쪽 끝에 안 보이게 숨어 있는 거야."
> 내 책에서 전투에 관해 이야기하는 장을 모두 읽으면 여러분도 전투에 관해 약제상의 아내만큼은 알게 될 것이다.[12]

전쟁을 이해하려면 전쟁을 직접 경험해야 하고, 특히 전쟁의 감각적 고통을 경험해야 한다는 것이 블라즈의 생각이었다. 그의 동료인 라부리 Labourie는 한술 더 떠 전투를 경험하지 않은 사람은 전쟁에 대해 무지할 뿐만 아니라 다른 어떤 것도 알지 못한다고 주장했다. 라부리는 아일라우 전투(1807년)를 모든 인류의 지식을 측정하는 척도로 생각했다.

> 그는 말할 때마다 아일라우 전투 경험담을 꺼냈다. 그에게는 아일라우 전투가 비교의 기준이었고, 최고의 고통이었다. 라부리의 판단으로는 아

일라우 전장에서 싸우지 않은 사람은 아무 가치도 없는 사람이었다. 당시 우리는 〈제국지Journal of Empire〉를 받아 보았는데, 어느 날 내가 〈제국지〉를 읽은 후 라부리에게 이렇게 말했다.

"내가 파리에 주문하고 싶은 책이 여기 실렸어."

"무슨 책인데?"

"《세계지리개요》."

"누가 썼는데?"

"말트 브룅Malte-Brun."

"말트 브룅이 누군데?"

"최고의 지리학자지."

"몇 연대야?"

"군인이 아니라 학자야. 아주 명성이 높은 사람이지. 파리에 살고 있어."

"귀하신 겁쟁이구나, 그 말트 브룅 말야. 그 사람이 지리책을 들고 눈이 무릎까지 쌓인 아일라우에 선 모습을 보면 좋겠다. 명성만 있고 마실 것도 없이 서 있는 모습을 말야. 그 사람이 아일라우에 있었다면 거기에서도 그런 책을 쓸 수 있는지 볼 수 있었을 텐데!"[13]

하인리히 폰 브란트Heinrich von Brandt도 철학자 미셸 드 몽테뉴 Michel de Montaigne를 똑같이 비판했다. 브란트는 군대 생활보다 재미있는 것은 없다고 한 '유명한 회의론자'의 글을 읽은 적이 있다고 회고록에 기록했다. 브란트는 "이 말은 몽테뉴가 군대에서 복무한 적이 없다는 사실을 보여줄 뿐이다"라고 밝혔다.[14]

민간인들도 같은 의견인 경우가 흔했다. 직접 전투에 참여한 경험이 없는 콜리지Coleridge는 〈고독의 두려움Fears in Solitude〉(1798년)이란 시에 이렇게 적었다.

소년과 소녀
그리고 여자들, 아이가 곤충 다리를 뜯는 것만 보아도
비명을 지르던 그들이, 모두 전쟁에 관해 읽는다.
아침 먹을 시간에 최고의 즐거움!
가엾고 불쌍한 사람들, 알고 있는 유일한 기도는
저주이며, 하늘에 계신 아버지에게
축복을 비는 말도 거의 알지 못하던 이들이,
관용구를 유창하게 읊어댄다. 완벽하게
전문적으로 승리와 패배를 이야기하고
동족살해라는 고상한 용어까지 구사한다.
이런 말들이 부드럽게 혀끝을 구른다.
아무런 감정도 싣지 않고 아무런 형상도 없는
그저 추상적 개념과 공허한 소리처럼!
군인들이 상처 하나 없이 죽었다는 듯.
신과 똑같은 육체의 섬유질들이
들이받혀 피를 흘릴 때 아무런 고통도 없었다는 듯. 이 불쌍한 사람들,
전투 중 잔혹한 행위를 하다 쓰러진 이들이
천국으로 이동하고 옮겨간 것이지 죽은 게 아니라는 듯.[15]

특히 흥미로운 점은 클라우제비츠의 명저《전쟁론》이 이런 논리를 인
정했을 뿐만 아니라 이를 토대로 삼았다는 사실이다. '전쟁의 위험'이란
장에서 클라우제비츠는 전쟁 경험이 없는 사람들의 무지에 대해 이렇게

기록했다.

위험을 경험하지 않은 사람들은 전쟁의 위험에 대해 두려움을 갖는 것이 아니라 매력을 느낀다. 엄청나게 흥분해서 총알과 부상의 위험을 무릅쓰고 적에게 돌진한다. 죽음을 모면하는 사람이 자신일지 아니면 다른 사람일지 모르는 채, 차가운 죽음을 향해 맹목적으로 덤벼든다. 야망의 갈증을 풀어줄 과일, 곧 승리의 황금빛 트로피가 앞에 놓여 있으니, 뭐 그리 어려운 일이겠는가?

이처럼 비현실적인 망상을 몰아내기 위해 클라우제비츠는 우리를 상상의 전투 현장으로 인도한다. "신병을 데리고 전장에 가보자." 그는 우리와 같이 이동하며 설명한다. "우리가 가까이 갈수록 포성은 천둥소리처럼 커지고 포탄이 우리 주위로 떨어지기 시작한다." 그리고 그는 주요한 핵심 경험들을 나열한다.

당신이 아는 누군가가 부상을 당한다. (……) 당신도 전처럼 안정되고 침착한 상태는 아니다. 가장 용감한 사람도 약간 심란해진다. 이제 우리는 격렬한 전투 현장으로 들어간다. (……) 포탄이 우박처럼 쏟아지고, 천둥소리 같은 아군의 포성까지 가세해 귀가 먹먹하다. (……) 포탄들은 사방에서 쌩쌩 날아가고, 머스킷 총알들이 휘파람소리를 내며 우리 주위를 스치기 시작한다. 조금 더 전진해 사선에 도착하자, 보병들이 몇 시간째 이어진 적의 맹공격을 믿을 수 없이 꿋꿋하게 견뎌내고 있다. 쉿쉿거리며 대기를 가득 메운 총알들은 머리 가까이 스쳐 지날 때 날카로운 파열음을 낸다. 그리고 우리에게 가해지는 최후의 일격. 죽거나 불구가 된 사람들의 모습. 두근거리던 우리의 심장이 그 모습에 공포와 동정을 느낀다.

갈수록 위험이 커지는 상황을 통과하는 신병은 이곳에서는 다른 요인들이 생각을 지배하며, 이성의 빛이 학문적 사변에서 흔히 보는 방식과 사뭇 다르게 굴절된다는 느낌을 가질 수밖에 없다. (……) 위험은 전쟁 마찰의 일부다. 위험에 대한 정확한 개념이 없으면 우리는 전쟁을 이해할 수 없다.[16]

클라우제비츠는 이 사고思考 실험에서 원대한 결론을 도출한다.

개인에게 군사작전에 대한 의견을 개진할 권리를 주는 순간이 꽁꽁 얼어붙거나 열기와 갈증으로 실신하거나 궁핍과 피로로 처진 순간뿐이라면, 객관적이고 정확한 의견들이 지금보다 훨씬 줄어들 것이다. 하지만 이 의견들은 최소한 주관적으로는 타당한 의견일 것이다. 말하는 사람의 판단을 정확히 결정하는 것이 그의 경험이기 때문이다.[17]

이러한 의견을 바탕으로 클라우제비츠는 가장 독창적이고 중요한 자신의 이론적 개념을 발전시켰다. 마찰이라는 개념이다. 그는 전쟁의 현실을 전혀 닮지 않은 추상적 이론이 자리 잡은 데에는 이전의 군사사상가 (예를 들어, 아르망 드 퓌세귀르Armand de Puységur 후작과 아담 폰 뷜로 Adam von Bülow 그리고 특히 앙투안 앙리 조미니Antoine Henry Jomini 등) 모두에게 책임이 있다고 주장했다. 어느 정도는 맞는 말이다. 이들이 세운 '수학적' 전쟁체계가 뉴턴의 물리학과 보방Vauban의 세밀한 공성전 규칙에서 영감을 받았고, 일반적인 전쟁 수행을 그와 유사하게 세밀한 규칙체계로 축소시켰기 때문이다.[18]

클라우제비츠는 낭만주의 사상가들과 마찬가지로 이러한 과잉합리화를 반대했다.[19] 라메트리가 형이상학자들의 추상적인 논리체계를 공격했듯, 클라우제비츠도 합리주의 군사사상가들의 정밀한 수학적 체계를 공격했다. 그리고 새뮤얼 존슨이 버클리의 의견에 대한 거부 표시로 돌을 걷어찼듯, 클라우제비츠는 조미니의 의견에 대한 거부 표시로 진흙탕 속에 발을 찔러 넣었다. 그는 '뉴턴주의의' 수학적인 전쟁체계는 모두 무익한 망상이라고 주장했다. 통제할 수 없는 무수한 요인이 전쟁 계획을 수행하지 못하도록 방해하기 때문이다. 갑자기 비를 동반한 돌풍이 불어 보급마차가 꼼짝하지 못하고, 중요한 서신을 전달하는 부관이 길을 잃고, 하필이면 중요한 순간에 장군의 말이 발을 헛디디고, 정찰병이 적의 움직임을 잘못 보고하는 등의 사건이 무수히 발생하기 때문이다. 한마디로 못 하나가 부족해서 왕국이 무너지는 것이 전쟁의 혼돈 요소다. 클라우제비츠는 이런 통제할 수 없는 요인들을 통틀어 '마찰friction'이라 불렀다.[20]

클라우제비츠의 마찰은 인간 이성의 비약을 제한한다는 면에서 근본적으로는 낭만주의 개념이다. 그는 마찰을 구성하는 모든 요소를 감시하고 감안할 수 있는 사람은 없으며, 따라서 합리적인 계획을 세우고 실행하는 지휘관의 능력은 항상 제한적이라고 주장했다. 자기 이성으로 완벽한 계획을 수립했다고 믿고, 더 나아가 그 완벽한 계획이 실제 수행 가능하다고 믿는 지휘관은 마찰의 개입으로 패배하기 마련이라는 것이다. 클라우제비츠는 군사이론의 목적은 정밀한 전쟁 규칙을 찾는 것이 아니라 지휘관이 이런 보편적 마찰에 대응하고 이를 유리하게 활용하도록 돕는 것이라고 주장했다. 마우리츠가 생각한 위대한 장군의 가장 위대한 업적이 전쟁에서 우연을 배제한 것인 반면, 클라우제비츠가 생각한 지휘관의 가장 위대한 업적은 우연이 만든 기회를 유리하게 이용하는 것이었다.[21]

클라우제비츠는 마찰이 전쟁의 가장 중요한 속성이며, 전쟁을 직접 경험하지 않는 한 마찰을 이해할 수 없다고 거듭 강조했다. 그는 '전쟁의 마찰' 장에서 다음과 같이 기록했다.

전쟁을 직접 경험하지 못한 사람은 실제 끊임없이 거론되는 어려움이 무엇인지 절대 이해하지 못하며, 지휘관에게 명철하고 비범한 능력이 필요한 이유도 이해하지 못한다. 모든 것이 간단해 보인다. 특별한 지식이 필요하지도 않고, 전략적 선택도 자명한 것으로 보인다. 그에 비하면 과학적으로 품위 있는 고등수학의 가장 단순한 문제가 감동을 줄 정도다. 하지만 실제 전쟁을 목격한 적이 있다면 어려움은 분명하게 보인다. 그런데 이런 관점의 변화를 가져오는 요인이 무엇인지, 곳곳에 도사리고 있지만 보이지 않는 요인이 무엇인지 설명하는 것은 몹시 어렵다. 전쟁에서는 모든 것이 매우 단순하지만, 가장 단순한 것이 어려운 법이다. 이런 어려움이 하나둘 쌓여 결국 전쟁을 경험하지 않은 사람은 상상할 수 없는 마찰이 된다.[22]

그리고 클라우제비츠는 앞서 딘과 비숍, 블라즈가 제시하고, 다음 200년 동안 무수히 반복될 주장을 상당히 공들여 되풀이한다. 정말 아이러니한 사실은 20세기 들어 '진흙탕'이 전쟁의 거대이론과 일상 현실의 불일치에서 비롯되는 군사적 재난의 주요 상징이 되었다는 것이다. '진흙탕'이라는 개념은 파스샹달Passchendaele 전투(1917년)를 상징하는 진흙까지 거슬러 올라가는 개념인데, 20세기와 21세기에 들어와 정글이건 사막이건 장소를 가리지 않고 수많은 군사분쟁에 이 '진흙탕' 개념이 결부되었다.(베트남 진흙탕, 아프가니스탄 진흙탕, 레바논 진흙탕, 이라크 진흙탕 등.) '진흙탕'이 떠올리는 이미지는 이것이다. 대통령이나 장군이 시원한 사령부에 편안하게 앉아 지도 위에 색색의 화살표를 그리지만, 현장에서는 보병과 대포, 트럭 들이 진흙탕에 박혀 꼼짝 못 하는 상황이므로 이 화살표들은 전쟁의 현실과 전혀 무관한 것이다.

1832년 클라우제비츠가 《전쟁론》에서 정확히 이런 이미지를 근대 후기 전쟁이론의 기반으로 삼았고, 제1차 세계대전과 베트남전의 장군들이 《전쟁론》을 성경처럼 떠받들었다는 것은 아이러니다. 전쟁의 마찰이 《착한 병사 쉬베이크》와 《캐치-22》 등 수많은 근대 후기 전쟁 풍자소설의 진정한 주인공인 동시에 근대 후기 전쟁이론의 주인공이다. 이렇게 해서 우리는 근대 후기에 풍자적인 전쟁비평이 문을 활짝 열고 나서는 모습을 보게 된다.(주류 군사사상이 혹시 포용한 것일까?) 언론인과 일반 사병, 전쟁 풍자작가들의 믿음과 반대로 장군들은 전쟁의 이론과 진흙탕 현실 사이의 괴리를 충분히 인식한다. 이것이 현대의 전쟁 성경 《전쟁론》의 금과옥조이기 때문이다. '진흙탕'과 '마찰'이라는 개념은 장군의 권위를 훼손하는 대신 강화한다. 마찰이 전쟁을 지배하므로 전쟁에 대해 발언하고 전쟁을 지휘할 수 있는 사람은 마찰을 경험한 사람뿐이며, 전쟁의 마찰에 무지한 역사학자와 언론인, 정치인, 유권자 시민들은 침묵을 지키고 장군들에게 일임해야 하기 때문이다.

전쟁의 환희

19세기 전반이 되자 근대 후기 전쟁 경험의 거대서사를 구성하는 모든 요소들이 구비되었다. 성장과 숭고라는 기본적 이상, 신경과 감각과 감정의 새로운 언어, 전쟁의 핵심 경험 일체 그리고 '전쟁에 참여하지 않은 사람은 아무것도 이해하지 못한다'는 금언. 이런 요소들이 결합해 만들어진 수많은 거대서사는 서로 상이하고 상반되기도 하지만, 모두 동일한 가정을 공유하며, 공통적으로 전쟁을 경험적 계시로 보았다. 이 거대서사들은 모두 감각주의의 기본 공식을 토대로 삼았다.

감수성×경험 = 지식.

성장과 개화

전쟁을 자신과 세상에 관한 긍정적인 현실과 진리를 깨닫는 긍정적인 성장 과정으로 보는 거대서사가 그중 하나다. 이 거대서사는 평상시 생활의 무감각한 특성과 상업적인 사고방식, 제한적인 시각을 강조했고, 전쟁을 흥분되고 생명력이 강렬해지며 비범하게 성장하고 영적으로 개화하는 시간이라고 주장했다.[23] 이 거대서사는 자연의 역할을 대신하는 전쟁을 통해 '자연으로 들어가라'는 낭만주의의 기본적 상상을 재현했다. 전쟁의 거친 환경이 인간의 퇴폐적인 외피를 벗겨내고, 내면의 '자연인' 혹은 내면의 '고결한 야만인'을 드러냈다.[24]

평상시의 제한적인 시각과 전시의 흥분과 열린 조망 사이의 대비가 분명하게 드러나는 사례가 피터 레슬리의 회고록이다. 파이프Fife의 광부 집안에서 태어난 레슬리는 열 살이 되던 해부터 갱도에 들어간 이후 스무 살이 될 때까지 파이프를 벗어나지 못했다. 그는 결국 영국 육군에 입대하는데, '세상을 보고' 싶다는 것이 주된 이유였다. 교육을 받지 못한 그로서는 갱도를 탈출할 방법이 그것뿐이었다. 하지만 매우 실망스럽게도 그는 군 복무 첫 15개월을 훈련과 수비대 임무로 보냈다. 마침내 출전 명령이 떨어지자 그는 환호했다.

"드디어 삶을 맛보는구나."[25]

나폴레옹이 러시아에 선전포고(1812년)를 했다는 소식을 접한 두로바의 반응도 비슷했다.

아! 시국이 내 모든 감각을 소생시키는도다! 내 심장은 감동으로 충만하고, 내 머리는 생각과 계획, 꿈, 예감으로 가득하다. 내 상상력이 그리는 그림은 자연과 가능성의 왕국에 존재하는 온갖 빛과 색깔로 눈부시다. 이 얼마나 멋진 인생인가! 충만하고 기쁘고 적극적인 삶이 아니냐! 두브로비치아Dubrowica의 (수비대에서 지낸) 삶과 어찌 비교하랴! 이제 나는 매일 매시간 살아 있음을 느끼고 살아 있는 삶을 산다. 아, 천 배나 고귀한 삶의 방식이다! 무도회, 춤, 추파, 음악…… 맙소사, 참으로 하찮고 따분한 과거로다![26]

주목할 점은 1812년에 두로바가 신병이 아니었고, 이미 전쟁의 현실을 풍부하게 경험했다는 사실이다.

크리스티안 나겔Christian Nagel 박사(1787~1827년)의 전기도 같은 주제를 반복한다. 나겔 전기는 훌륭한 전쟁 성장 소설의 원형이므로 자세히 살펴볼 가치가 있는 책이다. 1829년 클레베Cleve에서 출판된 이 책은 나겔의 친구이자 숭배자인 두 사람, 프리드리히 폰 아몬Friedrich von Ammon과 테오도르 헤롤트Theodor Herold가 나겔의 일기를 토대로 저술했다. 두 사람은 나겔의 일기에 기록된 방대한 양의 문구와 해설을 인용하며 자신들의 글과 연결지었다. 그 결과 19세기 초반 애국심을 고취하는 책의 전형이 탄생했다. 나겔의 친구들이 제작비를 지원했으므로 책 자체가 전우애의 이상에 바치는 헌사였다.

나겔은 로스톡Rostock과 하이델베르크 대학에서 신학과 인문학을 공부했다. 1809년 학업을 마친 나겔은 오스트리아 군대에 자원입대해 나폴레옹에게 당한 독일의 수모를 되갚아주겠다는 열망을 품었다. 하지만 그는 지독하게 가난한 집안 형편 탓에 고향으로 돌아가 부잣집 가정교사 일을 시작할 수밖에 없었다. 나겔은 민간인 가정교사의 보잘것없는 삶이 몸서리치게 싫었고, 크나큰 내적 번민에 시달렸다. "당시 그는 자신이 몰입할 수 있는 삶이 조국과 인류의 최선의 이익을 위해 날마다 고군분투하고 수고하고 위험을 무릅쓰는 길뿐이라는 사실을 점점 더 분명히 인식하기 시작했다. 곧, 그가 자신을 발견하고 자신의 운명을 완수하는 길은 전쟁뿐임을 인식한 것이다."[27]

그는 민간인의 무감각한 생활을 3년 넘게 견뎠다.

> 행동하는 삶을 갈망하는 사람에게는 가정교사의 삶이 너무나도 편협한 생활로 생각되는 때가 대부분이었다. 그럴 때면 그는 삶이 틀림없이 무덤처럼 느껴졌을 것이고, 그 무덤을 뛰쳐나가 힘과 자유를 추구하는 조국의 의지를 열정적으로 따르고 싶었을 것이다.
>
> 그리고 무덤이 무너졌다. 빛이 어둠을 뚫고 들어오고, 하늘에서 울리는 음성이 수치스럽게 긴 잠을 자던 사람들을 깨웠다. 모두 용기를 내 성스러운 소명을 좇았고, 세속적인 삶과 재산을 자유와 영광을 위해 바치겠다고 맹세했다.
>
> 자유와 복수에 목마른 프로이센의 아들들과 또 다른 독일 국가의 아들들이 프로이센의 부름을 받고 전광석화처럼 무기 아래로 모여들었다. 억눌렸다가 다시 뛰는 심장을 안고 브레슬라우Breslau의 집결지로 맨 먼저 달려온 그 자유의 투사들 속에 나겔도 끼어 있었다.[28]

나겔은 지원병들로 편성된 뤼트초프Lützow 의용군에 합류했다.

"당시 꽃다운 독일 청년들이 그곳으로 모여들었고, 나겔은 그곳에서 생각이 같은 친구들을 많이 만났다. 이로써 우리 친구의 인생에서 새롭고 중요한 시기가 시작되었다. 청년이 남자가 된 것이다."[29]

우리는 '민족 쓰레기와 사회에 무익하고 해로운 온갖 존재들로 구성된' 생제르맹 부대와 얼마나 다른가?

전우애와 전쟁 경험의 연금술 같은 마력 덕분에 예전의 하이델베르크 대학생이 탈바꿈하기 시작했다.

> 자신과 마찬가지로 활기차고 고귀한 이상을 추구하는, 기백이 넘치고 훌륭한 많은 청년들과 나눈 전우애는 나겔의 정신과 성격 발전에 중요한 영향을 미쳤지만, 그의 개성을 제한하지는 않았다. 고군분투 자신의 능력을 발휘함으로써 나겔은 통찰과 경험을 늘려나갔고, 독립심과 세상에 대한 지혜, 인간 본질에 대한 이해를 점점 더 발전시켰다.[30]

나겔 자신은 이렇게 기록했다.

> 당면한 문제 해결에 내 온 영혼을 쏟았다. 이를 위해 소중한 것을 많이 포기했지만 나는 날마다 강해졌고, 생각이 같은 전우들과 접촉하고 그들에게서 무수한 자극을 받아 내 사기도 올라갔다. 삶이 가장 고귀하고 중요한 의미로 두드러지는 위대한 순간(예를 들면 전투)에 가까이 다가갈수록 내 마음은 더 진지해지고 고결해지며 강렬해진다.
>
> (……) 한층 더 치열한 삶이 선하다는 것을 경험한 적이 없었고, 지금과 같은 유대감의 구속이 달게 느껴진 적도 없었다. 그와 동시에 고귀한 영

혼들과 하나가 될 죽음이 그토록 편하고 즐겁게 느껴진 적도 없었다. 안톤 라파엘 멩스Anton Raphael Mengs(종교적 주제를 전문적으로 그린 18세기 작센의 화가)의 빛나는 사랑이 천국의 환영처럼 내 마음에 스며들었다. 저급한 인류를 극복한 내 앞에 고귀한 올림포스의 사회가 당당히 펼쳐져 있다. 나는 고상하고 아름다운 하루와 고혹적인 환경에 의해 가장 순수한 현재의 인식과 조화를 이룬 태양이 플라우엔Plauen의 지평선 아래로 지는 것을 바라보았다.[31]

얼마 지나지 않아 나겔은 전우들의 투표로 상병으로 선출되었다. 이는 프로이센 군대에서 전례가 없는 진급 방식이었다. 나중에 그는 최정예 예거 중대의 선임하사로 선출되었고, 1813년 5월 16일에는 예거 중대의 중위로 선출되었다. 그때까지 그에게 유일한 실망은 훈련과 행군만 이어질 뿐 전투에는 참여하지 못한 것이었다. "자신이 죽는 일이 생길지라도 전투를 기대하는 그의 염원은 간절했다."[32]

마침내 명령이 떨어졌다. "그들은 대포가 천둥 치는 전투 현장으로 행군했고, 나겔의 심장은 기쁨과 만족감으로 한층 격렬하게 요동쳤다."[33] 나겔은 분노의 첫 총성이 울린 바로 그 순간을 일기에 기록했고, 전기는 그의 첫 소규모 접전을 극찬한다.[34] 동료들이 '조국의 대의명분을 위해 순교자'처럼 쓰러졌고, 전기는 더없이 화려한 미사여구로 이들의 희생을 기린다.[35]

나겔은 너무 빨리 휴전이 될까 봐 노심초사했다. 전쟁이 자신을 해방하고 고양할 뿐만 아니라 독일 민족 전체를 해방하고 고양하는 지극히 긍정적인 힘이라는 사실을 점차 깨닫고 있었기 때문이다. 일기에서 그는 이렇게 외친다.

"나폴레옹과 휴전 불가! 우리의 수호신이여, 그 일만은 막아주소서. 나폴레옹이 죽지 않게 하소서. 그는 독일인의 심장과 손을 날카롭게 벼리는 숫돌이며, 독일인의 삶이 기쁘고 거세게 타오르도록 할 햇불이니."[36]

독일의 자연도 전쟁의 환희와 계시에 한몫을 차지했다. 전쟁이 절정으로 치닫고, 나겔이 해방된 뮌스터Münster 주민들의 열렬한 환호 속을 통과할 때, 자연도 그를 껴안았다.

> 외국의 멍에가 벗겨지고 우리의 위대한 하늘을 가리던 검은 장막이 찢겨져 나가니 자연도 인간도 얼마나 다르게 보이는가. 우리 것에 대한 자부심으로 가슴이 부푼다. 우리는 군인들이 이룬 그 값진 성과, 해방군을 맞는 주민들의 환희를 사이좋게 나누었다. 우리는 엘버펠트Elberfeld 조금 못 미친 지점에서 왼쪽으로 접어들어 야영했다. 나는 전우 몇 명과 함께 채석장 둘레 제일 높은 지점으로 올라갔다. 주위가 환히 내려다보였다. 만발한 상상이 소중하게 빚은 창조물처럼 황홀한 계곡이 펼쳐졌다. 내 눈은 그 물을 게걸스럽게 들이켰고, 내 심장과 내 모든 감각이 그 물을 만끽했다.[37]

마침내 군대가 장대한 라인강과 쾰른 시에 도착하자, 나겔은 황홀경에 빠졌다.

> 신성한 라인강, 이 물에 뛰어들어 몸을 담그길 내 얼마나 바랐던가. (……) 신의 의지처럼 나를 명예로운 죽음으로 인도한 것도, 떳떳한 승리자가 되어 사랑하는 사람들의 품에 안기도록 나를 인도한 것도 신성한 라인강이다. 독일인의 내적인 힘과 탁월함이 얼마나 영광스럽게 드러났

는가. (……) 하지만 설명할 수 없는 것을 언어라는 한계에 가두기 전에 잠시 펜을 멈추는 편이 나으리라. (……) 오, 나의 독일인이여, 그대들의 위대함과 힘, 장엄함을 그 무엇에 비하랴![38]

국수주의자들의 신파극과 두 차례의 세계대전으로 얼룩진 200년이 지난 지금 이런 문장은 냉소와 혐오의 대상이지만, 1810~1820년대에는 신선하고 고무적인 웅변이었다.

나겔의 의용대는 뒤이은 율리히Jülich 포위공격에서 힘든 생존 환경 때문에 고통을 겪었다. 나겔은 그 고난을 묘사하지만, 이 또한 긍정적인 효과가 있다는 믿음을 잃지 않는다. 그는 그곳에서 겪은 여러 가지 시험으로 의용대의 패기가 공고해졌다고 기록한다.[39] 5월에 휴전이 선언되었지만, 나겔은 너무 이른 휴전이 불만스러웠다. "그는 비정상적인 적대감으로 오랫동안 분열된 조국의 아들들이 형제의 통일이라는 결속을 굳건히 세우려면 공동의 위험과 명예를 함께 나누는 시간이 더 필요하다고 믿었다."[40] 나겔 자신의 장래도 절망스러웠다. 흥분되고 장엄한 전쟁을 떠나 가정교사의 하찮은 삶으로 돌아가는 것은 그로서는 상상도 할 수 없는 일이었다. 평시의 군대에 남는 것도 혐오스럽기는 마찬가지였다. "지적 작업에서 더 넓고 더 자유롭고 유익한 분야를 추구하던 그의 정신이 수비대의 편협한 삶의 방식, 사소한 관심사, 하찮은 임무를 달가워하지 않았기 때문이다."[41]

실러의 《발렌슈타인》에서 기병이 터트린 탄식을 나겔이 그대로 되풀이한 것도 무리는 아니다. "이곳 군대 막사에서 똑같은 일과 규칙, 편협한 연구, 고역, 속박을 겪으려고 내가 학교 책상을 버리고 왔던가? 나는 잘 살고 싶다. 너무 많은 일에 치이지 않고, 매일매일의 내 삶에서 무언가 새로운 것을 보고, 기분 좋게 순간을 포착하고 싶다. 요컨대, 과거에 얽매이고 싶지도 않고, 다가올 일을 걱정하고 싶지도 않다."[42]

그때 기적이 일어난다. 나폴레옹이 엘바섬을 탈출해 프랑스로 돌아오며 전쟁이 다시 임박한 것이다. "엄청난 충격이 나겔의 지루하고 단조로운 삶을 산산조각 냈고, 그의 존재의 모든 부분에서 폭풍이 다시 맹위를 떨쳤다."[43] 뒤이은 전투를 설명하며 아몬과 헤롤트는 개인적인 수정과 개입을 한층 더 자제한다.

> 그의 삶에서 중요한 시절에 대해 나겔 자신의 이야기를 들어보자. 워낙 유명한 사건이라서 대체로 잘 알려진 내용이지만, 사건에 참여한 당사자의 주관적 해석을 듣는 것도 무익한 일은 아닐 것이다. 하지만 우리 친구의 성격을 묘사하기 위해 특히 중요한 것은 우리가 그 시절 그와 동반해 그의 생각과 행동을 관찰하는 것이다.[44]

워털루 전투에 대한 나겔의 설명은 우리가 알고 있는 것과 대체로 같은 내용이므로 여기에서 자세히 언급하지는 않는다. 하지만 한 가지 흥미로운 점은 나겔이 워털루 격전을 설명한 다음 전투 후 전장의 광경을 장황하고 애처롭게 묘사한다는 사실이다.

> 해가 떠오르고 빛에 드러난 전장이란! 어제 우리가 매복한 숲에서 이미 부상자들이 신음하고 있었다. 그 수가 계속 늘어났고, 더불어 사망자들의 수도 늘어갔다. 플랑셰누아Planchenoit로 들어가는 진입로가 시체들로 거의 막혀 있었고, 마을 일부에서는 여전히 불길이 치솟고 있었다. (……) 끔찍하게 난도질당한 시신들의 모습에 내 온 마음이 충격을 받았

다. 프랑스 전열 부대 경보병 6명이 포탄에 다리를 잃고 나란히 누워 있었다. 아직 숨을 쉬고 있었다. 그 모습이 어찌나 측은하던지! 고상하고 계급이 높은 사람들의 시신도 여기저기 많이 흩어져 있었다. 약탈자 무리가 이미 다른 것을 모두 약탈한 뒤였으므로 그들을 구별할 수 있는 것은 고상한 몸매와 아직 남아 있는 고운 속옷뿐이었다. 소작농과 시골 사람들은 전리품을 찾아 떼 지어 몰려다녔다. (……) 가장 비참한 것은 도로에서 말과 마차에 짓이겨진 시신들이었다. 그런 시신들이 끝없이 이어진 것 같았다. (……) 우리는 (……) 브뤼셀과 샤를루아Charleroi를 잇는 큰 간선도로에 접어들었다. (……) 진짜 공포가 처음 시작된 곳이 바로 그곳이었다. 전날의 시신들이 다른 사체들과 함께 수북이 쌓여 있었다. 그런데 시신들이 대포와 마차에 훼손되고 땅에 짓이겨 동물들의 사체나 진흙과 분간할 수 없었다.[45]

하지만 나겔은 그런 장면을 목격하고도 환멸하지 않았다. 전과 다름없는 애국적 전쟁 찬가가 다음 페이지에 가득하다. 나겔이 정말 가슴 아픈 것은 리니Ligny 전투에서 많은 병사가 달아난 사건 때문에 그의 연대가 불명예를 안은 일이었다. 그는 연대의 명예 회복을 위해 분노에 가까운 열정으로 전투를 지휘했다. 아몬과 헤롤트가 나겔의 생애에서 불편하게 생각하는 부분이 바로 이 부분이다. 두 사람은 '합리적이고 온건한 비평가들'이 세속적 명예에 대한 집착을 그의 결점으로 비난할까 봐 걱정한 나머지, 나겔의 특이한 '신경계(신경 계통)'에서 비롯된 결과일 것이라고 조심스럽게 설명한다. 더 나아가 두 사람은 나겔의 무고함을 입증하기 위해 그의 일기에서 다음과 같은 부분을 인용한다.

"나를 위해 분노한 것이 아니다. 나 자신 외에는 그 누구도 비열한 행동으로 내 명예를 더럽힐 수 없기 때문이다. (……) 무엇보다 나를 분노케 하는 것은 쓰러진 전우들이다. 적들이 감히 명예로운 그들의 무덤에 침을 뱉으려 하기 때문이다."[46]

따라서 나겔과 아몬, 헤롤트에게 진정한 명예란 다름 아닌 내적 자질, 인간성과 양심 사이에 있는 것이 되었다.

전쟁이 끝나자 나겔은 평상시 장교의 삶이 점점 더 지겨워졌다. 특히 예전의 훈련과 규율로 복귀한 것이 끔찍했다. '단조롭게 반복되는 군사훈련'으로 병사들에게 '연병장의 기법과 비결, 기술'을 가르치는 것을 목격한 그는 서글픈 생각으로 가슴이 답답했다. 그는 새로운 군대와 새로운 훈련체계에 대한 계획을 일기에 기록했다. 그는 당시 병사들에게 행군하는 법과 머스킷 총을 정확히 파지하는 법을 가르치느라 수개월이 낭비되었고, 결국 머릿속에 주입된 지시사항을 초월해 스스로 행동할 수 없는 어리석은 무리만 양산했다고 한탄했다. 그 대신 군대는 병사들의 신체적, 정신적 능력을 개발시켜야 했다.

"높은 사람들에게 내가 분명히 말하고 싶은 것은 오직 이것 하나뿐이다. 자유롭고 명예로운 사람들을 지휘하고 싶다면 청소년부터 시작하라. 모든 것은 반드시 교육에서 싹튼다."[47]

아몬과 헤롤트는 "당시 현실적 상황은 이런 이상을 실현하기에 적합하지 않았을 것이다. (……) 전쟁과 평화의 차이를 생각하면 충분히 예상할 수 있는 일이다. 훨씬 더 조용하고 단조로울 수밖에 없는 평시에 분명하게 두드러지는 것은 중요하지 않은 외적인 사항에 대한 관심과 집중이다. 몸에 밴 습관이 사라지고 정신만이 지배하는 시기, 곧 장엄한 폭풍이 몰려오는 전시보다 더욱더 분명하게 드러난다"고 설명한다.[48] 여기에서 평화는 사소함과 무감각과 동일시되며, 전쟁은 장엄한 정신적 폭풍과 동일시된다.

나겔을 돕는 나폴레옹의 기적이 이번에는 일어나지 않았다. 나겔은 '죽고 싶을 만큼 지루한' 사열에 지쳐 결국 군을 떠났다.⁴⁹ 1816년 할레 Halle 대학에 입학한 그는 1817년 클레베 중등학교 교장으로 임명된 후, 독일 청소년 교육에 여생을 바쳤다. 그는 '신앙, 배움, 조국'을 교육의 좌우명으로 삼았고, 애국적 교육에서 신체 운동의 중요성을 강조한 프리드리히 얀Friedrich Jahn의 체육학교에서 큰 영향을 받았다. 나겔은 학생들에게 조국이 없으면 지식도 없고, 신체가 없으면 영혼도 없다고 강조했다.⁵⁰

금을 주고도 살 수 없는 인식과 경험

1821년 그리스 독립전쟁이 발발해 나겔의 인생도 중요한 변화를 맞았다. 그리스 독립전쟁은 19세기판 스페인 내전이었다. 20세기에 스페인 내전이 사회주의 인터내셔널에 영감을 준 것처럼 그리스 독립전쟁은 낭만주의 '인터내셔널'을 고무했다. 제1차 세계대전에 참전하지 못해 아쉬워하던 수백 명의 유럽 청년이 스페인으로 몰려가 국제여단에 합류했듯, 나폴레옹 전쟁을 아쉬워한 수백 명의 낭만주의 청년이 1820년대 그리스로 몰려가 노르만Normann 장군이 이끄는 친親그리스 군대(사실 대대급에 불과한 규모)에 합류했다.⁵¹ 그중에 나겔의 막냇동생 구스타프Gustav가 있었다.

나겔의 삶에 고무된 구스타프는 형의 선례를 따르려 했다. 나겔은 처음에는 구스타프를 만류했다. 사랑하는 막내아들과 헤어지기 싫어하는 병든 아버지 때문이었지만, 결국 아버지도 편지를 보내 막내아들의 앞날을 축복했다. 구스타프의 그리스행을 허락하는 아버지의 편지가 도착했을 때, 나겔은 기쁨으로 가슴이 뭉클하다고 기록했다. 그는 동생의 모험을 전폭적으로 지지한다는 편지를 보내며, "네 가슴에서 솟는 가장 순수한 불굴의 욕구를 아버지도 동의하셨다. 사랑하는 내 동생, 신의 가호를 빈다. 네가 무사히 돌아온다면, 너는 금을 주고도 살 수 없는 인식과 경험을 안고 돌아올 것이다"라고 적었다. 그리고 그가 죽어야 할 운명이라면, "남자가 더없이 신성한 대의명분에 몸을 바친 것이다"라고 적었다.[52]

페타Péta 전투(1822년)에서 친그리스 군대가 괴멸하며 구스타프도 전사했다.[53] 나겔에게는 잔인한 충격이었다. "내 온 존재가 산산이 분해된 것 같았다. 구스타프가 완전히 나를 지배했다. 내가 생각하거나 경험하는 모든 것은 그를 잃었다는 사실뿐이었다."[54] 6개월 뒤 그는 이렇게 기록한다.

"매일같이 생생한 슬픔으로 가슴이 찢어진다. 잠이 들면 구스타프가 처절하게 사투를 벌이는 모습이 떠오르고, 깨어 있을 때도 하루 종일 그 모습이 내게서 떠나질 않는다. 어디로 눈을 돌리건 무슨 소리를 듣건, 내 모든 생각과 감각은 사랑하는 동생과 연결되어 있다. 왜 그런지 나도 모르겠다. 사랑하는 구스타프, 너와 함께 삶의 힘과 기쁨도 사라졌구나."[55]

나겔은 동생의 죽음을 평생 슬퍼했지만, 자신이나 과도한 이상주의가 동생을 죽였다고 자책하지 않았다.(일기에 기록된 내용에 따르면 최소한 이런 자책은 없다.) 예전부터 품고 있던 이상에 대한 믿음을 잃지 않았고, 그 이상에 비추어 학생들을 교육하는 일도 멈추지 않았다. 그가 비난한 대상은 노르만 장군뿐이었다. 그의 무능함이 페타의 참사를 초래했고, 당나귀가 사자들을 지휘한 꼴이라고 비난했다.

나겔은 구스타프의 죽음을 신과 인류를 위한 영웅적 희생으로 해석했다. "정말이지 모든 것을 돌이켜 생각할수록 더욱더 하늘의 신성한 부름 때문이라는 생각이 든다. 신성한 부름이 거역할 수 없는 가슴속 욕구가 되어 그를 그곳으로 이끌었고, 그곳에서 그의 세속적 삶이 해체되고 정화되어 빛과 자유로 가득한 영원한 삶으로 탈바꿈했다. 그렇다! 빛과 자유!"[56]

그리고 이렇게 덧붙였다.

"슈미트와 구스타프가 가장 고귀하고 장엄한 죽음을 맞았다는 것, 고귀하고 신성한 대의를 위해 싸우다 죽었다는 것은 크나큰 위안이다. 한 달음에 달려와 싸우고 순수한 마음을 피로 밀봉한, 수없이 많은 훌륭하고 용감한 사람과 함께 스러진 것은 큰 위안이다."[57]

21세기의 감각으로 보면 나겔의 경험담이 아주 불쾌하게 들리겠지만, 우리 삶이 편하자고 그를 허수아비로 만들 수는 없다. 흔히들 긍정적인 전쟁 경험담이 전쟁을 황홀한 경험으로 묘사하고 전쟁의 추악한 면은 감추며, 미래 세대를 세뇌해 군국주의 발흥과 더 많은 전쟁을 유발한다고 비난한다. 특히 긍정적인 전쟁 경험담이 젊은이들의 머릿속에 전쟁은 장엄하다는 환상을 심어 그들을 죽음으로 이끈다고 비난한다. 21세기의 독자들은 크리스티안 나겔의 모습에서 어렵지 않게 에리히 마리아 레마르크의 칸토렉Kantorek 선생을 떠올릴 것이다. 고등학교 교사인 칸토렉은 파울 바우머Paul Baumer와 그의 친구들을 국수적이고 군국적인 미사여구로 부추겨 입대시키고, 제1차 세계대전의 참호 속에서 죽게 만든 인물이다.

나겔의 경험담은 분명 군국주의적이다. 평시를 무감각한 감옥으로 묘사하고, 전시를 유일무이하게 인간이 삶을 완전히 경험하고 자신의 능력과 미덕을 개발할 수 있는 황홀한 모험으로 묘사하기 때문이다. 하지만 나겔의 경험담은 복합적이고 자의식이 강한 이야기다. 레마르크의 칸토

렉과 달리 나겔은 전쟁 경험이 풍부하다. 그는 가끔 전쟁의 공포와 참상을 역겨울 정도로 상세하게 묘사하고, 정치 지도자들을 비난하는 경우도 상당히 많다. 더 중요한 것은 전쟁에 매혹되어 결국 죽음을 맞이한 구스타프의 경험담이 나겔의 이야기에 포함되었다는 사실이다. 구스타프의 운명은 나겔과 아몬, 헤롤트 그리고 독자들에게 나겔의 전쟁 경험담과 애국적 미사여구의 결과를 직접 목격할 기회를 준다. 나겔의 경험담을 읽는 독자들은 구스타프의 입장이 되어 구스타프의 운명에 대해 곰곰이 생각하게 된다.

따라서 이 책은 전쟁에 잠재된 악영향을 의식하지 못하는 몽롱한 전쟁의 낭만으로 이해될 수 없다. 전쟁의 낭만이 젊은이들을 죽음으로 내몰 수 있으며, 게다가 가족에게 사랑하는 사람을 잃는 지독한 고통을 안겨줄 수 있음을 충분히 인식하고 있는 책이다. 하지만 이 모든 것을 감안하더라도, 이 책이 전쟁을 아주 긍정적으로 최종 판단한다는 사실은 변함이 없다. 나겔의 전기는 어떤 결과가 빚어질지 완벽하게 알고 있는 상황에서 독자들에게 '조국을 위해' 싸우라고 권고한다. 살아남으면 '금을 주고도 살 수 없는 인식과 경험'을 얻어 돌아올 것이고, 죽는다면 '피로써 순수한 마음을 밀봉'하고 '빛과 자유로 가득한 영원한 삶'을 보상받을 것이기 때문이다.

전쟁을 긍정적인 성장 과정으로 묘사한 이야기는 이내 19세기와 20세기 전반의 전쟁 경험담을 지배했지만, 20세기 후반 앞선 두 차례 세계대전의 충격과 핵전쟁의 위협 속에서 빛을 잃었다. 하지만 완전히 사라지지는 않았다. 여전히 전쟁을 긍정적 계시 경험으로 묘사하는 전쟁 경험담이 많았다. 또한 환상을 깨끗이 포기한 반전주의 전쟁 이야기도 최소한 일부 긍정적 계시 요소들은 버리지 못했다. 전우애에 대한 흠모, 자연

과의 교감, 평시의 사소한 근심에서 벗어난 해방감, 온전한 인생 경험 등이다.[58]

이른바 '반전' 회고록 작가들을 포함해 18세기 말부터 수많은 회고록 저자가 옳고 그름을 떠나 전쟁이 인생에서 가장 중요한 경험이었고, 무슨 일이 있어도 전쟁을 경험할 기회를 놓치지 않았을 것이라고 결론내린 이유가 이렇게 전쟁 경험에 내포된 유익한 측면 때문이었다. 일례로 장 자크 펠레는 1810~1811년 포르투갈 원정이 배고픔에 시달리다 결국 패배로 끝났지만, 모험이었다고 기록했다.

> 배짱과 위험이 넘칠 뿐만 아니라 영광으로 빛나던 그 모험 가득한 상황이 나는 너무 즐겁고 흥분되었다. 내 평생 무언가에 그토록 매료된 기억이 거의 없을 정도다. 우리가 삶에 더 감사하게 된 이유도 그 맑은 공기와 멋진 기후 때문이라 생각한다. 내가 지금과 같은 마음가짐을 갖게 된 큰 이유도 그 때문일 것이다. 그렇지만 내가 가장 좋아한 것은 고풍스런 풍경, 강렬한 전쟁의 감정, 이기든 지든 전쟁의 한복판에서 느끼는 위대한 영혼의 움직임이었다. 어떤 기억은 우리를 고귀하게 만들었고, 또 어떤 기억은 우리를 감동시켰다.[59]

소총수 해리스Harris는 "다른 사람은 몰라도 나는 현역으로 복무하는 동안의 삶이 그 이후 어느 때보다 즐거웠다고 말할 수 있다. 소호Soho의 리치몬드가街에서 가게를 운영하는 지금 돌이켜보면 반도의 전장에서 보낸 때가 내가 기억할 만한 가치가 있는 유일한 시절이다"라고 기록했다.[60] 매튜 비숍은 전역 후의 삶이 너무 우울해서 전쟁이 영원히 지속되길 소망했다.[61] 필라델피아의 젊은 장교는 프린스턴 전투(1776년)와 관련

해 억만금을 준다 해도 그 전투를 놓치지 않았을 것이라고 기록했다.[62]

윌리엄 마틴William Martin은 세바스토폴리를 포위한 참호의 비참한 상황을 생생하고 상세하게 묘사한 후 이렇게 단언한다.

> 상황이 그토록 참담하고, 막사를 함께 사용하는 전우들 절반이 포위작전 중에 다치고 죽었지만, 내가 세바스토폴리 포위작전 때보다 즐겁게 산 적이 없다. 날씨도 좋았고, 비록 참호에서 나간 병사들이 모두 돌아오지는 못했지만, 그렇다고 우리 삶에 암울한 그림자가 드리우지는 않았다. 그와 반대로 우리가 매일매일 시시각각 맞닥트리는 위험이 그 무엇과도 비할 수 없는 삶의 묘미였다.[63]

종교에서 위안을 찾다

20세기 들어 전쟁이 종교 부흥이나 종교적 전향을 초래할 수 있다는 의견이 팽배해졌다. '참호 속에는 무신론자가 없고', 전쟁의 긴장과 고통을 느끼면 인간은 자연스럽게 종교에서 위안을 찾는다는 주장이 상식이 되었다.[64] 제이 윈터Jay Winter는 이것이 전쟁에 대한 '전통적' 반응이라고 주장했다. 특히 제1차 세계대전에 대한 정신적 반응은 이 전쟁이 과거와의 깨끗한 단절이 아니라는 사실, 또한 많은 사람이 이 전쟁에 대해 새로운 근대적 태도를 취하는 것이 아니라 과거의 전통적 태도로 회귀한다는 사실을 분명하게 보여준다는 주장도 있다.[65]

전쟁을 종교적 용어로 해석하는 것이 성서 시대로 회귀하는 '전통적' 태도임은 분명하지만, 전쟁이 인간을 무지와 죄악에서 지식과 신앙으로 전향시키는 등 종교적으로 긍정적인 역할을 할 것이라는 기대는 명백히 근대 후기의 현상으로 보인다. 게다가 19세기에 등장한 전쟁 중 종교적 전향 경험담이 낭만주의의 세속적인 전쟁 계시 경험담을 모방한 것이지 그 반대가 아니라는 것도 아주 분명한 사실이다.

　시간과 지면의 제약으로 18세기와 19세기에 전쟁 중 개종 경험을 묘사한 다양한 이야기를 모두 살펴볼 수는 없고, 특히 두드러진 군인 개종 경험담이라는 한 가지 흐름에 집중하고자 한다. 영국과 미국에서 감리교나 그와 유사한 복음주의 운동으로 개종한 군인들의 경험담이다.[66]

　특별히 감리교에 주목해야 할 몇 가지 이유가 있다. 첫째, 감리교도의 개종 경험담에서는 괄목할 만한 단 하나의 경험이 지배적 역할을 하는 경우가 흔했고, 개인적 경험이 중요한 종교적 권위로 인정되었다.[67] 둘째, 감리교는 '열광적인' 종교였다. 감리교의 설교와 대중 '부흥' 집회는 흥분된 감정을 발현하고 각성하는 것이 특징이었고, 감각주의 사상에서 영향을 받은 것이 분명했다.[68] 셋째, 감리교는 '노동자 계급'의 종교이며, 처음부터 군인들을 선교활동의 주요 대상으로 설정했다. 최초로 개종한 신자들뿐만 아니라 최초의 감리교 목사들도 상당수가 군인이었다.《초기 감리교 목사들의 삶The Lives of Early Methodist Preachers》에 포함된 목사 중 절반 이상이 군인 출신이었다.[69] 예를 들어 1740년 무렵 용기병龍騎兵인 존 하임John Haime도 찰스 웨슬리Charles Wesley에 의해 감리교로 개종한 후, 아주 적극적인 목사로 활동했다. 그는 퐁트누아 전투(1745년)가 일어날 때까지 300명을 개종시켰고, 6명을 목사로 임명했으며, 영국군 진영에 교회를 세웠다.[70] 군목으로 유명한 또 다른 인물은 토머스 웨브Thomas Webb 대위다. 그는 캐나다에서 울프Wolfe 장군 휘하에서 복무했으며, 미국 최초로 감리회를 조직하는 데 기여했다.[71]

　앞선 청교도와 마찬가지로 감리교와 복음주의 설교자들은 개종자들에게 개인적인 개종 경험담을 기록하고 출판하라고 적극 권유했다. 나폴레옹 전쟁 이후 군인들의 경험담이 쏟아져 나온 시류에 편승해 특히 군인 개종자들이 전쟁의 모험과 종교적 전향을 동시에 다룬 경험담을 기록하도록 권유받았다. 이런 책들은 불쾌하지 않을 정도의 군사적 제목을 붙여 선교 열정을 숨기는 경우가 많았다. 로버트 버틀러Robert Butler 하사관도 신학자인 존 브라운John Brown 박사의 권유로《하사관 버틀러의 삶과 여행담Narrative of the Life and Travels of Serjeant Butler》(1823년)이라는 회고록을 발표했다. 브라운 박사는 버틀러의 회고록이 여러 계층의 독자에게 유익한 책이 될 것이라고 격려했다.

> 여러 계층의 독자에게 유용한 책이 될 것이다. 종교서적을 들여다볼 마음이 없는 독자들도 군인의 삶과 여행기는 정독할 것이다. 그들은 군인이 직접 쓴 책에는 무언가 새롭고 흥미로운 것이 있으리라 기대할 것이며, 그들의 이런 기대는 무너지지 않을 것이다. 그리고 신의 은총이 미친다면, 흥미로운 것을 찾는 과정에서 그들이 진지하게 각성하고 구원의 개종으로 나아갈 무언가를 찾을 수도 있을 것이다.[72]

결과적으로 군인 개종 경험담의 상당수가 감리교 군인과 복음주의 군인들에 의해 쓰이고 출판되었다. 감리교 선교운동의 전반적인 특징과 경험담의 독특한 특징을 감안할 때, 전쟁을 긍정적인 종교 계시 경험으로 묘사한 사례를 발견할 더없이 좋은 자료가 군인 개종 경험담일 것이다.

하지만 놀랍게도 19세기 중반까지 군인 개종 경험담의 대부분은 중세나 근대 초기의 관례에 따라 전쟁의 계시 잠재력을 대체로 무시했다. 존 하임의 개종 경험담이 정확히 그런 사례다. 하임은 평시에 잉글랜드에서 개종했다. 전투를 경험하기 전이었다. 그는 병영에서 동료들이 저지르는 악행에 오랫동안 맞서 싸우며, 종교서적을 읽고 매일 교회를 찾았다. 그때 그는 막사에서 발견한 번역의 《넘치는 은총》을 '고도로 집중'해서 탐독했다. 한동안 신앙과 절망 사이에서 갈등했지만, 결국 그는 트위드Tweed강을 따라 걷던 중 그리고 말에게 물을 먹이는 도중 심오한 종교적 경험을 체험했다.[73] 그리고 찰스 웨슬리를 만나 깊은 감화를 받고, 독일로 복무하러 떠날 즈음에는 이미 확고한 감리교도가 되어 있었다.[74]

데팅엔Dettingen 전투(1743년)와 퐁트누아 전투(1745년)는 그에게 심오한 종교적 경험이었지만, 그의 신념을 변화시키지는 못했다. 그보다 중요한 것은 그 전투가 동료 병사들을 전향시킨 이야기는 없다는 사실이다. 하임은 자신이 군대에서 전향시킨 병사들에 관해 이야기하지만, 모두 설교와 독서에 의한 개종이었다. 하임은 어느 누구도 전투 때문에 전향했다고 이야기하지 않는다. 그는 퐁트누아에서 다치고 사망한 많은 개종 군인을 순교자로 묘사하지만, 퐁트누아 전투가 감리교도로 개종시킨 병사는 단 한 명도 없었다. 사실 하임은 그곳에서 수많은 감리교 병사와 여러 명의 목사가 죽었을 뿐만 아니라 전투가 끝나고 목사 2명이 반율법주의Antinomianism에 빠졌다고 한탄했다.[75] 하임 자신도 전투가 끝난 후 현실에 안주해 탐식과 탐욕을 부리기 시작했고, 이를 노여워한 신이 그의 시력을 빼앗았다. 8개월 동안 하임은 거의 맹인이었다. 현대 독자들은 아시시의 성 프란체스코처럼 하임의 타락과 실명을 주저 없이 '전투 트라우마'(외상 후 스트레스 장애가 실명으로 나타나는 것으로 보고된 사례가 있음)와 연결지을 것이다.[76] 하지만 하임은 그러지 않는다. 성경 봉독과 기도를 게을리한 것이 타락한 원인이라고 이야기한다.[77]

영국 육군에서 사병으로 복무한 제임스 다우닝James Downing도 1801년 이집트 원정 중 시력을 잃은 후 개종했다. 그는 시로 기록한 자

서전을 1811년에 출판했다. 그의 자서전은 군인을 끔찍한 죄인으로 그
리며, 전쟁 자체가 군인들을 절대 교화할 수 없다고 역설한다.

갑작스런 죽음을 맞은 군인들의 눈앞에
무슨 사건들이 보일지.
어떤 사람들은 땅에서 사라지고
어떤 사람들은 바다에서 빠지고.

아, 그들이 다윗처럼
"주여, 내 연한을 헤아리소서"라고 외친다면
우리는 당신께 마음을 바치고
당신을 찬양할 수 있을 텐데.

(……) 하지만 우리의 상황은 정반대였고,
이야기하기 어려울 만큼 부끄러웠으며,
죽음과 지옥으로 이어진
길을 여전히 나는 황급히 내려갔다.

수많은 무서운 사건을
눈앞에서 목격했음에도.
신은 죽음으로 나에게 소리쳤지만,
신의 외침을 나는 무시했다.

나는 땅에서 바다에서

위험에 노출되었지만,

나는 당신의 길을

알고 싶지 않다는 말뿐이었다.[78]

　다우닝은 전쟁이 군인들을 전향시키는 효과적인 수단이 될 수 없는 이유를 설명한다. 그는 군인들이 전투 중 다음과 같은 정신적 단계를 거친다고 이야기한다.

내가 아는 여러분은 처음에는 죽음의 공포에서

간절히 기도하리,

오 주여 제 영혼을 불쌍히 여기사

오늘 저를 구하소서라고.

하지만 한동안 전투가 이어지면

여러분은 모든 부끄러움과 공포를 잃고,

죽음에 대한 생각도 판단도

신속히 사라진다.

내 형제 전우들이여, 기도하고 반성하라,

여러분의 끔찍한 상황을.

주께 용서의 은총을 간구하며 기도하라,

너무 늦기 전에.[79]

　결국 다우닝은 심각한 눈병에 감염되어 시력을 잃고 제대했다. 하지만 실명도 그의 영적인 눈을 틔우지는 못했다. 상황은 점점 더 나빠졌고, 그는 4년 동안 죄악에 빠져 살았다. 자신의 운명을 원망하고 괴로워하며, 술로 고통을 달랬다. 하지만 그는 마침내 신의 은총과 설교 덕분에 평시에 런던에서 개종했다.[80]

'43 경보병 연대'에서 복무하다 전역한, 토머스Thomas라고만 알려진 하사관이 1835년에 개종 경험담을 출판했다. 마찬가지로 이 책도 전쟁이 죄인을 전향시키지 못한다고 강조했다. 몇 시간 동안 격렬한 전투를 치르면 갑작스런 죽음에 노출되고 위험했던 최근의 순간은 곧 망각되거나, 재미로만 기억되었을 뿐이다.[81] 군대에서 맞닥트린 그 모든 죽음과 참상은 그에게 전혀 영향을 미치지 못했고, 그는 결국 제대 후에 감리교 서적을 읽고 감리교 설교를 경청한 덕분에 개종했다.[82]

토머스는 개종한 이후에도 종종 과거 군대 시절을 떠올렸다.

> 인생의 절정기에 거의 기적적으로 죽음의 문턱에서 빠져나왔는데도 내 전우들이나 나 자신이나 전능하신 신께 감사한 마음이 조금도 들지 않는 것 같아 참으로 놀랍다. 인정하기 부끄러운 일이라는 것은 나도 안다. 하지만 이것이 사실이고, 또한 내가 사실을 있는 그대로 반영하겠다고 마음먹었으니 본질적으로 잘못된 행동을 호도할 목적으로 숨겨서는 안 된다. (……) 당시 천박했던 내 정신 상태를 훗날 되돌아보고, 경험을 통해 내가 확인한 사실은 인간의 천성이 영적으로 무감각하고 인간의 조건이 성경의 선언을 정확히 입증한다는 것이다. 인간의 영혼은 빙하처럼 냉담하고, 그의 능력은 불가항력의 무지에 얽매여 있다.

이러한 교착 상태를 타개하고 얼어붙은 마음을 녹일 수 있는 유일한

길은 신성한 힘이다. 인간의 이성도 아니고 전투 경험도 아니다.[83]

가장 감동적이고 심오한 군인 개종 경험담은 조지 블레니George Blennie의 이야기일 것이다. 그는 고든 하이랜더스Gordon Highlanders 연대의 사병이었다.(낭만주의 회고록을 평생 단 한 권만 읽어야 한다면 블레니의 회고록을 적극 추천한다.) 블레니의 경험담이 두드러진 이유는 병영과 전투, 병원에 대한 사실적 묘사와 더불어 심리 상태를 상세히 묘사하기 때문이다. 그는 서문에서 이렇게 설명한다.

"내 삶의 세세한 내용들보다 지난 생애 동안 내 정신이 작동한 역사를 기록하는 것이 이 책의 주된 목적이다. 하지만 내 정신의 역사를 설명하고 구체적으로 보이기 위해 필요한 만큼은 그 세세한 내용들도 이야기할 것이다."[84]

블레니 정신의 역사는 순환하는 양상을 보인다. 군 병원에서 목격하고 경험한 고통, 전투의 위험과 공포는 그를 일시적인 회개와 이른바 계시와 개종으로 인도하지만, 그의 고질적인 사악함과 교만, 동료들의 사악한 영향력이 언제나 그를 죄의 길로 되돌려놓았다. 예를 들어 치열했던 네덜란드 전투(1799년)가 끝난 후 "우리가 가까스로 빠져나온 위험을 돌이켜보니 정말 경이로웠다. 하지만 그 모든 것은 이내 잊혔다. 그리고 헬데르Helder 마을에서 지낸 며칠 동안 내 행동은 개선되기는커녕 전보다 더 나빠졌다."[85]

블레니는 전쟁이 실제 군인들에게 영향을 주고 그들의 행동을 변화시킬 수 없다는 사실을 거듭 강조한다. 그는 알렉산드리아(1801년)에서 부상당한 후 병원선에 실려 후송되었는데, 병원선에는 수십 명의 부상병이 누워 있었고, 많은 병사가 단말마의 비명을 내질렀다.

그런 상황에서 그 많은 사람이 나눈 대화의 주제가 무엇이냐고 묻는다면, 말하긴 괴롭지만 우리의 대화 주제는 우리가 제일 신경 쓰는 그것, 우리가 모든 관심을 집중해야 할 그 한 가지가 결코 아니었다. 날마다 우리 중 많은 사람이 향하는 저세상, 그토록 많은 사람이 그토록 빨리 만나는 신에 관해서는 한마디도 하지 않았다. 신의 이름을 부를 때는 함부로 신을 들먹일 때뿐이었다. 병원선 여기저기에서 죽어가는 사람들의 비명이 들렸지만, 죄인이 구원받는 길에 대해 묻거나 말하는 사람은 아무도 없었다. 나도 그들보다 나을 게 없었다. 내가 받은 은총을 활용하지 않았다. 내가 입은 부상은 비교적 은총을 받은 편이었지만, 나는 간구하며 매달리던 신을 망각했고, 성경을 등한시했다. (……) 죽음이 익숙해지며, 경솔하고 무관심하게 죽음을 바라보았다.[86]

계속해서 블레니는 자기가 입원한 병원 전체에서 진정한 구원에 대해 알고 있는 듯한 사람이 한 사람도 없었고, 그런 지식을 찾고자 노력한 사람도 없었다고 설명한다.

"이 병원 하나만 그런 것이 아니었다. 그 전에도 그 후에도 내가 입원한 모든 병원이 마찬가지였다."[87]

블레니는 이야기 내내 경험이 아무리 극심하다 해도 경험만으로는 진리를 드러내고 군인들을 구원하기에 결코 충분하지 않다고 역설한다. 그는 전투의 숭고한 '계시'라는 생각에 정면으로 도전하며, 숭고란 그 효과가 실제 아무런 흔적도 남기지 않고 순식간에 사라지는 덧없는 감각이라고 폭로한다. 전투 중이나 병원에 누워 죽음을 기다릴 때 경험한다고 주장하는 모든 '계시'와 '전향'은 망상에 불과하다는 것이다.

죄를 깨달으며 생기는 양심의 가책과 죽음의 접근, 지옥의 두려움에 소스라치게 놀랄 수 있다. 하지만 그렇다고 당신의 마음이 변하는 것도 아니며, 당신의 영혼이 구원받는 것도 아니다. 그런 심리 상태는 회개도 아니고 개종도 아니다. 나도 위험에 처해 회개했다고 상상한 적이 참으로 많았다. 죽음의 문턱을 헤맬 때 나는 진실로 회개했다고 생각했다. 하지만 죽을 고비를 넘긴 후의 행동에서 내가 나 자신을 기만했음이 드러났다. 만일 그때 내가 그 상태 그대로 죽었다면, 분명히 끔찍한 죽음이었을 것이다.[88]

블레니는 경험 대신 성경을 참된 지식에 이르는 유일한 수단으로 제시한다. 그는 이렇게 적는다.

"계시는 미래의 희망을 위한 확실한 바탕을 마련하는 것도 아니고 마련할 수도 없다. 우리 죄를 어떻게 용서할지 말할 수 있는 존재는 오직 신뿐이다. 신은 성경에서 그 이야기를 했다. 오직 성경에서만. 여러분은 이 문제에 관해 반드시 성경에 쓰인 내용을 살펴보고, 신이 죄인에게 보여주고 믿으라 한 것에만 의지해 영생에 대한 희망을 세우라."[89]

또한 그는 동료 병사들을 향해 "여러분의 회개가 성경의 회개가 아니라면, 그리고 그리스도에 대한 여러분의 믿음이 진정이 아니라면, 곧 여러분의 됨됨이가 신의 눈에 비난받을 만한 속수무책의 죄인이며 그리스도의 권능은 은총이 넘치고 전지전능하다는 성경의 뜻을 이해한 후의 믿음이 아니라면, 여러분은 버티지 못할 것이다"라고 말했다.[90]

성경을 옹호하고 경험에 반대하는 이런 주장이 일반 사병의 개인적 경험담에 등장하는 것은 자기모순처럼 보인다. 블레니도 모순이라는 것을 알고 있다. 그는 개인적 경험이 구원의 진리에 이르는 안내자로서는 쓸모없지만, 그럼에도 인간의 사악함과 나약함의 심연을 보여주는 한 가지 가치는 있다고 설명한다. 하지만 이번에도 그는 사악함과 나약함에 관한 지식도 주로 성경에서 얻는 것이며 개인적 경험은 선택적인 삽화에 불과하다고 덧붙인다.

"내 경험이 (죄인의 나약함을 입증하는) 배타적 증거라는 말이 아니다. 로마서 5장 6절의 죄인은 '나약하다'는 신의 말씀이 진리임을 보여주는 하나의 사례로 언급하는 것이다."[91]

이처럼 19세기 초반에도 여전히 군인은 확실한 죄인이고 전쟁은 지옥행 차표라는 인식이 팽배했다. 가끔 군인들이 개종하는 경우도 대개 평시에 성경을 읽거나 설교를 들은 덕분이지, 전쟁 경험 때문이 아니었다.[92] 이처럼 전쟁이 종교적 계시에 이를 수 없는 사악한 길이 된 이유는 무엇일까? 근대 초기 문화가 마카브르와 전쟁을 분리한 것과 같은 이유일 가능성이 크다. 전쟁은 인간이 유한한 존재라는 진리는 완벽하게 밝힐 수 있지만, 그보다 훨씬 더 중요한 부활과 구원의 진리는 절대 밝힐 수 없다는 이유일 것이다.

종교적 전향 경험담이 한 세기 가까이 낭만적 전쟁 경험담의 영향에 저항했지만 결국 그 숭고한 유혹에 굴복할 수밖에 없었다.[93] 1850년 무렵부터 전쟁 경험이 신성시되기 시작했다. 군인은 최악의 죄인이고 군에 입대해 전쟁에 나가는 것은 지옥으로 가는 확실한 지름길이라는 의견이 아직 팽배했지만,[94] 또 다른 의견이 점점 보편화되었다. 종교적 전향 경험담도 전쟁을 긍정적인 계시의 동인으로 그리기 시작했다. 1장에서 밝혔듯 톨스토이의《전쟁과 평화》에 나오는 안드레이 공작의 경우가 대표적인 사례다. 아우스터리츠의 전장에서 안드레이가 영원한 하늘의 환영을 본 것이 그 시작이었고, 보로디노Borodino 전장(1812년)에서 치명적

인 상처를 입고 두 번째 신비한 계시를 경험한 것이 그 끝이었다.[95]

전투가 종교적 전향을 가져온다는 기대가 확산된 최초의 전쟁은 미국 남북전쟁이다. 남부연합의 군대가 그 기대에 완전 부응했고, 전쟁 중 수많은 대중 '부흥회'가 개최되었다. 5,000명이나 되는 군인이 한꺼번에 부흥회에 모이는 등 '격렬하고 참혹한 전투에 뒤이어 일어난 (……) 가장 극적인 폭발'로 평가되었다.[96] "군인들이 민간인보다 더 헌신적인 열정을 보여주었다. 군목들은 부흥회에 모이는 대중의 인원수가 전쟁 전보다 늘었고, 군인들의 도덕성이 비전투원보다 뛰어나며, 수십 년 전보다 부흥심이 깊어졌다고 보고했다" 등의 평가가 이어졌다.[97] 윌리엄 존스William Jones는 전쟁 중 15만 명의 남부연합군이 '거듭났다'고 주장했다.[98] 리Lee 장군의 부대에서 군목으로 복무한 랜돌프 매킴Randolph McKim 중위는 목사로 지낸 45년 동안 (……) 개인의 종교라는 주제에 대해 리 장군 부대의 장교나 사병들처럼 열린 마음으로 진솔하게 토론한 사람들을 보지 못했다고 기록했다.

〈찰스턴 쿠리어Charleston Courier〉 지에 실린 편지가 이 같은 상황을 잘 보여준다.

> 당신 곁에 있던 당신의 친구와 전우들이 눈 깜빡할 순간에 쓰러질 때, 전지전능한 신의 거역할 수 없는 어떤 힘이 느껴진다. (……) 누구나 무의식중에 자문한다. "다음 차례는 누구일까?" (……) 이런 점에서 보면 지금까지 설교단에서 떠든 설교나 훈계보다 최근의 전투들이 개종에 더 크게 기여했다. 대학살이 벌어지는 소란한 전투 중에 이승의 문턱을 밟은 사람은 인간의 입에서 나온 그 어떤 웅변보다 더 열렬하고 인상적인 웅변을 들었다.[99]

현대 학자들이 이런 주장들을 신속하게 수용했다. 드류 파우스트Drew Faust는 남부연합군의 부흥회를 설명하며, 군인들이 보기에는 상존하는 죽음의 위협이 전투에 세속적인 의미보다 초월적인 의미를 부여한 것 같다고 주장한다.[100] 리처드 슈바이처Richard Schweitzer는 전쟁이 종교적 부흥을 일으킨다는 믿음이 학자들 사이에 널리 퍼져 있다고 말하며, 이런 믿음은 전쟁이 엄청난 감정적 긴장을 조성하며, 이런 긴장은 개인들이 신에게 의지하는 종교를 통해 조정된다는 가정을 바탕으로 한다고 주장한다.[101]

북부에서도 나름의 부흥과 개종이 일어났다. 북부군의 군목 빌링슬리A. S. Billingsley는 1872년 《깃발에서 십자가로, 또는 전쟁 중에 일어난 그리스도교의 사건과 장면들From the Flag to the Cross; or, Scenes and Incidents of Christianity in the War》을 출간했다. 이 책은 전쟁이 핵심적인 역할을 한 수많은 군인 개종 경험담을 담고 있다.[102] 근대 초기 회고록 저자들이 군인을 최악의 죄인이자 특히 진리를 보지 못하는 존재로 묘사한 반면, 빌링슬리는 전투원이 그리스도교의 진리에 특별히 민감하다고 주장했다.

군대 생활과 전투 장면에는 죄인을 감동시키고 일깨우기 위해 면밀히 계획된 무언가가 있다. 죽음에 대한 공포와 영원한 세상에 대한 두려운 예감과 더불어 전투 직전의 엄숙한 침묵과 지독한 긴장은 가장 무심한 사람도 일깨운다. 더없이 방탕한 사람이 군대에서 개종하는 경우가 드물지 않은 것도 이런 까닭이다. (……) 총알이 스치는 소리나 죽어가는 사람의 신음, 번개 같은 섬광이 시간과 장소, 방법을 가리지 않고 돌진하는 사람에게 영혼을 구원하는 수단이 될 수 있다.[103]

빌링슬리는 "군대에서 개종한 수많은 사람이 집에 있었다면 절대 개종하지 않았을 것이다. 의심할 여지가 없다"고 결론짓는다.[104]

빌링슬리의 책에 수많은 개종 이야기가 등장하지만, 주목할 점은 대부분의 개종이 설교와 독서를 통해 이루어졌다는 사실이다.[105] 물론 군인이 직접적인 전투 경험에 의해 개종한 사례도 몇 가지 등장한다. 북부군의 병사 한 명이 군목인 그에게 고백했다.

"저는 아주 큰 죄인이었습니다. 그러나 이제 저는 신이 제 영혼을 변화시키고 제 죄를 사하셨다고 믿습니다."

군목 빌링슬리는 언제 어떻게 신의 은총이 내렸는지 그에게 물었고, 그가 이렇게 대답했다.

> 해처스 런Hatcher's Run 전투였습니다. 그때 저는 전투의 충격으로 멍한 상태에서 제 주위의 많은 사람이 쓰러지는 것을 보았습니다. 그리고 얼마나 빨리 내 차례가 돌아올까, 조국을 위해 목숨을 바치고 내 영혼을 잃는 것이 얼마나 끔찍한 일일까 생각했습니다. 총알이 씽씽거리며 스치고, 옆에서는 포탄이 터지고, 다치고 죽어가는 사람들이 신음을 내지르는 그곳에서 저는 신께 자비를 베풀어달라고 울며 매달렸습니다. 저는 그곳에서 신이 제 마음을 변화시켰다고 믿습니다.[106]

그 무렵 영국의 상황도 바뀌었다. 19세기 말 감리교 목사인 아서 메일Arthur Male은 영국 군대의 사병들이 사회 낙오자와 쓰레기뿐이라고 생각하는 시절은 지났다고 기록했다. 그는 군대 경험을 통해 많은 사람이 더 나은 사람이 되었다고 주장했다.[107] 제1차 세계대전이 발발할 무렵이 되자, 전쟁이 종교 부흥을 일으키리란 기대가 널리 퍼졌다. 그리고 종전

후 많은 사람이 실제 전쟁으로 종교 부흥이 일어났다고 주장했다.[108]

이에 따라 군인은 확실한 죄인에서 잠재적인 개종자로 변모했고, 전쟁도 지옥행 차표에서 계시의 길로 탈바꿈했다. 이러한 변화는 신병모집 정책의 변화와 깊은 관련이 있다. 16세기의 용병이나 18세기의 직업 군인들을 사악한 죄인으로 보는 것은 그리 어렵지 않았으나, 미국 남북전쟁이나 제1차 세계대전에 대규모로 입대한 '우리의 자녀들'을 그와 비슷하게 사악한 죄인으로 보는 것은 훨씬 더 어려운 일이었다. 하지만 신병모집 정책의 변화나 신병의 사회적 위상 변화로 모든 것이 설명되지는 않는다. 근대 초기의 장교들은 사회적 지위가 훌륭했지만, 이들의 전쟁 경험은 계시의 길로 인정되지 않았다. 그 이유는 근대 초기의 장교들에게 낭만주의와 낭만주의의 숭고한 이상이 없었기 때문이다. 19세기 말 마침내 전쟁 경험이 신성시된 것은 낭만주의의 세속적인 전쟁 계시 경험담 덕분이다. 전투 중 종교적 계시를 받은 이야기가 탄생한 데는 성 바울이나 성 아우구스티누스보다 버크와 실러의 공이 더 크다.

감각주의와 낭만주의가 군인 개종 경험담에 결정적인 영향을 미쳤다는 사실은 피에르 테야르 드 샤르뎅Pierre Teilhard de Chardin의 글에서 분명하게 드러난다. 예수회 수사로서 제1차 세계대전에 참전해 부상병을 운송한 그는 전쟁 경험을 이렇게 기록했다.

> 내가 생각하기에, 잊히지 않는 전선의 경험은 엄청난 자유다. (……) 전쟁이 아니었다면 절대 알 수 없고 짐작도 못했을 느낌의 세계다. 1915년 4월 이프르Ypres 평원의 기적이 기억을 가득 채우는 경험을 할 수 있는 사람은 그곳에 있던 사람들뿐이다. 그때 플랑드르의 대기는 소독약 냄새로 가득 찼고, 포플러 나무들은 포탄에 쓰러지고 있었다. (……) 그것들이 절

대자의 일부인 것처럼 세속적인 시간을 초월해 삶에 끈질긴 최상의 정수를 주입하며 삶을 고양하고 성숙시킨다. 동양의 그 어떤 신비도, 파리의 그 어떤 정신적 온기도 두오몽Douaumont의 진흙에 비하면 무가치한 경험이다. (……) 전쟁을 통해 평범과 관습의 단단한 껍질에 균열이 생겼고, 비밀스런 심리 과정과 인간 발전의 가장 깊은 층을 들여다볼 창이 열렸다. 그리고 인간이 천국향이 물씬 풍기는 공기를 들이쉴 수 있는 지역이 형성되었다. (……) 전쟁의 행위와 분위기 속에서 죽음을 맞은 사람들은 제 몫보다 더 큰 책임감과 인식, 자유에 고무되고, 세상의 제일 끝까지 신과 가까이 고양되었으니, 어쩌면 바로 이들이 행운아 아닌가![109]

성 이그나티우스 로욜라가 이 후대의 예수회 수사를 보았다면 어떻게 생각했을까? 로욜라는 팜플로나 전투 경험을 떠올리며 이런 전쟁 신비주의를 인정했을까?

전쟁의 환멸

냉혹한 현실

감각주의와 낭만주의는 새로운 긍정적 전쟁 이야기를 탄생시켰을 뿐만 아니라 환멸이라는 강력한 파도도 몰고 왔다. 성장은 새로운 이상의 획득과 더불어 예전 이상의 환멸을 의미하는 경우가 아주 많았다. 18세기 후반부터 계몽주의 이상과 이상 전반에 대한 환멸이 전례 없이 중요한 문화적 비유가 되었고, 그 속에서 핵심적인 역할을 맡은 것이 전쟁이었다.

이후 모든 전쟁 환멸 경험담의 반어적 전형이 볼테르의 《캉디드》(1759년)다. 젊은 시절 캉디드는 툰더 텐 트롱크Thunder-Ten-Tronckh 남작의 평화롭고 목가적인 성에서 지내며, 철학자 팡글로스Pangloss에게 지극히 긍정적이고 순진한 세계관을 배운다. 캉디드는 남작의 사랑스러운 딸 퀴네공드와 애정 행각을 벌이고, 그 일이 탄로나자 어쩔 수 없이 성을 도망쳐 (프로이센 군대를 대리한) 불가리아 군대에 입대한다. 뒤이어 불가리아 군대가 아바르인과 전쟁을 개시하고, 첫 전투에서 '영웅적인 학살'이 진행되는 동안 캉디드는 '철학자처럼 떨며' 몸을 숨긴다.[110] 그리고 그는 불가리아 군대를 탈영해 달아난다.

팡글로스를 다시 만난 캉디드는 불가리아 군대가 툰더 텐 트롱크 성을 약탈하고 남작의 가족을 살해했다는 이야기를 듣고 경악한다. 팡글로스는 퀴네공드의 이야기도 들려준다.

> 불가리아 군인들은 인간이 도저히 참을 수 없을 만큼 퀴네공드를 강간한 후 배를 갈랐네. 군인들은 딸을 보호하려는 남작의 머리를 짓이겼고, 남작부인을 산산조각 냈으며, 가련한 퀴네공드의 오빠에게도 여동생에게 한 것과 똑같은 짓을 저질렀지. 성은 돌 하나도 온전히 남지 않았네. 외양간, 양, 오리, 나무 한 그루까지 온전한 것이 없다네. 하지만 아바르인이 인근 불가리아 귀족의 남작령을 똑같이 만들었으니, 우리도 복수는 한 셈이지.[111]

그리고 일련의 전쟁으로 빚어진 공포와 재앙이 길게 이어진다. 캉디드와 팡글로스는 이 모든 재앙을 겪으면서도 환멸을 거부하고 평시의 순진한 철학을 고수한다. 하지만 이들의 거부는 분명히 반어적이며, 독자들은 전쟁의 공포를 겪고도 환멸하지 않는 사람은 진짜 바보가 틀림없다는 것을 분명히 안다.

괴테의 《빌헬름 마이스터Wilhelm Meister》는 환멸 경험담의 또 다른 전형이다. 빌헬름 마이스터는 어린 시절 인형 극장을 선물받고, 다수의 전쟁 인형극을 상연한다.(주로 성서에 나오는 다윗과 골리앗의 싸움과 타소의 《해방된 예루살렘》에 나오는 장면들이다.) 그는 어린아이다운 환상을 펼치는데, 전사가 아닌 배우와 예술가가 되겠다는 환상이다. 책의 나머지 부분은 그가 세상에 나가 자신의 환상을 좇는 과정을 묘사한다. 하지만 그가 만나는 현실은 조금씩 그의 환상을 깨트린다.[112] 대부분의 성장 소설이 비슷한 과정을 묘사한다. 그리고 전형적인 성장 소설의 주인공은 청소년기에 발랄한 꿈과 열망, 환상을 품은 채 인생 여정을 출발하고, 경험이 그를 건전한 현실로 이끌어 환상과 같은 그런 꿈들을 버리게 한다는 것이 지금까지 흔한 주장이다.[113]

실러의 《군도Robbers》에서 젊은 코진스키Kosinsky가 카를 모어Karl Moor의 도적 무리에 가담하려 하자, 모어는 코진스키를 만류한다.

> 자네 가정교사가 로빈 후드 이야기를 해주던가? 그런 것들은 쇠고랑을 채워서 갤리선에 노예로 보내야 해. 유치한 상상을 자극하고, 위대한 사람이 되겠다는 망상을 심어주니 말일세. 명성과 명예를 얻고 싶어 몸이 근질거리지? 그런데 자네는 살인과 방화로 불멸을 얻으려 하는가? 야심 찬 젊은이, 내 경고를 듣게나. 월계관은 살인자를 위한 것이 아니네!

코진스키는 죽음이 조금도 두렵지 않다고 대답하지만, 돌아오는 것은 모어의 비웃음뿐이다.

> 훌륭하군! 최고야! 착한 학생처럼 잘 배웠어. 세네카Seneca를 외운 것
> 같군. 하지만 여보게, 그런 멋진 말도 자네 몸의 고통은 없애지 못하네.
> 화살의 고통은 없애지 못한다는 말이네. 여보게, 생각 잘 하게나. 내 아
> 버지 같으니 충고 한 마디 하지. 심연에 뛰어들기 전에 먼저 바닥이 얼마
> 나 깊은지 봐야 하는 법![114]

휠더린Hölderlin의 《히페리온Hyperion》(1797~1799년)에서 전쟁은 훨씬
더 핵심적인 역할을 수행한다. 사랑과 애국심, 전우애, 정의에 대한 낭만
적 환상으로 가득 찬 히페리온은 그리스인들을 이끌고 반란을 일으켜
터키에 항거한다. 하지만 현실은 쓰디쓴 절망이다. 결국 터키가 승기를
잡고, 히페리온은 위험을 느낀 자신의 부대가 달아나며 동포를 약탈하고
살해하는 모습에 혐오감을 느낀다.

휠더린은 1770년의 그리스 반란을 묘사했지만, 자신도 모르는 사이에
그리스 독립전쟁을 예시했다. 친그리스적인 수많은 낭만주의자가 《일리
아드》의 영웅들을 만나고 페리클레스와 데모스테네스 시대의 영웅들을
만나려는 희망을 품고 그리스로 몰려갔지만, 실제 탐욕스런 산적과 부패
한 정치인들만 만나며 깊은 혐오감을 느꼈다. 그들이 가담한 것은 영웅
적 투쟁이 아니라 잔인한 내전이었다. 온갖 도덕 상실과 물질적 궁핍으
로 고통받는 내전이었다.[115]

그리스 독립전쟁 당시 가장 유명한 사건은 바이런Byron 경의 죽음이
다. 그의 죽음은 또 다른 쓰라린 환멸이었다. 바이런은 어떤 군사작전
에도 참여하지 못했다. 그는 영광스러운 전장에서 죽는 대신 서서히 병

마에 굴복해 결국 독감으로 사망했다(1824년). 사실 바이런은 전쟁의 영광에 대한 환상이 전혀 없었다. 그는 죽기 6년 전에 지은 《돈 후앙Don Juan》의 7번째 칸토Canto와 8번째 칸토에서 이스마일Ismaïl 포위작전(1790년)을 냉소적인 어조로 묘사하며, '영광과 그런 불멸의 것'을 계속 공격한다.[116] 그리고 수사적 질문을 던진다. "(나는 마르스Mars를 의심할 여지 없는 신으로 / 추앙하지만) 속보bulletin에 실린 남자의 이름이 그의 몸에 박힌 총알bullet을 보상할 수 있을까?"[117]

'환멸 문화'에 특히 결정적인 영향을 준 것은 프랑스 혁명이다. 제1차 세계대전이 20세기 냉소주의에 결정적인 영향을 주었는데, 프랑스 혁명은 여러 모로 제1차 세계대전과 닮았다. 프랑스 혁명세력과 나폴레옹이 계몽주의 이상을 냉소적으로 이용하고, 계몽주의 이상의 미명 아래 전쟁과 범죄를 자행하자 과거 자유와 평등, 박애를 신봉하던 많은 사람이 환멸했다.[118] 윌리엄 해즐릿William Hazlitt은 《토머스 홀크로프트의 회고록 Memoirs of Thomas Holcroft》에 이렇게 적었다.

친절한 감정과 자비로운 행동은 지금까지 늘 존재했다. 그리고 인류의 교류가 지속되는 한, 앞으로도 늘 존재할 것이다. 하지만 그런 감정과 행동이 보편적이 되리라는 희망은 프랑스 혁명과 함께 떠오르고, 사라졌다. (……) 프랑스 혁명은 철학과 경험 사이에 벌어진 대결에 불과했다. 이론의 가수면 상태에서 현실의 감각 상태로 깨어난 우리는 바람난 여자나 잔소리가 심한 여자와 결혼한 냉소주의자가 사랑의 광시곡을 들을 때처럼 무관심하거나 경멸적으로 진리, 이성, 미덕, 자유라는 단어를 듣는다.[119]

더 나아가 해즐릿은《솔직한 화자The Plain Speaker》에서 이렇게 기록
했다.

내가 전에 품었던 견해들, 정말이지 신물이 난다. 그럴 만한 이유가 있으
니, 내가 전에 품었던 생각들이 나를 지독하게 기만했기 때문이다. 천재
는 포주가 아니고, 미덕은 가면이 아니고, 자유는 미명이 아니고, 사랑은
인간의 가슴에 자리하고 있다. 나는 이렇게 생각하도록 배웠다. 그리고
그렇게 믿고 싶었다. 하지만 이제는 내 사전에서 이 단어들을 지우고, 이
단어들을 한 번도 들어본 적이 없다 해도 상관없을 것이다. 이제 이 단어
들은 내 귀에 조롱거리가 되었고, 꿈이 되었기 때문이다.[120]

환멸은 19세기 중반 근대성의 전매특허가 되었고, 사회와 연장자들
에게 진저리를 치며 환멸을 느낀 청년들이 유럽 문화의 주인공이 되었
다.[121] 예를 들어 미하일 레르몬토프Mikhail Lermontov의 소설《우리 시
대의 영웅A Hero of Our Time》(1840년)에서 주인공인 페초린Pechorin도
캅카스 전방에 복무하는 젊은 장교로서 사랑, 전우애, 애국, 영광 등 온
갖 이상에 완전히 환멸을 느낀 인물이다. 그도 처음 최전선에 도착했을
때는 환호했다. "내 인생에서 가장 행복한 시간이었다. 체첸족의 총알이
쏟아지니 따분할 일은 없으리라 기대했다. 하지만 허사였다. 한 달이 지
나자 빗발치는 총알과 가까이 있는 죽음도 익숙해져서 정말이지 모기만
큼도 신경 쓰이지 않았다."[122] 소설의 화자는 그런 페초린에 대해 모든
유행이 그렇듯 사회 최상층부터 시작된 각성이 사회 최하층까지 내려왔
다고 평했다.[123]

이처럼 낭만주의 시대는 긍정적 계시의 전쟁 경험담이 전성기를 맞은

시기였을 뿐만 아니라 전쟁 환멸 경험담이 탄생한 시기였다. 전쟁 환멸 경험담은 대개 젊은 캉디드 같은 순진함과 빌헬름 마이스터 같은 환상으로 시작해, 다양한 각성 경험을 거쳐, 히페리온처럼 통렬한 환멸이나 페초린처럼 허무적인 냉소주의로 끝난다. 부정적인 계몽주의 이야기였으며, 장밋빛 꿈에서 냉혹한 현실로 깨어나는 이야기였다.[124]

이보다 조금 더 가벼운 환멸 경험담은 다음과 같은 네 가닥의 실로 짜였다. 전쟁의 고통을 감각주의적 용어로 상세히 묘사하기, 전쟁의 긍정적 이상을 거짓 혹은 최소한 전쟁의 고통을 상쇄할 수 없는 것으로 폭로하기, 사회 지도층의 진실성과 전쟁의 당위성에 의문을 제기하기, 아군이 저지른 잔혹 행위를 폭로하기.

전쟁의 실체

이런 환멸 경험담에 필수적인 첫 번째 가닥은 전쟁의 고통을 최대한 상세하고 정확하게 묘사하는 것이었다. 새로운 감각적 언어가 특히 중요했다. 회고록 저자들은 감각에 호소함으로써 독자를 미사여구의 허황한 전쟁 비유에서 전쟁의 현실로 끌어내렸다. 이들은 많은 중대한 실수가 실체를 가리키는 언어의 오해에서 기인한다는 로크의 명언을 가슴에 새기고,[125] 전쟁의 '실체'를 감각적 용어로 폭로하고자 했다. 이런 점에서 이들은 에밀 졸라Émile Zola가 사용한 기법이자, 이후 20세기에 전쟁에 환멸을 느낀 참전용사들이 사용한 기법인 강화된 사실주의를 미리 보여주었다.[126]

예를 들어 러시아 작가들이 수세대에 걸쳐 러시아 영웅주의의 전형으로 칭송한 보로디노 전투(1812년)도 두로바는 꽁꽁 언 손가락의 관점에서 묘사했다. 두로바는 전략과 전술, 영웅적 자질에 관해서는 거의 아무 말도 하지 않은 채, 얼어붙은 감각을 세밀하게 묘사하며 마지막에 독자에게 이런 질문을 던졌다.

"용기가 추위에 맞서 무엇을 할 수 있을까?"[127]

전쟁의 고통에 대한 감각주의적 묘사는 환멸 경험담에 반드시 필요했지만, 그것만으로는 충분하지 않았다. 에르실랴 이 수니가의 서사시 〈아라우카나〉와 나겔의 경험담에서 보았듯 고통의 상세한 묘사는 이러한 고통을 상쇄하는 긍정적 이상에 호소하는 것과 결합하기가 아주 쉬웠다. 이럴 경우 전쟁의 고통에 대한 관심 집중은 실제 전쟁의 정신적 이상을 고양하는 효과를 발휘했다. 독자가 주인공의 영웅적 자질을 인정하는 데 필수적인 것이 주인공이 겪는 고난에 대한 묘사였다.(순교 이야기처럼 육체적인 고통에 대한 끔찍한 묘사는 그 고통을 상쇄한 정신적 이상을 고양하는 효과를 발휘했다.)

애국심과 영웅주의

따라서 환멸 경험담에 필수적인 두 번째 가닥은 애국심이나 영웅주의 등 전쟁의 고통을 상쇄하는 정신적 이상과 전쟁 고통의 관계를 끊는 것이었다. 이런 정신적 이상을 정면으로 공격한 회고록 저자들도 있었다. 쉽지 않은 일이었다. 회고록 저자가 이런 공격을 감행하려면, 가능한 한 모든 권위를 획득해야 했다. 이 어려운 길을 선택한 회고록 저자 대부분이 숭고한 고통의 경험에서 그에 필요한 권위를 찾아냈다. 이들은 영웅의 공식을 완전히 뒤집었다. 육체적 고통을 이용해 물질에 대한 정신의 승리를 선언하는 대신, 정신에 대한 물질의 승리를 선언한 것이다. 이들은 숭고한 고통의 순간에 정신적 이상이 본질적으로 망상이고, 정신적 이상은 고통을 전혀 상쇄하지 못한다는 사실이 드러난다고 주장했다.

요한 크리스티안 멤펠이 쓰고, 다름 아닌 괴테가 편집한 책이 바로 이 어려운 길을 선택했다. 멤펠은 큰형의 영웅적 위업으로 이야기를 시작했다. 그의 큰형은 본의 아니게 징집되어 프랑스 군대에 들어갔지만, 곧 전쟁과 영광에 맛을 들이게 되었다. 그는 '드제Desaix 장군이 영광스러운 죽음으로 영웅적 삶을 마감한' 마렝고Marengo 전투(1800년)에 참전했고, 뒤이어 아우스터리츠 전투(1805년)에 참여했다. "형은 작전에서 보여준 훌륭한 행동과 용기로 명예 십자훈장을 받았다. 하지만 이런 행운을 상쇄하기라도 하듯 형은 왼쪽 다리를 잃는 불운을 겪었다. 힘 빠진 포탄에 맞아 다리가 산산조각이 났다."[128] 하지만 멤펠의 형은 부상을 입었음에도 전쟁에 열광했다.

> 그는 이렇게 말했다.
> "군 복무의 불편함을 견딜 만한 힘이 있고 건강한 젊은이라면 누구나 조국이 위험에 빠질 때 열정적으로 조국의 깃발을 따라야 한다. 나는 군인의 소명이 그 어떤 소명보다 명예롭다고 생각한다. 군인은 적은 보수를 받으며 전쟁의 궁핍과 공포를 견딘다. 침략하는 적으로부터 가족과 동료, 시민들을 지키기 위해 매일 위험을 무릅쓰고 자기 목숨을 내놓는다. 쓰러지면, 영광스러운 죽음을 맞는다. 불구가 되면? 명예로운 행위의 현장을 떠나 전우들의 존경을 받으며 집으로 돌아가고, 집에서 애정과 존경 어린 환영을 받는다."[129]

나겔과 달리 멤펠은 형의 삶을 이해하지 못했고, 징집을 면제받는 행운을 타고났기를 바라는 마음뿐이었다고 이야기한다. 하지만 그는 운 나쁘게 1806년에 강제 징집을 당했다.

어머니는 슬픔을 가누지 못했다. 하지만 또다시 닥친 불운에 감정이 무뎌진 아버지는 자신을 보호하려는 듯 무심했다. 형은 나를 격려했다. 그리고 형의 윗옷 단추 구멍에 꽂힌 빨간 명예 십자훈장에 내 눈이 머무는 순간, 내 가슴에서 경쟁심의 불꽃이 일었다. 나도 형처럼 탁월하다는 징표를 얻고 싶은 마음이 부풀었다. 하지만 조금 더 아래 형의 나무 의족에 눈이 미치자 나의 열정은 빠르게 사그라들었다.[130]

멤펠은 실체를 가리키는 언어를 오해하지 않았다. 명예 십자훈장과 나무 의족의 경쟁에서 나무 의족이 승리했다.

입대 후 멤펠의 두려움은 잠시 줄어들었다. 그와 동료들은 프랑스 군대에서 만족스런 대접을 받고 기분 좋게 놀랐다. 그뿐만이 아니었다.

고참병들이 앞서 경험한 원정과 공적을 이야기해주었다. 과시욕도 아니었고, 군대 생활이 어렵다는 것을 머릿속에 심어주려는 의도도 아니었다. 명령을 받고 실전에 나갈 때 취해야 할 자세의 본보기를 어린 신병들에게 가르치려는 의도였다. 그렇게 즐거운 시간이 흐르고, 우리의 가슴속에서 연대의 대열에 합류하려는 긍정적인 욕구가 깨어났다. 나이 먹은 동료들의 가르침이 우리에게 얼마나 큰 도움이 되었는지 보여주고 싶었다.[131]

그러나 그와 동료들은 간발의 차이로 1806년 프로이센 원정에 참여하지 못했고, 이 영광스러운 사건이 진행되는 동안 막사에서 대기해야 하는 운명에 크게 절망했다. 1807년 마침내 그들에게 영광의 기회가 찾아왔다. 그들은 스페인으로 이동하라는 명령에 환호했다. 독일과 프랑스를 통과하는 행군은 "내가 군대 생활을 하면서 경험한 가장 즐거운 일이었다."[132] 군대에서 보낸 첫 1년은 멤펠을 형의 관점으로 돌려세웠고, 그에게 전쟁의 즐거움과 영광에 대한 공감을 일깨웠다.

하지만 결국 스페인에서 전쟁을 경험하며 멤펠의 환상이 깨졌다. 이제 그 어떤 정신적 이상으로도 상쇄되지 않는 끔찍한 궁핍, 마찬가지로 끔찍한 (프랑스군과 스페인군의) 잔혹 행위를 장황하게 늘어놓는 이야기가 이어진다. 멤펠은 바일렌Baylen에서 패전하며(1808년) 스페인에 포로로 잡혔다. 3년 동안 포로수용소에서 정말 끔찍한 시간을 보냈다. 그는 육체적 박탈과 참담한 감각적 경험에 세심한 주의를 기울이며 포로수용소의 고통을 신중하게 연대순으로 기록했다.

고난의 3년을 보낸 후 멤펠은 영국군으로 전향함으로써 포로수용소를 빠져나왔다. 3년 만에 처음으로 깨끗하게 목욕을 하고 새 옷도 받았다. "피복을 지급받을 때처럼 더없이 상쾌한 감각을 경험한 적이 없었다. 이런 표현이 어떨지 모르겠지만, 육감적인 자극이 온몸을 휘감아 며칠 동안이나 가시질 않았다."[133] 더없이 상쾌한 그 감각이 조국을 배반한 멤펠의 수치심을 상쇄한다.[134]

물질적인 환경은 개선되었지만, 사병으로서의 그의 삶은 여전히 몹시 힘들었고, 장교들이 그에게 보여준 존경과 전우의 우정, 말만 들어도 즐거운 이 두 가지도 군인의 삶을 민간인의 삶으로 바꾸고 싶은 소망을 억누르지 못했다. 그는 '고되고 피가 튀는 삶을 추구하기 위해 (집을) 떠난 날을 저주하는' 병사들이 연대에 많았다고 기록했다. 병사들이 군대를 벗어나기 위해 자해를 하거나 탈영을 시도하는 사건이 거의 매주 발생했다. 특히 스스로 자기 손에 총을 쏴 결국 손을 절단할 수밖에 없던 병사의 이야기가 등장한다. 절단된 팔이 형의 나무 의족을 상기시킨 듯, 멤

펠은 화려한 명예 십자훈장보다 절단된 팔의 경고가 훨씬 더 전쟁에 충실하다고 넌지시 언급한다.[135]

멤펠은 10년 이상을 외국에서 떠돈 뒤 마침내 귀향했다. "나는 이루 말할 수 없을 만큼 복잡한 감정을 품고 부모님 슬하의 보호 아래 들어갔다." 그의 부모님은 이미 돌아가신 후였고, 그의 형도 처음에는 그를 알아보지 못하고 낯선 사람으로 냉담하게 맞이했다. "10여 년 전에 헤어진 홍안의 청년을 떠올리면 당시 내 모습은 분명히 기이했을 것이다. 내 얼굴은 열대 태양의 열기에 검게 그은 상태였다. 운명의 폭풍에 오랫동안 시달린 탓에 신중한 사람으로 보였을 수도 있지만, 주름진 얼굴은 실제보다 훨씬 더 나이 들어 보였다."[136]

전쟁을 평가하는 부분에서 멤펠은 저울의 한쪽에 화려한 명예훈장을 올리고, 다른 쪽에는 잘려 나간 수족과 고되고 처참한 세월, 전사한 전우들, 잃어버린 자신의 청춘, 조로早老 등을 높이 쌓아 올린다. 이런 고통은 훈장으로 상쇄될 수 없을 것이다. 오히려 이런 고통은 그가 어린 시절에 의심한 것처럼 훈장이 공허한 망상임을 증명할 뿐이다.

엘제아르 블라즈는 훨씬 더 냉소적이고 노골적이었다. 그는 전쟁을 이렇게 요약했다.

> 남자 10만 명이 있다고 치자. 이들은 단 한 사람의 지휘 아래 전투를 벌이겠지만, 그 이유를 이해하거나 관심을 두는 사람은 아무도 없다. 강제로 끌려온 사람도 있고, 자발적으로 입대한 사람도 있지만, 모두 자존심을 지키기 위해 온갖 위험을 무릅쓸 것이다. 이들은 죽을 것이다. 절름발이가 되거나 불구가 될 수도 있겠지만, 죽는 것만 못한 경우가 많다. 이들 중 누구라도 지휘관의 명령에 불복종하면 죽을 것이다. (……) 10만

명의 남자가 조국을 떠나 이웃 나라와 싸우는 동안, 조국에 남겨진 사람들은 이들을 먹이고 입히기 위해 일해야 한다. 특히 언제나 전쟁을 핑계삼는 막대한 낭비를 벌충하기 위해 고생해야 한다. 10만 명의 남자가 다치고 류머티즘으로 절뚝거리며 넝마를 걸치고 돌아온다. 광장에 세워진 장군의 동상을 경배할 수 있는 것이 이들에게 돌아오는 보상이다.[137]

블라즈는 저울 한쪽에 전투의 고난, 전사한 군인, 심각한 상처를 입은 군인, 불구가 된 군인, 초라한 참전용사 들을 높이 쌓아 올린다. 그가 반대쪽 저울에 올리는 것은 단 하나, 영광스러운 장군의 동상이다. 이러한 고통을 동상으로 상쇄하려 한다는 사실이 동상을 영광이 아닌 냉소와 잔혹성의 상징으로 만든다.

전쟁의 이상을 한층 조심스럽게 비난한 회고록 저자들도 있다. 이들은 입에 발린 말로 전쟁의 이상을 찬양하고 전쟁의 이상이 진리를 담고 있다고 동의하지만, 전쟁의 고통을 상쇄할 만큼 강력한 것은 아니었다. 비비언 데링 마젠디는 러크나우Lucknow 기습작전(1857년)으로 큰 희생을 치른 뒤 전쟁의 대가에 대해 심사숙고했다.

여러분을 정신없이 몰아치며 치열한 전투 속에서 당당히 버티게 했던 흥분이 가라앉고, 사망한 친구의 인원수를 헤아리며, 그의 손이 다시는 여러분의 손을 잡지 못하고 그 다정한 눈이 영원히 감겼다는 잔인한 생각에 익숙해지는 일만 남았을 때, 그때가 비통한 순간이다. 전투 다음 날 아침에 눈을 뜨면 비참하다. 공허하고 우울한 하루가 이어진다. 여러분이 쟁취한 영광 속에서 잃어버린 전우를 찾기 어렵고, 어제의 승리는 총알과 무기가 만든 빈자리를 완전히 메우지 못한다. 눈에 선한 '오래전부터 친숙한 얼굴들', 이제는 들리지 않는 귀에 익은 발소리, 우정과 형제애를 강조하며 기운을 북돋우던 정다운 목소리. 이들은 지금 어디에 있는가? 아! 우리 중에 군인으로 살면서 이 측은한 질문을 자문하지 않은 사람이 누가 있겠는가? 우리 중에 이 비참한 반란과 그에 따른 전쟁을 치르는 과정에서 다정하고 사랑스러운 전우를 애도하며 가슴속에 우울한 빈자리와 공허함을 느끼지 않은 사람이 있겠는가? 가장 참기 힘든 것은 처음 마음의 충격을 받아 이런 감정이 사무치는 순간이 아니다. 가장 견디기 힘든 것은 그 충격이 남긴, 치유되지 않는 상처다. 비탄의 시절 우리는 그 찢어진 상처에 본성의 탐침探針인 진리와 애정을 들이대 내부를 살피고, 깊이를 재고, 넓이를 측정했으니, 이 얼마나 잔인한가! 그리고 하루하루 지나도 찢어진 상처는 아물지 않고 더딘 치유는 여전히 요원한 것이 가장 괴로웠다. 그리고 세상은 전과 같이 돌아가고, 주변 사람들은 전처럼 무심하고 쾌활하게, 우리의 상실감 따윈 아랑곳하지 않고 각자의 길을 오가는데, 그 고통이 우리 영혼을 맹렬히 갉아먹는 것이 가장 괴로웠다. 전쟁은 결국 졸작에 불과하다. 엄청난 슬픔과 비탄, 고난에 약간의 영광과 약간의 광채를 버무린 졸작![138]

마젠디의 저울에서 전쟁의 영광과 광채는 무게가 얼마 되지 않지만, 전쟁의 슬픔과 비탄과 고난을 전혀 보상하지 못할 정도는 아니다.

장 바티스트 바레스Jean-Baptiste Barrès는 울름Ulm의 승전과 빈 함락 후 눈부신 성과를 거둔 1805년 원정을 기록하며 육체적 고통을 장황하게 묘사할 뿐, 다른 것은 거의 이야기하지 않는다. 그는 다음과 같이 상기한다.

우리는 불로뉴Boulogne로 행군이 아니라 싸움을 나가는 것이어서 꽤 만족스럽게 파리를 떠났다. 나는 특히 만족스러웠다. 전쟁이 내가 원하는 유일한 것이었기 때문이다. 나는 젊어서 건강과 용기가 넘쳤고, 온갖 역경을 무릅쓰고 싸우는 것 이상 바랄 것이 없다고 생각했다. 게다가 행군에 지칠 대로 지친 상태였다. 돌아가는 모든 상황이 내가 원정을 신나는 여행으로 생각하도록 만들었다. 머리나 팔, 다리가 잘려도 최소한 기분전환은 할 수 있는 여행으로 생각했다. 나는 또 시골과 요새 포위공격, 전장을 보고 싶었다. 당시 나의 사고력은 어린아이 수준이었고, 이 글을 쓰는 지금 나는 (쇤브룬의) 숙영지에서 나를 갉아먹는 따분함과 4개월 동안의 행군, 수개월의 피로와 궁핍을 통해 전쟁보다 비참하고 끔찍한 것은 없다는 사실을 확인했다. 하지만 수비대에서 우리가 겪는 고통은 전선의 고통에 비하면 아무것도 아니다.[139]

회고록 저자 대부분은 자신이 전쟁의 긍정적 이상을 직접 공격할 만큼 강력하다고 느끼지 못했다. 따라서 이들은 전쟁의 고통과 이를 상쇄하는 정신적 이상을 분리하기 위해 단순히 정신적 이상을 거론하지 않는 방법을 선택했다. 특히 이들은 전투를 중요하게 다루지 않고, 본질적으로 훨씬 더 상쇄하기 어려운 굶주림과 질병 같은 전쟁의 반영웅적 측면을 강조했다.

예를 들어 프리드리히 크리스티안 라우크하르트Friedrich Christian Laukhard는 1792년 프랑스 공격을 회고록에 기록하며 병들고 다친 병사들의 상황을 아주 자세히 묘사했고, 그 어떤 정신적 이상에 호소하는 것으로 이런 상황을 상쇄하지 않았다. 연합군 병사들은 프랑스에 건너온 직후 이질에 시달렸다.

그 일에 관해 내가 목격한 것을 전부 이야기하면 예민한 독자는 욕지기가 치밀지도 모른다. 하지만 어쨌든 나는 (과도하게) 민감하고 고상한 사람을 대상으로 글을 쓰는 것이 아니다. 이 책은 진실을 알고자 하는 선의의 독자를 대상으로 한다. 아무리 불쾌해도 혁명을 진압하는 전투에서 우리 부대가 겪은 모든 고통을 기꺼이 들을 각오가 되어 있으며, 거기에서 교훈과 도움을 얻으려는 사람을 대상으로 한다. 따라서 나는 이 기회를 빌려 몇 가지 사실을 기록하려 한다.

화장실은 매일 청소해도 다음 날 아침이면 끔찍했다. 쳐다보기만 해도 병이 걸릴 정도였다. 사방에 피와 고름이 흥건했고, 그 속에 시체들이 누워 있는 경우도 있었다. 막사도 혈변으로 얼룩져 더러웠다. 지독한 이질에 걸린 사람들이 가까이에 있는 화장실에 도착할 때까지 변을 참지 못한 것이다. 우리가 그곳을 떠날 때 전체 부대원 중 8분의 5 이상이 이질을 앓았다고 확신한다.[140]

라우크하르트는 근대 후기 수많은 회고록 저자 가운데 군대 화장실을 상세하게 묘사한 선구자다.(1920년대와 1930년대 우익 비평가들은 제1차 세계대전 환멸 회고록을 비판하며, 이런 책들을 '화장실파' 전쟁 소설이라 불렀다.[141])

하지만 라우크하르트가 가장 충격적으로 묘사한 것은 군 병원의 부상병과 환자의 운명이었다. 그는 롱위Longwy 군 병원에 입원한 친구를 병문안하고, 병원의 전반적인 환경에 깜짝 놀랐다고 이야기한다. 그는 "그곳에서 내가 목격한 것을 독자들도 알기를 바라는 것이 내 솔직한 심정이다. 단 예민한 독자는 이 장을 읽지 않길 바란다"고 단서를 단다.[142] 그는 병원 입구에 들어서자마자 충격을 받았다.

병원 입구부터 똥으로 번들거리는 모습이 정말 섬뜩했다. 신발을 더럽히지 않고 발을 디딜 곳이 전혀 없었다. 그 많은 이질 환자가 이용하기에는 공용화장실이 턱없이 좁았고, 환자 대부분은 화장실에 갈 힘도 없었다. 요강도 거의 보이지 않았다. 그러니 불쌍한 환자들은 그저 대기실 밖으로 몰래 나가 아무 데나 마구 쏟아냈다. 정말 질색인 것은 (⋯⋯) 그 오물 속에 누워 있던 시체였다. 나는 그곳을 빠르게 지나쳐 병실로 들어갔다. 그 즉시 끼쳐오는 고약한 냄새에 숨이 막힐 지경이었다. 여름에 동물 가죽을 벗기는 곳에 (⋯⋯) 있을 때보다 훨씬 더 역한 냄새였다.

계속해서 라우크하르트는 먹을 것도 약품도 부족한 병실의 비참한 환경을 묘사하며, 분노와 동정심을 불러일으킨 경험이었다고 이야기한다. 나중에 또 다른 야전병원을 방문한 그는 '훨씬 더 경악'했다. 빙엔Bingen의 야전병원에서 그가 특히 충격을 받은 것은 의료진의 태도였다.

이미 4일 전이나 그 이전에 실려 온 사람들이 붕대도 감지 않은 채 누워 있었다. 총에 맞아 팔이 부러진 사람도 있고, 다리가 부러진 사람도 있었다. 신음하는 사람들을 보면 누구든 동정심으로 가슴이 아팠을 것이다. 하지만 존경받는 군의관과 심술 맞은 간병인들이 그 불쌍한 사람들에게 건네는 위로는 욕설과 저주뿐이었다. 어떤 군의관이 이렇게 말했다.
"네가 다친 게 내 잘못이냐? 제기랄, 총알이 조금만 더 깊이 들어갔으면 좋았을 텐데. 그러면 지금 너하고 씨름할 필요도 없었을 것 아냐! 붕대는 감아줄게, 하지만 기다려! 다른 할 일이 많아, 제기랄!"
그렇게 말하고 그 불한당은 밖으로 나갔다.

라우크하르트는 이 비참한 이야기를 끝마치며 독자에게 충고한다.

"인류여 깨달아라, 이것이 여러분 같은 사람들이 전쟁에서 중요하게 생각하는 것임을!"[143]

전쟁의 당위성

환멸 경험담의 세 번째 가닥은 사회 지도층의 진실성과 전쟁의 당위성에 대한 의문 제기였다. 이는 전쟁의 고통이 어떤 가치 있는 명분을 위한 것이 아니므로 상쇄될 수 없다는 인상을 강화했다. 물론 장군과 정치인들에 대한 비난은 전쟁 회고록에서 새로운 것이 아니었다. 하지만 전에는 이들이 무능하고 모든 영광과 부를 독점하고 보상을 불공정하게 분배한다고 비난했지만, 이제는 지휘관들이 부대원들의 목숨으로 장난을 치고 무가치한 명분으로 이들을 희생시킨다는 비난이 늘어갔다.

알렉산더 그레이든Alexander Graydon은 미국 대륙군의 미플린Mifflin 장군을 비난하며, "그는 인간 학살을 무심하게 대하는 것이 상당히 능숙했다. 그런 무관심은 명장들에게서 영향받은 것으로 '군주가 땅을 위해 싸울 때 인간의 목숨은 하찮은 것에 불과하다'고 말한 프리드리히 대제의 정신에 부합하는 것이다. 그런 만큼 전쟁기계의 부속품이 되는 것보다는 싸움을 지휘하는 것이 낫다!"고 말했다.[144] 스페인에 이런 프랑스어 낙서가 있다.

"스페인 전쟁의 의미. 남자에게는 죽음, 장교에게는 파멸, 장군에게는 행운!"[145]

마르보Marbot 장군은 1807년 외들레Heudelet 장군의 불필요한 공격 명령에 대해 "그는 30여 명이 죽거나 다치는 희생과 함께 또다시 패퇴했다. 전도유망한 장교였던 공병 대위도 희생되었다. 이따금 수훈 보고

서에 자기 이름을 올리고 싶은 욕구에서 부하들을 희생시키는 장군들의 인명 경시 풍조가 나는 늘 역겨웠다"고 기록했다.[146] 마르보는 스페인 전쟁을 훨씬 더 맹렬하게 비난했다.

군인으로서 나는 프랑스 군대를 공격하는 누구와도 싸워야 할 의무가 있지만, 내 양심 깊숙한 곳에서는 우리의 명분이 부적절하고, 친구의 가면을 쓰고 들어와 군주를 폐위시키고 왕국을 강제로 뺏으려는 외국인들을 몰아내려고 분투하는 스페인군이 정당하다고 인정할 수밖에 없었다. 따라서 이 전쟁은 사악한 것으로 보였지만, 나는 군인이었다. 진군해야만 했다. 그렇지 않으면 분명히 비겁자로 몰릴 것이다. 부대원 대부분이 나와 생각이 같았지만, 그런데도 나처럼 명령에 복종했다.[147]

때때로 회고록 저자들은 지휘관이 병사들을 이용해 사리사욕을 채울 목적에서 의도적으로 그들의 머릿속에 망상적 이상을 주입한다고 비난하기도 했다. 스탕달의 《파름의 수도원》에서 파브리치오는 워털루 전투의 경험을 바탕으로 "이제 전쟁은 내가 나폴레옹의 선언에서 상상해 오던 대로 영광을 갈망하는 고귀하고 보편적인 영혼의 고양이 아니다!"라고 결론짓는다.[148] 이는 나폴레옹이 경험상 거짓인 줄 알면서도 영광의 이상을 퍼트렸다는 암묵적인 비난이다. 스탕달은 특징적으로 나폴레옹 선언의 고도의 수사학을 감각적 경험으로 상쇄시킨다. 스탕달은 전투가 끝난 다음 날 아침 "우리의 영웅은 (……) 이 세상에서 가장 냉정한 사람이다. 그가 흘린 많은 피가 그의 기질에서 낭만적 요소를 모두 제거했다"고 적는다.[149]

요한 콘라트 프리드리히는 개인적 이익에 급급한 장군들이 자신의 머리에 거짓 이상을 주입했다고 거듭 비난했다. 젊은 시절 프리드리히는 이탈리아를 지나 행군할 때, 나폴레옹이 병사들에게 한 "여러분은 아무것도 가진 것이 없다. 그러나 여러분은 모든 것을 요구할 수 있다!"라는 말에 고무되었다. 하지만 나이를 먹은 프리드리히는 나폴레옹이 이 말 뒤에 "그리고 여러분은 그것을 얻지 못할 것이다"라는 말을 덧붙여야 했다고 냉소적으로 지적한다. 그도 그럴 것이 "평범한 남자나 부하 장교들은 여러 차례의 정복에서 무엇을 얻었나? 몇몇 지휘관들만 약탈로 부유해졌을 뿐이다."[150] 프리드리히는 '당시 나도 다른 사람들처럼 맹목적인 바보라서' 나폴레옹에게 수년간 충성을 바쳤다고 기록한다.[151]

흥미로운 것은 프리드리히의 환멸 경험담이 괴테의 《빌헬름 마이스터》에서 직접적인 영감을 받았다는 점이다. 빌헬름 마이스터처럼 프리드리히는 젊은 시절 배우가 되길 꿈꿨고, 바이마르에서 괴테와 직접 그 문제를 상의했다고 주장한다.[152] 그리고 그는 환상을 바꿔, 나폴레옹의 삶을 본보기 삼아 군대에서 진급하겠다는 꿈을 안고 프랑스 군대에 입대했다. "나도 언젠가는 군대를 (임무를) 지휘하게 되리라는 희망을 품었다. 하늘의 은총이 나를 구원했고, 나는 하늘에 깊이 감사한다. 잔혹한 경우도 많지만, 인간의 모든 인형극이 터무니없이 공허하다는 것을 이제 내가 분명히 깨달았기 때문이다."[153] 프리드리히는 분명히 의도적으로 빌헬름 마이스터의 인형 극장을 암시했을 것이다.

전쟁 범죄

전형적인 환멸 경험담을 구성하는 네 번째 가닥은 아군이 저지른 전쟁 범죄를 폭로하는 것이다. 이는 낭만주의 회고록에서 새롭게 등장한 것이 아니었다. 근대 초기 회고록 저자들도 종종 그런 범죄를 언급했고,

근대 초기 군인들이 범죄자로 묘사되는 경우가 많았다. 하지만 이 네 번째 가닥은 낭만주의 회고록의 맥락에서 새로운 중요성을 획득했다. 당시 떠오르던 일반 사병의 긍정적 이미지를 상쇄했기 때문이며, 그로 인해 군인들의 도덕적 순수성이 그들의 고통을 고양하고 보상한다는 독자들의 믿음이 흔들렸기 때문이다.

일례로 장 바티스트 바레스는 1805년 원정을 성공적으로 수행하던 중 동료들이 마을을 약탈하는 모습을 처음 목격하고 이렇게 기록했다.

> 나는 전쟁의 공포를 보여주는 사례를 그때 처음으로 목격했다. 추위가 혹독해지자 몇 사람이 야영지에서 사용할 장작을 구하러 나갔다. 그들이 장작을 구하러 간 마을은 순식간에 초토화되었다. 그들은 장작으로 만족하지 않고, 가구나 농기구, 옷가지 등 들고 나올 수 있는 것은 모두 약탈했다. (……) 처음 보는 그 광경에 나는 가슴이 아팠다. 한순간에 모든 재산을 잃은 그 가엾은 마을 사람들의 운명에 눈물이 흘렀다. 그래도 나중에는 그들이 불행 중 다행이라는 생각이 들었다. 신병이라 아직 용병술에 익숙하지 않던 나는 모든 일이 내가 훈련받은 원칙과 정반대로 진행되는 것을 보며 충격을 받았다.[154]

울리히 브레커는 상황을 논리적으로 판단했다. 전쟁이 그토록 고통스럽고, 그 어떤 정신적 이상이나 도덕적 순수성으로도 보상될 수 없으며, 비정한 장군과 정치인들의 이기적인 조작에서 비롯된 것이라면, 정말 현명하고 계몽된 사람은 전쟁에서 빠지기 위해 최선을 다해야 한다고 결론내렸다. 스위스의 소작농인 브레커는 계몽주의에 심취했다. 그는 생계를 잇기도 어려운 가운데 지역 문학회에 주도적으로 참여했고, 자서전한 권 외에도 3,000페이지가 넘는 일기와 셰익스피어 비평서 한 권, 시집 한 권, 소설 한 권을 저술했다. 그는 1789년에 자서전을 출간하며 나름 문학적 명성을 쌓았다. 그의 자서전에 등장하는 군대 생활 묘사는 《캉디드》에서 영향받은 것이 분명하다.

앞에서 이야기했듯 브레커는 프로이센 군대에 강제 입대했다(1756년). 군사 기초 훈련을 받는 동안 비참한 시간을 보냈지만, 일단 전쟁이 발발하자 그도 일반적인 전쟁 열정에 사로잡혔다. 그는 전투에 참여해 자신의 패기를 입증할 기회를 간절히 바랐으며, 보충대에 머무르지 않고 반드시 전선에 투입될 수 있도록 두각을 나타내려고 최선을 다했다.[155] (재미있는 사실은 브레커도 멤펠처럼 입대할 당시에는 군대 취향이 아니었지만, 신병훈련소에서 군사적 영광에 대한 열망을 주입받았다고 고백하는 것이다.)

하지만 베를린에서 피르나Pirna로 이동한 짧은 행군(1756년)은 브레커의 환상을 깨기에 충분했다. "'지금까지 주님이 살펴주신 덕분이로다!' 피르나에 도착하자 군목이 내뱉은 제일성이었다. 아무렴, 주께서 살펴주신 덕분이지! 그리고 나는 이렇게 생각했다. 자, 앞으로도 계속 살펴주시길 주께 기도합시다. 그리고 나를 무사히 집에 돌려보내주시길 기도합시다. 나는 당신들의 전쟁과 아무 상관이 없단 말이오!"라고 그는 기록했다.[156] 그는 피르나에서부터 줄곧 탈영만 생각했다. 그가 묘사한 로보지츠Lobositz 전투(1756년) 장면을 보면 《캉디드》의 첫 전투 장면을 확대 묘사한 것처럼 보인다.

전투가 시작되자 "내 모든 용기가 꼬리를 감추었고, 땅속 깊이 기어들어갔으면 하는 바람뿐이었다. 모든 사람의 얼굴에서 시체처럼 창백한 두려움이 드러났다. 평소에 늘 용감하다고 큰소리치던 사람들도 마찬가지였다." 그의 연대는 주전장主戰場이 내려다보이는 가파른 언덕에서 오스트리아 경보병대와 전투를 벌였다. 오스트리아군과 싸움이 시작되자 그의 두려움도 줄어들었고, 전투가 절정으로 치닫자 "나는 한 치의 두려움도 없이 미친놈처럼 전장을 누볐고, 한번 쏘기 시작하면 머스킷 총구가 벌겋게 달아오를 정도로 지니고 있던 탄약포 60발을 전부 발사했다. (……) 그렇지만 나는 살아 있는 사람을 향해 총을 쏘았다고 생각하지 않는다. 전부 허공에 대고 발사했다." 그는 발아래 평원에서 펼쳐지는 전투를 내려다보았다. "하지만 누가 감히 그 광경을 묘사하려 하겠는가? 그 연기와 화염 (……) 요란하게 부딪치고 터지는 굉음 (……) 이날 비참하게 난도질당해 반쯤 죽은 수많은 희생자의 신음과 탄식. 모든 감각을 멍하게 만드는 광경!"

　그 순간 그는 계시를 경험했다. "그곳 언덕에 높이 서서 음산한 천둥과 우박이 몰아치는 폭풍 속 같은 평원을 쳐다볼 때, 바로 그 순간 수호천사가 내게 알려주듯, 그때가 몸을 피해 달아날 절호의 기회라는 생각이 떠올랐다. (……) 왼쪽으로 포도밭과 덤불, 잡목림이 눈에 들어왔고, 경기병과 경보병 등 프로이센 낙오병들도 드문드문 보였다. 하지만 살아 있는 병사보다 죽거나 다친 병사들이 더 많았다. 저기! 저기! 저 방향이라고 생각했다. 아니면 절대 희망이 없어!" 그는 울퉁불퉁한 바닥에 몸을 숨겨가며 살금살금 도망치기 시작했다. "인정하긴 싫지만, 겁이 나서 몸이 얼어붙었다. 하지만 아무도 보이지 않는 곳에 이르자, 나는 사냥꾼처럼 좌우를 살피며 속도를 두 배, 세 배, 네 배, 다섯 배, 여섯 배로 높였다. 하지만 아직도 저 멀리 내 평생 마지막의 대량 학살 현장이 보였다. 나는 프로이센 경기병과 경보병의 시체와 말 사체로 가득한 작은 숲을 전속력으로 돌아나가 강을 향해 내달렸다. 그리고 계곡에 도착했다." 브레커는 오스트리아 병사들에게 투항했고, 오스트리아 병사들이 그에게서 머스킷 소총을 빼앗았다. 브레커는 총을 빼앗겨서 "속이 다 시원했다!"고 이야기한다. 하지만 그에게는 한 차례 더 치러야 할 싸움이 남아 있었다. 나룻배에 타려고 우르르 몰려든 피난민 여자들과 자리를 다투어야 했다.

그가 오스트리아 진영에 도착하자 프로이센 전쟁포로들이 눈에 들어왔다. "그 비참한 모습이란! 다치거나 멍들지 않은 사람이 한 명도 없었다. 얼굴 전체를 칼로 베인 사람도 있고, 목을 베인 사람, 귀를 베인 사람, 어깨를 베인 사람, 허벅지를 베인 사람 등, 사방에서 들려오는 소리는 신음과 탄식뿐이었다. 이 가엾은 사람들과 같은 처지가 될 운명을 다행히 모면한 우리는 행운아가 아닌가! 우리에게 행운을 주신 신에게 감사해야 하지 않겠는가!"[157]

브레커의 로보지츠 전투 묘사는 여러 모로 에스테바니요 곤잘레스의 뇌르틀링겐 전투 묘사와 비슷하지만, 세 가지 중요한 차이가 있다. 첫째, 브레커는 자신을 스스로 어릿광대가 아닌 지적인 계몽주의자로 묘사한다. 따라서 우리는 전쟁에 관한 그의 결론을 진지하게 받아들여야 한다. 둘째, 에스테바니요가 처음부터 끝까지 겁쟁이인 반면, 브레커는 용감한 순간과 전쟁의 열광에 들뜬 순간이 있었다. 이런 이유에서 평균적인 독자는 브레커를 자신과 동일시하고 그의 의견을 존중하기가 더 수월하다. 브레커는 타고난 겁쟁이가 아니었다. 오히려 그는 전쟁 경험을 통해 목숨을 헛되이 버리지 말라는 교훈을 얻었다. 그리고 가장 중요한 세 번째 차이는 이것이다. 에스테바니요는 허구적 인물이다. 그리고 비록 그의 이야기가 실제 경험에 기초했지만, 실존 인물 중에 그와 동일시되는 것을 달가워할 사람은 없었다. 반면 브레커는 자신이 로보지츠의 탈영병으로 인식되는 것을 자랑스럽게 생각했다.

하지만 비교적 가벼운 환멸 경험담이 절대 공격하지 않은 이상이 하나 있다. 바로 전우애다. 사실 브레커의 자서전 같은 환멸 경험담은 전우애를 긍정적인 어조로 묘사했고, 때때로 전우애의 긍정적인 힘이 다른 전쟁 이상의 허위를 폭로한다고 믿었다. 군인들은 애국심과 영웅주의가 전우를 죽였다고 비난했고, 기득권층의 세뇌에 저항하기 위해 필요한 정신적, 실제적 근거를 전우애에서 찾았다. 따라서 브레커의 전우들은 탈영이 비열하고 비겁한 행동이 아니라고 서로 확신시키며, 실제 서로 탈영을 돕는다.

그런데 전우애도 마찬가지로 망상적 이상이라고 폭로하는 환멸 경험담이 등장했다. 카를 아우구스트 파른하겐 폰 엔제Karl August Varnhagen von Ense의 회고록에 그런 사례가 실려 있다. 할레Halle에서 대학에 다니던 파른하겐은 1809년 의욕적으로 오스트리아 군대에 입대해 보병 소위로 자원했다. 그는 바그람Wagram의 오스트리아 진영을 둘러보며 실러가 묘사한 발렌슈타인의 병사들과 함께 있다는 자부심이 들 정도였다.158 하지만 얼마 지나지 않아 그는 동료 장교들에게 환멸했다.

> 그들은 정말 부끄러운 동료였다. 오스트리아 사람들은 북부 독일인의 생각을 이해하지 못했다. 오스트리아 사람들은 전쟁을 가능한 한 모든 이익을 취하는 장사로 생각했고, 프라하의 수비대 생활을 즐거운 마음으로 고대했다. 겐츠Gentz에 대해 알고 있거나, 프리드리히 슐레겔 Friedrich Schlegel의 이름을 들어본 사람은 대령 하나뿐이었다. (……) 열정도 없었고, 시심詩心도 없었다.159

파른하겐은 바그람 전투 중 다리에 총상을 입고 다른 부상병들과 함께 수레에 실려 후송되었다. "수레가 덜컹거려 통증이 극심했다. 그때까지도 흘러나오던 피가 멈추며 다리 전체가 차갑게 굳어갔다. 다른 사람들과 마찬가지로 나도 타는 듯한 갈증에 시달렸고, 시린 밤공기도 견디기 힘들었다."[160] 날이 밝으면 뜨거운 태양이 그를 괴롭혔다. 다행히 나뭇가지로 수레를 덮어 햇빛을 차단했다.

> 나뭇가지가 드리우는 그늘과 초록빛에 편안해진 나는 상처의 고통을 느끼지 못했다. 가끔 기분좋은 몽환상태에 빠져 내게 그처럼 소중한 도움을 준 나무를 기리는 시를 짓기도 했다. 정확한 시구는 이제 기억나지 않지만, 시를 지을 때의 느낌은 지금도 생생하다. 불행히도 말이 발을 헛디디거나 수레가 거칠게 튀어오를 때 내 입에서 터져 나오는 고통의 비명이 그런 느낌을 깨는 경우가 많았다.[161]

이 낭만적 시인은 병원에 도착한 후 당시 만연한 도덕적 분위기와 열악한 환경에 점점 더 실망했다. "처음에 나는 공적인 사건에 깊은 관심을 보였다. 내 개인적인 슬픔을 잊기 위해서였다. 하지만 하루하루 상황이 점점 악화되며 내 관심도 줄어들었다." 그는 오스트리아 사람들의 패배주의와 편협성에 실망했고, 베를린으로 돌아갈 날만 기다렸다. "참는 게 너무 힘들었다. 입원실을 같이 쓰던 장교 두 명은 형편없는 동료였고, 어리석게도 내 감정을 전혀 이해하지 못했다." 시간을 보내기 위해 책을 신청했지만, 그가 받은 것은 쓰레기 같은 소설들뿐이었다. "나는 그 속에서 길을 잃고 헤매는 괴테와 실러의 인용구를 찾겠다는 일념으로 그 쓰레기 같은 소설들을 탐독했다."[162]

파른하겐은 나겔과 극명하게 대조를 이루며, 1914년 제1차 세계대전에 자원했다 환멸을 느낀 중산층의 모습을 미리 보여준다. 에릭 리드Eric Leed가 묘사한 1914년 자원병들처럼 파른하겐도 보편적 전우애라는 낭만주의적 기대에 부풀어 전쟁에 뛰어들지만, 이러한 기대가 중산층의 환상에 불과하다는 것을 깨달았다. 이것이 그가 사회적 지위가 낮은 사람들과 다르게 보이고 그들과 거리를 둔 이유였다.[163]

파른하겐의 경험담은 전우애의 이상에 대한 환멸을 표현하면서도 애국심과 영광에 대한 믿음은 고수했다는 점에서 상당히 독특하다. 낭만주의 시대의 가장 극단적인 환멸 경험담들은 전쟁의 고통을 지극히 감각적인 용어로 묘사하는 동시에 전우애를 비롯한 모든 군사적 이상에 대한 환멸을 표현했다.

극단적 환멸 경험담이 쏟아져 나온 가장 큰 이유는 불행하게 끝난 나폴레옹의 러시아 침략(1812년) 때문이다. 앞에서 이야기했듯, 모스크바 퇴각은 전쟁 중 일반 사병들이 겪는 고통과 전쟁 환멸을 의미하는 보편적인 상징이 되었다. 러시아 침략에 가담한 모든 나라에서 수많은 회고록 저자가 퇴각의 고통을 더없이 끔찍한 어조로 묘사했다. 이런 회고록들이 특히 충격적인 까닭은 차마 읽을 수 없을 만큼 끔찍한 육체적 고통이 그 어떤 정신적 이상이나 전우애로도 보상받지 못했기 때문이다. 사실 이 회고록들은 대체로 군대의 도덕적 몰락을 육체적 몰락보다 훨씬 더 자세하게 묘사했다. 많은 회고록 저자가 프랑스 대육군이 겁에 질려 반쯤 미치고 이기적인, 명백히 반영웅적인 도망자 무리로 전락했다고 기록했다.

그중에서 가장 가슴 저민 이야기가 부르고뉴 하사관의 회고록일 것이다. 이 연구를 진행하며 두 차례의 세계대전 회고록을 비롯해 내가 읽어본 모든 전쟁 회고록 중에서 부르고뉴의 모스크바 퇴각 이야기가 가장 가슴 아렸다. 그에 필적할 것은 홀로코스트 생존자의 회고록뿐이라는 생각이 들 정도였다. 부르고뉴의 회고록에서 나폴레옹 군대가 견뎌야 하는 것은 극심한 고통만이 아니었다. 많은 사람이 모든 인간 감정의 흔적마저 포기해야 했다. 몇 장면만 살펴보자. 다섯 명의 프랑스 병사가 꽁꽁 얼어붙은 말 다리 하나를 놓고 '개처럼 싸운다.'[164] 부르고뉴 자신도 감자 몇 알을 숨기고 한솥밥을 먹는 전우들이나 가장 가까운 동료와도 나누지 않는다.[165] 수백 명의 프랑스 병사가 빼곡히 들어찬 헛간에 실수로 화재가 발생하자, 병사들은 불타는 헛간 주위로 몰려들어 몸을 녹일 뿐 안에서 들려오는 끔찍한 아우성은 의식하지 않는다.[166] 황제근위병 하나는 죽어가는 동료의 옷을 빼앗는다. 죽어가는 동료가 주먹으로 땅을 치며 맥없이 저항하지만, 그는 아랑곳하지 않는다.[167] 그리고 부르고뉴와 동료 몇 명은 교회에서 쉬고 있던 허약한 군인들을 총검으로 위협해 내쫓는다. 다음 날 아침 "우리는 그 불쌍한 병사들 중 많은 사람이 길가에 쓰러져 죽어 있는 것을 보았다. 쉴 만한 곳을 찾아 조금 더 이동한 나머지 병사들도 쓰러져 있었다. 우리는 죽은 병사들의 시신을 말없이 지나쳤다. 우리는 당연히 그 서글픈 모습에 죄책감을 느끼고 가슴 아파해야만 했다. 우리도 일부 책임이 있기 때문이다. 하지만 우리는 모든 것에 완전히 무심한 경지에 도달해 있었다. 지극히 비극적인 사건까지도."[168]

1812년 러시아 원정을 기록한 크리스티안 빌헬름 파버 두 파우르 Christian Wilhelm Faber du Faur 소령의 그림 회고록은 가히 충격이다. (1812년의 현장 스케치를 바탕으로 훗날 1827~1830년에 그림을 그리고 채색했다.) 이 그림은 건강한 생존자들이 아직 목숨이 붙어 있는 힘없는 동료들의 옷을 빼앗는 장면을 보여준다. 오른쪽 아래에 있는 사람은 분명히 실성한 모습이다. 그리고 이런 글이 달려 있다.

▲ 크리스티안 빌헬름 파버 두 파우르, 〈12월 4일 오슈매니 인근Near Oschimany, 4 December〉, 1812~1830년.
© Anne S. K. Brown Military Collection. Brown University Library

"가장 강한 자가 가장 약한 자를 약탈했고, 병든 자는 옷이 벗겨졌고, 죽어가는 이는 옷을 빼앗긴 채 깊은 눈밭에 버려져 죽었다. 자기보호 본능이 인간의 가슴에서 모든 인간성의 흔적을 지워버렸다."[169]

몽테스키외 페젠작 공작은 모스크바 퇴각의 일반적인 모습을 이렇게 묘사한다.

눈 덮인 광대한 평원이 눈 닿는 곳까지 펼쳐져 있다고 상상해보자. 깊은 소나무 숲, 마을은 반쯤 불타고 텅 비어 있다. 이 애절한 시골 지역을 뚫고 비참한 무리가 엄청난 대열을 이루어 행군한다. 거의 모두 무기도 없는 오합지졸이 얼음 위로 발을 질질 끌며 한 걸음 한 걸음 내딛다가, 말 사체나 동료 전우의 시체 곁에 쓰러진다. 이들의 얼굴에서는 체념이나 절망의 흔적이 묻어나고, 두 눈은 죽어 있으며, 표정 없는 얼굴은 때와 연기에 시커멓게 절었다. 양가죽이나 천조각을 신발 삼아 발에 감고, 머리는 넝마로 꽁꽁 싸매고, 어깨에는 말 담요나 여자 치마, 반쯤 마른 짐승 가죽을 둘렀다. 누군가가 지쳐 쓰러지면 그가 죽기도 전에 동료들이 달려들어 옷을 벗기고 넝마를 빼앗아 입었다.[170]

하인리히 포슬러는 "인간의 동정심이 모두 사라졌다. 다들 자신만 생각하고 챙길 뿐, 전우는 조금도 돌보지 않았다. 전우가 쓰러져 죽어가는 모습을 전혀 무관심하게 쳐다보았고, 아무런 감정도 없이 동료의 시체를 깔고 앉아 불을 쬐었다"고 기록했다.[171] 포슬러는 1812년 원정 동안 상상할 수 있는 모든 고통을 겪었다는 말로 회고록을 맺는다.

한때 강건하던 나는 건강을 망쳤다. 두 발은 동상으로 온통 얼어터졌고, 위 기능도 심각하게 저하되어 극소량의 음식밖에 흡수하지 못했다. 급히 움직일 때마다 가슴이 아팠고, 두 번의 원정으로 재정 상태도 완전히 파탄 났다. (⋯⋯) 앞으로 수백 년이 흐르는 동안 더 많은 전쟁이 일어날 것이다. 하지만 1812년 전쟁의 공포나 프랑스 군대와 연합군이 겪은 고통은 쉽게 잊히지 않을 것이다.[172]

이 마지막 단락에서는 얼어터진 발과 약해진 위, 아픈 가슴, 빈 지갑을 상쇄하는 영웅주의나 애국심, 전우애 등 그 어떤 이상도 보이지 않는다.

요컨대 낭만주의 시대의 환멸 경험담은 대부분 '유물론적 반전주의'라고 할 수 있는 세계관을 채택했다. 전쟁의 정신적 이상이 공허하다는 사실을 폭로하는 한편, 전쟁의 물질적 고통이라는 현실을 강조했다. 그리스도교에 대한 급진계몽주의의 공격을 본받아, 유물론적 반전주의는 전쟁이 오직 이기적인 장군과 정치인들의 공허한 정신적 약속에 기만당해 가담하는 끔찍한 물질적 경험이라고 주장했다. 우리가 이제 이런 정신적 속임수를 믿지 않으면, 세상에 평화가 넘친다는 것이다.

따라서 역설적이지만 모든 환멸 회고록이 적어도 이것 하나만큼은 전쟁의 장점이라고 말할 수 있었다. 전쟁 경험이 전쟁의 진실을 드러냄으로써 사람들의 환상을 깨고 평화를 진작시켰다는 것이다. 나폴레옹 시대 이래 전쟁이 끔찍해질수록 그만큼 더 쉽게 사람들은 그것이 틀림없이 마지막 전쟁이 되리라고 믿었다.

하지만 위에서 언급한 사례들이 있는데도, 나폴레옹 시대의 환멸 경험담은 전쟁 문화에서 부차적인 흐름으로 억압되었다. 멤펠 한 사람이 수십 명의 나겔을 상대한 셈이다. 몇 년이 지나자 1812년의 얼어붙은 들판은 아우스터리츠의 태양에 녹아 사라졌다.[173] 전쟁을 비난한 회고록 저자들도 20세기 회고록 저자들만큼 강력하고 신랄하게 공격하지 않았다. 전쟁 비판은 대개 고립된 진술과 문장으로 그쳤고, 이런 문장도 더 큰 이야기 속에서 힘을 잃고 사라지는 경우가 많았다. (이와 대조적으로 레마르크의 《서부전선 이상 없다》 같은 20세기 작품들은 처음부터 끝까지 부단하게 전쟁과 군사적 이상을 정면공격했다.[174])

그렇지만 20세기의 전쟁 환멸은 낭만주의 전통에 큰 빚을 졌다. 멤펠 그리고 나겔 같은 낭만주의 회고록 저자들이 전쟁의 이미지를 진리의 경험적 계시로 확립하고, 몸으로 목격한 하급 군인들의 권위를 확립했기 때문이다. 에리히 마리아 레마르크와 윌프레드 오웬이 20세기 군국주의의 요새를 폭풍으로 뒤흔들 수 있던 것도 바로 이런 권위 덕분이었다. 20세기 전쟁의 가장 위대한 계시는 군사적 이상이 위험한 속임수이며, 인간은 '영광과 그런 불멸의 것'을 믿지 않는 편이 낫다는 것이었지만, 이미 볼테르와 괴테, 횔더린, 바이런, 미하일 레르몬토프Mikhail Lermontov 는 이를 완벽하게 예측했을 것이다. 20세기의 전쟁 환멸 경험담들이 과격하지만, 이들 또한 본질적으로 낭만주의 유산의 일부인 것이다.[175]

용기와 비겁, 애국심과 환멸의 결합

긍정적 계시와 환멸이 늘 대립하기만 한 것은 아니다. 몸으로 본 목격을 신뢰하고, 숭고의 미학과 인식론을 수용했기 때문에, 이 둘은 놀라울 정도로 쉽게 결합할 수 있었다. 특히 이 둘이 서로 접목될 수 있었던 것이 칸트의 숭고라는 2단계 구조였다. 1단계로 전쟁에서 만나는 숭고한 경험이 전투원을 압도해 그가 평시에 품고 있던 많은 이념과 이상의 환상을 깨트린다. 그리고 이런 경험들이 전투원을 평시의 환상에서 벗어나게 함으로써 현실을 더 많이 더 정확하게 이해할 수 있는 여지를 마련한다. 그때 전투원은 긍정적 계시들을 다양하게 접하며, 이 새로운 계시들은 특별히 현실의 인증을 받았으므로 전투원이 1단계에서 느낀 실망을 보상하는 것 이상으로 효과를 발휘한다.

가장 단순한 형태로 보면, 이런 과정의 결말은 새로운 이상을 확고하게 수용하는 것이다. 예를 들어《나의 투쟁》에서 히틀러가 제1차 세계대전을 경험하게 된 이유는 천박한 애국심이다. 상상의 산물이다. 그리고 공포와 두려움이 등장해 천박한 애국심을 일소한다. 하지만 다시 두려움은 내적 의무감의 목소리로 극복되며, 히틀러는 절대적인 도덕적 독립을 성취한다. "마침내 나의 의지가 반박할 여지가 없는 승자가 되었다. 처음 며칠 동안은 환호하고 웃으며 돌격했지만, 이제 나는 차분하고 단호했다. 그리고 그런 상태는 변하지 않았다. 이제 운명이 제아무리 호된 시련을 준다 해도 나의 신경은 손상되지 않으며 나의 이성은 약해지지 않을 것이다."[176]

조금 더 복잡하게 변형된 형태로 보면, 이런 과정은 청교도와 감리교도의 개종 경험담과 유사하게 끝없는 계시 과정이 된다. 최초의 개종을 경험한 이후에도 많은 싸움과 개종이 계속해서 이어진다. 톨스토이가 묘사한 1854~1855년의 세바스토폴리 포위작전이 그 전형적인 사례다. 크림 전쟁 당시 25세의 포병대 하급 장교였던 톨스토이는 포위된 세바스토폴리 수비대에 합류했다. 처음에 그는 열정적인 애국심에 부풀어 있었고, 수비대에 도착하고 얼마 지나지 않아 《1854년 12월 세바스토폴리》라는 단편을 발표했다. 현실적이고 충격적인 전쟁 장면을 많이 담고 있지만, 러시아 군대를 극찬하는 이 소설은 2인칭 시점에서 전장을 안내하는 형식이다. 톨스토이는 독자들을 초대해 세바스토폴리 시내를 안내하며 전쟁의 다양한 측면을 경험시킨다. 그는 포격전에 관해 "적이 반격하면 여러분은 흥미로운 감각을 경험하게 된다"고 설명한다.[177] 이런 경험은 전체적으로 유익한 효과를 불러온다. 톨스토이는 독자들에게 전선의 참호에 있는 용감한 병사들을 보면 "전쟁의 위험과 참상, 고통이 이들의 얼굴에 품위와 고결한 사상, 감성의 자각으로 남는다는 것을 여러분도 알게 될 것이다"라고 말한다.[178]

결론에서 톨스토이는 독자들에게 이렇게 이야기한다.

지금까지 여러분은 방어 현장에서 세바스토폴리 수비대원들을 보았다. 그리고 이상하게 들리겠지만, 이제 여러분은 발길을 되돌려 저 멀리 극장 폐허까지 이어진 길을 따라 돌아가는 내내 쏟아질 총알과 포탄에 전혀 신경을 쓰지 않을 것이다. 여러분은 고양되고 강해진 영혼으로 고요히 걸을 것이다. 여러분이 러시아 민족의 강인함은 무슨 일이 있어도 절대 꺾이지 않는다는 확신으로 위로받고 돌아가기 때문이다. 그 확신은 견고한 흉벽에서 나온 것이 아니고 (……) 눈빛과 말, 태도 등 세바스토폴리 수비대의 기상이라고 부를 수 있는 것에서 나왔다.[179]

계속 이어진 포위공격에 환멸을 느낀 톨스토이는 《1855년 5월 세바스토폴리》라는 소설을 발표했다. 이 소설은 포위된 도시의 다양한 인물과 장면을 냉소적이라 할 정도로 훨씬 더 암울하게 묘사했다. 특히 주목할 점은 생의 마지막 몇 초 동안 프라스코우키네Praskoukine라는 장교의 머릿속을 스쳐 지나는 생각의 흐름을 톨스토이가 세밀하게 묘사하는 대목이다. 포탄 한 발이 프라스코우키네 옆에 떨어졌다.

한 시간처럼 느껴지는 1초가 흘렀다. 포탄은 터지지 않았다. 프라스코우키네는 무서웠다. 그때 그는 자신이 두려워하는 이유가 무엇인지 자문했다. 포탄이 먼 곳에 떨어졌는데, 포탄 심지가 타들어가는 소리가 바로 옆에서 들린다고 잘못 상상할 수도 있다. 눈을 뜨니 (……) 1미터 남짓 떨어진 곳에서 심지에 불이 붙은 포탄이 팽이처럼 빙글빙글 돌고 있는 것이 보였다. 모든 생각과 모든 감성을 마비시키는 얼음처럼 차가운 공포가 그의 영혼을 사로잡았다. 그는 두 손으로 얼굴을 가렸다.
또 1초가 흘렀다. 그 1초 동안 모든 사상과 희망, 감각, 추억의 세계가 그의 머릿속을 지나갔다.
'누가 죽을까? 나? 아니면 미하일로프? 아니면 우리 둘 다? 나라면 포탄이 내 몸 어디에 맞을까? 머리에 맞으면, 다 끝난다. 발에 맞으면, 내 발을 절단하겠지. 나는 계속 마취하라고 요구할 테고 그러면 괜찮을 거야. 미하일로프 혼자만 죽겠지. 그리고 나중에 나는 우리가 얼마나 가까운 사이였는지, 내가 얼마나 그의 피를 뒤집어썼는지 이야기하겠지. 아냐, 아냐! 내가 더 가까워. 죽는 건 나야!'

그때 미하일로프에게 12루블을 빚진 일이 떠올랐고, 상트페테르부르크에도 이미 오래전에 갚았어야 할 빚이 아직 남아 있는 것도 기억났다. 전날 밤에 부른 보헤미아의 노래도 떠올랐다. 그가 사랑하던 아가씨가 보랏빛 띠를 두른 보닛을 쓰고 그의 상상 속에 나타났다. 5년 전 자신을 모욕한 남자도 떠올랐다. 복수도 하지 못했는데. 하지만 이 모든 여러 가지 추억이 떠올라도 현재의 감정, 곧 죽음의 예감은 사라지지 않았다.

'터지지 않을지도 몰라!'

그는 이렇게 생각하며 필사적으로 용기를 내서 눈을 뜨려 했다. 그런데 그 순간 감긴 눈꺼풀 위로 빨간 불빛이 눈알을 강타했고, 무시무시한 굉음과 함께 무언가가 그의 가슴 한복판에 부딪혔다. 그는 마구잡이로 내달렸고, 총에 발이 걸려 비틀거리다 옆으로 굴러 쓰러졌다.

'천만다행으로 타박상일 뿐이야.'

처음으로 떠오른 생각이었다. 그는 가슴을 만져보려 했으나, 두 손이 묶인 것 같았다. 머리가 터질 듯 욱신거렸고, 군인들이 눈앞으로 달려갔다. 그는 기계적으로 인원수를 헤아렸다.

'군인이 하나, 둘, 셋. 그리고 장교 하나가 망토를 벗고 있고.'

또다시 번쩍이는 불빛. 그는 무엇이 터졌는지 궁금했다. 박격포? 아니면 대포? 분명 대포야. 또 한 발, 군인들이 더 오고, 다섯, 여섯, 일곱. 이들이 눈앞으로 지나가자, 그는 갑자기 그들에게 밟힐까 봐 겁이 났다. 그는 소리쳐 타박상이라고 말하고 싶었지만, 입술은 바싹 말랐고 혀는 입천장에 달라붙었다. 타는 듯이 목이 말랐다. 가슴이 축축한 느낌이 들었고, 축축한 감각이 물을 생각나게 했다. (……) 몸이 흠뻑 젖을 만큼 물을 마셨을 것이다.

'넘어지면서 피부가 까진 게 틀림없어.'

그는 이런 생각을 하며 눈앞을 떼 지어 달려가는 군인들에게 밟힐까 봐 점점 더 겁이 났다. 그는 다시 고함치려고 했다.

'나도 데려가!'

하지만 그는 고함 대신 터져 나오는 끔찍한 신음에 스스로 놀랐다. 그리고 빨간 불꽃이 눈앞에서 춤을 추었다. 군인들이 그의 몸 위에 돌을 쌓아 올리는 것 같았다. 빨간 불꽃의 춤이 더 빨라지며, 몸 위에 쌓인 돌덩이들이 점점 더 숨을 조여왔다. 그는 몸을 길게 뻗었다. 보고 듣고 생각하고 느끼기를 멈추었다. 포탄 한 발을 정확히 가슴에 맞고 그는 즉사했다.[180]

전장에서 맞는 장교의 죽음을 이토록 잔인하리만치 솔직하게 묘사한 경우는 그 이전이나 이후에도 없을 것이다.

현실적인 장면과 등장인물들의 변화무쌍한 모습을 보여준 다음 톨스토이는 독자들에게 누가 주인공인지 수사학적 질문을 던진다. 그리고 그는 이 병사도 저 병사도 다른 어떤 병사도 주인공이 아니라고 대답한다.

"아니다. 내 이야기의 주인공, 내가 내 영혼의 모든 힘을 쏟아 사랑한 단 하나, 내가 있는 그대로 그 모든 아름다움을 재현하려고 노력한 단 하나는 (……) 진실이다."[181]

그리고 얼마 지나지 않아 톨스토이는 세 번째 소설《1855년 8월 세바스토폴리》를 발표하며 전체 이야기를 완성했다. 이 소설은 볼로디아 Volodia라는 젊은 포병 장교에 관한 허구적 이야기다. 그는 상트페테르

부르크의 군사학교를 졸업하고 영광의 기대에 한껏 부풀어 세바스토폴리에 갓 도착한 장교다. 그는 이미 수개월 전부터 포위된 수비대에서 복무하고 있던 형 미하엘Michael을 세바스토폴리 인근에서 만난다. 그리고 형제는 마차를 타고 세바스토폴리까지 남은 수 킬로미터를 함께 이동한다. 톨스토이는 마차 속에서 볼로디아가 꿈꾸는 영광의 백일몽을 묘사한다. 분명히 비꼬는 어조다.

분명히 오늘 안으로 (세바스토폴리) 그곳에 도착할 것이다. (……) 요새로 곧장 가겠지. 나는 포병대와 함께, 형은 자기 중대와 함께. 프랑스군이 우리를 급습한다. 나는 즉각 응사해 많은 적을 사살하지만, 적군이 계속 몰려온다. 총을 쏠 수 없다. 큰일 났다! 하지만 형이 칼을 빼 들고 돌진한다. 나도 머스킷 소총을 거머쥐고 함께 달린다. 군인들이 우리를 뒤쫓는다. 프랑스군이 형을 공격한다. 내가 달려든다. 첫 번째 적을 죽이고, 다음 적을 죽이고, 내가 미하엘을 구출한다. 나는 팔에 부상을 당한다. 나는 머스킷 총을 다른 손으로 바꿔 들고 계속 달린다. 내 곁에 있던 형이 총에 맞아 죽는다. 나는 잠시 멈추고, 비통하게 형을 바라보고, 일어서서 "나와 함께 전진! 형의 복수를 위해!"라고 외친다.
"나는 그 누구보다 형을 사랑했다. 그런 그를 잃었다. 우리가 복수하자. 적들을 죽이자. 아니면 모두 죽음이다!"
모두 함성을 지르며 나를 따른다. 프랑스군 전체가 우리를 기다리고 펠리시에Pélissier가 대장이다. 우리는 적군을 모두 사살하지만 나는 부상을 당한다. 한 번, 두 번 그리고 세 번째로 치명상을 입는다. 모두 내 주위로 몰려든다. 고르차코프Gortschakoff가 내게 다가와 소원이 무엇인지 묻는다. 나는 이제 바랄 것이 없다. 다만 한 가지, 형 곁에 누워 그와 함께 죽는 것뿐이라고 대답한다. 그들은 나를 데려가 피투성이인 형의 시신 곁에 눕힌다. 나는 몸을 일으켜 말한다.

"그렇다, 여러분은 진정으로 조국을 사랑한 두 남자를 제대로 평가할 수 없다. 그들은 죽었다. 주여 저들을 용서하소서!" 그리고 곧 나는 숨을 거둔다.[182]

백일몽을 마친 볼로디아가 형에게 묻는다. "백병전 해본 적 있어?" 미하엘이 대답한다. "아니, 한 번도. 우리 연대에서 2,000명이 희생되었지만 항상 요새 안이었어. 나도 거기서 다쳤고. 볼로디아, 전쟁은 네가 상상하는 대로 되는 것이 아냐."[183]

곧 다음 몇 시간의 경험으로 볼로디아는 사기가 꺾이고, 세바스토폴리의 첫날이 저물 무렵에는 풀이 죽는다.

해질녘 두 사람이 만을 가로지르는 커다란 다리에 도착했을 때, 볼로디아는 딱히 언짢은 기분은 아니었지만 마음이 몹시 무거웠다. 그가 보는 모든 것, 그가 듣는 모든 것이 그의 마음속에 남은 마지막 인상과 전혀 딴판이었다. 바닥이 윤이 나는 크고 밝은 시험장, 전우들이 함께 공감하며 터트리는 유쾌한 웃음소리와 목소리, 새 제복, 경애하는 황제 (……) 그랬다, 그가 보는 모든 것이 눈부시게 찬란하고 화려한 그의 꿈과 전혀 일치하지 않았다.[184]

그의 환상은 두려움과 불안으로 대치되었다. 포탄이 가까이 떨어지기 시작하자, 그는 언제든 포탄에 맞을 수 있다고 확신하며 끔찍한 두려움에 사로잡혔다. "맙소사! 내가 정말 죽는 거야, 내가? 오, 하느님, 저를 불쌍히 여기소서."185 뒤이어 야전병원을 방문한 그는 완전히 공포에 빠지고, 자신이 정말 겁쟁이가 아닌지 걱정한다.

> 볼로디아는 혼자 앞으로 나아갔다. 등 뒤 니콜라이에프의 탄식도 이제는 들리지 않았고, 자신이 영원히 버림받았다는 느낌이 들었다. 이렇게 죽음과 다름없는 위험 속에 버려졌다는 느낌으로 마음이 빙산에 눌린 듯 무거웠다. 한가운데 멈춰 선 그는 자신을 감시하는 사람이 있는지 사방을 둘러보았다. 그리고 두 손으로 머리를 감싼 채 중얼거렸다. 두려움에 목소리가 계속 끊겼다.
> "하느님, 제가 정말 비열한 겁쟁이, 비겁자입니까? 최근까지도 저는 조국과 황제를 위해 죽기를 꿈꾸었습니다. 그것도 즐겁게! 네, 저는 비참하고 비열한 존재입니다!"
> 그는 자신에 대해 확실히 깨우치고 깊이 절망해 소리쳤다.186

하지만 이제 새로운 계시 과정이 시작된다. 볼로디아는 유치한 환상을 완전히 포기하고, 같은 포병 중대에서 복무하는 하급 장교들을 만나며 그의 결심은 확고해진다. 그가 유일하게 싫어한 동료 장교는 체르노비츠키Tchernovitzky였다. 사실 체르노비츠키는 아주 예의 바른 장교지만, 줄곧 가식적인 열정으로 세바스토폴리의 영웅적 행위를 추켜세우고, 몇 안 되는 진정한 애국자들에게까지 유감을 표명하며, 자신이 엄청난 지식과 기지, 대단히 고귀한 감수성을 지녔다고 과시했다. 볼로디아는 "이유는 알 수 없지만 그 모든 이야기가 거짓으로 들렸고, 대체로 장교들이 체르노비츠키와 이야기하길 꺼린다는 것도 알아차렸다."187

유치한 환상을 체르노비츠키가 떠드는 사기로 포기하자, 볼로디아는 자신과 전쟁에 대한 참된 진실을 발견하고 그 진실이 완전히 부정적인 것은 아니라는 사실에 놀란다. 전방에 배치된 박격포 2문을 지휘하라는 첫 전투 임무가 주어지자 그는 "행복했다. 그리고 위험에 대한 두려움, 특히 겁쟁이로 불리는 것에 대한 두려움이 전날 밤보다 줄어들어서 놀랐다. 낮에 받은 인상과 그의 임무도 두려움의 강도를 줄이는 데 일부 기여했다. 그리고 누구나 잘 알고 있듯 예리한 감각은 시간이 지날수록 약해진다. 한마디로 말해서 그의 두려움은 치유되고 있었다."[188] 계속해서 경험이 쌓이며 그의 감정은 끊임없이 변한다. 가끔 용기를 경험하기도 하고, 어느 때는 두려움을 경험하기도 한다. 하지만 전반적으로 그는 전투에 익숙해지고, 부하들에게 사랑받는 유능하고 따뜻한 장교가 되어간다. "임무를 훌륭하게 수행할 때 느끼는 즐거움, 이제는 자신이 겁쟁이가 아니라 오히려 그 반대로 용기백배하다고 느끼는 뿌듯함, 지휘하는 느낌, 20명의 부하가 보내는 호기심 어린 눈길이 그를 참된 영웅으로 만들었다."[189]

며칠 후 벌어진 전투에서 포병 중대를 용감하게 지휘하던 볼로디아가 전사하고, 톨스토이는 그가 죽는 장면을 사실적으로 묘사한다. 볼로디아의 행동은 명예롭지만, 마차 안의 백일몽처럼 영웅적이지 않으며, 그의 행동은 전투에 아무런 영향을 미치지 못한다. 결국 그 전투는 러시아의 패배로 끝난다. 톨스토이가 전하는 그의 마지막 장면에서 "회색 외투에 쌓인 형체도 알 수 없는 물체가 볼로디아가 서 있던 그 자리에 얼굴을 땅에 대고 엎어져 있었다. 그 일대를 가득 채운 프랑스군은 우리 병사들을 향해 총을 발사했다."[190] 그리고 톨스토이는 러시아인, 말과 마차들이 세바스토폴리를 빠져나가는 행렬을 묘사한다. "신경 써야 할 사항들이 수없이 많았지만, 각자의 영혼은 자신을 보호하려는 감정과 사지에서 가능한 한 멀리 달아나려는 욕구로 가득 차 있었다."[191]

《1855년 8월 세바스토폴리》를 비롯해 톨스토이의 세바스토폴리 단편 소설 세 편이 전체적으로 보여주는 전쟁은 복합적이다. 긍정적 계시 과정과 환멸 과정은 모두 부분적으로는 진실을 담고 있지만, 이 두 과정을 별개로 분리하면 모두 거짓말이다. 전쟁은 계시 과정이지만 그것이 드러내는 현실은 다면적이고 끈임없이 변한다. 톨스토이가 《1855년 8월 세바스토폴리》를 끝맺는 결론은 어떤 전쟁 이상에 대한 명확한 재확신이 아니다. 정확히 말해서 《1855년 8월 세바스토폴리》의 주인공은 《1855년 5월 세바스토폴리》의 주인공과 동일 인물이다. 바로 진실이 주인공이다.

《1855년 8월 세바스토폴리》가 재확인하는 것은 바로 몸으로 본 목격의 긍정적인 가치와 진실이다. 전체 군인이나 특정 개인을 '영웅적이다' 혹은 '비겁하다', '애국적이다' 혹은 '환멸했다'고 평가하는 것은 잘못이다. 더 정확하게 말하면 용기와 비겁, 애국심과 환멸은 서로 꼬리를 물고 이어지며, 끊임없이 서로 모습을 바꾼다. 그 무엇보다 긍정적인 계시는 우리가 변화하는 현실을 파악할 수 있다는 것과 그 어떤 확고불변한 이상에 얽매이지 않고 변화하는 현실을 포용할 수 있다는 것이다. 변화하는 현실은 당연히 '감정의 인간'이라는 이상을 상기시키며 그 이상을 성취한다. 다시 말해 현실에 대한 이론적 관점을 맹목적으로 고수함으로써 자신을 스스로 차단하고 무감각하게 만들지 않으면서 아주 사소한 변동에도 민감하게 반응하는 지진학자 같은 인간이다. 어제의 전투에서 얻은 결론, 예를 들어 어떤 사람이 용감하다는 결론은 오늘은 이미 이론적인 견해다. 감정의 인간은 두려움이 오늘 또다시 드러날 수 있다는 가능성을 항상 열어둔다.

과도한 자극이 초래한 무감각화[192]

전쟁을 긍정적 계시로 보는 해석이나 환멸 경험으로 보는 해석이 모두 바탕에 깔고 있는 가정은 이것이다. 만일 모든 지식이 궁극적으로 감각에 의존한다면, 감각적 경험이 강렬할수록 지식은 필연적으로 더 심오해진다는 것이다. 전쟁은 극한의 감각적 경험이므로 반드시 심오한 지식을 생산한다. 이것이 예나 지금이나 변함없는 상식이지만, 여기에 문제가 되는 논리적 비약이 포함되어 있다. 18세기 감각주의자들과 19세기 낭만주의자들은 이미 이 논리적 비약의 위험성을 분명히 알고 있었다.[193]

비록 지식이 감각적 경험에 뿌리를 두고 있지만, 경험의 강도와 지식 습득의 깊이가 직접적으로 상응한다고 말할 수는 없다. 지금도 그렇지만 과거에도 감각주의의 이름으로 반론이 제기되었다. 인간이 예민하면 할수록 지식을 얻기 위한 외적 자극의 필요성이 그만큼 줄어든다는 주장이 많았다. 18세기 감상 소설의 주인공처럼 극히 예민한 사람은 아주 평범한 일상 경험에 주목함으로써 자신과 세상에 관한 심오한 지식을 획득한다는 것이다. 극한의 경험이 유용하게 적용되는 경우는 자기 감각에 주목할 마음이 없어 강력한 주의 촉구가 필요한 사람들, 또는 미묘한 자극을 알아차리지 못할 만큼 감수성이 무딘 사람들뿐이다.

게다가 신경계가 아무리 강한 사람이라 해도 인간은 받아들이는 데 한계가 있는 법이다. 전통적으로 사람들은 영혼과 정신의 능력이 무한하다고 상상한 반면, 육체는 언제나 유한하다고 생각했다. 감수성이라는 것은 대부분 인간의 신경계에 근거하므로, 감수성도 필연적으로 유한하다. 아무리 강하다 해도 신경은 물질적인 섬유조직이므로 과도한 압력을 받으면 끊어질 수 있다. 따라서 인간은 과도하게 강력한 감각 자극의 공격을 받으면, 계시보다는 무감각이라는 결과가 발생할 가능성이 더 크다는 것이다. 인간이 과도한 자극에 대응하기 위해 자신의 감수성을 축소하는 방어기제를 작동시키기 때문이다.

무감각화 경험담은 감각주의의 기본 공식을 변형한 것에 불과했다. 6장에서 이야기했듯, 감각주의의 기본 공식은 이것이다.

$$감수성 \times 경험 = 지식$$

긍정적 계시 경험담과 환멸 경험담은 이 공식을 고지식하게 이해했다. 감수성은 거의 변하지 않는 상수로, 경험은 변수로, 지식은 당연한 결과로 이해했다. 따라서 '경험'이 커지면, 곧 더 극심하고 자극적인 경험을 겪으면 반드시 지식이 증가한다는 결론에 도달했다.

무감각화 경험담은 조금 더 섬세하게 접근했다. 감수성과 지식이 모두 변수라고 지적했다. 인간이 극한의 경험에 대응할 수단, 곧 '지식'을 가지고 있지 않으면 인간은 경험의 양이 증가할 때 감수성 축소로 대응할 수 있다는 것이다. 무감각화 관점에서 생각하는 공식은 이렇다.

$$감수성 = 지식 \div 경험$$

이 경우 '경험'이 증가하면, 곧 더 극심하고 자극적인 경험을 겪으면 감수성이 감소하는 결과가 나올 뿐이다.

과도한 자극의 위험성은 감수성 숭배자들에게 익히 알려진 위협이었고, 감각주의 공식(감수성×경험=지식)을 신봉하던 작가들이 무감각화 변형공식(감수성=지식÷경험)으로 전향하는 경우도 드물지 않았다. 예를 들어 사드의 방탕한 주인공들은 줄곧 무감각화의 위험을 걱정하며, 점점 더 커지는 무감각을 극복하기 위해 점점 더 강한 자극을 요구했다. 버크는 숭고론에서 가장 유익한 숭고 경험은 제한된 분량의 위험만 내포한다고 주장했다. 버크는 숭고한 경험은 개인의 감각과 신경계의 힘에 달려 있으므로 목격자의 안전을 보장하도록 한도가 정해져야 한다고 믿었다. 그렇지 않으면 목격자가 완화되지 않은 공포만을 경험하고, 그 경험을 마쳤을 때 더 현명해지는 것이 아니라 더 약해질 위험이 있다고 생각했다. "너무 밀착해 압박하는 위험이나 고통은 그 어떤 기쁨도 주지 못하고, 그저 끔찍하다. 하지만 일정한 거리를 지키고 일정한 완화 과정을 거치면, 위험이나 고통은 기쁨일 수 있으며, 실제 기쁨이 된다."[194] 이와 비슷하게 칸트도 자연 속의 무서운 대상과 관련해 우리가 있는 곳이 안전하다면 그 대상의 모습은 무서운 만큼 더욱더 매력적이라고 말했다.[195]

실러의 설명은 대단히 명료하고 솔직하다.

> 무서운 것을 숭고한 것으로 경험하고 그 속에서 즐거움을 누리려면, 내적인 정신의 자유가 절대적으로 필요하다. (……) 하지만 실제 극심한 공포는 모든 정신의 자유를 넘어선다. 따라서 숭고한 대상은 분명 무서운 것이지만, 실제 공포를 불러일으키지 않을 수도 있다. 공포는 고통과 폭력의 상태다. 우리는 오직 우리 내면의 움직임에 대한 느낌을 통해 어떤 것을 멀리 떨어져서 숙고할 때만 숭고한 것을 즐길 수 있다. 따라서 무서운 대상의 힘이 우리를 직접 겨냥하지는 않겠지만, 만일 이런 일이 일어난다면 우리의 감각 본성은 압도당해도 우리 정신은 자유롭게 남아 있어야 한다. 하지만 무서운 대상의 힘이 우리를 직접 겨냥하는 경우는 극히 드물며, 이때 필요한 인간 본성의 고양은 개인이 거의 이룰 수 없는

수준일 것이다. 왜냐하면 우리가 실제 위험에 빠져 적대적인 자연력의 객체가 되면 우리의 미학적 판단이 멈추기 때문이다.

실러는 바다의 폭풍이 안전한 해안가에서 바라보는 사람에게는 숭고하지만, 침몰하는 배에 타고 있는 사람에게는 좀처럼 숭고하지 않다고 예를 들어 설명한다.[196] 이런 논리에 따르면 엄청난 위험은 가장 심오한 진실을 밝힐 수 있는 잠재적인 숭고한 경험이다. 다만 거리를 두고 현명하게 위험을 경험할 수 있는 '고양된 본성'을 미리 갖춘 인간에게만 해당한다. 인간 대다수는 엄청난 위험에 직면하면 오직 완화되지 않는 공포만을 느낀다.

이와 같이 낭만주의 사상의 저변에는 전쟁이 전투원을 계몽하는 대신 공포에 빠트리고 무감각하게 만들 수 있는 과다자극의 경험이라고 보는 생각이 짙게 깔려 있다. 전투원이 전쟁에서 얻는 것은 지식이 아니라 더 강화된 방어기제와 더 약화된 감수성이다. 거친 사람은 전쟁을 벗어나며 전보다 더 거칠어지기 쉽고, 예민한 사람은 '다 타버린burnt out' 채로 전쟁을 벗어날 가능성이 많다.(요즘 말로 '트라우마를 안고' 나오는 것이다.)

이런 우울한 전망은 숭고의 매력을 대부분 제거하는 것이었다. 따라서 실러를 비롯해 대부분의 낭만주의 작가는 이런 우울한 전망을 무시하는 편이었다. 하지만 이런 전망은 거의 모든 낭만주의 작가의 작품에 등장했고, 일반적으로 위에 나온 공식의 밝은 면만 주목한 작가들의 작품에서도 등장했다. 크리스티안 나겔은 워털루 전투 후 "난도질당한 시체들의 끔찍한 모습이 내 온 존재를 충격으로 몰아넣었고, (결국) 나는 내가 탄 말처럼 무심하고 무정하게 죽은 자들을 지나쳤다"고 설명했다.[197](시체를 무시하는 나겔의 능력은 두려움을 모르는 사람의 용기를 연상시키지만, 동물의 속성이다.)

엘제아르 블라즈는 "죽은 사람을 처음으로 보는 (……) 신병의 얼굴을 여러분이 보아야 한다. 이들은 시체를 스치는 것도 무서워 6미터를 넘는 길도 돌아가려 한다. 하지만 곧 점점 더 가까이 시체들에 다가가고, 나중에는 아무 생각 없이 시체들을 넘어 다닌다"고 기록했다.[198] 소총수 해리스는 첫 전투에서 프레이저Frazer 하사관의 끔찍한 죽음을 목격했다.

> 정말이지 쳐다보기 끔찍한 모습이었다. 입에서는 거품이 나왔고, 얼굴에서는 땀이 흘렀다. 신의 가호로 그의 고통이 곧 끝났다. 나는 그를 내려놓고 내 자리로 돌아갔다. 가여운 친구! 그가 죽을 때까지 짧은 시간 동안 겪은 고통은 같은 상황에서 죽은, 내가 목격한 그 어떤 사람의 고통보다 더 끔찍했다. 전투가 끝나고 나는 호기심에 다시 돌아가 그를 살펴보았다. 비스듬히 들어간 머스킷 총알이 그의 양쪽 고환을 관통했다.
> 나는 30분도 채 지나지 않아 그 자리를 떴고, 사실 잠시 동안 프레이저 하사관을 까맣게 잊었다. 죽은 지 100년도 넘은 사람처럼 까맣게 잊었다. 주변에서 매우 참혹한 유혈 사태를 보게 되면 인간 정신은 특정한 희생자를 생각하며 오랫동안 괴로워하지 않는다. 그 희생자가 가장 친한 친구라도 마찬가지다.[199]

여기서 주목할 내용은 이 경우 그리고 이와 비슷한 경우에 묘사되는 장면이 여전히 숭고의 기미를 담고 있으며, 이로 인해 인간 본성에 관한 해리스의 생각이 계시의 권위를 갖는다는 점이다.

비메이루 전투(1808년) 후 해리스는 우연히 프랑스 병사의 시신 세 구를 발견했다. 시신들은 이미 약탈당한 후였고, 상당량의 비스킷이 시신 주변에 흩어져 있었다. 해리스는 자신이 취한 다음 행동에 대해 이렇게 이야기한다.

> 그날 이후 나는 전쟁이 감정의 서글픈 둔감화라는 생각을 자주 했다. 그렇게 호젓한 장소에서 끔찍한 시신을 세 구나 보았지만, 당시 나는 아무런 인상을 받지 못했다. 군에 복무한 지는 얼마 되지 않지만 그런 장면은 내게 너무나 익숙했다. 하지만 나는 길에 떨어져 있던 비스킷을 신이 축복한 횡재로 생각하고, 허리를 굽혀 비스킷을 주워 모았다. 그리고 비스킷에 묻은 피를 총검에 문질러 닦은 뒤 게걸스럽게 삼켰다.[200]

마르보 장군은 아우스터리츠에서 퇴각(1805년)하던 중 얼음물에 빠져 죽는 러시아 병사들을 보았지만 그들을 돕고 싶은 생각이 없었다고 기록했다.

> 나는 나 자신을 미화하고 싶지 않다. 그래서 나는 전투에 참여해 수많은 사람이 죽거나 죽어가는 것을 목격한 탓에 전투의 예리한 칼날이 내 감정을 베어냈음을 인정한다. 그리고 독감에 걸릴 위험을 무릅쓰고 달려가 얼음 덩어리와 싸워 적군의 목숨을 구할 만큼 내가 자비롭지 않았다는 사실도 인정한다. 나는 상당히 흡족하게 그들의 서글픈 운명을 애도했다.[201]

알렉산더 그레이든은 이렇게 기록했다.

> 사실 전쟁은 본질적으로 잔인하다. 특히 내전이 그렇다. 인간을 흉포하

고 무자비하게 만드는 것이 전쟁의 성향이다. 끊임없이 목숨을 거는 싸움에서 우리는 마침내 아군의 희생에도 냉담하다. 그리고 가끔 특별한 경우에 놀라운 동정과 자비를 베풀기도 하지만, 적군의 파멸에 대해서는 당연히 더욱더 무관심하다. (……) 이것이 인간의 본성 같다.[202]

조지 글레이그는 산세바스티안 함락(1813년) 직후 목격한 공포를 네 페이지에 걸쳐 상세하게 묘사한다. 그는 현장을 방문한 직후 자신과 동료들이 "우리 일의 끔찍함에 오싹한 한기를 느끼며 산세바스티안에서 도망쳤다. 하지만 오싹한 기분은 아군 막사에 가까워질수록 점점 옅어졌고, 푸짐한 저녁과 훌륭한 포도주 몇 잔이 주는 한층 흥겨운 기운이 이내 그런 기분을 몰아냈다"고 이야기한다.[203] 글레이그는 특히 일반 사병들이 무감각화하는 경향이 강하다고 기록한다. 한번은 글레이그가 '나약한 자신의 감정과 잠시 씨름한 후' 영국군 탈영병들의 처형 장면을 보러 가기로 결심한 일이 있다. 군단의 일반 사병들은 모두 원하든 원치 않든 강제로 처형 장면을 목격했다. 글레이그는 장장 세 페이지에 걸쳐 그 우울한 사건을 묘사하지만, 병사들에게 미친 영향과 관련해 "아침에 목격한 장면은 날이 저물기 오래전에 이미 잊혔다. (……) 동정심은 곧 사라졌고, 혹시 역겹다는 감정이 일었는지는 모르겠지만 그랬다 해도 그런 감정마저 모두 사라졌다"고 비꼬듯 이야기한다.[204] 톨스토이도 같은 생각으로 세바스토폴리 수비대의 일반 사병들과 관련해 "공포와 가장 냉혹한 상상으로 등골이 오싹한 삶의 환경에서 유일한 위로는 (……) 망각, 현실 인식의 소멸이다"라고 기록한다.[205]

무감각 경험에 대한 이런 묘사는 근대 초기와 나폴레옹 시절의 종교적 전향 경험담을 연상시킨다. 이런 묘사는 전쟁의 공포가 군인들을 계몽하지 못하고, 영원한 진리에 눈뜨는 대신 감각적 쾌락에 몰두하게 한다는 블랙애더와 다우닝, 토머스 하사관의 의견을 확인시킨다. 루이 드 퐁티스가 전에 수없이 목격한 잔혹한 죽음에서는 아무런 영향을 받지 않았지만, 평화로운 민간인의 죽음을 목격하고 전향한 이유도 무감각화의 논리로 설명될 수 있다. 적어도 예민한 사람에게는 과도한 자극의 세례보다 충분히 숙고할 여지를 두고 제한된 자극을 주는 것이 지혜에 이르는 훨씬 더 나은 길이다.

감각주의 공식에 누락된 변수

무감각 사례는 몸으로 본 목격의 권위를 침식했고, 정치적으로 군인들의 세력을 축소시키는 데 유용했다. 특히 많은 군인이 전쟁에서 '올바른' 지식을 얻지 못하는 이유를 설명해야 하는 정치 집단과 이념 집단이 무감각 사례를 유용하게 활용했다.

예를 들어 지금도 그렇지만 과거에도 무감각은 유물론적 반전주의의 경험적 실패를 설명하는 편리한 수단이었다. 제1차 세계대전이 끝난 후 환멸 경험담을 기록한 많은 참전용사가 전쟁이 발발한 원인은 다만 전쟁의 환경에 무지했기 때문이며, 민간인과 정치인이 군인들이 어떤 삶을 살고 어떻게 죽었는지 안다면 혹은 군인들이 정치인이 된다면 이제 전쟁은 일어나지 않을 것이라고 주장했다. 하지만 그로부터 몇 년 후, 서부전선에서 상병으로 복무하다 전역한 참전용사가 수많은 참전용사로 구성된 정치운동을 이끌며 훨씬 더 참혹한 세계대전을 일으켰다. 감각주의적 관점에서 볼 때, 이 당황스런 사태 진전을 설명하는 최고의 답변이 무감각이었다. 무감각화 논리에 따르면 학대를 받으며 자란 아이가 폭력을 행사하는 부모가 될 가능성이 더욱 크다. 육체적으로 경험한 고통이 크건 작건, 참전용사가 타인에게 고통을 가할 가능성이 더욱 높다. 고통이 그를 무감각하게 만들고, 자신이 가하는 고통에도 둔감하게 만들기 때문이다.

하지만 전쟁이 계시를 낳는다는 기대와 전쟁이 무감각을 유발한다는 기대는 동일한 기본 가정을 공유했고, '감수성×경험=지식'이라는 기본 공식을 공유했다. 이 두 기대의 유사성을 파악하고, 전쟁 감수성 문화의 객관적 한계를 찾아내는 최선의 방법은 감각주의 공식을 완전히 무너트린 사례를 살펴보는 것이다. 이 공식이 수용하지 못하는 한 가지 경우는 감수성이 예민한 사람이 극한의 경험을 겪고 자신의 감수성을 온전히 지키면서도 지식을 획득하지 못하는 상황이다. 이런 상황을 보여주는 좋은 예가 아우슈비츠 강제수용소 소장을 지낸 루돌프 회스Rudolph Höss의 회고록이다.

회스는 독일의 훌륭한 성장 문화를 물려받았다. 그는 회고록에서 전쟁을 기본적으로 성장 경험으로 해석하며, 회고록 내내 자신을 '감정의 인간'으로 그린다. 그는 서문에 이렇게 기록했다.

> 회고록에서 나는 개인적인 생각과 감정을 아주 진지하게 기록하려 한다. 최대한 기억을 되살려 중요한 모든 사건과 내 삶의 모든 심리적 기복, 내게 영향을 준 경험들을 이야기하고자 한다.[206]

1914년 당시 나이가 어려 징집대상에서 제외된 회스는 적십자에 자원했다. 그는 "머리와 팔을 감싼 붕대가 피로 흥건한 모습이 지금도 눈에 선하다. 피와 흙으로 얼룩진 군복, 전쟁 전에 우리가 착용한 회색 군복, 프랑스군의 빨간 바지와 파란 군복이 눈에 선하게 보인다. 급히 징발한 전차에 태운 부상병들에게 요깃거리를 나누어 줄 때 들려오던 애써 참는 신음이 지금도 귀에 쟁쟁하다"고 기록한다.[207]

하지만 이런 경험도 군에 입대하려는 그의 욕망을 억누르지 못했다. 16세가 되자 그는 나이를 속이고 입대했다. 그는 터키군을 지원하기 위해 중동으로 파견되었다.

> 동양의 전통이 여전히 풍부하게 살아 있는 이스탄불에서 잠시 체류한 후 머나먼 이라크 전선으로 말을 타고 이동하는 동안 나는 새로운 경험을 많이 했다. 하지만 그때 받은 인상은 대부분 잊혔다. 중요한 것이 아니기 때문이다. 내가 지금도 기억하는 것은 적군과의 첫 총격전이다. (……) 영국군이 공격했고 (……) 전우들이 하나둘씩 부상으로 쓰러졌다. 곁에 쓰러진 동료는 내가 아무리 불러도 대답이 없었다. 돌아보니 그는 머리에 난 커다란 상처에서 피를 흘리며 이미 죽어 있었다. 그때 경험한 공포와 나도 죽을지 모른다는 끔찍한 두려움은 내 평생 두 번 다시 겪지 못한 것이었다. 나 혼자라면 터키군처럼 달아났겠지만, 그 무엇에 사로잡힌 듯 나는 죽은 동료에게서 눈을 뗄 수 없었다.

그는 냉정하게 총을 쏘고 있는 중대장을 보며 용기를 얻었다.

> 그때 갑자기 전에 결코 알지 못했던 묘하고 확고한 평온이 나를 사로잡았다. 나도 총을 발사해야 한다는 것을 분명히 깨달았다. 그때까지 나는 서서히 접근하는 (영국군의) 인도 병사들을 보고 겁에 질려 총을 한 발도

발사하지 못했다. 턱수염이 짙고 키가 크고 어깨가 벌어진 인도 병사의 얼굴이 지금도 분명히 기억난다. (……) 곁에 쓰러져 있는 시체에 온 정신 팔려 있던 나는 잠시 머뭇거렸다. 몸은 심하게 떨렸지만 정신을 가다듬었다. 방아쇠를 당겼고, 달려오던 인도 병사가 앞으로 고꾸라졌다. 그는 움직이지 않았다. 내가 정말 제대로 그를 겨냥했다고 말할 수는 없지만, 그것이 내 첫 살인이었다. 그리고 주술이 풀렸다. 여전히 확신은 없었지만 나는 훈련받은 대로 총을 쏘고 또 쐈다. 중대장이 근처에서 큰 소리로 격려했으므로 나는 이제 위험하다는 생각도 하지 않았다.

(……) 나는 멈칫멈칫 전진하며 내가 저지른 살인을 마지못해 바라보았다. 비위가 약간 상했다. 너무 흥분한 상태여서 내가 첫 총격전에서 더 많은 인도군을 다치게 했는지 아니면 죽였는지 알 수 없다. 첫 발사 이후 나는 은신처에서 나오는 인도군들을 신중하게 겨냥해서 총을 발사했다. 중대장도 내가 불세례, 첫 총격전에서 정말 멋진 모습을 보여주었다고 감탄했다. 그가 내 마음이 정말 어땠는지 알았더라면![208]

회스는 자신의 전쟁 경험을 다음과 같이 요약한다.

제1차 세계대전이 끝났다. 나는 내적으로나 외적으로나 실제 나이보다 훨씬 더 성숙해졌다. 전쟁은 내게 지워지지 않는 흔적을 남겼다. 안전한 부모님의 집을 벗어나 내 시야가 넓어졌다. 2년 반 동안 나는 아주 많은 것을 목격하고 경험했다. 온갖 부류의 사람을 만났고, 그들의 부족함과 나약함을 목격했다. 집에서 도망쳐 첫 전투에서 두려움에 떨던 학생이 거칠고 강한 군인이 되었다.[209]

여기까지는 회스의 회고록도 환멸과 경악으로 시작해 긍정적 계시로 이어지는 전형적인 '칸트주의' 경험담이다. 하지만 나치즘을 수용하지 않는 사람은 회스 회고록의 다음 장들을 받아들이지 못할 것이다. 강해진 청년은 그 후 나치 친위대ss에 들어갔다. 강제수용소의 경험을 묘사하며 회스는 무감각의 위험성을 분명하게 인식하고, 자신이 늘 아주 예민한 사람이었다고 거듭 강조한다. 그가 포로들의 태형을 참관할 때였다.

맨 앞줄에 서 있던 나는 모든 과정을 자세히 볼 수밖에 없었다. 볼 수밖에 없었다고 말하는 이유는 더 뒷줄에 섰더라면 쳐다보지 않았을 것이기 때문이다. 포로들이 비명을 지르기 시작하고, 뜨겁고도 서늘한 냉기가 나를 휘감았다. 사실 첫 채찍질부터 그 모든 과정이 나를 벌벌 떨게 만들었다.[210]

회스는 체벌에 대한 자신의 반응과 행동을 분석한 후, 보즈웰이나 기타 18세기 '감정의 인간'이 타이번의 처형에 대한 자신의 반응을 분석한 것과 비슷한 방식으로 처형장에서의 자신의 행동을 분석했다.[211]

아우슈비츠 강제수용소의 소장으로서 나는 사건 뒤에 흥분된 감정을 단한 번도 들키지 않도록 혹은 내면의 의심과 우울감이 공개적으로 드러나지 않도록 정신을 차리려고 무던히 노력했다. 나는 인간의 감정을 지닌 사람이라면 누구든 가슴이 찢어질 만한 사건들이 벌어지는 동안 냉정하고 무자비한 모습을 보여야만 했다. 내 안에서 인간의 깊은 감정이 솟아올라도 고개조차 돌릴 수 없었다. 엄마들이 웃거나 보채는 아이들을 데리고 가스실로 들어가는 모습을 나는 냉정하게 서서 지켜보아야 했다.

한번은 아이 둘이 놀이에 열중해서 엄마들이 자기 아이를 데려가지 못한 일이 있었다. 특수임무대Sonderkommando의 유대인들은 그 아이들을 굳이 데려가려 하지 않았다. 그때 그 엄마들의 얼굴에서 드러난 애원하는 듯한 표정을 결코 잊지 못할 것이다. 그들은 무슨 일이 벌어지는지 분명히 알고 있었다. 가스실에 있던 사람들이 동요했다. 모두 나를 쳐다보았다. 뭔가 조치를 취해야 했다. 나는 담당 하사관에게 손짓을 했고, 하사관은 울고불고 발버둥치는 아이들을 안아 올려 엄마들과 함께 가스실로 데려갔다. 엄마들은 정말 가슴이 미어지게 눈물을 흘렸다. 진심으로 그들이 가여운 마음에 땅속까지 움츠러드는 기분이었지만, 나는 아주 사소한 감정도 드러낼 수 없는 처지였다.

나는 그 모든 사건을 몇 시간이나 지켜보아야 했다. 시체들을 불에 태우건, 이를 뽑건, 머리를 자르건, 모든 일을 밤낮으로 지켜보아야 했다. 이 모든 참상을 지켜볼 수밖에 없었다. 시체들을 끌고 와 집단 매장 구덩이에 넣고 불태울 때면 절대 잊을 수 없는 끔찍한 악취 속에 몇 시간이나 서 있어야만 했다. 의사들이 주의를 환기시켜 나는 작은 구멍을 통해 가스실 안에서 일어나는 죽음도 지켜볼 수밖에 없었다. 내가 이 모든 일을 할 수밖에 없었던 이유는 이것이다. 모두가 바라보는 단 한 사람이 바로 나였고, 나는 명령과 지령을 내리는 유일한 사람일 뿐만 아니라 부하들이 명령을 수행하는 현장에도 기꺼이 함께 한다는 것을 모두에게 보여줘야 했기 때문이다.[212]

이 부분에서 회스는 존 쉽과 존 맬컴, 톨스토이의 감상적 견해와 묘사를 그대로 반복한다. 회스는 자신이 외적으로는 지극히 냉정했지만, 내적으로는 변함없이 아주 민감한 사람이었고, 아우슈비츠 강제수용소의 경험으로 무감각해지지 않았다고 설명한다. 감상주의와 성장이라는 훌륭한 전통에서 볼 때, 회스는 내적으로 감각과 감정을 느꼈기 때문에 명예로운 '감정의 인간'이다. 그가 겉으로 얼음처럼 냉정하다는 것은 상관이 없다. 근대 초기의 명예와 달리 감수성은 그 무엇보다 '내적인' 자질이었기 때문이다.

회스의 의견에 따르면, 아우슈비츠에서 무감각해진 사람이 있다면 그것은 오직 유대인뿐이었다. 회스는 유대인에 대해 의아한 적이 많았다고 기록한다.

> 특수임무대의 유대인이 그 끔찍한 일을 밤낮으로 수행할 수 있는 힘은 어디에서 왔을까? 특별한 행운이 죽음의 문턱에서 자신들을 구할 것이라 희망했을까? 아니면 이들이 자신의 생활에서 탈출하기 위한 자살도 감행할 수 없을 만큼 그 모든 공포에 의해 너무 강해지거나 혹은 너무 약해진 것일까? 모든 것을 가까이에서 지켜봤지만, 나는 유대인의 행동 근거를 이해할 수 없었다. 유대인의 삶과 죽음은 풀리지 않는 수수께끼였다.[213]

외부인이 아우슈비츠 내부에서 일어난 일을 비판할 때, 회스는 그곳에 있지 않았던 사람은 이해할 수 없다고 항변했다. 그는 강제수용소에서 수년간 근무한 사람들만 이해할 수 있다고 기록한다.[214] 톰 세게브 Tom Segev는 회스의 처남인 프리츠 헨젤Fritz Hensel을 면담하고 이렇게 이야기한다.

한번은 회스와 헨젤이 강제수용소를 걷던 중 시체가 가득 실린 트럭 앞에 서게 되었다. 헨젤에 따르면, 그 자리에서 두 사람은 또다시 강제수용소의 법률적 측면, 특히 도덕적 측면에 대해 논쟁했다. 회스는 그 장소의 극악무도한 본질을 인정했지만 (……) "자네는 이해하지 못해. 자네는 외부인이기 때문이야. 여기에 있는 우리는 상황을 보는 시각이 다르네."[215]

회스의 감상적 회고록에서 일반적인 나치 친위대의 태도가 특징적으로 잘 드러난다. 친위대원에게 가장 중요한 것은 자신이 끔찍한 '임무'를 수행하는데도 여전히 품위 있는 감정의 인간임을 증명하는 것이었다. 악명 높은 포즈난Posen 연설(1943년 10월 4일)에서 하인리히 힘러Heinrich Himmler는 나치 친위대 수뇌부에게 공개적으로 유대인 말살을 언급하며, 감수성과 품위에 관해 거론했다.

나는 아주 껄끄러운 주제에 관해서도 언급하려 한다. 유대인 추방, 유대인 말살에 관한 이야기다. 말은 쉽다. 모든 당원이 "유대인이 몰살되고 있다. 명백한 일이며, 우리 계획의 일부다. 우리는 유대인을 제거하고 있으며, 그들을 몰살하고 있다. 사소한 일이다"라고 말할 것이다. 그러면서 공정한 8,000만 명의 독일인이 각자 품위 있는 유대인을 한 사람씩 알고 있다고 말한다. 다른 사람은 모두 돼지지만, 이 유대인은 일류라고 말한다. 하지만 그들 중에 지금까지 일류 유대인을 본 사람 그리고 경험한 사람은 아무도 없다. 그런 유대인을 본 적도 없고, 겪은 적도 없다. 여러분 대부분은 100구의 시체, 500구의 시체, 1,000구의 시체가 함께 누워 있는 것이 무슨 의미인지 알 것이다. 그리고 이를 수행하는 것과(인간적인 나약함은 제외하고) 품위를 유지하는 것, 이것이 우리를 힘들게 했고, 이것은 우리가 전에 한 번도 거론한 적 없고 앞으로도 결코 거론될 수 없는 영광스런 사건이다. 우리는 모두 이렇게 말할 수 있다. 우리는 민족을 사랑해서 이 가장 어려운 임무를 완수했다. 그리고 우리 내면이나 우리 영혼, 우리의 성격에 아무런 흠결도 생기지 않았다.[216]

(주목할 점은 힘러도 몸으로 본 목격의 권위에 호소하고, '그곳에 있지' 않았으면서 감히 몰살을 언급하고, 나치 친위대를 비판하기까지 하는 '공정한' 보통 독일인을 조롱한다는 사실이다.)

이러한 태도와 회스의 회고록에서 당황스러운 점은 우리가 회스나 힘러를 '무감각한 짐승'으로 묵살하기 어렵다는 것이다. 무감각화의 논지는 큰 고통을 겪은 후 스스로 타인에게 큰 고통을 주는 사람들을 이렇게 해명한다. 그들이 겪은 고통이 그들을 무감각하게 만들었고, 그 후 자신들이 야기한 고통도 보지 못하게 만들었다고 주장하는 것이다. 하지만 회스의 사례는 이런 해명 논리를 부정한다. 회스의 말이 사실이라면, 인간은 자신이 하는 행위와 자기 내면의 감각과 감정을 충분히 인식한 상태에서 엄청난 고통을 야기하고 이어갈 수 있기 때문이다.

이런 딜레마에 대해 일반적인 나치 친위대와 마찬가지로 회스가 생각한 대답은 간단했다. 나치의 이상이 경험의 시험을 거쳤다는 것이다. 감각주의 공식은 감수성×경험=지식이다. 그리고 나치 친위대원들은 분명히 극한의 경험을 겪었다. 친위대원들이 극한의 '경험'을 겪으면서도 자기 감수성을 온전히 지켜냈다면, 이는 그들이 진정한 지식을 획득했고 그들이 그런 '경험'을 하게 된 명분, 곧 나치의 이상이 순수하고 정당했음을 의미한다.

따라서 회스(그리고 힘러)에게는 자기 감수성을 지키는 것이 인식론적으로나 정치적으로 대단히 중요한 문제였다. 그의 이미지와 권위를 결정하는 것이 감수성이었기 때문이다. 만일 그가 감수성을 잃는다면, 그는 거친 짐승과 다름없고 그의 이상도 당연히 위험한 망상으로 보일 것이다. 독자는 그의 회고록을 읽으며 오직 사실적인 정보만을 찾을 것이고, 동물학자가 동물의 행동에 대한 이론을 세우듯 그에 관해 거만한 이론을 세울 것이다. 하지만 그가 감수성을 지키면, 그는 몸으로 본 특별한 목격자가 되고 그의 이상도 계시의 기운을 얻을 것이다. 그리고 독자는 외경심으로 그의 회고록을 숙독하며, 자신은 그의 행동을 판단할 능력이 없다고 느낄 것이다.

나치의 이상을 거부하는 사람이 회스의 회고록을 대하는 태도는 두 가지뿐이다. 첫째, 회스는 결국 무감각한 짐승이라는 주장이다. 회스는 제1차 세계대전과 이후 나치 친위대 경력으로 무감각하게 되었거나, 어쩌면 본래 제한적인 감수성을 타고났을 것이다. 자신을 '감정의 인간'으로 그리려는 회스의 시도는 기발한 사기에 불과하다는 주장이다. 두 번째는 인간이 극한의 경험을 겪으며 예민한 감수성을 유지해도, 그로부터 아무 지혜도 얻지 못할 수 있다는 주장이다. 그렇다면 분명히 감각주의 공식 어딘가에 누락된 변수가 있다.

너를 깨우친 것들,
1865~2000년

중세 후기부터 18세기 초까지 서양의 전투원들은 전쟁을 둘 중 하나로 해석했다. 첫째, 전쟁은 (개인적인 또는 집단적인) 목적을 달성하기 위한 수단이다. 둘째, 전쟁은 그 자체로 가치 있는 명예로운 삶의 길이다. 국가가 형성되고 군사적 전문성이 대두됨에 따라 서서히 수단적 해석이 더 큰 명성과 힘을 얻었지만, 명예적 해석도 변함없이 명성과 힘을 유지했다. 하지만 이 시기 전투원들은 전쟁을 좀처럼 계시적 경험으로는 해석하지 않았다.

1740년부터 1865년까지 이어진 긴 낭만주의 시대에 전쟁을 무엇보다 '경험'으로, 심지어 '극한의 경험'으로 보는 또 하나의 새로운 해석이 구체화되었다. 새로운 해석은 전쟁의 사건을 효용성이나 명예의 관점이 아니라 개인적 성장 과정에 영향을 준다는 관점으로 서술하고 평가했다. 이런 해석은 정치적으로 크게 주목받지 못했고, 문화적으로도 수단적 해석과 명예적 해석에 비해 부차적인 것으로 치부되었지만, 서서히 힘을 얻었다.

새로운 해석을 직접적으로 구체화한 힘은 주로 문화적 힘, 곧 감수성 문화와 낭만주의였다. 물론 다른 요인들도 있었지만, 이 책에서는 내가 가장 중요하다고 생각하는 문화적 요인에 집중했다.

계시적 해석이 등장한 원인을 기술적 변화로 설명할 수는 없다. 1700년부터 19세기 중반까지 전쟁의 기술은 본질적으로 대동소이하기 때문이다. 전투와 행군, 병영, 병원, 질병, 날씨 등 전쟁의 물질적 경험도 본질적으로 동일했다.

계시적 해석의 등장을 정치사회적 요인으로 설명하는 것이 더 솔깃할 수 있다. 군대를 소집하고 조직하는 방식과 관련해 18세기에 분명히 정치사회적으로 큰 변화가 있었기 때문이다. 특히 일반 사병들의 사회적 신분과 지위가 극적으로 변했다. 이런 변화가 계시적 해석의 등장에 크게 기여한 것은 사실이지만, 부차적인 요인이다. 군인들의 사회적 지위 향상이 계시적 전쟁 해석의 직접적인 원인이라고 주장할 수는 없다.

우선 계시적 전쟁 해석은 이미 1789년 전부터 등장했다. 감수성 문화가 꽃을 피웠지만, 군대의 사회적 구성요소는 아직 크게 변화하기 이전이었다. 구체제 프로이센 군인들의 글에서도 새로운 전쟁 문화의 초기 징후가 일부 나타난다. 1789년 이후에도 유럽의 주요 군대 중에서 영국군이 군사적, 사회적, 정치적으로 가장 보수적이었지만, 그럼에도 영국군이 전쟁 해석의 문화적 혁명을 이끌었다. 낭만주의 전쟁 회고록을 가장 많이 남긴 사람이 영국의 사병과 하급 장교들이고, 1815년 이들의 사회적 신분은 한 세기 전과 대체로 비슷했다. 여기서 주목할 점은 오늘날 서양의 군대가 구체제 군대 모델로 회귀하고 있지만(또다시 일반 사병들이 주로 월급을 받기 위해 복무하는 '사회 쓰레기들'이 되고 있지만) 계시적 전쟁 해석은 전보다 더 강력하다는 사실이다.

다음으로 계시적 전쟁 해석이 군인의 사회적 신분 상승의 산물이라면, 근대 초기 장교들의 글에서 계시적 해석이 보이지 않는 이유는 어떻게 설명할 수 있을까? 근대 초기 장교들은 사회적으로 상류층 출신이었다. 자발적으로 참전한 이들은 교육을 받은 사람들이기에 회고록을 쓰고 발표할 기회가 아주 많았다. 이들이 환멸 경험담을 쓰지 않은 이유는 사회적 계층 때문으로 설명될 수 있을 것이다. 20세기 중산층 자원병과 달리 근대 초기 장교들은 무인 계층 출신으로, 전쟁이 문화적 매력을 상실하면 모든 것을 잃을 수밖에 없는 사람들이었다. 그런데 근대 초기 장교들이 긍정적인 계시 경험담을 쓰지 않았다는 사실은 어떻게 설명될 수 있을까? 슈프 후작이나 앤드루 멜빌 같은 사람은 전쟁을 긍정적인 계시로 묘사함으로써 얻을 것이 아주 많았다. 마르크스 노선을 따라 모든 것이 사회경제적 힘의 문제였다고 주장하는 사람은 근대 초기에 에른스트 윙거 같은 사람들이 전혀 등장하지 않은 이유를 해명해야 할 것이다.

새로운 해석의 등장이 실제 전투 경험을 변화시켰을까? 나는 지금까지 이 질문을 애써 피했지만, 이제 몇 마디 할 때가 되었다.

생생한 경험의 역사는 다분히 관심의 역사다. 인간에게는 매 순간 엄청나게 많은 정보가 쏟아져 들어온다. 외부에서 일어나는 사건, 사람들의 말과 행동, 자기 말과 행동, 머리를 스치는 생각, 밀려오고 밀려가는 감정, 온몸에서 느껴지는 무수한 감각 등. 특정 순간 인간은 이렇게 폭포처럼 쏟아지는 정보의 작은 파편밖에 인식하지 못한다. 인간이 무엇을 인식하는지, 곧 인간이 실제 무엇을 경험하는지는 그의 관심에 달려 있다. 자기 감각과 감정을 무시하고 외부 세계의 사건에 모든 관심을 집중할 수도 있고, 주변의 소리와 장면, 냄새 등을 전혀 인식하지 못할 정도로 내적인 감각이나 감정 변화에 모든 관심을 집중할 수도 있다.

관심의 초점은 어느 정도 문화적으로 구성된다. 각각의 문화는 서로 다른 현실의 조각에 초점을 맞추도록 그 구성원들을 '훈련'시킨다. 완전히 공식화된 관심 연습도 있다. 17세기의 훈련은 군인들이 자신의 감각과 감정, 생각에서 관심을 거두고, 팔다리의 움직임과 상관의 명령에 모든 관심을 집중하는 공식적인 관심 연습이었다. 지금도 군사훈련에서 제일 중요한 명령어는 'Attention!(관심! 차려!_옮긴이)'이다. 이그나티우스 로욜라의 《영신 수련》 같은 묵상 안내서도 또 다른 형태의 관심 연습이었다. 술이나 약물 사용도 육체적, 감정적으로 불편한 것에서 관심을 거두는, 하나의 관심 연습으로 이해할 수 있다.

또한 각각의 문화는 많은 비공식적 방법을 사용해 구성원들에게 관심을 훈련시킨다. 어떤 문화가 감정을 중요한 권위의 원천으로 인정하고, 구성원들에게 상이한 상황에서의 감정을 이야기하도록 격려하고, 감정을 표현하는 어휘를 풍부하게 제공하면, 사람들이 자기 감정에 더 관심을 보일 가능성이 크다. 반면 어떤 문화가 감정을 권위의 원천으로 인정하지 않고, 공개적인 감정 표현도 억제되어 좀처럼 보이지 않고, 감정을 표현하는 어휘가 빈약하면, 사람들이 자기 감정에 관심을 기울일 가능성도 훨씬 줄어든다.

계시적 전쟁 해석의 발흥은 전투원들의 관심에 영향을 미치고, 그에 따라 전투원들의 기억과 더불어 생생한 경험에도 영향을 미쳤을 것이다. 두려움과 추위 '자체'는 1450년이나 1865년이나 다르지 않을 것이다. 하지만 거기에 기울이는 관심이 달랐을 것이고, 따라서 두려움과 추위의 생생한 경험은 1450년과 1865년이 달랐을 것이다.

계시적 해석은 1865년 이후 계속 부상했다. 부상하는 계시적 해석과 수단적 해석, 명예적 해석 사이의 투쟁이 20세기 서양의 전쟁 문화사를 지배한다. 지금까지 그에 관한 연구와 논의가 수없이 많았으니, 여기에서는 오늘날 개인적인 전쟁 경험담 대부분이 계시적 해석을 당연히 여기고, 계시적 해석이 정치 영역에서도 대단한 힘을 발휘하고 있다는 사실만 언급해도 충분할 것이다.

그렇지만 나는 근대 초기와 낭만주의 시대의 관점에서 20세기 전쟁 문화 전반에 관해 몇 가지 사항을 언급하고자 한다.

1. 계시적 전쟁 해석에 필요한 모든 요소가 1914년 이전에 이미 마련되어 있었기에, 계시적 전쟁 해석은 20세기 성장의 산물로 설명될 수 없다. 특히 전쟁의 기술적 혁신에서 나온 반응이 아니었다.

마지막으로 한 가지 사례만 더 살펴보자. 1903년 러디어드 키플링 Rudyard Kipling이 보어Boer 전쟁에서 귀환하는 영국 군인들을 그린 시 〈귀향The Return〉을 발표했다. 시에 등장하는 영국 사병은 전쟁에서 런던으로 돌아온 자신을 이렇게 묘사한다.

"하지만 같은 사람이 아니다. / 일어난 일들을 통해 내가 깨달았기 때문이다. / 게임의 규모와 의미를."

화자는 전쟁이 자신에게 초래한 변화의 원인을 파고든다.

"어디에서 변화가 시작되었는지 나는 모른다. / 나는 평범한 아이로 떠났고, / 생각하는 남자로 도착했다."

우선 그는 '자연'의 영향을 꼽는다. 남아프리카의 강과 넓은 평원, 황야, 산 들을 묘사하며 "이들이 어느 정도 나를 가르쳤을 것이다"라고 생각한다. 그리고 전쟁의 황폐와 불에 탄 마을들, 굶주려 떠도는 개들, 항

수병에 걸린 사람들, 행방불명된 전우들을 묘사하며, "또한 이들도 나를 가르쳤다"고 이야기한다. 마지막으로 그는 이렇게 기록한다.

"죽은 이는 가엽게도 아주 늙어 보이지만 / 한 시간 전에는 아주 젊었고 / 두 다리는 차갑게 식기 전에 묶여 있었다. / 너를 깨우친 것들이 이것이다."[1]

키플링의 시는 윌프레드 오웬과 아돌프 히틀러부터 〈풀 메탈 재킷〉과 〈지옥의 묵시록Apocalypse Now〉까지 20세기 전쟁 경험담의 모든 것을 압축해 담고 있다. 이 결론이 옳다면, 그 유명한 근대 후기 전쟁 문화의 혁명은 1914년이나 1945년, 1968년이 아니라 1750년 무렵에 이미 시작되었다고 보아야 할 것이다. 20세기에는 본질적으로 새로운 것이 전혀 고안되거나 발견되지 않았다. 새로운 것은 계시적 해석이 확산된 과정이다. 그 이전까지 부분적으로 발전하고, 수단적 해석과 명예적 해석에 여전히 가려져 있던 계시적 해석이 20세기에 널리 퍼져 가장 각광받는 해석이 되고, 그 과정에서 전에 없던 미학적 힘과 정치적 힘을 획득한 것이다.

20세기의 전쟁 계시 경험담, 특히 환멸 경험담은 낭만주의 시대의 그 어떤 이야기보다 분명히 더 감동적이고 강력했다. 하지만 20세기 전쟁 계시 경험담이 무언가 새로운 성분을 추가해서 강력해진 것이 아니다. 20세기 전쟁 계시 경험담이 강력해진 큰 이유는 대부분의 낭만주의 회고록에 잠복해 있던 것을 모두 자세히 드러냈기 때문이다. 20세기 전쟁 경험담의 기본 이념은 감각주의와 성장, 숭고의 이념과 다르지 않았다. 하지만 20세기 회고록 저자들은 선배들보다 훨씬 더 헌신적으로 이 기본 이념을 추구했고, 그 결과 이야기가 전례 없이 선명하고 강력해진 것이다.

2. 한때 두드러졌던 명예적 전쟁 해석은 그 중요성이 대단히 축소되었다. 여전히 전쟁을 긍정적이고 바람직한 삶의 길로 생각하는 사람들도 명예가 아니라 진정성을 구실로 내세운다. 에른스트 윙거 같은 부류들이 싸우고 싶어 하는 이유는 싸움이 명예롭기 때문이 아니다. 싸움을 통해 자연이나 자기 자신을 접할 수 있고, 자신이 진정 누구인지 발견할 수 있기 때문이다.

20세기 전쟁 경험담이 주로 다루는 주제는 진실과 권위이지, 용기와 영웅심이 아니다. 여전히 전쟁이 훌륭하고 바람직한 행위라고 생각하는 사람들은 전쟁이 주는 인식의 기쁨을 그 이유로 내세운다. 전쟁이 지식과 자기인식에 도움이 되므로 훌륭하다는 것이다.

3. 정치권에서 집단적인 전쟁 경험담이 개인적인 전쟁 계시 경험담을 점점 더 닮아간다. 오늘날 사람들은 '민족적 트라우마'를 거론하고, 전쟁을 통해 민족 전체가 '성숙'했거나 '환멸'했다고 이야기한다. 베트남에서의 미국 역사 혹은 레바논에서의 이스라엘 역사를 다룰 때, 전체 민족이 단 한 명의 순진한 청년처럼 불세례를 받고 연장자들의 도도한 이상을 믿지 않게 된 것처럼 말하는 경우가 많다.

4. 전쟁 계시 경험담이 유례없는 명성을 얻었음을 입증하는 가장 분명한 증거는 이것이다. 전쟁 계시 경험담의 상이한 가닥들이 20세기 전쟁 문화에서 가장 치열한 다툼을 벌였지만, 모두 동일한 기본 가정을 당연하게 받아들인다는 사실이다. 두 가지 사례가 이런 내부 다툼을 가장 유력하게 보여준다.

첫째, 환멸 경험담과 긍정적 계시 경험담의 다툼이다.

예를 들어 1929~1930년 독일에서 불붙은 '전쟁 소설들의 전쟁'이 오늘날 학자들 사이에서 다시 벌어지고 있지만 사실 내전이다. 에리히 마리아 레마르크 같은 반전작가든 에른스트 윙거 같은 파시스트든 이 내전에 참여한 모든 사람이 동일한 감각주의적 가정과 낭만주의적 가정을 공유하기 때문이다. 모두 전쟁을 계시로 보며, '그곳에 있지 않았던 사람은 이해할 수 없다'고 주장한다.

제2차 세계대전까지는 긍정적 전쟁 계시 경험담이 더 대중적이었지만, 그 이후부터는 환멸 경험담이 서양 문화의 정통 전쟁 경험담이 된 것 같다. 여러 모로 오늘날 서양 전쟁 문화를 장악한 것은 환멸을 느낀 유물론적 반전주의자들이다. 환멸을 느낀 참전용사들은 인간의 모든 의욕과 덕을 점점 더 쾌락 추구와 고통 회피로 격하하며, 이상주의적인 논의를 위험한 협잡이나 되는 듯 비하한다. 이런 (감각주의적) 사고방식에 따르면 군인들이 (그리고 민간인들이) 단지 계산착오와 잘못된 믿음, 순전한 사기에 속아 전쟁을 지지하고 자신의 삶과 감각적 안락을 희생하는 일이 생길 수 있다. 이런 사고방식은 원자폭탄이 히로시마에 투하된 후 절정에 달했다. 핵전쟁은 전쟁에서 물질이 정신을 이기고 승리한다는 것을 보여주는 궁극적인 증거다. 그 어떤 정신적 이상도 핵전쟁을 상쇄하지 못한다. 핵전쟁에서 살아남을 수 있는 정신적 이상은 하나도 없다. 단 한 순간이라도 핵전쟁의 물질적 현실을 망각하고 정신적 이상을 거론하는 논의가 철저한 인류 파괴로 이어질 수 있다고 생각했다.

유물론적 반전주의자들의 목표는 정신적 사기가 전쟁을 부채질한다고 폭로하는 것이다. 이들은 빛나는 정신적 허울을 벗기고 전쟁의 현실을 아주 정확하게 감각적으로 묘사하기만 하면, 인간이 더 이상 전쟁에 참여하길 원하지 않을 것이라 믿는다. 오늘날 이런 믿음이 금과옥조가 되었다. 이런 믿음이 과거에 실패했다거나 이런 믿음도 전쟁을 긍정적 계시로 보는 경험담과 동일한 기본 논리를 공유한다고 지적하는 것은 거의 신성모독에 가까울 정도다.

둘째, 현명한 참전용사 이미지와 미친 참전용사 이미지의 다툼이다. 참전용사들은 '극한의 경험'으로 현명해지는가? 아니면 감당할 수 없는 경험으로 트라우마를 겪고 무감각해지는가? 이 두 가지 접근법 모두 동일한 감각주의 공식을 공유한다. 다만 공식을 보는 각도가 다를 뿐이다.

사실 트라우마를 겪는 군인이 지난 수십 년간 전쟁 문화를 대표하는 인물이 되었지만, 전쟁에 대한 낭만주의의 이중적 접근방식을 가장 잘 보여주는 인물일 것이다. 트라우마에 빠진 군인은 한편으로는 전쟁의 계시적 힘을 대변한다. 일반적으로 우리는 군인들이 오류가 아닌 진실과 부딪침으로써 트라우마에 빠진다고 믿는다. 트라우마에 빠진 군인들은 사악한 악마에 사로잡힌 것이 아니다. 그리고 그들이 전쟁에서 보고 겪은 것이 거짓말이라고 주장할 사람도 없다. 사회로부터 부상이나 죽음의 냉혹한 현실을 가리는 무지라는 장막의 뒤편을 보았다는 것이 정확히 그들의 문제다.

다른 한편으로 트라우마에 빠진 군인은 무감각하게 만드는 전쟁의 힘을 대변한다. 트라우마에 빠진 군인들은 대부분 엄청난 규모의 진실을 감당할 능력이 없고, 그에 따라 그 진실을 숨긴 채 무지 속에서 삶을 이어가도록 하는 방어기제를 발전시킨다. 만일 이들이 그와 같은 방어기제를 발전시키지 않고 새롭게 발견한 진실을 안고 살아가려 하면, 시민 사회에서 배척받게 될 것이고, 시민 사회는 불편한 진실과 더불어 이들을 맡기 환자와 함께 폐쇄 병동에 가둘 것이다.

하지만 주목할 점은 서양 문화가 트라우마에 빠진 군인과 기타 트라우마 환자를 낭만주의를 기준으로 구분한다는 것이다. 아동 학대 같은 그저 끔찍한 경험이 아니라 숭고한 경험으로 트라우마를 겪는 군인은 서양 문화에서 '거룩한 바보', 곧 강력하고 신성한 지혜를 소유한 사람으로 등장하는 경우가 많다.

5. 지금까지 인류 역사에서 벌어진 전쟁 중 현재 서양 사회가 내적으로 화해한 전쟁이 거의 없고, 서양 사회가 수천 년 동안 이어진 전쟁의 긍정적 이미지를 제거하는 데 성공했지만, 여전히 서양 문화는 전쟁에 대단히 긍정적인 가치 하나를 부여한다. 전쟁과 진실의 연관성이 근대 후기 서양 문화의 깊은 곳으로 거듭거듭 주입되었다. 근대 후기 전쟁의 거대서사는 모두, 인간이 나약해서 감히 진리와 대면할 엄두를 내지 못하지만 전쟁이 영원한 진리를 드러낸다는 데 동의한다. 그에 반해 평화는 덧없는 환상만 키운다. 여기에서 한층 더 놀라운 결론으로 이어지는 것은 어려운 일이 아니다. 전쟁이 영원한 진리이고, 평화는 일시적 환상이라는 결론이다.

자연, 혹은 요즘 어법으로 진화는 불편한 현실을 인간 유기체와 환경 속에 내장시켰다. 평시 문화는 이 불편한 현실을 숨기거나 회피하기 위해 최선을 다한다. 하지만 물질에 대한 정신의 우위를 더 이상 믿지 않는 문화에서는 이러한 억압이 아주 고통스러운 계시를 초래할 뿐이다.

근대 시대의 다양한 전쟁 경험담을 보여줌으로써 내가 바라는 것은 이것이다. 사람들이 이런 경험담과 비판적 거리를 유지하고, 오늘날의 전쟁 문화를 헤쳐 나갈 길을 조금이나마 쉽게 찾도록 돕는 것이다. 개인적으로 나는 '감수성×경험=지식'이라는 공식에 결함이 있으며, 적어도 한 가지 혹은 두 가지 변수가 누락되었다고 믿는다. 내 생각이 옳다면 이 공식을 따르는 모든 전쟁 경험담도 마찬가지로 결함이 있으며, 그릇된 전쟁관을 심어준다. 누락된 변수의 정체는 무엇일까? 이와 관련해 내 나름의 가설은 있지만 아직 학문적 검증을 받지 않았으므로 그에 대한 대답을 독자 여러분께 그리고 어쩌면 다음 책에 넘길 수밖에 없다.

도판 출처

77쪽   Simone Martini, Saint Martin Renouncing Arms (1312-1317). © Assisi, Church of San Francesco. 출처: Wikipedia(https://commons.wikimedia.org/wiki/File:Simone_Martini_028.jpg)

91쪽   Peter Paul Rubens, The Siege of Pampeluna (1609). From A series of 80 engraved plates, illustrating the life of St. Ignatius Loyola (Rome, 1609-22), plate 2. © British Library / Uniphoto Press International

92쪽   Peter Paul Rubens, The Conversion of St. Ignatius Loyola (1609). From A series of 80 engraved plates, illustrating the life of St. Ignatius Loyola (Rome, 1609-22), plate 4. © British Library / Uniphoto Press International

139쪽   Niklaus Manuel, The Fortunes of War (c. 1514/1515). © BPK, Berlin / image BPK - GNC media, Seoul, 2017

144쪽   Pieter Steenwyck, Allegory on the Death of Admiral Tromp (1653?). © Museum De Lakenhal, Leiden

144쪽   Henrdick Andriessen, Vanitas Still life (c. 1650). © Mount Holyoke College Art Museum, South Hadley, Massachusetts. Purchase with the Warbeke Art Museum Fund. Photograph Petegorsky / Gipe

146쪽   La Danse Macabre. Death and the Knight (1510?). © Bibliothèque nationale de France

147쪽   La Danse Macabre. Death and the Peasant Woman (1510?). © Bibliothèque nationale de France

151쪽   Urs Graf, Battlefield (1521). © Kunstmuseum Basel

152쪽   Soldier Glances Sideways at Dead Comrade (1967). © gettyimageskorea

154쪽   Raphael, Deposition (Deposizione) (1507). © Rome, Galleria Borghese. 출처: Wikipedia(https://commons.wikimedia.org/wiki/File:Raffaello,_pala_baglioni,_deposizione.jpg)

155쪽   Jacques Courtois (le Bourguignon), After the Battle (c. 1660). © Fine Arts Museums of San Francisco, Museum purchase, Mildred Anna Williams Collection, 1974. 3.

176쪽   Peter Paul Rubens and Anthony van Dyck, Mucius Scaevola before Porsina (1620). © gettyimageskorea

177쪽   The Martyrdom of Thomas Cranmer from Foxe's Book of Martyrs (1563). From John Foxe, Book of Martyrs. Actes and monuments... (London, 1563), p. 1503. © British Library / Uniphoto Press International

190쪽   Henry Hexham's The Principles of the Art Militarie (1637), pp. 14-15. © British Library / Uniphoto Press International

198쪽   Jan Saenredam, Prince Maurice of Nassau (c. 1600). © BPK, Berlin / image BPK - GNC media, Seoul, 2017

200쪽   Francisco de Zurbarán, The Defense of Cadiz (1634). © Museo Nacional del Prado, Madrid. 출처: Wikipedia(https://commons.wikimedia.org/wiki/File:Francisco_de_Zurbarán_014.jpg)

306쪽   US Army Recruitment Poster (2003). U.S. National Archives RG 553-RP Records of U.S. Army Training and Doctrine Command. U.S. Army Recruiting Posters 553-RP-SKILL TRAINING-RPI-217. © 2003 United States Army. U.S.G.P.O. 547-121

325쪽   Joseph Wright of Derby, The Dead Soldier (1789). © Yale Center for British Art, Paul Mellon Collection

331쪽   Jacques-Louis David, Napoleon Crossing the St. Bernard (1800). © Musées national du châteaux de Malmaison. 출처: Wikipedia(https://commons.wikimedia.org/wiki/File:David_-_Napoleon_crossing_the_Alps_-_Malmaison2.jpg?uselang=ko)

332쪽   Emanuel Gottlieb Leutze, Washington Crossing the Delaware (1851). © The Metropolitan Museum of Art

352쪽   Benjamin West, The Death of General Wolfe (1770). © National Gallery of Canada, Ottawa. Gift of the 2nd Duke of Westminster to the Canadian War Memorials, 1918; Transfer from the Canadian War Memorials, 1921. Photo: NGC

353쪽   John Singleton Copley, The Death of Major Peirson, 6 January 1781 (1783). © Tate, London 2017

359쪽   Antoine-Jean Gros, Napoleon on the Battlefield of Eylau (1808). © Louvre, Paris, France / Bridgeman Images - GNC media, Seoul, 2017

436쪽   Christian Wilhelm Faber du Faur, Near Oschimany, 4 December (1812-1830). Plate 89 from Christian Wilhelm Faber du Faur, Pictures from my Portfolio, Collected in situ during the 1812 Campaign in Russia (1831). © Anne S. K. Brown Military Collection. Brown University Library

＊ 이 책에 사용한 이미지 중 일부는 저작권 협의가 진행 중이며, 적정한 절차대로 협의할 예정입니다.

책머리에

1   See Fussell, *Great War*; Herzog, *Vietnam War Stories*; Hynes, *War Imagined*; Hynes, *Soldiers' Tale*; Leed, *No Man's Land*; Cobley, *Representing War*; Winter, *Sites of Memory*; Linder, *Princes of the Trenches*; Bourke, *Intimate History*; Paris, *Warrior Nation*; Quinn and Trout, *Literature of the Great War*; Bond, *Unquiet Western Front*; Sheffield, *Forgotten Victory*; Watson, *Fighting Different Wars*.

2   See, for example, Hanson, *Hoplites*; Carlton, *Going*; Mortimer, *Eyewitness Accounts*; Brumwell, *Redcoats*; Holmes, *Redcoat*; Forrest, *Napoleon's Men*; Linderman, *Embattled Courage*.

3   Charles Taylor의 독창적인 책 *Sources of the Self*를 선례로 삼음. 202-207 참조.

1장 / 전쟁을 경험하면 비로소 보이는 것들

1   Boswell, *Boswell's Life of Johnson*, April 10, 1778, ed. Hill, 3:265-266.

2   소크라테스도 스파르톨루스 전투(B.C. 429년)와 델리움 전투(B.C. 424년)에 참여한 참전용사다.

3   Malcolm, 'Reminiscences,' 248.

4   Tolstoy, *War and Peace*, ed. Edmonds, 2:1153.

5   21세기 전쟁 경험담과 전쟁 회고록에 관한 추가 자료는 Harari, 'Martial Illusions,' 43-48 참조.

6   Cummings, *Moon Dash Warrior*, 86.

7   Fox, *Eyewitness Falklands*, 180-181.

8   Sledge, *With the Old Breed*, 52.

9   Sajer, *Forgotten Soldier*, 495.

10 Leshem, *Beaufort*, 310.

11 Givati, *Three Births*, 155.

12 Compare Bidney, *Patterns of Epiphany*, 1-4.

13 Quoted in Herf, *Reactionary Modernism*, 74.

14 Bowden, *Black Hawk Down*, 301-302.

15 Housman, *War Letters*, 159.

16 Jünger, *Storm of Steel* 참조. 윙거 관련 Herf, *Reactionary Modernism* 70-106; Stern, *Ernst Jünger* 참조. 1920년대와 1930년대 독일에서 있었던 비슷한 이야기들은 Fritz, 'We are Trying' 참조.

17 최근 사례 Leshem, *Beaufort* 참조. 전쟁을 긍정적으로 평가하는 전쟁 회고록은 특히 Bourke, *Intimate History* 참조. 현대 심리학의 '역경을 통한 성장' 개념은 Joseph & Linley, 'Positive Adjustment'; Waysman & Schwarzwald & Solomon, 'Hardiness' 참조.

18 Cru, *War Books*, 8. 20세기 전쟁 회고록에 나타난 환멸은 Harari, 'Martial Illusions' 참조.

19 20세기 전쟁과 트라우마에 관한 문헌은 아주 많지만, 특히 저자가 참고한 문헌은 Shephard, *War on Nerves*다.

20 See, for example, Yost, *Blessings*.

21 이에 관한 사례로는 최근 이스라엘에서 제작한 영화 〈요시와 자거Yossi and Jager〉와 Bérubé, *Coming Out Under Fire*; Kaplan, *Brothers and Others* 참조.

22 See, for example, Becker, *War and Faith*; Bennett, *Narrative of the Great Revival*; Mahedy, *Out of the Night*; Schweitzer, *Cross and Trenches*.

23 Tolstoy, *War and Peace*, ed. Edmonds, 1:338-340.

24 Bawer, *While Europe Slept*.

25 Bowden, *Black Hawk Down*, 37.

26 전쟁을 경험할 기회를 놓쳤다고 아쉬워하는 현대인과 관련해 2003년 5월 5일자 National Review Online에 게재된 John Derbyshire의 글 'How Cheap is Your Manhood?'와 Yost, Blessings 123p 참조.

27 에드나 롬스키-페더Edna Lomski-Feder의 깊이 있고 중요한 책 *As if There Was no War*도 참조하길 바람. 1973년 아랍-이스라엘 전쟁(4차 중동전쟁_옮긴이)에 참여한 이스라엘 참전용사들의 인터뷰를 바탕으로 한 롬스키-페더의 주장에 따르면, 근대 후기에 전쟁을 계시로 해석하는 것은 많은 사람이 달성하지 못한 문화적 이상이다. 전쟁 계시를 경험했다는 사실에서 강력한 권위가 나오므로 사회는 일부 참전용사에게만 전쟁 계시를 알릴 특권을 허용한다. 나머지 참전용사들은 '마치 전쟁이 없었던 것처럼' 인생사를 재구성하고 전달한다.

28 Loyd, *My War*, 32.

29 Ibid., 67.

30 Ibid., 91.

31 Ibid., 123.

32 Tolstoy, *War and Peace*, ed. Edmonds, 1:162.

33 긍정적인 전투 경험과 관련해 특히 참조할 자료는 Bourke, *Intimate History*.

34 Sajer, *The Forgotten Soldier*, 272.

35 Ben-Yehuda, *1948*, 245-246.

36 Ben-Yehuda, *When the State of Israel Broke Out*.

37 Hitler, *Mein Kampf*, 166.

38 Ibid., 163.

39 Jünger, *Storm of Steel*, 1.

40 Ibid., 3.

41 Cooey, 'Experience,' 328-329.

42 Fanning, *Mystics*, 143-144.

2장 / 전쟁을 해석하는 두 개의 시선

1 Cooey, 'Experience,' 327.

2 *Time*, December 20, 2004, vol. 164: 18-19, 25.

3 *Time*, April 17, 2006, vol. 167: 16.

4 Scarry, *Body in Pain*, 30-34. See also Glucklich, *Sacred Pain*, 42; Rey, *History*, 3; Bruhm, *Gothic Bodies*, xx, 6.

5 Ibid., 92.

6 Ibid., 148-149.

7 Caputo, 264-268.

8 Glucklich, *Sacred Pain*, 6.

9 Ibid 58; ibid 59-62, 99-100. 글루크릭은 고통이 인간의 신념과 정체성을 직접적으로 변화시키지는 않는다고 주장한다. 그 대신 고통은 단지 인간의 자아감과 대행자의식을 약화시켜, 변화와 외부 영향에 대해 더 유연하고 개방적이게 한다고 주장한다.

10 Glucklich, *Sacred Pain*, 207. See also Cooey, 'Experience,' 332-333.

11 생물학적 사실이 아니라 단지 문화적 이미지임에 유념하라.

12 Hitler, *Mein Kampf*, 165.

13 Ibid., 165.

14 Jünger, *Storm of Steel*, 315-316.

15 Alon Shvut(에시온 산 예시바Etzion Mountain Yeshiva의 학보) 8판(1973년 11월)에 실린 Yehuda Shaviv의 '전선에 부치는 편지'. 저자가 이 편지 구절에 주목하게 된 것은 제자 Tzofia Lichtman 덕분이다.

16 Heller, *Catch-22*, 553-554.

17 Ben-Yehuda, *When the State of Israel Broke Out*, 91-92.

18 Livius, *Ab Urbe Condita*, 2.12.

19 이런 경우에 대한 스캐리의 설명은 격정적이다. 엄청난 시련을 견디는 것이 어떤 생각이 진정하다는 증거라면, 어떤 생각을 위해 사람들을 고난에 처하게 함으로써 그 생각을 그들에게 진정한 것으로 만들 수 있다는 것이 스캐리의 주장이다. 또한 스캐리는 이것이 전쟁 현상뿐만 아니라 사회적 억압처럼 인간의 기타 병폐들 속에도 깊이 뿌리내리고 있다고 주장한다. 하지만 전쟁 회고록 작가들은 이렇게 주장하지 않는다. 부분적으로는 이런 주장이 그들의 권위를 위태롭게 하기 때문이다. 이런 주장은 고통 자체가 지혜를 보장하지 않는다는 의미를 내포하고, 회고록 작가들이 전쟁에서 배운 진실이 관계자의 조작에 불과하다는 가능성을 제기하기 때문이다.

20 이와 관련한 포스트모더니즘과 신마르크스주의 논의는 Ireland, 'Appeal to Experience' 참조.

21 이 주제와 관련해 탁월한 논의는 Lynn, *Battle*, 359-369 참조.

제2부 전쟁, 정신이 지배하다 | 1450~1740년

3장 / 근대 초기 문화에 싹튼 경험적 진실

1 〈그리스도의 십자가 처형〉 그림에 등장하는 군인들을 집중해서 살펴보려면 Hale, *Artists and Warfare*, 228; Bynum, 'Blood of Christ', 685 참조.

2 Groebner, *Defaced*, 111, 121-123. See also Scarry, *Body in Pain*, 215.

3 Ross, 'She Wept and Cried,' 45; Perkins, *Suffering Self*, 190, 205-206; Ariès, *Hour*, 370; Morris, *Culture of Pain*, 125-136; Noble and Head, *Soldiers of Christ*, xix; Kolb, *For All the Saints*, 1, 5-15, 19.

4 Kieckhefer, *Unquiet Souls*, 89-98, 102-113; Ross, 'She Wept and Cried,' 46; Bynum, 'Blood of Christ,' 685-714; Ariès, *Hour*, 128, 138; Silverman, *Tortured Subjects*, 111-112; Hillman, 'Visceral Knowledge,' 85; Greenblatt, 'Mutilation and Meaning,' 223; Groebner, *Defaced*, 88-101.

5 Cohen, *Metamorphosis*; Ariès, *Hour*, 110-128, 300-304, 327-331; Aberth, *Brink of the Apocalypse*, 181-183, 188-215; Meumann, 'Experience of Violence,' 153-154; Cavalli-Björkman, 'Vanitas Still Life'; Knauer, 'War as Memento Mori.'

6 Kieckhefer, *Unquiet Souls*, 54-55; Glucklich, *Sacred Pain*, 20, 39-42, 83, 127-128; Hawkins, *Archetypes of Conversion*, 21, 156-157; Ross, 'She Wept and Cried,' 47-50, 59; Perkins, *Suffering Self*, 23-24, 34; Evans, *Problems of Authority*, 160; Fanning, *Mystics*, 109, 124-125; Morris, *Culture of Pain*, 125-136; Nugent, *Mysticism*, 10-23; Bynum, 'Why all the Fuss?' 15; Haller, *Rise of Puritanism*, 284-286; Loyola, *Spiritual Exercises*, 137.

7 Watkins, *Puritan Experience*, 65.

8 Ariès, *Hour*, 298, 312.

9 호머와 티레시아스가 분명한 사례다. 민간 설화는 그리스도의 고통을 덜어주기 위해 옆구리

를 창으로 찌른 로마 병사 롱기누스가 시각장애로 고생했다고 묘사했다(Hale, *Artists and Warfare*, 229-231). 북유럽-독일 신화의 주신인 보탄/오딘도 지혜를 얻기 위해 눈 하나를 희생했다.

10 Finke, 'Mystical Bodies,' 42; McNamara, 'Rhetoric of Orthodoxy,' 13; Perkins, *Suffering Self*, 114-115, 190; Rey, *History*, 55.

11 Silverman, *Tortured Subjects*, 5, 8-10, 115, 123, 126-129, 133; Greenblatt, 'Mutilation and Meaning,' 223-224, 230; Bynum, 'Why all the Fuss?' 15; Rapley, 'Her Body the Enemy,' 25-35; Scarry, *Body in Pain*, 34; Rey, *History*, 49, 55; Cohn, *Pursuit of the Millennium*, 127-147; Perkins, *Suffering Self*, 205-206; Kieckhefer, *Unquiet Souls*, 67-70, 118-121; Glucklich, *Sacred Pain*, 3-5, 79-82, 104-105; Flynn, 'Spiritual Uses of Pain,' 257-278; Asad, 'Notes on Body Pain,' 307-315, 321-322; Ross, 'She Wept and Cried,' 47-50; Fanning, *Mystics*, 107; Kleinberg, *Fra Ginepro's Leg*.

12 Ariès, *Hour*, 14-18, 130-131, 298; Aberth, *Brink of the Apocalypse*, 214-221; Carlton, *Going*, 215-218.

13 Kedar, *Crusade and Mission*.

14 Voragine, *Golden Legend*, 1:97, 99; France, 'War and Sanctity,' 15; Carlton, *Going*, 62-63; Glucklich, *Sacred Pain*, 23; Hawkins, *Archetypes of Conversion*, 49-50, 76; Keen, *Chivalry*, 53; Damon, *Soldier Saints*, 75-81; Watkins, *Puritan Experience*, 12-14, 168-169; Loyola, *Spiritual Exercises*, 16, 146-147, 154-156; Starr, *Defoe*, 48.

15 See also Haller, *Rise of Puritanism*, 158-160, 279-280.

16 이슬람 신비주의자들도 지하드를 내면의 영적 전쟁으로 개념화했다(Glucklich, *Sacred Pain*, 24).

17 Partner, *God of Battles*; Sproxton, *Violence and Religion*; Ulbricht, 'Experience of Violence,' 112; Meumann, 'Experience of Violence,' 153-156; Carlton, *Going*, 62-63; Barker, *Military Intellectual*, 134; Allmand, *Society at War*, 40-43; Strickland, *War and Chivalry*, 58-68; Siberry, *Criticism of Crusading*, 217-218; DeVries, 'God and Defeat,' 87-100. See, for example, Pontis, *Mémoires*, 170; Coxere, *Adventures by Sea*, 64; Contreras, *Discurso*, 153-156; Campion, *Mémoires*, 88; Cavalier, *Memoirs*, 64, 74; Deane, *Journal*, 13, 15; Hodgson, *Memoirs*, 15, 22; Peeke, *Three to One*, E1.

18 Bueil, *Jouvencel*, 2:21. See also Bonet, *Tree of battles*, 157; Vale, *War and Chivalry*, 31; Keen, *Chivalry*, 5-10, 14, 44-63; Barker, *Military Intellectual*, 128; Damon, *Soldier Saints*, 24-25; Siberry, *Criticism of Crusading*, 209-210; Strickland, *War and Chivalry*, 28-29, 55-58, 96-97.

19 Silverman, *Tortured Subjects*, 9.

20 Silverman, *Tortured Subjects*, 62-63; see also 64, 80-82; Cohen, *Crossroads of Justice*, 154-155; Glucklich, *Sacred Pain*, 19, 161-163; DuBois, *Torture and Truth*;

Asad, 'Notes on Body Pain,' 287-298; Ruff, *Violence*, 92-96; Peters, *Torture*, 40-73.

21 Groebner, *Defaced*, 108.

22 Hillman, 'Visceral Knowledge,' 82-83, 88; Scholz, *Body Narratives*, 1.

23 See in particular Sawday, *Body Emblazoned*. See also Egmond, 'Execution, Dissection'; Hillman, 'Visceral knowledge,' 83-86; Siraisi, 'Medicine and the Renaissance,' 8-10; Rey, *History*, 57-60; Porter, *Flesh*, 52-54. See also Rembrandt's *The Anatomy Lesson of Dr. Tulp*(1632).

24 See Scarry, *Body in Pain*, 215.

25 Quoted in Van Sant, *Eighteenth-Century Sensibility*, 12.

26 Gwyn, 'Military Memoirs,' 66.

27 Eliade, 'Initiation: An Overview,' 226-227, 231; Eliade, *Rites and Symbols*, 21-40; Van Gennep, *Rites of Passage*, 71-75, 85-87; Perkins, *Suffering Self*, 34; Glucklich, *Sacred Pain*, 3-5, 26, 28, 34-35, 39-42, 150-151; Bloch, *Prey into Hunter*, 6-7; Scarry, *Body in Pain*, 34; Morinis, 'Ritual Experience,' 150-163.

28 Braudy, *Chivalry*, xv.

29 Ehrenreich, *Blood Rites*, 126-128; Eliade, *Rites and Symbols*, 81-85.

30 Shostak, *Nisa*, 84.

31 Kaplan, 'Military'; Lieblich, *Transition to Adulthood*; Sion, *Images of Manhood*.

32 Morinis, 'Ritual Experience,' 166-167.

33 Dewald, *Aristocratic Experience*, 55-56.

34 Ibid., 65-67.

4장 / 전쟁 회고록, 전쟁 경험을 생략하다

1 마태복음 8장 5-13절, 누가복음 7장 1-10절. 이 이야기는 구약성서에 나오는 아람 왕국 장군 나아만의 개종 이야기를 연상시킨다(열왕기 하 5장 1-19절).

2 Voragine, *Golden Legend*, 1:184.

3 Ibid., 1:97-101; Kleinberg, *Fra Ginepro's Leg*, 375-383; Millis, *Mystére de Saint Sébastien*; Zupnick, 'Saint Sebastian.'

4 Voragine, *Golden Legend*, 2:266-271; Kleinberg, *Fra Ginepro's Leg*, 364-374.

5 Damon, *Soldier Saints*, 4, 23, 58-59; Hale, *Artists and Warfare*, 234; Vale, *War and Chivalry*, 53-54; Braudy, *Chivalry*, 76-77; Kolb, *For All the Saints*, 66.

6 Felix's *Life of Saint Guthlac*, 80.

7 Ibid., 80-82.

8 Yarom, *Body*, 72-76; Le Goff, *Saint Francis*, 23-24; Fanning, *Mystics*, 85.

9   Yarom, *Body*, 72-76.

10   Thomas of Celano, 'Second Life,' ch. 1.4, ed. Habig, 364; *Legend of the Three Companions*, ch. 2, ed. Habig, 893-895; Voragine, *Golden Legend*, 2:220. See also Thomas of Celano, 'First Life,' ch. 2, ed. Habig, 231-233; St. Bonaventure, 'Major Life of St. Francis,' ch. 1.1-3, ed. Habig, 635-638.

11   Severus, *Vie de Saint Martin*, section 2.4, ed. Fontaine, 1:254.

12   Ibid., 1:254-262. See also Voragine, *Golden Legend*, 2:292-293; Damon, *Soldier Saints*, 1-30; Stancliffe, *Saint Martin*.

13   Maurey, 'Courtly Lover', 207-208. 성 마르탱 관련 Maurey, 'Courtly Lover', 182-185, 204-208; Stancliffe, *Saint Martin* 참조. 성 모리스와 테베 군단 순교자들의 이야기도 이와 비슷하게 전투 전에 개종했다고 전한다. 테베 군단은 이집트 도시 테베 출신의 그리스도교 개종 자들로 구성되었다. 이들은 디오클레티아누스 황제의 부름을 받아 야만족 정벌에 합류했지만, 이교도를 희생제물로 바치는 일에 참여하길 거부했다. 이에 황제는 군대를 돌려 테베 군단 병사 6,666명을 전부 학살했다(Voragine, *Golden Legend*, 2:188-192).

14   France, 'War and Sanctity,' 16-20. See also Damon, *Soldier Saints*, 293-362.

15   Wright, *Knights*, 14. See also Kaeuper, *Chivalry and Violence*, 60-61.

16   See, for example, Llull, *Book of Knighthood*, 5-6.

17   Lynn, *Giant*, 430-431.

18   Voragine, *Golden Legend*, 1:238-242; Didi-Huberman, *Saint Georges*; Cumont, 'plus ancienne légende de S. Georges'; Kleinberg, *Fra Ginepro's Leg*, 349-363.

19   Goy-Blanquet, *Joan of Arc*; Richey, *Joan of Arc*; Caratini, *Jeanne d'Arc*.

20   Watkins, *Puritan Experience*, 1-3, 9-12, 15; Glucklich, *Sacred Pain*, 163-164; Hawkins, *Archetypes of Conversion*, 80-83, 237-238; Stoeffler, *Rise of Evangelical Pietism*, 157-160, 221-222; Fulbrook, *Piety and Politics*, 33-34; Outram, *Enlightenment*, 44.

21   Watkins, *Puritan Experience*, 1-3, 18-35, 182-207; Hawkins, *Archetypes of Conversion*, 73-74; Haller, *Rise of Puritanism*, 95-101, 113-115; Mascuch, *Origins*, 3-4; Jung, *Frauen des Pietismus*, 61-64; Jung, 'Vorwort,' iv; Bräker, *Life Story*, 3-5; Caldwell, *Puritan Conversion Narrative*, ix, 1-2, 40-41; Starr, *Defoe*, 4-6; Fanning, *Mystics*, 81-82, 85; Swaim, *Pilgrim's Progress*, 132-135; Porter, *Flesh*, 274-278.

22   Haller, *Rise of Puritanism*, 95-101; Kieckhefer, *Unquiet Souls*, 151-165; Hawkins, *Archetypes of Conversion*, 13-14; Fulbrook, *Piety and Politics*, 33-34; Starr, *Defoe*, 38-40; Swain, *Pilgrim's Progress*, 133-139.

23   Watkins, *Puritan Experience*, 65.

24   Fanning, *Mystics*, 144. See also Starr, *Defoe*, 18-21.

25   Watkins, *Puritan Experience*, 161-162; Haller, *Rise of Puritanism*, 115.

26 Starr, *Defoe*, 13-18, 33, 38; Swain, *Pilgrim's Progress*, 132-138.

27 Crichton, *Blackader*, 329. For other Ebenezers, see ibid., 179, 211, 223-224, 248-249, 260, 564.

28 Watkins, *Puritan Experience*, 74.

29 Contreras, *Discurso*, 161.

30 Ibid., 87-88.

31 Herman, *Life*, 3-4.

32 Herman, *Practice*, 'First Conversation.'

33 Lupton, *Obiectorum Reductio*, 57.

34 Ibid., 129-131.

35 Ibid., 49-50.

36 Carlton, *Going*, 344.

37 Guillermou, *Saint Ignace de Loyola*, 18-19.

38 Loyola, *Autobiography*, 21.

39 Ibid., 14, 21.

40 Ibid., 14, 21-22; Guillermou, *Saint Ignace de Loyola*, 20-22.

41 Loyola, *Autobiography*, 22.

42 Ibid., 23.

43 Ibid 5, 23. 이 두 책은 중세 후기와 르네상스 시대에 가장 인기 있는 종교서였다. ibid 15-24.

44 Loyola, *Autobiography*, 23-24.

45 Ibid., 38.

46 Ibid., 34-36.

47 Loyola, *Spiritual Exercises*, 137.

48 아우구스티누스 이래로 독서를 통한 개종이 그리스도교 글쓰기의 중심 주제였으며, 영적 자서전도 독자들을 개종시키려는 의도에서 기록되는 경우가 많았다(Hawkins, *Archetypes of Conversion*, 26). 근대 초기 일반 도서와 성서에 부여된 특별한 권위와 관련해 Evans, *Problems of Authority*, 14-69; Watkins, *Puritan Experience*, 59-61; Fanning, *Mystics*, 139; Mascuch, *Origins*, 40-41; Fulbrook, *Piety and Politics*, 31-32; Starr, *Defoe*, 48; Swain, *Pilgrim's Progress*, 135 참조.

49 Pontis, *Mémoires*, 9-11.

50 Ibid., 212.

51 Ibid., 214-222.

52 Carlton, *Going*, 222.

53 Pontis, *Mémoires*, 476.

54 For example, ibid., 168.

55 Ibid., 16, 190, 327, 414.

56 Ibid., 150-151, 623, 628.

57 Ariès, *Hour*, 10.

58 Pontis, *Mémoires*, 623.

59 Ibid., 627.

60 Ibid., 628.

61 Ibid., 635.

62 Ibid., 170.

63 Bunyan, *Grace Abounding*, section 13, ed. Venables, 300.

64 Ibid., section 14, ed. Venables, 300.

65 Ibid., sections 15-16, ed. Venables, 300-301.

66 For example, Ibid., sections 46-47, ed. Venables, 310.

67 Ibid., sections 245-246, ed. Venables, 370-371.

68 Fussell, *Great War*, 138-144.

69 Martindale, *Life*, 41.

70 Ibid.

71 Ibid., 36.

72 Ibid., 42-44.

73 Crichton, *Blackader*, 218-219.

74 Ibid., 319-320.

75 Ibid., 351.

76 Ibid., 225-226.

77 Ibid., 266.

78 Ibid., 219.

79 Ibid., 224.

80 Ibid., 225-226.

81 Ibid., 154.

82 Ibid., 328.

83 Ibid., 320.

84 Compare Watkins, *Puritan Experience*, 210-212; Caldwell, *Puritan Conversion Narrative*, 12; Fulbrook, *Piety and Politics*, 31-32; Starr, *Defoe*, 48; Swain, *Pilgrim's Progress*, 135.

85　Watkins, *Puritan Experience*, 168. 퀘이커 목사이자 전직 군인인 윌리엄 에드먼슨William Edmundson의 회고록도 참조. Edmundson, *Journal*, 2-3.

86　Erasmus, *Praise of Folly*, 30-31.

87　See, for example, Grimmelshausen, *Der abenteurliche Simplicissimus*, book 1.14, 1.16, ed. Meid, 54-58, 60-61. Knauer, 'War as Memento Mori'; Kunzle, *From Criminal to Courtier*, 23-24, 167-186, 257-392.

88　Kunzle, *From Criminal to Courtier*, 35-62 and passim.

89　Maarseveen and Kersten, 'Eighty Years' War,' 480-483.

90　Farquhar, 'Recruiting Officer,' Scenes 3.1, 5.5, ed. Myers, 190, 231.

91　Erasmus, *Praise of Folly*, 30-31; Erasmus, 'Military Affairs,' 12-15; Erasmus, 'Soldier and Carthusian,' 128-133; Carlton, *Going*, 41-42; Damon, *Soldier Saints*, 4-5; Dewald, *Aristocratic Experience*, 50-52; Grimmelshausen, *Mother Courage*, 30; Braudy, *Chivalry*, 137-138; Starkey, *War*, 21, 24; Duffy, *Military Experience*, 89-91; Lynn, *Giant*, 435-437; Quilley, 'Duty and Mutiny,' 82.

92　Crichton, *Blackader*, 313. See also ibid., 173, 175, 312.

93　문학 장르로서의 회고록의 정확한 정의와 관련해 Harari, *Renaissance*, 1-18; Harari, 'Military Memoirs.' Emerson, *Olivier de la Marche*, 33-40; Mascuch, *Origins*; Morgan, 'Memoirs'; Hynes, *Soldiers' Tale*, xi-xvi; Forrest, *Napoleon's Men*, 1-52; Mortimer, *Eyewitness Accounts*, 15-28, 179-198; Kuperty, *Se dire*, 11-31; Hipp, *Mythes et Réalités*, 23-25 참조. 근대 초기 장르에 관한 논의는 Loménie, *Mémoires*, 1-50 참조.

94　Harari, *Renaissance*, 21-22, 187-195; Gillingham, 'War and Chivalry,' 231, 236. On early modern memoirs see also Mortimer, *Eyewitness Accounts*; Kuperty, *Se dire*; Hipp, *Mythes et Réalités*; Knecht, 'Sword and Pen'; Knecht, 'Military Autobiography'; Ettinghausen, 'Laconic and Baroque'; Levisi, 'Golden Age Autobiography'; Greyerz, 'Religion'; Dewald, *Aristocratic Experience*, 196-199; Morgan, 'Memoirs'; Harari, 'Military Memoirs,' 293-297.

95　Harari, 'Martial Illusions,' 58; Anderson, *War and Society*, 63-64, 136.

96　Anderson, *War and Society*, 66.

97　Quoted in Herf, *Reactionary Modernism*, 74.

98　Caputo, *Rumor of War*, 127.

99　Carlton, *Going*, 65. See also Dewald, *Aristocratic Experience*, 48.

100　Keen, *Chivalry*, 7-10.

101　Grimmelshausen, *Mother Courage*, 31-32.

102　Commynes, *Mémoires*, 1.4, ed. Mandrot, 1:37-38.

103　Chouppes, *Mémoires*, 73-83.

104 Ibid., 2.

105 Ibid., 3.

106 개인이 첫 원정과 첫 전투에서 계시적 특성을 찾지 못한 사례들은 Lurting, *Fighting Sailor*, 5; Souvigny, *Mémoires*, 13-17; Quincy, *Mémoires*, 1:33-70; La Colonie, *Mémoires*, 60-86; Ludlow, *Memoirs*, 1:42-45; Mortimer, *Eyewitness Accounts*, 142-143, 46-47; Navailles, *Mémoires*, 4-5; Coxere, *Adventures by Sea*, 11; Parker, *Memoirs*, 20; Pontis, *Mémoires*, 87; Contreras, *Discurso*, 76-77; Atkyns, 'Vindication,' 8-9; Cavalier, *Memoirs*, 48; Du Causé, *Mémoires*, 17-19; Hodgson, *Memoirs*, 5-6; Cholmley, *Memoirs*, 67-68; Gledhill, *Memoirs*, 20-21; Kane, *Campaigns*, 2; Kerry, 'Autobiography,' 27; Souvigny, *Mémoires*, 13-17; Puységur, *Mémoires*, 1:1-2; Slingsby, *Memoirs*, 36-42; Poyntz, *Relation*, 45-46; Raymond, *Autobiography*, 35-37 참조.

107 Navailles, *Mémoires*, 3-4.

108 Ibid., 4.

109 Ibid., 5.

110 Ibid., 10.

111 Ibid., 12. 상세한 논의는 Harari, *Renaissance*, 72-82 참조. 회고록 저자들이 자신의 부상을 묘사하는 내용과 관련해 Plessis-Besançon, *Mémoires*, 4-5; Ludlow, *Memoirs*, 1:60; Souvigny, *Mémoires*, 310, 314; Mortimer, *Eyewitness Accounts*, 44, 149; Navailles, *Mémoires*, 15, 17-18, 45-46, 94; Melville, *Mémoires*, 17, 90-91, 231-232; Parker, *Memoirs*, 48; Parker, *Military Memoirs*, 64, 150, 178; Pontis, *Mémoires*, 97-99, 144-145, 165-167, 189-191; Contreras, *Discurso*, 88; Atkyns, 'Vindication,' 9, 24; Du Causé, *Mémoires*, 42, 88; Gwyn, 'Military Memoirs,' 67; Hodgson, *Memoirs*, 6; Gledhill, *Memoirs*, 26; Peeke, *Three to One*, B2, C1; Berlichingen, *Autobiography*, 24-26, 88-90; Monluc, *Commentaires*, 1:78-79, 3:344-345; Poyntz, *Relation*, 45-46, 115; Florange, *Mémoires*, 1:67, 120, 123, 130; Haynin, *Mémoires*, 1:226; Schertlin, *Leben*, 5; Díaz, *Historia Verdadera*, 9-10, 52; Ehingen, *Reisen*, 1:67 참조. 또한 Harari, *Renaissance*, 48-52; Carlton, *Going*, 225-226 참조.

112 Navailles, *Mémoires*, 215.

113 Saint-Simon, *Mémoires*, 1:37-38.

114 Ibid., 1:56-57.

115 Ibid., 1:249-250.

116 상세한 논의는 Harari, *Renaissance*, 141-142 참조.

117 Ibid., 141-142.

118 Remarque, *All Quiet on the Western Front*, ch. 2, ed. Wheen, 20.

119 Raymond, *Autobiography*, 35.

120 Foucault, *Discipline and Punish*, 135-138. Taylor, *Sources*, 159. 근대 초기의 기초 훈련과 관련해 Houlding, *Fit for Service*, 257-287 참조. 교육 훈련과 관련해 더 철저한 논의는 3장 참조.

121 Quoted in Anderson, *War and Society*, 25.

122 See, for example, Ehrenreich, *Blood Rites*, 126-127.

123 Poyntz, *Relation*, 75.

124 Mergey, *Memoires*, 560. 다른 사람들이 저지른 살인과 관련해 La Colonie, *Mémoires*, 299-300 참조.

125 계시를 동반하지 않은 살인에 관한 또 다른 묘사는 Ludlow, *Memoirs*, 1:112; Parker, *Military Memoirs*, 174-175; Holsten, *Kriegsabenteuer*, 9; Dietz, *Memoirs of a Mercenary*, 48; Du Causé, *Mémoires*, 73-74 참조.

126 Ehingen, *Reisen*, 1:58-60.

127 Peeke, *Three to One*, D1-D4.

128 Melville, *Mémoires*, 24-25; Melville, *Memoirs*, 84-85. 처형을 모면했지만 그 어떤 계시도 받지 못한 또 다른 회고록 저자들은 Enriquez de Guzmán, *Libro*, 178 참조.

129 Melville, *Mémoires*, 90-95; Melville, *Memoirs*, 123-126.

130 Melville, *Mémoires*, 131-132; Melville, *Memoirs*, 149.

131 Melville, *Mémoires*, 167; Melville, *Memoirs*, 170.

132 *Time*, October 2, 2006, vol. 168:15, 27-29. See also Kovic, *Born on the Fourth of July*.

133 Berlichingen, *Autobiography*, 25-26.

134 Ibid., 24-26.

135 Ibid., 66.

136 Ibid., 44.

137 동시대 문화에서 무생물, 특히 무기와 유대 관계를 발전시킨 전쟁 영웅이 많았다는 사실에 주목해야 한다.

138 Harari, *Renaissance*, 48-50. 독특한 예외 사례는 Carlton, *Going*, 339-340 참조. See also ibid., 84-85; Dewald, *Aristocratic Experience*, 52.

139 Derounian-Stodola, *Indian Captivity Narrative*; Fitzpatrick, 'Figure of Captivity'; Zanger, 'Mary Rowlandson's Captivity Narrative.'

140 Holsten, *Kriegsabenteuer*, 34-35.

141 Quincy, *Mémoires*, 1:33. See also Melville, *Memoirs*, 12-13. 굶주림과 질병의 참상에 관한 묘사는 Mortimer, *Eyewitness Accounts*, 32, 42; Chouppes, *Mémoires*, 94; Navailles, *Mémoires*, 18, 162-163, 167; Melville, *Mémoires*, 19-23; Pasek, *Memoirs*, 49; Parker, *Memoirs*, 25; Parker, *Military Memoirs*, 153, 207; Holsten,

Kriegsabenteuer, 26; Campion, *Mémoires*, 79-88; Cavalier, *Memoirs*, 111, 141; Deane, *Journal*, 6; Poyntz, *Relation*, 120-121; Dietz, *Memoirs of a Mercenary*, 34, 42-43, 56-57; Du Causé, *Mémoires*, 45; Souvigny, *Mémoires*, 79, 240-242 참조. 참혹한 날씨에 관한 묘사는 Campion, *Mémoires*, 111-112; Cavalier, *Memoirs*, 111; Kane, *Campaigns*, 2; Souvigny, *Mémoires*, 302; Puységur, *Mémoires*, 1:66 참조. 피로에 관한 묘사는 Parker, *Military Memoirs*, 110, 178; Atkyns, 'Vindication,' 22; Souvigny, *Mémoires*, 16 참조.

142 La Noue, *Discours*, 343-345; Holsten, *Kriegsabenteuer*, 10; Mortimer, *Eyewitness Accounts*, 38; Tallett, *War and Society*, 49-50, 134-136; Duffy, *Military Experience*, 122. For a fuller discussion, see Harari, *Renaissance*, 139-141. See also Farquhar, 'Recruiting Officer,' Scene 3.2, ed. Myers, 199-201.

143 Carlton, *Going*, 76; Mortimer, *Eyewitness Accounts*, 37-38; Allmand, *Society at War*, 28; Braudy, *Chivalry*, 166-167.

144 대표적인 것은 아니지만 자주 인용되는 사례는 Bueil, *Jouvencel*, 2:20-21 참조.

145 Monro, *His Expedition*, Epistle, 2. See also ibid., To the reader, 2.

146 Ibid., To the reader, 2.

147 Ibid., 2:156.

148 Mortimer, *Eyewitness Accounts*, 152. 드물지만 회고록 저자가 전우와 전우애를 이야기하는 또 다른 사례는 Pontis, *Mémoires*, 222 참조.

149 Guyon, *Memoires*, 90-91.

150 Ibid., 94.

151 Ibid., 135. See also Melville, *Mémoires*, 236-237.

152 See, for example, Navailles, *Mémoires*, 160.

153 Ludlow, *Memoirs*, 1:103. See also ibid., 1:69, 73-74. 회고록 저자들이 다른 사람의 죽음이나 부상을 묘사한 사례는 La Colonie, *Mémoires*, 551; Ludlow, *Memoirs*, 1:45; Mortimer, *Eyewitness Accounts*, 149; Chouppes, *Mémoires*, 77; Navailles, *Mémoires*, 32-33; Melville, *Mémoires*, 21, 31, 236-237; Pasek, *Memoirs*, 72-73; Coxere, *Adventures by Sea*, 6-7, 9; Parker, *Memoirs*, 48; Parker, *Military Memoirs*, 64, 150, 175; Atkyns, 'Vindication,' 10-11, 20; Deane, *Journal*, 15, 22; Dietz, *Memoirs of a Mercenary*, 38-43; Du Causé, *Mémoires*, 38; Gwyn, 'Military Memoirs,' 53; Mackay, *Memoirs*, 59; Kane, *Campaigns*, 7; Souvigny, *Mémoires*, 350-351; Peeke, *Three to One*, B1, B4; Slingsby, *Memoirs*, 50-52; Balbi de Correggio, *Verdadera Relación*, 72, 94; Poyntz, *Relation*, 115. See also Murrin, *History and Warfare*, 82-83 참조. 죽음이나 부상을 자세히 묘사하지 않고 전사자나 부상자 명단만 나열하는 경우가 아주 많았다. 사례는 Millner, *A Compendious Journal*, 33, 44, 98, 125-128; Puységur, *Mémoires*, 1:6; Saint-Simon, *Mémoires*, 1:252-260 참조.

154 Barker, *Military Intellectual*, 112, 142; Pontis, *Mémoires*, 568; Souvigny, *Mémoires*, 22; Atkyns, 'Vindication,' 8; Poyntz, *Relation*, 58; Lupton, *Warrelike*

treatise, 16-17; Defoe, *Memoirs of a Cavalier*, 47-48; Navailles, *Mémoires*, 32; Parrott, *Richelieu's Army*, 43-48; Duffy, *Military Experience*, 96-97.

155 나는 르네상스 전쟁 회고록의 환멸 문제를 상당히 방대하게 다룬 책들을 앞서 발표했다. 다음 페이지에서 그 주요 논거들 중 일부를 요약하며 1600년 이후 회고록에 집중할 것이다. 르네상스 시대부터 세속적 전쟁 회고록에 나타난 환멸을 자세히 살펴보려면 Harari, *Renaissance*; Harari, 'Martial Illusions' 참조.

156 Raymond, *Autobiography*, 35.

157 Ibid., 43.

158 See, for example, Melville, *Mémoires*, 5-6; Parker, *Memoirs*, 2; Du Causé, *Mémoires*, 1-4, 71; Puységur, *Mémoires*, 1:1; Florange, *Mémoires*, 1:3; Poyntz, *Relation*, 45. See also Harari, 'Martial Illusions,' 56-57; Duffy, *Military Experience*, 57, 91; Lynn, *Giant*, 252.

159 Ercilla y Zúñiga, *Araucana*, ff. 290v-291v.

160 Ibid., f. 57v.

161 Ibid., ff. 187r-188v.

162 For example, ibid., f. 245v.

163 따라서 오늘날 '전쟁 드라마'와 반대되는 개념으로서의 '액션 영화'는 군국주의 이상을 고수하는 동시에 전투 중 발생하는 부상과 죽음을 사실적으로, 지나치게 사실적으로 묘사하는 경우가 아주 많다.

164 이와 비슷하게 잘못된 믿음과 관련해 Braudy, *Chivalry*, 177-178; Alker, 'Soldierly Imagination,' 67 참조.

165 Ercilla y Zúñiga, *Araucana*, ff. 318r-319v.

166 Ibid., ff. 327r-328r.

167 Harari, 'Martial Illusions,' 65-66.

168 See *Vida y hechos de Estebanillo Gonzalez*, 288-295.

169 Ibid., 414-415.

170 Ibid., 167. On *Estebanillo*, see also Borque, 'Spanish Literature,' 361.

171 Regarding Grimmelshausen's *Simplicissimus*, see Weinstein, *Fictions of the Self*, 51-59; Schäfer, 'Thirty Years' War.'

172 Grimmelshausen, *Der abenteurliche Simplicissimus*, book 1.4-10, ed. Meid, 25-44.

173 Ibid., book 2.30, ed. Meid, 234-235.

174 Ibid., book 3.14, ed. Meid, pp. 308-313.

175 Caputo, *Rumor of War*, 161.

176 Ibid., 201.

177 Mortimer, *Eyewitness Accounts*, 159.

178 Monro, *His Expedition*, 1:66.

179 Ibid., 1:3.

180 Ibid., 1:5.

181 Ibid., 2:93.

182 Ibid., To the reader, 1.

183 Dietz, *Memoirs of a Mercenary*, 48.

184 Saint-Simon, *Mémoires*, 1:251, 260.

185 Kane, *Campaigns*, 55.

186 Parker, *Memoirs*, 32.

187 Parker, *Military Memoirs*, 43-44.

188 Ibid., 89. See also Navailles, *Mémoires*, 193-194; Quincy, *Mémoires*, 1:239; Defoe, *Memoirs of a Cavalier*, 66.

189 Parker, *Military Memoirs*, 151.

190 Remarque, *All Quiet on the Western Front*, ch. 4, ed. Wheen, 48-53.

191 See, for example, Hale, *Artists and Warfare*, 10, 24, 30-32, 39.

192 For example, Belkin and Depauw, *Images of Death*, 11-12; Paret, *Imagined Battles*, 27-29.

193 Cavalli-Björkman, '*Vanitas* Still Life.'

194 이런 사례는 Hale, *Artists and Warfare*, 10, 24, 30-32, 39; Auwera, 'Historical Fact,' 466-467 참조. 예외적 사례는 1532년에 익명의 화가가 그린 그림이다. 이 그림에서는 우신 愚神과 사신死神이 가득 쌓인 주화로 남자들을 유혹해 입대시키는 모병관으로 묘사된다(Hale, *Artists and Warfare*, 24). 이 경우 그림이 전하는 메시지는 전형적인 메멘토 모리가 아니라, 젊은 신병들의 환상을 깨트리고 전쟁의 위험을 알리는 경고라고 주장할 수 있을 것이다.

195 전쟁이 제공하는 소재를 활용하지 않은 종교 화가들은 Lavalle, 'Thirty Years' War,' 153-158 참조.

196 See also Cavalli-Björkman, '*Vanitas* Still Life.'

197 Hale, *Artists and Warfare*, 31.

198 Porter, *Medieval Warfare*, 35. See also ibid., 7, 34-38; Smeyers, *Flemish Miniatures*, 256; Prestwich, *Armies*, 79; Keen, *Chivalry*, illustrations number 7, 45; Hale, *Artists and Warfare*, 16, 138; Groebner, *Defaced*, 135; Carlton, *Going*, 18-19.

199 Roeck, 'Atrocities of War,' 129-136; Landwehr, *Romeyn de Hooghe*, 65, 84, 141, 194-195; Richard, 'Jacques Callot'; Kunzle, *From Criminal to Courtier*, 18-20, 24; Paret, *Imagined Battles*, 31-39. 하지만 일부 학자들은 자크 칼로의 그림에서도 반전 메시

지가 전혀 보이지 않는다고 주장했다. Thuillier, 'Thirty Years' War,' 22-27; Knauer, 'War as *Memento Mori*,' 509.

200 Bächtiger, 'Marignano,' 31; Paret, *Imagined Battles*, 27.

201 전쟁에 참여한 화가들은 '관습적인' 전쟁 장면만 그리도록 스스로 제한하거나, 전쟁 장면을 전혀 그리지 않았다. 예를 들어 베이싱하우스 궁 습격에서 살아남은 이니고 존스Inigo Jones는 영국 내란에 관한 그림을 전혀 그리지 않았다(Carlton, *Going*, 343-344; Hale, *Artists and Warfare*, 55-58, 171 참조).

202 Hale, *Artists and Warfare*, 55-58, 97.

203 Roeck, 'Atrocities of War,' 133. On Graf's *Battlefield* see in particular Bächtiger, 'Marignano.'

204 Hale, *Artists and Warfare*, 175-176; Roeck, 'Atrocities of War,' 133.

205 Kunzle, *From Criminal to Courtier*, 19.

206 Watkins, *Puritan Experience*, 209.

207 근대 초기에 이런 상투어를 예외적으로 사용한 사례는 Melville, *Memoirs*, 19, 31; Díaz, *Historia Verdadera*, 11, 245-247, 249-250, 337, 349; Carlton, *Going*, 129; Pontis, *Mémoires*, 222; Bueil, *Jouvencel*, 2:21; Holsten, *Kriegsabenteuer*, 34; Defoe, *Memoirs of a Cavalier*, 43-46; Parker, *Military Memoirs*, 108; Harari, *Renaissance*, 69; Groebner, *Defaced*, 126; Mortimer, 'Individual Experience,' 147 참조.

208 Berlichingen, *Autobiography*, 25. See also Cabeza de Vaca, *Naufragios*, 32; Navailles, *Mémoires*, 215; Melville, *Mémoires*, 11-12; Cavalier, *Memoirs*, 145.

209 드물지만 예외적인 사례는 Boyvin, *Mémoires*, 14 참조.

210 Díaz, *Historia Verdadera*, 30-31.

211 Ibid., 26, 37, 48, 61-2, 69, 73, 88, 90, 265-7, 303-4. See also Harari, *Renaissance*, 69-70.

212 Díaz, *Historia Verdadera*, 115.

213 이와 비슷하게 군인들이 경험의 오류가 아니라 사실의 오류와 편파성을 근거로 역사학자와 민간인을 비난한 사례는 Parker, *Memoirs*, 20; Tavannes, *Mémoires*, 8, 19; La Colonie, *Mémoires*, 506-507; Quincy, *Mémoires*, 1:308; Monluc, *Commentairres*, 1:337, 2:170, 350, 3:412, 422; Brantôme, *Oeuvres*, 5:336; Peeke, *Three to One*, A 참조.

214 Shakespeare, *Henry V*, Act 4, Scene 3, ed. Taylor, 229-230.

5장 / 정신, 육체를 지배하다

1 Bynum, 'Why all the Fuss?', 13-27; Taylor, *Sources*, 127-142; Aberth, *Brink of Apocalypse*, 221-227; Perkins, *Suffering Self*, 3; Fanning, *Mystics*, 86; Ariès, *Hour*, 300; Watkins, *Puritan Experience*, 6; Le Goff, *Saint Francis*, 26; Michael, 'Renaissance Theories,' 147-150; Porter, *Flesh*, 18. 이런 점에서 그리스도교는 플라톤

의 철학 체계 같은 이전의 체계를 따랐다(Taylor, *Sources*, 115-126).

2 Quoted in Lozovsky, *Earth*, 142-143.

3 See ibid., 143-145.

4 Erasmus, 'Handbook,' 42-44.

5 Ibid., 44-51.

6 Lupton, *Obiectorum reductio*, 121-123.

7 Crichton, *Blackader*, 153.

8 Ibid., 155-156.

9 Barker, *Military Intellectual*, 130-132.

10 Ibid., 148.

11 데카르트의 군복무 관련 Gaukroger, *Descartes*, 65-67, 102-111; Rodis-Lewis, 'Descartes' Life,' 25, 30-33; Baillet, *Vie*, 23-44; Adam, *Oeuvres de Descartes*, 2:480; Clarke, *Descartes*, 39-65; Sorell, *Descartes*, 7-8; Descartes, *Discours*, part II, ed. Buzon, 83-84 참조.

12 데카르트 관련 Cottingham, 'Cartesian Dualism'; Rozemond, *Descartes's Dualism*; Sorell, *Descartes*, 71-87; Secada, *Cartesian Metaphysics*; Taylor, *Sources*, 143-158; Rey, *History*, 72-80; Wright and Potter, *Psyche*, 9-11; Voss, 'Descartes,' 175-176; Lennon, 'Bayle,' 198; Wright, 'Substance,' 237; Bynum, 'Why all the Fuss?' 33 참조. 데카르트의 견해를 조금 다르게 보는 해석은 Almog, *What am I?*; Clarke, *Descartes's Theory of Mind* 참조.

13 See Clarke, *Descartes*, 65.

14 Bergman, *History*, 1:147-148.

15 이름과 불멸의 명성을 남기려는 욕구 관련 Harari, *Renaissance*, 99-100, 117-118, 165-166, 168, 175-180, 194-195 참조.

16 Carlton, *Going*, 219; Prestwich, *Armies*, 333; Beaune, *Birth*, 307-308.

17 Barker, *Military Intellectual*, 132.

18 이렇게 생각하는 군주들에 대한 비판은 Brantôme, *Oeuvres*, 7:278-279 참조. 지휘관의 개인적 명예를 수단적 맥락으로 이해한 근대 해석은 Strickland, *War and Chivalry*, 101 참조.

19 명예와 그 중요성 관련 Parrott, *Richelieu's Army*, 71-73; Starkey, *War*, 20-21, 69-78; Duffy, *Military Experience*, 9, 74-80; Anderson, *War and Society*, 58; Best, *War and Society*, 24; Lynn, *Giant*, 248-254; Neuschel, *Word of Honour*; Vale, *War and Chivalry*, 15-31, 166-167, 174, 249-251; Dewald, *Aristocratic Experience*, 45; Ruff, *Violence*, 75-80; Groebner, *Defaced*, 80-82; Keen, *Chivalry*, 249-251; Kaeuper, *Chivalry*, 153-155; Fallows, 'Knighthood,' 130; Harari, *Renaissance*, 39-40, 98-103, 112-116, 128-129, 159-165, 170-178, 182-183, 194-195; Harari, 'Martial Illusions,' 70-72; Carlton, *Going*, 55-58; Braudy, *Chivalry*, 49-55; Kiernan, *Duel*, 48-49; Hampson, *Cultural History*, 68-69 참조.

20 Quoted in Fallows, 'Knighthood,' 130.

21 Keegan, *History*, 32; Black, 'Introduction,' 1, 4, 11; Black, *Why Wars Happen*, 4; Black, *European Warfare*, 47, 68; Hale, *War and Society*, 17-18, 31-32; Gunn, 'French Wars,' 33-35, 47; Luard, *War*, 330-334; Strickland, *War and Chivalry*, 112-113, 330; Mortimer, *Eyewitness Accounts*, 38; Lynn, *Giant*, 253-254; Machiavelli, *Prince*, ed. Codevilla, xv-xvii. Groebner, *Defaced*, 80-82; Harari, *Renaissance*, 160-164, 171-173.

22 술수에 내포된 불명예와 관련해 Allmand, 'Entre honneur,' 476; Harari, *Special Operations*, 8-9, 29-30 참조.

23 중세와 근대 초기에는 전장에서 명예 숭배의 명령을 어기거나 무시하는 경우가 많았다. 이에 관한 논의는 Vale, *War and Chivalry*, 33, 167; Kaeuper, *Chivalry*, 153-155; Harari, *Special Operations*, 8-9, 13-17, 25-30; Keen, *Chivalry*, 220, 228-237; Contamine, *War*, 284-292; Prestwich, *Armies*, 233-237; Strickland, *War and Chivalry*, 124-131; Showalter, 'Caste,' 417; Gillingham, 'War and Chivalry,' 231-239 참조.

24 Muntaner, *Crònica*, ch. 83, ed. Gustà, 1:127.

25 Ibid., 127-129; Desclot, *Llibre*, 503-504.

26 루리아의 행동을 합리화하려는 근대의 해석은 Mott, 'Battle of Malta,' 158-160 참조.

27 See also Harari, *Renaissance*, 161-164.

28 Charny, *Book of Chivalry*, 122. See also Charny, *Book of Chivalry*, 124.

29 중요한 예외 사례는 Brantôme, *Oeuvres*, 7:23. La Rochefoucauld, *Maxims*, 215, 219, 221 참조. 두려움에 대한 일반적인 태도는 Barker, *Military Intellectual*, 64-66; Melvill, *Mémoires*, 201; Parker, *Military Memoirs*, 178, 184; Raymond, *Autobiography*, 38; Dewald, *Aristocratic Experience*, 59-60; Beaune, *Birth*, 305; Wright, *Knights*, 64; Verbruggen, *Art of Warfare*, 39-52; Contamine, *War*, 250-259; Strickland, *War and Chivalry*, 122-123; Kaeuper, *Chivalry*, 165-166; Parrott, *Richelieu's Army*, 72; Duffy, *Military Experience*, 239-40; Bliese, 'Courage'; Harari, *Renaissance*, 52; Fallows, 'Knighthood,' 123-125 참조.

30 Alker, 'Soldierly Imagination,' 51-52; Carlton, *Going*, 86.

31 Barker, *Military Intellectual*, 113.

32 Monluc, *Commentaires*, 1:41. 내적 자질이지만 반드시 외적으로 드러내야만 하는 명예는 Dewald, *Aristocratic Experience*, 59; Starkey, *War*, 70-71; Lynn, *Giant*, 251, 258 참조.

33 근대 초기에는 이와 반대되는 의견들도 있었다. 이에 관한 사례는 몽테뉴의 수필 'On Glory' (Montaigne, *Complete Essays*, 702-717; Taylor, *Sources*, 152) 참조. 하지만 이런 의견들은 18세기까지는 전쟁 문화에서 크게 입지를 다지지 못했다.

34 다음 논의의 많은 부분이 명예적 전쟁 경험담, 수단적 전쟁 경험담 모두와 관련된 것이다. 내가 이 논의를 여기에 포함한 이유는 이 논의가 명예의 이상과 더 밀접하게 연관되어 있기 때문이다. 수단적 경험담에도 동일한 역학 관계가 있지만, 수단적 경험담에서 명예는 충성스럽고 유익

한 행동을 고무하기 위해 국가가 주는 보상으로 이해되었다.

35 이 장면을 비슷하게 묘사한 근대 초기의 표현은 Michelle da Verona, *Mucius Scaevola*(c.1500); Christoph Bockstoffer's Mucius Scaevola Thrusting His Right Hand into the Flames before Lars Porsenna(c.1530-1540); Hans Baldung Grien's *Mucius Scaevola*(1531); and Abraham Schöpfer, *Mucius Scaevola Burns His Arm before Lars Porsena*(1533) 참조.

36 Foxe, *Book of Martyrs*, 386-387.

37 Braudy, *Chivalry*, 191. See also Keen, *Chivalry*, 223; Quevedo, 'Swindler,' 165-166.

38 See, for example, Enriquez de Guzmán, *Libro*, 28-29.

39 '영웅적' 범죄자에 관한 이야기는 Mascuch, *Origins*, 162-188; Merback, *Thief*, 126-157; Cohen, 'Die a Criminal,' 288-290, 294-296; Cohen, *Crossroads*, 181-201. 또한 Pontis, *Mémoires*, 329 참조.

40 Ferguson, *Chivalric Tradition*, 97; Kiernan, *Duel*, 1-2, 14-15, 56-57, 113; Baldick, *Duel*, 84; Billacois, *Duel*, 210-211; Starkey, *War*, 71-78; Duffy, *Military Experience*, 77-78; Lynn, *Giant*, 255-259.

41 Baldick, *Duel*, 34-36; Billacois, *Duel*, 196-198; Stienmetz, *Romance of Duelling*, 1:123.

42 권총 사용에 관해 Baldick, *Duel*, 40-42, 73-74, 91; Billacois, *Duel*, 64, 185; Kiernan, *Duel*, 208, 214, 309 참조.

43 Baldick, *Duel*, 41, 102, 139; Kiernan, *Duel*, 79-80, 142, 309; Billacois, *Duel*, 18-19, 28, 217; Steinmetz, *Romance of Duelling*, 1:61.

44 Baldick, *Duel*, 42-46, 74; Kiernan, *Duel*, 142, 144, 259; Billacois, *Duel*, 121; Steinmetz, *Romance of Duelling*, 1:66-73, 76-77, 81, 87, 104-107, 110, 2:152, 175-176, 247-248, 288-289, 303.

45 Quoted in Fallows, 'Knighthood,' 119. See also ibid., 120-121.

46 Ibid., 135.

47 Gwyn, 'Military Memoirs,' 41.

48 Brantôme, *Oeuvres*, 7:53.

49 Ibid., 102-103. See also Brantôme, *Oeuvres*, 7:103-105; Baeça, 'Carta,' 504; Erasmus, 'Soldier and Carthusian,' 132.

50 For example, see Díaz, *Historia Verdadera*, 18, 56.

51 Cerwin, *Bernal Díaz*, 175-176.

52 Muntaner, *Crònica*, ch. 227, ed. Gustà, 2:101.

53 Joinville, *Vie*, section 241, ed. Monfrin, 118.

54 García de Paredes, *Breve Svma*, 167.

55 Schertlin, *Leben*, 23.

56 Bowen, 'Real Soul', 36.

57 Baeça, 'Carta,' 505. Contamine이 인용한 송덕문에서는 사망한 전투원의 부상 횟수를 정확히 밝힌다(Contamine, 'Mourir,' 26 참조).

58 Pontis, *Mémoires*, 82.

59 Enriquez de Guzmán, *Libro*, 29.

60 Melvill, *Mémoires*, 231.

61 Ercilla y Zúñiga, *Araucana*, f. 179v.

62 Florange, *Mémoires*, 1:127-128. See also Florange, *Mémoires*, 1:67, 120, 123; Berlichingen, *Autobiography*, 88-90; Haynin, *Mémoires*, 1:226; Schertlin, *Leben*, 5; Díaz, *Historia Verdadera*, 9-10, 52; Ehingen, *Reisen*, 1:67; Harari, *Renaissance*, 118. 부상과 흉터 그리고 그 문화적 중요성과 관련해 Fallows, 'Knighthood' 참조.

63 Caputo, *Rumor*, 165.

64 Ibid., 166-167.

65 Quoted in Mortimer, *Eyewitness Accounts*, 146. For a fuller discussion, see Harari, *Renaissance*, 39-42.

66 더 상세한 논의를 위해 Harari, *Renaissance*, 146-155; Harari, 'Martial Illusions,' 67-71. Levisi, 'Golden Age,' 99, 106, 114; Watts, 'Selfportrayal,' 265, 274-275; Mortimer, *Eyewitness Accounts*, 145 참조. 집합적인 사건들의 나열이 전기라고 주장하는 회고록 저자들은 La Colonie, *Mémoires*, 47; Quincy, *Mémoires*, 1:1-2; Pasek, *Memoirs*, 37, 88 참조.

67 Schertlin, *Leben*, 3-4.

68 Ibid., 16.

69 Ibid., 23.

70 Ibid., 63.

71 Ibid., 100. See also Parker, *Military Memoirs*, 187; Poyntz, *Relation*, 125-130; Navailles, *Mémoires*, 5; Dietz, *Memoirs*, 31, 60. 개인적 수단으로의 전쟁과 전쟁 사업가와 관련해 Redlich, *German Military Enterprizer*; Duffy, *Military Experience*, 14-15, 32-34, 71-73; Lynn, *Giant*, 249-250, 417-419; Anderson, *War and Society*, 33-76 참조.

72 Contreras, *Discurso*, 74.

73 For example, see Cerwin, *Bernal Díaz*, 77-83, 94-95; Monluc, *Commentaires*, 3:314-315, 356-367; Roy, *Habsburg-Valois Wars*, 9-10.

74 See, for example, Souvigny, *Mémoires*, 350-351.

75 중세와 근대 초기 집단적 수단으로의 전쟁 경험담은 Parrott, *Richelieu's Army*, 77-81, 84,

100-109; Duffy, *Military Experience*, 154-156; Lynn, *Giant*, 275-305; Gillingham, 'Up with Orthodoxy!' 154; Strickland, *War and Chivalry*, 98-131; Black, *Why Wars Happen*, 15-20, 24, 63, 69-70; Black, 'Introduction,' 9-10; Black, *European Warfare, 1494-1660*, 5-6; Howard, *Weapons and Peace*, 7-22; Hale, *War and Society*, 15-16, 22-25, 29; Gunn, 'French Wars,' 28-35; Tallett, *War and Society*, 15-20; Luard, *War*, 24-26, 85-92, 135-144, 187; Wilson, *European Warfare*, passim; Glete, *War and the State* 참조.

76 Dalrymple, *Military Essay*, 79-80.

77 훈련에 관해서는 Van Creveld, *Technology and War*, 92-95; Duffy, *Military Experience*, 96-105, 110-115; Houlding, *Fit for Service*, 153-287; McNeill, *Keeping*, 127-131; Paret, *Yorck*, 13-19, 44; Foucault, *Discipline and Punish*, 135-138, 151-155, 162-164; Rogers, *British Army*, 67-68, 76-77; Holmes, *Redcoat*, 33, 215-216, 275; Anderson, *War and Society*, 25; Roberts, 'Military Revolution,' 14-16; Parker, *Military Revolution*, 20-23; Parker, 'Military Revolution,' 40-41; Parker, *Thirty Years War*, 184-185; Parrott, *Richelieu's Army*, 20-21; Lynn, *Giant*, 481-484, 515-525 참조. 내가 특히 참조한 근대 초기 훈련교본은 *Maniement d'Armes*; *Military Discipline*; Hexham, *Principles*; Lupton, *Warre-like Treatise*; Kane, *Campaigns*; *The Duke of Marlborough's new exercise*; Bland, *Treatise*; *Regulations for the Prussian infantry*; Dalrymple, *Military Essay*; Frederick II, *Military Instructions*다.

78 Jacques de Gheyn이 그림을 그린 모리스의 훈련교본 원본은 머스킷 소총의 장전과 발사 과정을 42개 개별 동작으로 나누었고, 창을 다루는 방법을 32개 동작으로 나누었다(Kunzle, *From Criminal to Courtier*, 206 참조).

79 Hexham, *Principles*, 14-15. For these Pictorial guidebooks, see Knauer, 'War as Memento Mori,' 509-510; Kunzle, *From Criminal to Courtier*, 206-207.

80 Quoted in Duffy, *Military Experience*, 103.

81 Paret, *Yorck*, 15; Houlding, *Fit for Service*, 279-280.

82 Quoted in Paret, *Yorck*, 16n. 28.

83 Hexham, *Principles*, 7.

84 Military *Discipline*, 37.

85 Farquhar, 'Recruiting Officer,' Scene 4.1, ed. Myers, 206-207.

86 Duffy, *Military Experience*, 98-103; Duffy, *Army of Maria Theresa*, 56; Anderson, *War and Society*, 64-65; Best, *War and Society*, 32-33, 40-41; McNeill, *Keeping*, 129-130; Foucault, *Discipline and Punish*, 166; Holmes, *Redcoat*, 34-36, 314-326; Büsch, *Military System*, 25-26; Dinwiddy, 'Campaign'; Burroughs, 'Crime.'

87 Harris, *Recollections*, 92. See also Green, *Vicissitudes*, 16.

88 Quoted in Duffy, *Military Experience*, 98-99.

89 Bräker, *Arme Mann*, 75; Bräker, *Life Story*, 122.

90 Bräker, *Arme Mann*, 80; Bräker, *Life Story*, 127-128.

91 See, for example, Barker, *Military Intellectual*, 83.

92 Bishop, *Life*, 161-162.

93 See, for example, Barker, *Military Intellectual*, 73, 112; Souvigny, *Mémoires*, 23. On morale see also Parrott, *Richelieu's Army*, 71-74; Duffy, *Military Experience*, 194-197, 239-240; Lynn, *Giant*, 415-420, 434-450.

94 Navailles, *Mémoires*, 33.

95 위대한 장군을 용맹한 기사가 아닌 생각하는 기계로 이해한 것과 관련해 Barker, *Military Intellectual*, 84, 157-158; Dewald, *Aristocratic Experience*, 57; Duffy, *Military Experience*, 140-141 참조.

96 Barker, *Military Intellectual*, 157-158; Pontis, *Mémoires*, 441-442, 448-449, 564-565; Souvigny, *Mémoires*, 311, 350-351; Van Creveld, *Command in War*, 53; Duffy, *Military Experience*, 220-221, 237. 장군들은 개인적인 명예를 위해서가 아니라 어쩔 수 없는 군사적 상황에서만 위험을 무릅써야 했다(Lynn, *Giant*, 314-315 참조).

97 Fernández, 'Hall of Realms,' 122-129; Pfaffenbichler, 'Early Baroque,' 493-495; Paret, *Imagined Battles*, 40-42. 장군들의 활약이 그리 두드러지지 않은 경우에도 전투와 포위공격을 묘사한 그림 대부분은 전투 장면을 막대인간들의 정밀한 기하학적 대형 사이에 벌어지는 체스 게임으로 그렸다. Auwera, 'Historical Fact'; Maarseveen, 'Eighty Years' War'; Chiarini, 'The Thirty Years' War'; Pfaffenbichler, 'Early Baroque'; Plax, 'Seventeenth-Century French Images of Warfare'; Kunzle, *From Criminal to Courtier*, 441-505; Paret, *Imagined Battles*, 40 참조.

98 See, for example, Chouppes, *Mémoires*, 95-96; Monluc, *Commentaires*, 1:38, 423, 2:164. See also Duffy, *Military Experience*, 10, 14.

99 Parker, *Military Memoirs*, 126-127. See also Mackay, *Memoirs*, 56.

100 Quoted in Rogers, *British Army*, 105.

101 Parker, *Military Memoirs*, 100-101.

102 Ibid., 103-104. See also Barker, *Military Intellectual*, 67-69, 130-138; Machiavelli, *Prince*, ch. 15, ed. Codevilla, 57-58, 67; Dewald, *Aristocratic Experience*, 63-65.

103 주목할 만한 사실은 위대한 전쟁 영웅 두 사람의 패전, 곧 칼 12세의 폴타바 패전(1709년)과 나폴레옹의 워털루 패전(1815년)의 원인을 종종 질병 탓으로 돌린다는 것이다.

104 See, for example, Monluc, *Commentaires*, 1:47-57, 87-98, 111-119; Verdugo, *Commentario*, 15-18, 161-162; Vere, *Commentaries*, 93-101, 154-159; Mackay, *Memoirs*, 50-55; Navailles, *Mémoires*, 148. See also Harari, *Renaissance*, 76.

105 근대 초기 지휘관을 체스 선수로 생각하는 것에 관해서는 Brodsky, *Gentlemen of the Blade*, 10-11 참조. 전투를 체스 게임으로 묘사하는 것에 관해서는 Gleig, *Subaltern*, 201 참조.

106 Starkey, *War*, 21; Lynn, *Giant*, 275-281, 293-305, 439; Keen, *Chivalry*, 220, 228-237; Keen, 'Changing Scene,' 291; Contamine, *War*, 284-292; Prestwich, *Armies*, 233-234; Strickland, *War and Chivalry*, 124-125; Showalter, 'Caste,' 417; Vale,

War and Chivalry, 33.

107 사례는 Pontis, *Mémoires*, 132, 448-449; Defoe, *Memoirs of a Cavalier*, 122-123; Dewald, *Aristocratic Experience*, 63-64; Adams, *Better*, 144-157 참조. 기사도와 전쟁 현실 사이의 관계에 대한 논쟁은 Keen, 'Chivalry, Nobility'; Keen, 'Huizinga'; Strickland, *War and Chivalry*; Anglo, *Chivalry*; Goodman, *Chivalry and Exploration*; Ferguson, *Chivalric Tradition*; Davis, *Chivalry and Romance*; Day, 'Losing One's Character'; Vale, *War and Chivalry*, 1-10, 174; Keen, *Chivalry*, 1-3; Keen, 'Changing Scene,' 290-291; Gillingham, 'War and Chivalry,' 237-240; Hale, *War and Society*, 37-38; Tallett, *War and Society*, 17-18; Prestwich, *Armies*, 222, 243 참조.

108 Starkey, *War*, 69-71.

109 '불명예스런'이라는 말이 의미하는 것이 세기마다 달랐다.

110 명예적 전쟁 경험담의 타당성 지속에 관해서는 Denin, 'Face of Battle'; Anderson, 'Code of Honour'; Tallett, *War and Society*, 17-18; Parrott, *Richelieu's Army*, 71-75; Duffy, *Military Experience*, 75-80; Lynn, *Giant*, 248-252, 439 참조.

제3부　전쟁, 육체를 깨우다 | 1740~1865년

6장 / 육체, 억압하는 정신에 반기를 들다

1 유물론은 라메트리 이전에도 긴 역사가 있다. 특히 17세기 중반 토머스 홉스Thomas Hobbes 가 급진적인 유물론 사상을 전파했다. 그렇지만 완전한 유물론은 여전히 금기였다. 라메트리 이전의 유물론은 Yolton, *Locke and French Materialism*; La Mettrie, *Man a Machine*, ed. Bussey, 165-170; Thomson, *Materialism and Society*, 22-30; Rosenthal, *Materialism*, 19-52; Raymond, *Passage*, 43-67; Wellman, *La Mettrie*, 128-132 참조.

2 Holmes, *Redcoat*, 250.

3 Frederick II, 'Eulogy on La Mettrie,' 6.

4 La Mettrie, *Man a Machine*, ed. Lieber, 1-5; Frederick II, 'Eulogy on La Mettrie'; Thomson, *Materialism and Society*, 39-40; O'Neal, *Authority*, 197; Wellman, *La Mettrie*, 5-6.

5 La Mettrie, *L'Homme-machine*, 66-67; La Mettrie, *Man a Machine*, ed. Lieber, 29-30.

6 La Mettrie, *L'Homme-machine*, 73; La Mettrie, *Man a Machine*, ed. Lieber, 36. 추상적 합리주의에 반대하는 라메트리의 주장은 Wellman, *La Mettrie*, 2, 7-8, 137-149 참조.

7 La Mettrie, *L'Homme-machine*, 64-65; La Mettrie, *Man a Machine*, ed. Lieber, 28-29.

8 La Mettrie, *L'Homme-machine*, 81; La Mettrie, *Man a Machine*, ed. Lieber, 44.

See also La Mettrie, *L'Homme-machine*, 87.

9 La Mettrie, *L'Homme-machine,* 97; La Mettrie, *Man a Machine*, ed. Lieber, 58.

10 La Mettrie, *L'Homme-machine,* 98; La Mettrie, *Man a Machine*, ed. Lieber, 59.

11 La Mettrie, *L'Homme-machine,* 67; La Mettrie, *Man a Machine*, ed. Lieber, 31.

12 La Mettrie, *L'Homme-machine,* 68; La Mettrie, *Man a Machine*, ed. Lieber, 31. 라메트리 이전 혹은 동시대에 Guillaume Lamy, François Maubec, Moreau de Saint-Elier, Antoine Louis, and Antoine Le Camus 등의 의사들이 비슷한 결론을 내렸다 (Thomson, *Materialism and Society*, 22-30; Wellman, *La Mettrie*, 128-132 참조).

13 La Mettrie, *L'Homme-machine*, 68; La Mettrie, *Man a Machine,* ed. Lieber, 31.

14 La Mettrie, *L'Homme-machine*, 70-71; La Mettrie, *Man a Machine*, ed. Lieber, 32-34. On La Mettrie's and his philosophy, see also Wellman, *La Mettrie*; Thomson, *Materialism and Society*; McMahon, *Pursuit*, 222-230; O'Neal, *Authority*, 206-207; Vartanian, *La Mettrie's 'L'Homme machine'*; Gay, *Enlightenment*, 2:3-27; Israel, *Radical Enlightenment*, 704-709; Callot, *Philosophie*, 195-244; Rosenfield, *From Beast-Machine*, 141-146; Vartanian, *Science and Humanism*, 45-91.

15 '사고하는 물질' 개념과 관련해 Taylor, *Sources*, 347-349 참조.

16 Thomson, *Materialism and Society*, 18.

17 La Mettrie, *L'Homme-machine*, 104; La Mettrie, *Man a Machine*, ed. Lieber, 64.

18 La Mettrie, *L'Homme-machine*, 107; La Mettrie, *Man a Machine*, ed. Lieber, 67.

19 See also O'Neal, *Authority*, 207-208.

20 Manceron, *Twilight*, 4.

21 See, for example, Vila, *Enlightenment*; Van Sant, *Eighteenth-Century Sensibility*; Ellis, *Politics of Sensibility*; Bruhm, *Gothic Bodies*; Cottom, *Cannibals and Philosophers*; Hunt and Jacob, 'Affective Revolution.'

22 O'Neal, *Authority*, 1, 245. See also Chisick, *Limits*, 6.

23 도덕감각학파 관련 Taylor, *Sources*, 258-265, 282-274; Jones, *Radical Sensibility*, 8; Voitle, *Third Earl*; Ellis, *Politics of Sensibility*, 10-14 참조.

24 18세기 유물론과 특히 물질이 사고할 수 있다는 생각과 관련해 O'Neal, *Authority*, 197-198, 204, 209-214; Yolton, *Locke and French Materialism*; Yolton, *Thinking Matter*; Richardson, *British Romanticism*; Taylor, *Sources*, 321-354; Outram, *Enlightenment*, 34; Pyenson, *Servants of Nature*, 418-419; Hampson, *Cultural History*, 93-95; Israel, *Radical Enlightenment*, 709 참조.

25 O'Neal, *Authority*, 2, 16-21, 37, 64-67, 84-86, 201, 204-205; Outram, *Enlightenment*, 53; Hampson, *Cultural History*, 39, 75-76, 113, 186-187. 18세기 위 대한 의사이자 중요한 의학사상가인 헤르만 부르하버Hermann Boerhaave를 비롯해 의학계 대부분이 감각주의자들의 견해에 동의했다(Wellman, La Mettrie, 70, 104).

26 Quoted in O'Neal, *Authority*, 65.

27 Ibid., 81. See also Taylor, *Sources*, 164-167.

28 Ibid., 19, 27, 40, 42, 47-48; Wellman, *La Mettrie*, 167-168.

29 Jones, *Revolution*, 79.

30 O'Neal, *Authority*, 1-2, 89, 94, 175-182; Denby, *Sentimental Narrative*, 170-175; Jones, *Revolution*, 63.

31 신경계에 관한 감각주의 사상의 이해와 관련해 저자가 참조한 책은 Vila, *Enlightenment*다.

32 감수성 숭배와 서양 문화에 미친 영향과 관련해 특히 Barker-Benfield, *Culture of Sensibility*; Ellison, *Cato's Tears*; Taylor, *Sources* 참조. 나는 18세기가 근대 문화사에서 가장 중요한 경계선이라는 테일러의 주장을 따른다. Knott, 'Sensibility'; Bell, *Sentimentalism*, 11-56; O'Neal, *Authority*, 114-118, 128; Hampson, *Cultural History*, 186-187, 200-201; Porter, *Flesh*, 472-473; Breen, *Romantic Literature*, 9-12; Jones, *Revolution*, 105-115; McMahon, *Pursuit*, 197-252 참조.

33 Quoted in O'Neal, *Authority*, 19. See also O'Neal, *Authority*, 69, 84-86, 89-91; Wellman, *La Mettrie*, 124; McGann, *Poetics*, 7.

34 Ibid., 3, 70-74, 84, 89-91; Taylor, *Sources*, 169, 321; McMahon, *Pursuit*, 208-221, 230-231; Wellman, *La Mettrie*, 152-153, 157-160; Van Sant, *Eighteenth-Century Sensibility*, 1-2; Ellis, *Politics of Sensibility*, 10-12; Burke, *Philosophical Enquiry*, xl-xli; Bruhm, *Gothic Bodies*, 2.

35 Quoted in Taylor, *Sources*, 328.

36 See in particular Vila, *Enlightenment*. See also Van Sant, *Eighteenth-Century Sensibility*, 5-14; Ellis, *Politics of Sensibility*, 18-21; Schenk, *Mind*, 4; Bour, 'Sensibility as Epistemology,' 815; Bruhm, *Gothic Bodies*, 4-5, 12-13; Hunt and Jacob, 'Affective Revolution,' 497-498.

37 Quoted in Fischer, *Washington's Crossing*, 107.

38 Gleig, *Subaltern*, 161.

39 Shipp, *Memoirs*, 52-53.

40 Porter, *Greatest Benefit*; McMahon, *Pursuit*, 159; Taylor, *Sources*, 188-191.

41 Taylor, *Sources*, 284.

42 Quoted in Hampson, *Cultural History*, 192-193. For the connection between feeling and knowing, see also Taylor, *Sources*, 294-296, 371-373; Hampson, *Cultural History*, 186-196; Benedict, *Framing Feeling*; Schenk, *Mind*, 4; Richards, *Romantic Conception*, 13-14; Bell, *Sentimentalism*, 2, 110-115, 121-122; McGann, *Poetics*, 7, 13-14; Pinch, *Strange Fits of Passion*, 7-8.

43 Sterne, *Sentimental Journey*, 198-199.

44 Rousseau, *Émile*, 348.

45 Ibid., 353-354.

46 Quoted in Cook, *Thresholds*, 13. See also Cook, *Thresholds*, 3-28; Schenk, *Mind*, 110-115; Menhennet, *Romantic Movement*, 19-21, 27-29; Jones, *Revolution*, 84-92; McGann, *Poetics*, 43; Bour, 'Sensibility as Epistemology,' 820-821; Löwy and Sayre, *Romanticism*, 41, 54-55.

47 Schiller, *Wallenstein*, 'The Piccolomini,' Act 5, Scene 1, trans. Lamport, 313. On Schiller's Wallenstein, see Krimmer, 'Transcendental Soldiers,' 105-112.

48 Schiller, *Wallenstein*, 'Wallenstein's Death,' Act 3, Scene 21, trans. Lamport, 410-411.

49 Ibid., Act 4, Scene 8, trans. Lamport, 432.

50 Bruhm, *Gothic Bodies*, 98-99. See also ibid., 21.

51 Ellis, *Politics of Sensibility*, 5.

52 Quoted in Ellis, *Politics of Sensibility*, 35.

53 Knott, 'Sensibility,' 22-23. See also Taylor, *Sources*, 295.

54 Knott, 'Sensibility,' 29-30.

55 O'Neal, *Authority*, 3. See also Ellis, *Politics of Sensibility*, 6; Cook, *Thresholds*, 5-6.

56 Schenk, *Mind*, 168.

57 Van Sant, *Eighteenth-Century Sensibility*, 54. See also ibid., 55-57.

58 Van Sant, *Eighteenth-Century Sensibility*, 114. 감수성 문화와 여행, 관광의 관계는 Wilton-Ely, 'Classic Ground'; Jones, *Revolution*, 66-67; Cohen, *Fashioning Masculinity*, 54-63 참조.

59 Voltaire, *Candide*, ch. 1, ed. Pomeau, 85-86.

60 Compare Schenk, *Mind*, 164.

61 Vila, *Enlightenment*, 258-292. 사드가 현실에서 실험한 방탕은 Manceron, *Twilight*, 132-137 참조. 방탕 그리고 방탕과 자유사상의 관계는 Dubost, 'Libertinage'; Goulemot, 'Toward a Definition'; Delon, *Le Savoir-vivre libertin*; Bernier, *Libertinage*; Hunt and Jacob, 'Affective Revolution,' 499-500 참조.

62 For an overview, see Fritz, 'We are Trying,' 687-692.

63 Knott, 'Sensibility,' 28.

64 Pinch, *Strange Fits of Passion*, 2; Knott, 'Sensibility,' 34; Bruhm, *Gothic Bodies*, 32.

65 Vila, *Enlightenment*, 1.

66 Pinch, *Strange Fits of Passion*, 2.

67 Jones, *Radical Sensibility*.

68 See Bell, *Sentimentalism*, 120; Jones, *Radical Sensibility*, 64-67; Denby,

Sentimental Narrative, 48.

69 이하 논의에서는 감수성 소설과 성장 소설을 하나로 통합해서 다룬다. 이 책의 집필 의도에 비추어볼 때, 이 두 장르(그리고 이와 연관된 고딕 소설과 난봉꾼 소설 장르)는 서로 분리해서 논의할 필요가 없을 만큼 아주 비슷한 특징을 보이기 때문이다. 감수성 소설, 성장 소설과 관련해 Ellis, *Politics of Sensibility*; Shaffner, *Apprenticeship Novel* (particularly on pages 1-27); Denby, *Sentimental Narrative*; Hardin, 'Introduction'; Martini, 'Bildungsroman'; Koepke, 'Bildung and Transformation'; Sammons, 'Bildungsroman for Nonspecialists'; Mahoney, 'Apprenticeship'; Minden, *German Bildungsroman*; Vila, *Enlightenment*, 111-151; Littlejohns, 'Early Romanticism,' 68-69; Hoffmeister, 'From Goethe's *Wilhelm Meister*,' 80-99; O'Neal, *Authority*, 6-7, 109-129; Trahard, *Maîtres*; Bell, *Sentimentalism*, 11-56; Bruford, *German Tradition*, 29-30; Hampson, *Cultural History*, 108-109; Moretti, *Way of the World*, 3-5, 11; Jones, *Revolution*, 109-114, 233-236; Menhennet, *Romantic Movement*, 152, 158, 182; Beddow, *Fiction of Humanity*, 1-7 참조.

70 Outram, *Enlightenment*, 21. See also Watt, *Rise of the Novel*; Kilgour, *Rise*; Price, *Anthology*; Barney, *Plots*; Ellis, *Politics of Sensibility*, 8-9, 43-46; Taylor, *Sources*, 286-289.

71 Knott, 'Sensibility,' 38.

72 Ellis, *Politics of Sensibility*, 22-23. See also Price, *Anthology*; Barney, *Plots*; Mahoney, 'Apprenticeship.'

73 Dilthey, 'Friedrich Hölderlin,' 335.

74 Quoted in Martini, 'Bildungsroman,' 20.

75 Ibid., 21.

76 Ellis, *Politics of Sensibility*, 16.

77 Van Sant, *Eighteenth-Century Sensibility*, 99-100.

78 Sterne, *Sentimental Journey*, 40-41; Van Sant, *Eighteenth-Century Sensibility*, 100-101.

79 Sterne, *Sentimental Journey*, 39.

80 Van Sant, *Eighteenth-Century Sensibility*, 100.

81 Pyenson, *Servants of Nature*, 410-414.

82 Quoted in Van Sant, *Eighteenth-Century Sensibility*, 50.

83 Schenk, *Mind*, 125-151.

84 Ermarth, *Wilehlm Dilthey*, 97. See also ibid., 97-121, 219, 226-232; Makkreel, *Dilthey*, 8-9, 147-149; Bambach, *Heidegger*, 152-160.

85 Dilthey, *Introduction*, 73.

86 Ibid., 13.

87 Shaffner, *Apprenticeship Novel*, 7-9; Bruford, *German Tradition*, vii; Minden, *German Bildungsroman*, 1; Löwy and Sayre, *Romanticism*, 25; Hardin, 'Introduction,' xii-xiii; Sammons, 'Bildungsroman for Nonspecialists,' 41-42; Mahoney, 'Apprenticeship,' 109-110.

88 Bruford, *German Tradition*, 24.

89 Ibid., 25.

90 Ibid., 24.

91 이런 이유로 괴테의 괴츠 폰 베를리힝엔 회고록에서 수도승 마르틴은 베를리힝엔의 삶을 부러워한다. 마르틴은 수도승의 따분한 삶과 비교해 흥미진진한 전사의 삶을 극찬한다(Goethe, 'Goetz von Berlichingen,' Act 1, scene 2, ed. Dole, 242).

92 낭만주의를 이해하기 위해 내가 특히 도움받은 책은 Taylor, *Sources*다. Löwy and Sayre, *Romanticism*, 1-56 참조.

93 O'Neal, *Authority*, 25.

94 Jones, *Revolution*, 61.

95 Schenk, *Mind*, 162-176; Outram, *Enlightenment*, 50; Hampson, *Cultural History*, 195-196, 206-210; O'Neal, *Authority*, 137, 186-187; Richards, *Romantic Conception*, 13, 201; Jones, *Revolution*, 61-3; Bour, 'Sensibility as Epistemology,' 821-822. '고결한 야만인'은 Schenk, *Mind*, 130; Menhennet, *Romantic Movement*, 13-14, 20, 102-103 참조. '고결한 야만인' 개념에 대한 비평은 Ellington, *Myth* 참조.

96 See Taylor, *Sources*, 297-390.

97 In *A Philosophical Inquiry into our Ideas of the Sublime and the Beautiful*(1756).

98 In *Observations on the Feeling of the Beautiful and Sublime*(1764) and T*he Critique of Judgment*(1791).

99 *On the Sublime: Toward the Further Development of Some Kantian Ideas*(1793) 와 *Concerning the Sublime*(1801). 이후 숭고와 현현에 관한 논의에서 특히 도움받은 책은 Ryan, 'Physiological Sublime'이고, Burke, *Philosophical Enquiry*; Kant, *Critique of Judgement*; Schiller, 'On the Sublime'; Schiller, 'Concerning the Sublime'; Ashfield, *Sublime*; Monk, *Sublime*; Weiskel, *Romantic Sublime*; Crowther, *Kantian Sublime*; Voller, *Supernatural Sublime*, 3-30; Hinnant, 'Schiller'; Jones, *Radical Sensibility*, 48-49, 56-57; Bidney, *Patterns of Epiphany*, 1-4; Nichols, *Poetics of Epiphany*; Beja, *Epiphany*; Langbaum, 'Epiphanic Mode'; Balfour, 'Torso'; Taylor, *Sources*, 419-434를 기초로 했다. 버크나 칸트의 숭고론과 조금 다른 숭고론은 Crowther, *Kantian Sublime*, 7-18 참조. 초자연적이거나 초월적인 현실이 아닌 물질적 현실에서 나오는 '물질적 숭고' 개념은 Oerlemans, *Romanticism and the Materiality of Nature* 참조.

100 See, for example, Burke, *Philosophical Enquiry*, 39-40, 57-58; Kant, *Critique of Judgement* 2.23, trans. Meredith, 90-91; Schiller, 'On the Sublime,' 28-30.

101 Burke, *Philosophical Enquiry*, 57; Weiskel, *Romantic Sublime*, 87-97.

102 Schiller, 'On the Sublime,' 22; Kant, *Critique of Judgement* 2.28, trans. Meredith,

114. See also Kant, *Critique of Judgement* 2.23-28, trans. Meredith, 90-114; Weiskel, *Romantic Sublime*, 23-24, 38-43.

103 Compare Crowther, *Kantian Sublime*, 2.

104 Ashfield, *Sublime*, 304.

105 Quoted in Manceron, *Twilight*, 362.

106 Voller, *Supernatural Sublime*, 4.

107 Ryan, 'Physiological Sublime,' 277.

108 See Hinnant, 'Schiller,' 127-128; Crowther, *Kantian Sublime*, 115-116.

109 Burke, *Philosophical Enquiry*, 39; Crowther, *Kantian Sublime*, 8; Hinnant, 'Schiller'; Hampson, *Cultural History*, 205; Ashfield, *Sublime*, 276.

110 Shipp, *Memoirs*, 110. See also Gleig, *Subaltern*, 54; *Memoirs of a Sergeant*, 147; Harris, *Recollections*, 26; Perry, *Recollections*, 19.

111 Kant, *Critique of Judgement* 2.28, trans. Meredith, 113.

112 Bowden, *Black Hawk Down*, 301-302.

113 Hampson, *Cultural History*, 186-196; Taylor, *Sources*, 370. '시인의' 영혼과 관련해 Jones, *Revolution*, 228-260 참조. 낭만주의의 직관적이고 열정적인 천재 개념과 관련해 Jones, *Revolution*, 261-295; Hampson, *Cultural History*, 199-201; Schenk, *Mind*, 5-6 참조.

114 Quoted in Blanning, *French Revolutionary Wars*, 147.

115 Davidov, *In the Service of the Tsar*, 40.

116 Ibid., 38.

7장 / 생각하는 사병의 탄생

1 Dalrymple, *Military Essay*, 9-11; Anderson, *War and Society*, 28, 46, 120-127, 163; Houlding, *Fit for Service*, 117-119; Best, *War and Society*, 30-32, 40-44; Duffy, *Army of Frederick*, 56-57, 168-169; Duffy, *Military Experience*, 90-94, 285; Duffy, *Army of Maria Theresa*, 47-49; Büsch, *Military System*, 4-5; Rogers, *British Army*, 59-63; Störkel, 'Defenders,' 9; Holmes, *Redcoat*, 34, 75, 144-149; Burroughs, 'Crime,' 548-550 참조. 군인들이 강제로 혹은 속아서 입대한 사례는 Pearson, *Soldier*, 14-15; Bräker, *Arme Mann*, 72-74; Woelfel, 'Memoirs,' 555-556; Watkins, *Soldiers*, 15-16; Graydon, *Memoirs*, 133-134 참조.(18세기 말과 19세기 사례가 대부분이지만, 이전 세기에 훨씬 더 공공연하게 자행된 관행을 분명히 보여준다. 17세기 사례가 거의 없는 이유는 일반 사병들이 회고록을 거의 기록하지 않았기 때문이며, 회고록을 기록했다 해도 신병모집 과정은 좀처럼 묘사하지 않았기 때문이다.)

2 Frederick II, *Military Instructions*, 1-2; Anderson, *War and Society*, 51-52, 114, 163; Holmes, *Redcoat*, 48-54; Duffy, *Army of Maria Theresa*, 47.

3   Duffy, *Military Experience*, 89.

4   Duffy, *Army of Maria Theresa*, 48-49. 또한 Dalrymple, *A Military Essay*, 9-11; Frederick I, *Military Instructions*, 5-6; Duffy, *Military Experience*, 90; Starkey, 'War and Culture,' 10; Houlding, *Fit for Service*, 267-268; Quilley, 'Duty and Mutiny,' 82-84; Forrest, *Napoleon's Men*, 59; Forrest, *Conscripts*, 6 참조. 19세기 내내 영국의 상황은 거의 변화가 없었다. 웰링턴은 "(1789년 이후) 프랑스의 징병체계는 온갖 계층을 적절하게 결합한 본보기다. 우리의 징병체계는 세상의 쓰레기들로 구성되어 있다. 세상의 쓰레기들뿐이다"라고 언급했다. 또 다른 자리에서 그는 "대체로 영국 군대에 입대하는 남자는 최고의 술주정꾼이며, 그가 속한 직종이나 그가 사는 마을, 도시에서 가장 열등한 남자일 것이다"라고 말했다(Burroughs, 'Crime,' 548-549에서 인용. 또한 Dinwiddy, 'Campaign,' 320; Holmes, *Redcoat*, 148-149 참조).

5   Duffy, *Military Experience*, 101; Duffy, *Prussia's Glory*, 16; Fischer, *Washington's Crossing*, 40.

6   Gat, *Origins*, 35; Anderson, *War and Society*, 88; Kunzle, *From Criminal to Courtier*, 441-505.

7   Paret, *Yorck*, 106.

8   Ibid., 80-81.

9   구체제 군대에서 탈영은 전염병이었다. 스페인 왕위계승 전쟁 당시 프랑스 병사는 4명 중 1명 비율로 탈영했다(Anderson, *War and Society*, 130). 7년 전쟁이 지속되는 동안 프로이센 병사 8만 명과 프랑스 병사 7만 명, 오스트리아 병사 6만 2,000명이 탈영한 것으로 추산된다(Blanning, *French Revolutionary Wars*, 13). 1776년부터 1780년까지 작전 중에 희생된 영국 해군은 1,200명인데, 탈영한 해군은 4만 2,000명을 넘었다(Anderson, *War and Society*, 165). 탈영과 관련해 Burroughs, 'Crime,' 553-554; Anderson, *War and Society*, 128-131, 165; Holmes, *Redcoat*, 316-317; Best, *War and Society*, 33; Paret, *Yorck*, 16, 26, 30, 96-97; Bräker, *Arme Mann*, 79-80; Forrest, *Conscripts*, 6-8 참조.

10 Paret, *Clausewitz*, 25, 28; Lynn, *Bayonets*, 265; Störkel, 'Defenders,' 11.

11 Anderson, *War and Society*, 130.

12 Frederick II, *Military Instructions*, 3-5. See also Ritter, *Frederick the Great*, 134-135; Büsch, *Military System*, 14, 24-25; Anderson, *War and Society*, 130, 165; Best, *War and Society*, 51; Paret, *Yorck*, 19-20; Duffy, *Army of Maria Theresa*, 141.

13 Frederick II, *Military Instructions*, 112.

14 마지못해 프리드리히 대제의 군대에 입대한 울리히 브레커에 따르면, 프로이센의 황제가 탈영을 두려워할 만한 충분한 이유가 있었다. 특히 Bräker, *Arme Mann*, 87-88, 90-95 참조.

15 Paret, *Yorck*, 20-21.

16 18세기 게릴라전과 대게릴라전을 아주 흥미롭게 묘사한 이야기는 *Cavalier's Memoirs of the Wars of the Cevennes*(1726) 참조. 카미자르 전쟁은 보방의 포위공격이나 말버러의

전투에서 보인 뉴턴의 과학과는 전혀 다른 세상이었다. Satterfield, *Princes, Posts, and Partisans* 참조.

17 Blanning, *French Revolutionary Wars*, 119.

18 Palmer, *Improvement of Humanity*, 3, 7; Paret, *Clausewitz*, 36-8; Ezell, 'John Locke's Images of Childhood'; Vila, *Enlightenment*, 35-36, 38, 84-85, 88-93, 141-142, 146-148. '백지 상태tabula rasa' 개념과 관련해 특히 John Locke's *An Essay Concerning Human Understanding and Some Thoughts Concerning Education* 참조.

19 Blaze, *Military Life*, 8.

20 Quoted in Paret, *Clausewitz*, 49.

21 Ammon, *Leben Dr. Christian Nagel's*, 165-166; Ammon, *Soldier of Freedom*, 82-83.

22 Paret, *Clausewitz*, 37, 48-49; Stewart, *Progressives*, 3-21; Ezell, 'John Locke's Images of Childhood,' 152-153; Adams, *Evolution*, 94-99.

23 Paret, *Yorck*, 107-108.

24 Paret, *Clausewitz*, 36-38, 46-53; Paret, *Yorck*, 87; Paret, 'Genesis of On War,' 8; Duffy, *Army of Maria Theresa*, 58; Gat, *Origins*, 59-66; Gat, *Development*, 17-18; Best, *War and Society*, 26; Chisick, *Limits of Reform*, 25; Duffy, *Army of Maria Theresa*, 29-30; Cuthbertson, *System*, 10.

25 Paret, 'Genesis of On War,' 8-9; Paret, *Clausewitz*, 48, 50; Adams, *Evolution*, 96-98.

26 Quoted in Gat, *Origins*, 71.

27 Ibid., 72.

28 Ibid., 150-155.

29 Ibid., 153-154; Gat, *Development*, 13.

30 Paret, *Clausewitz*, 54.

31 Clausewitz, *On War*, 1.1.3, 1.1.22, ed. Howard and Paret, 76, 86; Paret, 'Genesis of On War,' 11, 17; Gat, *Origins*, 178-181.

32 Quoted in Gat, *Origins*, 184. 젊은 시절 클라우제비츠는 교육이 인간을 완전하게 만들 수 있다고 주장한 계몽주의 저작에 깊은 감명을 받았다(Paret, 'Genesis of On War,' 8; Paret, *Clausewitz*, 39).

33 See also Best, *War and Society*, 52-53, 235; Paret, *Yorck*, 18-19; Duffy, *Army of Maria Theresa*, 61-62; Paret, *Clausewitz*, 49-50; Forrest, *Napoleon's Men*, 65-66.

34 Shipp, *Memoirs*.

35 Knott, 'Sensibility,' 30.

36 18세기와 19세기 초반 경보병에 관한 논의의 기초는 Gates, *British Light Infantry*;

Russell, 'Redcoats'; Paret, *Yorck*, 21-46, 55-56, 253-254, 257-259, 269. Duffy, *Military Experience*, 268-279; Duffy, *Army of Maria Theresa*, 67; Muir, *Tactics*, 51-67; Lynn, *Bayonets*, 217-218, 222, 261-277; Best, *War and Society*, 51-52; Rogers, *British Army*, 70-74, 224; Holmes, *Redcoat*, 39-44, 186, 200; Fischer, *Washington's Crossing*, 35-36; Starkey, *European*, 51-53; Starkey, 'War and Culture,' 3; Dalrymple, *Military Essay*, 297-303; Frederick II, *Military Instructions*, 92, 107-108; Black, *War for America*, 60-65; Blanning, *French Revolutionary Wars*, 18, 123-124 참조. 18세기 경보병에 관한 논문은 Simcoe, *Journal*; Tarleton, *History*; Emmerich, *Partisan* 참조.

경보병은 그 이전 시기의 군대와 비교했을 때만 새로운 현상이라는 점을 명심해야 한다. 경보병과 경보병 전술은 16세기에 이미 유럽의 전쟁에서 흔하게 사용되었다. 블레즈 드 몽뤽 원수는 회고록에서 경보병 운용에 관한 상세한 지침을 기록했고, 자신이 지휘한 몇 건의 경보병 작전을 상세하게 묘사했다. 지면 관계상 여기서 경기병의 문화사를 논의할 수는 없다. 경기병도 경보병에 버금가게 중요하지만, 앞으로의 연구를 기약할 수밖에 없다.

37 See in particular Lynn, *Bayonets*, 263-264; Paret, *Yorck*, 97; Gates, *British Light Infantry*, 19, 78-85.

38 Rogers, *British Army*, 71; Gates, *British Light Infantry*, 96.

39 Gates, *British Light Infantry*, 96, 138-148; Russell, 'Redcoats,' 645.

40 Quoted in Muir, *Tactics*, 54. On the training of the British light troops, see also Gates, *British Light Infantry*, 95-97; Muir, *Tactics*, 178; Rogers, *British Army*, 64, 70-73; Harris, *Recollections*, vii.

41 Quoted in Gates, *British Light Infantry*, 31.

42 Quoted in Paret, *Yorck*, 200.

43 Paret, *Yorck*, 29-30.

44 Ibid., 106.

45 Ibid., 56.

46 Ibid., 70-71.

47 Quoted in Lynn, *Bayonets*, 268-269.

48 Duffy, *Army of Maria Theresa*, 82-90; Best, *War and Society*, 45; Gates, *British Light Infantry*, 11, 18.

49 Paret, *Yorck*, 29.

50 Duffy, *Russia's Military Way*, 117, 120-121. Rumyantsev, *Dokumenty*, 1:437-439; Suvorov, *Suvorov. Dokumenty*, 1:437-439.

51 Duffy, *Russia's Military Way*, 170, 177, 184.

52 Fischer, *Washington's Crossing*, 35; Duffy, *Military Experience*, 279; Rogers, *British Army*, 70-73.

53 Rogers, *British Army*, 74.

54 Duffy, *Military Experience*, 268.

55 Paret, *Clausewitz*, 26-27.

56 Störkel, 'Defenders,' 5-6, 12.

57 See Blakiston, *Twelve Years*.

58 See Lynn, *Bayonets*, 216-240; Blaze, *Military Life*, 148-149.

59 Paret, *Yorck*, 151, 182.

60 Quoted in Muir, *Tactics*, 74.

61 Ibid., 75.

62 나폴레옹 시대 훈련법과 관련해 Lynn, *Bayonets*, 216-240, 282-283; Gates, *British Light Infantry*, 95-97; Duffy, *Military Experience*, 285; Duffy, *Army of Maria Theresa*, 109; Paret, *Yorck*, 18-19 참조.

63 Best, *War and Society*, 53-59, 65-66, 76-87, 95-97, 157-166; Forrest, *Napoleon's Men*, 58-69; Bertaud, *Army*, 133-230; Blanning, *French Revolutionary Wars*, 84-85; Brosman, *Visions of War*, 12-13. 여기서 강조할 점은 군인들만 교육하는 것으로는 충분하지 않았다는 사실이다. 군인들이 가족과 이웃, 친구들에게서 의무를 다하라는 긍정적인 격려를 받도록 하려면 반드시 사회 전체에 공화주의 정서와 애국주의 정서를 주입해야 했다.

64 Quoted in Duffy, *Military Experience*, 284.

65 Starkey, 'War and Culture,' 20-21에서 인용. 미국이 공화주의 이상 덕분에 성공했다고 주장하는 최근의 연구는 Fischer, *Washington's Crossing* 참조.

66 Lynn, *Bayonets*, 282-283; Paret, *Yorck*, 88-92; Blanning, *French Revolutionary Wars*, 95, 118, 122-123.

67 Quoted in Lynn, *Bayonets*, 265. See also Paret, *Yorck*, 72-75; Esdaile, *Wars of Napoleon*, 57-58.

68 Lynn, *Bayonets*, 273

69 Ibid., 265. 프랑스 혁명군의 산병 관련 Lynn, *Bayonets*, 261-277, 282-283 참조.

70 Quoted in Paret, *Yorck*, 77.

71 Ibid., 78-79.

72 Ibid., 84.

73 Rogers, *British Army*, 70.

74 Paret, *Clausewitz*, 65.

75 Friederich, *Abenteuer*, 28.

76 Ibid., 29. See also Nettelbeck, *Abenteuerliches Lebensbild*, 53-54; Compare Suvorov, *A. V. Suvorov. Dokumenty*, 1:98.

77 Mämpel, *Young Rifleman's Comrade*, 19-20. See also Varnhagen, *Sketches*, 44.

78 프로이센의 개혁은 특히 Paret, *Yorck*, 118-190과 Clark, *Iron Kingdom*, 312-385;

Esdaile, *Wars of Napoleon*, 202-215; Best, *War and Society*, 156-167 참조. 프로이센 군대의 새로운 훈련지침 초안을 마련한 4인 위원회가 경보병 장교 2명과 경기병 장교 2명으로 구성된 점은 주목할 만하다(Paret, *Yorck*, 140).

79 Paret, *Clausewitz*, 139; Paret, *Yorck*, 161, 164-167.

80 Paret, *Yorck*, 166-167.

81 Ibid., 139-41, 161, 165.

82 Ibid., 219.

83 Paret, *Clausewitz*, 137-146; Muir, *Tactics*, 51-52. 이와 관련한 제2차 세계대전 연구자료는 Fritz, 'We are Trying,' 683-685 참조.

84 See in particular Bertaud, *Army*.

85 Svetlova, *Art of War*, 2:175.

86 Duffy, *Eagles*, 29, 226-236.

87 Johnson, *Political Writings*, 281.

88 Ibid., 283. 이념적 헌신이 군인들의 효율성을 결정한다는 나폴레옹 시대의 일반적인 믿음은 Muir, *Tactics*, 199 참조.

89 Johnson, *Political Writings*, 283-284.

90 Van Creveld, *Fighting Power*. 이와 관련한 제2차 세계대전 연구자료는 Fritz, 'We are Trying,' 683-685 참조.

91 Duffy, *Army of Frederick the Great*, 58.

92 Duffy, *Military Experience*, 95-96; Muir, *Tactics*, 75.

93 Paret, *Clausewitz*, 25.

94 Paret, *Clausewitz*, 28; Ritter, *Frederick the Great*, 143.

95 Paret, *Yorck*, 209. See also Muir, *Tactics*, 194; Duffy, *Military Experience*, 274.

96 국민 총동원령levée en masse과 관련해 Bertaud, *Army*, 102-132; Blanning, *French Revolutionary Wars*, 101, 120 참조. 대규모 징집과 군대 규모에 관해 Muir, *Tactics*, 15; Paret, *Yorck*, 133-138; Esdaile, *Wars of Napoleon*, 40-41; Forrest, *Napoleon's Men*, 5-8 참조. 주도권 신뢰와 관련해 Muir, *Tactics*, 103; Best, *War and Society*, 86-87, 90-91 참조.

97 Best, *War and Society*, 89. 주목할 점은 20세기 후반 서양 민주주의 국가들이 빈곤층에서 자원입대한 소규모 직업군 활용으로 복귀했을 때, 이들 군대가 데카르트주의 군대로 돌아가지 않고 감각주의 노선을 따라 병사들을 포섭하고 가능한 한 최대한 책임을 위양했다는 사실이다. 현재 미국 군대에는 일반 사병이 없다. 제일 낮은 계급이 '특기병specialist'이다.

98 Quoted in Blanning, *French Revolutionary Wars*, 14.

99 Quoted in Forrest, *Conscripts*, 19. See also Esdaile, *Wars of Napoleon*, 42-43.

100 Muir, *Tactics*, 71-73; Paret, *Yorck*, 65-67, 174, 209; Blanning, *French*

Revolutionary Wars, 122-123.

101 혁명기와 나폴레옹 시대에도 프랑스 군대는 탈영을 크게 걱정했지만, 탈영병 규모가 구체제 군대보다 작았다. 프랑스 군대가 더 힘들어한 것은 입대 후 탈영이 아니라 징병 기피였다. Forrest, *Conscripts*; Bertaud, *Army*, 259-264 참조.

102 Blaze, *Military Life*, 37.

103 Ibid., 23. See also Blanning, *French Revolutionary Wars*, 159.

104 See Fischer, *Washington's Crossing*, 346-359.

105 Quoted in ibid., 358. On the Petite Guerre see also Gates, *British Light Infantry*; Kwasny, *Washington's Partisan War*; Dalrymple, *Military Essay*, 297-303; Starkey, *European*, 46-53; Starkey, 'War and Culture,' 3-4, 16-17; Lynn, *Bayonets*, 271, 279-280; Duffy, *Military Experience*, 269, 287-288; Best, *War and Society*, 265-266; Paret, *Yorck*, 21-23, 176-177; Blanning, *French Revolutionary Wars*, 168-169.

106 See in particular Blanning, *French Revolutionary Wars*, 164-169, 238-248.

107 Friederich, *Abenteuer*, 260.

108 Esdaile, *Wars of Napoleon*, 108-142.

109 일반 사병들을 희극적으로 묘사한 사례는 Farquhar's *Recruiting Officer* 참조.

110 See also Kunzle, *From Criminal to Courtier*.

111 18세기 말 일반 사병의 발흥은 Quilley, 'Duty and Mutiny'; Best, *War and Society*, 199-202; Forrest, *Napoleon's Men*, 59-70; Blakiston, *Twelve Years*, 2:369-371 참조.

112 *Life and Adventures of Mrs. Christian Davies*, 140.

113 흥미로운 사실은 체스를 두다 허를 찔린 지휘관의 이미지가 오랜 역사를 갖고 있다는 점이다. 안티오키아 전투(1098년) 당시 체스를 두다 허를 찔린 터키 지휘관 케르보가 Kerbogah에 관한 이야기가 십자군 연대기에 등장한다.

114 Bowen, 'Real Soul,' 35.

115 Muir, *Tactics*, 208. Compare Durova, *Cavalry Maiden*, 130-131.

116 Forrest, *Napoleon's Men*, 55-56. See also Bell, *Cult*, 103-104.

117 Bell, *Cult*, 78-80, 103-104.

118 Blaze, *Military Life*, 41.

119 Knott, 'Sensibility,' 21.

120 Adye, *Essay*, 272-276; Murashev, *Tituli Chini Nagradi*, 168-169; Dalrymple, *Military Essay*, 339-362; Kutuzov, *Dokumenty*, vol. 4, part 2, 722-723; Starkey, 'War and Culture,' 19-20; Muir, *Tactics*, 195, 272; Holmes, *Redcoat*, 408-409.

121 Best, *War and Society*, 21-27, 75-76; Paret, *Yorck*, 8-9, 130-133, 265-266; Blanning, *French Revolutionary Wars*, 125-126; Esdaile, *Wars of Napoleon*, 56;

Scott, *Yorktown to Valmy*, 171, 182. Anderson, *War and Society*, 22-23, 74-75, 132-133; Büsch, *Military System*, 52-61; Rogers, *British Army*, 53. 근대 초기 진급의 어려움을 설명한 고전적 묘사는 Grimmelshausen, *Der abenteurliche Simplicissimus*, book 1.16-17, ed. Meid, 60-67 참조. 또한 Schiller, *Wallenstein*, 'Wallenstein's Camp,' Act 1, Scene 7, trans. Lamport, 190-191; Morris, *Recollections*, 50-52; Blaze, *Military Life*, 8, 112-114 참조.

122 Best, *War and Society*, 159-162, 168-183, 187-188, 265-272; Muir, *Tactics*, 199; Paret, *Yorck*, 120, 156, 178-179; Blanning, *French Revolutionary Wars*, 164-169, 238-248.

123 Murashev, *Tituli*, 169-170.

124 Kwasny, *Washington's Partisan War*; Starkey, *European*, 131-135; Duffy, *Military Experience*, 284-286; Holmes, *Redcoat*, 36; Best, *War and Society*, 54-55; Gates, *British Light Infantry*, 16-17.

125 Blanco, 'Attempts to Abolish Branding and Flogging'; Burroughs, 'Crime'; Dinwiddy, 'Campaign'; Steiner, 'Separating the Soldier'; Skelley, *Victorian Army*; Holmes, *Redcoat*, 34, 37-38, 320-326; Paret, *Yorck*, 87, 127-129, 142-143, 202; Best, *War and Society*, 70, 235; Fischer, *Washington's Crossing*, 45; Muir, *Tactics*, 202; Starkey, 'War and Culture,' 20; Adye, *Treatise*; Adye, *Essay*, 276, 283-284; Shipp, *Memoirs*, 12.

126 Quoted in Dinwiddy, 'Campaign,' 317.

127 See also Shipp, *Memoirs*, 140; Morris, *Recollections*, 5, 7, 38, 45-46, 52-53, 95; Perry, *Recollections*, 31-32.

128 Rogers, *British Army*, 97-98; Fischer, *Washington's Crossing*, 420; Anderson, *War and Society*, 107-108; Holmes, *Redcoat*, 95-97, 249-252, 261-262; Forrest, *Conscripts*, 6-7; Blanning, *French Revolutionary Wars*, 208. See, for example, Melville, *Mémoires*, 31; Laukhard, *Magister Laukhards leben*, 2:73-83.

129 See Harari, *Special Operations*, 163-183. For other examples, see Anderson, *War and Society*, 64, 108.

130 Harris, *Recollections*, 72-105, 113-117.

131 모스크바 원정을 그린 가장 유명한 글은 콜랭쿠르Caulaincourt의 회고록이다. 하지만 상급 지휘관의 회고록을 비롯해 동시대의 다른 회고록들도 일반 사병의 고통에 주목했다. 몽테스키외 페제작 공작의 회고록과 Vossler, *With Napoleon in Russia* 참조.

132 Holmes, *Redcoat*, 249. See also Best, *War and Society*, 33, 114, 147.

133 Skelley, *Victorian Army*; Hendrickson, 'Kinder, Gentler British Army'; Baly, *Florence Nightingale*; Goldie, *I Have Done My Duty*. 또한 Holmes, *Redcoat*, 89-90, 95-97; Forrest, *Napoleon's Men*, 63-66; Paret, *Yorck*, 54; Paret, *Clausewitz*, 47; Cuthbertson, *System*, 52-64 참조. 세바스토폴리 포위공격 당시 일반 사병의 고통을 가슴 아프게 묘사한 조지 벨 장군의 회고록(*Soldier's Glory*) 참조. 벨 장군의 회고록은 병사들이 고통당하는 원인으로 영국 정부와 군대의 '불필요한 요식행위'와 무관심한 후방의 관료들을

비난한 것으로도 유명하다(Bell, *Soldier's Glory*, 268 참조).

134 Lynn, *Bayonets*, 282-283; Burroughs, 'Crime,' 548-550, 571; Paret, *Yorck*, 127-129, 134-135, 218-219; Bertaud, *Army*, 127-132. 새로운 마법의 순환은 유럽 전역에서 꾸준히 작동하지 않았다. 간헐적이었다. 특히 영국에서는 19세기 대부분의 기간 동안 과거의 악순환이 이어졌다(Burroughs, 'Crime,' 548-550; Dinwiddy, 'Campaign,' 322 참조).

135 Paret, *Imagined Battles*, 114. See also Brosman, *Visions of War*, 41-42.

136 이에 관한 사례는 Bernal Díaz del Castillo와 Francisco Balbi de Correggio, François de Rabutin, Elis Gruffydd의 회고록 참조. Harari, 'Military Memoirs' 참조.

137 내가 하급 장교들의 회고록을 일반 사병이나 부사관들의 회고록과 함께 분류하는 이유는 1750년 이전에는 이들 세 부류에서 기록하고 발표하는 회고록이 극소수인 반면, 1750년 이후 하급 장교들의 회고록이 상관들보다는 부하들의 회고록을 훨씬 더 닮아갔기 때문이다. 내가 이러한 경험담을 통틀어 '하위직의 경험담'이라고 부르는 이유는 '하위직'이라는 말이 이중적 의미를 갖기 때문이다. 오늘날 학계에서 하위직이라는 말은 어떤 계층에서 제일 낮은 계급을 의미하며, '종속집단 연구' 이론을 암시한다. 1800년 무렵 '하위직'은 우선 대위 아래의 모든 장교를 의미하는 군대 계급이었다.(1825년 조지 로버트 글레이그 중위는 나폴레옹 전쟁 회고록을 발표하며, '하위직'이라는 간단한 제목을 붙였다.) 이 책은 하급 장교든 부사관이든 일반 사병이든, 하위직의 회고록들이 하위 집단이 새로운 느낌과 경험의 중요성을 활용해 지배층의 이야기를 와해하고, 자신의 이야기를 문화적·정치적 여론의 중심으로 밀어 넣는 과정을 보여주는 최초이자 최고의 사례라고 주장한다.

138 Denby, *Sentimental Narrative*; Knott, 'Sensibility,' 26.

139 Fabian, *Unvarnished Truth*; Thomas, *Romanticism and Slave Narratives*; Ellis, *Politics of Sensibility*, 44; Knott, 'Sensibility,' 36.

140 Bräker, *Life Story*, 4.

141 Manceron, *Twilight*, 256.

142 Harari, 'Military Memoirs.'

143 Forrest, *Napoleon's Men*, ix-x, 34-40.

144 Fischer, *Washington's Crossing*, 21.

145 Suvorov, *A. V. Suvorov. Dokumenty*, 1:112-113; Duffy, *Army of Maria Theresa*, 58; Cuthbertson, *System*, 6.

146 Cuthbertson, *System*, 10. See also Shipp, *Memoirs*, 80.

147 *Vicissitudes*, v-vi. 하위직들이 회고록을 저술하고 출판한 것을 정당화한 동시대의 설명과 관련해 Mämpel, *Young Rifleman's Comrade*, xiii-xv; Barsewisch, *Von Rossbach bis Freiberg*, 5-12; Küster, *Des Preuß*; Morris, *Recollections*, xiii; Fernyhough, *Military Memoirs*, v-vi; Blakeney, *Boy*, xi-xii; Campbell, *Memoirs*, 1:1-2 참조. 나폴레옹 시대의 회고록에 관해서는 Forrest, *Napoleon's Men* 참조.

8장 ／ 낭만주의 전쟁 회고록의 특징

1　Küster, *Des Preussischen Staabsfeldpredigers Küster*, xxii-xxiii.

2　Quoted in Krimmer, 'Transcendental Soldiers,' 100.

3　Graydon, *Memoirs*, 146.

4　Blakiston, *Twelve Years*, 1:17.

5　오늘날에는 '신경'을 '느낌'처럼 정신 영역과 연관짓는 경우가 많지만, 1800년 무렵에는 '신경'을 육체적 현상으로 이해하는 경우가 더 많았다.

6　Quoted in Holmes, *Redcoat*, 260-261.

7　Muir, *Tactics*, 49.

8　Ibid., 113.

9　Clausewitz, *On War*, 1.3, ed. Howard and Paret, 104.

10　Ibid., 106.

11　Blaze, *Military Life*, 102.

12　Shipp, *Memoirs*, 106-107.

13　See also Gleig, *Subaltern*, 285.

14　Malcolm, 'Reminiscences,' 256-257.

15　Tolstoy, *Sebastopol*, 203.

16　두려움과 용기에 관한 또 다른 분석은 Blaze, *Military Life*, 46-47, 99-100; Muir, *Tactics*, 217; Durova, *Cavalry Maiden*, 41-42, 105; Friederich, *Abenteuer*, 135; La Colonie, *Mémoires*, 274-277 참조.

17　Quoted in Gat, *Development*, 33.

18　Gat, *Development*, 28-34.

19　Bräker, *Arme Mann*, 83; Bräker, *Life Story*, 130.

20　Morris, *Recollections*, 95.

21　Campbell, *Memoirs*, 1:65.

22　Vossler, *With Napoleon in Russia*, 93. See also Marbot, *Memoirs*, 1:90.

23　Thomson, *Memoirs*, v. 고통에 대한 감상적 묘사 사례는 Thomson, *Memoirs*, 9-13 참조.

24　Montesquiou-Fezensac, *Russian Campaign*, 128.

25　Shipp, *Memoirs*, 227.

26　Ibid., 122. See also Ibid., 239, 277, 308, 356-359, 365; Durova, *Cavalry Maiden*,

52; Harris, *Recollections*, 72; Pelet, *French Campaign*, 221.

27 Shipp, *Memoirs*, 277.

28 Ibid., 296.

29 Ibid., 304. See also Ibid., 223-224, 232, 356-357; Gleig, *Subaltern*, 7-19, 253-255; Blaze, *Military Life*, 206-207; Blakiston, *Twelve Years*, 1:146-147; Harris, *Recollections*, 20-21, 62-65, 87-88; *Memoirs of a Sergeant*, 19, 114, 150-151; Butler, *Narrative*, 1st edition, 182; Friederich, *Abenteuer*, 143; Martin, *At the Front*, 76; Montesquiou-Fezensac, *Russian Campaign*, 104-107; Blennie, *Narrative*, 15; Pelet, *French Campaign*, 465-468.

30 베르날 디아스의《멕시코 정복 연대기》처럼 이국적인 장소의 여행 경험담을 겸한 전쟁 경험담이 특히 이런 사례다.

31 Quoted in Blanning, *French Revolutionary Wars*, 91.

32 See also Brosman, *Visions of War*, 37-38.

33 See Gleig, *Subaltern*, 33.

34 Quoted in Paret, *Clausewitz*, 34.

35 Barsewisch, *Von Rossbach bis Freiberg*, 212.

36 Pindar, *Autobiography*, 20-21.

37 Shipp, *Memoirs*, 179-180. See also ibid., 55-6, 169, 176-177; Laverack, *Methodist Soldier*, 47-48, 187-191; Woelfel, 'Memoirs,' 561-562; Pelet, *French Campaign*, 312-313.

38 이런 묘사에 대한 또 다른 사례는 Gleig, *Subaltern*; Malcolm, 'Reminiscences' 참조. 이 두 책은 간혹 군사원정 경험담이 아니라 낭만적인 피레네산맥 여행안내서처럼 보인다.

39 Florange, *Mémoires*, 1:177.

40 Ibid., 2:158-159.

41 McMahon, *Pursuit*, 271-272.

42 See Fischer, *Washington's Crossing*.

43 See, for example, the memoirs of Montesquiou-Fezensac(e.g., Montesquiou-Fezensac, *Russian Campaign*, 104-105).

9장 / 전쟁의 핵심 경험

1 See also Brosman, *Visions of War*, 73-74.

2 Campbell, *Memoirs*, 1:47. Compare Marbot, *Memoirs*, 1:4.

3 Bourgogne, *Memoirs*, 92-93.

4 Ibid., 273.

5   Shipp, *Memoirs*, 34-35.

6   Bräker, *Arme Mann*, 72-84.

7   *Memoirs of a Sergeant*, 13-14.

8   See also Hülsen, *Unter Friedrich dem Grossen*, 11-21; Blaze, *Military Life*, 8-18; Woelfel, 'Memoirs,' 555-561; Holmes, *Redcoat*, 275-278; Marbot, *Memoirs*, 1:38-43.

9   '새로운' 경험의 힘에 관한 버크의 생각을 비교하려면 Burke, *Philosophical Enquiry*, 31 참조.

10 Pindar, *Autobiography*, 26-27.

11 Ibid., 27-28.

12 Bell, *Soldier's Glory*, 12.

13 Blakiston, *Twelve Years*, 1:130. See also Malcolm, 'Reminiscences,' 247, 258; Morris, *Recollections*, 13.

14 Durova, *Cavalry Maiden*, 38. See also Blakeney, *Boy*, 9; Campbell, *Memoirs*, 1:24-28; *Memoirs of a Sergeant*, 28; Friederich, *Abenteuer*, 135; Cavalier, *Memoirs*, 45; Gleig, *Subaltern*, 5, 33-34; Mämpel, *Young Rifleman's Comrade*, 39; Forrest, *Napoleon's Men*, 112-114; Perry, *Recollections*, 9-11; Martin, *At the Front*, 56.

15 스탕달의 《파름의 수도원》에 관해서는 Brosman, *Visions of War*, 94-98 참조.

16 Stendhal, *Charterhouse of Parma*, 49.

17 Ibid., 58.

18 Ibid., 67.

19 Ibid., 78.

20 Schiller, *Wallenstein*, 'Wallenstein's Death,' Act 2, Scene 3, trans. Lamport, 354.

21 Gleig, *Subaltern*, 50-51. See also Malcolm, 'Reminiscences,' 249-250, 255-256; Blakiston, *Twelve Years*, 2:202-205.

22 Bruford, *German Tradition*, 25.

23 Shipp, *Memoirs*, 106-107.

24 Blaze, *Military Life*, 103.

25 Pelet, *French Campaign*, 190.

26 Malz, 'Kriegs- und Friedensbilder,' 36-37. See also Marbot, *Memoirs*, 1:265-269; Malz, 'Kriegs- und Friedensbilder,' 28-29; Barsewisch, *Von Rossbach bis Freiberg*, 45-47; Shipp, *Memoirs*, 123-124; Malcolm, 'Reminiscences,' 297-298; Campbell, *Memoirs*, 1:63-66.

27 Tolstoy, *War and Peace*, ed. Edmonds, 1:215-217.

28 Collins, *Revolutionary Soldier*, 55-56.

29 Marbot, *Memoirs*, 2:327-328.

30 Durova, *Cavalry Maiden*, 141. See also *Memoirs of a Sergeant*, 127; Roberts, *Memoirs*, 58; Harris, *Recollections*, 38; Heath, *Life*, 14; Blatchford, *My Life*, 111; Muir, *Tactics*, 164-165.

31 Malcolm, 'Reminiscences,' 297.

32 Blennie, *Narrative*, 44. See also Green, *Vicissitudes*, 3.

33 Blakeney, *Boy*, 1-2.

34 Tolstoy, *War and Peace*, ed. Edmonds, 1:163.

35 마카브르는 18세기에도 여전히 활발한 문화적 경향이었지만, 민간 문화에서 마카브르의 위상은 이전 세기보다 훨씬 더 위축되었다(Jones, *Revolution*, 92-97 참조).

36 Melville, *Mémoires*, 90-95; Melville, *Memoirs*, 123-126.

37 Bourgogne, *Memoirs*, 142.

38 격정적 숭고에 관해서는 Schiller, 'On the Sublime,' 42-44 참조.

39 *Memoirs of a Sergeant*, 29.

40 Vossler, *With Napoleon in Russia*, 67.

41 Malcolm, 'Reminiscences,' 252.

42 Majendie, *Up Among the Pandies*, 111.

43 Bell, *Soldier's Glory*, 248. See also ibid., 239-240.

44 Martin, *At the Front*, 67.

45 Mason, *Primitive Methodist Soldier*, 156. 또 다른 전투 후 묘사는 Campbell, *Memoirs*, 29; Collins, *Revolutionary Soldier*, 52-54; Gleig, *Subaltern*, 85-89, 184-185; Blennie, *Narrative*, 49; Deane, *Journal*, 15; *Journal of an Officer*, 157-158; *Memoirs of a Sergeant*, 72; Morris, *Recollections*, 82; Barrès, *Souvenirs*, 51, 80; Ammon, *Leben Dr. Christian Nagel's*, 158-159; Forrest, *Napoleon's Men*, 116-117; Durova, *Cavalry Maiden*, 44; Malcolm, 'Reminiscences,' 279; Blakiston, *Twelve Years*, 1:110, 178-179; Bishop, *Life*, 214-215; Pearson, *Soldier*, 71-72 참조.

46 See, for example, Shaw, 'Introduction,' 3-5.

47 Forrest, *Napoleon's Men*, 19.

48 O'Brien, 'Propaganda and the Republic of Arts.'

49 Cru, *War Books*, 18.

50 군 병원 장면은 여러 모로 전투 후 장면과 비슷했다. 군 병원 장면도 낭만주의 회고록 저자들에게는 격정적이고 숭고한 사건을 묘사할 충분한 기회였으며, 권위적인 입장에서 전쟁의 본질을 언급할 충분한 기회였다. 사례는 Blennie, *Narrative*, 110-119; Blakiston, *Twelve Years*, 2:257-261; Brandt, *In the Legions of Napoleon*, 51-52; Malz, 'Kriegs- und Friedensbilder,' 38-39; *Memoirs of a Sergeant*, 170-173; Blaze, *Military Life*, 98-

99; Green, *Vicissitudes*, 39-40, 75-77, 194-199; Malcolm, 'Reminiscences,' 300-305 참조.

51 See in particular Haggerty, *Men in Love*. See also Hunt and Jacob, 'Affective Revolution'; Schenk, *Mind*, 158-162.

52 전우애와 관련해 Knott, 'Sensibility,' 31-32, 35; Muir, *Tactics*, 200; Duffy, *Military Experience*, 97, 122, 131 참조.

53 Muir, *Tactics*, 57.

54 Schiller, *Wallenstein*, 'Wallenstein's Death,' Act 3, Scene 10, trans. Lamport, 386. See also Pelet, *French Campaign*, 113-114, 313, 370.

55 Stendhal, *Charterhouse of Parma*, 54.

56 이는 요셉과 야곱의 이야기까지 거슬러 올라가는 오랜 비유이며, 근대 초기 회고록 저자들도 종종 이 비유를 활용했다(사례는 Coxere, *Adventures by Sea*, 28; Contreras, *Discurso*, 133 참조).

57 Bräker, *Arme Mann*, 98; Bräker, *Life Story*, 146.

58 Laverack, *Methodist Soldier*, 27-28. See also *Memoirs of a Sergeant*, 177-178; Holmes, *Redcoat*, 415-416; Harris, *Recollections*, 120-121; Fox, *Adventures*, 228.

10장 / 전쟁 경험의 거대서사

1 이런 표현에 관한 이해를 돕는 논의는 Lamb, 'Sterne' 참조.

2 Fischer, *Washington's Crossing*, 208.

3 Butler, *Narrative*, 1st edition, 171.

4 Ibid., 192.

5 Nettelbeck, *Abenteuerliches Lebensbild*, 324-325.

6 Quoted in Faust, 'Christian Soldiers,' 84. See also Ammon, *Leben Dr. Christian Nagel's*, 266; Shipp, *Memoirs*, 54, 88, 119; Gleig, *Subaltern*, 14, 177; Green, *Vicissitudes*, 77-78, 193; Harris, *Recollections*, 24; Barrès, *Souvenirs*, 26, 96; Bräker, *Arme Mann*, 83; Thomson, *Memoirs*, 20; Fox, *Adventures*, 119; Blaze, *Military Life*, 8, 22; Gleig, *Subaltern*, 49; Pearson, *Soldier*, 26; Montesquiou-Fezensac, *Russian Campaign*, 86, 104, 127; Roberts, *Memoirs*, 74.

7 Deane, *Journal*, 20-21.

8 Bishop, *Life*, 232-233. See also Bishop, *Life*, 274.

9 *Memoirs of a Sergeant*, 215-216. See also Blakeney, *Boy*, xi-xii.

10 See Blaze, *Military Life*, 49, 111-112.

11 Ibid., 94.

12 Ibid., 94-95.

13 Ibid., 56.

14 Brandt, *In the Legions of Napoleon*, 41.

15 Coleridge, 'Fears in Solitude,' lines 104-121, in *Poetical Works*, ed. Campbell, 129.

16 Clausewitz, *On War*, 1.4, ed. Howard and Paret, 113-114.

17 Clausewitz, *On War*, 1.5, ed. Howard and Paret, 115.

18 전쟁에 관한 '뉴턴주의' 접근 방식은 Gat, *Origins*, 13-135 참조. 특히 25-53, 80-83; Paret, 'Genesis of On War' 10-11 참조. 이러한 접근 방식에 대한 반응은 Gat, *Origins*, 139-155 참조.

19 '뉴턴주의' 전쟁 이론에 대한 클라우제비츠의 반감은 Clausewitz, *On War*, 'Author's Preface,' ed. Howard and Paret, 61-62; Clausewitz, *On War*, 1.1.6, 1.1.21-22, ed. Howard and Paret, 78, 86; Paret, 'Genesis of On War,' 6, 14 참조. 클라우제비츠의 낭만주의 사상가로서의 면모는 Gat, *Origins*, 156-250; Paret, *Clausewitz*, 84; Paret, 'Genesis of On War,' 14-15 참조.

20 클라우제비츠의 마찰 관련 Clausewitz, *On War*, 1.1.18-21, 1.4-1.7, ed. Howard and Paret, 84-86, 113-122; Paret, 'Genesis of On War,' 16-18; Paret, *Yorck*, 213, 316; Houlding, *Fit for Service*, 2-3 참조. Compare Blaze, *Military Life*, 109.

21 Paret, *Yorck*, 213-216.

22 Clausewitz, *On War*, 1.7, ed. Howard and Paret, 119.

23 일반적으로 낭만주의자들은 일상 삶의 따분함을 두려워하고 개탄했다. 이런 따분함에 대한 해독제로 숭고한 경험을 추구하는 경우가 많았다. Weiskel, *Romantic Sublime*, 18 참조.

24 See also Brosman, *Visions of War*, 3-5.

25 Pindar, *Autobiography*, 9.

26 Durova, *Cavalry Maiden*, 125-126. 중산층 청년이 자원입대하는 발렌슈타인의 부대 장면과 비교하여 Schiller, *Wallenstein*, 'Wallenstein's Camp,' Act 1, Scene 7, trans. Lamport, 189-192 참조. 또한 Malcolm, 'Reminiscences,' 235, 261; Woelfel, 'Memoirs,' 569 참조. 이런 태도가 20세기에 발전한 것과 관련해 Herf, *Reactionary Modernism*, 70-106 참조.

27 Ammon, *Leben Dr. Christian Nagel's*, 54-55; Ammon, *Soldier of Freedom*, 23-24.

28 Ammon, *Leben Dr. Christian Nagel's*, 67; Ammon, *Soldier of Freedom*, 28-31.

29 Ammon, *Leben Dr. Christian Nagel's*, 68-89; Ammon, *Soldier of Freedom*, 31.

30 Ammon, *Leben Dr. Christian Nagel's*, 71; Ammon, *Soldier of Freedom*, 32.

31 Ammon, *Leben Dr. Christian Nagel's*, 74-76; Ammon, *Soldier of Freedom*, 33-34.

32 Ammon, *Leben Dr. Christian Nagel's*, 77; Ammon, *Soldier of Freedom*, 35.

33 Ammon, *Leben Dr. Christian Nagel's*, 78; Ammon, *Soldier of Freedom*, 35.

34 Ammon, *Leben Dr. Christian Nagel's*, 80-81.

35 Ibid., 83.

36 Ammon, *Leben Dr. Christian Nagel's*, 87; Ammon, *Soldier of Freedom*, 40-41.

37 Ammon, *Leben Dr. Christian Nagel's*, 91-92; Ammon, *Soldier of Freedom*, 43.

38 Ammon, *Leben Dr. Christian Nagel's*, 92-93; Ammon, *Soldier of Freedom*, 44.

39 Ammon, *Leben Dr. Christian Nagel's*, 98; Ammon, *Soldier of Freedom*, 46.

40 Ammon, *Leben Dr. Christian Nagel's*, 101; Ammon, *Soldier of Freedom*, 49.

41 Ammon, *Leben Dr. Christian Nagel's*, 106; Ammon, *Soldier of Freedom*, 51.

42 Schiller, *Wallenstein*, 'Wallenstein's Camp.' Act 1, Scene 6, trans. Lamport, p. 184.

43 Ammon, *Leben Dr. Christian Nagel's*, 120; Ammon, *Soldier of Freedom*, 59.

44 Ammon, *Leben Dr. Christian Nagel's*, 124-125; Ammon, *Soldier of Freedom*, 61.

45 Ammon, *Leben Dr. Christian Nagel's*, 137-138; Ammon, *Soldier of Freedom*, 67-68.

46 Ammon, *Leben Dr. Christian Nagel's*, 143; Ammon, *Soldier of Freedom*, 72.

47 Ammon, *Leben Dr. Christian Nagel's*, 166-169; Ammon, *Soldier of Freedom*, 84-85.

48 Ammon, *Leben Dr. Christian Nagel's*, 173; Ammon, *Soldier of Freedom*, 85-86.

49 Ammon, *Leben Dr. Christian Nagel's*, 180; Ammon, *Soldier of Freedom*, 89.

50 Ammon, *Leben Dr. Christian Nagel's*, 198; Ammon, *Soldier of Freedom*, 100. On his introduction of gymnastics to Cleve, see Ammon, *Leben Dr. Christian Nagel's*, 198-208.

51 See Brewer, *Greek War*, 137-139, 153.

52 Ammon, *Leben Dr. Christian Nagel's*, 310; Ammon, *Soldier of Freedom*, 143.

53 Brewer, *Greek War*, 149-151.

54 Ammon, *Leben Dr. Christian Nagel's*, 316; Ammon, *Soldier of Freedom*, 145.

55 Ammon, *Leben Dr. Christian Nagel's*, 320; Ammon, *Soldier of Freedom*, 147.

56 Ammon, *Leben Dr. Christian Nagel's*, 318; Ammon, *Soldier of Freedom*, 146.

57 Ammon, *Leben Dr. Christian Nagel's*, 323; Ammon, *Soldier of Freedom*, 148.

58 See, for example, Ben-Yehuda, *1948*, 358-359.

59 Pelet, *French Campaign*, 249.

60 Harris, *Recollections*, 106.

61 Bishop, *Life*, 273.

62 Fischer, *Washington's Crossing*, 334.

63 Martin, *At the Front*, 122. See also Pindar, *Autobiography*, 168; Marbot, *Memoirs*, 2:267; Muir, *Tactics*, 274; Forrest, *Napoleon's Men*, 133-134.

64 이런 반응이 자연스럽고 보편적이라는 생각과 관련해 Faust, 'Christian Soldiers' 참조.

65 Winter, *Sites of Memory*, 2-5, 54-69, 161-165, 217-221; Schweitzer, *Cross and Trenches*, xix-xx; Becker, *War and Faith*, 2.

66 The following paragraphs also rely on Juster, 'In a Different Voice.'

67 Davies, *Methodism*, 97-98.

68 See in particular Taves, *Fits, Trances, & Visions*. See also Outram, *Enlightenment*, 34; Jones, *Revolution*, 88-90; Watson, 'Religion,' 38-40.

69 Watkins, *Soldiers*, 14. 감리교가 군인 개종에 쏟은 관심과 감리교의 세계적 확산에 핵심적으로 기여한 군인들의 역할에 관해 Watkins, *Soldiers*, 1-194; Male, *Scenes* 참조.

70 Haime, *Short Account*, 15-23; Watkins, *Soldiers*, 26-46.

71 Watkins, *Soldiers*, 23.

72 Butler, *Narrative*, 4th edition, vii-viii.

73 Haime, *Short Account*, 6-9.

74 Ibid., 11-12.

75 Ibid., 25.

76 Figley, *Stress Disorders*, 4-5.

77 Haime, *Short Account*, 27-28.

78 Downing, *Narrative*, 44-45. See also Downing, *Narrative*, 31-32.

79 Downing, *Narrative*, 78. See also Downing, *Narrative*, 7-8.

80 Ibid., 100-104.

81 *Memoirs of a Sergeant*, 35.

82 Ibid., 179, 184, 223-225, 248-257.

83 Ibid., 35-37. See also Ibid., 106.

84 Blennie, Narrative, 1.

85 Ibid., 38. 이런 순환 양상에 대한 추가 사례는 Blennie, *Narrative*, 31, 46-48, 53-54, 59, 67, 86-88, 92-93, 110, 140-141 참조. 내재적 위험에 영향받는 개인적 삶의 방식을 개선하기로 약속하고 나중에 그 약속을 망각하는 유사한 이야기는 Roberts, *Memoirs*, 94-96 참조.

86 Blennie, *Narrative*, 98-100.

87 Ibid., 106.

88 Ibid., 143-144.

89 Ibid., 118.

90 Ibid., 146.

91 Ibid., 141.

92 동일한 특징을 보이는 또 다른 이야기는 Laverack, *Methodist Soldier*; Mason, *Primitive Methodist Soldier*; Butler, *Narrative* 참조. 왓킨스Watkins의 《군인들Soldiers》에는 군인 수십 명의 짤막한 개종 경험담이 등장한다. 개종 원인은 대부분 설교와 독서다. 전투가 개종 원인인 적은 한번도 없다. Dobbs, *Recollections*, 70-72 참조.

93 1850년 전에도 군인이 전투 경험과 압박 때문에 개종한 경험담들이 있지만, 이는 통상적인 사례가 아니라 예외적 사례였다. Shipp, *Memoirs*, 106, 114-115, 121 참조.

94 Watkins, *Soldiers*, 6-7; Laverack, *Methodist Soldier*, vii; *Memoirs of a Sergeant*, 219; Faust, 'Christian Soldiers,' 68.

95 Tolstoy, *War and Peace*, ed. Edmonds, 2:1088-1090.

96 Watson, 'Religion,' 51-53; Faust, 'Christian Soldiers,' 71-72. Faust의 'Christian Soldiers'는 군인들의 부흥을 학문적으로 다룬 최고의 책이다. 남북전쟁 당시 군인들의 부흥과 관련해 Jones, *Christ in Camp*; Bennett, *Narrative of the Great Revival*참조.

97 Watson, 'Religion,' 47-48.

98 Jones, *Christ in Camp*, 390. 이 주장이 진실인지 아닌지는 상관이 없다. 중요한 것은 전쟁이 인간을 전향시킨다고 믿었다는 사실이다.

99 Quoted in Watson, 'Religion,' 30.

100 Faust, 'Christian Soldiers,' 67. See also Muir, *Tactics*, 220.

101 Schweitzer, *Cross and Trenches*, xviii. See also Becker, *War and Faith*, 4.

102 Billingsley, *From the Flag to Cross*, 51-52, 179, 235, 227, 253.

103 Ibid., 51.

104 Ibid., 235. See also Billingsley, *From the Flag to Cross*, 224, 234.

105 See, for example, Billingsley, *From the Flag to Cross*, 184, 188, 239-240.

106 Ibid., 179.

107 Male, *Scenes*, 115-116.

108 이러한 주장들을 균형 있게 연구하려면 Schweitzer, *Cross and Trenches*, and Becker, *War and Faith* 참조. 이 책들은 전투 때문에 다양한 신앙으로 개종한 사람들의 경험담뿐만 아니라 인본주의나 불가지론, 무신론, 사회주의로 전향한 사람의 사례도 인용한다. 후자의 사례들은 전쟁 때문에 인본주의나 불가지론, 무신론, 사회주의로 전향하리라는 기대가 종교로 전향하리라는 기대에 못지않았음을 분명히 보여준다.

109 Quoted in Becker, *War and Faith*, 23.

110 Voltaire, *Candide*, ch. 3, ed. Pomeau, 91.

111 Voltaire, *Candide*, ch. 4, ed. Pomeau, 96.

112 See also Shaffner, *Apprenticeship Novel*, 50-52; Hoffmeister, 'From Goethe's

Wilhelm Meister,' 81-82.

113 Koepke, 'Bildung and Transformation,' 231. See also Minden, *German Bildungsroman*, 5.

114 Schiller, *Robbers*, Act 3, Scene 2, trans. Lamport, 103.

115 Brewer, *Greek War*, 145-153.

116 Byron, *Don Juan*, canto 8:42, ed. Kroneneberger, 287.

117 Byron, *Don Juan*, canto 7:21, ed. Kroneneberger, 260.

118 Schenk, *Mind*, 8-14.

119 Hazlitt, *Complete Works*, 3:156.

120 Ibid., 12:135. See also Jones, *Radical Sensibility*, 14-15.

121 Löwy and Sayre, *Romanticism Against the Tide*, 19, 29-35.

122 Lermontov, *A Hero of Our Time*, 36.

123 Ibid., 37.

124 전쟁 환멸 경험담의 또 다른 주요 사례는 알프레드 드 비니Alfred de Vigny의《군대의 복종과 위대함Servitude et grandeur militaries》(1835년)이다. 비니는 회고록을 '환멸에 관한 일종의 대서사시'로 설명했다(Brosman, *Visions of War*, 17 참조).

125 Jones, *Revolution*, 79.

126 Compare Winter, *Sites of Memory*, 184.

127 Durova, *Cavalry Maiden*, 143-144.

128 Mämpel, *Young Rifleman's Comrade*, 17.

129 Ibid., 18-19.

130 Ibid., 19.

131 Ibid., 22.

132 Ibid., 22-23.

133 Ibid., 82-83.

134 Compare Fox, *Adventure*, 142-148.

135 Mämpel, *Young Rifleman's Comrade*, 135-136. 자신에게 스스로 총을 발사해 자살을 감행하는 군인들의 또 다른 사례는 Durova, *Cavalry Maiden*, 89, 99 참조.

136 Mämpel, *Young Rifleman's Comrade*, 287-288.

137 Blaze, *Military Life*, 203. 환멸을 언급하는 또 다른 사례는 Durova, *Cavalry Maiden*, 32; Harris, *Recollections*, 110, 123-124; Fox, *Adventures*, 55; Vossler, *With Napoleon in Russia*, 24, 32-34, 44; Marbot, *Memoirs*, 1:76; Green, *Vicissitudes*, 49 참조.

138 Majendie, *Up Among the Pandies*, 168-169. See also Gleig, *Subaltern*, 63-64.

139 Barrès, *Souvenirs*, 43; Barrès, *Memoirs*, 55.

140 Laukhard, *Magister Laukhards leben*, 2:49-50; Laukhard, *Allemand en France*, 85.

141 Eksteins, 'All Quiet on the Western Front,' 355-356.

142 Laukhard, *Magister Laukhards leben*, 2:73.

143 Ibid., 2:73-80. 물질적·감각적 고통에 집중하는 묘사는 Forrest, *Napoleon's Men*, 148-153 참조.

144 Graydon, *Memoirs*, 154, 211-212.

145 Parquin, *Napoleon's Army*, 126.

146 Marbot, *Memoirs*, 1:246. See also Ibid., 2:143.

147 Ibid., 1:315.

148 Stendhal, *Charterhouse of Parma*, 54.

149 Ibid., 75.

150 Friederich, *Abenteuer*, 119.

151 Ibid., 397.

152 Ibid., 546.

153 Ibid., 78.

154 Barrès, *Souvenirs*, 48-49; Barrès, *Memoirs*, 62. See also Laukhard, *Magister Laukhards leben*, 2:28-29, 32-33.

155 Bräker, *Arme Mann*, 85.

156 Ibid., 87; Bräker, *Life Story*, 134.

157 Bräker, *Arme Mann*, 90-95; Bräker, *Life Story*, 138-142.

158 Varnhagen, *Sketches*, 68.

159 Ibid., 72.

160 Ibid., 100.

161 Ibid., 100-101.

162 Ibid., 102-103.

163 Leed, *No Man's Land*, 75-96 비교. 주로 전우애의 이상에 대한 환멸을 묘사하는 최근의 이야기들은 Lahav, *Go to Gaza*; Spivak, *Whose Golani?*; Neumann, *Good Soldier*와 영화 〈원 오브 어스One of Us〉 참조.

164 Bourgogne, *Memoirs*, 80-81.

165 Ibid., 81.

166 Ibid., 86.

167　Ibid., 92.

168　Ibid., 130-131.

169　Faber du Faur, *With Napoleon*, plate 89.

170　Montesquiou-Fezensac, *Russian Campaign*, 104.

171　Vossler, *With Napoleon in Russia*, 93.

172　Ibid., 169.

173　Best, *War and Society*, 202.

174　하지만 어떤 면에서는 20세기 이전의 환멸 회고록이 20세기의 환멸 회고록보다 더 극단적이었다. 18세기와 19세기에는 환멸의 논리적 결과로 군대를 탈영하는 회고록 저자가 상당히 많았다. 20세기 회고록 저자들은 군사작전에 대한 극도의 환멸을 표현해도 탈영을 감행하지는 않았다. 몇몇 저자가 시그프리트 서순이나 헬러의 요사리안처럼 탈영을 고민했지만 탈영을 실행하지는 않았다. 사실 20세기에 최고의 환멸을 토로한 회고록에서는 군사작전에 대한 충성심을 보여주는 것이 군사작전을 이론적으로 비판할 권리를 얻기 위한 필수 전제조건이었다.

175　See also Harari, 'Martial Illusions.'

176　Hitler, *Mein Kampf*, 165. Compare Crowther, *Kantian Sublime*, 20, 30.

177　Tolstoy, *Sebastopol*, 27.

178　Ibid., 26.

179　Ibid., 29-30.

180　Ibid., 90-93.

181　Ibid., 109-110.

182　Ibid., 139-140.

183　Ibid., 140-141.

184　Ibid., 148-149.

185　Ibid., 154.

186　Ibid., 162-163.

187　Ibid., 184.

188　Ibid., 197.

189　Ibid., 211.

190　Ibid., 223.

191　Ibid., 228.

192　10장에서 크게 도움받은 책은 Bruhm의 *Gothic Bodies*.

193　다음 논의는 Bruhm, *Gothic Bodies*와 O'Neal, *Authority of Experience*, 239-244를 주로 참조.

194 Burke, *Philosophical Enquiry*, 40; Ryan, 'Physiological Sublime,' 275-277.

195 Kant, *Critique of Judgement* 2.28, trans. Meredith, 110-111. See also Crowther, *Kantian Sublime*, 8; Bruhm, *Gothic Bodies*, 17-18, 57.

196 Schiller, 'On the Sublime,' 29.

197 Ammon, *Leben Dr. Christian Nagel's*, 138.

198 Blaze, *Military Life*, 97. See also Barrès, *Souvenirs*, 150-151.

199 Harris, *Recollections*, 16-17.

200 Ibid., 41. See also Harris, *Recollections*, 49.

201 Marbot, *Memoirs*, 1:203.

202 Graydon, *Memoirs*, 269.

203 Gleig, *Subaltern*, 89.

204 Ibid., 114. See also Gleig, *Subaltern*, 194-195, 224-225.

205 Tolstoy, *Sebastopol*, 182. See also Tolstoy, *Sebastopol*, 15-16; Stendhal, *Charterhouse of Parma*, 50; Malcolm, 'Reminiscences,' 275, 279; Shipp, *Memoirs*, 58-59; Vossler, *With Napoleon in Russia*, 93; Durova, *Cavalry Maiden*, 125, 149.

206 Höss, *Death Dealer*, 48.

207 Ibid., 54.

208 Ibid., 55-56.

209 Ibid., 58.

210 Ibid., 82.

211 Ibid., 100.

212 Ibid., 162.

213 Ibid., 161.

214 Ibid., 126.

215 Ibid., 198.

216 http://www.nizkor.org/hweb/people/h/himmler-heinrich/posen/oct-04-43/ausrottung-transl-nizkor.html

에필로그 ╱ 너를 깨우친 것들, 1865~2000년

1 Kipling, *Five Nations*, 210-213.

참고 자료

1차 자료

Adam, Charles, and Paul Tannery (eds), *Oeuvres de Descartes*, 30 vols (Paris, 1969).

Adye, Stephen Payne, *A Treatise on Courts Martial* (London, 1785).

Adye, Stephen Payne, *An Essay on Military Punishments and Rewards* (London, 1785).

Ammon, Friedrich von, and Theodor Herold, *Das Leben Dr. Christian Samuel Gottlieb Ludwig Nagel's* (Cleve, 1829).

Ammon, Friedrich von, and Theodor Herold, *Soldier of Freedom: The Life of Dr. Christian Nagel 1787–1827*, trans. Gunther W. Nagel (San Francisco, 1968).

Atkyns, Richard, 'The Vindication of Richard Atkyns,' in: Peter Young and Norman Tucker (eds), *Richard Atkyns and John Gwyn* (Hamden, 1968).

The Autobiography of a Private Soldier, Showing the Danger of Rashly Enlisting (Sunderland, 1838).

Baeca, Pedro de, 'Carta que Pedro de Baeca escrivio a el marques de Villena sobre que le pidio un memorial de lo que por el avia fecho,' in: Real academia de la historia (ed.), *Memorial Historico Espanol: Coleccion de documentos, opusculos y antiguedades*, vol. 5 (Madrid, 1853), pp. 485–510.

Baillet, Adrien, *Vie de Monsieur Descartes. Collection 'Grandeurs,'* vol. 1 (Paris, 1946).

Balbi de Correggio, Francisco, *La Verdadera Relacion de todo lo que el anno de M.D.LXV. ha succedido en la isla de Malta · · ·* (Barcelona, 1568).

Barker, Thomas M., *The Military Intellectual and Battle: Raimondo Montecuccoli and the Thirty Years War* (Albany, 1975).

Barres, Jean-Baptiste, *Memoirs of a French Napoleonic Officer*, ed. Maurice Barres, trans. Bernard Miall (London, 1988 [1925]).

Barres, Jean-Baptiste, *Souvenirs d'un officier de la Grande Armee*, ed. Maurice Barres (Paris, 2004).

Barsewisch, Ernst-Friedrich Rudolf von, *Von Rossbach bis Freiberg 1757–1763: Meine Kriegs-Erlebnisse wahrend des Siebenjahrigen Krieges 1757–1763* (Krefeld, 1959 [1863]).

Bell, George, *Soldier's Glory; Being Rough Notes of an Old Soldier* (London, 1991[1867]).

Bellay, Martin du, and Guillaume du Bellay, *Memoires (1513–47)*, ed. V.-L. Bourrilly and F. Vindry, 4 vols (Paris, 1908–19).

Bennett, William W., *A Narrative of the Great Revival in the Southern Armies* (Philadelphia, 1877).

Ben-Yehuda, Netiva, *1948 – Between Calendars* (Jerusalem, 1981).

Ben-Yehuda, Netiva, *When the State of Israel Broke Out: A DocuNovel* (Jerusalem, 1991).

Berlichingen, Gotz von, *The Autobiography of Gotz von Berlichingen*, ed. H. S. M. Stuart (London, 1956).

Billingsley, A. S., *From the Flag to the Cross; or, Scenes and Incidents of Christianity in the War* (Philadelphia, 1872).

Bishop, Matthew, *The life and adventures of Matthew Bishop of Deddington in Oxfordshire. Containing an account of several actions by sea, battles and sieges by land, · · · from 1701 to 1711, · · · Written by himself* (London, 1744).

Blakeney, Robert, *A boy in the Peninsular war; the services, adventures and experiences of Robert Blakeney, subaltern in the 28th regiment; an autobiography*, ed. J. Sturgis(London, 1899).

Blakiston, John, *Twelve Years' Military Adventure in Three Quarters of the Globe, 1813–14 with the Portugese Cacadores*, 2 vols (London, 1829).

Bland, Humphrey, *A Treatise of Military Discipline; in which is laid down and explained the duty of the officer and soldier* (London, 1727).

Blatchford, Robert, *My Life in the Army* (London, 1915?).

Blaze, Elzear, *Military Life under Napoleon*, trans. John R. Elting (Chicago, 1995).

Blennie, George, *Narrative of a Private Soldier in one of his Majesty's Regiments of Foot, Written by Himself* (Glasgow, 1820).

Braker, Ulrich, *Der Arme Mann im Tockenburg* (Dortmund, 1985).

Braker, Ulrich, *The Life Story and Real Adventures of the Poor Man of Toggenburg*, trans. Derek Bowman (Edinburgh, 1970).

Brandt, Heinrich von, *In the Legions of Napoleon: The Memoirs of a Polish Officer in Spain and Russia, 1808–1813*, ed. and trans. Jonathan North (London, 1999).

Bonet, Honore, *The Tree of Battles of Honore Bonet: An English version with introduction by G. W. Coopland; with a hitherto unpublished historical interpolation* (Liverpool, 1949).

Boswell, James, *Boswell's Life of Johnson*, ed. George Birkbeck Hill, 6 vols (Oxford, 1934).

Bourgogne, Adrien Jean Baptiste, *Memoirs of Sergeant Bourgogne (1812–1813)*, ed. J. W. Fortescue (London, 1930).

Boyvin, Francois de, *Memoires*, in Michaud, *Nouvelle Collection*, ser. I, vol. 10, pp. 1–390.

Brantôme, Pierre de Bourdeille, seigneur de, *Oeuvres completes de Pierre de Bourdeille, seigneur de Brantome,* ed. Ludovic Lalanne, 10 vols (Paris, 1864–1882).

Bueil, Jean de, *Le Jouvencel par Jean de Bueil suivi du commentaire de Guillaume Tringant*, ed. Camille Favre and Leon Lecestre, 2 vols (Paris, 1889).

Bunyan, John, 'Grace Abounding to the Chief of Sinners,' *The Pilgrim's Progress; Grace Abounding; and, A Relation of His Imprisonment*, ed. Edmund Venables, revised by Mabel Peacock, 2nd edition (Oxford, 1900).

Burke, Edmund, *A Philosophical Enquiry into the Origin of our Ideas of the Sublime and Beautiful*, ed. James T. Boulton (London, 1967).

Butler, Robert, *Narrative of the Life and Travels of Serjeant B____.Written by Himself*, 1st edition (Edinburgh & London, 1823).

Butler, Robert, *Narrative of the Life and Travels of Serjeant Butler.Written by Himself*, 4th edition (Edinburgh, 1855).

Byron, George Gordon Lord, *Don Juan*, ed. Louis Kroneneberger (New York, 1949).

Cabeza de Vaca, Alvar Nunez, *Naufragios y Comentarios* (Madrid, 1922).

Campbell, Sir James of Ardkinglass, *Memoirs*, 2 vols (London, 1832).

Campion, Henri de, *Memoires*, ed. Marc Fumaroli (Paris, 1967).

Caputo, Philip, *A Rumor of War* (London, 1977).

Caulaincourt, Armand-Augustin-Louis de, duc de Vicence, *Memoires du general de Caulaincourt Duc de Vicenza*, ed. Jean Hanoteau, 3 vols (Paris, 1933).

Cavalier, Jean, *Memoirs of the Wars of the Cevennes* · · · (Dublin, 1726).

Charny, Geoffroi de, *The "Book of Chivalry" of Geoffroi de Charny: Text, Context, and Translation*, ed. and trans. Richard W. Kaeuper and Elspeth Kennedy (Philadelphia, 1996).

Cholmley, Hugh, *The Memoirs of Sir Hugh Cholmley* (London, 1787).

Chouppes, Aymar, marquis de, *Memoires*, ed. M.C. Moreau (Paris, 1861).

Clausewitz, Carl von, *On War*, ed. and trans. Michael Howard and Peter Paret (Princeton, 1989).

Coleridge, Samuel Taylor, *Poetical Works*, ed. James Dykes Campbell (London, 1903).

Collins, James Potter, *A Revolutionary Soldier*, ed. JohnM. Roberts (New York, 1979[1859]).

Commynes, Philippe de, *Memoires*, ed. B. de Mandrot, 2 vols (Paris, 1901–1903).

Contreras, Alonso de, *Discurso de mi vida*, ed. Henri Ettinghausen (Madrid, 1988).

Coxere, Edward, *Adventures by Sea*, ed. E. H. W. Meyerstein (New York, 1946).

Crichton, Andrew, *The Life and Diary of Lieut. Col. J. Blackader* (Edinburgh, 1824).

Cummings, Delano, *Moon Dash Warrior: The Story of an American Indian in Vietnam, a Marine from the Land of the Lumbee*, ed. Mariana Novak and David Novak (Livermore, 1998).

Cuthbertson, Bennett, *A System for the Complete Interior Management and Oeconomy of a Battalion of Infantry* (Dublin, 1768).

Dalrymple, Campbell, *AMilitary Essay Containing Reflections on the Raising, Arming, Cloathing* [sic!] *and Discipline of British Infantry and Cavalry* (London, 1761).

Davidov, Denis, *In the Service of the Tsar against Napoleon. The Memoirs of Denis Davidov, 1806–1814*, ed. and trans. Gregory Troubetzkoy (London, 1999).

Davies, M. Bryn, 'Suffolk's Expedition to Montdidier 1523,' *Bulletin of the Faculty of Arts. Fouad I University*, 7 (1944), pp. 33–43.

Deane, John Marshall, *A Journal of The Campaign in Flanders · · · 1708*, ed. J. B. Deane ([n.p.], 1846).

Defoe, Daniel, *Memoirs of a Cavalier* (London, 1926).

Descartes, Rene, *Discours de la methode*, ed. Frederic de Buzon (Paris, 1991).

Desclot, Bernard, *Llibre del rei en pere*, in: Ferran Soldevila (ed.), *Les Quatre Grans Croniques* (Barcelona, 1971), pp. 403–664.

Diaz del Castillo, Bernal, *Historia Verdadera de la Conquista de la Nueva Espana*, ed. Joaquin Ramirez Cabanas, 10th edition (Mexico, 1974 [1955]).

Didi-Huberman, Georges, Riccardo Garbetta, and Manuela Morgaine, *Saint Georges et la dragon: Version d'une legende* (Paris, 1994).

Dietz, Johann, *Memoirs of a Mercenary, Being the Memoirs of Master Johann Dietz, Surgeon in the Army of the Great Elector and Barber to the Royal Court*, ed. Mervyn Horder, trans. Bernard Miall (London, 1987).

Dilthey, Wilhelm, *Introduction to the Human Sciences: An Attempt to Lay a Foundation for the Study of Society and History*, trans. Ramon J. Betanzos (London, 1988).

Dilthey, Wilhelm, 'Friedrich Holderlin,' in *Poetry and Experience*, ed. Rudolf A. Makkreel and Frithjof Rudi (Princeton, 1985), pp. 303–384.

Dobbs, John, *Recollections of an Old 52nd Man* (Staplehurst, 2000 [1863]).

Downing, James, *A Narrative of the Life of James Downing, a Blind Man, Late a Private in His majesty's 20th Regiment of Foot*, 3rd edition (London, 1815).

Du Cause de Nazelle, Jean Charles, *Memoires du temps de Louis XIV*, ed. Ernest

Daudet (Paris, 1899).

The Duke of Marlborough's new exercise of firelocks and bayonets · · · *With instructions to preform* [sic] *every motion by body foot and hand* (London, 1708).

Durova, Nadezhda Andreevna, *The Cavalry Maiden: Journals of a Russian Officer in the Napoleonic Wars*, ed. and trans. Mary Fleming Zirin (Bloomington and Indianapolis, 1988).

Edmundson, William, *A Journal of the Life, Travels, Sufferings and Labour of Love in the work of the ministry, of that worthy elder and faithful servant of Jesus Christ, William Edmundson, who departed this life* · · · (Dublin, 1820 [1715]).

Ehingen, Jorg von, *Reisen nach der Ritterschaft*, ed. Gabriele Ehrmann, 2 vols (Goppingen, 1979).

Emmerich, Andrew, *The Partisan in War: Or the Use of a Corps of Light Trops to an Army* ([s.l.]: 1789).

Enriquez de Guzman, Alonso, *Libro de la vida y costumbres de Alonso Enriquez de Guzman*, ed. Hayward Keniston, *Biblioteca de autores espanoles* 126 (Madrid, 1960).

Erasmus, Desiderius, 'The Handbook of the Militant Christian,' in: Desiderius

Erasmus, *The Essential Erasmus*, ed. and trans. John P. Dolan (New York, 1983).

Erasmus, Desiderius, *In Praise of Folly* (London, 1951).

Erasmus, Desiderius, 'Military Affairs,' in: Desiderius Erasmus, *The Colloquies of Erasmus*, trans. N. Bailey (Glasgow, 1877).

Erasmus, Desiderius, 'The Soldier and the Carthusian,' in: Desiderius Erasmus, *The Colloquies of Erasmus*, trans. N. Bailey (Glasgow, 1877).

Ercilla y Zuniga, Alonso de, *Primera, segunda, y tercera partes de la Araucana de don Alonso de Ercilla y cuniga* · · · (Barcelona, 1592).

Faber du Faur, Christian Wilhelm von, *With Napoleon in Russia; The Illustrated Memoirs of Faber du Faur, 1812*, ed. and trans. Jonathan North (London, 2001).

Farquhar, George, 'The Recruiting Officer,' *The Recruiting Officer and Other Plays*, ed. William Myers (Oxford, 1995), pp. 159–242.

Felix's Life of Saint Guthlac, ed. and trans. Bertram Colgrave (Cambridge, 1985).

Fernyhough, Thomas, *Military Memoirs of Four Brothers, by the survivor* (London, 1829).

Florange, Robert III de la Marck, lord of, *Memoires du Marechal de Florange dit le Jeune Adventureux*, ed. Robert Goubaux and P.-Andre Lemoisne, 2 vols (Paris, 1913–1924).

Fox, Ebenezer, *The Adventures of Ebenezer Fox in the Revolutionary War* (Boston, 1847).

Fox, Robert, *Eyewitness Falklands. A Personal Account of the Falklands Campaign* (London, 1982).

Foxe, John, *Foxe's Book of Martyrs*, ed. W. Grinton-Berry (New York, 1932).

Frederick II, King of Prussia, 'Eulogy on Julian Offray de la Mettrie,' in: Julian Offray de la Mettrie, *Man a Machine*, ed. Gertrude Carman Bussey (La Salle, Illinois, 1961), pp. 1–9.

Frederick II, King of Prussia, *Military Instructions from the Late King of Prussia to his Generals to which is added, Particular Instructions to the Officers of his Army, and especially those of the Cavalry*, trans. T. Foster, 3rd edition (London, 1797?).

Friederich, Johann Konrad, *Abenteuer unter fremden Fahnen. Erinnerungen eines deutschen Offiziers im Dienste Napoleons* (Berlin, 1990).

Garcia de Paredes, Diego, *Breve Svma dela Vida y Hechos de Diego Garcia de Paredes la qual el mismo escriuio · · ·* , in: Hernando Perez del Pulgar, *Chronica del gran capitan Goncalo Hernandez de Cordova y Aguilar* (Alcala, 1584), pp. 165–167.

Givati, Moshe, *Three Births in September* (Tel Aviv, 1990 [Hebrew]).

Gledhill, Samuel, *Memoirs of Samuel Gledhill, 1719 to 1727. To which is prefixed a narrative of his life, by W.H. Chippindall* (Kendal, 1910).

Gleig, George Robert, *The Subaltern: A Chronicle of the Peninsular War* (London, 1825).

Goethe, J. W. von, 'Goetz von Berlichingen,' in: J. W. Goethe, *Ephigenia in Tauris; Torquato Tasso; Goetz von Berlichingen*, ed. Nathan Haskell Dole, trans. Anna Swanwick and Walter Scott (Boston, 1902), pp. 227–356.

Graydon, Alexander, *Memoirs of His Own Time. With Reminiscences of the Men and Events of the Revolution*, ed. John Stockton Littell (New York, 1969 [1846]).

Green, John, *Vicissitudes in a Soldier's life, by John Green, late of the 68th Durham Light Infantry* (Louth, 1827).

Grimmelshausen, Jacob Christoph von, *Mother Courage*, trans. Walter Wallich (London, 1965).

Grimmelshausen, Jacob Christoph von, *Der abenteurliche Simplicissimus Teutsch*, ed. Volker Meid (Stuttgart, 1996).

Guyon, Fery de, *Memoires de Fery de Guyon*, ed. A.-P.-L. de Robaulx de Soumoy (Brussells, 1858).

Gwyn, John, 'The Military Memoirs of John Gwyn,' in: Peter Young and Norman Tucker (eds), *Richard Atkyns and John Gwyn* (Hamden, 1968).

Habig, Marion A. (ed.), *St. Francis of Assisi. Writings and Early Biographies. English Omnibus of the Sources for the Life of St. Francis* (Quincy, Ill., 1991).

534

Haime, John, *A Short Account of God's Dealings with Mr. John Haime* (London, 1785).

Harris, John, *Recollections of Rifleman Harris*, ed. Christopher Hibbert (Hamden, Connecticut, 1970).

Haynin, Jean de, *Memoires de Jean, Sire de Haynin et de Louvignies, 1465–1477*, ed. D. D. Brouwers, 2 vols (Liege, 1905–1906).

Hazlitt, William, *The Complete Works*, ed. P. P. Howe, 21 vols (London, 1930–34).

Heath, William, *The Life of a Soldier; a poem, with 18 engravings* (London, 1823).

Heller, Joseph, *Catch-22* (New York, 1961).

Herman, Nicholas, *The Life of Nicolas Herman, a Native of Lorrain* · · · (Edinburgh, 1727).

Herman, Nicholas, *The Practice of the Presence of God* (London, 1887).

Hexham, Henry, *The Principles of the Art Militarie; Practised in the Warres of the United Netherlands* (London, 1637).

Hitler, Adolf, *Mein Kampf*, trans. Ralph Manheim (Houghton, 1943).

Hodgson, John, *Memoirs of Captain John Hodgson, of Coalley-Hall, near Halifax* (Upton, 1994).

Holderlin, Friedrich, *Hyperion, or, the Hermit in Greece*, trans.Willard R. Trask (New York, 1970).

Holsten, Hieronymus Christian von, *Kriegsabenteuer des Rittmeisters Hieronymus Christian von Holsten, 1655–1666*, ed. Helmut Lahrkamp (Wiesbaden, 1971).

Hoss, Rudolph, *Death Dealer: The Memoirs of the SS Kommandant of Auschwitz*, ed. Steven Paskuly, trans. Andrew Pollinger (New York, 1992).

Housman, Laurence (ed.), *War Letters of Fallen Englishmen* (Philadelphia, PA, 2002).

Hulsen, Carl Wilhelm, *Unter Friedrich dem Grossen. Aus den Memoiren des Aeltervaters 1752–1773*, ed. H. Hulsen (Berlin, 1890).

Johnson, Samuel, *Political Writings*, ed. Donald J. Greene (New Haven, 1977).

Joinville, Jean de, *Vie de Saint Louis*, ed. J. Monfrin (Paris, 1995).

Jones, J. William, *Christ in Camp, or, Religion in Lee's Army* (Richmond, 1887).

Journal of an Officer of the King's German Legion, 1803–16 (London, 1827).

Junger, Ernst, *The Storm of Steel: From the Diary of a German Storm-Troop Officer on the Western Front* (London, 1993).

Kane, Richard, *Campaigns of King William and Queen Anne; from 1689, to 1712. Also, a new system of military discipline* · · · (London, 1745).

Kant, Immanuel, *The Critique of Judgement*, trans. James Creed Meredith (Oxford, 1986).

Kerry, Charles (ed.), 'The Autobiography of Leonard Wheatcroft,' *Journal of the Derbyshire Archeological and Natural History Society* XXI (1899), 26–60.

Kipling, Rudyard, *The Five Nations* (London, 1923).

Kovic, Ron, *Born on the Fourth of July* (New York, 1976).

Kuster, Carl Daniel, *Des Preussischen Staabsfeldpredigers Kuster, Bruchstuck seines Campagnelebens im siebenjahrigen Kriege* (Braunschweig, 1998 [1791]).

Kutuzov, Mihail, *Dokumenty*, ed. L. G. Beskrovnyi, 5 vols (Moscow, 1950–1956).

La Colonie, Jean Martin de, *Memoires*, ed. Anne-Marie Cocula (Paris, 1992).

La Mettrie, Julian Offray de, *Histoire naturelle de l'ame, traduite de l'anglais de M. Charp, par feu M. H** de l'academie des sciences* (La Haye, 1745).

La Mettrie, Julian Offray de, *Man a Machine*, ed. Gertrude Carman Bussey (La Salle, Ill., 1961).

La Mettrie, Julian Offray de, *Man a Machine and Man a Plant*, ed. Justin Lieber, trans. Richard A. Watson and Maya Rybalka (Cambridge, 1994).

La Mettrie, Julian Offray de, *L'Homme-machine*, in *Oeuvres Philosophiques*, ed. Francine Markovitz, 2 vols (Paris, 1987 [1751]), 1:63–118.

La Noue, Francois de, *Discours politiques et militaires*, ed. F. E. Sutcliffe (Geneva, 1967).

La Rochefoucauld, Francois de, *Maxims*, trans. Leonard Tancock (Harmondsworth, 1959).

Lahav, Shay, *Go to Gaza* (Tel Aviv, 2005 [Hebrew]).

Laukhard, Friedrich Christian, *Un Allemand en France sous la terreur: souvenirs de Frederic-Christian Laukhard, 1792–1794*, ed. and trans. Wilhelm Bauer (Paris, 1915).

Laukhard, Friedrich Christian, *Magister F. Ch. Laukhards leben und schicksale von ihm selbst beschrieben*, ed. Viktor Petersen, 2 vols (Stuttgart, 1908).

Laverack, Alfred, *A Methodist Soldier in the Indian Army: His Personal Adventures and Christian Experience* (London, [s.d.]).

'Legend of the Three Companions,' in Habig, *St. Francis of Assisi*, pp. 853–956.

Lermontov, Mikhail, *A Hero of Our Time*, trans. Marian Schwartz (New York, 2004).

Leshem, Ron, *Beaufort* (Tel Aviv, 2005 [Hebrew]).

The Life and Adventures of Mrs. Christian Davies, commonly called Mother Ross (London, 1740).

Livius, Titus, *Ab Urbe Condita*, ed. Robert Seymour Conway and Charles Flamstead Walters, 5 vols (Oxford, 1960).

Llull, Ramon, *Ramon Lull's Book of Knighthood and Chivalry*, trans. William Caxton, rendered into modern English by Brian R. Price (Union City, 2002).

Lomenie, Louis-Henri de, comte de Brienne, *Memoires de Louis-Henri de Lomenie, comte de Brienne, dit le jeune Brienne*, ed. Paul Bonnefon (Paris, 1916–19).

Loyd, Anthony, *My War Gone By, I Miss It So* (London, 1999).

Loyola, Saint Ignatius of, *The Autobiography of St. Ignatius Loyola*, ed. John C. Olin, trans. Joseph F. O'Callaghan (New York, 1974).

Loyola, Saint Ignatius of, *The Spiritual Exercises and Selected Works*, ed. George E. Ganss (New York, 1991).

Ludlow, Edmund, *The Memoirs of Edmund Ludlow, Lieutenant-General of the Horse in the Army of the Commonwealth of England, 1625–1672*, ed. C. H. Firth, 2 vols (Oxford, 1894).

Lupton, Donald, *Obiectorum Reductio or, Daily Imployment for the Soule. In Occasionall maditations upon severall Subjects* (London, 1634).

Lupton, Donald, *A Warre-like Treatise of the Pike* (London, 1642).

Lurting, Thomas, *The fighting sailor turn'd peaceable Christian: manifested in the convincement and conversion of Thomas Lurting* (London, 1766).

Machiavelli, Niccolo, *The Prince*, ed. and trans. Angelo M. Codevilla (New Haven, 1997).

Mackay, Hugh, *Memoirs of the war carried on in Scotland and Ireland, M.DC.LXXXIX.–M.DC.XCI.* (Edinburgh, 1833).

Majendie, Vivian Dering, *Up among the Pandies: or, A year's service in India* (Allahabad, 1974 [1859]).

Malcolm, John, 'Reminiscences of a Campaign in the Pyrenees and South of France,' in *Constable's Miscellany of Original and Selected Publications · · · ., Memorials of the Late War*, 2 vols (Edinburgh, 1828), 1:233–307.

Male, Arthur, *Scenes Through the Battle Smoke* (London [n.d.]).

Malz, R. (ed.), 'Kriegs- und Friedensbilder aus den Jahren 1754–1759. Nach dem Tagebuch des Leutnants Jakob Friedrich v. Lemcke 1738–1810,' *Preussische Jahrbucher*, CXXXVIII (Berlin, 1909), pp. 20–43.

Mampel, Johan Christian, *The Young Rifleman's Comrade – A Narrative of his Military Adventures, Captivity and Shipwreck* (Philadelphia, 1827).

Maniement d'armes d'arquebuses, mousquetz, et piques En conformite de l'ordre de Monseigneur le Prince Maurice, Prince d'Orange · · · Represente par figures par Jaques de Gheyn (Amsterdam, 1608).

Marbot, Jean-Baptiste-Antoine-Marcelin, Baron de, *The Memoirs of Baron de Marbot*, trans. Arthur John Butler, 2 vols (London, 1892).

Martin, William, *At the Front: A Record of a Soldier's Experiences in the Crimean War and Indian Mutiny, by One Who Was There* (Paisley, 1915 [1893]).

Martindale, Adam, *The Life of Adam Martindale, Written by Himself*, ed. Richard Parkinson, in: The Chetham Society (ed.), *Remains, Historical and Literary, Connected with the Palatine Counties of Lancaster and Chester*, vol. 4 ([s.l.], 1845).

Mason, William, *A Primitive Methodist Soldier in the British Army* (Leeds, 1877).

Melville, Andrew, *Memoires* (Amsterdam, 1704).

Melville, Andrew, *Memoirs*, trans. Torick Ameer-Ali (London, 1918).

Memoirs of a Sergeant Late of the 43rd Light Infantry, previously to and during the Peninsular war, including an account of his conversion from Popery to the Protestant Religion (London, 1835).

Mergey, Jean de, *Memoires militaires du Sieur de Mergey*, in: Michaud, *Nouvelle collection*, series 1, vol. 9 (1836).

Michaud, Joseph Francois and Jean Joseph Poujoulat (eds), *Nouvelle collection des memoires pour servir a l'histoire de France, depuis le XIIIe siecle jusqu'a la fin du XVIIIe*, 3 series, 32 vols (Paris, 1836–1839).

Millner, John, *A compendious journal of all the marches [&c.]* · · · *of the triumphant armies, of the* · · · *confederate high allies, in their* · · · *war against* · · · *France* (London, 1733).

The Military Discipline, wherein is most Martially shone the order of Drilling for the Musket and Pike (London? 1623 [1622]).

Monluc, Blaise de, *Commentaires de Blaise de Monluc, Marechal de France*, ed. Paul Courteault, 3 vols (Paris, 1911–25).

Monro, Robert, *Monro his Expedition Vvith the Vvorthy Scots Regiment* · · · (London, 1637).

Montaigne, Michel De, *The Complete Essays*, ed. and trans. M. A. Screech (London, 1991).

Montesquiou-Fezensac, Raimond-Emery-Philippe-Josephe, Duc de, *The Russian Campaign, 1812*, trans. Lee Kennett (Athens, GA, 1970).

Morris, Thomas, *The Recollections of Sergeant Morris*, ed. John Selby (Moreton-in-Marsh, 1998 [1845]).

Muntaner, Ramon, *Cronica*, ed. Marina Gusta, 2 vols (Barcelona: Edicions 62, 1979).

Navailles, Montault de Benac, Philippe de, duc de, *Memoires du duc de Navailles et de La Valette, pair et marechal de France, et gouverneur de monseigneur le duc de Chartes* (Amsterdam, 1701).

Nettelbeck, Joachim, *Ein abenteuerliches Lebensbild von ihm selbst erzahlt*

(Greifswald zu Rudolstadt, 1953).

Neumann, Boaz, *Good Soldier* (Lod, 2001 [Hebrew]).

Parker, Robert, *Memoirs of the most Remarkable Military Transactions from the year 1683 to 1718* (Dublin, 1746).

Parker, Robert,*Military Memoirs of Marlborough's Campaigns, 1702–1712*, ed. David Chandler (London, 1998).

Parquin, Charles, *Napoleon's Army*, ed. and trans. B. T. Jones (London, 1969).

Pasek, Jan Chrystozom, *Memoirs of the Polish Baroque: The Writings of Jan Chrystozom Pasek, a Squire of the Commonwealth of Poland and Lithuania*, ed. and trans. Catherine S. Leach (Berkeley, 1976).

Pearson, Andrew, *The Soldier Who Walked Away: The Autobiography of Andrew Pearson, a Peninsular War Veteran*, ed. Arthur H. Haley (Woolton, 1987).

Peeke, Richard, *Three to One: being, an English-Spanish combat, performed by a western gentleman* · · · (London, 1626).

Pelet, Jean-Jacques, *The French Campaign in Portugal, 1810–1811*, ed. and trans. Donald D. Horward (Minneapolis, 1973).

Perry, David, *Recollections of an Old Soldier. The Life of Captain David Perry, a Soldier of the French and Revolutionary Wars* (Windsor, Vermont, 1822).

Pindar, John [Pseud. for Peter Leslie], *Autobiography of a Private Soldier* (Cupar-Fife, 1877).

Plessis-Besancon, Bernard du, *Memoires de Du Plessis-Besancon*, ed. Horric de Beaucaire (Paris, 1892).

Pontis, Louis de, *Memoires*, ed. Andree Villard (Paris, 2000).

Poyntz, Sydenham, *The Relation of Sydnam Poyntz*, ed. A. T. S. Goodrick (London, 1908).

Puysegur, Jacques de Chastenet, vicomte de Buzancy, seigneur de, *Les Memoires de Jacques De Chastenet, Sr de Puysegur, donnez au public par Duchesne*, 2 vols (Paris, 1690).

Quevedo, Francisco de, *The Swindler*, in: Michael Alpert (ed. and trans.), *Two Spanish Picaresque Novels* (Harmondsworth, 1969).

Quincy, Joseph Sevin, comte de, *Memoires du Chevalier de Quincy*, ed. Leon Lecestre, 3 vols (Paris, 1898–1901).

Raymond, Thomas, *The Autobiography of Thomas Raymond and Memoirs of the family of Guise of Elmore, Gloucestershire*, ed. G. Davies. *Camden Third Series*, vol. 28 (London, 1917).

Regulations for the Prussian infantry. Translated from the German original (London, 1754).

Remarque, Erich Maria, *All Quiet on the Western Front*, trans. A. W. Wheen (London, 1963).

Roberts, Lemuel, *Memoirs of Captain Lemuel Roberts* (Bennington, Vermont, 1809).

Rousseau, Jean-Jacques, *Emile, ou de l'education* (Paris, 1967).

Roy, Ian (ed.), *The Habsburg-Valois Wars and the French Wars of Religion* (London, 1971).

Rumyantsev, Piotr, *P. A. Rumyantsev, Dokumenty*, ed. P. K. Fortunatov, 2 vols, (Moscow, 1953–1959).

Saint-Simon, Louis de Rouvroy, Duke of, *Memoires de Saint-Simon*, ed. A. de Boislisle, 45 vols (Paris, 1923–28).

Sajer, Guy, *The Forgotten Soldier. War on the Russian Front – A True Story*, trans. Lily Emmet (London: 2000).

Schertlin, Sebastian von Burtenbach, *Leben und Thaten des weiland wohledlen und gestrengen Herrn Sebastian Schertlin von Burtenbach*, ed. Ottmar F. H. Schonhuth (Munster, 1858).

Schiller, Friedrich, 'Concerning the Sublime,' in: Friedrich Schiller, *Essays*, ed. Walter Hinderer, trans. Daniel O. Dahlstrom (New York, 2001), pp. 70–85.

Schiller, Friedrich, 'On the Sublime,' in: Friedrich Schiller, *Essays*, ed. Walter Hinderer, trans. Daniel O. Dahlstrom (New York, 2001), pp. 22–44.

Schiller, Friedrich, 'The Robbers,' *The Robbers andWallenstein*, trans. F. J. Lamport (Harmondsworth, 1979), pp. 21–160.

Schiller, Friedrich, 'Wallenstein,' *The Robbers andWallenstein*, trans. F. J. Lamport (Harmondsworth, 1979), pp. 161–472.

Sterne, Laurence, *A Sentimental Journey through France and Italy* (London, 1941).

Severus, Sulpicius, *Vie de Saint Martin*, ed. Jacques Fontaine, 3 vols (Paris, 1967).

Shakespeare, William, *Henry V*, ed. Gary Taylor (Oxford, 1982).

Shipp, John, *Memoirs of the Extraordinary Military Career of John Shipp* (London, 1890 [1829]).

Simcoe, J. G., *A Journal of the Operations of the Queen's Rangers from the End of the Year 1777, to the Conclusion of the Late American War* (Exeter, 1787).

Sledge, Eugene B.,*With the Old Breed At Peleliu and Okinawa* (Annapolis, Maryland, 1996 [1981]).

Slingsby, Henry, *Original memoirs written during the great Civil war, the life of sir H. Slingsby [written by himself] and memoirs of capt. Hodgson, with notes [by sir W. Scott. Followed by] Relations of the campaigns of Oliver Cromwell in Scotland, 1650* (Edinburgh, 1806).

Souvigny, Jean Gangnieres, comte de, *Memoires du Comte de Souvigny, Lieutenant General des Armees du Roi*, ed. Ludovic de Contenson, 3 vols (Paris, 1906–09).

Spivak, Or, *Whose Golani?* (Jerusalem, 2001 [Hebrew]).

St. Bonaventure, 'Major Life of St. Francis,' in Habig, *St. Francis of Assisi*, pp. 627–787.

Stendhal, Marie-Henri Beyle, *The Charterhouse of Parma*, trans. C. K. Scott-Moncrieff (New York, 1962).

Suvorov, Aleksandr, *A. V. Suvorov. Dokumenty*, ed. G. P. Meshcheryakov, 4 vols (Moscow, 1949–1953).

Svetlova, R. V. (ed.), *Art of War – An Anthology of Military Thinking*, 2 vols (St. Petersburg, 2000 [Russian]).

Tarleton, Banastre, *A History of the Campaigns of 1780 and 1781, in the Southern Provinces of North America* (London, 1787).

Tavannes, Jean de Saulx, Viscount of, *Memoires de tres-noble et tres-illustre Gaspard de Saulx, seigneur de Tavannes*, in: Michaud, *Nouvelle collection*, ser. 1, vol. 8 (1836), pp. 1–504.

Thomas of Celano, 'First Life of St. Francis,' in Habig, *St. Francis of Assisi*, pp. 225–355.

Thomas of Celano, 'Second Life of St. Francis,' in Habig, *St. Francis of Assisi*, pp. 357–543.

Thomson, William, *Memoirs of the late war in Asia: With a narrative of the imprisonment and sufferings of our officers and soldiers: by an officer of Colonel Baillie's detachment* (London, 1788).

Tolstoy, Leo, *Sebastopol*, ed. and trans. Frank D. Millet (Ann Arbor, 1961).

Tolstoy, Leo, *War and Peace*, trans. Rosemary Edmonds, 2 vols (Harmondsworth, 1957).

Verdugo, Francisco, *Commentario del coronel Francisco Verdugo de la guerra de Frisa*, ed. H. Lonchay (Brussels, 1899).

Vere, Francis, *The Commentaries of Sir Francis Vere*, in: Charles Harding Firth (ed.), *An English Garner. Stuart Tracts, 1603–1693* (Westminster, 1903), pp. 83–210.

Varnhagen von Ense, Karl August, *Sketches of German life, and Scenes from the War of Liberation in Germany*, trans. Alexander Duff Gordon (London, 1847).

La vida y hechos de Estebanillo de Gonzalez, hombre de buen humor. Compuesto por el mismo (Antwerp, 1646).

Vicissitudes in the Life of a Scottish Soldier. Written by Himself (London, 1827).

Voltaire, *Candide, ou L'Optimisme*, ed. Rene Pomeau (Paris, 1959).

Voragine, Jacobus de, *The Golden Legend: Readings on the Saints*, trans. William Granger Ryan, 2 vols (Princeton, 1993).

Vossler, Heinrich August, *With Napoleon in Russia 1812: The Diary of Lt H. A. Vossler, a Soldier of the Grand Army 1812–1813*, trans. Walter Wallich (London, 1998).

Woelfel, Margarete (ed. and trans.), 'Memoirs of a Hessian Conscript: J. G. Seume's Reluctant Voyage to America,' *The William and Mary Quarterly*, 3rd series, 5:4 (1948), 553–570.

Yost, Don, *Blessings: Transforming my Vietnam Experience* (Kansas City, 1995).

2차 자료

Aberth, John, *From the Brink of the Apocalypse: Confronting Famine, War, Plague, and Death in the Later Middle Ages* (New York, 2000).

Adams, John, *The Evolution of Educational Theory* (London, 1928).

Adams, Robert P., *The Better Part of Valor: More, Erasmus, Colet, and Vives, on Humanism, War, and Peace, 1496–1535* (Seattle, 1962).

Alker, Sharon, 'The Soldierly Imagination: Narrating Fear in Defoe's *Memoirs of a Cavalier*,' *Eighteenth-Century Fiction*, 19:1–2 (2006/7), 43–68.

Allmand, Christopher T., 'Entre honneur et bien commun: le temoignage du *Jouvencel* au XVe siecle,' *Revue Historique* 301:3 (1999), 463–481.

Allmand, Christopher (ed.), *Society at War: The Experience of England and France during the Hundred Years War*, 2nd edition (Rochester, 1998).

Almog, Joseph, *What am I? Descartes and the Mind-Body Problem* (Oxford, 2002).

Anderson, D. R., 'The Code of Honour and its Critics: The Opposition to Duelling in England, 1700–1850,' *Social History* 5:3 (Oxford, 1980), 409–434.

Anderson, M. S., *War and Society in Europe of the Old Regime 1618–1789* (Phoenix Hill, 1998 [1988]).

Anglo, Sydney (ed.), *Chivalry in the Renaissance* (Woodbridge, 1990).

Aries, Philippe, *The Hour of Our Death*, trans. Helen Weaver (New York, 1981).

Asad, Talal, 'Notes on Body Pain and Truth in Medieval Christian Ritual,' *Economy and Society* 12 (1983), 287–327.

Ashfield, Andrew and Peter de Bolla (eds), *The Sublime: A Reader in British Eighteenth-Century Aesthetic Theory* (Cambridge, 1996).

Auwera, January Vander, 'Historical Fact and Artistic Fiction: The Face of the Eighty Years' War in Southern Netherlandish Paintings,' in: Bussmann and Schilling (eds), *1648*, 2:461–468.

Bachtiger, Franz, 'Marignano: Zum *Schlachtfeld* von Urs Graf,' *Zeitschrift fuer schweizerische Archaeologie und Kunstgeschichte*, 31 (1974), 31–54.

Baldick, Robert, *The Duel: A History of Duelling* (London, 1965).

Balfour, Ian, 'Torso: (The) Sublime Sex, Beautiful Bodies, and the Matter of the Text,' *Eighteenth-Century Studies*, 39:3 (2006), 323–336.

Baly, Monica E., *Florence Nightingale and the Nursing Legacy* (London, 1988).

Bambach, Charles R., *Heidegger, Dilthey, and the Crisis of Historicism* (Ithaca, 1995).

Barker-Benfield, G. J., *The Culture of Sensibility: Sex and Society in Eighteenth-Century Britain* (Chicago, 1992).

Barney, Richard A., *Plots of Enlightenment: Education and the Novel in Eighteenth-Century England* (Stanford, 1999).

Bawer, Bruce, *While Europe Slept: How Radical Islam is Destroying the West from Within* (New York, 2006).

Beaune, Colette, *The Birth of an Ideology: Myths and Symbols of Nation in Late-Medieval France*, ed. Fredric L. Cheyette, trans. Susan Ross Huston (Berkeley, 1991).

Becker, Anette, *War and Faith: The Religious Imagination in France, 1914–1930*, trans. Helen McPhail (Oxford, 1998).

Beddow, Michael, *The Fiction of Humanity: Studies in the Bildungsroman from Wieland to Thomas Mann* (Cambridge, 1982).

Beja, Morris, *Epiphany in the Modern Novel* (London, 1971).

Belkin, Kristin Lohse, and Carl Depauw, *Images of Death: Rubens Copies Holbein* (Antwerp, 2000).

Bell, David A., *The Cult of the Nation in France: Inventing Nationalism, 1680–1800* (Cambridge, MA, 2001).

Bell, Michael, *Sentimentalism, Ethics and the Culture of Feeling* (Houndmills, 2000).

Benedict, Barbara M., *Framing Feeling: Sentiment and Style in English Prose Fiction, 1745–1800* (New York, 1994).

Bergman, Samuel Hugo, *History of Philosophy*, 4 vols (Jerusalem, 1990 [Hebrew]).

Bernier, Marc Andre, *Libertinage et figure du savoir: Rhetorique et roman libertin dans la France des Lumieres (1734–1751)* (Paris, 2001).

Bertaud, Jean-Paul, *The Army of the French Revolution*, trans. R. R. Palmer (Princeton, 1988).

Berube, Allan, *Coming Out Under Fire: The History of Gay Men and Women in World War Two* (New York, 1990).

Best, Geoffrey, *War and Society in Revolutionary Europe, 1770–1870* (London, 1982).

Bidney, Martin, *Patterns of Epiphany: FromWordsworth to Tolstoy, Pater, and Barrett Browning* (Carbondale, Illinois, 1997).

Billacois, Francois, *The Duel: Its Rise and Fall in Early Modern France*, ed. and trans. Trista Selous (New Haven, 1990).

Black, Jeremy, *European Warfare, 1494–1660* (London, 2002).

Black, Jeremy, 'Introduction,' in: Jeremy Black (ed.), *The Origins of War in Early Modern Europe* (Edinburgh, 1987), pp. 1–27.

Black, Jeremy, *War for America: The Fight for Independence, 1775–1783* (New York, 1994).

Black, Jeremy, *Why Wars Happen* (New York, 1998).

Blanco, Richard L., 'Attempts to Abolish Branding and Flogging in the Army of Victorian England before 1881,' *Journal of the Society for Army Research* xlvi (1968), 137–145.

Blanning, T. C. W., *The French Revolutionary Wars, 1787–1802* (London, 1996).

Bliese, John R. E., 'The Courage of the Normans: A Comparative Study of Battle Rhetoric,' *Nottingham Medieval Studies* 35 (1991), 1–26.

Bloch, Maurice, *Prey into Hunter: The Politics of Religious Experience* (Cambridge, 1992).

Bond, Brian, *The Unquiet Western Front. Britain's Role in Literature and History* (Cambridge, 2002).

Borque, Jose Maria Diez, 'Spanish Literature during the Thirty Years' War (1618–1648),' in: Bussmann and Schilling (eds), *1648*, 2:359–368.

Bour, Isabelle, 'Sensibility as Epistemology in *Caleb Williams, Waverley*, and *Frankenstein*,' *Studies in English Literature 1500–1900*, 45:4 (2005), 813–827.

Bourke, Joanna, *An Intimate History of Killing: Face-to-Face Killing in Twentieth-Century Warfare* (London, 1999).

Bowden, Mark, *Black Hawk Down: A Story of Modern War* (New York, 2001).

Bowen, Scarlet, ' "The Real Soul of a Man in her Breast": Popular Opposition and British Nationalism in Memoirs of Female Soldiers, 1740–1750,' *Eighteenth-Century Life*, 28:3 (2004), 20–45.

Braudy, Leo, *From Chivalry to Terrorism: War and the Changing Nature of Masculinity* (New York, 2003).

Breen, Jennifer and Mary Noble, *Romantic Literature* (London, 2002).

Brewer, David, *The Greek War of Independence* (Woodstock, 2001).

Brodsky, G. W. Stephen, *Gentlemen of the Blade: A Social and Literary History of the British Army Since 1660* (New York, 1988).

Brosman, Catharine Savage, *Visions of War in France: Fiction, Art, Ideology* (Baton Rouge, 1999).

Bruford, W. H., *The German Tradition of Self-Cultivation: 'Bildung' from Humboldt to Thomas Mann* (Cambridge, 1975).

Bruhm, Steven, *Gothic Bodies: The Politics of Pain in Romantic Fiction* (Philadelphia, 1994).

Brumwell, Stephen, *Redcoats: The British Soldier and War in the Americas, 1755–1763* (Cambridge, 2001).

Burroughs, Peter, 'Crime and Punishment in the British Army, 1815-1870,' *English Historical Review* 100:396 (1985), 545–571.

Busch, Otto, *Military System and Social Life in Old Regime Prussia, 1713–1807*, trans. John G. Gagliardo (Atlantic Highlands, N. J., 1996).

Bussmann, Klaus and Heinz Schilling (eds), *1648: War and Peace in Europe*, 3 vols (Munster, 1999).

Bynum, Caroline Walker, 'The Blood of Christ in the Later Middle Ages,' *Church History* 71:4 (2002), 685–714.

Bynum, Caroline Walker, 'Why All the Fuss about the Body? A Medievalist's Perspective,' *Critical Inquiry* 22:1 (1995), 1–33.

Caldwell, Patricia, *The Puritan Conversion Narrative: The Beginnings of American Expression* (Cambridge, 1985).

Callot, Emile, *La philosophie de la vie au XVIIIe siecle: etudiee chez Fontenelle, Montesquieu, Maupertuis, La Mettrie, Diderot, d'Holbach, Linne* (Paris, 1965).

Caratini, Roger, *Jeanne d'Arc: de Domremy a Orleans et du bucher a la legende* (Paris, 1999).

Carlton, Charles, *Going to the Wars: The Experience of the British Civil Wars, 1638–1651* (London, 1992).

Cavalli-Bjorkman, Gorel, 'The *Vanitas* Still Life: A Phenomenon of the Crisis of Consciousness,' in: Bussmann and Schilling (eds), *1648*, 2:501–507.

Cerwin, Herbert, *Bernal Diaz: Historian of the Conquest* (Norman, 1963).

Chiarini, Marco, 'The Thirty Years' War and its Influence on Battle Painting in the Seventeenth and Eighteenth Century,' in: Bussmann and Schilling (eds), *1648*, 2:485–492.

Chisick, Harvey, *The Limits of Reform in the Enlightenment: Attitudes towards the Education of the Lower Classes in Eighteenth-Century France* (Princeton, 1981).

Clark, Christopher, *Iron Kingdom: The Rise and Downfall of Prussia, 1600–1947* (London, 2006).

Clarke, Desmond, *Descartes: A Biography* (Cambridge, 2006).

Clarke, Desmond, *Descartes's Theory of Mind* (Oxford, 2005).

Cobley, Evelyn, *Representing War: Form and Ideology in First World War Narratives* (Toronto, 1993).

Cohen, Esther, 'To Die a Criminal for the Public Good: The Execution Ritual in Later Medieval Paris,' in: Bernard S. Bachrach and David Nicholas (eds), *Law, Custom and the Social Fabric in Medieval Europe: Essays in Honor of Bruce Lyon, Studies in Medieval Culture* 28 (Kalamazoo, 1990), pp. 285–304.

Cohen, Esther, *The Crossroads of Justice* (Leiden, 1993).

Cohen, Kathleen, *Metamorphosis of a Death Symbol: The Transi Tomb in the Late Middle Ages and the Renaissance* (Berkeley, 1973).

Cohen, Michele, *Fashioning Masculinity: National Identity and Language in the Eighteenth Century* (London, 1996).

Cohn, Norman R. C., *The Pursuit of the Millennium: Revolutionary Millenarianism and Mystical Anarchists of the Middle Ages*, Rev. edition (New York, 1970).

Contamine, Philippe, 'Mourir pour la patrie,' in: Pierre Nora (ed.), *Les Lieux de Memoire. II. La Nation*, 3 vols (Paris, 1986), vol. 2, pp. 12–43.

Contamine, Philippe, *War in the Middle Ages*, trans. Michael Jones (New York, 1984).

Cooey, Paula M., 'Experience, Body, and Authority,' *Harvard Theological Review* 82:3 (1989), pp. 325–342.

Cook, Albert, *Thresholds: Studies in the Romantic Experience* (Madison, 1985).

Cottingham, John, 'Cartesian Dualism: Theology, Metaphysics, and Science', in: John Cottingham (ed.), *The Cambridge Companion to Descartes* (Cambridge, 1992), 236–257.

Cottom, Daniel, *Cannibals and Philosophers. Bodies of Enlightenment* (Baltimore, 2001).

Crowther, Paul, *The Kantian Sublime: From Morality to Art* (Oxford, 1991).

Cru, Jean N., *War Books: A Study in Historical Criticism*, trans. S. J. Pincetl and E. Marchand (San Diego, 1976).

Cumont, Franz, 'La plus ancienne legende de S. Georges,' *Revue de l'Histoire des Religions* 114 (1936), 5–51.

Damon, John Edward, *Soldier Saints and Holy Warriors: Warfare and Sanctity in the Literature of Early England* (Aldershot, 2003).

Davies, Rupert E., *Methodism* (Harmondsworth, 1963).

Davis, Alex, *Chivalry and Romance in the English Renaissance. Studies in Renaissance Literature*, vol. 11 (Cambridge, 2003).

Day, J. F. R., 'Losing One's Character: Heralds and the Decline of English Knighthood from the Later Middle Ages to James I,' in: Susan J. Ridyard (ed.), *Chivalry, Knighthood, and War in the Middle Ages* (Sewanee, 1999), pp. 97–116.

Delon, Michel, *Le Savoir-vivre libertin* (Paris, 2000).

Denby, David J., *Sentimental Narrative and the Social Order in France, 1760–1820* (Cambridge, 1994).

Denin, Greg, 'The Face of Battle: Valparaiso, 1814,' *War and Society* 1 (1983), 25–42.

Derounian-Stodola, Kathryn Zabelle, and James A. Levernier. *The Indian Captivity Narrative, 1550–1900* (New York, 1993).

DeVries, Kelly, 'God and Defeat in Medieval Warfare: Some Preliminary Thoughts,' in: Donald J. Kagay and L. J. Andrew Villalon (eds), *The Circle of War in the Middle Ages: Essays on Medieval Military and Naval History* (Woodbridge, 1999), pp. 87–97.

Dewald, Jonathan, *Aristocratic Experience and the Origins of Modern Culture: France, 1570–1715* (Berkeley, 1993).

DuBois, Page, *Torture and Truth* (New York, 1991).

Dubost, Jean-Pierre, 'Libertinage and Rationality: From the "Will to Knowledge" to Libertine Textuality,' in: Catherine Cusset (ed.), *Libertinage and Modernity, Yale French Studies*, vol. 94 (New Haven, 1999), pp. 52–78.

Duffy, Christopher, *The Army of Frederick the Great* (New York, 1974).

Duffy, Christopher, *The Army of Maria Theresa: The Armed Forces of Imperial Austria, 1740–1780* (New York, 1977).

Duffy, Christopher, *Russia's Military Way to the West: Origins and Nature of Russian Military Power 1700–1800* (London, 1981).

Duffy, Christopher, *The Military Experience in the Age of Reason* (London, 1987).

Duffy, Christopher, *Eagles over the Alps – Suvorov in Italy and Switzerland, 1799* (Chicago, 1999).

Duffy, Christopher, *Prussia's Glory: Rossbach and Leuthen 1757* (Chicago, 2003).

Dinwiddy, J. R., 'The Early Nineteenth-Century Campaign Against Flogging in the Army,' *English Historical Review* 97:383 (1982), 308–331.

Egmond, Florike, 'Execution, Dissection, Pain and Infamy: A Morphological Investigation,' in: Florike Egmond and Robert Zwijnenberg (eds), *Bodily Extremities. Preoccupations with the Human Body in Early Modern European Culture* (Aldershot, 2003), pp. 92–127.

Ehrenreich, Barbara, *Blood Rites: Origins and History of the Passions of War* (New York, 1997).

Eksteins, Modris, 'All Quiet on the Western Front and the Fate of a War,' *Journal of*

Contemporary History 15 (1980), 345–366.

Eliade, Mircea, 'Initiation: An Overview,' *Encyclopedia of Religion*, vol. 7 (New York, 1995), pp. 224–9.

Eliade, Mircea, *Rites and Symbols of Initiation: The Mysteries of Birth and Rebirth* (New York, 1958).

Ellington, Ter, *The Myth of the Noble Savage* (Berkeley, 2001).

Ellis, Markman, *The Politics of Sensibility: Race, Gender and Commerce in the Sentimental Novel* (New York, 1996).

Ellison, Julie, *Cato's Tears and the Making of Anglo-American Emotion* (Chicago, 1999).

Emerson, Catherine, *Olivier de la Marche and the Rhetoric of ·15th-Century Historiography* (Woodbridge, 2004).

Encyclopedia of the Romantic Era, 1760–1850, Christopher John Murray (ed.), 2 vols (New York, 2003).

Ermarth, Michael, *Wilehlm Dilthey: The Critique of Historical Reason* (Chicago, 1978).

Esdaile, Charles J., *The Wars of Napoleon* (London, 1995).

Ettinghausen, Henry, 'The Laconic and the Baroque: Two 17th-Century Spanish Soldier Autobiographers (Alonso de Contreras and Diego Duque de Estrada),' *Forum for Modern Language Studies* 26:3 (1990), 204–211.

Evans, Gillian Rosemary, *Problems of Authority in the Reformation Debates* (Cambridge, 1992).

Ezell, Margaret J. M., 'John Locke's Images of Childhood: Early Eighteenth Century Response to *Some Thoughts Concerning Education*,' *Eighteenth-Century Studies* 17:2 (1983–1984), 139–155.

Fabian, Ann, *The Unvarnished Truth: Personal Narratives in Nineteenth-Century America* (Berkeley, 2000)

Fallows, Noel, 'Knighthood, Wounds, and the Chivalric Ideal,' in: Susan J. Ridyard (ed.), *Chivalry, Knighthood, and War in the Middle Ages* (Sewanee, 1999), pp. 117–136.

Fanning, Steven, *Mystics of the Christian Tradition* (London, 2001).

Faust, Drew Gilpin, 'Christian Soldiers: The Meaning of Revivalism in the Confederate Army,' *The Journal of Southern History*, 53:1 (1987), 63–90.

Ferguson, Arthur B., *The Chivalric Tradition in Renaissance England* (Washington, 1986).

Fernandez, Jouan Jose Luna, 'The Hall of Realms of the *Buen Retiro* Palace in Madrid,' in: Bussmann and Schilling (eds), *1648*, 2:121–129.

Figley, Charles R. (ed.), *Stress Disorders among Vietnam Veterans: Theory, Research, and Treatment* (New York, 1978).

Finke, Laurie A., 'Mystical Bodies and the Dialogics of Vision,' in: Ulrike Wiethaus (ed.), *Maps of Flesh and Light: The Religious Experience of Medieval Women Mystics* (Syracuse, 1993), pp. 28–44.

Fischer, David Hackett, *Washington's Crossing* (Oxford, 2004).

Fitzpatrick, Tara, 'The Figure of Captivity: The Cultural Work of the Puritan Captivity Narrative,' *American Literary History* 3:1 (1991), 1–26.

Flynn, Maureen, 'The Spiritual Uses of Pain in Spanish Mysticism,' *Journal of the American Academy of Religion* 64:2 (1999), 257–278.

Forrest, Alan I., *Conscripts and Deserters: The Army and French Society during the Revolution and Empire* (Oxford, 1989).

Forrest, Alan I., *Napoleon's Men: The Soldiers of the Revolution and Empire* (London, 2002).

Foucault, Michel, *Discipline and Punish: The Birth of a Prison* (New York, 1995).

France, John, 'War and Sanctity: Saints' Lives as Sources for Early Medieval Warfare,' *Journal of Medieval Military History* 3 (2005), 14–22.

Fritz, Stephen G., ' "We are Trying · · · to Change the Face of the World" – Ideology and Motivation in the Wehrmacht on the Eastern Front: The View from Below,' *The Journal of Military History* 60:4 (1996), 683–710.

Fulbrook, Mary, *Piety and Politics: Religion and the Rise of Absolutism in England, Wuerttemberg, and Prussia* (Cambridge, 1983).

Fussell, Paul, *The Great War and Modern Memory* (Oxford, 1975).

Gat, Azar, *The Origins of Military Thought: From the Enlightenment to Clausewitz* (Oxford, 1989).

Gat, Azar, *The Development of Military Thought: The Nineteenth Century* (Oxford, 1992).

Gates, David, *The British Light Infantry Arm c. 1790–1815* (London, 1987).

Gaukroger, Stephen, *Descartes: An Intellectual Biography* (Oxford, 1995).

Gay, Peter, *The Enlightenment: An Interpretation*, 2 vols (New York, 1969).

Gillingham, John, ' "Up with Orthodoxy!": In Defense of Vegetian Warfare,' *Journal of Medieval Military History* 2 (2004), 149–158.

Gillingham, John, 'War and Chivalry in the History of William the Marhsal,' *Richard Coeur de Lion: Kingship, Chivalry and War in the Twelfth Century* (London, 1994), pp. 227–242.

Glete, Jan, *War and the State in Early Modern Europe: Spain, the Dutch Republic and Sweden as Fiscal-Military States, 1500–1660* (London, 2002).

Glucklich, Ariel, *Sacred Pain: Hurting the Body for the Sake of the Soul* (Oxford, 2001).

Goldie, Sue M. (ed.), *I Have Done My Duty: Florence Nightingale in the CrimeanWar, 1854–56* (Iowa City, 1987).

Goodman, Jennifer R., *Chivalry and Exploration, 1298–1630* (Woodbridge, 1998).

Goulemot, Jean-Marie, 'Toward a Definition of Libertine Fiction and Pornographic Novels,' in: *Libertinage and Modernity*, ed. Catherine Cusset, *Yale French Studies*, vol. 94 (New Haven, 1999).

Goy-Blanquet, Dominique (ed.), *Joan of Arc, a Saint for All Reasons: Studies in Myth and Politics* (Aldershot, 2003).

Greenblatt, Stephen, 'Mutilation and Meaning,' in: David Hillman and Carla Mazzio (eds), *The Body in Parts: Fantasies of Corporeality in Early Modern Europe* (New York, 1997), pp. 221–242.

Greyerz, Kaspar von, 'Religion in the Life of German and Swiss Autobiographers (Sixteenth and Early Seventeenth Centuries),' in: Kaspar von Greyerz (ed.), *Religion and Society in Early Modern Europe, 1500–1800* (London, 1984), pp. 223–241.

Groebner, Valentin, *Defaced: The Visual Culture of Violence in the Late Middle Ages*, trans. Pamela Selwyn (New York, 2004).

Guillermou, Alain, *Saint Ignace de Loyola: Suivi de Ignace de Loyola: pages choisies* (Paris, 1957).

Gunn, Steven, 'The French Wars of Henry VIII,' in: Jeremy Black (ed.), *The Origins of War in Early Modern Europe* (Edinburgh, 1987), pp. 28–51.

Haggerty, George E., *Men in Love: Masculinity and Sexuality in the Eighteenth Century* (New York, 1999).

Hale, John Rigby, *Artists and Warfare in the Renaissance* (New Haven, 1990).

Hale, John Rigby, *War and Society in Renaissance Europe*, 2nd edition (Guernsey, 1998).

Haller, William, *The Rise of Puritanism* (New York, 1957).

Hampson, Norman, *A Cultural History of the Enlightenment* (New York, 1968).

Hanson, Victor Davis, *Hoplites: The Classical Greek Battle Experience* (London, 1991).

Harari, Yuval Noah, 'Martial Illusions: War and Disillusionment in Twentieth-Century and Renaissance Military Memoirs,' *Journal of Military History* 69:1 (2005), 43–72.

Harari, Yuval Noah, 'Military Memoirs: A Historical Overview of the Genre from the Middle Ages to the Late Modern Era,' *War in History* 14:3 (2007), 289–309.

Harari, Yuval Noah, *Renaissance Military Memoirs: War, History and Identity, 1450–1600* (Woodbridge, 2004).

Harari, Yuval Noah, *Special Operations in the Age of Chivalry, 1100–1550* (Woodbridge, 2007).

Hardin, James (ed.), *Reflection and Action: Essays on the Bildungsroman* (Columbia, SC, 1991).

Hardin, James (ed.), 'Introduction,' *Reflection and Action*, i–xxvii.

Hawkins, Anne Hunsaker, *Archetypes of Conversion: The Autobiographies of Augustine, Bunyan and Merton* (London, 1985).

Hendrickson, Ken, 'A Kinder, Gentler British Army: Mid-Victorian Experiments in the Management of Army Vice at Gibraltar and Aldershot,' *War and Society* 14:2 (1996), 21–33.

Herf, Jeffrey, *Reactionary Modernism: Technology, Culture, and Politics in Weimar and the Third Reich* (Cambridge, 1984).

Herzog, Tobey C., *Vietnam War Stories: Innocence Lost* (London, 1992).

Hillman, David, 'Visceral Knowledge,' in: David Hillman and Carla Mazzio (eds), *The Body in Parts: Fantasies of Corporeality in Early Modern Europe* (New York, 1997), pp. 81–106.

Hinnant, Charles H., 'Schiller and the Political Sublime: Two Perspectives,' *Criticism* 44:2 (2002), 121–138.

Hipp, Marie-Therese, *Mythes et Realites: Enquete sur le roman et les memoires (1660–1700)* (Paris, 1976).

Hoffmeister, Gerhart, 'From Goethe's *Wilhelm Meister* to anti-*Meister* Novels: The Romantic Novel between Tieck's *William Lovell* and Hoffmann's *Kater Murr*,' in: Mahoney, *Literature of German Romanticism*, pp. 79–100.

Holmes, Richard, *Redcoat: The British Soldier in the Age of Horse and Musket* (London, 2002).

Houlding, J. A., *Fit for Service: The Training of the British Army, 1715–1795* (Oxford, 1981).

Howard, Michael, *Weapons and Peace* (London, 1983).

Hunt, Lynn and Margaret Jacob, 'The Affective Revolution in 1790s Britain,' *Eighteenth-Century Studies* 34:4 (2001), 491–521.

Hynes, Samuel, *The Soldiers' Tale. Bearing Witness to Modern War* (London, 1998).

Hynes, Samuel Lynn, *A War Imagined: The First World War and English Culture* (London, 1990).

Ireland, Craig, 'The Appeal to Experience and its Consequences: Variations on a Persistent Thompsonian Theme,' *Cultural Critique* 52 (2002), 86–107.

Israel, Jonathan I., *Radical Enlightenment: Philosophy and the Making of Modernity 1650–1750* (Oxford, 2001).

Jones, Chris, *Radical Sensibility: Literature and Ideas in the 1790s* (London, 1993).

Jones, Howard Mumford, *Revolution and Romanticism* (Cambridge, MA, 1974).

Joseph, Stephen and P. Alex Linley, 'Positive Adjustment to Threatening Events: An Organismic Valuing Theory of Growth through Adversity,' *Review of General Psychology* 9:3 (2005), 262–280.

Jung, Martin H., *Frauen des Pietismus* (Gutersloh, 1998).

Jung, Martin H. (ed.), 'Vorwort,' *"Mein Herz brannte richtig in der Liebe Jesu": Autobiographien frommer Frauen aus Pietismus und Erweckungsbewegung* (Aachen, 1999).

Juster, Susan, ' "In a Different Voice": Male and Female Narratives of Religious Conversion in Post-Revolutionary America,' *American Quarterly* 41:1 (1989), 34–62.

Kaeuper, Richard W., *Chivalry and Violence in Medieval Europe* (Oxford, 1999).

Kaplan, Danny, 'The Military as a Second Bar Mitzvah: Combat Service as an Initiation-Rite to Zionist Masculinity,' in: Mai Ghoussoub and Emma Sinclair-Webb (eds), *Imagined Masculinities: Male Identity and Culture in the Modern Middle East* (London, 2000), pp. 127–144.

Kaplan, Danny, *Brothers and Others in Arms: The Making of Love and War in Israeli Combat Units* (New York, 2003).

Kedar, Benjamin Z., *Crusade and Mission: European Approaches Towards the Muslims* (Princeton, NJ, 1984).

Keegan, John, *A History of Warfare* (New York, 1993).

Keen, Maurice (ed.), 'The Changing Scene: Guns, Gunpowder, and Permanent Armies,' *Medieval Warfare: A History* (Oxford: Oxford University Press, 1999), pp. 273–292.

Keen, Maurice, *Chivalry* (New Haven, 1984).

Keen, Maurice, 'Chivalry, Nobility and the Man-at-Arms,' in: Christopher T. Allmand (ed.), *War, Literature and Politics in the Late Middle Ages* (Liverpool, 1976), pp. 32–45.

Keen, Maurice, 'Huizinga, Kilgour and the Decline of Chivalry,' *Medievalia et Humanistica*, new ser., 8 (1977), pp. 1–20.

Kieckhefer, Richard, *Unquiet Souls: Fourteenth-Century Saints and Their Religious Milieu* (Chicago, 1984).

Kiernan, V. G., *The Duel in European History* (Oxford, 1988).

Kilgour, Maggie, *The Rise of the Gothic Novel* (London, 1995).

Kleinberg, Aviad, *Fra Ginepro's Leg of Pork. Christian Saints' Stories and Their Cultural Role* (Tel Aviv, 2000 [Hebrew]).

Knauer, Martin, 'War as *Memento Mori*: The Function and Significance of the Series of Engravings in the Thirty Years' War,' in: Bussmann and Schilling (eds), *1648*, 2:509–515.

Knecht, Robert J., 'Military Autobiography in Sixteenth-Century France,' in: J. R. Mulryne and Margaret Shewring (eds), *War, Literature and the Arts in Sixteenth-Century Europe* (London, 1989), pp. 3–21.

Knecht, Robert J., 'The Sword and the Pen: Blaise de Monluc and his *Commentaires*,' *Renaissance Studies* 9:1 (1995), 104–118.

Knott, Sarah, 'Sensibility and the American War for Independence,' *American Historical Review* 109 (February 2004), 19–41.

Koepke, Wulf, '*Bildung* and the Transformation of Society: Jean Paul's *Titan* and *Flegeljahre*,' in: Hardin (ed.), *Reflection and Action*, pp. 228–253.

Kolb, Robert, *For All the Saints: Changing Perceptions of Martyrdom and Sainthood in the Lutheran Reformation* (Macon, 1987).

Krimmer, Elisabeth, 'Transcendental Soldiers: Warfare in Schiller's *Wallenstein* and *Die Jungfrau von Orleans*,' *Eighteenth-Century Fiction* 19:1–2 (2006/7), 99–121.

Kunzle, David, *From Criminal to Courtier: The Soldier in Netherlandish Art 1550–1672* (Leiden, 2002).

Kuperty, Nadine, *Se dire a la Renaissance: les memoires au XVIe siecle* (Paris, 1997).

Kwasny, Mark V., *Washington's Partisan War, 1775–1783* (Kent, Ohio, 1996).

Lamb, Jonathan, 'Sterne, Sebald, and Siege Archirecture,' *Eighteenth-Century Fiction* 19:1–2 (2006/7), 21–41.

Landwehr, John, *Romeyn de Hooghe the Etcher: Contemporary Portrayal of Europe, 1662–1707* (Leiden, 1973).

Langbaum, Robert, 'The Epiphanic Mode in Wordsworth and Modern Literature,' *New Literary History* 14 (1983), 335–358.

Lavalle, Denis, 'The Thirty Years' War, Artists and Great Religious Painting,' in: Bussmann and Schilling (eds), *1648*, 2:153–159.

Le Goff, Jacques, *Saint Francis of Assisi*, trans. Christine Rhone (London, 2004).

Leed, Eric J., *No Man's Land: Combat and Identity in World War I* (Cambridge, 1979).

Lennon, Thomas M., 'Bayle and Late Seventeenth-Century Thought,' in: John P. Wright and Paul Potter (eds), *Psyche and Soma: Physicians and Metaphysicians on the Mind-Body Problem from Antiquity to Enlightenment* (Oxford, 2000), pp. 197–216.

Levisi, Margarita, 'Golden Age Autobiography: The Soldiers,' in: Nicholas Spadaccini and Jenaro Talens (ed.), *Autobiography in Early Modern Spain* (Minneapolis, 1988), pp. 97–118.

Lieblich, Amia, *Transition to Adulthood during Military Service: The Israeli Case* (Albany, 1989).

Linder, Ann P., *Princes of the Trenches: Narrating the German Experience of the First World War* (Columbia, 1996).

Linderman, Gerald F., *Embattled Courage: The Experience of Combat in the American Civil War* (London, 1987).

Littlejohns, Richard, 'Early Romanticism,' in: Mahoney (ed.), *Literature of German Romanticism*, pp. 61–78.

Lomski-Feder, Edna, *As if There Was no War* (Jerusalem, 1998 [Hebrew]).

Lowy, Michael and Robert Sayre, *Romanticism against the Tide of Modernity* (London, 2001).

Lozovsky, Natalia, *The Earth is Our Book: Geographical Knowledge in the Latin West ca. 400–1000* (Ann Arbor, 2000).

Luard, Evan, *War in International Society* (London, 1986).

Lynn, John A., *Bayonets of the Republic: Motivation and Tactics in the Army of Revolutionary France, 1791–1794* (Boulder, Colo., 1996).

Lynn, John A., *Giant of the Grand Siecle: The French Army, 1610–1715* (Cambridge, 1997).

Lynn, John A., *Battle: A History of Combat and Culture* (Boulder, Colo., 2003).

Maarseveen, Michel P. van, 'The Eighty Years' War in Northern Netherlandish Painting of the Seventeenth Century: Siege Scenes,' in: Bussmann and Schilling (eds), *1648*, 2:469–476.

Maarseveen, Michel P. van, and Michiel Kersten, 'The Eighty Years' War in Northern Netherlandish Painting of the Seventeenth Century: Cavalry Skirmishes and Guardroom Scenes,' in: Bussmann and Schilling (eds), *1648*, 2:477–484.

Mahedy, William P., *Out of the Night: The Spiritual Journey of Vietnam Vets* (New York, 1986).

Mahoney, Dennis F., 'The Apprenticeship of the Reader: The Bildungsroman of the "Age of Goethe," ' in: Hardin, *Reflection and Action*, 97–117.

Mahoney, Dennis F. (ed.), *The Literature of German Romanticism* (Rochester, 2004).

Makkreel, Rudolf A., *Dilthey: Philosopher of the Human Studies* (Princeton, 1977).

Manceron, Claude, *Twilight of the Old Order 1774–1778*, trans. Patricia Wolf (New York, 1977).

Martini, Fritz, 'Bildungsroman – Term and Theory,' in: Hardin, *Reflection and Action*, pp. 1–25.

Mascuch, Michael, *Origins of the Individualist Self: Autobiography and Self-Identity in England, 1591–1791* (Stanford, 1996).

Maurey, Yossi, 'A Courtly Lover and an Earthly Knight Turned Soldiers of Christ in

Machaut's Motet 5,' *Early Music History* 24 (2005), 169–212.

McGann, Jerome, *The Poetics of Sensibility: A Revolution in Literary Style* (Oxford, 1996).

McMahon, Darrin M., *The Pursuit of Happiness: A History from the Greeks to the Present* (London, 2006).

McNamara, Jo-Ann, 'The Rhetoric of Orthodoxy: Clerical Authority and Female Innovation in the Struggle with Heresy,' in: Ulrike Wiethaus (ed.), *Maps of Flesh and Light: The Religious Experience of Medieval Women Mystics* (Syracuse, 1993), pp. 9–27.

McNeill, William H., *Keeping Together in Time: Dance and Drill in Human History* (Cambridge, MA, 1995).

Menhennet, Alan, *The Romantic Movement* (London, 1981).

Merback, Mitchell B., *The Thief, the Cross, and the Wheel: Pain and the Spectacle of Punishment in Medieval and Renaissance Europe* (Chicago, 1998).

Meumann, Markus, 'The Experience of Violence and the Expectation of the End of the World in Seventeenth Century Europe,' in: Joseph Canning, Hartmut Lehmann, and Jay Winter (eds), *Power, Violence and Mass Death in Pre-Modern and Modern Times* (Aldershot, 2004), pp. 141–162.

Michael, Emily, 'Renaissance Theories of Body, Soul, and Mind,' in: John P. Wright and Paul Potter (eds), *Psyche and Soma: Physicians and Metaphysicians on the Mind-Body Problem from Antiquity to Enlightenment* (Oxford, 2000), pp. 147–172.

Millis, Leonard R. (ed.), *Le mystere de Saint Sebastien* (Geneva, 1965).

Minden, Michael, *The German Bildungsroman: Incest and Inheritance* (Cambridge, 1997).

Monk, S. H., *The Sublime: A Study of Critical Theories in 18th Century England* (New York, 1935).

Moretti, Franco, *The Way of the World: The Bildungsroman in European Culture* (London, 1987).

Morgan, D. A. L., 'Memoirs and the Self-Consciousness of the Court: The Birth of a Genre,' in: Steven Gunn and Antheun Janse (eds), *The Court as a Stage: England and the Low Countries in the Later Middle Ages* (Woodbridge, 2006), pp. 118–131.

Morinis, Alan, 'The Ritual Experience of Pain and the Transformation of Consciousness,' *Ethos* 13 (1985), 150–174.

Morris, David, B., *The Culture of Pain* (Berkeley, 1991).

Mortimer, Geoffrey, 'Individual Experience and Perception of the Thirty Years War in Eyewitness Personal Accounts,' *German History* 20:2 (2002), 141–160.

Mortimer, Geoffrey, *Eyewitness Accounts of the Thirty YearsWar, 1618–48* (Houndmills,

2002).

Mott, Lawrence V., 'The Battle of Malta, 1283: Prelude to a Disaster,' in: Donald J. Kagay and L. J. Andrew Villalon (eds), *The Circle of War in the Middle Ages: Essays on Medieval Military and Naval History* (Woodbridge, 1999), pp. 145–172.

Muir, Rory, *Tactics and the Experience of Battle in the Age of Napoleon* (New Haven, 1998).

Murashev, Gennady A., *Tituli Chini Nagradi* (St. Petersburg, 2000).

Murrin, Michael, *History and Warfare in Renaissance Epic* (Chicago, 1994).

Neuschel, Kristen B., *Word of Honor: Interpreting Noble Culture in Sixteenth-Century France* (Ithaca, 1989).

Nichols, Austin, *The Poetics of Epiphany* (Tuscaloosa, 1987).

Noble, Thomas F. X. and Head, Thomas (eds), *Soldiers of Christ: Saints and Saints' Lives from Late Antiquity and the Early Middle Ages* (University Park, 1995).

Nugent, Christopher, *Mysticism, Death and Dying* (Albany, 1994).

O'Brien, David, 'Propaganda and the Republic of Arts in Antoine-Jean Gros's *Napoleon Visiting the Battlefield of Eylau the Morning after the Battle*', *French Historical Studies* 26:2 (2003), 281–314.

Oerlemans, Onno, *Romanticism and the Materiality of Nature* (Toronto, 2002).

O'Neal, John C., *The Authority of Experience: Sensationist Theory in the French Enlightenment* (University Park, Pennsylvania, 1996).

Outram, Dorinda, *The Enlightenment* (Cambridge, 1995).

Palmer, R. R., *The Improvement of Humanity: Education and the French Revolution* (Princeton, 1985).

Paret, Peter, *Clausewitz and the State* (Oxford, 1976).

Paret, Peter, 'The Genesis of *On War*,' in: Clausewitz, *On War*, ed. Howard and Paret, pp. 3–25.

Paret, Peter, *Imagined Battles* (Chapel Hill, 1997).

Paret, Peter, *Yorck and the Era of Prussian Reform, 1807–1815* (Princeton, 1966).

Paris, Michael, *Warrior Nation: Images of War in British Popular Culture, 1850–2000* (London, 2000).

Parker, Geoffrey, 'The Military Revolution, 1560–1660 – A Myth?' in: Clifford J. Rogers (ed.), *The Military Revolution Debate: Readings in the Military Transformation of Early Modern Europe* (Boulder, 1995), pp. 37–54.

Parker, Geoffrey, *The Military Revolution: Military Innovation and the Rise of the West, 1500–1800*, 2nd edition (New York, 1996).

556

Parker, Geoffrey (ed.), *The Thirty Years War*, 2nd edition (London, 1997).

Parrott, David, *Richelieu's Army:War, Government and Society in France, 1624–1642* (Cambridge, 2001).

Partner, Peter, *God of Battles: Holy Wars of Christianity and Islam* (Princeton, 1998).

Perkins, Judith, *The Suffering Self: Pain and Narrative Representation in the Early Christian Era* (London, 1995).

Peters, Edward, *Torture* (Oxford, 1985).

Pfaffenbichler, Matthias, 'The Early Baroque Battle Scene,' in: Bussmann and Schilling (eds), *1648*, 2:493–500.

Pinch, Adela, *Strange Fits of Passion: Epistemologies of Emotion, Hume to Austen* (Stanford, 1996).

Plax, Julie Anne, 'Seventeenth-Century French Images of Warfare,' in: Pia Cuneo (ed.), *Artful Armies, Beautiful Battles: Art and Warfare in Early Modern Europe* (Leiden, 2002), pp. 131–158.

Porter, Pamela, *Medieval Warfare in Manuscripts* (Toronto, 2000).

Porter, Roy, *Flesh in the Age of Reason* (New York, 2004).

Porter, Roy, *The Greatest Benefit to Mankind: A Medical History of Humanity* (New York, 1997).

Prestwich, Michael, *Armies and Warfare in the Middle Ages: The English Experience* (New Haven, 1996).

Price, Leah, *The Anthology and the Rise of the Novel: From Richardson to George Eliot* (Cambridge, 2000).

Pyenson, Lewis and Susan Sheets-Pyenson, *Servants of Nature: A History of Scientific Institutions, Enterprises and Sensibilities* (New York, 1999).

Quilley, Geoff, 'Duty and Mutiny: The Aesthetics of Loyalty and the Representation of the British Sailor c.1798–1800,' in: Shaw, *Romantic Wars* (Aldershot, 2000), 80–109.

Quinn, Patrick J. and Steven Trout (eds), *The Literature of the Great War Reconsidered: Beyond Modern Memory* (New York, 2001).

Rapley, Elizabeth, 'Her Body the Enemy: Self-Mortification in Seventeenth-Century Convents,' *Proceedings of the Annual Meeting of the Western Society for French History* 21 (1994), 25–35.

Raymond, Pierre, *Le passage au materialisme: idealisme et materialisme dans l'histoire de la Philosophie, mathematiques et materialisme* (Paris, 1973).

Redlich, Fritz, *The German Military Enterpriser and His Work Force: A Study in European Economic and Social History*, 2 vols (Wiesbaden, 1964–1965).

Rey, Roselyne, *History of Pain*, trans. Louise Elliott Wallace, J. A. Cadden and S. W. Cadden (Cambridge, MA, 1995).

Richard, Marie, 'Jacques Callot (1592–1635) *Les Miseres et les Malheurs de la Guerre* (1633): A Work and its Context,' in: Bussmann and Schilling (eds), *1648*, 2:517–523.

Richards, Robert J., *The Romantic Conception of Life: Science and Philosophy in the Age of Goethe* (Chicago, 2002).

Richardson, Alan, *British Romanticism and the Science of the Mind* (Cambridge, 2001).

Richey, Stephen W., *Joan of Arc: The Warrior Saint* (Westport, Conn., 2003).

Ritter, Gerhard, *Frederick the Great*, trans. Peter Paret (Berkeley, 1974).

Roberts, Michael, 'The Military Revolution, 1560–1660,' in: Clifford J. Rogers (ed.), *The Military Revolution Debate: Readings in the Military Transformation of Early Modern Europe* (Boulder, 1995), pp. 13–36.

Rodis-Lewis, Genevieve, 'Descartes' Life and the Development of his Philosophy,' in: John Cottingham (ed.), *The Cambridge Companion to Descartes* (Cambridge, 1992), pp. 21–57.

Roeck, Bernd, 'The Atrocities of War in Early Modern Art,' in: Joseph Canning, Hartmut Lehmann, and Jay Winter (eds), *Power, Violence and Mass Death in Pre-Modern and Modern Times* (Aldershot, 2004), pp. 129–140.

Rogers, H. C. B., *The British Army of the Eighteenth Century* (London, 1977).

Rosenfield, Leonora Cohen, *From Beast-Machine toMan-Machine* (New York, 1968).

Rosenthal, David M., *Materialism and the Mind-Body Problem* (Engelwood Cliffs, NJ, 1971).

Ross, Ellen, ' "She Wept and Cried Right Loud for Sorrow and for Pain": Suffering, the Spiritual Journey, and Women's Experience in Late Medieval Mysticism,' in: Ulrike Wiethaus (ed.), *Maps of Flesh and Light: The Religious Experience of Medieval Women Mystics* (Syracuse, 1993), pp. 45–59.

Rozemond, Marleen, *Descartes's Dualism* (Cambridge, MA, 1998).

Ruff, Julius, *Violence in Early Modern Europe* (Cambridge, 2001).

Russell, Peter E., 'Redcoats in the Wilderness: British Officers and Irregular Warfare in Europe, 1740 to 1760," *William and Mary Quarterly*, 3rd series, 35 (October 1978), 629–652.

Ryan, Vanessa L., 'The Physiological Sublime: Burke's Critique of Reason,' *Journal of the History of Ideas*, 62:2 (2001), 265–279.

Sammons, Jeffrey L., 'The Bildungsroman for Nonspecialists: An Attempt at a Clarification,' in: Hardin, *Reflection and Action*, pp. 26–45.

Satterfield, George, *Princes, Posts, and Partisans: The Army of Louis XIV and Partisan*

Warfare in the Netherlands (1673–1678) (Leiden, 2003).

Sawday, Jonathan, *The Body Emblazoned: Dissection and the Human Body in Renaissance Culture* (London, 1995).

Scarry, Elaine, *The Body in Pain: The Making and Unmaking of the World* (Oxford, 1985).

Schafer, Walter Ernst, 'The Thirty Years' War in Moscherosch's "A Soldier's Life" and the Simplician Tales of Grimmelshausen,' in: Bussmann and Schilling (eds), *1648*, 2:339–345.

Schenk, H. G., *The Mind of the European Romantics* (Oxford, 1979).

Scholz, Susanne, *Body Narratives: Writing the Nation and Fashioning the Subject in Early Modern England* (Houndmills, 2000).

Schweitzer, Richard, *The Cross and the Trenches: Religious Faith and Doubt among British and American Great War Soldiers* (Westport, 2003).

Scott, Samuel F., *From Yorktown to Valmy: The Transformation of the French Army in the Age of Revolution* (Niwot, Colo., 1998).

Secada, Jorge, *Cartesian Metaphysics: The Late Scholastic Origins of Modern Philosophy* (Cambridge, 2000).

Shaffner, Randolph P., *The Apprenticeship Novel: A Study of the* Bildungsroman *as a Regulative Type in Western Literature with a Focus on Three Classic Representatives by Goethe, Maugham, and Mann* (New York, 1984).

Shaw, Philip (ed.), *Romantic Wars: Studies in Culture and Conflict, 1793–1822* (Aldershot, 2000).

Shaw, Philip, 'Introduction,' in: Shaw, *Romantic Wars*, pp. 1–12.

Sheffield, Gary, *Forgotten Victory: The First World War:Myths and Realities* (London, 2002).

Shephard, Ben, *War on Nerves: Soldiers and Psychiatrists in the Twentieth Century* (Cambridge, MA, 2001).

Shostak, Marjorie, *Nisa: The Life and Words of a !Kung Woman* (New York, 1983).

Showalter, Dennis E., 'Caste, Skill, and Training: The Evolution of Cohesion in European Armies from the Middle Ages to the Sixteenth Century', *Journal of Military History* 57:3 (1993), 407–430.

Siberry, Elizabeth, *Criticism of Crusading: 1095–1274* (Oxford, 1985).

Silverman, Lisa, *Tortured Subjects: Pain, Truth, and the Body in Early Modern France* (Chicago, 2001).

Siraisi, Nancy G., 'Medicine and the Renaissance World of Learning,' *Bulletin of the History of Medicine* 78:1 (2004), 1–36.

Skelley, Alan Ramsey, *The Victorian Army at Home: The Recruitment, Terms and Conditions of the British Regular, 1859–1889* (London, 1977).

Smeyers, Maurits, *Flemish Miniatures from the 8th to the Mid-16th Century: The Medieval World on Parchment* (Turnhout, 1999).

Sorell, Tom, *Descartes: A Very Short Introduction* (Oxford, 2000 [1987]).

Sproxton, Judy, *Violence and Religion: Attitudes towards Militancy in the French Civil Wars and the English Revolution* (London, 1995).

Stancliffe, Clare, *Saint Martin and His Hagiographer: History and Miracle in Sulpicius Severus* (Oxford, 1983).

Starkey, Armstrong, 'War and Culture, a Case Study: The Enlightenment and the conduct of the British Army in America, 1755–1781,' *War and Society* 8:1 (1990), pp. 1–28.

Starkey, Armstrong, *War in the Age of Enlightenment, 1700–1789* (London, 2003).

Starkey, Armstrong, *European and Native American Warfare 1675–1815* (London, 1998).

Starr, G. A., *Defoe and Spiritual Autobiography* (New York, 1971).

Steiner, E. E., 'Separating the Soldier from the Citizen: Ideology and Criticism of Corporal Punishment in the British Armies, 1790–1815,' *Social History* 8 (1983), 19–35.

Steinmetz, Andrew, *The Romance of Duelling, in All Times and Countries*, 2 vols (Richmond, 1971 [1868]).

Stern, J. P., *Ernst Junger: A Writer of Our Times* (Cambridge, 1953).

Stewart, W. A. C., *Progressives and Radicals in English Education 1750–1970* (London, 1972).

Stoeffler, Fred Ernest, *The Rise of Evangelical Pietism* (Leiden, 1971).

Storkel, Arno, 'The Defenders of Mayence in 1792: A Portrait of a Small European Army at the Outbreak of the French Revolutionary Wars,' *War in History* 12:2 (1994), 1–21.

Strickland, Matthew, *War and Chivalry: The Conduct and Perception of War in England and Normandy, 1066–1217* (Cambridge, 1996).

Swaim, Kathleen M., *Pilgrim's Progress, Puritan Progress: Discourses and Contexts* (Urbana, 1993).

Tallett, Frank, *War and Society in Early Modern Europe, 1495–1715* (London, 1992).

Taves, Ann, *Fits, Trances, & Visions: Experiencing Religion and Explaining Experience from Wesley to James* (Princeton, NJ, 1999).

Taylor, Charles, *Sources of the Self: The Making of Modern Identity* (Cambridge, MA,

1989).

Thomas, Helen, *Romanticism and Slave Narratives: Transatlantic Testimonies* (Cambridge, 2000).

Thomson, Ann, *Materialism and Society in the Mid-Eighteenth Century: La Mettrie's Discours Preliminaire* (Geneva, 1981).

Thuillier, Jacques, 'The Thirty Years' War and the Arts,' in: Bussmann and Schilling (eds), *1648*, 2:15–28.

Trahard, Pierre, *Les Maitres de la sensibilite francaise au XVIIIe siecle (1715–1789)*, 4 vols (Paris, 1931–1933).

Ulbricht, Otto, 'The Experience of Violence during the Thirty Years War: A Look at the Civilian Victims,' in: Joseph Canning, Hartmut Lehmann, and Jay Winter (eds), *Power, Violence andMass Death in Pre-Modern andModern Times* (Aldershot, 2004), pp. 97–128.

Vale, Malcolm, *War and Chivalry: Warfare and Aristocratic Culture in England, France, and Burgundy at the End of the Middle Ages* (Athens, GA, 1981).

Van Creveld, Martin, *Command in War* (Cambridge, MA, 1985).

Van Creveld, Martin, *Fighting Power: German and US Army Performance, 1939–1945* (London, 1983).

Van Creveld, Martin, *Technology and War: From 2000 B.C. to the Present* (New York, 1989).

Van Gennep, A., *The Rites of Passage*, trans. Monika B. Vizedom and Gabrielle L. Caffee, with an introduction by Solon T. Kimball (Chicago, 1960).

Van Sant, Ann Jessie, *Eighteenth-Century Sensibility and the Novel* (Cambridge, 1994).

Vartanian, Aram, *La Mettrie's "L'Homme machine": A Study in the Origins of an Idea* (Princeton, 1960).

Vartanian, Aram, *Science and Humanism in the French Enlightenment* (Charlottesville, 1999).

Verbruggen, Jan Frans, *The Art of Warfare in Western Europe during the Middle Ages: From the Eighth Century to 1340*, trans. Sumner Willard and S. C. M. Southern, 2nd edition (Woodbridge, 1997).

Vila, Anne C., *Enlightenment and Pathology: Sensibility in the Literature and Medicine of Eighteenth-Century France* (Baltimore, 1998).

Voitle, R., *The Third Earl of Shaftesbury* (Baton Rouge, 1984).

Voller, Jack G., *The Supernatural Sublime: The Metaphysics of Terror in Anglo-American Romanticism* (DeKalb, Ill., 1994).

Voss, Stephen, 'Descartes: Heart and Soul,' in: John P. Wright and Paul Potter (eds),

Psyche and Soma: Physicians and Metaphysicians on the Mind-Body Problem from Antiquity to Enlightenment (Oxford, 2000), pp. 173–196.

Watkins, Owen C., *The Puritan Experience* (London, 1972).

Watkins, Owen Spencer, *Soldiers and Preachers Too* (Royal Navy, Army and Royal Air Force Board of the Methodist Church [s.l.], 1981).

Watson, Janet S. K., *Fighting Different Wars: Experience, Memory, and the First World War in Britain* (Cambridge, 2004).

Watson, Samuel J., 'Religion and Combat Motivation in the Confederate Armies,' *The Journal of Military History*, 58:1 (1994), 29–55.

Watt, Ian, *The Rise of the Novel: Studies in Defoe, Richardson, and Fielding* (Harmondsworth, 1963).

Watts, Derek A., 'Self-Portrayal in Seventeenth-Century French Memoirs,' *Australian Journal of French Studies* 12 (1975), 263–286.

Waysman, M., J. Schwarzwald, and Z. Solomon, 'Hardiness: An Examination of its Relationship with Positive and Negative Long Term Changes Following Trauma,' *Journal of Traumatic Stress* 14 (2001), 531–548.

Weinstein, Arnold L., *Fictions of the Self: 1550–1800* (Princeton, 1981).

Weiskel, Thomas, *The Romantic Sublime: Studies in the Structure and Psychology of Transcendence* (Baltimore, 1976).

Wellman, Kathleen, *La Mettrie: Medicine, Philosophy, and Enlightenment* (Durham, 1992).

Wilson, Peter, 'European Warfare 1450–1815,' in: Jeremy Black (ed.), *War in the Early Modern World* (Boulder, 1999), pp. 177–206.

Wilton-Ely, John, ' "Classic Ground": Britain, Italy, and the Grand Tour,' *Eighteenth-Century Life* 28:1 (2004), 136–165.

Winter, Jay, *Sites of Memory, Sites of Mourning: The Great War in European Cultural History* (Cambridge, 1995).

Wright, John P., 'Substance versus Function Dualism in Eighteenth-Century Medicine,' in: John P. Wright and Paul Potter (eds), *Psyche and Soma: Physicians and Metaphysicians on the Mind-Body Problem from Antiquity to Enlightenment* (Oxford, 2000), pp. 237–254.

Wright, John P. and Potter, Paul (eds), *Psyche and Soma: Physicians and Metaphysicians on the Mind-Body Problem from Antiquity to Enlightenment* (Oxford, 2000).

Wright, Nicholas, *Knights and Peasants: The Hundred Years War in the French Countryside* (Woodbridge, 1998).

Yarom, Niza, *Body, Blood and Sexuality*, trans. Irith Miller (Lod, 2001 [Hebrew]).

Yolton, John W., *Thinking Matter: Materialism in Eighteenth-Century Britain* (Oxford, 1983).

Yolton, John W., *Locke and French Materialism* (Oxford, 1991).

Zanger, Jules. 'Mary Rowlandson's Captivity Narrative as Confessional Literature: "After Such Knowledge, What Forgiveness?" ' *American Studies in Scandinavia* 27.2 (1995), 142–152.

Zupnick, Irving L., 'Saint Sebastian: The Vicissitudes of the Hero as Martyr,' in Norman T. Burns and C. J. Reagan (eds), *Concepts of the Hero in the Middle Ages and Renaissance* (Albany, 1975), pp. 239–267.

영화

〈라이언 일병 구하기Saving Private Ryan〉, 스티븐 스필버그Steven Spielberg(USA, 1998).

〈블랙 호크 다운Black Hawk Down〉, 리들리 스콧Ridley Scott(미국, 2001년).

〈원 오브 어스One of Us〉, 우리 & 베니 바라바쉬Uri and Beni Barabash(이스라엘, 1989년).

〈지옥의 묵시록Apocalypse Now〉, 프랜시스 포드 코폴라Francis Ford Coppala(미국, 1979년).

〈7월 4일생Born on the Fourth of July〉, 올리버 스톤Oliver Stone(미국, 1989년).

〈풀 메탈 재킷Full Metal Jacket〉, 스탠리 큐브릭Stanley Kubrick(미국, 1987년).

〈플래툰Platoon〉, 올리버 스톤Oliver Stone(미국, 1986년).

〈요시와 자거Yossi & Jager〉 에이탄 폭스Eytan Fox(이스라엘, 2002년).